དྲ་ལམ་སྤྱི་ཚོགས་ལ་ཁྲིད་སྟོན་བྱེད་པའི་ནུས་པའི་སྐོར་གྱི་ཞིབ་འཇུག

网络舆论引导能力研究

གཙོ་སྒྲིག་པ། ཀྲང་ཁྲོན་ཞིན། ཚུའི་ཧའེ་མོ།

主编：张传新 崔海默

གཙོ་སྒྲིག་གཞོན་པ། ཏུང་ཧུང་ཝེ། ཞའོ་ཧུང་། ཝང་སེན།

副主编：董宏伟 肖红 王森

སྒྱུར་པ་པོ། ནོར་བུ། ཚེ་འཛིན་དབང་མོ། བདེ་ཆེན་དབང་མོ། ཕུན་ཚོགས་མཚོ་མོ།

翻译：罗布 次增旺姆 德青旺姆 平措措姆

译审：罗成孝 詹嘉措

ཞུ་དག་པ། ལུའོ་ཁྲེང་ཞའོ། བཀྲིས་རྒྱ་མཚོ།

ཀྲུང་གོའི་བོད་རིག་པ་དཔེ་སྐྲུན་ཁང་།

中国藏学出版社

སྔོན་འགྲོའི་གཏམ།

ཏྲ་ལམ་གླིང་ཕྱོགས་ཁྲིད་སྟོན་ནུས་པ་ཞེས་པའི་བརྗོད་གཞི་འདིར་དམིགས་པའི་ཞིབ་འཇུག་མི་ཉུང་བ་བྱས་ཡོད་མོད། ཡིན་ནའང་རིགས་པའི་གཞུང་ལུགས་ནས་ལག་ལེན་དངོས་བར། ཞིབ་འཇུག་གྲུབ་འབྲས་དེ་དག་ཉེར་སྤྱོད་ཡག་པོ་དེ་ཙམ་ཡོང་གི་མེད། དཔེར་ན། འགྲིམ་འགྲུལ་སྒྲིག་ལམ་ཁོང་དུ་ཚུད་ཀྱང་རླངས་འཁོར་གཏོང་སྐྱོང་མེད་པའི་མི་ཞིག་གིས་རླངས་འཁོར་བདེ་འཇགས་དང་གཏོང་ཐུབ་རྒྱུ་དཀའ་མོ་ཡིན་པ་ལྟ་བུ། དོན་དངོས་སུ་ཏྲ་ཐོག་གི་གཏམ་རྒྱུད་རེ་རེ་དང་དོན་རྐྱེན་མང་པོ་ཉིན་ལྟར་མི་རྣམས་ཀྱི་མཐོང་ལམ་དུ་འཆར་ཡོང་གི་ཡོད། དེབ་འདིའི་ནང་གླིང་ཕྱོགས་དང་དེ་བཞིན་དེར་ཁྲིད་སྟོན་བྱ་རྒྱུ་དང་། ལྷག་པར་དུ་ཏྲ་ལམ་གླིང་ཕྱོགས་དོན་རྐྱེན་ལ་གཞིགས་ནས། ང་ཚོས་བསམ་གཞིགས་ཇི་ལྟར་བྱ་དགོས་པ་དང་། དེ་བཞིན་ཏྲ་ལམ་ཐོག་གི་གླིང་ཕྱོགས་ལ་ཁྲིད་སྟོན་ཇི་ལྟར་བྱ་དགོས་ཚུལ་ཐད་གྲོས་བསྡུར་བྱ་རྒྱུ་ཡིན།

2016ལོའི་ཏང་གི་གསར་འགྱུར་གླིང་ཕྱོགས་ལས་དོན་བཞུགས་མོལ་ཚོགས་འདུ་འཚོགས་ཚུན། སྤྱི་ཁྱབ་རྟའུ་ཅི་ཞི་ཅིན་ཕིང་གིས་གསར་འགྱུར་གླིང་ཕྱོགས་ཀྱི་བརྒྱུད་སྤེལ་བྱེད་ཤུགས་དང་། ཁྲིད་སྟོན་བྱེད་ཤུགས། བག་ཆགས་འཇོག་ཤུགས། ཡིད་རྟོན་ཐོབ་ཤུགས་བཅས་ཆེ་རུ་གཏོང་དགོས་ཞེས་ནན་སྟོན་ཐེངས་མང་གནང་བ་དང་། དེ་ཏང་གི་གསར་འགྱུར་གླིང་ཕྱོགས་ཀྱི་ནུས་པ་བཞི་ཞེས་པར་ཕྱོགས་བསྡོམས་བྱས་ཡོད། 2018ལོའི་ཟླ4པར། སྤྱི་ཁྱབ་རྟའུ་

ཅི་ཞི་ཅིན་ཕིང་གིས་རྒྱལ་ཡོངས་ཀྱི་ད་ལམ་བདེ་འཛུགས་དང་ཆ་འཕྲིན་ཅན་ལས་དོན་གྲོས་ཚོགས་སུ། རིམ་ཁག་འགོ་ཁྲིད་ལས་བྱེད་པ་དང་ལྷག་པར་དུ་མཐོ་རིམ་ལས་བྱེད་པས་ད་ལམ་གྱི་ཆོས་ཉིད་ཁོང་དུ་ཆུད་པའི་ནུས་པ་དང་། ད་ལམ་སློང་ཕྱོགས་ལ་ཁྲིད་སྟོན་བྱེད་པའི་ནུས་པ། ཆ་འཕྲིན་ཅན་གོང་འཕེལ་ལ་ཁ་ལོ་སྒྱུར་བའི་ནུས་པ། ད་བའི་བདེ་འཛུགས་ལ་འགན་སྲུང་བྱེད་པའི་ནུས་པ་བཅས་ཟམ་མི་ཆད་པར་མཐོར་འདེགས་བྱེད་དགོས་ཞེས་ནན་སྟོན་གནང་ཡོད། དུས་དེ་ནས་བཟུང་། ཧང་གི་གསར་འགྱུར་སློང་ཕྱོགས་ཀྱི་ཁྲིད་སྟོན་ནུས་པ་དང་ཧང་ཡོན་ལས་བྱེད་པས་ད་ལམ་སློང་ཕྱོགས་ལ་ཁྲིད་སྟོན་བྱེད་པའི་ནུས་པའི་བར་དུ་འབྲེལ་བ་དམ་པོ་ཞིག་ཆགས་ཡོད། ཉིན་རེ་བཞིན་འགྱུར་ལྡོག་གསར་པ་འགྲོ་བའི་ད་ལམ་ཆ་འཕྲིན་གྱི་དུས་རབས་འདིར། ཧང་ཡོན་ལས་བྱེད་པ་ཀུན་གྱིས་ད་ལམ་སློང་ཕྱོགས་ལ་ཁྲིད་སྟོན་བྱེད་པའི་ནུས་པ་ཧུར་བརྩོན་ཆེན་པོས་མཐོར་འདེགས་གཏོང་དགོས།

འཛོན་ནུས་མཐོར་འདེགས་ནི་བརྒྱུད་རིམ་ཞིག་ཡིན་ཞིང་། ལག་ལེན་ཁྲོད་དུ་ཟམ་མི་ཆད་པར་ཞིབ་བཤེར་བྱ་དགོས། ཧང་ཡོན་ལས་བྱེད་པས་ད་ལམ་སློང་ཕྱོགས་ལ་ཁྲིད་སྟོན་བྱེད་པའི་གསོ་སྦྱོང་ལ་ཞུགས་ཚེ་ཤེས་བྱ་མི་ཉུང་བ་ཐོབ་སྲིད། ཡིན་ནའང་གནད་དོན་དངོས་དང་འཕྲད་སྐབས། ཕལ་ཆེར་སྔར་བཞིན་བློ་དོགས་འབྱུང་སྲིད། དེའི་དབང་གིས་ཡང་ནས་ཡང་དུ་སློབ་སྦྱོང་བྱ་རྒྱུ་ནི་ཤིན་ཏུ་གལ་ཆེ། ད་ལམ་སློང་ཕྱོགས་ལ་ཁྲིད་སྟོན་གང་འདྲ་བྱེད་དགོས་མིན་སྐོར་སློང་སྐབས། ཐོག་མར་ད་བའི་སློང་ཕྱོགས་ཞེས་པ་ནི་གང་འདྲ་ཞིག་ཡིན་པ་ཤེས་དགོས་པ་དང་། ད་བའི་སློང་ཕྱོགས་ལ་ཤེས་རྟོགས་ཡག་པོ་ཐུབ་པ་བྱ་དགོས་ན། ཐོག་མར་སློང་ཕྱོགས་ཞེས་པ་དེ་གང་ཞིག་ཡིན་མིན་ལ་རྒྱུས་ལོན་གསལ་པོ་བྱ་དགོས། ཡིན་ནའང་སློང་ཕྱོགས་ཞེས་པ་དེ་སྟོས་བཅས་ཀྱིས་བཤད་

ན་སྤྱི་མཚན་གྱི་གོ་དོན་ཞིག་ཡིན་པས། སྐད་ཆ་ཚིག་རྐང་རེ་གཉིས་ཀྱིས་གསལ་བཤད་བྱ་རྒྱུ་དཀའ་མོ་རེད། དེ་མ་ཟད་གླིང་ཕྱོགས་ཅེས་པ་དེ་འཕེལ་འགྱུར་འགྲོ་བཞིན་པའི་བརྒྱུད་རིམ་ཞིག་ཡིན་པ་དང་། དེའི་ནང་སྤྱི་ཚོགས་བསམ་འཆར་གྱི་གྲུབ་པ་དང་། བརྒྱུད་སྤེལ། གཞན་འགྱུར། མེད་པར་འགྱུར་བ། དེ་བཞིན་བསྐྱར་གློས་བྱེད་པ་བཅས་ཚུད་ཡོད། གལ་སྲིད་གླིང་ཕྱོགས་ནི་ཆུ་མོ་ཞིག་ལ་དཔེ་བཞག་ན། ང་ཚོའི་ཞིབ་འཇུག་བྱ་གཞི་ནི་ཇི་ལྟར་བབ་བསྟུན་སྣེ་ཁྲིད་བྱ་དགོས་པ་དེ་ཡིན། དེས་ན་མི་རྣམས་ལ་ཆུ་མོའི་རྒྱུག་ཕྱོགས་གང་འདྲ་ཡིན་པ་བཤད་དགོས། གལ་སྲིད་ཆུ་མོ་དེ་རྒྱ་མཚོར་རྒྱུག་ན་ང་ཚོས་ད་དུང་རྒྱ་མཚོ་དེ་ཅི་འདྲ་ཡིན་པར་བལྟ་དགོས།

དེབ་འདིས་རྒྱ་ཆེའི་ཏང་ཡོན་ལས་བྱེད་པས་དྲ་ལམ་གླིང་ཕྱོགས་ལ་རྒྱུས་ལོན་བྱ་རྒྱུར་རོགས་རམ་བྱ་རྒྱུ་དམིགས་ཡུལ་དུ་བཟུང་ཐོག། དྲ་ལམ་གླིང་ཕྱོགས་གྲུབ་པའི་རྨང་གཞི་དང་། བརྒྱུད་སྤེལ་སྒྲིག་གཞི་སོགས་གཞི་རྩའི་གནད་དོན་དང་འབྲེལ་བའི་གོ་དོན་ལ་ཁྱོན་ཡོངས་ནས་གསེད་བཀྲོལ་བྱས་ཡོད། དྲ་ལམ་གླིང་ཕྱོགས་ལ་ཁྲིད་སྟོན་བྱེད་པའི་ལས་དོན་ཐད་ནས་བཤད་ཚེ། གཙོ་གནད་ནི་རང་གིས་བལྟ་རྒྱུའི་ཐོག་འཛིན་དགོས། ཉེ་བའི་ལོ་ཤས་རིང་གི་རྒྱལ་ཁབ་ཕྱི་ནང་གི་དྲ་ལམ་གླིང་ཕྱོགས་ལ་ཁྲིད་སྟོན་བྱས་པའི་དཔེ་མཚོན་དོན་གཞིར་དཔྱད་ཞིབ་བྱེད་པ་བརྒྱུད། བློ་འཇེད་ཀྱི་ནུས་པ་དེ་བས་ཆེ་བ་ཐོན་པའི་རེ་བ་འཆང་བཞིན་ཡོད། མཇུག་ཏུ་ང་ཚོས་བརྗོད་པ་ཞིག་པས་གཞོགས་འདེགས་སློས། ཏང་ཡོན་ལས་བྱེད་པས་དྲ་ལམ་གླིང་ཕྱོགས་ལ་ཁྲིད་སྟོན་བྱེད་པའི་ནུས་པ་རྒྱས་བཤད་བྱ་རྒྱུ་མ་ཟད། དྲ་ལམ་གླིང་ཕྱོགས་ཀྱི་ཁྲིད་སྟོན་ལས་དོན་ཐད་ཚན་རིག་དང་མཐུན་པ་དང་། ཕན་འབྲས་ལྡན་པ། སྤྱོད་གོ་ཆོད་པ་བཅས་ཀྱི་བསམ་ཚུལ་བཏོན་ནས། འབྲེལ་ཡོད་ཀྱི་ལས་དོན་སྒྲུབ་པར་དཔྱད་གཞི་མཁོ་འདོན་གང་ཐུབ་བྱས་ཡོད།

前　言

围绕“网络舆论引导能力”这个主题的相关研究不少，但从理论到实际，研究成果的应用往往不尽如人意。正如一个熟记交通规则但从未开车上过路的人，很难把车安全地开好。其实每个人每天都在目睹“网络大道”上的一个个“故事”和一起起“事故”。本书围绕舆论及其引导，尤其是围绕网络舆情事件，讨论我们需要如何进行思考，以及如何引导网络中的“车流”。

2016 年党的新闻舆论工作座谈会以来，习近平总书记多次强调要“提高新闻舆论传播力、引导力、影响力、公信力”，这被归纳为党的新闻舆论“四力”。2018 年 4 月，习近平总书记在全国网络安全和信息化工作会议上强调，各级领导干部特别是高级干部要“不断提高对互联网规律的把握能力、对网络舆论的引导能力、对信息化发展的驾驭能力、对网络安全的保障能力”。至此，党的新闻舆论引导力与党员干部对网络舆论的引导能力形成内在关联。在这个日新月异的网络信息时代，每一名党员干部都应当努力提高对网络舆论的引导能力。

能力的提高是一个过程，需要在现实中不断验证。设想一下，党员干部在接受网络舆论引导的相关培训后有所收获，但面对现实问题时，可能依然存在疑惑，因此需要不断地学习。当我们谈论如何引导网络舆论的时候，先要理解网络舆论；而要实现对网络舆论的理解，首先就要了解舆论是什么。但“舆论”是一个相对抽象的概念，一两句话说不清楚，它更像一个流动的过程，包含着社会意见的生成、传播、变异、消亡以及反复。如果说舆论是水，我们研究的就是如何因势利导，那么需要告诉人们，水的流向是怎样的；如果要流向大海，我们还需要看一看大海的样子。

本书以帮助广大党员干部了解网络舆论为出发点，全面梳理网络舆论形成的基础、传播机制等基本问题及相关概念。对于网络舆论的引导工作，把重点放在“自己看”上，希望通过对近年来国内外网络舆论引导的经典案例的评析，带来更多样的启发。最后配合“我们说”，就不断提高党员干部对网络舆论的引导能力进行阐述，并尝试对网络舆论引导工作提出一种科学、有效、实用的应对思路，为开展相关实际工作提供一定借鉴。

ས་བཅད་དང་པོ། དུས་རབས་གསར་པའི་ཉད་ཡོན་ལས་བྱེད་པའི་རིགས་སྦྱོར་སློབ་ཚན། དྲ་ལམ་སློང་ཕྱོགས་ལ་རྒྱུས་ལོན་བྱེད་པ།

དཀར་ཆག

ས་བཅད་གཉིས་པ། ཉེ་བའི་ལོ་ཤས་ནང་ད་ལམ་གླིང་སྟོབས་ཁྲིད་སྟོན་ལག་ལེན་བྱུང་བའི་དཔེ་གཞིའི་དབྱེ་ཞིབ།

ས་བཅད་གསུམ་པ། ཉེ་ལམ་ཕྱི་ཤས་ཆེན་ཁྲ་ལམ་གླིང་ཕྱོགས་ཁྲིད་སྟོན་ཡག་པོ་མ་ཐུབ་པའི་སྒྲུང་དཔེ་དཔྱེ་ཞིབ།

ས་བཅད་བཞི་པ། ཏང་ཡོན་ལས་བྱེད་པའི་དྲ་ལམ་གླེང་ཕྱོགས་ལ་ཁྲིད་སྟོན་བྱེད་པའི་ནུས་པ་ཟམ་མི་ཆད་པར་གོང་མཐོར་གཏོང་དགོས།

目录

第一章 新时代党员干部的必修课：了解网络舆论

第二章　近年来网络舆论引导得当的案例评析

第三章　近年来网络舆论引导失当的案例评析

第四章　不断提高党员干部的网络舆论引导能力

ས་བཅད་དང་པོ།

དུས་རབས་གསར་པའི་ཏང་ཡོན་ལས་བྱེད་པའི་ངེས་སྤྱོད་སློབ་ཚན། དྲ་ལམ་ཟླེང་ཕྱོགས་ལ་རྒྱུས་ལོན་བྱེད་པ།

དོན་ཚན་དང་པོ། དྲ་ལམ་ཟླེང་ཕྱོགས་ཀྱི་མཚན་ཉིད།

དོན་ཚན་གཉིས་པ། དྲ་ལམ་ཟླེང་ཕྱོགས་གྲུབ་པའི་སྣང་གཞི།

དོན་ཚན་གསུམ་པ། དྲ་ལམ་ཟླེང་ཕྱོགས་ཀྱི་བརྒྱུད་སྤེལ་སྒྲིག་གཞི།

དོན་ཚན་བཞི་པ། དྲ་ལམ་ཟླེང་ཕྱོགས་ལ་ཁྲིད་སྟོན་བྱེད་པའི་རྩ་དོན།

ད་བས་དངོས་ཀུན་སྤྲེལ་བའི་དུས། སློ་རིག་གསལ་པོས་འབྱུང་འགྱུར་བསྒུ། ད་ལམ་ཆ་འཕྲིན་གྱི་དུས་རབས་སུ་སླེབས་ཚུན་མིའི་རིགས་གནས་སའི་སློང་ཕྱོགས་ཀྱི་འབྱུང་ཁམས་ཁོར་ཡུག་ལ་འགྱུར་ལྡོག་གཏིང་ཟབ་བྱུང་ཡོད། སྤྲོལ་རྒྱུན་སྨྱུན་སྦྱོར་དུས་རབས་ཀྱི་སློང་ཕྱོགས་དང་བསྡུར་ཚེ། ད་ལམ་སློང་ཕྱོགས་གྲུབ་པའི་བརྒྱུད་རིམ་ལ་འགྱུར་ལྡོག་ཤིན་ཏུ་ཆེན་པོ་བྱུང་ཡོད་དེ། མི་དམངས་ཀྱི་གཏམ་བརྗོད་རང་དབང་ཆེ་རུ་ཕྱིན་པ་དང་། སྤྱི་འབྲེལ་སྨྱུན་སྦྱོར་ལ་ཤུགས་རྐྱེན་ལྡན་པར་གྱུར་པ། སྤྱི་པའི་སློང་གཞི་དང་འབྲེལ་བའི་རྩོད་སློང་མང་དུ་ཕྱིན་པ་སོགས་ཆ་འཕྲིན་བརྒྱུད་སྤྲེལ་རིག་གཞུང་ཞིབ་འཇུག་གིས་དོ་སྣང་བྱེད་པའི་ཁྱབ་ཁོངས་ལས་བརྒལ་ཏེ། རྒྱལ་ཁབ་ཀྱིས་བཙོས་སྐྱོང་བྱེད་པའི་ཁྱབ་ཁོངས་ནང་སླེབས་ཡོད། གང་འདྲ་བྱས་ཏེ་དབྱངས་ཀ་གཙོ་བོ་དར་འཕེལ་དང་། གང་འདྲ་བྱས་ཏེ་ དྲང་ནུས་ཀྱིས་ཁེངས་པའི་ད་ལམ་སློང་ཕྱོགས་ཁོར་ཡུག་ཅིག་བསྐྲུན་རྒྱུ་དེ་ཏང་ཡོན་ལས་བྱེད་པས་དུས་རབས་གསར་པར་ངེས་པར་དུ་གདོང་གཏད་དགོས་པའི་བརྗོད་གཞི་གལ་ཆེན་ཞིག་ཏུ་གྱུར་ཡོད།

དོན་ཚན་དང་པོ། ད་ལམ་སློང་ཕྱོགས་ཀྱི་མཚན་ཉིད།

སློང་ཕྱོགས་ཞེས་པའི་ཚིག་དེར་རྒྱ་ཡིག་གི《ཚིག་གཏེར་རྒྱ་མཚོ》(དཔར་ཐེངས་དྲུག་པའི་)ནང་། དེ་ནི་སྤྱི་པའི་གཏམ་བརྗོད་ལ་ཟེར་ཞིང་། དེས་མི་རྣམས་ཀྱི་བྱ་སྤྱོད་ལ་རྒྱབ་སྐྱོར་དང་གཅུན་སྡོམ་བྱེད་པའི་ཤུགས་རྐྱེན་ལྡན་ལ། དེར་སྟེ་མང་ཅན་དང་འགྱུར་བ་ཅན་གྱི་ཁྱད་ཆོས་ཀྱང་ལྡན་ཞེས་འཁོད་ཡོད།《ཀྲུང་གོའི་ཤེས་བྱ་ཀུན་བཏུས་ཀྱི་དཔེ་ཚོགས་ཆེན་མོ་ལས་གསར་འགྱུར་དཔེ་སྐྲུན་གྱི་པོད་》ཅེས་པའི་ནང་འཁོད་པའི་སློང་ཕྱོགས་ཞེས་པའི་ཐ་

སྐད་དེའི་འགྲེལ་པར། ཐ་སྙད་དེ་ཆེས་ཐོག་མར《རྒྱལ་ཁབ་གསུམ་གྱི་ལོ་རྒྱུས་ལས་ཕེའུ་རྒྱལ་ཁབ་ཀྱི་ཞང་ལང་གི་རྣམ་ཐར་》ཞེས་པའི་ནང་འཁོད་པ་དང་། དེའི་ནང་གི་གོ་དོན་ནི་སྤྱི་དམངས་ཀྱི་བསམ་འཆར་རམ་གཏམ་བརྗོད་ཡིན་ཞེས་འཁོད་ཡོད། དུས་ཡུན་རིང་པོའི་ནང་ཞིབ་འཇུག་པ་རྣམས་ཀྱིས་ལྟ་ཕྱོགས་མི་འདྲ་བའི་ཐོག་ནས་རང་ཉིད་ཀྱི་ལྟ་ཚུལ་བཏོན་ཡོད་མོད། ཡིན་ནའང་རྩ་བའི་ཆ་ནས་ཚང་མས་སྤྱི་དམངས་དང་ཡོངས་བསྒྲགས་གཉིས་ཀྱི་ཐད་ནས་གླེང་ཡོད། དཔེར་ན། སྙིང་ཕྱོགས་ནི་སྤྱི་དམངས་ནས་དོ་ཁུར་བྱེད་པའི་གནད་དོན་དང་། མི་སྣ། དོན་རྐྱེན། སྣང་ཚུལ་བཅས་ལ་འཛིན་པའི་དད་སེམས་དང་། བསམ་འཆར། རྣམ་འགྱུར་བཅས་ཀྱི་ཕྱོགས་བསྡུས་ཤིག་ཡིན་པ་དང་། དེར་གཅིག་མཐུན་རང་བཞིན་དང་། རྒྱུན་སྲིང་རང་བཞིན། ཤུགས་དྲག་གི་ཚད་བཅས་ངེས་ཅན་ལྡན་པ་མ་ཟད། འབྲེལ་ཡོད་དོན་དག་ལ་ཤུགས་རྐྱེན་ཐེབས་པ་དང་། དེའི་ནང་ད་དུང་དཔྱོད་ཤེས་དང་དཔྱོད་ཤེས་མ་ཡིན་པའི་རྒྱུ་རྐྱེན་ཡང་ཡོད།[1] སྙིང་ཕྱོགས་ནི་ཡོངས་བསྒྲགས་བྱས་པའི་སྤྱི་ཚོགས་ཀྱི་བསམ་འཆར་ལ་ཟེར་བ་དང་། དེའི་མཚོན་ཐབས་ནི་ངེས་པར་དུ་ངག་ནས་ཤར་མར་ཐོན་པ་དང་། ཆབས་ཅིག་ཡོངས་བསྒྲགས་ཐོག་བཏོན་པའི་བསམ་འཆར་ཞིག་ཡིན་དགོས།[2] སྙིང་ཕྱོགས་ནི་སྤྱི་པའི་རང་བཞིན་གྱི་སྤྱི་ཚོགས་སེམས་ཁམས་ཀྱི་ཚོགས་སྤྱི་ཞིག་དང་། སྤྱི་ཚོགས་ཀྱི་བསམ་བློ་ཡོངས་བསྒྲགས་ཐོག་ནས་མཚོན་པར་བྱས་པ་ཞིག་ཡིན།[3] ཞེས་པ་སོགས་ཡོད།

སྔང་གཞི་དེའི་ཐོག་དྲ་ལམ་སྙིང་ཕྱོགས་ཀྱི་མཚན་ཉིད་ལ་ལྟ་ཕྱོགས་མང་པོའི་འགྲེལ་བཤད་ཐོན་ཡོད། ཡིན་ནའང་ཐུན་མོང་གི་ཆ་གསུམ་ལས་གྲོལ་མེད་དེ། དྲ་ལམ་སྙིང་ཕྱོགས་ནི་དྲ་ལམ་བར་ཁམས་སུ་ཐོན་པ་ཞིག་ཡིན་པ་དང་། དྲ་ལམ་སྙིང་ཕྱོགས་ཐོན་པ་ནི་དངོས་ཡོད་སྤྱི་ཚོགས་དང་འབྲེལ་བ་དམ་ཟབ་ཡོད་

ཅིང་། སྤྱིར་བཏང་བྱས་ན་ཤུགས་རྐྱེན་ཆེ་བའི་དོན་རྐྱེན་དང་གནད་དོན་ཁག་གཅིག་དང་འབྲེལ་བ་ཡོད་པ། དྲ་ལམ་གླིང་ཕྱོགས་ནི་སྤྱི་པའི་སེམས་འགྱུ་དང་བསམ་འཆར་གྱི་རྦབ་འདུས་ཤིག་ཡིན་པ་ལས། མི་སྣེར་གྱི་དགའ་སྐྱོ་ཆགས་སྣང་མཚོན་པར་བྱས་པ་ཙམ་མིན་པ་བཅས་རེད། དེས་ན་དེབ་འདིའི་ནང་གྲོས་བསྡུར་བྱ་རྒྱུའི་དྲ་ལམ་གླིང་ཕྱོགས་ནི་སྤྱི་ཚོགས་ཀྱི་བསམ་ཚུལ་དྲ་ལམ་ཞེས་པ་རྣམ་པ་གསར་རྐྱང་དང་། ཀུན་ཞུགས་ཚོག་པ། སྣེ་མང་བཅས་ཡིན་པའི་གཞི་རྟེན་འདིའི་ཐོག་སྤེལ་བ་ཞིག་ཡིན་དགོས། དྲ་ལམ་གླིང་ཕྱོགས་ནི་དྲ་ལམ་བར་ཁམས་དང་དེའི་སྨྱན་བྱད་ཀྱིས་གཞི་རྟེན་བྱེད་པ་དང་། སྤྱི་ཚོགས་ནས་དོ་ཁུར་བྱེད་པའི་ཀུན་གླིང་གནད་དོན་གྱིས་ལྟེ་བ་བྱེད་པ། དྲ་དམངས་ཀྱི་ཆགས་སྣང་དང་། རྣམ་འགྱུར། བསམ་འཆར། ལྟ་བ་སོགས་མཚོན་པར་བྱས་པའི་ཚོགས་སྤྱི་ཞིག་ཡིན་ལ། ཕན་ཚུན་གླིང་རེས་ལབ་རེས་བྱེད་པའི་བྱ་སྤྱོད་དང་དེ་བཞིན་དེའི་རྗེས་ཐོན་ཤུགས་རྐྱེན་གྱི་ཚོགས་སྤྱི་ཞིག་ཀྱང་ཡིན། དེ་ཡང་སྐད་ཆ་དེ་བས་གོ་བདེ་བ་ཞིག་བཤད་ན། སྔར་ཡིན་ན་གླིང་ཕྱོགས་ནི་མི་རྣམས་དང་ཐག་ཤིན་ཏུ་ཉེ་པོ་ཡོད་མོད། ཡིན་ནའང་སྤྱིར་བཏང་མི་རྣམས་ནས་དེའི་བར་རྒྱང་ཐག་རིང་ཙམ་བཞག་སྟེ་ལྟད་མོ་བལྟས་ནས་སྡོད་ཀྱི་ཡོད་ཅིང་། གླིང་ཕྱོགས་ཀྱི་ལྟེ་བ་དེར་སླེབས་ཁག་པོ་ཡིན། དྲ་ལམ་གླིང་ཕྱོགས་ཀྱིས་དུས་དང་རྣམ་པ་ཀུན་དུ་མི་རྣམས་འགུག་པར་བྱེད་ཅིང་། མི་རྣམས་ནི་ཐེ་ཞུགས་པར་འགྱུར་བ་མ་ཟད། དོ་བདག་ལ་ཡང་འགྱུར་གྱིན་ཡོད།

གཅིག ཅི་ཞིག་ལ་གླིང་ཕྱོགས་ཟེར།

དེ་སྔ་མཁས་པ་ཞིག་གིས། གླིང་ཕྱོགས་ནི་སྤྱི་ཚོགས་ཀྱི་སྤྱི་ཡོངས་ཚོར་ཤེས་དང་མཉམ་སྡེབ་ཀྱི་འདུ་ཤེས་ཤིག་ཡིན་པས། དབང་གྲགས་ལྡན་པའི་མི་

མང་ཆེ་བའི་བསམ་འཆར་མཚོན་ཞིང་། སྤྱི་ཚོགས་ཀྱི་སེམས་ཁམས་མཚོན་ཚུལ་དང་སྐབས་དོན་གསལ་བའི་མེ་ལོང་ལྟ་བུ་ཡིན་པས། དེ་ལས་སྤྱི་ཚོགས་ཀྱི་འཕེལ་ཕྱོགས་ལ་ཚོད་དཔག་བྱེད་ཐུབ་[4] ཅེས་བརྗོད་ཡོད། ལྟ་ཚུལ་འདིར་གཞིགས་ན། ང་ཚོས་གླིང་ཕྱོགས་ལ་སྤྱི་མཐུན་བསམ་འཆར་གྱི་གོ་དོན་ཡོད་པ་རྟོགས་ཐུབ་པ་སྟེ། གླིང་ཕྱོགས་ཀྱི་གཙོ་གཞི་དེར་སྤྱི་ཚོགས་ཀྱི་མཉམ་སྡེབ་ཁྱད་ཆོས་ཡོད་པ་དང་། གླིང་ཕྱོགས་ནས་དོ་ཁུར་བྱེད་པའི་གནད་དོན་ནི་མི་རྣམས་ཐུན་མོང་གིས་དོ་ཁུར་བྱེད་པའི་གནད་དོན་ཞིག་གམ་ཀུན་གླེང་དོན་དག་ཅིག་ཡིན་པ་དང་། མི་རྣམས་ནས་གནད་དོན་དང་དོན་དག་དེ་དག་ལ་གཞིགས་ནས་མཉམ་དུ་བསམ་འཆར་སྤེལ་བ་ཞིག་རེད།

ལོ་རྒྱུས་ཀྱི་འཕེལ་འགྱུར་ལ་གཞིགས་ན། གླིང་ཕྱོགས་ཞེས་པ་དེ་དོན་དངོས་ཐོག་ལོ་རྒྱུས་རང་བཞིན་གྱི་ཐ་སྙད་ཅིག་ཡིན་པ་དང་། རང་རྒྱལ་གྱི་རྒྱལ་རབས་རིམ་བྱུང་གི་རྒྱལ་སྐྱོང་འདུ་ཤེས་ནང་གནས་བབ་གལ་ཆེན་བཟུང་ཡོད། གནའ་རབས་ཀྱི་རྒྱལ་སྐྱོང་འདུ་ཤེས་ཀྱིས་གླིང་ཕྱོགས་ལ་ངོས་འཛིན་བྱེད་སྟངས་དེ། དམངས་སེམས་དང་བསྟུན་ན། མི་དམངས་ཀྱི་རྒྱབ་སྐྱོར་ཐོབ་ཅེས་པ་དང་། ཆུ་ཡིས་གྲུ་གཟིངས་ཐེག་ཐུབ་ལ་ཆུ་ཡིས་གྲུ་གཟིངས་བསྐྱུབ་ཐུབ་ཅེས་པ་སོགས་བབ་ཆགས་པའི་བསམ་གཞིགས་བྱེད་སྟངས་དང་རྩོད་སྒྲུབ་གཏན་ཚིགས་དེ་དག་ལས་མཐོང་ཐུབ། གནའ་དཔེ་དག་གི་ནང་། གླིང་ཕྱོགས་ཞེས་པ་དེ་དམངས་འདོད་དང་དམངས་སེམས་སོགས་དང་ཆ་མཉམ་པར་འཇོག་པ་དང་། སྤྱི་ཚོགས་མང་ཚོགས་ཀྱི་བསམ་ཚུལ་དང་། ལྟ་ཚུལ། དེ་བཞིན་རྣམ་འགྱུར་སོགས་ཀྱི་སྤྱི་ཡོངས་ཚོད་རྟོམ་ཞིག་ཡིན་པ་མ་ཟད། རྒྱལ་ཁབ་བཅོས་སྐྱོང་བྱེད་སྟངས་དང་འབྲེལ་བ་དམ་ཟབ་ཡོད་པར་འཛིན་པས། དེར་ཆབ་སྲིད་ཀྱི་ཕྱོགས་སྟོན་རང་བཞིན་ཤུགས་ཆེན་པོ་ལྡན་ཡོད། དེས་ན་ཚད་གཞི་ངེས

ཅན་ཞིག་གི་ཐོག་ནས་བཤད་ན། གླིང་ཕྱོགས་ཞེས་པ་དེ་སྤྱི་ཚོགས་ཀྱི་ཆབ་སྲིད་རྣམ་འགྱུར་ཞིག་གི་ཆ་ནས། དེ་ལས་མང་ཚོགས་ཀྱིས་ཆབ་སྲིད་འགོ་ཁྲིད་པ་དང་སྤྱི་ཚོགས་ནོ་དམ་གྲལ་རིམ་ལ་འཛིན་པའི་ངེས་ཤེས་དང་རྣམ་འགྱུར་མཚོན་ཐུབ་པ་དང་། འདི་ལྟ་བུའི་ངོས་འཛིན་དེ་སྤྱིར་མི་རྣམས་ཀྱི་འཚོ་བ་དངོས་ལ་གཞིགས་ནས་བྱེད་པ་དང་། དེ་ནས་རིམ་བཞིན་ཚོགས་སྤྱི་ཅན་གྱི་བསམ་འཆར་ལ་འགྱུར་གྱིན་ཡོད།

གླིང་ཕྱོགས་ནི་ཆ་འཕྲིན་བརྒྱུད་སྤེལ་ཁྱབ་ཁོངས་ཀྱི་ཞིབ་འཇུག་བྱ་གཞི་གལ་ཆེན་ཞིག་ཡིན་པའི་ཆ་ནས། དུས་ད་ལྟའི་བར་དུ་རིག་གཞུང་ཞིབ་འཇུག་ལས་རིགས་ནང་བཞེད་པ་གཅིག་མཐུན་གྱི་མཚན་ཉིད་ཅིག་འཇོག་ཐུབ་མེད། སྤྱིའི་ཆ་ནས་བཤད་ན་གླིང་ཕྱོགས་དེ་དམངས་འདོད་ཀྱི་ཕྱོགས་བསྡུས་མཚོན་ཚུལ་ཞིག་ཡིན་མོད། འོན་ཀྱང་གང་དེ་སྟབས་བདེ་པོའི་ངང་ནས་གཅིག་སྡུད་དང་ཕྱོགས་བསྡོམས་བྱས་པ་ཞིག་མིན་པར། ད་དུང་དམངས་འདོད་གཅིག་སྡུད་བྱས་རྗེས་ཐེབས་པའི་ཤུགས་རྐྱེན་དང་། དེ་བཞིན་གླིང་ཕྱོགས་ཀྱི་གྲུབ་ཆ་དེ་དག་གི་འགྱུར་ལྡོག་ཆོས་ཉིད་དང་ཡང་འབྲེལ་བ་ཡོད། རྨང་གཞི་དེའི་ཐོག་ནས་གོང་འཕེལ་བྱུང་བའི་སྤྱི་ཚོགས་རིག་པ་དང་བརྒྱུད་སྤེལ་རིག་པ་སོགས་ཀྱི་འབྲེལ་ཡོད་ཞིབ་འཇུག་ཀྱང་སྤྱིར་དམངས་འདོད་མཚོན་པར་བྱེད་པ་དང་དེའི་ནུས་པ་དང་ཆོས་ཉིད་ལ་ཞིབ་འཇུག་བྱ་རྒྱུའི་ཕྱོགས་སུ་ལྷུང་ཡོད།

སྤྱིར་གླིང་ཕྱོགས་ཞེས་པའི་ཐ་སྙད་འདིར་གྲོས་བསྡུར་བྱེད་སྐབས། ད་དུང་གླིང་ཕྱོགས་གནས་བབ་དང་དམངས་འདོད་ཅེས་པའི་ཐ་སྙད་དང་ཁ་བྲལ་ཐུབ་མེད། སྟབས་བདེར་བཤད་ན། གླིང་ཕྱོགས་གནས་བབ་ཅེས་པའི་ཐ་སྙད་དེའི་ཁྱབ་ཁྱ་ཆེ་ཤོས་རེད། གླིང་ཕྱོགས་ཞེས་པ་དེ་བར་མ་རེད། དམངས་འདོད་ཅེས་པ་དེ་ཁྱབ་ཁྱ་ཆུང་ཤོས་བཅས་ཡིན་ཞིང་། དེ་གསུམ་པོའི་བར་

གཅིག་ཁོངས་གཅིག་བསྡུའི་འབྲེལ་བ་ལྡན་ཡོད། གལ་སྲིད་གླིང་ཕྱོགས་ཞེས་པ་དེ་སྤྱི་དམངས་ཀྱི་བསམ་འཆར་དང་གླིང་བརྗོད་ལ་གོ་བ་བླངས་ན། གླིང་ཕྱོགས་གནས་བབ་ཅེས་པ་དེ་གླིང་ཕྱོགས་གྲུབ་སའི་ཁོར་ཡུག་ལ་གོ་དགོས་པ་སྟེ། གླིང་ཕྱོགས་གནས་བབ་ཀྱི་ནང་དུ་གླིང་ཕྱོགས་ཀྱི་མིག་སྔའི་གནས་སྟངས་གཏོགས་ཡོད་པ་མ་ཟད། དེའི་འགྱུར་ལྡོག་དང་འཕེལ་ཕྱོགས་ཀྱང་འདུས་ཡོད། གླིང་ཕྱོགས་ཀྱི་འགྱུར་ལྡོག་དེ་བརྟན་ལྷིང་དུ་འགྱུར་བའི་སྐབས། མི་དམངས་ཀྱི་བསམ་འཆར་དེ་དག་ལ་གྲོས་མཐུན་བྱུང་ན་དམངས་འདོད་ཅེས་པ་དེ་ཡིན། དེས་ན་དམངས་འདོད་ནི་གླིང་ཕྱོགས་ལས་བྱུང་བ་དང་། གླིང་ཕྱོགས་ཀྱི་རྨང་གཞི་དེ་གླིང་ཕྱོགས་ཀྱི་གནས་བབ་ཡིན། གླིང་ཕྱོགས་ཀྱི་གནས་བབ་དེ་གླིང་ཕྱོགས་དང་དམངས་འདོད་ཀྱི་ཕྱོགས་སུ་འགྱུར་འགྲོ་བ་ལྡོག་མེད་ཀྱི་འཕེལ་ཕྱོགས་ཤིག་རེད།

མདོར་ན། ཞིབ་འཇུག་ཁྱབ་ཁོངས་ནང་། གླིང་ཕྱོགས་ནི་སྤྱི་ཚོགས་འདུ་ཤེས་རྣམ་པའི་དམིགས་བསལ་མཚོན་སྟངས་ཤིག་ལ་ངོས་འཛིན་ཚོག་པ་དང་། དུས་ཆོད་ངེས་ཅན་ནང་གི་དམིགས་བསལ་སྤྱི་ཚོགས་ཁོར་ཡུག་ནང་། མང་ཚོགས་ཀྱི་ཁྲིད་དུ་ཐོན་པའམ་མང་ཚོགས་ནས་འཛིན་པའི་ཚོགས་སྤྱིའི་རང་བཞིན་གྱི་རྣམ་འགྱུར་ཞིག་རེད། རྒྱུན་གཏན་འཚོ་བའི་ནང་། གླིང་ཕྱོགས་ནི་མང་ཚོགས་ནས་དོན་རྐྱེན་དང་སྣང་ཚུལ་སོགས་ཡོངས་ཁྱབ་རང་བཞིན་གྱི་གནད་དོན་ལ་འཛིན་པའི་ལྟ་བ་དང་། བསམ་ཚུལ། རྣམ་འགྱུར་སོགས་ཀྱི་ཚོགས་སྤྱི་ཞིག་ཡིན་པ་མ་ཟད། དེ་དང་འབྲེལ་བ་ཡོད་པའི་ཡོངས་ཁྱབ་རང་བཞིན་གྱི་གནད་དོན་ཐད་ཤུགས་རྐྱེན་ཐེབས་ཀྱིན་ཡོད།

དེབ་འདིའི་ནང་ཏང་ཡོན་ལས་བྱེད་པའི་ལས་དོན་དངོས་ལ་གཞིགས་ནས། གླིང་ཕྱོགས་གནས་བབ་ལས་དོན་སྐོར་གླིང་སྐབས། སྤྱིར་གླིང་ཕྱོགས་

གནས་བབ་དོན་རྐྱེན་གྱི་འཕེལ་འགྱུར་བརྒྱུད་རིམ་གྱི་བརྟག་ཞིབ་ཚད་ལེན་དང་། དཔྱེ་ཞིབ། ཞིབ་འཇུག་བརྡར་གཅོད། ཐག་གཅོད་སོགས་ཀྱི་ནང་དོན་དམིགས་སུ་བཀར་ནས་སློང་ཡོད་པ་དང་། སློང་ཕྱོགས་ལས་དོན་སྐོར་སློང་སྐབས། སྤྱིར་སློང་ཕྱོགས་ཀྱི་ངོ་དམ་དང་ཁྲིད་སྟོན་སྐོར་དམིགས་སུ་བཀར་ནས་སློང་ཡོད། དེའི་དམིགས་ཡུལ་ཡང་བྱེད་པོ་འདྲ་མིན་བར་གྱི་དགེ་མཚན་ལྡན་པའི་མཉམ་འགྲུལ་བརྒྱུད། ཕོག་ཡངས་འཆམ་མཐུན་གྱི་རྣམ་པ་བཟང་པོ་ཞིག་འགྲུབ་ཆེད་ཡིན།

གཉིས། གང་འདྲ་ཞིག་ལ་ད་ལམ་སློང་ཕྱོགས་ཟེར།

ད་ལམ་སློང་ཕྱོགས་ལ་སློང་ཕྱོགས་ཀྱི་གཞི་རྩའི་གྲུབ་ཆ་འདུས་ཡོད་ལ། རང་ངོས་ཀྱི་དམིགས་བསལ་ཁྱད་ཆོས་ཀྱང་ཡོད། སྤྱིར་རང་རེས་ནམ་རྒྱུན་སློང་བའི་ད་ལམ་སློང་ཕྱོགས་ལ་རྒྱུ་རྐྱེན་བརྒྱད་ཚང་དགོས་པ་སྟེ། གཅིག་ནི་སློང་ཕྱོགས་ཀྱི་བྱེད་པོ་སྟེ། རང་ཚུགས་འདུ་ཤེས་ལྡན་པའི་སྤྱི་ཚོགས་ཀྱི་མང་ཚོགས་དང་། གཉིས་ནི་སློང་ཕྱོགས་ཀྱི་བྱེ་རོལ་ཡུལ་ཏེ། འགྱུར་ལྡོག་འགྲོ་བའི་སྤྱི་ཚོགས་ཀྱི་དོན་དངོས་དང་དེ་བཞིན་གྱི་སྤྱི་ཚོགས་ཀྱི་སྣང་ཚུལ་དང་གནད་དོན་སྣ་ཚོགས་ཡིན། གསུམ་ནི་སློང་ཕྱོགས་ཀྱི་མ་ཕྱི་སྟེ། བརྗེ་ཐུང་དང་། རྣམ་འགྱུར། བསམ་འཆར། ལྟ་ཚུལ་བཅས་མངོན་པའི་ཕྱོགས་བསྡུས་རང་བཞིན་ཅན་ནོ། །བཞི་ནི་སློང་ཕྱོགས་ཀྱི་གྲངས་ཚད་དེ། སློང་ཕྱོགས་གཅིག་མཐུན་རང་བཞིན་གྱི་ཚད་གཞི། ལྔ་ནི་སློང་ཕྱོགས་ཀྱི་ཤུགས་དྲག་གི་ཚད། དྲུག་ནི་སློང་ཕྱོགས་ཀྱི་རྒྱུན་མཐུད་རང་བཞིན་ཏེ། གནས་པའི་དུས་ཚོད། བདུན་ནི་སློང་ཕྱོགས་ཀྱི་བྱེད་ནུས་མངོན་ཚུལ་ཏེ། སློང་ཕྱོགས་ཀྱིས་ཕྱི་རོལ་ཡུལ་ལ་ཐེབས་པའི་ཤུགས་རྐྱེན། བརྒྱད་ནི་སློང་ཕྱོགས་ཀྱི་ཁྱབ་ཚད་དེ། སློང་ཕྱོགས་

ལས་མངོན་པའི་རིན་ཐང་ལྟ་བ་དང་། ཞིབ་ཕྲའི་ལྟ་ཚུལ། དེ་བཞིན་བསམ་ཚུལ་གྱི་དཔྱོད་ཤེས་ཚད་གཞི་བཅས་རེད།

ཐྲ་ལམ་སྒྲིང་ཕྱོགས་ནི་རྟོག་བཟོ་དང་དངོས་ཡོད་གཉིས་ཀྱི་མཉམ་འདྲེས་རེད་ཅེས་བཤད་ཆོག། རྫུན་མ་དང་དོན་དངོས། རང་རྟོག་དང་རང་འགྱུལ། གདོད་མའི་རྣམ་པ་ཡིན་མིན། དཔྱོད་ཤེས་དང་དཔྱོད་ཤེས་མིན་པ་བཅས་མཉམ་དུ་གནས་པ་ཞིག་ཡིན། ཞིབ་ཏུ་བཤད་ན། ཐྲ་ལམ་སྒྲིང་ཕྱོགས་ལ་ཤུགས་རྐྱེན་བཟོ་བའི་རྒྱུ་རྐྱེན་གཤམ་གསལ་ཁག་གསུམ་ཡོད་དེ།

1. སྤྱི་ཚོགས་ཀྱི་དོན་དངོས།

དངོས་གཙོའི་ལོ་རྒྱུས་ལྟ་བ་ལྟར་ན། སྤྱི་ཚོགས་ཀྱི་གཞི་གྲུབ་ཀྱིས་སྤྱི་ཚོགས་ཀྱི་འདུ་ཤེས་ཐག་གཅོད་བྱེད་ཀྱིན་ཡོད། སྤྱི་ཚོགས་སྒྲིང་བརྗོད་ཐོན་པ་དང་། ཁྱབ་སྤེལ། དར་ཁྱབ་བཅས་ཚང་མ་གང་དེ་གནས་སའི་སྤྱི་ཚོགས་ཀྱི་གནས་སྟངས་དང་འབྲེལ་བ་ཡོད། སྤྱི་ཚོགས་ཀྱི་གནས་སྟངས་དེ་རིགས་ཀྱིས་སྤྱི་ཚོགས་ཀྱི་སྒྲིང་ཕྱོགས་ཐོན་པར་ཆ་རྐྱེན་བསྐྲུན་གྱིན་ཡོད། ཐྲ་ལམ་སྤྱི་ཚོགས་ཀྱི་རྩ་བ་ནི་དངོས་ཡོད་སྤྱི་ཚོགས་ལ་ཐུག་ཡོད་པ་དང་། གང་དེ་དངོས་ཡོད་སྤྱི་ཚོགས་ཀྱི་གྲིབ་གཟུགས་ལྟ་བུ་ཡིན་ལ། དངོས་ཡོད་སྤྱི་ཚོགས་ཀྱི་སྣུར་སྲིང་དང་ལན་ཆ་ལྟ་བུ་ཡང་ཡིན།

བསྒྱུར་བཅོས་སྒོ་འབྱེད་བྱས་ཚུན། རང་རྒྱལ་གྱི་ཆབ་སྲིད་དང་། དཔལ་འབྱོར། རིག་གནས། སྤྱི་ཚོགས། འབྱུང་ཁམས་ཤེས་དཔལ་སོགས་ཁྱབ་ཁོངས་སོ་སོར་གནམ་ས་བླ་འོག་བསྒྱུར་བ་ལྟ་བུའི་འཕོ་འགྱུར་བྱུང་ཡོད་ལ། མྱུར་ཚད་མགྱོགས་པོས་འཕེལ་རྒྱས་ཕྱིན་པ་དེས་ཀྱང་གོའི་ངོ་མཚར་གཏམ་རྒྱུད་བསྐྲུན་ཡོད། མིག་སྔར་རང་རྒྱལ་གྱི་དཔལ་འབྱོར་དེ་ཉིད་འཕར་སྣོན་མྱུར་ཚད་ཀྱི་གདང་རིམ་བརྗེ་བའི་དུས་དང་། གྲུབ་གཞི་ལེགས་སྒྲིག་བྱེད་པའི་དཀའ་

ཁག་གི་དུས། དུས་མཚམས་གོང་མའི་སྐྱུལ་འདེད་སྲིད་ཇུས་འཕྲོད་སྦྱོར་གྱི་དུས་བཅས་དུས་གསུམ་མཉམ་འཁེལ་གྱི་དུས་མཚམས་སུ་སླེབས་ཡོད་པས། གྱི་སྤྱི་ཚོགས་ཀྱི་འགལ་བ་དང་། སྟོབས་ཤུགས་ཀྱི་འགྲན་རྩོད། ཁེ་ཕན་སྒྲིམ་སྒྲིག་བཅས་མཉམ་དུ་ཐོན་བཞིན་ཡོད་པ་སྟེ། དེའི་མངོན་ཚུལ་ཡང་། གཅིག་ནས་དཔལ་འབྱོར་སྤྱི་ཚོགས་ཀྱི་འཕེལ་འགྱུར་མགྱོགས་དྲགས་པའི་རྐྱེན་གྱིས། སྤྱི་ཚོགས་ཀྱི་ཚད་ལྡན་ཅན་དང་སྤྱི་ཚོགས་ཀྱི་རིན་ཐང་སྣེ་མང་ཅན་དུ་གྱུར་ཡོད་པས། སྤྱི་ཚོགས་ཀྱི་ལྟེ་བའི་རིན་ཐང་ལྟ་བར་གཡོ་འགུལ་ཐེབས་ཉེན་ཡོད། གཉིས་ནས་དཔལ་འབྱོར་སྤྱི་ཚོགས་གོང་འཕེལ་ཐད་གྲུབ་གཞིའི་རང་བཞིན་གྱི་ངོ་སྒོམས་མེད་པའི་གནད་དོན་ཐོན་ཉེན་ཡོད་པ་དང་། དཔལ་འབྱོར་འཕར་སྣོན་དང་སྤྱི་ཚོགས་ཀྱི་ཁོངས་མིའི་ཚོགས་སྤྱི་ཁག་བར་གྱི་ཕན་བདེའི་ཐོབ་ཆའི་ཉེ་བག་ཐོན་ནས། སྤྱི་ཚོགས་ཀྱི་སེམས་ཁྲལ་འདུ་ཤེས་ཟམ་མི་ཆད་པར་ཇེ་ཆེར་འགྲོ་བ། གསུམ་ནས་སྤྱི་ཚོགས་ཀྱི་ཐོན་ཁུངས་བགོ་བཤའ་ཐད་སྟང་ལས་ལྷག་པར་དྲང་སྒོམས་དགོས། དེ་ལྟ་མིན་ཚེ་སྤྱི་ཚོགས་ཀྱི་ཉམ་ཐག་མི་ཚོགས་ཀྱི་བདེ་སྐྱིད་དང་ཐོབ་སྐྱིད་ཤོར་ནས་སྤྱི་ཚོགས་ཀྱི་འགལ་བ་ཟམ་མི་ཆད་པར་ཆེ་རུ་འགྲོ་ཉེན་ཡོད།

2. དྲ་དམངས་ཀྱི་སེམས་ཁམས།

དྲ་ལམ་གླིང་ཕྱོགས་ནི་དྲ་དམངས་ཀྱི་སེམས་ཁམས་ཁྱད་ཆོས་ཕྱིར་མངོན་ཚུལ་ཞིག་ཡིན། གྲུང་གོའི་དྲ་ལམ་ཆ་འཕྲིན་ལྟེ་གནས་ཀྱིས་ལོ་བྱེད་ནང་《གྲུང་གོའི་དྲ་ལམ་གོང་འཕེལ་གནས་ཚུལ་གྱི་བསྡོམས་རྩིས་སྙན་ཞུ》ཐེངས་རེ་སྤེལ་གྱིན་ཡོད་པ་དང་། 2020ལོའི་ཟླ3པར་སྤེལ་བའི་གཞི་གྲངས་ལྟར་ན། རང་རྒྱལ་གྱི་དྲ་དམངས་ཀྱི་སྤྱི་འབོར་དུང་ཕྱུར9ལས་བརྒལ་ཡོད་པ་རེད། མིག་སྔར་རང་རྒྱལ་གྱི་དྲ་དམངས་ཀྱི་སེམས་ཁམས་སྤྱིའི་ཉམས་སྣང་ནི་རང་བཀུར་རང་

རྟེན་དང་། དཔྱོད་ཤེས་ཞི་འཇམ། རྒྱུར་བརྩོན་ཡར་ཐོན་བཅས་རེད། ཡིན་ནའང་བསྒྱུར་བཅོས་གཏིང་ཟབ་སར་སླེབས་སྐབས། དྲ་ལམ་གླེང་ཕྱོགས་ར་བའི་ནང་ལྡོག་ཕྱོགས་ཀྱི་བསམ་ཚུལ་དང་རོལ་རྩེད་བླུར་འཛིན་སོགས་ཀྱི་སེམས་ཁམས་ནི་བསམ་གཞིགས་བྱ་དགོས་པ་ཞིག་རེད།

དྲ་ལམ་གྱིས་མཚོ་འདོན་བྱས་པ་ནི་རྟོག་བཟོའི་ཉམས་སྣང་ལྡན་པའི་འབྲེལ་གཏུག་བྱེད་ཐབས་ཤིག་ཡིན་པས། འབྲེལ་གཏུག་བྱེད་ཐབས་འདི་ལ་ཉེ་འགྲམ་མི་ཚོགས་ལས་བྱུང་བའི་གནོན་ཤུགས་དང་། ཀུན་སྤྱོད་ཀྱི་བཀག་སྡོམ་མང་པོ་ཐེབས་མེད་པས། གླེང་བརྗོད་ཐད་གང་དྲན་ཅན་དང་། དཔྱོད་ཤེས་ཅན་མིན་པའི་ཁྱད་ཆོས་ཡོད་ཅིང་། གང་དེ་ལ་བརྟེན་ནས་ཁོང་ཁྲོ་སངས་ཐབས་བྱེད་པ་དང་། རྟོག་དཔྱོད་མེད་པར་གཞན་རྗེས་འབྲང་བས་པ། ཚང་མས་དེ་འདྲ་བྱེད་པས་ངས་ཀྱང་བྱས་ན་ཁྲིམས་ཆད་མི་ཐོག་སྙམ་པའི་བསམ་བློ་འཆང་བ་སོགས་ཀྱི་རྐྱེན་གྱིས། བསམ་ཚུལ་མཉམ་འགྲུལ་གྱི་སྣང་ཚུལ་ཐོན་ནས། གང་དེ་གླེང་ཕྱོགས་ཀྱི་འབར་རྐྱེན་དུ་འགྱུར་གྱིན་ཡོད། འོན་ཀྱང་ངེས་པར་དུ་ཁས་ལེན་དགོས་པ་ཞིག་ནི། བཀག་སྡོམ་མེད་པའི་དྲ་ལམ་བར་ཁམས་དེས་མི་རྣམས་ལ་སྐྱོ་གཏམ་བཤད་ས་དང་སེམས་ནང་གི་སྐྱོ་ངལ་སངས་པའི་ལམ་བུ་ཞིག་མཚོ་འདོན་བྱས་ཡོད་པ་དང་། དེར་སེམས་ངལ་སངས་པར་བྱེད་པའི་ནུས་པ་ཡང་ལྡན་ནོ། །

3. བརྒྱུད་སྤེལ་སྨན་བྱད།

དྲ་ལམ་ནི་གླེང་ཕྱོགས་མཚོན་བྱེད་ཀྱི་གཞི་རྟེན་ཞིག་ཡིན་ལ། སྤྱི་ཚོགས་ཀྱི་བསམ་ཚུལ་ཐོ་འགོད་དང་བརྟག་ཞིབ་བྱེད་པའི་རྟེགས་བུ་དང་ཐབས་ལམ་གལ་ཆེན་ཞིག་ཀྱང་ཡིན། དྲ་ལམ་དང་དེའི་ཉེར་སྤྱོད་ཀྱིས་སྟོང་པའི་ཆ་འཕྲིན་བརྒྱུད་སྤེལ་གྱི་གསར་བརྗེ་དེས་སྟུར་གྱི་ངེས་ཤེས་མགོ་རྟིང་སློག་ཡོད་པ་དང་།

དྲ་ལམ་སྤྱོད་མཁན་དག་གཞན་དབང་གིས་སྒྱི་ཚོགས་ཆ་འཕྲིན་སྤྲོད་ལེན་བྱེད་མཁན་དང་འདོད་སྤྱོད་བྱེད་མཁན་ནས་སློ་བུར་དུ་རང་དབང་གིས་ཆ་འཕྲིན་འཚོལ་བཤེར་བྱེད་མཁན་དང་། མཉམ་སྤྱོད་བྱེད་མཁན། བཟོ་རིས་བྱེད་མཁན་བཅས་སུ་གྱུར་ཡོད།

ལག་རྩལ་གྱི་འཕེལ་རིམ་ནས་བལྟས་ན། དྲ་ལམ་དེ་ཉིད་Web 1.0 ནས་Web 2.0བར་གོང་འཕེལ་ཕྱིན་པའི་བརྒྱུད་རིམ་ནང་། "Sབཞི" ཡི་འཕེལ་འགྱུར་བརྒྱུད་རིམ་བརྒྱུད་ཡོད་དེ། ལྟ་བ་(See) ནས་བཤེར་བ་(Search) དང་། དེ་ནས་མཉམ་སྤྱོད་(Share) དང་། མཇུག་ཏུ་སྤྱི་འབྲེལ་(Social) གྱི་ནུས་པའི་བར་རྒྱ་བསྐྱེད་བྱུས་ཡོད། དེའི་དཔེ་རིས་གཤམ་གསལ།

དཔེ་རིས།1 – 1 དྲ་རྒྱ4Sཡི་འཕེལ་འགྱུར་བརྒྱུད་རིམ།

ཉེ་བའི་ལོ་ཤས་ནང་སྒྲུལ་འཁྱེར་དྲ་ལམ་དར་བ་དང་བསྟུན་ནས་རིག་ནུས་ལག་ཁྱེར་ཁ་པར་སོགས་མཐའ་སྣེའི་སྒྲིག་ཆས་ཁག་གོང་འཕེལ་མྱུར་པོ་ཕྱིན་པ་དེས། བརྒྱུད་སྤེལ་གྱི་འགྲོས་མགྱོགས་དང་སྤྱི་འབྲེལ་གྱི་རྩོག་ཟིང་སྟེར་ལས་མངོན་གསལ་དོད་པོར་ཕྱིན་ཡོད་པ་དང་། དྲ་ལམ་གླེང་ཕྱོགས་དེ་ཟམ་མི་ཆད་པར་སིལ་བུ་ཅན་དང་སྙིང་གསང་ཅན་དུ་གྱུར་ཡོད། ཕྱོགས་གཅིག་ནས་སྒྲུལ་འཁྱེར་དྲ་ལམ་མགྱོགས་ཤིང་སྟབས་བདེ་རུ་ཕྱིན་པ་དང་། རིག་ནུས་ལག་འཁྱེར་ཁ་པར་སྤྱོད་མཁན་ཇེ་མང་དུ་ཕྱིན་པ། སྤྱི་འབྲེལ་སྙན་སྦྱོར་གྱི་ཆ་འཕྲིན་སིལ་བུ་ཅན་དུ་གྱུར་བ་བཅས་ཀྱི་དབང་གིས། ཐོལ་བྱུང་དོན་རྐྱེན་དང་ཚོགས་ར་

དངོས་ཀྱི་བྱེད་སྒོ་མང་པོ་སྲུས་ཀྱང་ཐད་གཏོང་ཐུབ་པར་གྱུར་ཅིང་། སྒྱུར་མགྱོགས་བརྒྱུད་སྤེལ་གྱི་གནས་སྟངས་ཤིག་གྲུབ་ཡོད། ཕྱོགས་གཞན་ཞིག་ནས་སྒྲུལ་འཁྱེར་མཐའ་སྣེ་ཁག་བོངས་ཆུང་ལ། འཁྱེར་བདེ་བ། སྙེར་གསང་ཅན་ཡིན་པ། སྒྲུལ་འཁྱེར་དྲ་ལམ་སྤྱད་ནས་སྤྱི་འབྲེལ་བྱེད་སྐབས་གཙོ་བོ་ངོ་ཤེས་པན་ཚུན་སྤེལ་མཐུད་བྱེད་བཞིན་ཡོད་པས། ཆ་འཕྲིན་ནི་སྒེར་གསང་གི་ཚོགས་པ་ཆུང་ཆུང་གི་ནང་ནས་བརྒྱུད་ཁྱབ་བྱེད་དེ། རིམ་པས་འགྲེང་གཟུགས་ཅན་གྱི་སློང་ཕྱོགས་འཕྱུང་ཁམས་གྲུབ་ཀྱིན་ཡོད། དེ་དང་ཆབས་ཅིག་ཏུ་གཞི་གྲངས་ཆེན་མོའི་དུས་རབས་ནང་དྲ་ལམ་ཆ་འཕྲིན་ཡོང་ཁུངས་སྣར་ལས་ཕུན་སུམ་ཛེ་ཚོགས་སུ་ཕྱིན་ཡོད་པས། ཆ་ཕྱོགས་མང་པོའི་གཞི་གྲངས་རྡབ་འདུས་ཀྱི་རྐྱེན་ལས་དྲ་ལམ་སློང་ཕྱོགས་ལ་རྒྱུན་མཐུད་དང་འགྱུར་ལྡོག་འགྲོ་བཞིན་ཡོད།

གསུམ། རང་རྒྱལ་གྱི་དྲ་ལམ་སློང་ཕྱོགས་སྤྱིའི་ཁྱད་ཆོས།

དྲ་ལམ་མཉམ་རོལ་དང་། ཕྱོགས་མང་། སྤེལ་རེས་བཅས་ཀྱི་ཁྱད་ཆོས་ལྡན་པས། དྲ་ལམ་སློང་ཕྱོགས་ར་བ་དེར་ཀུན་ཞུགས་ཚོག་པའི་ཁྱད་ཆོས་ལྡན་པར་གྱུར་ཡོད། ཡིན་ནའང་མིའི་རིགས་ཀྱི་ཚོ་པ་ཁག་བར་ཆབ་སྲིད་དང་། དཔལ་འབྱོར། རིག་གནས་སོགས་ཐད་ནས་ཧེ་བག་ཡོད་པའི་རྐྱེན་གྱིས། རྒྱལ་ཁབ་དང་ས་ཁུལ་ཁག་གི་དྲ་ལམ་སློང་ཕྱོགས་ལ་ཡང་སོ་སོའི་ཁྱད་ཆོས་མི་འདྲ་བ་ལྡན་ཡོད། ཁྱད་ཆོས་དེ་དག་ཁོང་དུ་ཆུད་པར་བྱ་རྒྱུ་ནི་དྲ་ལམ་སློང་ཕྱོགས་རྟོགས་པའི་རྨང་གཞི་གལ་ཆེན་ཞིག་ཡིན། རྒྱལ་ཁབ་ཀྱི་གནས་བབ་དང་བྲུང་འབྲེལ་བྱས་ན། རང་རྒྱལ་གྱི་དྲ་ལམ་སློང་ཕྱོགས་ལ་གཤམ་གསལ་གྱི་ཁྱད་ཆོས་གཙོ་བོ་བཞི་ཡོད་དེ།

1. གླིང་ཕྱོགས་ར་བ་གཉིས་ཏེ། གླིང་བརྗོད་མ་ལག་གི་བྱེས་བྲལ་དང་གླིལ་རེས།

མིག་སྔར་རང་རྒྱལ་གྱི་བྲ་ལམ་གླིང་ཕྱོགས་ལ་ཐབས་ལམ་གཉིས་ཡོད་དེ། དེ་གཉིས་ལ་བྲ་ལམ་གླིང་ཕྱོགས་ར་བ་གཉིས་ཟེར། གཅིག་ནི་ཧྲང་གི་ཚོགས་པར་དང་། རྒྱལ་ཁབ་བརྙན་འཕྲིན་ལས་ཁུངས། རྒྱལ་ཁབ་གསར་འགྱུར་ལས་ཁུངས། དེ་བཞིན་གཙོ་རྒྱུག་སྨྱན་སྦྱོར་རིམ་ཁག་བཅས་ལས་གྲུབ་པའི་གླིང་ཕྱོགས་ར་བ་ཡིན་ཏེ། དཔེར་ན། 《མི་དམངས་ཉིན་རེའི་ཚགས་པར》དང་། ཤིན་ཧྭ་གསར་འགྱུར་ཁང་། དེ་བཞིན་སྨྱན་སྦྱོར་དེ་དག་གི་གཞུང་ཕྱོགས་པོད་ཕྲན་དང་། འཕྲིན་ཕྲན་སྤྱི་སྟེགས་སོགས་ཡིན་པ་དང་། དེ་དག་གི་འགན་འཁྲི་གཙོ་བོ་ནི་ཧྲང་དང་སྲིད་གཞུང་གི་བྱེད་ཕྱོགས་སྲིད་ཇུས་དྲིལ་སྒྲོག་དང་། སྤྱི་ཚོགས་རིང་ལུགས་ཀྱི་རྩ་བའི་རིན་ཐང་ལྟ་བ་བརྒྱུད་སྤེལ། གླིང་ཕྱོགས་ཀྱི་ཁ་ཕྱོགས་དང་གླིང་ཕྱོགས་ཀྱི་འགྲོ་ཕྱོགས་ལ་ཁྲིད་སྟོན་བྱ་རྒྱུ་དེ་ཡིན། གཞན་ཞིག་ནི་དམངས་ཁྲོད་ཀྱི་གླིང་ཕྱོགས་ར་བ་དེ་ཡིན། དེ་ཡང་དྲ་དམངས་ཀྱིས་པོད་ཕྲན་དང་། འཕྲིན་ཕྲན་སོགས་བརྒྱུད་ནས་སྐབས་དོན་གསར་འགྱུར་ལ་བགྲོ་གླིང་བྱེད་པ་དང་། མཚང་འབྱིན་སྐྱོན་སྟོན་བྱེད་པ། སྤྱི་པའི་དོ་དམ་ལ་དཔྱད་བརྗོད་སྤེལ་བ་དེ་ཡིན། གླིང་ཕྱོགས་ཀྱི་ར་བ་དེ་གཉིས་མཉམ་དུ་གནས་ཡོད་ལ། སོ་སོའི་གླིང་བརྗོད་མ་ལག་ཡོད་པ་སྟེ། གཅིག་ནི་གཙོ་རྒྱུག་དང་གཞུང་ཕྱོགས། གཞན་ཞིག་ནི་རོལ་རྩེད་དང་དམངས་ཁྲོད་ཅེས་པ་དེ་ཡིན། བསམ་འཆར་འདོན་མཁན་གྱི་ལངས་ཕྱོགས་དང་། ལྟ་ཚུལ། དེ་བཞིན་ཆེད་ལས་ཀྱི་ཚུ་ཚད་ཐད་ཧེ་བག་ཡོད་པའི་དབང་གིས། གླིང་ཕྱོགས་ར་བ་དེ་གཉིས་ཀྱིས་བཏོན་པའི་ལྟ་ཚུལ་ལ་རྒྱུན་དུ་ཚད་གཞི་མི་འདྲ་བའི་ཧེ་བག་ཡོང་བ་དང་། སྐབས་རེ་ཐ་ན་ཡོངས་སུ་ཕྱོག་ཕྱོགས་སུ་ཕྱིན་པ་ཡང་ཡོང་བཞིན་ཡོད། དུས་རྒྱུན་དྲ་ཐོག་

ཏུ་ཀུན་གྱིས་དོ་སྣང་བྱེད་པའི་གནད་དོན་ཐོན་ཅིང་། མང་ཚོགས་ཀྱིས་དོན་དངོས་གནས་ཚུལ་ཤེས་འདོད་པའི་སྐབས་སུ། གཙོ་རྒྱུག་སྨྱན་སྦྱོར་གྱིས་ཆ་འཕྲིན་དུས་ཐོག་ཏུ་མ་སྤེལ་བའམ་ཡང་ན་ཆ་འཕྲིན་གསལ་པོ་མ་སྤེལ་ཚེ། གླིང་ཕྱོགས་ར་བ་གཉིས་པོས་རང་གཏམ་རང་བཟོད་བྱེད་པ་དང་། ཐ་ན་ཆ་འཕྲིན་འགལ་ཟླའི་གནས་ཚུལ་ཡང་ཐོན་གྱིན་ཡོད།

ཁས་ལེན་བྱེད་རིན་ཡོད་པ་ཞིག་ནི། ཉེ་བའི་ལོ་ཤས་ནང་གླིང་ཕྱོགས་ར་བ་དེ་གཉིས་བར་ཕན་ཚུན་འབྲེལ་གཏུག་དང་། སྤེལ་རེས། མཉམ་སྦྱོད་བཅས་བྱེད་པའི་དགེ་མཚན་ལྡན་པའི་མཉམ་འགྲུལ་ཤུགས་ཆེ་རུ་འགྲོ་བཞིན་ཡོད་དེ། གཙོ་རྒྱུག་སྨྱན་སྦྱོར་གྱིས་དམངས་ཁྲོད་ཀྱི་གླིང་ཕྱོགས་ར་བ་བརྒྱུད་སྤྱི་དམངས་ཀྱི་རེ་བ་རྒྱུས་ལོན་བྱེད་པ་མ་ཟད། རེ་བ་དེ་དག་ལ་གཞིགས་ནས་དོགས་གནད་སེལ་བ་དང་། དམངས་ཁྲོད་ཀྱི་གླིང་ཕྱོགས་ར་བས་ཀྱང་གཙོ་རྒྱུག་གླིང་ཕྱོགས་ར་བའི་ལན་ཆར་གཞིགས་ནས། རིམ་པར་དཔྱོད་ཤེས་དང་དྲང་གཞག་གི་ཕྱོགས་སུ་བསྐྱོད་པ་དང་། དེ་གཉིས་བར་དྲང་ནུས་ཤུགས་ཆེར་བཏང་བའི་ཕན་འབྲས་ཐོན་པ་དེ་ཡིན། དཔེར་ན། 2018ལོར་ཅང་སུའུ་ཁྲུན་ཧྲན་གྱི་དགྲ་ཤ་ལེན་པའི་གྱོད་གཞི་དེའི་ཐད། དྲ་དམངས་འཁོར་ཆེན་དང་གཞུང་ཕྱོགས་པོད་ཕྲན་གྱིས་ཕན་ཚུན་མཉམ་འགྲུལ་བྱས་པ་དང་། དོན་རྐྱེན་དེ་ཐག་གཅོད་བྱེད་པའི་བརྒྱུད་རིམ་ཧྲིལ་པོའི་ནང་མཐུན་སྦྱོར་གྱི་ནུས་པ་གལ་ཆེན་ཐོན་ཡོད་ཅིང་། སྤྱི་ཚོགས་ནས་ལུགས་མཐུན་རང་སྲུང་ཐད་ཀྱི་བཅའ་ཁྲིམས་ཀྱི་མཚམས་འཇེད་ཐད་དཔྱོད་ཤེས་ངང་གྲོས་བསྡུར་བྱ་རྒྱུར་སྐུལ་མ་བཏང་ཡོད། དེའི་རྗེས་2019ལོར་ཆེས་མཐོའི་མི་དམངས་ཞིབ་དཔྱོད་ཁང་གི་ལས་དོན་སྙན་ཞུའི་ནང་། ཁྲུན་ཧྲན་གྱི་གྱེན་གསོད་གྱོད་གཞི་དེ་ལུགས་མཐུན་རང་སྲུང་གི་དཔེ་མཚོན་གྱོད་གཞིར་བཞག་ནས་ཁྱབ་བསྒྲགས་བྱས་ཡོད།

2. མཛུབ་རྩེའི་དམངས་གསོ་སྟེ། ཆབ་སྲིད་ལ་ཞེ་ཕུགས་བྱེད་པའི་རང་གྲུབ་ཐབས་ལམ།

ཀྲུང་གོའི་ཁྱད་ཆོས་ལྡན་པའི་སྤྱི་ཚོགས་རིང་ལུགས་ཀྱི་དམངས་གཙོའི་ཆབ་སྲིད་ཀྱིས་རང་རྒྱལ་གྱི་སྤྱི་དམངས་རྣམས་སྤྱི་ཚོགས་ལས་དོན་དང་སྤྱི་པའི་ཧྲུས་ཐག་གཅོད་པར་ཞུགས་རྒྱུར་ལམ་ལུགས་ཀྱིས་འགན་སྲུང་གནང་ཡོད། དོན་དངོས་སུ་དྲ་ལམ་སྟེགས་བུའི་ནུས་ཡོད་ཐབས་ལམ་འདི་སྤྱད་དེ། དྲ་དམངས་མང་པོས་ཐབས་འདོན་ཧྲུས་འབུལ་བྱེད་པ་དང་། ཆབ་སྲིད་ཀྱི་ལྟ་ཚུལ་བརྗོད་པ། ཡང་ན་སྤྱི་ཚོགས་ཀྱི་གནད་དོན་དང་སྤྱི་ཚོགས་ཀྱི་སྣང་ཚུལ་ཁག་གཅིག་ལ་གྲོས་བསྡུར་བྱེད་ཅིང་། རྩོད་གླེང་འཁྲུག་པོ་ཞིག་བྱས་ཐོག་གང་དེའི་ཤུགས་རྐྱེན་ཆེ་རུ་གཏོང་ཐབས་བྱེད་པ། ཡང་ན་དྲ་བའི་གླིང་ཕྱོགས་བརྒྱུད་སྲིད་གཞུང་གིས་དབང་ཆ་ལག་བསྟར་བྱ་རྒྱུར་ལྟ་སྐུལ་བྱེད་པ་དང་། སྤྱི་པའི་ཧྲུས་ཐག་གཅོད་རྒྱུར་ཤུགས་རྐྱེན་ཐེབས་རེ་བྱེད་བཞིན་ཡོད། དེའི་ཐད་ཀྱི་དཔེ་མཚོན་དོན་གཞི་ནི2003ལོར་སུན་གྲི་གང་གྲོངས་པའི་དོན་རྐྱེན་དེར་དྲ་གྲོགས་ཀྱིས་གྲོས་བསྡུར་ཛ་དྲག་བྱས་པ་བརྒྱུད། བསྡུ་ཉར་ཡུལ་སྐྱོང་གི་ལམ་ལུགས་མེད་པ་བཟོས་ཡོད། ད་དུང་2018ལོར་མྱུར་བགྲོད་མེ་འཁོར་གྱི་བཞུགས་སྟེགས་བཙན་བཟུང་བྱེད་པའི་དོན་རྐྱེན་མང་པོ་ཐོན་པ་དེས་ཀྲུང་ས་གནས་སྲིད་གཞུང་དང་འབྲེལ་ཡོད་སྡེ་ཁག་ནས་བསྒྱུར་བཅོས་བྱ་རྒྱུར་སྐུལ་མ་བཏང་ཡོད་དེ། 2019ལོར《ཀོང་ཀྲོའུ་གྲོང་ཁྱེར་གྱི་སྤྱི་པའི་ཡིད་རྟོན་ཆ་འཕྲིན་དོ་དམ་ཐད་ཀྱི་གཏན་འབེབས》ནང་། སྤྱི་སྤྱོད་འགྲིམ་འགྲུལ་འཁོར་རིགས་ནང་སྡོད་སྐབས་མི་གཞན་གྱི་ལག་འཁྱེར་ཁྱེར་བའམ། ལག་འཁྱེར་རྫུན་མ་ཁྱེར་ནས་འཁོར་རིགས་ནང་འཛུལ་བ། མི་གཞན་གྱི་བཞུགས་སྟེགས་བཙན་འཛུགས་བྱེད་པ་སོགས་སྤྱི་པའི་འགྲིམ་འགྲུལ་སྒྲིག་ལམ་ལ་འགོག་རྐྱེན་བཟོ་བའམ་བདེ་འཇགས་

ཀྱི་ཐོག་ནས་འཁོར་རིགས་གཏོང་རྒྱུར་ཤུགས་རྐྱེན་བཟོ་བའི་རིགས་ཐོན་ཚོ་དོན་རྐྱེན་བཟོ་མཁན་དེ་ཡིད་རྟོན་མི་རུང་བའི་མིང་ཐོའི་ནང་འཇུག་རྒྱུའི་སྐོར་བཏོན་ཡོད།

དྭ་ལམ་གླིང་ཕྱོགས་བརྒྱུད་དེ་ཆབ་སྲིད་ནང་ཐེ་ཞུགས་བྱེད་པ་དེར་ཐེ་ཞུགས་ཆ་རྐྱེན་དམའ་ལ། ནུས་འབྲས་ཆེ་བ་དང་། འདྲ་མཉམ་ཡིན་པ། ཐེ་ཞུགས་བྱེད་མཁན་གྱི་གཞིས་ཁུངས་གསལ་པོ་མེད་པ་སོགས་ཀྱི་ཁྱད་ཆོས་ལྡན་པ་དང་། མི་སུ་ཞིག་གིས་ཀྱང་མཇུབ་མོ་སྐྱུལ་ཙམ་བྱས་ན། དཔྱད་བརྗོད་དང་། བརྒྱུད་སྐུར། མཉམ་སྦྱོད་བཅས་བྱེད་ཐུབ་པས། དམངས་འདོད་འབྱམས་ཀླས་པ་གཅིག་སྤུད་བྱེད་ཅིང་། དོན་རྐྱེན་དངོས་ཀྱི་འཕེལ་ཕྱོགས་ལ་ཤུགས་རྐྱེན་ཐེབས་ཀྱིན་ཡོད། ཡིན་ནའང་ཉེ་བའི་ལོ་ཤས་ནང་དྭ་ལམ་གླིང་ཕྱོགས་སུ་ཆབ་སྲིད་ཅན་ཐལ་དྲགས་པའི་འཕེལ་ཕྱོགས་ངེས་ཅན་ཐོན་བཞིན་ཡོད་དེ། ཆབ་སྲིད་གནད་དོན་མིན་པ་དག་ལ་ཡང་ཆབ་སྲིད་ཅན་གྱི་འགྲེལ་བརྗོད་བྱས་ནས། གནད་དོན་འགའ་རེའི་འབྱུང་རྐྱེན་དང་འགལ་རྐྱེན་དེ་ཆབ་སྲིད་ཀྱི་ལམ་ལུགས་དང་སྲིག་གཞིའི་ཕྱོགས་ལ་སྦྱོར་གང་ཐུབ་བྱས་པས། དོན་དངོས་ཀྱི་གནད་དོན་དག་དྭ་ལམ་གླིང་ཕྱོགས་ཁོར་ཡུག་ནང་དེ་བས་རྙོག་འཛིང་ཆེ་བར་འགྱུར་བཞིན་ཡོད་ཅིང་། དེས་སྤྱི་པའི་བཙོས་སྐྱོང་ཐད་ཚོད་བགམ་གསར་པ་བཟོ་བཞིན་ཡོད།

3. རྗེ་ཁྲུ་གཅིག་གིས་རྒྱབས་རིས་བྲངས་མེད་སློང་བ་སྟེ། སྤྱི་ཚོགས་སེམས་ཁྲལ་དང་དགོད་ཤེས་མིན་པའི་གླེང་གཞི་བཏོན་པ།

སྤྱི་ཚོགས་ལ་འགྱུར་ལྡོག་འགྲོ་བའི་དུས་སུ་རིམ་གྲས་མི་འདྲ་བ་ཁག་གིས་དོན་དངོས་འཚོ་བའི་ཁྲོད་ཀྱི་སེམས་ཁྲལ་དང་ངས་འཚབ་དང་འཁྲུག་ཉེར་ཐོབ་པའི་སྣང་བ་མཐའ་དག་དྭ་ལམ་ནང་འདོན་གྱི་ཡོད། དྭ་ལམ་གླིང་ཕྱོགས་ནི་དེ་

ལྟ་བུའི་སྤྱི་ཚོགས་ཀྱི་བསམ་ཚུལ་དག་ཏྲ་ལམ་བར་ཁམས་སུ་མངོན་ཚུལ་ཞིག་ཡིན་ཞིང་། མང་ཚོགས་ཀྱི་སེམས་ཁམས་དང་སྤྱི་ཚོགས་ཀྱི་འགལ་བ་གསལ་བའི་མེ་ལོང་ལྟ་བུ་ཡིན། བརྒྱུད་སྤེལ་རིག་པའི་ཕྱོགས་ནས་བལྟས་ན། ཏྲ་ལམ་གླིང་ཕྱོགས་ནི་སྔར་བཞིན་སྤྱི་བྱིངས་བརྒྱུད་སྤེལ་གྱི་ཁོངས་སུ་གཏོགས་པ་དང་། དོན་དངོས་འཚོ་བའི་ནང་དོ་སྣང་དང་ཐག་གཅོད་ཐོབ་དཀའ་བའི་གནད་དོན་དག་ཏྲ་ལམ་ཐོག་སྤེལ་ཞིང་དེར་སྒྲོ་བཏགས་བྱས་ནས་སྤྱི་ཚོགས་ཀྱི་དོ་སྣང་ཐོབ་ཅེ་ཐུབ་བྱེད་ཀྱིན་ཡོད།

དུས་མཚུངས་སུ་ཏྲ་ལམ་གླིང་ཕྱོགས་ནི་སྤྱི་ཚོགས་གནས་ཚུལ་གྱི་ཆ་ཤས་ཙམ་གྱི་མཚོན་ཚུལ་ཞིག་ཡིན་པ་ལས་ཡོད་ཚད་ཀྱི་མཚོན་ཚུལ་ཞིག་མིན་ཞིང་། མཚོན་ཚུལ་དེ་ནི་ཕྱོགས་རེ་བའི་མཚོན་ཚུལ་ཞིག་རེད། ཏྲ་ལམ་ལ་རྟོག་བཟོ་རང་བཞིན་ལྡན་པ་དང་། ཏྲ་དམངས་ཀྱི་མིང་དང་གཞིས་ཁུངས་སོགས་ལ་གབ་སྦས་རང་བཞིན་ལྡན་པས། ཏྲ་རྒྱ་དེ་ཉིད་མི་རེ་འགས་མི་འདོད་པའི་རྣམ་འགྱུར་སྟོན་སར་འགྱུར་གྱིན་ཡོད་ལ། དེ་དག་ཁྲིད་རྒྱུན་དུ་དཔྱོད་ཤེས་དང་བྲལ་བའི་གཏམ་བརྫོད་འགའ་ཐོན་བཞིན་ཡོད། ཐ་ན་འགའ་རེས་ཏྲ་རྒྱ་སྤྱད་ནས་ཆ་འཕྲིན་རྫུན་མ་དང་དཀྲོག་གཏམ་སྤེལ་ནས། སྤྱི་ཚོགས་ཀྱི་སྒྲིག་ལམ་ལ་ཤུགས་རྐྱེན་ངན་པ་བཟོ་བཞིན་ཡོད། ཏྲ་ལམ་བར་ཁམས་ནང་ཏྲ་དམངས་ཀྱིས་རང་ཉིད་ལ་ཐུན་མོང་གི་ཁྱད་ཆོས་ཤིག་ཡོད་པར་ངོས་འཛིན་བྱེད་པ་དང་། སྤེལ་རེས་བྱེད་པའི་བརྒྱུད་རིམ་ནང་གཅིག་མཐུན་གྱི་ལྟ་བ་བྱུང་ཚེ། དེ་ལྟ་བུའི་སྤྱི་ཡོངས་ཀྱི་འདུ་ཤེས་དེ་ཤུགས་ཆེར་བཏང་ནས། གཏམ་བརྫོད་ཀྱི་སྟོབས་ཤུགས་ཆེན་པོ་ཞིག་གཅིག་སྡུད་ཐུབ་པ་བྱེད་ཀྱིན་ཡོད། སྤྱི་པའི་དོན་རྐྱེན་དང་ཁྱུ་ཚོགས་རང་བཞིན་གྱི་དོན་རྐྱེན་ཐོན་པ་དང་ཤུགས་ཆེར་འགྲོ་བའི་བརྒྱུད་རིམ་ནང་། རྟག་པར་ཏྲ་ཐོག་ཏུ་སྤེལ་རེས་བྱེད་པ་དང་། ཏྲ་འོག་ཏུ་བྱ་སྤྱོད་སྤེལ་

པའི་གནས་ཚུལ་ཐོན་བཞིན་ཡོད་ཅིང་། གླེང་ཕྱོགས་བཟོ་བའི་ནུས་པ་དང་སྒྲིག་འཛུགས་སྐྱུལ་སྐྱོང་གི་ནུས་པ་ཆེན་པོ་ཡོད་པ་རེད།

4. གཅིག་མ་འདྲ་བས་གོད་ལ་གཅིག་ལྡབས་པ་སྟེ། གླེང་ཕྱོགས་ཀྱི་གནས་བབ་ལ་ཁ་གཏད་གཅོག་རྒྱུ་དེས་སྲིད་གཞུང་གི་ཡིད་རྟོན་ལ་གནོད་པ།

ཉེ་བའི་ལོ་ཤས་ནང་སྲིད་གཞུང་སྡེ་ཁག་འགའ་རེས་དྲ་ལམ་གླེང་ཕྱོགས་སྣ་གསང་བྱེད་པ་དང་། དེ་དང་ལྡོག་པར་དོན་རྐྱེན་དང་འབྲེལ་བ་ཡོད་མཁན་གྱིས་དྲ་རྒྱ་སྤྱད་དེ་དུས་ཐུང་ནང་ཐེར་འདོན་བསྒྲུད་མར་བྱས་ཏེ། དོན་རྐྱེན་ལ་ལྡོག་ཕྱོགས་ཀྱི་འགྱུར་ལྡོག་བཏང་བ་དང་གླེང་ཕྱོགས་ཀྱི་མཐོ་སར་འཛེགས་པའི་གནས་ཚུལ་ཐོན་པ་གཅིག་གཉིས་ཙམ་མིན་ལ། ཐ་ན་སྲིད་གཞུང་གིས་བྱས་པའི་ལན་ཆ་འགའ་རེས་ཀྱང་གླེང་ཕྱོགས་སྟོན་པ་བཟོ་བཞིན་ཡོད། དཔེར་ན། 2016ལོའི་ལོ་མགོར། ཏའར་པིང་གི་ཉའི་རིན་གོང་ཚད་ལས་འདས་པའི་དོན་རྐྱེན་དེ་ལས་སླ་པོར་ཞོད་འཇགས་བྱུང་མེད་ཅིང་། མཐར་དྲ་དམངས་ཀྱིས་བཤད་པའི་ཁ་ལག་བཟའ་སྐབས་མགོ་བསྐོར་ཐོག་བྱུང་ཞེས་པའི་སྐད་ཆ་དེ་བདེན་པ་ཡིན་པར་ར་སྤྲོད་བྱས་ཡོད་ལ། གཞུང་ཕྱོགས་ཀྱི་ལན་ཆ་ཐེངས་གཉིས་པ་དེས་བརྟག་དཔྱད་ཐེངས་དང་པོའི་མཇུག་འབྲས་ཁྲ་སློག་བྱས་པས། གཞུང་ཕྱོགས་ཀྱི་ཡིད་རྟོན་ལ་ཤུགས་རྐྱེན་ངན་པ་ཐེབས་ཡོད།

དེ་མིན་དྲ་ལམ་གླེང་ཕྱོགས་ཀྱི་ཉམས་ཞིབ་མདུན་དུ། སྲིད་གཞུང་གིས་ལན་ཆ་བྱ་རྒྱུ་འགྱངས་དྲགས་པ་དང་། ལན་ཆ་ནོར་བ། ཁ་གཏད་གཅོག་འགོར་བ། ཁྲལ་སེལ་སླ་བཅོས་བྱས་པ་སོགས་ཀྱིས་ཀྱང་གླེང་ཕྱོགས་ཚབས་ཆེ་རུ་འགྲོ་རྒྱུར་དུས་ཚོད་མཁོ་འདོན་བྱེད་པ་དང་། བདེན་པ་རང་ལ་ཡོད་ཀྱང་དགོངས་དག་ཐུགས་བདེན་ཞུ་དགོས་པའི་སྣང་ཚུལ་ཏེ། ངན་ལོར་གྱིས་བཟང་ལོར་བསྒྲད་པའི་སྣང་ཚུལ་ཐོན་གྱི་ཡོད་པ་དང་། (མཚན་1པ།) དེ་ལྟར་དབང་

གྲགས་ལྡན་པའི་ཆ་འཕྲིན་ལ་དཀྲིག་གཏམ་དང་རྫུན་གཏམ་གྱི་ཚུར་རྒོལ་ཡང་ཡང་ཐོག་བཞིན་ཡོད། དཔེར་ན། 2015ལོར་ཐེན་ཅིན་གྲུ་ཁའི་8 · 12ཉའི་ཉེའི་ཀུང་སིའི་ཉེན་ལྡན་དངོས་པོའི་མཛོད་ཁང་ནང་ཚབས་ཆེའི་མེ་སྐྱོན་བྱུང་ནས་འབར་གས་བྱུང་བའི་ཉིན་དེའི་དགོང་མོ། བརྙན་མཐོང་སྣ་ཚོགས་དྲ་ཐོག་ཏུ་ཁྱབ་པ་དང་། དེ་དག་ལ་དྲ་གྲོགས་མང་པོས་དོ་སྣང་བྱས་ཡོད། དེར་བརྟེན། ཆག་སྐྱོའི་འབྱུང་རྐྱེན་དང་མོད་ཤི་རྨས་གནས་ཚུལ་སོགས་ཀྱི་ཐད་སྲིད་གཞུང་སྡེ་ཁག་གིས་ལམ་སང་ལན་ཆ་བྱ་དགོས་མོད། ཡིན་ནའང་དོན་རྐྱེན་ཐོན་སྟེ་ཆུ་ཚོད་17ཕྱིན་རྗེས་ས་གནས་དེའི་སྲིད་གཞུང་གིས་གཞི་ནས་གསར་འགྱུར་ཁྱབ་བསྒྲགས་ཚོགས་འདུ་འཚོགས་ཡོད། དེ་མ་ཟད་དྲི་བ་འདོན་པའི་སྐབས་ཐད་གཏོང་བརྡ་རྟགས་ཆད་པ་དང་། ཆ་འཕྲིན་གྱི་གནད་ཆ་ཚང་པོ་མེད་པ། གནད་འགག་མི་སྣ་ཐོན་མེད་པ་སོགས་ཀྱི་རྐྱེན་པས། འབར་གས་ཁྲོད་ནས་ཐོན་པའི་དུག་ལྡན་དངོས་པོ་གྲོང་ཁྱུལ་དུ་སླེབས་ཡོད་ཟེར་བ་དང་། འབར་གས་དེ་འཇིགས་སྐུལ་བ་དང་འབྲེལ་བ་ཡོད་ཟེར་བ་སོགས་དཀྲིག་གཏམ་དེ་དག་བཀག་འགོག་ནུས་ལྡན་ཐུབ་མེད་པ་དང་། ད་དུང་དོགས་འདྲི་བྱེད་མཁན་མང་པོ་བྱུང་བས་དེས་དོན་རྐྱེན་གྱི་རྗེས་མཐུད་ཐག་གཅོད་ལས་དོན་ལ་འགོག་རྐྱེན་བཟོས་པ་ལྟ་བུ་རེད།

དོན་ཚན་གཉིས་པ། ཉ་ལམ་གླིང་ཕྱོགས་གྲུབ་པའི་རྨང་གཞི།

ཉ་ལམ་གླིང་ཕྱོགས་གྲུབ་པར་ཉ་ལམ་དང་དེའི་ཉེར་སྤྱོད་ལག་རྩལ་གྱི་རྒྱུ་རྐྱེན་ཡོད་པ་དང་། ལག་རྩལ་གྱི་རྒྱུ་རྐྱེན་ཕུད། ད་དུང་ང་ཚོས་སྤྱི་ཚོགས་ཀྱི་རྒྱུ་རྐྱེན་ལ་བསམ་གཞིགས་བྱ་དགོས་པ་སྟེ། སྤྱི་ཚོགས་ལ་འགྱུར་ལྡོག་ཆེན་པོ་འགྲོ་

སྐབས་སྤྱི་ཚོགས་ཀྱི་གྲུབ་གཞི་དང་ངེས་ཤེས་སོ་སོར་གྱིས་འགྲོ་བ་དེས་མི་ཚོགས་འགའ་ཞས་ལ་བཟུ་གནོག་བྱས་པའི་སྣང་བ་དང་། སེམས་ཁྲལ་གྱི་སྣང་བ་ཡོང་བ་དང་། དེ་ལྟར་མི་ཚོགས་དེ་དག་གི་ཐོབ་ཚོར་དང་སྐྱིད་ཚོར་ཆུང་དུ་འགྲོ་བཞིན་ཡོད། དེའི་ཐོག་སྤྱི་དམངས་ཀྱི་དབང་ཆའི་འདུ་ཤེས་ཆེ་རུ་ཕྱིན་པ་དང་། རེ་འདོད་མཆོན་པར་བྱེད་པའི་འདུན་པ་ཤུགས་ཆེར་ཕྱིན་པ། དེ་བཞིན་སྤྱི་ཚོགས་ཀྱི་ཉེན་ཁ་གསར་པ་ཐོན་པ་སོགས་རྒྱུ་རྐྱེན་དེ་དག་གིས་རང་རྒྱལ་གྱི་དྲ་ལམ་གླིང་ཕྱོགས་གྲུབ་པ་དང་འཕེལ་རྒྱས་འགྲོ་བའི་སྤྱི་ཚོགས་ཀྱི་ཁོར་ཡུག་བསྐྲུན་ཡོད།

གཅིག སྤྱི་ཚོགས་ལ་འགྱུར་ལྡོག་ཆེན་པོ་འགྲོ་བའི་རྒྱབ་ལྗོངས་དང་མང་ཚོགས་ཀྱི་ངེས་ཤེས་ཀྱི་འགྱུར་ལྡོག

2018ལོ་ནི་རང་རྒྱལ་གྱིས་བསྒྱུར་བཅོས་སྒོ་དབྱེ་བྱས་ནས་ལོ་ངོ་40འཁོར་བའི་ལོ་ཞིག་དང་། 2019ལོ་ནི་ཀྲུང་ཧྭ་མི་དམངས་སྤྱི་མཐུན་རྒྱལ་ཁབ་དབུ་བརྙེས་ནས་ལོ་ངོ་70འཁོར་བའི་ལོ་ཡིན། 2020ལོ་ནི་རང་རྒྱལ་གྱིས་འབྱོར་འབྲིང་སྤྱི་ཚོགས་ཁྱོན་ཡོངས་ནས་བསྐྲུན་ཚར་བའི་ལོ་དང་ལོ་ལྔ་ཚན་གྱི་འཆར་འགོད་བཅུ་གསུམ་པ་མཇུག་བསྡུ་བའི་ལོ་ཡིན་ལ། ལོ་བརྒྱ་དང་པོའི་འབད་འཐབ་དམིགས་འབེན་མངོན་འགྱུར་ཡོང་བ་བྱེད་པའི་འགག་རྩའི་ལོ་ཞིག་ཀྱང་ཡིན།

རྒྱལ་ཁབ་དང་མི་རིགས་བསྐྱར་དར་ཡོང་བ་དང་ཆབས་ཅིག། རང་རྒྱལ་གྱི་སྤྱི་ཚོགས་དཔལ་འབྱོར་གོང་འཕེལ་ཐད་ལ་ཡང་སྔ་ན་མེད་པའི་འགྱུར་ལྡོག་འགྲོ་བཞིན་ཡོད། འགྱུར་ལྡོག་ཆེན་པོ་འདིའི་ཁྲོད། རང་རྒྱལ་གྱི་སྤྱི་ཚོགས་ཀྱི་གྲུབ་གཞིར་ཟམ་མི་ཆད་པར་འགྱུར་ལྡོག་འགྲོ་བ་དང་། ཆབ་སྲིད་དང་།

དཔལ་འབྱོར། འདུ་ཤེས་འཛིན་སྟངས་བཅས་ཚད་མཐོའི་སྟེབ་འདྲེས་བྱས་པའི་སྤྱི་ཚོགས་ཀྱི་ཁྲོན་ཡོངས་ངེས་ཤེས་དེ་སྔར་ལས་སྟེ་མང་ཅན་གྱི་ཕྱོགས་སུ་འགྱུར་ལྡོག་འགྲོ་བཞིན་ཡོད།

དུས་རབས་ལ་འཕེལ་འགྱུར་འགྲོ་བ་དང་བསྟུན་ནས། སྟེ་མང་གི་སྤྱི་ཚོགས་གྲུབ་གཞིར་ངེས་མེད་རང་བཞིན་དེ་བས་མང་བ་འཕྲད་ཡོད་པ་དང་། དེའི་ཤུགས་རྐྱེན་ཡང་གླེང་ཕྱོགས་ར་བར་ཁྱབ་བཞིན་ཡོད་པ་མ་ཟད། དེ་དྲ་ལམ་གླེང་ཕྱོགས་བརྒྱུད་མགྱོགས་མྱུར་ངང་མངོན་གསལ་དོད་པོར་འགྲོ་བཞིན་ཡོད། སྲིག་ལམ་གསར་རྙིང་བར་དང་། སྤྱི་ཚོགས་རིམ་གྲས་བར། གྲོང་ཁྱེར་དང་གྲོང་གསེབ་བར། དངོས་པོ་དང་རིག་གནས་བར། དཔལ་འབྱོར་གོང་འཕེལ་དང་སྤྱི་ཚོགས་གོང་འཕེལ་བར་སོགས་སུ་ཡོངས་ཁྱབ་ངང་ངེས་གཏན་མེད་པ་དང་། ངོ་སྙོམས་མེད་པ། མཐུན་སྒྲིག་མེད་པ། ཐ་ན་གདོང་ཐུག་འབྱུང་བ་སོགས་ཀྱི་སྣང་ཚུལ་ཐོན་གྱིན་ཡོད་ཅིང་། སྤྱི་པའི་གྲོས་གཞི་དག་གཅིག་རྗེས་གཉིས་མཐུད་ཀྱིས་དྲ་ལམ་གླེང་ཕྱོགས་ནང་མངོན་པ་དང་། སྤྱི་ཚོགས་འགན་སྲུང་ལམ་ལུགས་ཀྱི་བསྒྱུར་བཅོས་དང་། སྨན་བཅོས་འཕྲོད་བསྟེན་གྱི་བསྒྱུར་བཅོས། གཞུང་ཁོངས་ཁེ་ལས་ཀྱི་བསྒྱུར་བཅོས། མཐོ་རྒྱུགས་ཀྱི་བསྒྱུར་བཅོས་སོགས་གཏིང་རིམ་གྱི་གླེང་གཞི་ཁག་ལ་དོ་སྣང་བྱེད་མཁན་ཧ་ཅང་མང་པོ་ཡོད། དེ་དང་ཆབས་ཅིག་དངོས་པོའི་འབྱོར་པ་ཇེ་ཆེར་ཕྱིན་པ་དེས་ཀྱང་རང་བཞིན་ངང་མི་རྣམས་ནས་སྤྱི་ཚོགས་ཀྱི་སྣང་ཚུལ་ལ་འཛིན་པའི་ལྟ་སྟངས་ལ་འགྱུར་བ་བཏང་བས། དབུལ་ཕྱུག་ཧེ་བག་དང་། ཡོང་འབབ་བགོ་འགྲེམ་སོགས་ཀྱི་གླེང་གཞི་དག་ལ་ཡང་སྤྱི་གྲོས་དང་ལབ་གླེང་སྣ་ཚོགས་ཡོང་བཞིན་ཡོད་ལ། དྲ་ལམ་གླེང་ཕྱོགས་ཁྲོད་དེ་དག་ལ་མཚན་རྟགས་སྣ་ཚོགས་བཀོད་པས། སྤྱི་ཚོགས་གནད་དོན་ཐད་འགྲེལ་བཤད་བྱེད་སྐབས་ཡོ་

འཕྲོག་དང་། ཐ་ན་རེ་ཚད་ཀྱི་སྣང་ཚུལ་ངེས་ཅན་ཐོན་བཞིན་ཡོད།

དྲ་ལམ་སྒྲིང་ཕྱོགས་ཀྱི་དོན་རྐྱེན་ཁྲོད། གདོང་ཐུག་རང་བཞིན་ལྡན་པའི་དངོས་ཡོད་ གནད་ དོན་ ཁག་ ཀུན་ སྒྲིང་ གནད་ དོན་ དུ་ འགྱུར་ སླ་ བ་ ཡོད་ དེ། དཔེར་ན། ཁང་པ་བཤིག་སྒྲོ་དང་། ས་ཞིས་ཁ་གཡོགས་ཀྱི་གྲོད་གཞི། བུད་མེད་ལ་མཐོང་ཆུང་བྱེད་པ་སོགས་ལྟ་བུའོ། །གནད་དོན་དེ་དག་ནི་རྒྱ་མཚོའི་ངོས་སུ་མངོན་པའི་འཁྱགས་རིའི་རྩེའི་ཟུར་ཙམ་ཡིན་ལ། རྒྱ་མཚོའི་འོག་གི་འཁྱག་རི་སྟེ། གནད་དོན་གྱི་རྒྱབ་ཕྱོགས་སུ་གནས་པ་ནི་སྤྱི་ཚོགས་ཀྱི་འགྱུར་ལྡོག་ལས་བྱུང་བའི་ངེས་ཤེས་ཀྱི་འགྱུར་ལྡོག་དེ་ཡིན་ཞིང་། གང་དེ་དྲ་ལམ་སྒྲིང་ཕྱོགས་གྲུབ་པ་དང་འཕེལ་བར་ཤུགས་རྐྱེན་ཐེབས་པའི་གཏིང་རིམ་གྱི་རྒྱུ་རྐྱེན་དག་རེད།

དྲ་ལམ་སྒྲིང་ཕྱོགས་ར་བའི་ནང་། གནད་དོན་ཆེས་ཆུང་ཙག་ཅིག་ཡིན་ནང་། སྤྱི་ཚོགས་ཀྱི་ཚོར་སྣང་སྐྱེན་ས་ཞིག་ལ་རེག་ཐུག་བྱུང་ཚེ་སྒྲིང་ཕྱོགས་ཀྱི་དོན་རྐྱེན་ཐོན་ཉེན་ཡོད། ཞིབ་འཇུག་པ་ཞིག་གིས་བརྗོད་པར། སྤྱི་ཚོགས་ཀྱི་འགྱུར་ལྡོག་དང་། དཔལ་འབྱོར་འཕོར་ལམ་བརྗེ་བསྒྱུར་སོགས་ཀྱི་གནད་དོན་ནི་རང་རྒྱལ་གྱི་ཁྲོ་ཚོགས་རང་བཞིན་གྱི་དོན་རྐྱེན་ཐོན་པའི་རྩ་བའི་རྒྱུ་རྐྱེན་ཡིན་པ་དང་། དངོས་ཡོད་སྤྱི་ཚོགས་ཀྱི་ཉེན་ཁ་ཚབས་ཆེ་རུ་འགྲོ་བ་དེ་དྲ་ལམ་སྒྲིང་ཕྱོགས་གྲུབ་པའི་གཞི་རྩའི་རྒྱུ་རྐྱེན་དེ་ཡིན།[5] ཞིབ་ཕྲའི་ཐོག་ནས་བཤད་ན། ཁྲོ་ཚོགས་རང་བཞིན་གྱི་ཐོལ་བྱུང་དོན་རྐྱེན་གྱི་འབྱུང་རྐྱེན་དེ་གཙོ་བོར་ཕྱོགས་གསུམ་ནས་མངོན་པ་སྟེ། གཅིག་ནི་ཁེ་ཕན་དོ་སྙོམས་མེད་པ་དེ་མངོན་གསལ་དོད་རྗེས་ཡིན་པ་དང་། ཚབས་ཅིག་དེ་དག་དྲ་རྒྱར་བརྟེན་ནས་མཚོན་པར་བྱས་པ། གཉིས་ནི་གཞི་རིམ་བཅོས་སྐྱོང་ཐད་ཀྱི་འགལ་བ་མངོན་གསལ་དོད་པོ་ཡོད་པ་དང་། མང་ཚོགས་ནས་སྲིད་གཞུང་ལ་ཡིད་ཆེས་མེད་པར་གྱུར་བ

དང་། མ་འཇོད་པའི་རྣམ་འགྱུར་དག་དྲ་ཐོག་ཏུ་མངོན་པ། གསུམ་ནི་གཞུང་ཕྱོགས་ཀྱི་གླིང་ཕྱོགས་ར་བ་དང་དྲ་ལམ་གླིང་ཕྱོགས་གཉིས་ཐ་དད་དུ་གྱུར་བ་དང་། དེའི་སྐོར་དྲ་བའི་གླིང་ཕྱོགས་གླིང་མཁན་ཁྲིད་ཐོན་པ་མ་ཟད། གཞུང་ཕྱོགས་གླིང་ཕྱོགས་ནས་སྐབས་བསྟུན་ལན་ཆ་དུས་ཐོག་ཏུ་བྱེད་མ་ཐུབ་ཚེ། དྲ་ལམ་གླིང་ཕྱོགས་ཁྲིད་དོགས་སློང་བྱེད་མཁན་ཡོང་བཞིན་ཡོད།

དེ་མ་ཟད་སྤྱི་ཚོགས་ལ་འགྱུར་ལྡོག་ཆེན་པོ་འགྲོ་བ་དེས་སྤྱི་ཚོགས་ཀྱི་གྲུབ་གཞི་སེལ་བུར་གཏོང་བ་དང་ཆབས་ཅིག། སྤྱི་ཚོགས་ཀྱི་ཁོངས་མིའི་འདུ་ཤེས་ཀྱང་ཁ་བྲལ་དུ་འགྱུར་བའི་སྒྱུར་ཚད་མགྱོགས་སུ་གཏོང་བཞིན་ཡོད། དེ་ལྟ་བུའི་ཁ་ཐོར་བའི་རིམ་གྲས་འདུ་ཤེས་དེ་རིགས་ཀྱིས་དྲ་ལམ་གླིང་ཕྱོགས་ལ་ཐེབས་པའི་ཤུགས་རྐྱེན་ནི་མངོན་གསལ་དོད་པོས་ཡིན། རིམ་གྲས་མི་འདྲ་བས་རང་ངོས་ཀྱི་ཐོབ་ཐང་ལ་འཛིན་པའི་ངེས་ཤེས་མི་འདྲ་ལ། ཕན་ཚུན་བར་དུའང་ཐོབ་ཐང་ཐད་ཀྱི་ངེས་ཤེས་མི་འདྲ་བ་ཡོང་སྲིད། དེ་ལྟར་ཤུགས་དྲག་ཕྱུ་ཚོགས་དང་ཉམ་ཐག་ཕྱུ་ཚོགས་ཀྱི་དབྱེ་བ་འབྱུང་བ་མ་ཟད། གཞིས་ཁུངས་དང་། ལས་རིགས། ཡོང་འབབ་སོགས་ཀྱི་རྐྱེན་ལས་བྱུང་བའི་སེམས་ཁམས་ཐོག་གི་རྒྱང་ཁྱད་ཡོང་བཞིན་ཡོད། དྲ་ལམ་གླིང་ཕྱོགས་ཀྱི་ཀུན་གླིང་དོན་རྐྱེན་ཁྲིད། ཚ་གླིང་གི་རྐྱེན་གཙོ་བོ་དེ་དངོས་ཡོད་ནང་ཐོན་པའི་སྣང་ཚུལ་དེ་མིན་པར། དྲ་ལམ་བར་ཁམས་ནང་རུབ་འདུས་བྱས་པའི་དྲ་དམངས་ཀྱི་ཚོགས་སྤྱིའི་བསམ་འཆར་དེ་དང་། དེ་བཞིན་དེའི་རྐྱེན་ལས་ཐོན་པའི་དྲ་ཐོག་དྲ་འོག་གི་མཇུག་འགྲུལ་དེ་རེད། མཇུག་འགྲུལ་དེ་རིགས་མི་རྣམས་ཀྱི་འཚོ་བའི་ཁྲིད་རིམ་པས་ཐོན་པ་ཞིག་ཡིན་ཞིང་། ཕྱི་ཚུལ་ནས་བལྟས་ཚེ་མི་ཕལ་པས་རང་ཉིད་ལ་འཕྲད་པའི་གནད་དོན་ལ་འཁང་ར་བྱེད་པ་ལྟར་དུ་སྣང་། ཡིན་ནའང་གང་དེ་དྲ་ལམ་གླིང་ཕྱོགས་ནང་སླེབས་ཚེ་སྣང་ཚུང་བྱ་མི་རུང་བའི་སྟོབས་ཤུགས་གཅིག

སྤུད་ཅིག་ཏུ་འགྱུར་གྱིན་ཡོད། ཚ་ཚ་ཞུར་ཞུར་གྱི་རྟོག་བཟོས་པར་ཁམས་དེས་སྤྱི་ཚོགས་ཀྱི་ཉམ་ཐག་ཁྲུ་ཚོགས་ལ་གདམ་བརྗོད་ལ་བརྟེན་ནས་འཁང་སེམས་མཚོན་པར་བྱེད་པའི་ར་བ་གལ་ཆེན་ཞིག་མགོ་འདོན་བྱས་ཡོད། སྤྱིར་ཉམ་ཐག་ཁྲུ་ཚོགས་ཀྱི་ཁེ་ཕན་ཐད་ཀྱི་རེ་འདུན་མཚོན་པར་བྱེད་པའི་ཐབས་ལམ་ཐོབ་ཁག་པོ་ཡོད། ཡིན་ནའང་དྲ་ལམ་གྱིས་སྒྲིང་ཕྱོགས་བསྡུ་རུབ་དང་། དམངས་འདོད་མཚོན་པར་བྱེད་ཅིང་། དེ་ལྟ་བུའི་སྟོབས་ཤུགས་དེ་ཚད་གཞི་ངེས་ཅན་ཞིག་ལ་སླེབས་ཚེ་སྲིད་གཞུང་གིས་ཐོས་ཀྱིན་ཡོད།[6] དྲ་ལམ་སྒྲིང་ཕྱོགས་ར་བའི་ལྟ་ཚུལ་གཅིག་སྤུད་ནུས་པ་དེས་དོན་རྐྱེན་བར་འབྲེལ་བ་བཟོ་སླ་བས་སྤྱི་ཚོགས་ལ་ཤུགས་རྐྱེན་ཐེབས་ཀྱིན་ཡོད།

གཉིས། སྤྱི་འབབས་ཀྱི་ཁེ་ཕན་བརྩོན་ལེན་དང་བརྒྱུད་སྤེལ་བྱ་ཐབས་ཀྱི་གསར་བརྗེ།

སྤྱི་ཚོགས་ཀྱི་གྲུབ་གཞི་ལེགས་སྒྲིག་དང་གྱེས་འགྱུར་གྱིས་སྤྱི་པའི་བཅོས་སྐྱོང་ལ་འགྲན་རྩོད་བཟོ་བ་མ་ཟད། སྔ་མང་སྤྱི་ཚོགས་འགྲུབ་རྒྱུར་སྐྱུལ་འདེད་གཏོང་བཞིན་ཡོད། མི་སྒེར་གྱི་རང་ཚུགས་འདུ་ཤེས་ཟམ་མི་ཆད་པར་ཤུགས་ཆེར་འགྲོ་བ་དང་། མི་དེ་བས་མང་པོས་རང་ཉིད་སྒེར་གྱི་རེ་སྒྲིག་དང་འཚོ་བའི་ སྟུས་ཚད་ཐད་དང་དོད་བྱེད་འགོ་ཚུགས་ཡོད། དེ་ལྟ་བུའི་སྒེར་གཤིས་ཅན་གྱི་འཕེལ་རིམ་དེས་དེ་ལས་ལྡོག་སྟེ་སྤྱི་ཚོགས་ཀྱི་གྲུབ་གཞི་གྱེས་འགྱུར་མགྱོགས་སུ་གཏོང་བཞིན་ཡོད། སྤྱི་ཚོགས་རིང་ལུགས་ཁྲིམ་རའི་དཔལ་འབྱོར་བསྒྱུར་བཅོས་ཀྱི་སྐྱུལ་ཁྲིད་འོག ཐོན་ཁུངས་བསྐྱར་དུ་བགོ་འགྲེམ་བྱེད་པ་དེས་ཁེ་ཕན་ཁྲུ་ཚོགས་གྲུབ་པ་དང་གྱེས་པར་སྐྱུལ་འདེད་གཏོང་བ་དང་། དེ་ལྟ་བུའི་གྱེས་འགྱུར་གྱིས་སླར་ཡང་སྤྱི་ཚོགས་ཀྱི་གྲུབ་ཆ་ཕུན་སུམ་ཇེ་ཚོགས་སུ་གཏོང་

བཞིན་ཡོད། ཁ་པན་རེ་འདོད་མཆོན་ཐབས་སྐོར་གཉིས་ཅན་དང་སྣེ་མང་ཅན་དུ་འགྱུར་བ་དེས་སྤྱི་ཚོགས་ཁྲིད་ཀྱི་མི་སྐོར་གྱི་འབད་འཐབ་སྙིང་སྟོབས་གསོ་སྐྱེལ་བྱེད་ཅིང་། སྤྱི་ཚོགས་རྟེལ་པོ་གོང་འཕེལ་ཡོང་རྒྱུར་ཤུགས་རྐྱེན་བཟང་པོ་ཐེབས་ཀྱིན་ཡོད།

ཡིན་ནའང་ཕྱོགས་གཞན་ཞིག་ནས་བཤད་ན། སྐོར་གྱིས་རང་ངོས་ཀྱི་ཁེ་དབང་སྲུང་སྐྱོབ་བྱ་རྒྱུར་དམིགས་ནས། སྣེ་མང་ཅན་གྱི་སྤྱི་ཚོགས་གྲུབ་རྒྱུར་སྐུལ་འདེད་བཏང་ཡོད་པ་དང་། མང་ཚོགས་ཀྱིས་སྐོར་གྱི་ཁེ་དབང་བརྗོན་ལེན་བྱ་ཕྱིར། རང་ཚུགས་རང་བཞིན་དང་རང་བདག་རང་བཞིན་ཟམ་མི་ཆད་པར་ནན་བཤད་བྱེད་པས། རང་ངོས་ཀྱི་ཁེ་དབང་སྲ་བརྟན་དུ་གཏོང་བ་དང་དེར་སྲུང་སྐྱོབ་བྱེད་པའི་འདོད་སྒྲ་ཇེ་དྲག་ཏུ་གྱུར་ཡོད། མང་ཚོགས་ཀྱི་ཁེ་དབང་འདུ་ཤེས་ཟམ་མི་ཆད་པར་ཤུགས་ཆེར་ཕྱིན་པ་དང་བསྟུན་ནས། ཁེ་དབང་བརྗོན་ལེན་གྱི་འདུན་པ་ཟམ་མི་ཆད་པར་ཤུགས་ཆེར་ཕྱིན་ཡོད། ཡིན་ནའང་ས་ཁུལ་ཁག་གི་དཔལ་འབྱོར་དང་། ཆབ་སྲིད། རིག་གནས་བཅས་ཀྱི་གོང་འཕེལ་སྟར་བཞིན་དོ་སྙོམ་པོ་མེད་པས། སྤྱི་ཚོགས་ཀྱི་མིའི་ཁྲུ་ཚོགས་ཁག་གི་ཁེ་དབང་འདུ་ཤེས་ཆེ་ཆུང་གཅིག་མཚུངས་མིན། དཔེར་ན། རང་རྒྱལ་གྱི་གྲོང་ཁྱེར་གྱི་གྲོང་མིའི་ཁེ་དབང་འདུ་ཤེས་གྲོང་གསེབ་ཀྱི་གྲོང་མི་ལས་ཆེ་བ་ཡོད་པ་དང་། ཤར་རྒྱུད་ཀྱི་དཔལ་འབྱོར་དར་རྒྱས་ཆེ་བའི་ས་ཁུལ་གྱི་གྲོང་མིའི་ཁེ་དབང་འདུ་ཤེས་ཀྱང་སྤྱི་ཡོངས་ནས་ནུབ་རྒྱུད་ས་ཁུལ་གྱི་གྲོང་མི་ལས་ཆེ་བ་ཡོད་པ་ལྟ་བུ་རེད།

ཡིག་སྐྱུར་ངོ་བཅར་ཞུ་གཏུག་བྱེད་མཁན་གྱི་འགྱུར་ལྡོག་དཔེར་དྲངས་ན། 2018ལོའི་ཟླ7པར། རང་རྒྱལ་གྱི་ཡིག་སྐྱུར་ངོ་བཅར་ཞུ་གཏུག་ཚུད་ཀྱི་དྲ་ཐོག་ཡིག་སྐྱུར་ངོ་བཅར་ཞུ་གཏུག་ལས་དོན་གྲོས་ཚོགས་ཀྱི་ཆ་འཕྲིན་ལས་གསལ་དོན།

2015ལོར་ཆ་འཕྲིན་མ་ལག་བེད་སྤྱོད་བྱེད་འགོ་བཙུགས་ཚུན། རྒྱལ་ཁབ་ཡིག་སྐྱར་ངོ་བཅར་ཞུ་གཏུག་ཅུད་དང་ཞིང་སྡོངས་དང་གྲོང་ཁྱེར་མང་པོར་དྲ་ཐོག་བརྒྱུད་ཡིག་སྐྱར་ངོ་བཅར་ཞུ་གཏུག་བྱེད་མཁན་གྱི་གྲངས་འབོར་དེས་ཡིག་སྐྱར་ངོ་བཅར་ཞུ་གཏུག་བྱེད་མཁན་གྱི་སྤྱི་འབོར་གྱི་ཕྱེད་ཀ་ལས་བརྒལ་ཡོད་པ་དང་། དྲ་རྒྱ་དེ་མང་ཚོགས་ནས་ཡིག་སྐྱར་ངོ་བཅར་ཞུ་གཏུག་བྱེད་སའི་ཐབས་ལམ་གཙོ་བོར་གྱུར་ཡོད། དྲ་རྒྱ་བརྒྱུད་ཡིག་སྐྱར་ངོ་བཅར་ཞུ་གཏུག་བྱེད་མཁན་མང་དུ་ཕྱིན་པ་དེས་མིག་སྔའི་དྲ་ལམ་གོང་འཕེལ་དེས་ཡིག་སྐྱར་ངོ་བཅར་ཞུ་གཏུག་བྱེད་པའི་ཐབས་ལམ་ཐད་ཤུགས་རྐྱེན་གལ་ཆེན་ཐེབས་པ་མཚོན་ཡོད་ལ། མང་ཚོགས་ཀྱི་ཁེ་དབང་སྲུང་སྐྱོབ་འདུ་ཤེས་ཆེ་རུ་ཕྱིན་པ་ཡང་མཚོན་བཞིན་ཡོད། ཅུང་ཞིབ་ཙམ་འཆད་ན། མིག་སྔར་རང་རྒྱལ་གྱི་གྲོང་ཁྱེར་དང་གྲོང་ཛལ་གྱི་གྲོང་མིས་ཁེ་དབང་སྲུང་སྐྱོབ་བྱེད་པའི་གནད་དོན་གཙོ་བོ་དེ་འཛད་སྤྱོད་ཁེ་དབང་དང་། ཁོར་ཡུག་སྲུང་སྐྱོབ། ངལ་རྩོལ་ཁེ་དབང་སོགས་ཀྱི་ཐད་གཅིག་སྡུད་བྱས་ཡོད་པ་དང་། འགའ་རེས་ཅུང་ཐལ་དྲགས་པའི་བྱ་ཚོགས་རང་བཞིན་གྱི་བྱ་སྤྱོད་སྤེལ་ཡོད་ལ། འགའ་རེས་ཅུང་ཞི་འཇམ་དང་དཔྱོད་ཤེས་ཀྱི་ཐོག་ནས་ཁྲིམས་ལུགས་ཞུ་གཏུག་སོགས་ཀྱི་བྱ་ཐབས་སྤྱད་ཡོད། ཁེ་དབང་ལ་སྲུང་སྐྱོབ་བྱེད་པའི་བརྒྱུད་རིམ་ནང་། ཁེ་དབང་ལ་བཙན་གནོད་ཐོག་པའི་གནད་དོན་དྲ་ལམ་སྣེང་ཕྱོགས་བརྒྱུད་ནས་ཐེར་འདོན་བྱེད་པའི་གནས་ཚུལ་ཡང་རྒྱུན་མཐོང་ཅན་དུ་གྱུར་ཡོད། དེ་དང་བསྟུར་ཆེ། གྲོང་གསེབ་ཀྱི་གྲོང་མིའི་བཅའ་ཁྲིམས་འདུ་ཤེས་སྔར་བཞིན་ཞན་པ་དང་། དྲ་ལམ་ཉེར་སྤྱོད་ཐད་ལ་ཡང་ཆ་རྒྱུས་དེ་ཙམ་མེད་པས། ཁེ་དབང་ལ་སྲུང་སྐྱོབ་བྱེད་པའི་བྱ་ཐབས་སྟོས་བཅས་ཀྱིས་ཐལ་ཆེ་བ་ཡོད། ཡིན་ནའང་སྙལ་འཁྱེར་དྲ་ལམ་ཁྱབ་ཆེར་ཕྱིན་པ་དང་བསྟུན་ནས། གནས་ཚུལ་དེར་རིམ་པས་འགྱུར་ལྡོག་འགྲོ་

བཞིན་ཡོད། སྤྱིའི་ཆ་ནས་བཤད་ན། གྲོང་ཁྱེར་དང་གྲོང་རྡལ་གྱི་གྲོང་མི་ཡིན་ནའང་འདྲ་གྲོང་གསེབ་ཀྱི་གྲོང་མི་ཡིན་ནའང་འདྲ། ཁེ་དབང་གི་འདུ་ཤེས་མཆོན་པར་བྱེད་པའི་ཐད་དྲ་བའི་སྟོབས་ཤུགས་སྤྱོད་རྒྱུར་དོ་སྣང་བྱེད་འགོ་ཚུགས་ཡོད་པ་དང་། མི་དེ་བས་མང་པོས་དྲ་རྒྱ་བརྒྱུད་དེ་རང་ཉིད་ཀྱི་འདོད་སྒྲ་སྒྲོག་བཞིན་ཡོད།

ཁེ་དབང་གི་འདུ་ཤེས་ཤུགས་ཆེར་ཕྱིན་པ་དང་བསྟུན་ཏེ། ཏ་ལམ་གླིང་ཕྱོགས་ཀྱི་ཆབ་སྲིད་བྱེད་ནུས་ཀྱང་རང་རྒྱལ་དུ་རིམ་པས་མངོན་བཞིན་ཡོད། སྟོན་དཔག་ཐུབ་པ་ཞིག་ནི་དེ་ལྟ་བུའི་འཕེལ་ཕྱོགས་དེ་ཤུགས་ཇེ་ཆེར་འགྲོ་ངེས་པ་ལས་ཤུགས་ཆུང་དུ་འགྲོ་མི་སྲིད་པ་ཞིག་ཡིན། ཞིབ་འཇུག་པ་འགའ་རེས། དྲ་རྒྱ་བེད་སྤྱོད་བྱས་པ་བརྒྱུད། དྲ་དམངས་ནས་ཆབ་སྲིད་ནང་ཞེ་ཞུགས་བྱེད་པ་དང་སྲིད་ཇུས་ལ་ཤུགས་རྐྱེན་ཐེབས་པར་བྱེད་པའི་འདོད་འདུན་མངོན་འགྱུར་ཐུབ་པར་དེ་བས་སྟབས་བདེ་སྐྲུན་ཡོད། དཔང་རྟགས་དངོས་ལྡན་གྱི་ཞིབ་འཇུག་ལས་གསལ་བར། རང་རྒྱལ་གྱི་དྲ་དམངས་ལ་ཐབས་འདོན་ནུས་འབུལ་གྱི་འདུན་པ་དྲག་པོ་ཡོད་པ་དང་། དྲ་བའི་གླིང་སྟེགས་ཐོག་ཆབ་སྲིད་ནང་དོན་ལྡན་པའི་གྲོས་གཞིར་དམིགས་བསལ་གྱི་གལ་ཆེའི་རང་བཞིན་དང་སྐུལ་སློང་ནུས་པ་ལྡན་ཡོད་ཅིང་། དེ་དག་ནི་གླིང་ཕྱོགས་ཁེ་དབང་བརྩོན་ལེན་བྱེད་པའི་ནང་ཞུགས་པའི་མཆོན་ཚུལ་ཞིག་ཡིན་ལ། གླིང་ཕྱོགས་ནས་མོས་མཐུན་བྱེད་པའི་མཇུག་འབྲས་དང་མཆོན་སྟངས་ཤིག་ཀྱང་ཡིན་ཞིང་། ཆབ་སྲིད་ཁེ་དབང་བརྩོན་ལེན་གྱིས་ཞིབ་ཕྲའི་སྤྱི་ཚོགས་ཀྱི་དོན་རྐྱེན་སྤྱད་ནས་དྲ་ཐོག་ཏུ་བརྒྱུད་སྤེལ་ཐུབ་པ་དང་། དེ་ལྟར་འགྲན་རྩོད་ཆེན་པོ་ལྡན་པའི་ཕྱི་ཚོགས་རང་བཞིན་གྱི་གླིང་ཕྱོགས་ལ་འགྱུར་གྱིན་ཡོད།[7] 2009ལོ་ནས་བཟུང་། ཏ་ལམ་གླིང་ཕྱོགས་ནང་ཐོན་པའི་འཕྱོར་འཁྲིད་ལ་གྱུར་བར་བརྩིས་པ་ཟེར་བ

དང་། དགེ་ལས་སྒྲུབ་ཡུལ་ལ་བརྩིས་པ་ཟེར་བ་སོགས་ཀྱི་བརྗོད་གཞི་ལས་དྲ་དམངས་ལ་ལྡན་པའི་ཟུར་ཟའི་སེམས་ཁམས་དེ་མངོན་གྱིན་ཡོད། དེ་དང་ཆབས་ཅིག་དྲ་ཐོག་ཏུ་ཁྱབ་ཆེ་བའི་མིང་ཚིག་དེ་དག་ཐོན་པ་དང་ཁྱབ་པ་ལས་དྲ་ལམ་གླེང་སྟེགས་ཀྱི་སྐད་ཤུགས་ཆེ་རུ་ཕྱིན་པ་མཚོན་བཞིན་ཡོད་ཅིང་། སྟོབས་ཤུགས་དེའི་ཤུགས་རྐྱེན་གླེང་སྟེགས་ར་བའི་ཕྱི་རོལ་དུ་ཡུན་རིང་སྣོད་ཀྱི་ཡོད།

ད་ལྟ་མི་རྣམས་ནས་དྲ་ལམ་གླེང་སྟེགས་ཀྱང་ཁྲིམས་མེད་ལུགས་མེད་ཅིག་མིན་པའི་ངོས་འཛིན་དེ་བས་ཟབ་ཏུ་འགྲོ་བཞིན་ཡོད། ཡིན་ནའང་སྒྲུལ་འཁྱེར་དྲ་ལམ་གྱི་རྐྱེན་ལས་བྱུང་བའི་ཚོད་འཛིན་དཀའ་བའི་སྣང་ཚུལ་ཡང་མངོན་གསལ་ཇེ་དོད་དུ་འགྲོ་བཞིན་ཡོད་པ་སྟེ། མཐའ་སྣེ་རེ་རེར་དུས་དང་རྣམ་པ་ཀུན་ཏུ་འགྱུར་ལྡོག་འགྲོ་བཞིན་ཡོད་པ་དང་། དེས་ལྟ་ཚུལ་སྣ་ཚོགས་དུས་ཐོག་ཏུ་སྤེལ་རྒྱུར་སྟོབས་བདེ་སྐྱུན་བཞིན་ཡོད། ལྷག་པར་དུ་སྤྱི་འབྲེལ་དྲ་ཚོགས་ཁག་ཆ་འཕྲིན་སྣ་ཚོགས་ཀྱི་འདུ་གནས་དང་ཁྱབ་ཁོངས་སུ་འགྱུར་བ་དང་། དུས་ཚོད་ཐུང་ཐུང་ནང་དམངས་འདོད་བསྡུ་རུབ་བྱས་ཐོག། མི་སྒེར་གྱི་བསམ་ཚུལ་དེ་དེ་མ་ཉིད་དུ་མི་ཚོགས་ཀྱི་གླེང་གཞིར་འགྱུར་བ་བྱེད་ཐུབ་ཀྱིན་ཡོད། སྤྱི་འབྲེལ་དྲ་ཚོགས་ཀྱི་སྐད་ཆ་དག་སྲིད་གཞུང་སྡེ་ཁག་གིས་སྤྱི་དོན་ཇུས་ཐག་གཅོད་སྐབས་ངེས་པར་དུ་བསམ་གཞིག་བྱ་དགོས་པར་འགྱུར་བཞིན་ཡོད།

གསུམ། ཉེན་ཁའི་རྒྱུ་རྐྱེན་སྣ་ཚོགས་དང་བཙོས་སྐྱོང་གནོན་ཤུགས།

མིའི་རིགས་ཀྱིས་དེང་རབས་ཅན་གྱི་འཕེལ་རིམ་བརྒྱུད་པའི་ཐོག་མའི་དུས་ནས་ཉེན་ཁར་འཛེམ་ཟོན་བྱེད་བཞིན་ཡོད། སྤྱི་ཚོགས་ལ་འགྱུར་ལྡོག་ཆེན་པོ་འགྲོ་བ་དེས་རྐྱེན་པས་རྒྱལ་ཁབ་ལ་བང་རིམ་གཉིས་ཀྱི་ཐོག་ནས་ཉེན་ཁ་འཕྲད་ཀྱིན་ཡོད། དང་པོ་ནི་སྤྱི་ཚོགས་ལ་འགྱུར་ལྡོག་ཆེན་པོ་འགྲོ་བའི་བརྒྱུད་

རིམ་ནང་དེང་རབས་རང་བཞིན་གྱི་ཉེན་ཁ་འཕྲད་པ་ནི་འགོག་ཐབས་མེད་པ་དེ་རེད། བརྒྱུད་རིམ་དེའི་ནང་ཉམས་ཉེན་སྣ་ཚོགས་སྲོལ་རྒྱུན་སྤྱི་ཚོགས་དེང་རབས་སྤྱི་ཚོགས་ལ་འཕོ་འགྱུར་འགྲོ་བ་དང་ཆབས་ཅིག་ཏུ་ཐོན་གྱིན་ཡོད།[8] བསྒྱུར་བཅོས་སྒོ་དབྱེ་བྱས་ཚུན། རང་རྒྱལ་གྱི་སྤྱི་ཚོགས་ཐོན་སྐྱེད་ནུས་ཤུགས་མཚོངས་བཀྲལ་རང་བཞིན་གྱིས་ཆེ་རུ་ཕྱིན་ཡོད་པ་དང་། སྤྱི་ཚོགས་རིང་ལུགས་ཁྲིམ་རའི་དཔལ་འབྱོར་སྒྲིག་གཞི་བསྒྱུར་བཅོས་ཟམ་མི་ཆད་པར་གཏིང་ཟབ་ཏུ་ཕྱིན་པས། རང་རེ་གནས་སའི་སྤྱི་ཚོགས་ཀྱི་འབྲེལ་བ་དེ་བསྐྱར་སྒྲིག་བྱ་དགོས་པར་གྱུར་ཡོད་ལ། སྤྱི་ཚོགས་དང་རང་བྱུང་ཁམས་སོགས་ཆ་ཕྱོགས་ཁག་གི་འབྲེལ་བར་ཡང་དཀའ་ཉེན་གསར་པ་འཕྲད་ཡོད། ཐོན་སྐྱེད་ནུས་ཤུགས་གོང་འཕེལ་འགྲོ་བ་བྱ་དགོས་ན་ས་ཆ་དང་ནུས་རྒྱུ་སོགས་གཞི་རྩའི་རྒྱུ་ཆ་དག་ལ་གཏོང་སྒོ་རྒྱུན་མཐུད་ངང་གཏོང་དགོས་པ་དང་། དེ་དང་ཆབས་ཅིག་ཁོར་ཡུག་སྣང་བཅོག་དང་། ཐོན་ཁུངས་ཟད་གྲོན། བཟོ་བཤའ་བཏང་སྐྱོམས་སོགས་ལས་བྱུང་བའི་གནོད་ཤུགས་ཀྱང་རིམ་པས་མངོན་པ་དང་། དེས་སྤྱི་ཚོགས་དཔལ་འབྱོར་གོང་འཕེལ་ལ་དེ་ལས་ལྡོག་པའི་འགོག་རྐྱེན་བཟོ་བཞིན་ཡོད། ཟས་རིགས་བདེ་འཇགས་དང་། ཁང་རིན་འཕར་ཆག སྨན་རིན་མཐོ་བ། སྨན་བཅོས་རིན་པ་མཐོ་བ། བུ་བཙལ་ཁང་དང་སློབ་གྲྭར་ཞུགས་དཀའ་བ་སོགས་དམངས་འཚོའི་གནད་དོན་དེ་དག་དྲ་ལམ་གླེང་ཕྱོགས་ཐོག་གི་ཚ་གླེང་བྱ་གཞིར་འགྱུར་བ་དང་། མང་ཚོགས་ནས་རྒྱུན་མཐུད་ངང་དེ་དག་ལ་དོ་སྣང་བྱེད་ཀྱིན་ཡོད།

མིག་སྔར། རང་རྒྱལ་གྱི་བསྒྱུར་བཅོས་དེ་འགག་གནད་དུས་དང་གཏིང་རིམ་ཁུལ་དུ་སླེབས་ཡོད། ཆབ་སྲིད་བཅོས་སྒྱུར་ནུས་པ་སྔར་བས་ཆེ་རུ་གཏོང་རྒྱུ་དང་། སྲིད་གཞུང་མགོ་བསྐྱུ་དང་དབང་ཆ་གཤམ་སྤྲོད་བྱེད་པ་བརྒྱུད་

བཅོས་སྐྱོང་བྱ་ཐབས་ལེགས་བཅོས་བྱ་རྒྱུའི་ཐད་ནས་བཤད་ན། ཀྲུང་དབྱང་གིས་ཐོན་ཁུངས་བགོ་འགྲེམ་དབང་ཆ་ཐམ་མི་ཆད་པར་ས་གནས་ལ་གཤམ་སྤྲོད་བྱས་པས། ས་གནས་སྲིད་གཞུང་དེ་བཅོས་སྐྱོང་བྱེད་མཁན་གཙོ་བོར་གྱུར་ཡོད་པ་མ་ཟད། ལྷོས་བཅས་ཀྱི་བཅོས་སྐྱོང་གི་ཉེན་འགན་ཡང་འཁུར་དགོས་པར་གྱུར་ཡོད། དེས་སྲིད་གཞུང་གི་ངོ་དམ་འགན་ནུས་དང་ཞབས་ཞུའི་འོས་འགན་ངོ་སྙམ་པོར་འགྱུར་རྒྱུར་སྐུལ་མ་ཐེབས་ཡོད་ལ། དེ་དང་ཆབས་ཅིག་ས་གནས་སྲིད་གཞུང་ཡང་ཁེ་དབང་འདུ་ཤེས་ཐམ་མི་ཆད་པར་ཆེ་རུ་འགྲོ་བའི་མང་ཚོགས་དང་ཐད་ཀར་གདོང་གཏད་དགོས་པར་གྱུར་ཡོད་ཅིང་། ཟླ་ལམ་གླིང་ཕྱོགས་ཁྲིད་ཀྱི་དམངས་འདོད་ལས་བྱུང་བའི་ཚོད་བགམ་དང་དུ་ལེན་དགོས་པར་གྱུར་ཡོད། མཁས་དབང་ཞིག་གིས། དཔོན་རིགས་བཅོས་སྐྱོང་དབང་ཆ་དང་མང་ཚོགས་བཅོས་སྐྱོང་དབང་ཆ་གཉིས་ཁག་སོ་སོར་བཀོད་སྒྲིག་བྱས་པ་དེ་གཞི་རྩའི་ཁྲུད་ཆོས་སུ་གྱུར་བའི་གོང་འོག་སོ་སོར་བཅོས་སྐྱོང་བྱེད་པའི་བཅོས་སྐྱོང་སྒྲིག་གཞིའི་ནང་སྲིད་འཛིན་ཉེན་ཁ་ཆུང་དུ་གཏོང་བའི་སྒྲིག་གཞི་གཉིས་ཚོད་ཡོད་པ་སྟེ། སྲིད་འཛིན་ཉེན་ཁ་ཁ་གཏོར་གཏོང་བ་དང་། རང་འགུལ་གྱིས་དབང་ཆ་གཅིག་སྡུད་སྙོམ་སྒྲིག་བྱེད་པའི་སྒྲིག་གཞི་གཉིས་ཡིན། དེ་ནི་རྒྱལ་ཁབ་ཀྱི་བཅོས་སྐྱོང་སྒྲིག་གཞི་ཡུན་རིང་བརྟན་པོ་ཡོང་རྒྱུར་ཕན་པ་ཡོད་པ་ཞིག་ཡིན་ཞེས་གསུངས།[9] མིག་སྔའི་ཆ་ནས་བཤད་ན། གཞི་རིམ་སྲིད་གཞུང་མི་ཉུང་བའི་སྤྱི་པའི་བཅོས་སྐྱོང་ནུས་པ་ཆུང་ཞན་པོ་ཡོད་པ་དང་། དེ་ལེགས་སུ་འགྲོ་བའི་སྒྱུར་ཚད་འགོར་ཞིང་། ཀྲུང་དབྱང་གི་གོམ་སྟབས་ཀྱི་རྗེས་ཟིན་གྱིན་མེད་པས། གང་དེ་གཞི་རིམ་བཅོས་སྐྱོང་གི་མངོན་གསལ་དོད་པའི་གནད་དོན་དེར་གྱུར་ཡོད། དེ་དག་ཁྲིད་ཁྲུ་ཚོགས་རང་བཞིན་གྱི་དོན་རྐྱེན་དེ་གཞི་རིམ་གྱི་བཅོས་སྐྱོང་འགལ་བ་ཕྱི་ཕྱོགས་སུ་མངོན་ཚུལ་གལ་ཆེན་ཞིག་ཡིན་པ་མ་ཟད།

དྲ་ལམ་གླིང་ཕྱོགས་ཀྱི་སྐྱུལ་འདེད་འོག་རྒྱ་ཁྱབ་དང་ཁ་ཐོར་དུ་འགྲོ་བའི་སྣང་ཚུལ་མངོན་གྱིན་ཡོད། དེའི་ནང་དམིགས་སུ་གཏན་འཁེལ་བའི་ཁེ་དབང་བཙོན་ལེན་བྱེད་པའི་དབང་སྲུང་བྱ་སྤྱོད་དང་། ངེས་གཏན་མེད་པའི་ཁེ་དབང་བཙོན་ལེན་བྱེད་པའི་བྱུང་རྒྱལ་དབང་སྲུང་བྱ་སྤྱོད། དེ་བཞིན་ས་གནས་སྲིད་གཞུང་གི་བྱེད་སྟངས་ཡག་པོ་མ་བྱུང་བའི་རྐྱེན་ལས་བྱུང་བའི་བསམ་འཆར་རང་བཞིན་གྱི་འདུ་འཛོམས་སོགས་ཚུད་ཡོད། དོན་རྐྱེན་དེ་དག་དྲ་ལམ་གླིང་ཕྱོགས་བརྒྱུད་ཚབས་ཆེ་རུ་ཕྱིན་ནས། སྤྱི་ཚོགས་བདེ་འཇགས་ལ་བརྡབ་གསིག་ངེས་ཅན་བཟོ་བཞིན་ཡོད།

དྲ་ལམ་གླིང་ཕྱོགས་ནི་དོན་རྐྱེན་ཞིག་གམ་གནད་དོན་ཞིག་ལས་བྱུང་བ་སྟེ། དྲ་ལམ་གླིང་ཕྱོགས་ནི་ཞིབ་ཕྲའི་དོན་རྐྱེན་ཞིག་གིས་རྐྱེན་བྱས་ཏེ་ཐོན་པ་ཞིག་ཡིན།[10] སྤྱི་པའི་བཅོས་སྐྱོང་ཁྲོད་ཐོལ་བྱུང་དོན་རྐྱེན་གྱི་རྐྱེན་ལས་བྱུང་བའི་དྲ་བའི་གླིང་ཕྱོགས་དཔེར་དྲངས་ན། ཐོལ་བྱུང་དོན་རྐྱེན་ནི་དྲ་བའི་གླིང་ཕྱོགས་ཐོན་པའི་རྒྱུ་རྐྱེན་ཞིག་ཡིན་ཞིང་། དོན་རྐྱེན་དེ་ཚོར་བ་ཇི་ཙམ་སྐྱེན་པ་དང་། མང་ཚོགས་ཀྱི་འཚོ་བ་དང་འབྲེལ་བ་ཇི་ཙམ་སྐྱེན་པ་ཡོད་ན། དྲ་བའི་གླིང་ཕྱོགས་ཚབས་ཆེ་རུ་འགྲོ་བའི་མྱུར་ཚད་དེ་ཙམ་གྱིས་མགྱོགས་པ་ཡོད། དམངས་འཚོའི་དཀའ་གནད་དང་གནད་དོན་རྙིང་པ་དང་འབྲེལ་བ་ཇི་ཙམ་གྱིས་ཟབ་པ་ཡོད་ན། དྲ་བའི་གླིང་ཕྱོགས་ཁྲོད་བསམ་གཞིག་བསྐྱར་མ་བྱེད་པའི་སྐད་ཆ་དེ་ཙམ་གྱིས་མང་དུ་འགྲོ་བཞིན་ཡོད། སྤྱི་ཚོགས་ཀྱི་ཉེན་ཁ་ཁག་རུབ་འདུས་བྱེད་ཅིང་། ཐོལ་བྱུང་དོན་རྐྱེན་གྱི་རྐྱེན་ལས་དེ་དག་ཕྱིར་མངོན་པར་འགྱུར་བ་དང་། དེ་རྗེས་དྲ་བའི་གླིང་ཕྱོགས་ནང་ཀུན་གྱི་དོ་སྣང་བྱ་གཞིར་གྱུར་ཏེ། མཐར་སྤྱི་ཚོགས་བཅོས་སྐྱོང་ལ་གནོད་ཤུགས་བཟོ་བཞིན་ཡོད།

སྤྱི་པའི་ཐོལ་བྱུང་དོན་རྐྱེན་ནི་དྲ་ལམ་གླིང་ཕྱོགས་དང་མཉམ་སྐྱེ་མཉམ

གནས་ཀྱི་འབྲེལ་བ་ལྡན་པ་ཞིག་ཡིན། གང་དེ་ཏྲ་ལམ་སྐྱོང་ཕྱོགས་ནང་གི་ཀུན་གྱི་སྐྱོང་གཞིར་འགྱུར་བ་མ་ཟད། སྲིད་གཞུང་གི་ཁ་གཏད་འཛུལ་ནུས་ལ་རྒྱུན་མཐུད་དང་ཚོད་བགམ་བྱེད་བཞིན་ཡོད། དེ་མ་ཟད་དེའི་ཐོག་ནས་མང་ཚོགས་ཀྱི་བསམ་ཚུལ་ལ་སྲིད་གཞུང་གི་ལན་ཆ་བྱེད་སྟངས་ལེགས་ཞན་མངོན་གྱིན་ཡོད། སྲིད་གཞུང་གིས་སྤྱི་པའི་ཐོལ་བྱུང་དོན་རྐྱེན་ལ་ཁ་གཏད་གཙོག་པའི་ནུས་པའི་ནང་། སྔོན་ཐུས་དང་། ལན་ཆ་བྱེད་པ། རྗེས་མཐུད་ལན་སྤྲོད་སོགས་ཚུད་ཡོད། སྐབས་རེ་དེས་ཏྲ་ལམ་སྐྱོང་ཕྱོགས་ཀྱི་ཁྱབ་ཚད་དང་འགྲོ་ཕྱོགས་ཐད་ཀར་ཐག་གཅོད་ཐུབ་ཀྱིན་ཡོད། དེ་དག་ཁྲིད་ཀྱི་ལྟ་ཚོགས་གང་ཉུང་ལ་གནད་དོན་ཐོན་ཚེ་ཏྲ་བའི་སྐྱོང་ཕྱོགས་ཀྱིས་སྔར་ལས་ལྷག་པའི་སྒོ་ནས་དོགས་སློང་བྱེད་སྲིད། ལྷག་པར་དུ་ཐོག་མའི་དུས་སུ་ཐག་གཅོད་ཡག་པོ་བྱུང་མེད་པ་དང་། མང་ཚོགས་ཀྱི་ཁེ་དབང་ལ་གནོད་འཚེ་བཟོས་པའི་རིགས་ཡིན་ཚེ། སྐྱོང་ཕྱོགས་ཁྲིད་སྟོན་བྱེད་སྐབས་གཟབ་གཟབ་ཅུང་ཟད་མ་བྱས་ནའང་སྤྱི་ཚོགས་ཁྲོད་ཀྱི་སྡར་གནས་འགལ་བ་མང་པོ་ཞིག་གློ་བུར་དུ་ལང་བར་འགྱུར་གྱིན་ཡོད། དཔེར་ན། 2019ལོར་ཅང་སུའུ་ཞིང་ཆེན་ཅིན་ཧྲུའུ་ཡི་ལོ་དུས་ཐིམ་པའི་སྔོན་འགོག་ཁབ་སྨན་གྱི་དོན་རྐྱེན་ལྟ་བུ་རེད། དོན་རྐྱེན་དེའི་ནང་ཐོག་མའི་དུས་སུ་སྐྱོང་ཕྱོགས་གསེད་བཀྲོལ་བྱེད་སྐབས་མང་ཚོགས་ཀྱི་ཁེ་ཕན་ལ་བསམ་གཞིགས་ཡག་པོ་བྱས་མེད་པའི་རྐྱེན་གྱིས་མང་ཚོགས་འགའ་ཤས་ཁོང་ཁྲོ་ཆེན་པོ་ལངས་ཏེ། མཐར་སྤྱི་པའི་ཉམས་ཉེན་ཚབས་ཆེན་ཞིག་ཏུ་གྱུར་ཡོད།

དོན་ཚན་གསུམ་པ། ཏྲ་ལམ་སྐྱོང་ཕྱོགས་ཀྱི་བརྒྱུད་རྒྱལ་སྒྲིག་གཞི།

སུ་ཡང་ཞུགས་ཆོག་པའི་ཏྲ་ལམ་འབྱུང་ཁམས་དེས་མི་རྣམས་ནས་ཏྲ་ཐོག་

ཏུ་རང་ཉིད་ཀྱི་བསམ་ཚུལ་སློང་བར་སྐུལ་འདེད་ཐེབས་བཞིན་ཡོད་པ་དང་། བསམ་ཚུལ་སློང་བ་དང་རྣམ་འགྱུར་ལ་འགྱུར་ལྡོག་འགྲོ་བ་སོགས་ཀྱང་འཕྲུལ་མ་ཉིད་དུ་ཐོན་པས། དྲ་ལམ་སློང་ཕྱོགས་ཀྱི་བརྒྱུད་སྲེལ་སྒྲིག་གཞི་ཡང་དེས་རྐྱེན་པས་ཉོག་འཛིང་ཆེ་བར་འགྱུར་གྱིན་ཡོད། ཕྱི་ཚུལ་ནས་བལྟས་ན། དྲ་ལམ་སློང་ཕྱོགས་གྲུབ་པ་དང་། འཕེལ་བ། ཉམས་པ་བཅས་ཀྱི་བརྒྱུད་རིམ་དེ་དམ་འཛིན་བྱེད་དཀའ་བ་ལྟར་དུ་སྣང་མོད། ཡིན་ནའང་ང་ཚོས་ངོས་འཛིན་བྱ་དགོས་པ་ཞིག་ནི། དྲ་ལམ་སློང་ཕྱོགས་ཐོག་མར་ཐོན་པ་ནས་མཐར་མེད་པར་གྱུར་བའི་བར་ནི་ཆ་ཚང་བའི་འགྱུར་ལྡན་བརྒྱུད་རིམ་ཞིག་རེད། དེ་མ་ཟད་ཆ་འཕྲིན་བརྒྱུད་སྲེལ་གྱི་ནང་རྐྱེན་ཆོས་ཉིད་ཅིག་ལ་བསྟུན་ནས་འགྱུར་ལྡོག་འགྲོ་བཞིན་ཡོད། གལ་སྲིད་བརྒྱུད་རིམ་དེ་བརྒྱུད་སྲེལ་གྱི་ཚེ་སྲོག་དུས་འཁོར་ཞིག་ལ་བརྩིས་ཚེ། དྲ་ལམ་སློང་ཕྱོགས་ཀྱི་དུས་འཁོར་དེ་སློང་ཕྱོགས་ཐོན་པ་དང་། སློང་ཕྱོགས་བསྐྱར་བཟོ། སློང་ཕྱོགས་འཕེལ་བ། སློང་ཕྱོགས་ཉུང་དུ་འགྲོ་བ་བཅས་དུས་མཚམས་བཞིར་དབྱེ་ཆོག །

གཅིག སློང་ཕྱོགས་ཐོན་པ་སྟེ། སྤྱི་པའི་སློང་བརྗོད་དང་བསམ་འཆར་ཁྱབ་འཕེལ།

སྤྱིར་མང་ཚོགས་རྣམས་སྤྱི་པའི་གྲོས་བསྡུར་ནང་ཞུགས་པའི་ཐོག་མའི་ཀུན་སློང་ནི་ཆབ་སྲིད་ཀྱི་དད་མོས་དང་། རྒྱལ་གཅེས་བསམ་པ། དེ་བཞིན་མིའི་རིགས་སྤྱི་པའི་བྱ་དོན་ནང་ཞུགས་པའི་ལྷན་སྐྱེས་སྤྲོ་སེམས་སོགས་ཀྱི་རྐྱེན་ལས་བྱུང་བ་ཡུད། དེ་བས་མང་ཆེ་བ་ནི་མང་ཚོགས་ཀྱིས་རྣམ་པ་གང་ཉུང་ཐོག་ནས་རང་ཉིད་ཀྱི་འདོད་འདུན་མཚོན་པར་བྱེད་པའམ། ཡང་ན་སྤྱི་ཚོགས་ཀྱི་གནད་དོན་ཞིག་ལ་དོ་ཁུར་བྱེད་པའི་བསམ་པ་མཚོན་ཆེད་ཡིན། དྲ་ལམ་གོང་

འཕེལ་མྱུར་པོ་འགྲོ་བའི་དེང་གི་དུས་འདིར། ཏྲ་བ་ནི་མང་ཚོགས་ཀྱི་བསམ་འཆར་འདོན་ས་དང་། སྤྱི་པས་གྲོས་བསྡུར་བྱེད་སའི་སྟེགས་བུ་གལ་ཆེན་ཞིག་ཡིན། དེ་དང་ཆབས་ཅིག་སྤྱི་པའི་གླིང་བརྗོད་ཀྱང་སྒྲ་ཡངས་འཛུག་གི་ཆབ་སྲིད་བྱེད་སྒོའི་ནང་ཚུད་པ་དང་། དེའི་ནང་སྲིད་གཞུང་ལ་གནད་དོན་ཞུ་བའམ། ཡང་སྲིད་གཞུང་སྡེ་ཁག་གིས་འགན་འཁྲི་ཇི་ལྟར་སྒྲུབ་མིན་ལ་དོ་ཁུར་བྱེད་པ་སོགས་ཚུད་ཡོད། མཐར་གཏུགས་ནས་བཤད་ན། མང་ཚོགས་ཀྱིས་གླིང་ཕྱོགས་ཁྲིད་སྐད་ཆ་ཤོད་པ་དེར་ཡང་དམིགས་འབེན་རང་བཞིན་ངེས་ཅན་ལྡན་ཡོད་ལ། དེར་དོ་ཁུར་བྱེད་མཁན་གང་ཙམ་ཡོང་རེ་བྱེད་བཞིན་ཡོད།

ཏྲ་ལམ་གླིང་ཕྱོགས་ར་བའི་ནང་བསམ་འཆར་སྤེལ་རེས་བྱེད་སྐབས་ལྟེ་བ་མེད་པའི་ཐེ་ཞུགས་བྱེད་སྟངས་ཀྱི་རྣམ་པ་མངོན་པ་སྟེ། ང་ཚོས་རྒྱུན་དུ་བརྗོད་པའི་མི་ཚང་མར་སྒྲ་དུང་ཡོད་ཅེས་པ་དེ་ལྟ་བུ་ཡིན། མི་རེ་ངོ་རེ་ནི་ཐེ་ཞུགས་བྱེད་མཁན་གྱི་བྱེད་པོ་ཡིན་པ་དང་། མི་སྒེར་སུ་ཞིག་གིས་ཀྱང་ཏྲ་ལམ་སྤྱད་དེ་བསམ་ཚུལ་བརྗོད་ཆོག་ཅིང་། དེར་དོ་སྣང་བྱེད་མཁན་ཡོང་བའི་ངེས་པ་ཡང་ཇེ་ཆེར་འགྲོ་བཞིན་ཡོད། མཁས་དབང་ཞིག་གིས་དེ་ལྟ་བུའི་འགྱུར་ལྡོག་ལ་སྨྲ་སྒྲོན་གསར་པས་མི་སྒེར་ལ་དབང་ཆ་སྤྲད་པ་ཞེས་བརྗོད་པ་དང་། གང་དེ་མི་སྒེར་ཞིག་ལ་རང་ཉིད་ནས་གནས་བབ་ཚོད་འཛིན་བྱེད་པའི་བརྒྱུད་རིམ་ཉམས་སུ་མྱོང་ཐུབ་པ་མ་ཟད། སྤྱི་ཚོགས་ཀྱི་མཐའ་ལ་གནས་པའི་མི་ཚོགས་ལ་སེམས་ཁུར་བྱས་པའི་ཉམས་སྣང་[11] ཞེས་པར་ངོས་འཛིན་བྱས་ཚོག། དཔེ་ཞིག་བཞག་ན། སྲོལ་རྒྱུན་གྱི་གླིང་ཕྱོགས་ར་བ་ནི་ཐང་ཆེན་ལྟ་བུ་ཞིག་ཡིན་པ་དང་། མི་རྣམས་ཐང་ཆེན་དེར་འདུ་འཛོམས་དང་གྲོས་བསྡུར་བྱེད་ཅིང་། གླིང་ཕྱོགས་དེ་ཐང་ཆེན་དེའི་ཐོག་ཐོན་པ་དང་། ཐང་ཆེན་དེའི་ཐོག་འགྱུར་ལྡོག་འགྲོ་བ་མ་ཟད་ཐང་ཆེན་དེའི་མཐའ་དེ་མཐོང་ཐུབ་པ་ཞིག་ཡིན། ཡིན་

ནའང་དྲ་ལམ་གླིང་ཕྱོགས་ར་བའི་ནང་། གླིང་ཕྱོགས་ནི་ཆུ་ནང་ཐོན་པ་དང་འདྲ་བར་མི་སྣེར་མཐའ་དག་གཞི་གཅིག་ཏུ་འདུས་ཟིན་ཡོད་པ་དང་། ཆུ་ཐིགས་བསགས་པས་རྒྱ་མཚོ་བཞིན། དྲ་ལམ་བར་ཁམས་ནང་གི་ཚོག་གནས་རེ་རེས་ཁོངས་གཏོགས་བར་ཚད་བཀག་མེད་པའི་སྤྲེལ་མཐུད་བྱེད་ཐུབ་ཀྱིན་ཡོད། ཐོད་ཕྲན་དང་གླིང་རྟེགས་སོགས་རྟེགས་བུ་ཁག་གི་ནང་ཀུན་གྱིས་དོ་ཁུར་བྱེད་པའི་དོན་རྐྱེན་སྐོར་སྤེལ་ན། དེ་མ་ཉིད་དུ་གཅིག་གིས་བཅུ་དང་། བཅུ་ཡིས་བརྒྱ་ལ་སྤེལ་ནས་གླིང་ཕྱོགས་ཐོན་གྱིན་ཡོད། དེས་ན་དྲ་རྒྱས་དབང་ཆ་སྤྲད་པའི་སྣང་ཚུལ་འདིས་གླིང་ཕྱོགས་ར་བའི་ནང་གི་མི་སྣེར་གྱི་གནས་བབ་ལ་འགྱུར་ལྡོག་བཏང་བ་ཟད། ཁྱུ་ཚོགས་ནང་དུའང་མི་སྣེར་བར་གྱི་འབྲེལ་བ་ཤུགས་ཆེ་རུ་བཏང་ཡོད་ཅིང་། སྟོབས་ཤུགས་ཕྲ་མོ་དང་འབྲེལ་བ་ཕྲ་མོ་དག་སྤྲེལ་མཐུད་བྱས་ཐོག སྤྱི་ཚོགས་ཀྱི་སྲིད་ཇུས་དང་སྤྱི་ཚོགས་ཀྱི་འཕེལ་འགྱུར་ཐད་རང་འགུལ་གྱི་བྱ་སྤྱོད་སྤེལ་བ་ལས་ཐོན་པའི་གཅིག་སྡུད་སྟོབས་ཤུགས་མངོན་འགྱུར་ཡོང་བཞིན་ཡོད།[12]

དྲ་ལམ་བརྒྱུད་སྤེལ་ནི་སྣེ་རིགས་མང་པོའི་སྨྱན་བྱེད་རྟེགས་བུ་དང་འབྲེལ་བ་ཡོད་པ་དང་། གང་དེའི་སྣེར་གྱི་བསམ་འཆར་མཚོན་པར་བྱེད་པའི་རྣམ་པར་ཡང་ཤུགས་རྐྱེན་མི་འདྲ་བ་ཡོད། དཔེར་ན། ཐེམ་དུད་དྲ་ཚོགས་ཁག་གིས་གསར་འགྱུར་རིགས་ཀྱི་ཆ་འཕྲིན་སྤེལ་རྒྱུ་གཙོ་བོར་འཛིན་པ་དང་། དྲ་དམངས་ཀྱི་རྗེས་སྨྲར་དཔྱད་བརྗོད་ནི་ཕན་ཚུན་སྤེལ་རེས་བྱ་ཐབས་གཙོ་བོ་དེ་ཡིན་ཞིང་། གང་དེ་སྤེལ་རྒྱུན་སྨྱན་སྦྱོར་གྱི་གསར་འགྱུར་ཐོན་སྐྱེད་སྒྲིག་གཞི་དང་འདྲ་པོ་ཡོད། དེང་གི་སྤྱོད་རྒྱ་དེ་བས་ཆེ་བའི་འཕྲིན་ཕྲན་དང་པོད་ཕྲན་སོགས་སྤྱི་འབྲེལ་རྟེགས་བུ་ཁག་ལ་ཆ་མཚོན་ན། གང་དེའི་སྣེར་གཉིས་ཅན་དང་། སྒོ་དབྱེ་ཅན། མཉམ་འགྲུལ་ཅན་སོགས་ཀྱི་ཁྱད་ཆོས་དེ་བས་མངོན་

གསལ་དོད་པོ་ཡོད་པ་དང་། དྲ་དམངས་ནས་སྐྱེགས་བུ་དེ་ལྷ་བུའི་ཐོག་དུས་ཐོག་དང་རང་བདག་ཐོག་ནས་ཆ་འཕྲིན་མགོ་འདོན་དང་བརྒྱུད་བསྒྱུར་བྱེད་ཐུབ་པ་དང་། དེ་མ་ཉིད་ཀྱི་ཁྲུ་ཚོགས་ཅན་གྱི་བསམ་འཆར་གྲུབ་ཀྱིན་ཡོད། དེ་ལྷ་བུའི་བསམ་འཆར་གྱི་གཞི་ཁྲོན་ངེས་ཅན་ཞིག་ལ་སླེབས་ཚེ། དེར་སྲོལ་རྒྱུན་སྨྱན་སྦྱོར་གྱིས་དོ་སྣང་ཡོང་བ་དང་། དེ་རྗེས་གང་དེའི་ཤུགས་རྐྱེན་སྤར་བས་ཆེ་རུ་འགྲོ་བ། མཐར་དྲ་ལམ་གླིང་ཕྱོགས་ནང་སླེབས་ནས་གྲོས་བསྡུར་གསར་པ་ཐོན་གྱིན་ཡོད།

ཉེ་བའི་ལོ་ཤས་ནང་། ཡི་གེ་ནས་པར་དང་། དེ་ནས་བརྙན་མཐོང་དང་། སྲིལ་མཐུད་ལག་རྩལ་བར། སྤྱི་ཚོགས་ཅན་གྱི་སྨྱན་བྱེད་ཀྱི་གཟུགས་རྣམ་ཐོག་མཐའ་བར་གསུམ་དུ་རིམ་འཕར་ཡོང་བཞིན་ཡོད། མི་རྣམས་དེ་དག་སྤྱོད་རྒྱུར་སྤྲོ་བ་དང་། སྤྱི་ཚོགས་ཅན་གྱི་སྨྱན་བྱེད་དེ་ལས་ཀ་དང་འཚོ་བའི་ནང་གི་གྲུབ་ཆ་གལ་ཆེན་ཞིག་ཏུ་གྱུར་ཡོད། སྤྱི་ཚོགས་ཅན་གྱི་སྨྱན་བྱེད་ཀྱིས་ང་ཚོར་སོས་དལ་སྐབས་ཀྱི་གླིང་མོལ་བྱ་གཞི་དང་དེ་བཞིན་གླིང་མོལ་བྱ་ཡུལ་དེ་བས་མང་བ་མགོ་འདོན་བྱས་ཡོད་ལ། ད་དུང་དགའ་མོས་གཅིག་མཚུངས་ཀྱི་མི་ཚོགས་རྣམས་ལ་གྲོགས་མེད་ཁེར་རྐྱང་གི་དེང་རབས་ཅན་གྱི་སྤྱི་ཚོགས་ཁྲོད་ནས་སེམས་ཀྱི་ཁྱིམ་གཞིས་རྙེད་པར་གྱུར་ཡོད། དེ་ལས་མཐོང་ཐུབ་པར། དྲ་ལམ་གླིང་ཕྱོགས་གྲུབ་པར་བྱེད་མཁན་གཙོ་བོ་དེ་དྲ་དམངས་ཡིན་པ་དང་། དེའི་གྲུབ་ཆ་ནི་ཚད་གཞི་ངེས་ཅན་ཞིག་གི་ཐོག་ནས་བཤད་ན་འདྲ་མིན་སྣ་ཚོགས་འཛོམས་པ་དང་། རྙོག་འཛིང་དང་ལྡན་པ་ཞིག་རེད། དྲ་ལམ་བར་ཁམས་ནང་གི་སྤྱི་པའི་བསམ་འཆར་དང་དེ་ཁྱབ་འཕེལ་ཕྱིན་པ་དེ། དྲ་དམངས་ཁྲུ་ཚོགས་བར་གྲོས་བསྡུར་དང་། གླིང་མོལ། ཐ་ན་རྩོད་རེས་བཅས་བྱས་པའི་མཇུག་འབྲས་ཡིན། དྲ་ལམ་གླིང་ཕྱོགས་ཀྱི་དོན་རྐྱེན་མང་པོ་ཞིག་ཐོན་པའི་

ཐོག་མའི་དུས་སུ། ཁྲ་དམངས་འགའ་ཤས་ཀྱིས་གཞན་གྱི་སྟོན་ལ་ཐོན་ནས་དོན་རྐྱེན་དེར་འགྲེལ་བཤད་རྒྱག་པ་དང་། དོན་རྐྱེན་གྱི་གནད་འགག་མགོ་འདོན་བྱེད་པ། དེ་ནས་རྗེས་སྙེག་པ་རྣམས་ཀྱིས་ཆ་འཕྲིན་ཁ་གསབ་བྱེད་པ་དང་། ཁུངས་སྣེ་འདོན་སྤྲོད་བྱེད་པ། དེ་ནས་ངོ་རྒོལ་བྱེད་མཁན་གྱིས་ངོགས་སློང་བྱེད་པ་དང་། ཚེད་ལས་མི་སྣས་དཔྱད་ཞིབ་བྱེད་པ་སོགས་རིམ་པས་ཐོན་པ་དང་། བསམ་འཆར་ཁག་ཚད་གཞི་ངེས་ཅན་ཐོག་གཅིག་སྡུད་བྱས་ན། རྩ་དང་འདྲ་བའི་དྲ་ལམ་གླེང་ཕྱོགས་ནང་ཊ་བས་དོང་ཐོན་ཅིང་། ཁྲ་དམངས་དེ་བས་མང་བ་གང་དེའི་ནང་འཛིན་འགུག་བྱེད་པ་དང་། གླེང་ཕྱོགས་ཀྱི་བསམ་ཚུལ་དག་དུས་ཐུང་ནང་གཅིག་མཐུན་དུ་འགྱུར་བས་དེ་ནི་སྣང་ཚུང་བྱ་མི་རུང་བ་ཞིག་རེད།

གཉིས། སླེང་ཕྱོགས་བསྐྱར་བཟོ་སྟེ། སླེང་ཕྱོགས་ཀྱི་གནས་བབ་སྤྲོ་འགྱུར་དང་ལྟ་ཚུལ་བཟོ་བཞེངས།

དྲ་ལམ་ལ་དུས་ཚོད་དང་བར་སྟོང་གི་ཁྱད་ཆོས་ཐུན་མོང་མ་ཡིན་པ་ཞིག་ཡོད་ཅིང་། གང་དེ་མི་གྲངས་མེད་ཀྱིས་སྤེལ་རེས་བྱེད་པའི་འབྲེལ་བྱེད་དངོས་པོའི་བར་སྟོང་ཆེན་པོ་ཞིག་ཡིན་ལ། དུས་ཚོད་ངེས་ཅན་ནང་སྤེལ་མཐུད་བྱེད་པས། འཛམ་གླིང་འདི་ཉིད་ངོས་སྐོམས་ཤིག་ཏུ་འགྱུར་བར་བྱེད། ས་གནས་མི་འདྲ་བ་དང་དུས་ཚོད་མི་འདྲ་བར་གནས་པའི་དྲ་དམངས་ཀྱི་སྐད་ཆ་དང་། བསམ་བློ། བསམ་སྤྱོད་བཅས་དྲ་ལམ་ཐོག་འདྲ་བའམ་གཅིག་མཚུངས་ཀྱི་དུས་ཚོད་དང་བར་སྟོང་ནང་སྤེལ་རེས་བྱེད་ཀྱིན་ཡོད།[13] དྲ་ལམ་ཐོན་པ་དང་། ལྷག་པར་དུ་སྤྲུལ་འཁྱེར་དྲ་ལམ་ཐོན་པ་དེས་མིའི་རིགས་སྤྱི་ཚོགས་ཀྱི་ཆ་འཕྲིན་བརྒྱུད་སྤེལ་ཐད་རྩ་བའི་རང་བཞིན་གྱི་འགྱུར་ལྡོག་བྱུང་བ་དང་། ཕྱོགས་རྐྱང་

པའི་བརྒྱུད་སྲིལ་དེ་ཕྱོགས་གཉིས་སམ་ཐ་ན་ཕྱོགས་མང་བརྒྱུད་སྲིལ་ལ་གྱུར་པ་མ་ཟད། མྱུར་ཚད་ཀྱང་སྔར་ལས་མགྱོགས་སུ་ཕྱིན་ཡོད། དྲ་ལམ་གླིང་ཕྱོགས་ཀྱིས་དུས་ཚོད་དང་བར་སྟོང་གི་བཀག་རྒྱ་གཏོར་བའི་རྐྱེན་གྱིས་དོན་དག་ཆུང་ཆུང་ཞིག་ཡིན་རུང་གང་དེ་རྒྱལ་ཡོངས་རང་བཞིན་གྱི་གླེང་གཞིར་འགྱུར་བཟོ་ཡོད་པ་དང་། དེ་ལས་བྱུང་བའི་གླེང་ཕྱོགས་ཀྱི་གནས་བབ་དེ་མྱུར་ཚད་དེ་བས་མགྱོགས་པའི་ཐོག་ནས་སྤོ་འགྱུར་བྱེད་བཞིན་ཡོད་པས། མི་རྣམས་ནས་དེའི་འགྱུར་ལྡོག་ཁོང་དུ་ཆུད་དཀའ་བ་ཞིག་རེད།

2005ལོར་རང་རྒྱལ་གྱི་གྲོང་ཁྱེར་འགའ་རེར་འཛར་པན་གྱིས་བསླབ་གཞིར་གང་བྱུང་དང་བཟོ་བཅོས་བརྒྱབ་པར་ངོ་རྒོལ་བྱེད་པའི་ཁྲོམ་སྐོར་བྱེད་སྒོ་སྤེལ་མཁན་བྱུང་ཡོད། མང་ཚོགས་འགའ་རེས་དྲ་ལམ་སྡེབས་བུ་བརྒྱུད་དྲ་འཁོར་གྱི་བྱེད་སྒོ་སྒྲིག་འཛུགས་བྱས་པ་དང་། དེ་ལས་དྲ་ལམ་གྱི་སྐུལ་སློང་ནུས་པ་མངོན་ཡོད། དོན་རྐྱེན་དེའི་གླེང་ཕྱོགས་ཀྱི་གནས་ཚུལ་ཁྱབ་ཆེར་འགྲོ་སྐབས། ཁྲོམ་སྐོར་གྱི་ཞིབ་ཕྲའི་གནས་ཚུལ་དང་རྒྱུ་རྐྱེན་སོགས་དྲ་ལམ་གླིང་ཕྱོགས་ནང་ཐེར་འདོན་དང་ཅུད་སྒྲིག་སོགས་བྱས་པ་བརྒྱུད་འདྲ་བཟོས་བར་ཁམས་ནང་གི་ངར་སློང་ནུས་པ་དེར་སྤྱི་ཚོགས་ཐོག་དོ་ཁུར་བྱེད་མཁན་ཇེ་མང་དུ་གྱུར་ཅིང་། ས་ཁུལ་གཞན་པའི་མང་ཚོགས་ཀྱང་དོན་རྐྱེན་དེའི་ནང་ཞུགས་རྒྱུར་སྐུལ་མ་ཐེབས་པས། དེ་ལྟར་ས་ཆ་ཤས་ཀྱི་གླེང་ཕྱོགས་དོན་རྐྱེན་ཁྱབ་ཆེར་འགྲོ་བའི་ཚད་བཀག་དེ་མེད་པར་གྱུར་ཡོད།

དེ་མིན་2018ལོའི་ཟླ9པར་ཀྲུང་གོའི་ཡུལ་སྐོར་བ་སུའེ་ཧྲན་གྱི་གསོལ་མགྲོན་ཁང་ནས་ཕྱིར་འབུད་བྱས་པའི་དོན་རྐྱེན་དེའི་སྐོར་ནས་བཤད་ན། གླེང་ཕྱོགས་དེ་ཐོག་མར་དྲ་ཐོག་ནས་ཐོན་པ་དང་། དེ་ནས་གླེང་གཞི་དེ་ཕྱི་རྒྱལ་དུ་ཡོད་པའི་ཀྲུང་གོའི་སྤྱི་དམངས་ཀྱི་བདེ་འཇགས་དང་། སྤྱི་དམངས་ཀྱི་བྱང་

ཚད་སོགས་ཀྱི་སྐོར་ལ་གྱུར་ཅིང་། ཐོག་མའི་གླིང་གཞི་དེར་ཚད་གཞི་ངེས་ཅན་གྱི་ཐོག་ནས་འགྱུར་ལྡོག་བྱུང་བ་དང་། ཐ་ན་རྒྱལ་ཁབ་གཉིས་ཀྱི་ཕྱི་འབྲེལ་སྐོར་ལ་གཏུགས་ཡོད།

འབྲེལ་ཡོད་དཔེ་གཞིས་གསལ་བཤད་བྱས་པར། གླིང་ཕྱོགས་ཀྱི་དོན་གཞི་རྐྱང་པ་དག་དྲ་ལམ་གླིང་ཕྱོགས་ཀྱི་སྐྱུལ་འདེད་འོག་དེའི་བརྒྱུད་སྤེལ་ཤུགས་རྐྱེན་དུས་ཚོད་དང་བར་སྟོང་གི་ཚད་བཀག་ལས་བརྒལ་བར་འགྱུར་གྱིན་ཡོད། གླིང་ཕྱོགས་ཀྱི་འཕེལ་ཕྱོགས་ནི་ནམ་ཡང་བཤད་ཚོད་མི་ཐུབ་པ་ཞིག་ཡིན་ཞིང་། གཅིག་བྱས་ན་གང་དེས་ཆ་ཕྱོགས་མང་པོ་དང་དུས་ཚོད་རིང་པོའི་རྩོད་རྙོག་སློང་སྲིད་པར་ཡང་ངེས།

ཆ་འཕྲིན་བརྒྱུད་སྤེལ་ནི་སྐུལ་ཤུགས་ཡིན་པ་དང་། དྲ་དམངས་ཀྱིས་ངོ་སྣང་བྱེད་པ་ནི་རྨང་གཞི་ཡིན་པ། གླིང་ཕྱོགས་ཀྱི་ངོ་བོ་འགྱུར་བ་ནི་ཉེན་ཁ་བཅས་ཡིན། གླིང་ཕྱོགས་ཀྱི་རྒྱབ་ཏུ་གནས་པའི་དྲ་དམངས་ཀྱི་ལྟ་ཚུལ་གྲུབ་པ་དང་འགྱུར་ལྡོག་འགྲོ་བར་གཅིག་མཚུངས་སུ་སྣང་ཆེན་བྱ་དགོས། ཕྱི་ཚོགས་རང་བཞིན་གྱི་སྤྱི་པའི་དོན་རྐྱེན་འགའ་ཤས་ནང་། དྲ་དམངས་འགའ་རེ་ནི་གནས་ཚུལ་ཐོན་ས་དངོས་ཀྱི་པར་རེད་ཅེས་ཟེར་བའི་པར་འགའ་མཐོང་བའི་རྐྱེན་གྱིས་ངར་ངར་ རྫིག་རྫིག་ངང་གླིང་ཕྱོགས་ནང་ཞུགས་པ་ཡོད་ལ། ཡང་དེ་རྗེས་དཀྲོག་གཏམ་སེལ་བའི་རྩོམ་ཡིག་གཞན་ཞིག་མཐོང་བས། དུས་ཐུང་ནང་དེའི་གོང་དང་མི་འདྲ་བའི་ངེས་ཤེས་སྐྱེས་པ་ཡང་ཡོང་སྲིད། གང་དེའི་གནད་འགག་ནི་གླིང་ཕྱོགས་ཀྱི་སྒོ་འགྱུར་དང་ངོ་བོ་གཞན་འགྱུར་ནི་འགག་གནད་གཅིག་གི་ཐོག་ནས་ཐོན་པ་སྟེ། གང་དེ་གཅིག་བྱས་ན་རྩོམ་ཡིག་ཅིག་དང་། པར་ཞིག། མི་གཅིག་གི་རྣམ་འགྱུར་ཞིག་བཅས་ཡིན་སྲིད་ལ། གཉིས་བྱས་ན་དོན་རྐྱེན་དེའི་ཞིབ་ཕྲའི་གནས་ཚུལ་ཐད་ལས་མང་བ་གསལ་བཤད་བྱེད་མཁན་

བྱུང་བས། ཟྭ་དམངས་ཀྱི་ཐུན་མོང་ངེས་ཤེས་ལ་ཤུགས་རྐྱེན་ཐེབས་པས་ཡིན་ཡང་སྲིད། གླིང་ཕྱོགས་གནས་ཚུལ་ཚོད་འཛིན་ཡག་པོ་ཐུབ་པ་བྱ་དགོས་ན་ངེས་པར་དུ་གནད་འགག་འདི་དག་དང་། དེ་བཞིན་གླིང་ཕྱོགས་སྤྱི་འགྱུར་བྱུས་རྩེས་ཀྱི་ལྟོག་ཕྱོགས་ནུས་པར་ངོ་རྒོལ་བྱ་དགོས།

ཟྭ་ལམ་ནི་སྐབས་རེ་འབུར་གཟུགས་མི་ཡོང་ཞིག་དང་འདྲ་བ་སྟེ། གླིང་ཕྱོགས་ཀྱི་ངོ་ཁུར་བྱ་གཞི་དེ་དམིགས་བསལ་གྱི་འགག་གནད་གཅིག་གི་ཐོག་བཞག་ཚོག་ལ། ད་དུང་བལྟས་ཚོད་ལ་ཕྱིར་བཏང་དུ་སྣང་བའི་དོན་རྐྱེན་ཞིག་སྒྲོ་བཏགས་དང་ཆེར་གཏོང་བྱས་ནས་གླིང་གཞི་གཙོ་བོར་བཞག་ནའང་ཆོག ཟྭ་ལམ་གླིང་ཕྱོགས་ཀྱི་མདུན་དུ། སྲིད་གཞུང་གི་སྲོལ་རྒྱུན་གྱི་ཁ་གཏད་གཙོག་ཐབས་ཀྱིས་ནུས་པ་ཐོན་དཀའ་བ་ཞིག་རེད། སྲིད་གཞུང་གིས་ཟྭ་ལམ་གླིང་ཕྱོགས་ལ་ཁྲིད་སྟོན་བྱེད་སྐབས་གཞི་རིམ་ཏང་རྩ་འཛུགས་འཛུལ་མི་ཐུབ་པ་དང་། བསམ་བློ་ཆབ་སྲིད་ལས་དོན་འཛུལ་མི་ཐུབ་པ་སོགས་ཀྱི་གནད་དོན་ཡོད།[14] རྒྱུ་མཚན་དེའི་རྐྱེན་པས་ཟྭ་ལམ་གླིང་ཕྱོགས་དོན་རྐྱེན་ཚོད་འཛིན་མི་ཐུབ་པར་འགྱུར་སྐབས། ཁྲིད་སྟོན་བྱེད་པའི་དཀའ་ཚེགས་ཇེ་ཆེར་འགྲོ་བ་དང་། ཟྭ་དམངས་ཀྱི་རྒྱུན་མཐུད་འགྲེལ་བརྗོད་དང་རང་འགྲུལ་བརྒྱུད་སྤེལ་བྱེད་པ་དེ་གླིང་ཕྱོགས་ཤུགས་ཆེར་འགྲོ་བའི་རྒྱུ་རྐྱེན་གལ་ཆེན་ཞིག་ཏུ་འགྱུར་གྱིན་ཡོད། གལ་སྲིད་གནད་དོན་ཐག་གཅོད་བྱེད་པའི་དམིགས་ཡུལ་དང་དཔྱོད་ཤེས་གྲོས་བསྡུར་བྱེད་པའི་འཁོར་ལམ་ནས་ཁ་བྲལ་བར་གྱུར་ཚེ། རྗེས་མཐུད་ཐག་གཅོད་བྱེད་པའི་ས་གནས་དང་དེའི་རིན་ཐང་ཇེ་ཆེར་འགྲོ་བཞིན་ཡོད།

གསུམ། གླིང་ཕྱོགས་ཤུགས་ཆེར་འགྲོ་བ་སྟེ། ལྡེ་བ་མེད་པར་འགྱུར་བ་དང་། སླར་ཡང་ལྡེ་བ་ཅན་དུ་འགྱུར་བ།

དྲ་ལམ་དང་དེའི་ཉེར་སྤྱོད་ཁག་རང་རྒྱལ་དུ་གཏིང་ཟབ་དང་ཁྱབ་པ་དང་བསྟུན་ནས་དྲ་དམངས་རེ་རེ་ནི་དྲ་ལམ་བརྒྱུད་སྲེལ་གྱི་བར་བརྒྱུད་ས་ཚིགས་ལྟ་བུ་དང་། ཐ་ན་ཐོག་མའི་ཡོང་ཁུངས་སུ་འགྱུར་བཞིན་ཡོད། དེ་སྔ་མི་རྣམས་ནས་གསར་འགྱུར་སྨྱན་བྱེད་བརྒྱུད་སྲི་ཚོགས་ཀྱི་ཆ་འཕྲིན་བསྡུ་ལེན་བྱེད་ཀྱིན་ཡོད། ཡིན་ནའང་དེང་གི་ཆར་ཉེ་འཁོར་མི་ཡི་བརྒྱུད་སྲེལ་ཤུགས་རྐྱེན་དྲ་ལམ་བར་ཁམས་ནང་ཇེ་ཆེར་ཕྱིན་ཡོད་ཅིང་། པོད་ལྡན་གྱི་གླིང་གཞི་ཚ་ཤོས་དང་། འཕྲིན་ལྡན་གྲོགས་ཚོམས་ཀྱི་ཁྱབ་སྲེལ་གསར་ཤོས། APPསྣ་ཚོགས་ཀྱི་འོས་སྦྱོར་སོགས་དེང་གི་དྲ་ལམ་གླིང་ཕྱོགས་ནང་མི་ཞིག་གི་ངོས་ནས་བཤད་ན་སྤྱི་འབྲེལ་སྨྱན་སྦྱོར་བརྒྱུད་དེ་གསར་ཐོན་སྤྱི་ཚོགས་ཀྱི་དོན་དག་ཁག་ཤེས་རྟོགས་བྱེད་ཀྱིན་ཡོད། དོན་རྐྱེན་དེ་དག་གི་ནང་དོན་ནི་བརྒྱུད་བསྐྱར་ཐེངས་མང་བྱས་པ་དང་། ཐ་ན་ལས་སྣོན་བྱས་རྗེས་ཀྱི་འབྲས་བུ་ཡིན་ཡང་སྲིད་པས། དུས་ཐོག་ཏུ་གླིང་ཕྱོགས་དོན་རྐྱེན་དེའི་འབྱུང་རྩ་རྩད་ཞིབ་བྱ་རྒྱུ་ཤིན་ཏུ་དཀའ་བ་ཞིག་རེད།

སྤྱིའི་ཆ་ནས་བཤད་ན། དྲ་ལམ་གླིང་ཕྱོགས་ཤུགས་ཆེ་རུ་ཕྱིན་པ་ཞེས་པ་ནི་གཙོ་བོ་དྲ་ལམ་གླིང་ཕྱོགས་ཐོན་རྗེས་གང་དེའི་ཤུགས་རྐྱེན་ཆུང་བ་ནས་ཆེ་བ་དང་། ཞན་པ་ནས་དྲག་པ། གབ་པ་ནས་མངོན་གསལ་དུ་བརྒྱུད་སྲེལ་དང་འགྱུར་ལྡོག་འགྲོ་བའི་བརྒྱུད་རིམ་ཞིག་རེད། བརྒྱུད་རིམ་དེའི་ནང་དོན་རྐྱེན་གྱི་གཞི་རྩའི་གནས་ཚུལ་ལ་ཕྱོགས་བཞིའི་ཐད་ཀྱི་འགྱུར་ལྡོག་འབྱུང་སྲིད་པ་སྟེ། དེ་ཡང་སྤྱིར་བཏང་གི་བརྗོད་ཚུལ་ནས་ཞིབ་ཕྲའི་བརྗོད་ཚུལ་དང་། གཞི་རྩའི་ངེས་ཤེས་ནས་གཏིང་ཟབ་པའི་ངེས་ཤེས། སྔར་གྱི་བརྒྱུད་སྲེལ་ནས་ཁྱུ་ཚོགས་

གྱི་བརྒྱུད་སྲིལ། དོན་དག་དེ་རང་ལ་གྲོས་བསྡུར་བྱེད་པ་ནས་དེ་འབྲེལ་གྱི་དོན་དག་མང་པོར་བགྲོ་གླེང་བྱེད་པ་བཅས་རེད། དྲ་ལམ་དོ་བདག་མི་རེ་ཇོ་རེས་རང་ངོས་དང་ཟུང་འབྲེལ་གྱིས་ངོས་འཛིན་དང་བསམ་གཞིགས་བྱས་ནས། གོ་ཐོས་བྱུང་བའི་ཆ་འཕྲིན་དེ་དག་བསྒྱུར་དུ་བརྒྱུད་སྲིལ་བྱས་ཚོག་པ་དང་། དེའི་ལྟེ་བ་མེད་པར་གྱུར་བའི་ཁྱད་ཆོས་དེ་སྔར་བས་ཤུགས་ཆེ་རུ་དང་མངོན་གསལ་དོད་དུ་འགྲོ་བཞིན་ཡོད། མི་རྣམས་ནས་ཀྱང་ཕྱོགས་རྐྱང་པ་གཅིག་པོ་ནའི་ལྟ་ཚུལ་ལ་ཉན་ནས་མི་སྡོད་པར། ཉེ་འཁོར་གྱི་མི་དང་ཐ་ན་དེ་བས་རྒྱང་རིང་བའི་མིའི་ལྟ་ཚུལ་ལ་མཉམ་འཛོམ་བྱེད་ཀྱིན་ཡོད། དཔེར་ན། མི་རྣམས་ནས་རྒྱུན་དུ་སྤྱོད་པའི་པོད་ཕྲན་དང་འཕྲིན་ཕྲན་སོགས་སྤྱི་འབྲེལ་སྟེགས་བུ་དག་ལ་ཆ་བཞག་ན། དེ་དག་ལ་འཕྲིན་གཏོང་དང་། གཏོང་སྲིལ། བསྡུ་རུབ། གཏོང་སྲིད་སོགས་བྱེད་ནུས་དང་ཉེར་སྤྱོད་བྱ་ཡུལ་མང་པོ་ལྡན་ཡོད། ཆ་འཕྲིན་བརྒྱུད་སྲིལ་གྱི་གཞི་རྟེན་དང་འཚོ་བ་དམ་པོར་སྦྲེལ་སྐབས། སྤྱོད་མཁན་གྱིས་གཞི་རྟེན་དེ་ཕྱི་ཕྱོགས་དང་འབྲེལ་བ་བྱེད་པའི་ཐབས་ལམ་གཙོ་བོར་འཛིན་པ་དང་། བལྟས་ཚོད་ལ་དོ་སྣང་བྱེད་མཁན་མང་པོ་དེ་ཙམ་མེད་པའི་རང་གི་འཕྲིན་ཕྲན་ཚོ་པ་དང་གྲོགས་ཚོམས་ནི་དོན་དངོས་ཐོག་ཤུགས་རྐྱེན་ཤིན་ཏུ་ཆེ་བའི་དྲ་ལམ་གླིང་ཕྱོགས་ར་བ་ཡིན་པ་མ་ཟད། དེ་ལྟ་བུའི་འབྲེལ་གཏུག་ཟབ་པའི་ངོ་ཤེས་སྤྱི་འབྲེལ་གྱི་རྣམ་པའི་ཁྲིད་སྲིལ་རེས་དང་མཉམ་འགྲུལ་གྱི་ནུས་པ་དེ་བས་ཐོན་སླ་བ་ཡོད།

ཡིན་ནའང་ང་ཚོས་ཞིབ་ཕྲའི་དྲ་ལམ་གླིང་ཕྱོགས་དོན་རྐྱེན་ལ་དབྱེ་ཞིབ་བྱེད་སྐབས་རྟོགས་ཐུབ་པར། དྲ་ལམ་གླིང་ཕྱོགས་ཐོན་པ་དང་ཤུགས་ཆེར་འགྲོ་བ་དེ་ནི་མཉམ་སྡེབ་བྱ་སྤྱོད་ཀྱི་ཤུགས་རྐྱེན་པོ་ནའི་འོག་བྱུང་བ་ཞིག་མིན་པ་དང་། དྲ་དམངས་ཀྱི་སྙེ་མང་རྟོག་འཛིང་ཆེ་བའི་བསམ་འཆར་ཁྲིད། སྟོན་ལ་

མི་དེ་བས་མང་བའི་ཁས་ལེན་ཐོབ་པའི་ལྟ་ཚུལ་དེ་དག་གིས་གླིང་ཕྱོགས་ཀྱི་འཕེལ་ཕྱོགས་ལ་ཁ་ལོ་བསྒྱུར་བ་དང་། དེ་ནི་ཏྲ་ལམ་གླིང་ཕྱོགས་ནང་གི་སླར་ཡང་ལྟེ་བ་ཅན་དུ་གྱུར་བ་ཞེས་ཟེར་བ་དེ་རེད། མ་གཞི་ཏྲ་ལམ་གླིང་ཕྱོགས་ལ་ལྟེ་བ་མེད་པར་འགྱུར་བའི་གཞི་རྩའི་ཁྱད་ཆོས་ལྡན་ཡོད། ཡིན་ནའང་རྗེས་མཐུད་འཕེལ་ཕྱོགས་ནང་སླར་ཡང་ལྟེ་བ་ཅན་དུ་གྱུར་བའི་གནས་ཚུལ་ཐོན་པ་ནི་སྣང་ཆེན་དང་ཞིབ་འཇུག་བྱེད་རིན་ཡོད་པ་ཞིག་རེད། ཐོན་པའི་ཆ་རྐྱེན་ཐད་ནས་བཤད་ན། ཏྲ་ལམ་གླིང་ཕྱོགས་ཀྱི་སླར་ཡང་ལྟེ་བ་ཅན་དུ་གྱུར་བར་སྤྱིར་བཏང་བྱས་ན་གནས་ཚུལ་གཉིས་ཡོད་དེ། གཅིག་ནི་ཏྲ་དམངས་འཐོར་ཆེན་གྱིས་དུས་ཚོད་གཅིག་ནང་གླིང་གཞི་གང་རུང་ཞིག་ལ་གྲོས་བསྡུར་བྱེད་པ་དང་། དེ་དང་ཆབས་ཅིག་དུས་སྐབས་དེར་གྲོས་མཐུན་གང་རུང་ཞིག་གིས་གཙོ་རྒྱུག་གནས་བབ་བཟུང་བའི་སྣང་ཚུལ་ཐོན་སྐབས། མ་གཞི་ནས་ཁ་ཐོར་དུ་གནས་པའི་ཏྲ་ལམ་གླིང་ཕྱོགས་དག་གཙོ་རྒྱུག་བསམ་འཆར་དང་ཉེ་བར་བཅར་བ་དང་། དེ་ལྟར་གྲོས་བསྡུར་དང་ཤུགས་རྐྱེན་གྱི་ལྟེ་བར་འགྱུར་གྱིན་ཡོད། གཉིས་ནི་ཏྲ་ལམ་གླིང་ཕྱོགས་ནང་ཐོན་པའི་ཚ་གླིང་གླིང་གཞི་དག་སྲོལ་རྒྱུན་སྨྱན་སྦྱོར་གྱིས་མཐོང་རྗེས་དེའི་སྐོར་ལ་རྗེས་མཐུད་གནས་འཕྲིན་སྤེལ་བ་དང་། བརྒྱུད་རིམ་དེའི་ནང་ཐོན་པའི་ཆ་འཕྲིན་མང་པོས་ཏྲ་ལམ་གླིང་ཕྱོགས་ལ་ཁ་གསབ་བྱེད་པས། དེ་ལྟར་གསར་དུ་ཐོན་པའི་གླིང་ཕྱོགས་ཀྱི་གླིང་གཞི་གཙོ་བོས་སྤར་ཡོད་ཀྱི་གླིང་གཞི་གཙོ་བོའི་ཚབ་བྱས་ཏེ། གླིང་ཕྱོགས་སླར་ཡང་རིམ་འཕར་ཡོང་བཞིན་ཡོད།

ཏྲ་ལམ་གླིང་ཕྱོགས་ནང་ལྟེ་བ་མེད་པ་ཅན་དུ་འགྱུར་བའི་སྣང་ཚུལ་ཐོན་པའི་བརྒྱུད་རིམ་ནང་། བསམ་འཆར་གཙོ་འཛིན་གྱིས་བསམ་འཆར་བཏོན་པའི་རྐྱེན་གྱིས་སྤྱི་དམངས་ནས་མུ་མཐུད་གྲོས་བསྡུར་བྱེད་པའི་ཏུར་སེམས་སྐྱུལ་

སློང་བྱེད་པ་ནི་རྒྱུན་དུ་མཐོང་རྒྱུ་ཡོད་པ་ཞིག་རེད། 1944ལོར་བརྒྱུད་སྤེལ་རིག་པའི་རྩང་གཞི་འདིང་མཁན་ཆེན་པོ་བཞིའི་གྲས་ཤིག་ཡིན་པའི་ཨ་རིའི་མཁས་དབང་པའོ་ལུའོ་・ལ་ཟྲ་སེ་ཕེར་ཏེ་ཡིས《མི་དམངས་ཀྱི་གདམ་ག》ཞེས་པའི་དཔེ་དེབ་ནང་། འགྲན་འདེམ་བྱེད་སྐབས་ནང་འདེམ་དམངས་མང་ཆེ་བར་ཚའཕྲིན་ཐོབ་ཅིང་ཤུགས་རྐྱེན་ཐེབས་པར་བྱེད་མཁན་གཙོ་བོ་དེ་སྤྱི་དམངས་སྨྱན་སྦྱོར་མིན་པར། རང་གི་སྤུན་མཆེད་དང་གྲོགས་པོ་སོགས་ཉེ་འཁོར་གྱི་འདེམ་དམངས་དང་དེ་བཞིན་མི་ཚོགས་འགའ་ཤས་རེད། མི་གཞན་ལ་ཤུགས་རྐྱེན་ཐེབས་པར་བྱེད་མཁན་འདེམ་དམངས་དེ་དག་ཁྲོད། འགའ་རེ་ནི་མི་ཕལ་པ་དང་བསྡུར་ན་སྨྱན་སྦྱོར་དང་འབྲེལ་གཏུག་མང་བ་དང་། ཆེད་དམིགས་ཀྱི་ཁྱབ་ཁོངས་ཤིག་ལ་རྒྱུས་མངའ་ཡོད་པ་མ་ཟད། སྤྱི་ཚོགས་འབྲེལ་བ་རྒྱ་ཆེན་པོ་ཡོད་པས། དེ་དག་ལ་བསམ་འཆར་གཙོ་འཛིན་ཟེར་ཞེས་འབོད་ཡོད། ཨ་རིའི་སྤྱི་ཚོགས་སེམས་ཁམས་རིག་པའི་མཁས་པ་ལི་ཨང・རྡི་སེ་ཏིང་ཀེ་ཡིས། སྔར་གྱིས་སྤྱི་ཚོགས་བསྡུར་བ་བྱེད་སྐབས། སྤྱིར་བཏང་བྱས་ན་དཔེ་ཟླའི་ཁྱུ་ཚོགས་ཤིག་འདེམ་གྱིན་ཡོད་པའི་ངོས་འཛིན་གནང་བཞིན་ཡོད། དེ་དང་འདྲ་བར། སྤྱི་འབྲེལ་སྨྱན་སྦྱོར་ནང་གི་དྲ་དམངས་རྣམས་ཀྱང་རང་ཉིད་གནས་སའི་ཁྱུ་ཚོགས་དེའི་དབང་དུ་འགྲོ་བ་དང་། ཉེ་འཁོར་གྱི་བསམ་འཆར་གཙོ་འཛིན་དག་གི་ལྟ་ཚུལ་དང་ལངས་ཕྱོགས་ལ་ཉེ་བར་བཅར་གྱིན་ཡོད། བོད་ལྗོན་ནང་རང་ལ་དགའ་དད་པ་ཁྲི་བཅུ་གྲངས་དང་། ཐ་ན་ཁྲི་བརྒྱ་གྲངས་ཡོད་པའི་དྲ་གྲགས་རྣམས་ནས་དོན་རྐྱེན་གང་ཙུང་ཐད་དཔྱད་གཏམ་སྤེལ་རྗེས། འཕྲུལ་མ་ཉིད་དུ་དེ་བརྒྱུད་སྐུར་བྱེད་མཁན་དང་དེར་དཔྱད་བརྗོད་བྱེད་མཁན་འབོར་ཆེན་ཡོང་བ་དང་། དེ་དག་གིས་དྲ་ཐོག་བརྒྱུད་སྤེལ་ལ་ཤུགས་རྐྱེན་ཏ་ཙང་ཆེན་པོ་ཐེབས་ཀྱིན་ཡོད། དེར་བརྟེན་ཁྲིད་སྟོན་བྱེད་མཁན་གྱི་ལྟ་བའི་ངོ་བོ་ཡིས

དོན་རྐྱེན་གྱི་འཕེལ་རིམ་ཐག་གཅོད་བྱེད་པས། ཧྲ་ཐོག་ཏུ་གླིང་ཕྱོགས་ཤིག་ཤུགས་ཆེ་རུ་འགྲོ་བའི་འབྱུང་རྐྱེན་དང་འཕེལ་ཕྱོགས་ལ་དཔྱེ་ཞིབ་བྱེད་སྐབས། བསམ་འཆར་གསོ་འཛིན་གྱི་རྒྱུ་རྐྱེན་ལ་དཔྱེ་ཞིབ་བྱ་རྒྱུ་ནི་ལུས་མི་སྲིད་པ་ཞིག་རེད།

བཞི། གླིང་ཕྱོགས་ཤུགས་ཆུང་དུ་ཕྱིན་པ་སྟེ། རང་བཞིན་དུ་ཡལ་བ་དང་སྐབས་བསྟུན་གྱིས་ཐེ་ཐུས་བཀག་འགོག་བྱེད་པ།

འཇིག་རྟེན་གྱི་བྱ་དངོས་ཅི་ཞིག་ཡིན་རུང་དེ་དར་བ་ནས་རྒུད་པ་དང་། ཡང་བསྐོར་བསྐྱར་བསྐོར་བྱེད་པའི་ཆོས་ཉིད་བརྒྱུད་བཞིན་ཡོད་པ་དང་། དུང་དཀར་འཁྱིལ་རིས་ལྟར་འགྱུར་ལྡན་བསྐྱར་ཟློས་ཀྱི་རྣམ་པ་ཞིག་མངོན། དེ་དང་འདྲ་བར། ཧྲ་ལམ་གླིང་ཕྱོགས་ལས་ཀྱང་དེ་ལྟ་བུའི་གཏན་ཚིགས་ཤིག་མངོན་གྱིན་ཡོད། ཧྲ་ལམ་གླིང་ཕྱོགས་ཤུགས་ཆུང་དུ་འགྲོ་བ་སྟེ། ཧྲ་ལམ་གླིང་ཕྱོགས་ཀྱི་ཚ་རླབས་འཕྱུར་ཚར་རྗེས། དེར་དོ་ཁུར་བྱེད་མཁན་རང་བཞིན་ངང་ཉུང་དུ་འགྲོ་བ་དང་། དོན་རྐྱེན་གཅིག་ལ་དུས་ཡུན་རིང་པོ་དོ་ཁུར་བྱས་རྗེས། ཧྲ་དམངས་རྣམས་ལ་ངལ་དུབ་ཀྱི་སྣང་བ་ཡོང་བ་དང་། དེ་ནས་སྨྱུན་སྦྱོར་དེའི་སྐོར་སློལ་མཁན་ཡང་ཉུང་དུ་འགྲོ་བཞིན་ཡོད། དུས་མཚམས་དེར་དོན་རྐྱེན་དེའི་ལྟེ་བའི་འགལ་རྐྱེན་ཐག་གཅོད་ཡག་པོ་ཐུབ་པ་དང་། དེ་དང་ཆབས་ཅིག་གླིང་ཕྱོགས་ཀྱི་ཁུངས་སྣེ་གསར་པ་མ་ཐོན་ཚེ། ཧྲ་ལམ་གླིང་ཕྱོགས་དེ་གནས་སྐབས་ཞི་ཞིང་འཇགས་པར་འགྱུར་རྒྱུ་རེད། འདིར་གནས་སྐབས་ཞེས་བརྗོད་དགོས་དོན་ནི། མ་གཞི་དོན་རྐྱེན་ཕྱོགས་རྐྱང་པ་དེའི་ཤུགས་རྐྱེན་ཞི་ཞིང་འཇགས་པར་གྱུར་ཀྱང་། དེ་ལས་ཐོན་པའི་སྤྱི་ཚོགས་ཀྱི་ཐུན་མོང་གནད་དོན་དེ་ཐག་གཅོད་མཐར་ཕྱིན་པ་ཐུབ་པའི་ངེས་པ་མེད་པས། སྤྱི་དམངས་ཁྲིད་

ཐུང་གསོག་ཐེབས་པའི་བསམ་འཆར་དག་དུས་ཐུང་ནང་ཐད་དེ་མེད་པར་འགྱུར་ཐབས་མེད་པ་དང་། གང་དེ་ས་བོན་ཞིག་དང་འདྲ་བར་གླིང་ཕྱོགས་ར་བའི་ནང་གནས་སྲིད་པ་དང་། རྗེས་སུ་དེ་དང་འདྲ་བའི་དོན་རྐྱེན་ཐོན་སྐབས་གླིང་ཕྱོགས་ཀྱི་ཚ་ཤུགས་དེ་སྐྱར་ཡང་འཕྱུར་བའི་ཉེན་ཁ་ཡོད་པས་རེད།

སྤྱིར་དྲ་ལམ་གླིང་ཕྱོགས་ནི་གཞི་རྩའི་ཆ་ནས་བཤད་ན། གདོང་ཐུག—ཁྱབ་འགྲེད—ཞི་འཛགས—ཡལ་བ་བཅས་ཀྱི་ལམ་རིམ་ལྟར་འགྱུར་ལྡོག་འགྲོ་བཞིན་ཡོད། སྤྱིར་ན་དྲ་ལམ་གླིང་ཕྱོགས་ཀྱི་དོ་ཁུར་བྱ་གཞི་དེར་བརྗེ་བསྒྱུར་ཡང་བྱེད་ཀྱིན་ཡོད། སྙེ་མང་ཅན་དང་། སེལ་བུ་ཅན། སྐབས་བདེ་ཅན་བཅས་ཀྱི་ཆ་འཕྲིན་དུས་རབས་འདིར། དོ་སྣང་བྱེད་ཚད་དང་དགའ་མོས་བྱེད་གཞིར་འགྱུར་ལྡོག་བྱུང་ན་དྲ་ལམ་གླིང་ཕྱོགས་འགྱུར་སྲིད་པ་མ་ཟད། འགྱུར་ལྡོག་འགྲོ་བའི་དུས་ཚོད་ཀྱང་ཧ་ཅང་མགྱོགས་པོ་ཡོད། ཚ་གླིང་བྱ་ཡུལ་གསར་པ་ཞིག་ཐོན་རྗེས་གླིང་ཕྱོགས་ཀྱི་ཁ་ཕྱོགས་ལམ་སེང་འགྱུར་འགྲོ་བ་དང་། གླིང་གཞི་སྔོན་པ་དེ་ཡང་ཆབས་ཅིག་ཏུ་གླིང་མཁན་མེད་པར་འགྱུར་སྲིད། དཔེར་ན། དྲ་བའི་ཐོག་མི་སུ་ཞིག་དྲ་བའི་དོ་སྣང་བྱེད་མཁན་མང་ཤོས་ཀྱི་དྲ་ངོས་དེར་སྐྱེལ་རོགས་བྱེད་ཅེས་པ་ལྟར་ཡིན་ཏེ། གཅིག་སྒྲུད་ཀྱིས་བརྒྱུད་སྤེལ་བྱས་ནས་མི་གང་ཪུང་ཞིག་གམ་བརྗོད་གཞི་ཞིག་དུས་ཐུང་ནང་གླིང་ཕྱོགས་ཀྱི་མདུན་གྲལ་དུ་བསྐྱལ་ཐོག གང་དེས་དེའི་སྔོང་གི་གླིང་གཞིའི་ཚབ་བྱེད་དུ་འཇུག་བཞིན་ཡོད། དོན་དངོས་ཐོག་ནས་བཤད་ན། དེ་ནི་དྲ་ལམ་གླིང་ཕྱོགས་ཀྱི་དོ་གནད་ལ་འགྱུར་བ་གཏོང་བ་ཞིག་རེད། ལྡོག་ཕྱོགས་ཀྱི་གླིང་ཕྱོགས་གནད་དོན་འགའ་ཞིག་གི་ཁྲིད། ཚོར་སྣང་སྐྱེན་པའི་བརྗོད་གཞི་དག་ནི་ནམ་རྒྱུན་གྱི་བརྗོད་གཞི་ཁག་ལས་གྲོས་བསྡུར་དང་མི་འདོད་པའི་རྣམ་འགྱུར་སྟོན་མཁན་མང་བ་ཡོད་པས། དེ་དག་གླིང་ཕྱོགས་ཀྱི་གྲལ་མགོར་ཡུན་རིང་བ་གནས་ཀྱི་ཡོད་པ་དང་།

ད་ལམ་སློང་ཕྱོགས་ཀྱི་ཚ་སློང་བྱ་གཞི་གཞན་དག་གིས་དེའི་ཚབ་བྱེད་པའི་དུས་ཚོད་དེ་བས་འགོར་བ་ཡོད། གལ་སྲིད་ཚ་སློང་བྱ་གཞི་གསར་པ་དེ་ད་ལྟའི་ལྟོག་ཕྱོགས་བརྗོད་གཞི་དེ་དང་འབྲེལ་བ་ཡོད་ཚེ། སློང་ཕྱོགས་གནས་ཚུལ་གྱི་རྙོག་ཏྲ་དེ་ད་དུང་ཆེ་རུ་འགྲོ་བཞིན་ཡོད།

བརྒྱུད་རིམ་དེའི་ནང་། སྤྱི་པའི་དབང་ཆས་ངོས་འཚམ་དང་ལུགས་མཐུན་གྱི་སྒོ་ནས་ཐེ་ཇུས་བྱས་ན་ད་ལམ་སློང་ཕྱོགས་གང་མགྱོགས་ཞི་འཇགས་འགྲོ་རྒྱུར་ཕན་པ་ཡོད་པ་དང་། ད་དུང་སློང་ཕྱོགས་ཤུགས་ཆེ་རུ་འགྲོ་བའི་སྐབས་སུ་ངན་སེམས་བཅངས་ནས་སྒྲོ་བཏགས་ཞུད་སྒྲོག་བྱེད་མཁན་བྱུང་བ་དང་། ཚད་ལས་འདས་པའི་འགྲེལ་བརྗོད་བྱེད་མཁན་བྱུང་བ་སོགས་ཤུགས་རྐྱེན་ངན་པ་གནས་ཡུན་རིང་དུ་འགྲོ་རྒྱུར་བཀག་འགོག་ཐུབ་པ་བརྒྱུད། དོན་རྐྱེན་དེ་དུས་ཐུང་ནང་ཐག་གཅོད་ཐུབ་རྒྱུར་ཕན་ཐོགས་ཀྱིན་ཡོད་པ་རེད། སྤྱི་པའི་དབང་ཆས་ཐེ་ཇུས་བྱེད་པའི་དུས་སྐབས་དེ་སྔོར་བཏང་བྱས་ན་ད་ལམ་སློང་ཕྱོགས་ཐོག་མར་ཐོན་པ་དང་བར་དུ་ཤུགས་ཆེ་རུ་འགྲོ་བའི་བར་ཆ་དེའམ། ཡང་ན་སློང་ཕྱོགས་ཁྱབ་འཁྱེད་བྱུང་ཟིན་པ་དང་། ཤུགས་དྲག་ངེས་ཅན་ཞིག་ལ་སླེབས་ཟིན་རྗེས། འགན་ཉུས་སྡེ་ཁག་གིས་ཐད་ཀར་ཐེ་ཇུས་བྱེད་པའམ་ཉུས་ཡོད་ཀྱི་བྱ་སྤྱོད་སྤེལ་ནས། སྤྱི་དམངས་ཀྱི་དོ་ཁུར་བྱ་གཞིར་ལན་ཆ་བྱེད་པ་དང་། ལྟེ་བའི་གནད་དོན་ཐག་གཅོད་བྱས་ནས། སློང་ཕྱོགས་ཀྱི་ཚ་ཚད་ཚབས་དེ་གང་མགྱོགས་ཞི་ཞིང་འཇགས་པར་བྱས་ཐོག སྔོན་སྒྲོར་དང་དྲ་དམངས་ནས་ཚད་ལས་འདས་པའི་ཐོག་ནས་དོན་གཞི་དེར་དོ་སྣང་བྱ་རྒྱུར་སྟོན་འགོག་བྱས་ཏེ། ད་ལམ་སློང་ཕྱོགས་ཀྱི་འགྱུར་ལྡོག་དེ་ཡང་དག་པའི་ལམ་དུ་ཁ་ལོ་བསྒྱུར་ཐུབ་པ་བྱ་དགོས་པའི་ངོས་འཛིན་བྱེད་ཀྱིན་ཡོད།

ཉེ་བའི་ལོ་ཤས་ནང་། ད་ལམ་ཐོག་སློང་ཕྱོགས་མང་པོ་ཐོན་པ་དང་། དེ་

བཞིན་རང་རྒྱལ་སྲིད་གཞུང་གི་ཆ་འཕྲིན་དང་སྲིད་དོན་ཡོངས་བསྒྲགས་ལས་དོན་ཟམ་མི་ཆད་པར་ཡར་རྒྱས་ཕྱིན་པ་དང་བསྟུན་ཏེ། རིམ་ཁག་སྲིད་གཞུང་སྡེ་ཁག་གིས་དྲ་ལམ་སློང་ཕྱོགས་ལ་ཐེ་ཇུས་དང་ཁྲིད་སྟོན་བྱེད་པའི་ནུས་པ་མངོན་གསལ་དོད་པོས་ཆེ་རུ་ཕྱིན་ཡོད་ལ། ད་དུང་བྱེད་སྟངས་བྱེད་ལུགས་ལ་དོ་སྣང་ཇེ་ཆེར་ཕྱིན་ཡོད་པ་སྟེ། དྲ་ལམ་བཀག་འགོག་དང་། དོ་དམ། ཚོད་འཛིན་བཅས་བྱེད་པའི་དྲག་པོའི་བསམ་ཇུས་ནས། ཁྲིད་པ་དང་། སྟོན་པ། གསེད་འགྲོལ་བཅས་བྱེད་པའི་སྐྱོང་མཁས་བསམ་ཇུས་ལ་འགྱུར་ལྡོག་ཕྱིན་ཡོད། དཔེ་གཞི1 –2ལས་གསལ་བར། དོ་བདག་དང་། སྤྱི་དམངས། སྲིད་གཞུང་། སྨྱན་སྦྱོར་བཅས་སློང་ཕྱོགས་བཞིའི་གཞི་རྩའི་བྱེད་པོ་ནས་འགོ་བཙུགས་ཏེ། དྲ་ལམ་སློང་ཕྱོགས་ཀྱི་འཕེལ་འགྱུར་ནི་ཆ་ཕྱོགས་མང་པོའི་རྐྱེན་ལས་བྱུང་བ་ཞིག་ཡིན་པ་དང་། ཆ་ཕྱོགས་ཚང་མ་ཐོག་མཐའ་བར་གསུམ་དུ་སློང་ཕྱོགས་ར་བའི་ནང་གནས་ཡོད། དེས་ན་དེ་བས་ནུས་འབྲས་ལྡན་པའི་ཐེ་ཇུས་དང་ཁྲིད་སྟོན་བྱ་རྒྱུ་དེ་ནི། སློང་ཕྱོགས་འགོ་ཚུགས་པའམ་ཁྱབ་འགྱེད་འགྲོ་བའི་དུས་མཚམས་ཡིན་ནའང་འདྲ། དྲ་ལམ་སློང་ཕྱོགས་ཐོག་མར་ཐོན་པའི་དུས་དང་ཞི་ཞིང་འཛགས་པའི་དུས་ཡིན་ནའང་འདྲ། ཚང་མར་འཐབ་ཇུས་བཟང་པོ་ལག་བསྟར་བྱ་དགོས་པ་དང་། དྲ་ལམ་སློང་ཕྱོགས་ལ་ཁྲིད་སྟོན་བྱ་རྒྱུ་དེ་བརྒྱུད་རིམ་

དཔེ་གཞི1 –2 དྲ་ལམ་སློང་ཕྱོགས་ལ་ཐེ་ཇུས་བྱེད་པའི་བསམ་ཇུས་ཀྱི་འགྱུར་ལྡོག

ཆ་ཚང་བའི་ཚེ་སྒྲོག་གི་དུས་འཁོར་ལྡན་པའི་ཡུན་རིང་གི་ལས་དོན་ཞིག་ལ་འགྱུར་བ་བྱ་དགོས་ཀྱི་ཡོད།

དོན་ཚན་བཞི་པ། ཏྲ་ལམ་གླིང་ཕྱོགས་ལ་ཁྲིད་སྟོན་བྱེད་པའི་རྩ་དོན།

2016ལོའི་ཟླ4པར། སྤྱི་ཁྱབ་ཧུའུ་ཅི་ཞི་ཅིན་ཕིང་གིས་ཏྲ་ལམ་བདེ་འཇགས་དང་ཆ་འཕྲིན་ཅན་གྱི་ལས་དོན་བཞུགས་མོལ་ཚོགས་འདུའི་སྟེང་། ཏྲ་ལམ་འདི་ཉིད་ང་ཚོས་མང་ཚོགས་དང་སྤེལ་རེས་བྱེད་པའི་སྟེགས་བུ་གསར་པ་དང་། མང་ཚོགས་ལ་ཞབས་ཞུ་བྱེད་པ་སྟེ། མང་ཚོགས་དང་ཉེ་བར་བཅར་བ། མང་ཚོགས་ཀྱི་དཀའ་གནད་སེལ་བའི་ཐབས་ལམ་གསར་པ། མི་དམངས་དམངས་གཙོ་དར་སྤེལ་དང་། མི་དམངས་ཀྱི་ལྟ་སྐུལ་དང་ལེན་བྱེད་པའི་ཐབས་ལམ་གསར་པ་བཅས་སུ་འགྱུར་བ་བྱ་དགོས་ཞེས་བསྟན་གནང་ཡོད། ཏྲ་ལམ་གླིང་ཕྱོགས་ཀྱི་ངོ་བོའི་ཁྱད་ཆོས་དང་། ཐོན་པའི་རྒྱང་གཞི། ཁྱབ་འཕེལ་ནང་ཤུགས་བཅས་ཁོང་དུ་ཆུད་པ་བྱས་ཏེ། དགེ་མཚན་རང་བཞིན་དང་། མཐུན་སྦྱོར་རང་བཞིན། དངོས་ཕན་རང་བཞིན་བཅས་ལྡན་པའི་ཁྲིད་སྟོན་བསམ་བློས་འདོན་རྒྱུ་ནི་ཏྲ་ལམ་གླིང་ཕྱོགས་ཞིབ་འཇུག་རིན་ཐང་གི་མཚོན་གཞི་དེ་རེད།

གཅིག བརྒྱུད་སྲེལ་འགྲན་རྟོད་དེ། སྣེ་མང་བྱེད་པོའི་གདོང་ཐུག་ལ་ལྟ་སྟངས་ཡང་དག་འཛིན་དགོས།

གླིང་ཕྱོགས་ར་བའི་ཐོག་གི་འགྲན་རྟོད་ནི་གང་སར་གནས་པ་ཞིག་ཡིན་ཞིང་། དེའི་ཕྱོགས་ནས་ལྟ་ཚུལ་ཐད་ཀྱི་རྟོད་གླིང་ཡོད་ལ། ད་དུང་ཁེ་ཕན་ཐད་

གྱི་འགྲན་རྩོད་ཀྱང་ཡོད། དྲ་ལམ་ཐོག་གླིང་ཕྱོགས་དོན་རྐྱེན་ནང་གནས་པའི་འགྲན་རྩོད་ནི་སྐབས་རེ་བདེན་དོན་དང་རྫུན་གཏམ་གྱི་འགྲན་རྩོད་དང་། སྐབས་རེ་ནི་བདེན་དོན་གྱི་ཆ་ཤས་དང་རྫུན་གཏམ་གྱི་ཆ་ཤས་བར་གྱི་འགྲན་རྩོད་ཡིན། གོ་ཆོད་ཀྱི་ཆ་འཕྲིན་ཤུང་དྲགས་པའི་གནས་ཚུལ་འོག། བདེན་རྫུན་འབྱེད་དཀའ་བའི་གནས་ཚུལ་ཐོན་གྱིན་ཡོད། དྲ་ལམ་གླིང་ཕྱོགས་བརྒྱུད་སྤྲེལ་གྱི་འཕེལ་ཕྱོགས་དང་མཐུག་འབྲས་ཐག་གཅོད་བྱེད་ཐུབ་མཁན་ནི། དྲ་ལམ་བར་ཁམས་དང་དངོས་ཡོད་བར་ཁམས་ཀྱི་སྡེ་མང་བྱེད་པོ་ཐོག་གནས་ཡོད། དེང་རབས་སྤྱི་ཚོགས་སུ་སྒྲིག་འཛུགས་གང་དང་། ཚོགས་པ་གང་ཞིག། ཐ་ན་མི་སྒེར་སུ་ཞིག་གིས་ཁེ་ཕན་ནམ་དབང་ཆ་བརྩོན་ལེན་བྱེད་སྐབས། ཚང་མས་གང་ཐུབ་ཅི་ཐུབ་ཀྱིས་གླིང་ཕྱོགས་ནང་གི་གོ་སྐབས་དང་པོ་དེ་བརྩོན་ལེན་བྱེད་པ་དང་། སུ་ཞིག་ལ་སྨྲན་སྦྱོར་གྱི་གཙོ་ཁྲིད་དབང་ཆ་དེ་ཐོབ་ཆེ། གང་དེར་སྨྲ་བརྗོད་དབང་ཆ་ཐོབ་སྲིད་པ་དང་། གང་དེ་ཁྲིམས་མཐུན་རང་བཞིན་ལྡན་པར་ཡང་འགྱུར་སྲིད།[15] དྲ་དམངས་ལ་སུ་ཡང་ཞུགས་ཆོག་པའི་དྲ་ལམ་སྤྱི་འབྲེལ་ལག་ཆའི་དབང་ཆ་ཐོབ་རྗེས། སྤྱོད་མཁན་ཕལ་པ་ཞིག་ནས་དྲ་ལམ་གླིང་ཕྱོགས་བཟོ་མཁན་དང་སྤེལ་མཁན་གྱི་ཆ་ཤས་སུ་འགྱུར་སྲིད་པ་དང་། དེང་རབས་སྤྱི་ཚོགས་ཀྱི་ཆ་འཕྲིན་བརྒྱུད་སྤེལ་གྲུབ་གཞིར་དེས་རྐྱེན་པས་འགྱུར་ལྡོག་ཆེན་པོ་འགྲོ་བཞིན་ཡོད། དེར་གཞིགས་ནས་བཤད་ན། གླིང་ཕྱོགས་ཀྱི་དོན་རྐྱེན་བརྒྱུད་སྤེལ་བྱེད་པའི་བརྒྱུད་རིམ་ནང་། དྲ་དམངས་ཕལ་པའམ་ཡང་ན་བསམ་འཆར་གཙོ་འཛིན་ཡིན་ནའང་འདྲ། སྤེལ་རྒྱུན་སྨྲན་སྦྱོར་ཡིན་ནའང་འདྲ། ཚང་མས་ཟམ་མི་ཆད་པར་བརྒྱུད་སྤེལ་གྱི་བྱ་བ་སྒྲུབ་བཞིན་ཡོད། དེས་ན་དྲ་ལམ་གླིང་ཕྱོགས་ནང་ཞུགས་མཁན་གྲས་སུ་དྲ་ལམ་བརྒྱུད་སྤེལ་ཁྲིད་དོན་མངོན་པར་བྱེད་པའི་ནུས་པ་ལྡན་པ་དང་བྱ་སྤྱོད་སྤེལ་བའི་ནུས་པ་ལྡན་པའི་

བྱེད་པོ་མཐའ་དག་ཚུད་ཡོད། དྲ་ལམ་གླིང་ཕྱོགས་ར་བའི་ནང་ལྟ་ཚུལ་ཐད་ཀྱི་གདོང་ཐུག་ཐོན་ངེས་པར་གཞིགས་ནས། བྱེད་པོ་ཚང་མས་གླིང་ཕྱོགས་ཀྱི་ཁ་ཕྱོགས་ལ་འགྱུར་བ་གཏོང་ཐུབ་པའི་ངེས་པ་ལྡན་ཡོད། དེ་ནི་དྲ་ལམ་གླིང་ཕྱོགས་ལ་ངོས་འཛིན་བྱེད་པའི་གལ་ཆེའི་སྟོན་འགྲོ་ཡིན།

ངོ་སྣང་བྱ་དགོས་པ་ཞིག་ནི། དྲ་ལམ་དོན་རྐྱེན་བརྒྱུད་སྤེལ་བྱེད་པའི་བརྒྱུད་རིམ་ནང་། སྣེ་མང་བྱེད་པོ་གནས་པ་དེས་བསམ་འཆར་གཙོ་འཛིན་ཐོན་རྒྱུར་བཀག་འགོག་ཐུབ་ཀྱིན་མེད། བསམ་འཆར་གཙོ་འཛིན་གྱི་བྱ་སྤྱོད་ཀྱི་གདམ་ག་དེ་སྲིད་གཞུང་ནས་གླིང་ཕྱོགས་ནང་ཐེ་ཞུགས་དང་ཁྲིད་སྟོན་བྱེད་སྐབས་གཙོ་གནད་ཐོག་ངོ་སྣང་བྱ་དགོས་པ་ཞིག་རེད། གླིང་ཕྱོགས་ཀྱི་དོན་རྐྱེན་བརྒྱུད་སྤེལ་བྱེད་པའི་བརྒྱུད་རིམ་ཁྲིད། བསམ་འཆར་གཙོ་འཛིན་གྱིས་རྒྱུན་དུ་ལྟེ་བའི་གོ་གནས་འཛིན་པ་དང་། དྲ་དམངས་དང་སྐུལ་སློང་གི་བར་དུ་སྐུལ་སློང་བའི་ནུས་པ་ཐོན་བཞིན་ཡོད། དྲ་དམངས་ཀྱི་ལྟ་ཚུལ་ལ་སྣོན་འཕྲི་སློར་གཅོག་བྱས་རྗེས་ཕོ་ཆོས་ཁ་ཐོར་དུ་ལུས་པའི་བསམ་འཆར་དང་སྐད་ཆ་དག་སྡོམ་བཅས་ཀྱིས་མདོར་དྲིལ་བའི་ནང་དོན་ལ་བསྒྱུར་རྗེས། ནང་དོན་དེ་དག་མང་ཚོགས་ནས་དང་ལེན་བྱེད་བདེ་བ་དང་། བརྒྱུད་སྤེལ་གཏན་ཚིགས་ཀྱི་རྣམ་པ་དང་འཚམ་པར་གྱུར་རྗེས་དོ་ཁུར་དང་བརྒྱུད་སྐུར་བྱེད་པ་དང་། དེ་རྗེས་སྲོལ་རྒྱུན་སྐུལ་སློང་གིས་དོ་སྣང་བྱེད་ཀྱིན་ཡོད། དེ་ལས་ལྡོག་ནས་བཤད་ན། བསམ་འཆར་གཙོ་འཛིན་གྱིས་སྤྱི་པའི་བརྗོད་གཞིར་དོ་ཁུར་བྱེད་པའི་ཆོར་སྐྱེན་རང་བཞིན་ལ་དམིགས་ནས་སླར་ཡང་དྲ་དམངས་ལ་སྐུལ་སློང་དང་དབང་གྲགས་ལྡན་པའི་ཚན་པས་སྤེལ་བའི་གནས་ཚུལ་གསར་ཤོས་བརྒྱུད་སྤེལ་བྱེད་པ་མ་ཟད། འོས་འཚམ་གྱི་འགྲེལ་བརྗོད་ཀྱང་བྱེད་ཀྱིན་ཡོད།

དོན་རྐྱེན་གང་རུང་ཞིག་སྐྱི་ཚོགས་ནས་དོ་ཁུར་བྱེད་པའི་ཀུན་གླེང་གནད་

དོན་ལ་འགྱུར་བ་བྱེད་པའི་ཐད། བསམ་འཆར་གསོ་འཛིན་གྱིས་ཆ་འཕྲིན་བསྡུ་རུབ་ཀྱི་ནུས་པ་འདོན་པ་དང་། དེས་རྒྱུན་པས་དྲ་ལམ་གླིང་ཕྱོགས་མེད་པར་བཟོ་བའམ་ཤུགས་ཆེ་རུ་གཏོང་བའི་ངེས་མེད་རང་བཞིན་ཐད་ནུས་པ་འདོན་གྱིན་ཡོད། ཡིན་ནའང་བསམ་འཆར་གསོ་འཛིན་གྱིས་འབྲེལ་ཡོད་ཆ་འཕྲིན་གདམ་གསེས་ཡོད་པའི་ཐོག་ནས་ཟུར་གསལ་བྱེད་པ་དང་། དེ་བཞིན་འབྲེལ་ཡོད་དོན་རྐྱེན་ཐད་ཀྱི་དཔྱད་གླེང་གིས་དྲ་ལམ་གླིང་ཕྱོགས་ཀྱི་ཁ་ཕྱོགས་དེ་ལེགས་ཉེས་གང་དུ་འགྲོ་མིན་ཐད་ཁ་སྒྱུར་གྱི་ནུས་པ་ཐོན། དེ་མིན་བསམ་འཆར་གསོ་འཛིན་རྣམས་ཀྱིས་སྤྱོད་མཁན་བར་སྤེལ་རེས་བྱེད་པའི་སྐབས་གདམ་གསེས་རང་བཞིན་དང་། འབྲེལ་ཡོད་རང་བཞིན། ཐ་ན་འགྲན་རྩོད་རང་བཞིན་གྱི་ཆ་ཤས་ལྡན་ཡོད། བསམ་འཆར་གསོ་འཛིན་ཞིག་གིས་ཤུགས་རྐྱེན་བཟོ་བའི་ཁྱབ་ཁོངས་ཐད་ནས་བཤད་ན། དང་ཐོག་གྲངས་ཚད་ངེས་ཅན་གྱི་རྒྱབ་སྐྱོར་བྱེད་མཁན་ཁྱུ་ཚོགས་ཁྲིད་ཡིན་པ་དང་། དེ་རྗེས་དོ་ཁུར་བྱེད་མཁན་དེ་བས་མང་བར་ཁྱབ་ཀྱིན་ཡོད། གནས་ཚུལ་འགའ་རེའི་ཐོག། བསམ་འཆར་གསོ་འཛིན་དང་སྤྱོད་མཁན་བར་འགལ་བ་ཤོར་ནས་གསོ་ཁྲིད་ཀྱི་ནུས་པ་ཐོན་དཀའ་བར་འགྱུར་བ་ཡང་ཡོད། ཉེ་བའི་ལོ་ཤས་ནང་ཐོན་པའི་དྲ་ལམ་སྐྱེལ་འདེད་པ་ཟེར་བ་སོགས་ཚོགས་པ་འགའ་རེར་སྣང་བས་ཁ་གསལ་བའི་བྱ་སྤྱོད་དམིགས་ཕྱོགས་ཡོད་པའི་དབང་གིས། བརྒྱུད་སྤེལ་ཐུས་འགོད་ཐད་ཉམས་སྙིང་དེ་བས་ཕྱུག་པ་ཡོད་པས། དེ་དག་བསམ་འཆར་གསོ་འཛིན་ཕུད་པའི་གླིང་ཕྱོགས་སྟོབས་ཤུགས་གཞན་ཞིག་ཏུ་གྱུར་ཡོད།

གཉིས། གྲོས་མཐུན་ཡོང་ཐབས་བྱེད་པ་སྟེ། མཉམ་འདུན་འཛུགས་པ་དང་སེམས་འགྲུ་འཇགས་པར་བྱེད་པ།

གཞལ་སྲིད་གླིང་ཕྱོགས་ལ་ཚན་རིག་དང་མཐུན་པ་དང་ཕན་འབྲས་ལྡན་པའི་ངོ་དམ་བྱ་དགོས་ཞེས་ཟེར་ན། གྲོས་མཐུན་ཡོང་བ་བྱ་རྒྱུ་ནི་ངོ་དམ་བྱེད་པའི་རྨང་གཞི་དེ་ཡིན། ཉེ་བའི་ལོ་ཤས་ནང་། རྒྱལ་ཁབ་ཕྱི་ནང་གི་མཁས་དབང་ནས་མཉམ་འདུན་འཛུགས་པ་ཞེས་པ་དང་། མཉམ་འདུན་སྐྱུལ་སློང་ཞེས་པ་སོགས་ཀྱི་ཐ་སྙད་བཏོན་ཡོད། དེ་ཡང་གྲོས་གཞི་གོ་སྒྲིག་བྱེད་མཁན་གྱིས་ཆེད་དམིགས་ཐབས་ཇུས་བརྒྱུད་དོན་རྐྱེན་མངོན་པར་བྱས་ཐོག། ངོ་ཁུར་བྱེད་མཁན་དེ་བས་མང་བ་ཡོང་བར་བྱེད་པ་དང་ཆབས་ཅིག་གླིང་ཕྱོགས་རང་བའི་གཙོ་གནད་གླིང་གཞིར་འགྱུར་ཐབས་བྱེད་པ་ཞིག་རེད། སྣང་ཚུལ་དེ་ནི་དོན་རྐྱེན་དེ་རང་ལ་སྤྱི་ཚོགས་ཀྱི་བསམ་གཞིགས་བྱེད་མཁན་དེ་བས་ལྷག་པ་བསྡུ་རུབ་ཐུབ་མིན་དང་། གཅིག་གྱུར་མཉམ་སྡེབ་འདུ་ཤེས་དང་བསམ་འཆར་སྟོན་ཕྱོགས་གྲུབ་མིན། སྤྱི་ཚོགས་ཀྱི་ཆ་ཕྱོགས་ཁག་ནས་ངོ་ཁུར་བྱེད་མིན། ཏྲ་ལམ་གླིང་ཕྱོགས་ཀྱི་བསམ་འཆར་གཅིག་མཐུན་ཡོང་མིན་བཅས་དང་འབྲེལ་བ་ཡོད་པ་ཞིག་རེད།〔16〕 ཏྲ་ལམ་གླིང་ཕྱོགས་ནི་སུ་ཡང་ཞུགས་ཆོག་པ་ཞིག་ཡིན་པ་དང་། ཐེ་ཞུགས་བྱེད་མཁན་མཐའ་དག་ནི་ཆབས་ཅིག་ཏུ་བརྒྱུད་སྤྲོད་བྱེད་མཁན་ཡང་ཡིན། ཡིན་ནའང་སྤྱིའི་ཆ་ནས་བཤད་ན། ཕོ་ཚོ་ནི་རང་འགུལ་དང་། གནས་སྐབས། སྣེས་དབང་བཅས་ཀྱི་སྒོ་ནས་རང་གི་དགའ་དད་ཀྱི་གྲོས་གཞི་ཞིག་གི་ཐོག་འཛོམས་པ་དང་། དེ་ནས་གྲོས་བྲལ་བྱེད་པ་གང་ཞིག་བར་མི་ཆད་པའི་སྤེལ་རེས་ཀྱིས་གྲོས་གཞི་དེར་ནུས་པ་ཐོན་གྱིན་ཡོད། རྒྱུན་གཏན་གྱི་གནས་ཚུལ་ལྟར་ན། བྱེད་པོ་ཁག་གི་བར་འབྲེལ་བ་ཆེན་པོ་གང་ཡང་མེད་པས། ཕན་ཚུན་བར་གྱི་ཆ་འཕྲིན་གསལ་པོ་ཕོང་དུ་མི་ཆུད་པའི་གནས་

ཚུལ་ཡོང་བཞིན་ཡོད། ཡིན་ནའང་གླིང་ཕྱོགས་ཀྱི་དོན་རྐྱེན་ཐོན་པའི་རྗེས། དྲ་དམངས་ནས་གྲོས་མཐུན་འཚོལ་ཞིབ་བྱེད་པ་དང་། དེ་ལྟར་མཉམ་འདུན་འཛུགས་པའི་དོན་སྙིང་མངོན་པའི་འགོ་ཚུགས་ཀྱིན་ཡོད།

དྲ་ལམ་ནང་ཆ་འཕྲིན་གྱི་ཚོག་གནས་ཕན་ཚུན་བར་སྤེལ་བ་ནི་སྣ་ཚོགས་པ་དང་། སྐབས་འཁེལ་བ། ཚད་མེད་པ་བཅས་ཡིན་པ་དང་། ཆ་འཕྲིན་གང་རུང་ཞིག་ཐོན་པ་ནི་ཆ་འཕྲིན་གྱི་ཚོག་གནས་གཞན་པས་ལན་ཆ་བྱས་པ་དང་སྤྲེལ་མཐུད་བྱས་པ་ལས་ཐོན་པ་ཞིག་ཡིན་པའི་ངེས་པ་ཡོད་ཅིང་། དེ་ལྟར་དྲ་ལམ་གླིང་ཕྱོགས་ར་བ་རྩིལ་པོར་ཤུགས་རྐྱེན་ཐེབས་ཀྱིན་ཡོད། ཉེ་བའི་ལོ་ཤས་ནང་ཐོན་པའི་དྲ་ལམ་དོན་རྐྱེན་ཁྲོད། མཉམ་འདུན་འཛུགས་པ་ཞེས་པ་དེ་རྣམ་པ་གཉིས་ཀྱི་ཐོག་ནས་མངོན་པ་སྟེ། གཅིག་ནི་སྐད་ཆ་དེ་གྲུབ་པའི་གྲོས་མཐུན་དང་དེའི་བརྒྱུད་སྤེལ་རྣང་གཞིར་བྱས་པ་ཞིག་ཡིན། སྐབས་རེ་སྐབས་བདེ་ལ། བྱུང་རྒྱལ་དུ་སླེབས་པ། སྣང་བ་མི་ཡོང་བ་བཅས་ཀྱི་སྐད་ཆ་འགའ་རེར་སློ་བརྗོད་ཉམས་ཚོས་དང་ནང་དོན་སོགས་ཐད་ཀྱི་བརྒྱུད་སྤེལ་ཁྱད་གཤིས་ལྡན་པའི་དབང་གིས་དུས་ཚོད་ཐུང་ཐུང་ནང་གླིང་ཕྱོགས་ཀྱི་ལན་ཆ་དྲག་པོ་ཡོང་ཡོད། 2009ལོའི་ཟླ7པའི་ཚེས16ཉིན། པའེ་ཏུའུ་ཡི་གདོན་འདྲེའི་འཛིག་རྟེན་ཞེས་པར། འགོ་བརྗོད་དུ། ཅ་ཙུན་ཕེང་། ཁྱེད་ཀྱི་ཨ་མས་ཁྱེད་རང་ཁྱིམ་དུ་ཟ་མ་ཟ་བར་འབོད་ཀྱིན་འདུག་ཅེས་པའི་ཡི་གེ་ཞིག་སྤེལ་བ་དེ་དུས་ཐུང་ཉིན་གཅིག་ནང་དྲ་དམངས་ནས་དྲ་བ་རྩིལ་པོར་བསྒྱུར་ཡོད། བལྟས་ཚོད་ལ་དོན་གང་ཡང་མེད་པ་ལྟར་སྣང་བའི་སྐད་ཆ་འདི་ཏག་ཏག་དྲ་དམངས་ཀྱི་ཐུན་མོང་མ་ཡིན་པའི་སྐད་ཆའི་མ་ལག་དང་བརྒྱུད་སྤེལ་གོམས་གཤིས་དང་འཚམས་པར་གྱུར་བས། དེ་མ་ཉིད་དུ་གླིང་ཕྱོགས་ཀྱི་གླིང་གཞི་གལ་ཆེན་ཞིག་ཏུ་གྱུར་ཡོད། གཉིས་ནི་སྐྱུལ་སློང་རྣང་གཞིར་བྱས་ཏེ་གྲུབ་པའི་ཐུན་མོང་གི་བསམ་འདུན་དང་

དེ་འབྲེལ་གྱི་བྱ་སྤྱོད་ཡིན། ཉེ་བའི་ལོ་ཤས་ནང་དར་ཁྱབ་ཆེ་བའི་མྱུར་འཆོར་བྱ་སྤྱོད་དེ་ནི། སྒྲིག་འཛུགས་བྱེད་མཁན་གྱིས་ དྲ་བའི་ཐོག་ནས་ངོ་མི་ཤེས་པའི་མི་སྐོང་བསྡུ་བྱས་རྗེས། གཏན་འཁེལ་གྱི་དུས་ཚོད་དང་གཏན་འཁེལ་གྱི་ས་ཆར་འཛོམས་ནས་མཉམ་སྡེབ་ཐོག་གཏན་འཁེལ་ཟིན་པའི་བྱ་སྤྱོད་སྤེལ་བ་དང་། དེ་ནས་སྐར་ཡང་ཁ་ཆད་ནང་གི་དུས་ཚོད་ལྟར་མྱུར་འཆོར་བྱ་སྤྱོད་མཇུག་འགྲིལ་བར་བྱེད་ཀྱིན་ཡོད། དྲ་ལམ་རིག་གནས་ཀྱི་སྣང་ཚུལ་ཐུན་མོང་མ་ཡིན་པ་ཞིག་ཡིན་པའི་ཆ་ནས། ཁུངས་མེད་པའི་མཉམ་སྡེབ་བྱ་སྤྱོད་དེ་རིགས་ལས་དྲ་ལམ་གློང་ཕྱོགས་ཀྱིས་དྲ་ཐོག་དྲ་འོག་ཏུ་སྒྱུལ་སྐྱོང་བྱེད་པའི་སྟོབས་ཤུགས་མངོན་པ་སྟེ། དྲ་ལམ་གློང་ཕྱོགས་ཁྲིད་ཀྱི་གྲོས་འགོར་ཁྱུ་ཚོགས་རང་བཞིན་གྱི་ཁས་ལེན་ཐོབ་ན། དྲ་འོག་གི་བྱ་སྤྱོད་ལ་བསྒྱུར་ཐུབ་པ་དང་། དེ་ལས་མཉམ་འདུན་འཛུགས་པའི་ཤུགས་རྐྱེན་མངོན་གྱིན་ཡོད།

དྲ་ལམ་གློང་ཕྱོགས་ལ་ཁྲིད་སྟོན་བྱ་རྒྱུའི་ངོས་ནས་བཤད་ན། དྲ་དམངས་ཁྲིད་ལྟོས་བཅས་ཀྱིས་དྲང་བཞག་དཔྱོད་ཤེས་ཀྱི་ཐུན་མོང་བསམ་ཚུལ་ཆགས་རྒྱུར་ཁྲིད་སྟོན་བྱ་དགོས་པ་ཕུད། ད་དུང་གྲུབ་ཟིན་པའི་ཤུགས་རྐྱེན་ངན་པར་དམིགས་ནས་སེམས་ཁམས་ཞི་འཇགས་ཡོང་བ་བྱ་དགོས། མིག་སྔའི་གློང་ཕྱོགས་ཁྲིད་སྟོན་ལས་དོན་གྱི་ལག་ལེན་དངོས་ནང་། ཤུགས་རྐྱེན་ཅུང་ཆེ་བའི་དྲ་ལམ་གློང་ཕྱོགས་དོན་རྐྱེན་ལ་དམིགས་ནས་གཙོ་བོར་ཐབས་ཇུས་གསུམ་སྤྱོད་དགོས་པ་སྟེ། གཅིག་ནས་སྨྱན་སྦྱོར་གྱི་ཆ་འཕྲིན་བསྡུ་རུབ་དང་ལེགས་སྒྲིག་ཐུབ་པའི་བཟང་ཆ་འདོན་སྤེལ་བྱས་ཏེ། མགྱོགས་མྱུར་དང་ཆ་འཕྲིན་ཁྱབ་སྤེལ་དང་། དོན་དངོས་གསལ་བཤད་ཀྱི་ལས་དོན་སྒྲུབ་པ་དང་། གློང་ཕྱོགས་ཀྱིས་དོ་ཁུར་བྱ་གཞིར་ལན་ཆ་བྱ་དགོས་པ། གཉིས་ནས་གློང་ཕྱོགས་ལ་ལྟ་སྐྱུལ་བྱེད་པའི་ངོས་ནས། དྲ་དམངས་ཀྱི་རེ་འདོད་དང་གྲོས་བསྡུར་བྱེད་པའི་གནད་

དོན་ལ་དམིགས་ནས། ཡང་དག་པའི་འགྲེལ་བརྗོད་བྱེད་པའམ་ཡོ་བསྲང་བྱ་དགོས་པ། གསུམ་ནས་དབང་གྲགས་ལྡན་པའི་རིགས་གཅིག་མཁས་པ་དང་སྨྱན་སྦྱོར་བ་སོགས་བསམ་འཆར་གཙོ་འཛིན་གྱི་མཉམ་ཤུགས་སྤྲེལ་ཐོག དོན་དངོས་བརྗོད་པ་དང་། གནས་ལུགས་དྲངས་པ། གཏན་ཚིགས་ཁ་གསལ་བཤད་པ། ཕྱོགས་གསུམ་པར་བརྟེན་ནས་འགག་རྩའི་ནུས་པ་འདོན་པ་བཅས་བྱས་ཐོག གླིང་ཕྱོགས་ཀྱི་ཐུན་མོང་བསམ་འདུན་དང་དྲ་ལམ་ཁྲུ་ཚོགས་ཁག་བར་ཤུགས་རྐྱེན་བཟང་པོ་ཐེབས་རེས་བྱེད་པ་བྱས་ཏེ། མཐོང་མེད་ཉེན་ཁ་སེལ་དགོས་པ་བཅས་ཡིན།

གསུམ། གཟབ་ནན་གྱིས་ཁ་གཏད་གཙོག་པ་སྟེ། འགལ་བའི་རྫ་ངར་ཆེ་རུ་འགྲོ་བ་དང་ཞེར་སྣ་གང་སར་ཁྱབ་རྒྱུར་སྔོན་འགོག་བྱ་དགོས་པ།

ཐོལ་བྱུང་དོན་རྐྱེན་ནམ་ཁྲུ་ཚོགས་རང་བཞིན་གྱི་དོན་རྐྱེན་ནི་རྒྱུན་དུ་དྲ་ལམ་གླིང་ཕྱོགས་ཀྱི་གཙོ་གནད་གནད་དོན་དང་ཆབས་ཅིག་ཐོན་པ་དང་། རྟག་ཏུ་སྲིད་གཞུང་ལ་ངག་ཐོག་ནས་རྩོལ་གཏམ་གཏོང་བའི་སྣང་ཚུལ་ཐོན་གྱིན་ཡོད། དེའི་ཐོག་ནས་སྲིད་གཞུང་ནི་བྱེད་པོ་ཞིག་ཡིན་པའི་ཆ་ནས་དྲ་ལམ་གླིང་ཕྱོགས་ཤུགས་ཆེར་འགྲོ་བའི་བརྒྱུད་རིམ་ནང་གི་གྲུབ་ཆ་གལ་ཆེན་ཞིག་ཡིན་པ་གསལ་བཤད་ཐུབ་ལ། དྲ་ལམ་གླིང་ཕྱོགས་ཀྱིས་སྲིད་གཞུང་གིས་ཚབ་བྱས་པའི་གཞུང་ཕྱོགས་ལ་ཁོང་ཁྲོ་བྱེད་པའམ་གོམས་གཤིས་ཅན་གྱི་དོགས་སློང་བྱེད་སྟབས་དང་། ཐ་ན་སྲིད་གཞུང་གིས་འདི་བྱས་མ་སོང་དང་། འདི་བྱུང་མ་སོང་ཞེས་བརྗོད་སྲིད་པ་མཚོན་གྱིན་ཡོད། དྲ་རྒྱུས་སྲིད་གཞུང་དང་མང་ཚོགས་བར་གྱི་འབྲེལ་བ་ཐག་ཉེ་རུ་བཏང་བས། མི་དེ་བས་མང་བར་སྤྱི་ཚོགས་ཀྱི་སྤྱི་པའི་བཙོས་སྐྲོང་བྱེད་མིར་བཟ་འཕྲིན་བསྒྱུར་བའམ་དེ་དག་དང་སྐད་ཆ་བཤད་པའི་

གོ་སྐབས་ཐོབ་ཡོད་ཅིང་། དེས་ཀྱང་སྔ་ན་མེད་པའི་བརྒྱུད་སྤེལ་ཤུགས་རྐྱེན་ལྡན་པར་གྱུར་ཡོད། དྲ་ལམ་བརྒྱུད་སྤེལ་གྱི་འབྱུང་ཁམས་ནང་། གཞུང་ཕྱོགས་ཀྱི་སྨྲ་བརྗོད་གོ་གནས་དམའ་རུ་ཕྱིན་ཡོད་པ་དང་། སྔོ་མང་བྱེད་པོ་བར་གྱི་འགལ་བ་ཡང་སློང་ཕྱོགས་ཀྱི་མདུན་གྲལ་དུ་དེ་བས་སླེབས་སླ་བར་གྱུར་ཡོད་པས། གྲོས་བསྡུར་བྱ་གཞི་དེ་བས་མང་བ་ཐོན་ཡོད།

ལོག་ཕྱོགས་དོན་རྐྱེན་ལས་བྱུང་བའི་དྲ་ལམ་སློང་ཕྱོགས་ཁྲིད། སྤྱི་ཚོགས་ཀྱི་འགལ་བ་དྲ་ལམ་སློང་ཕྱོགས་བརྒྱུད་མངོན་གསལ་དོད་དུ་འགྲོ་བས། སྲིད་གཞུང་གིས་སློང་ཕྱོགས་ལ་ཁ་གཏད་གཙོག་རྒྱུ་དང་གནད་དོན་ཐག་གཅོད་བྱེད་པའི་ཁ་ཚ་དགོས་གཏུག་རང་བཞིན་ཤུགས་ཆེ་རུ་ཕྱིན་ཡོད། ཡིན་ནའང་ལམ་ལུགས་ཀྱི་གོམས་འདྲིས་རང་བཞིན་དང་རིག་ལམ་གྲུང་པོ་མེད་པའི་རྐྱེན་ལས། ཉམས་མྱོང་དང་གྲ་སྒྲིག་མི་འདང་བའི་སྲིད་གཞུང་སྡེ་ཁག་དང་། ལྷག་པར་དུ་གཞི་རིམ་གྱི་སྲིད་གཞུང་སྡེ་ཁག་འགའ་རེས་ཁ་གཏད་གཙོག་སྐབས་དང་ཁྲིད་སྟོན་བྱེད་སྐབས་ཐབས་ཤེས་མི་འདང་བ་དང་། བྱ་ལུགས་བྱེད་སྟངས་ལ་གཟབ་ནན་མི་བྱེད་པའི་རྐྱེན་གྱིས་སློང་ཕྱོགས་ཀྱི་རྣམ་པ་ཛ་དྲག་ཏུ་གཏོང་བཞིན་ཡོད། དེ་ནི་གནད་དོན་འཕྲལ་དུ་ཐག་གཅོད་དང་ལུགས་མཐུན་སྒོ་ནས་ཐག་གཅོད་བྱེད་པར་ཕན་པ་མེད་པ་ཞིག་རེད།

གལ་ཏེ་དྲ་ལམ་སློང་ཕྱོགས་དང་འབྲེལ་བ་མེད་པའི་ངོས་ནས་བཤད་ཚེ། སྤྱི་པའི་བློ་ཚོགས་རང་བཞིན་གྱི་དོན་རྐྱེན་ཞིག་ཐོན་པ་ནི་སྲིད་གཞུང་ལས་དོན་དང་འབྲེལ་བ་ཡོད་ངེས་པ་ཞིག་མིན་པ་དང་། སྤྱི་པའི་དབང་ཆའི་ནུས་པ་ནི་བར་གནས་འདུམ་འགྲིག་བྱ་རྒྱུ་དེ་རེད། ཡིན་ནའང་དྲ་ལམ་སློང་ཕྱོགས་ཁོར་ཡུག་ནང་སླེབས་རྗེས། བློ་ཚོགས་རང་བཞིན་གྱི་དོན་རྐྱེན་ཐོན་པའི་རྒྱུ་རྐྱེན་དང་། ཐག་གཅོད་ཀྱི་བརྒྱུད་རིམ་དག་སྒྲོ་བཏགས་དང་བཅས་སྤྱི་དམངས་ཀྱི་

མིག་ལམ་དུ་བཤམས་པར་བྱེད་ཅིང་། སྲིད་གཞུང་གི་ཁ་གཏད་གཙོག་ཐབས་དང་བྱ་ལུགས་བྱེད་སྟངས་ལ་སྨྲི་ཚོགས་ཀྱིས་ལྟ་སྐྱུལ་བྱེད་སྲིད་པས། སྲིད་གཞུང་དེ་ཉིད་རང་བཞིན་ངང་གླིང་ཕྱོགས་ཀྱི་དཔྱད་གླིང་བྱ་ཡུལ་དུ་འགྱུར་གྱིན་ཡོད།

ཉེ་བའི་ལོ་ཤས་ནང་། གད་སྙིགས་བསྲེག་ས་བསྐྲུན་རྒྱུར་ངོ་རྒོལ་བྱེད་མཁན་དང་། རྫས་འགྱུར་བཟོ་ལས་བཟོ་གྲྭ་བསྐྲུན་རྒྱུར་ངོ་རྒོལ་བྱེད་པའི་ཁྲུ་ཚོགས་རང་བཞིན་གྱི་དོན་རྐྱེན་ཅུང་མང་དུ་ཕྱིན་ཡོད་པ་དང་། ས་གནས་སྲིད་གཞུང་གིས་ནུས་ཡོད་ཀྱིས་བཀག་འགོག་བྱས་ཀྱང་རུང་། ཐབས་དང་བཀོད་པའི་སྒྲིབ་གསོ་བརྒྱབ་ཀྱང་རུང་། དེའི་སྐོར་དྲ་བའི་ཐོག་ཏུ་ད་དུང་གླིང་ཕྱོགས་དེ་ཙམ་ཐོན་གྱིན་ཡོད། དེ་ལྟ་བུའི་“ཁྱིམ་མཚེས་ནུས་འབྲས”(མཆན་2) གནད་དོན་ནི་ས་གནས་སྲིད་གཞུང་གི་ཚོད་བགམ་གལ་ཆེན་ཞིག་ལ་གྱུར་ཡོད། དེ་དག་ཁྲིད་ཀྱི་གལ་ཆེའི་བློ་འབྱེད་ཅིག་ནི། ཁྲུ་ཚོགས་ཀྱི་བྱེད་སྒོར་རེ་འདུན་མཚོན་པར་བྱེད་པའི་འདུ་ཤེས་དྲག་པོ་ཡོད་པ་མ་ཟད། རྒྱུན་དུ་དྲ་བའི་ཐོག་བྱ་སྤྱོད་སྤེལ་མཁན་དྲ་དམངས་དང་བསམ་འཆར་གཙོ་འཛིན་པར་དྲ་ཐོག་དྲ་འོག་གི་མཉམ་འགྲུལ་ལག་སྤེལ་བྱེད་ཅིང་། ཁོ་ཚོར་ཁ་གསལ་བའི་ངོ་རྒོལ་བསམ་འཆར་ཡང་ཡོད། གལ་སྲིད་དེ་ལྟ་བུ་སྟབས་བདེ་པོའི་ངང་བཀག་སྡོམ་བྱེད་པའི་བྱ་ཐབས་སྤྱད་ཚེ། འགལ་བ་ལྡོག་སྒྲོད་ཀྱི་གནས་ཚུལ་དེ་བས་ཚབས་ཆེ་རུ་འགྲོ་རྒྱུ་རེད།

2010ལོར་《མི་དམངས་ཉིན་རེའི་ཚགས་པར་》ཐོག་འགོ་བརྗོད་དུ《སྙན་སྒྲོར་གསར་པའི་དུས་རབས་ནང་། ཐོལ་བྱུང་དོན་རྐྱེན་ཐག་གཅོད་བྱེད་པའི་དུས་བཟང་ཆུ་ཚོད་བཞི་ཡི་ལམ་སྲོལ》ཞེས་འཁོད་པའི་རྩོམ་ཡིག་ཅིག་སྤེལ་བའི་ནང་། སྲིད་གཞུང་གིས་ཆ་འཕྲིན་ཁྱབ་བསྒྲགས་བྱས་ཏེ་གླིང་ཕྱོགས་ལ

ཁྲིད་སྟོན་བྱེད་པའི་དུས་ཚོད་ཐད་ཚད་གཞི་ཁ་གསལ་བཏོན་ཡོད། ཉེ་བའི་ལོ་ཤས་ནང་དྭ་ལམ་སྨྱུན་བྱེད་དང་དེའི་བརྒྱུད་སྤེལ་ནུས་པ་ཇེ་ཆེར་ཕྱིན་པ་དང་བསྟུན་ཏེ། གླིང་ཕྱོགས་ལ་ཁྲིད་སྟོན་བྱེད་པའི་དུས་ཚོད་ཀྱི་ཚད་གཞིའི་ངོས་འཛིན་ཐད་ད་དུང་འགྱུར་ལྡོག་འགྲོ་མུས་ཡིན་ཞིང་། ཆུ་ཚོད་གཅིག་དང་། ཆུ་ཚོད་ཕྱེད་ཀ་སོགས་ཀྱི་ལྟ་ཚུལ་བཏོན་ཟིན་ཡོད། སྲིད་གཞུང་སྡེ་ཁག་གི་གླིང་ཕྱོགས་ལ་ཁ་གཏད་གཅོག་པ་དང་གླིང་ཕྱོགས་ལ་ཁྲིད་སྟོན་བྱེད་པའི་ནུས་པ་དེ་དོན་རྐྱེན་གྱི་འཕེལ་རིམ་ལས་འགོར་བ་དང་། མང་ཚོགས་ཀྱི་སེམས་ནང་གི་སྔོན་དཔག་ལས་འགོར་བ་བྱུང་ཚེ། གླིང་ཕྱོགས་ར་བའི་ནང་གི་འགལ་བ་སྔོ་ངར་ཆེ་རུ་འགྲོ་རྒྱུ་དང་ངོ་བོ་གཞན་དུ་འགྱུར་རྒྱུར་བཀག་འགོག་བྱེད་དཀའ་བར་འགྱུར་རྒྱུ་རེད།

ཁས་ལེན་བྱ་དགོས་པ་ཞིག་ནི། མིག་སྔར་རིམ་ཁག་སྲིད་གཞུང་གིས་དྭ་ལམ་གླིང་ཕྱོགས་དོན་རྐྱེན་ལ་ཁ་གཏད་གཅོག་སྐབས། ཐག་གཅོད་ཀྱི་ཆུ་ཚད་དང་ཁྲིད་སྟོན་ནུས་པ་དེ་སྔ་ལས་མངོན་གསལ་དོད་པོས་ལེགས་སུ་ཕྱིན་ཡོད། ཡིན་ནའང་སྤྱི་འབྲེལ་སྨྱུན་སྦྱོར་གོང་འཕེལ་མགྱོགས་པོ་འགྲོ་བ་དང་བསྟུན་ནས། རྒྱ་ཆེའི་དྭ་དམངས་ཀྱི་རེ་བ་ཡང་ཇེ་ཆེར་འགྲོ་བས། གཞུང་ཕྱོགས་ཀྱི་སྨྲ་བརྗོད་མ་ལག་དང་དམངས་ཁྲོད་ཀྱི་སྨྲ་བརྗོད་མ་ལག་བར་སྔར་བཞིན་ཧེ་བག་ཡོད། སྲིད་གཞུང་སྡེ་ཁག་གིས་སྐབས་རེ་ནན་དྲག་གི་ངོ་དམ་བྱེད་པའི་བསམ་བློ་ཁྲེར་ཏེ་དྭ་ལམ་གླིང་ཕྱོགས་ལ་ཁྲིད་སྟོན་བྱེད་པ་དང་། གླིང་ཕྱོགས་ཀྱི་དོན་རྐྱེན་ཐོན་སྐབས་ཐོག་མར་སྣང་མེད་དུ་གཏོང་བ་དང་། དེ་ནས་བཀག་སྡོམ་བྱེད་པའི་བྱ་ཐབས་སྤྱོད་པ་དེ་ལས། གཞི་རིམ་སྲིད་གཞུང་སྡེ་ཁག་གིས་དྭ་ལམ་ཆ་འཕྲིན་དུས་རབས་ནང་གླིང་ཕྱོགས་ཀྱི་དོན་རྐྱེན་ཐག་གཅོད་བྱེད་ནུས་ཐད་ཀྱི་མི་འདང་བའི་ཆ་མངོན་ཡོད་པ་རེད།

第一章

新时代党员干部的必修课：了解网络舆论

一、网络舆论的定义

二、网络舆论形成的基础

三、网络舆论的传播机制

四、网络舆论的引导原则

网联万物，更需智观未来。进入网络信息时代，人类所处的舆论生态环境发生了深刻的变化。与传统媒体时代的舆论场相比，网络舆论的生成过程出现极大的变化，公众话语权的提升、社交媒体影响力的获得、公共议题与相应辩论的增多，早已超出信息传播学术方面的关注范畴，进入了国家治理的视野。如何构建弘扬主旋律、激荡正能量的网络舆论环境，成为党员干部在新时代必须直面的一个重要课题。

一、网络舆论的定义

“舆论”一词在《辞海》（第六版）中被解释为“公众的言论，对人们的行为有支持、约束等影响。有多样性和变动性的特点”。《中国大百科全书·新闻出版卷》的“舆论”词条，提出“舆论”一词的使用最早见于《三国志·魏·王朗传》，“设其傲狠，殊无入志，惧彼舆论之未畅者，并怀伊邑”，释义为“公众的意见或言论”。一直以来，研究者从不同角度提出各自的观点，但基本都是从“公众”“公开”谈起，如“舆论是公众对其所关心的问题、人物、事件和现象的一种信念、意见和态度的综合，具有一定的一致性、持续性和强烈程度，并对有关事态能产生影响，其中包含着理性和非理性因素[1]”“舆论是公开的社会意见，在表现形式上必须是冲口而出，并公开表达的意见[2]”“舆论是某种公共性的整体社会心理和社会思想的公开表达或表露[3]”等。

在此基础上，关于网络舆论的定义有着更多角度的诠释，但离不开以下三个共同之处：网络舆论是发生在网络空间的；

网络舆论的发生与现实紧密相关，一般与某些有影响力的热点事件或问题相关联；网络舆论是一种公众情绪或意见的集合，而不仅仅是个人情绪的表达。为此，本书所讨论的网络舆论定义为以互联网为载体所表达的公众情绪，究其本质，则是社会情绪在互联网这一全新、开放、多元载体上的公共表达。网络舆论以网络空间及其媒介形态为载体，以社会关注的热点事件为核心，是网民情感、态度、意见、观点等表达的集合，也是一系列互动行为以及后续影响的集合。如果用更为通俗的说法，那就是过去舆论离人们很近，但一般人往往是保持距离的旁观者，不容易处在旋涡的中心；网络舆论则让人时刻身处其中，人们既是相关参与者，也是当事人。

（一）什么是舆论

有学者曾提出，舆论是显示社会整体知觉和集合意识，并具有权威的多数人的意见，是社会心理的反映和时事的晴雨表，能预判社会倾向[4]。从这一观点出发，我们可以认识到舆论具有共同意见属性，即舆论的主体具有社会的集体属性，舆论关注的问题往往是人们普遍关心的某一类问题或热点事件，人们围绕这些问题或事件共同发表意见。

从历史沿革来看，舆论其实是一个历史性的概念，在我国历朝历代的治国理念中占有重要地位。古代治国理念对于舆论的认知体现为“民心所顺、民心所向”“水能载舟亦能覆舟”等朴素思维和辩证逻辑，这也从侧面体现出执政者对舆论作用的高度重视。在我国古代典籍中，舆论常与民意、民心、民本、民隐等词语并列，构成了对社会民众情绪、看法及态度的总体判断，并与国家治理的语境紧密关联，具有很强的政治指向性。因此从一定程度上讲，舆论也可以被视为一种社会政治态度，能够反映大众对于政治领导及社会管理者阶层的认知和心态，这种认识通常围绕人们的现实生活展开，逐渐形成群体化的意见聚合。

舆论作为信息传播领域的重要研究对象，时至今日，学界对它的定义仍无定论。通常舆论被视为民意的综合反映，但又不是简单的汇总和概括，还涉及民意集合后产生的影响，以及舆论组成部分的变化规律。在此基础上延伸出的社会学、传播学等相关研究，通常也倾向于描述民意及其作用或规律。

在讨论“舆论”这一概念时，通常还会涉及“舆情”与“民意”的概念。简单地理解，舆情的外延最大，舆论居中，民意最小，三者之间存在着包含关系。如果说舆论的释义为“公众的意见或言论”，那么舆情更像是舆论生成的环境，即舆论的情势，既有舆论当前所处的状态，又包括其变化的趋势。当舆论的变化趋于稳定时，其意见集合就会趋向某种共识，即民意的形成。可以说，民意来自舆论，舆论的基础在于舆情。舆情向舆论与民意的转化则是一个必然的趋势。

综上所述，在研究领域，舆论可被视为一种社会意识形态的特殊表现形式，是一定时期内的特定社会环境中，民众所产生和持有的群体性态度。在日常生活场景中，舆论可被看作民众对于事件、现象等普遍性问题的观点、情绪、态度的集合，并能够对所涉及的普遍性问题产生影响。

本书紧密结合党员干部的实际工作，在讲舆情工作时，通常是指针对舆情事件生成演变过程的监测、分析、研判和处置等方面的内容；讲舆论工作时，通常是指针对舆论的管理与引导，目的是通过不同主体之间的良性互动，推动形成一种包容和谐的良好氛围。

（二）什么是网络舆论

应该说，网络舆论具有舆论的基本要素，也有自身的独特属性。一般而言，我们平时讨论的网络舆论包含八个要素：一是舆论的主体，即有自主意识的社会民众；二是舆论的客体，即变动的社会现实以及各种社会现象、问题；三是舆论的本体，即情感、态度、意见和观点表现的总和；四是舆论的数量，即舆论的一致性程度；五是舆论的强烈程度；六是舆论的持续性，即存在时间；七是舆论的功能表现，即对舆论客体产生的影响；八是舆论的质量，指舆论所表现的价值观、具体观念及情绪的理智程度。

可以说，网络舆论作为虚拟与现实的交融，伴随着虚假与真实、自觉与自发、原生态与非原生态、理性与非理性的并存与兼容。具体来看，影响网络舆论的主要因素包括以下三个方面。

1. 社会现实

唯物史观认为，社会存在决定社会意识。社会话语的产生、传播或流行都离不开其所生存的社会情境，这些社会情境构成了社会话语产生的土壤。网络社会根植于现实社会，它不仅是现实社会的映射，也是现实社会的延伸与回应。

改革开放以来，我国政治、经济、文化、社会、生态文明等各个领域发生了翻天覆地的变化，造就了高速发展的“中国奇迹”。当前，我国经济进入增长速度换挡期、结构调整阵痛期、前期刺激政策消化期“三期叠加”的特定阶段，多重社会矛盾、力量博弈、利益调整集中显现，表现为：一是经济社会变迁过快，催生社会规范和社会价值的多元化，可能导致社会核心价值观的迷失；二是经济社会发展面临结构性失衡问题，经济增长与社会成员群体之间福利水平出现“裂痕”“错位”，容易导致社会焦虑心态不断累积；三是社会资源分配的公平性有待提升，否则社会弱势群体容易失去安全感、获得感，使社会矛盾不断积聚。

2. 网民心理

网络舆论是网民群体心理特征的外在表现。中国互联网络信息中心（China Internet Network Information Center，CNNIC）每半年发布一次《中国互联网络发展状况统计报告》，截至2020年3月发布的数据显示，我国网民规模已超过9亿人。当前，我国网民心态总体表现为自尊自信、理性平和、积极向上，但随着改革步入深水区，网络舆论场中的负面情绪和娱乐至上等心态值得反思。

网络带来一种虚拟情境的沟通，这种沟通较少受身边群体压力、角色期待和道德规范等的束缚，言论情绪性、非理性色彩较强，而借机发泄、盲目从众、法不责众等心理容易带来“情绪共振”，成为舆论的“引爆点”。但不可否认，开放式的网络空间也为人们释放负能量的情绪提供了渠道，具有“心理减压阀”的功能。

3. 传播媒介

互联网既是舆论表达的载体，也为记录、监测社会情绪提供了重要的平台和手段。互联网及其应用引发的这场信息传播革命在结构上颠覆了原有的认知，受众从社会信息的被动接受者、消费者迅速转变为信息的积极搜寻者、分享者和交换者。

从技术发展进程看，互联网从 Web 1.0 到 Web 2.0 的发展历程，经历了“4S”的演进过程——即从观看（See）到搜索（Search），再到共享（Share），最后实现社交（Social）功能的拓展，如图 1－1 所示。

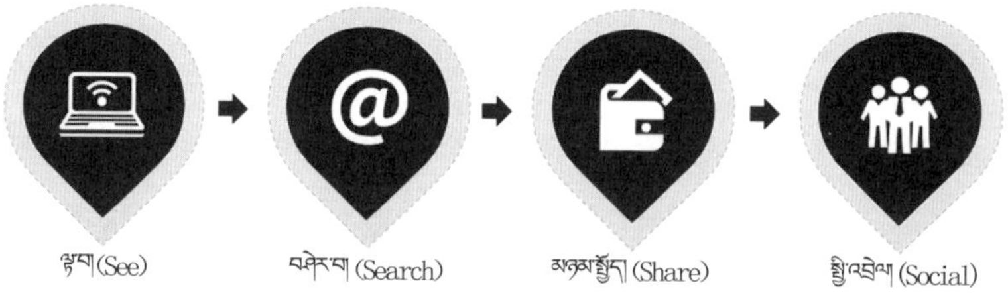

图 1－1　互联网“4S”的演进过程

近年来，随着移动互联网的兴起，智能手机等终端设备的快速发展使传播的快节奏和社交的复杂化进一步凸显，网络舆论不断趋向碎片化和私密化。一方面，移动互联网的快速便捷、智能手机的深入普及和社交媒体信息的碎片化，使很多突发事件或现场活动变为“直播”，形成快速传播格局；另一方面，移动终端微小、便携、私密，移动互联网的社交功能以熟人连接为主，信息在圈子化的封闭渠道中扩散，逐渐形成立体化的舆论生态。同时，在大数据时代，网上信息的来源更加丰富，多维度数据聚合使网络舆论持续变化。

（三）我国网络舆论的总体特征

互联网具有共享、多向、互动的特性，由此网络舆论场呈现高度开放的属性。但考虑到人类社群在政治、经济、文化等各方面存在差异，网络舆论在不同的国家和地区往往有着不同的特征，了解这些特征是我们认识网络舆论的重要基础。结合国情分析，我国的网络舆论主要体现出以下四个方面的特征。

1. 两个舆论场：话语体系的割裂与互动

当前我国的网络舆论主要存在两种路径，即两个舆论场。一个是党报、国家电视台、国家通讯社及各级主流媒体形成的舆论场，如《人民日报》、新华社及这些媒体的官方微博、微信公众号、客户端等，其主要职责是宣传党和政府的方针政策，传播社会主义核心价值观，引导舆情方向和舆论取向。另一个是民间舆论场，网民通过微博、微信、贴吧等议论时事、针砭时弊、评论公共管理。两个舆论场并存，但又有着各自的话语体系，一个“主流、官方”，一个“娱乐、草根”。由于发表意见的主体的立场、观点以及专业水准方面有区别，两个舆论场表达的观点通常存在不同程度的差异，有时甚至截然相反。当产生网络热点问题、公众渴望了解真相时，主流媒体一旦信息发布得不及时、不具体，就容易导致两个舆论场各说各话，甚至信息对立。

值得肯定的是，近年来，两个舆论场相互沟通、交流和分享的良性互动不断增强，主流舆论场通过民间舆论场了解公众的信息期待，并围绕这些期待释疑解惑；民间舆论场通过主流舆论场的积极回应，逐渐趋于理性和客观，二者之间实现了正能量相互放大的效果。如2018年江苏“昆山反杀案”中，大量网民与官方微博互动，在事件解决的全过程中起到了重要的协调作用，推动社会对有关正当防卫的法律界定展开理性探讨。其后，2019年最高人民检察院的工作报告中，明确将“昆山反杀案”作为正当防卫的典型案例公开发布。

2. 指尖上的民主：政治参与的天然途径

中国特色社会主义民主政治为我国公民参与社会事务和公共决策提供了制度保障。在现实中，通过网络平台这个有效途径，许多网民或建言献策、表达政治观点，或就一些社会问题和社会现象进行讨论，试图通过激烈辩论引起围观，扩大舆论影响力；或通过网络舆论监督政府行使权力，试图对公共决策产生影响。标志性事件如2003年“孙志刚之死”曾引发网民的激烈讨论，最终促成了收容遣送制度的废除；再如2018年频繁出现的“高铁霸座”事件，也推动了地方政府和相关部门进行改革，2019年《广州市公共信用信息管理规定》就提出，将“乘坐公共交通工具时冒用他人证件、使用伪造证件乘车、霸占他人座位等妨碍公共交通秩序或者影响安全行驶的”情形纳入失信信息。

基于网络舆论的政治参与行为具有门槛低、效率高、平等、隐身化等特点，每个人只要动动手指，通过评论、转发、分享，就有可能汇聚成强大的民意，影响现实事件的发展方向。但近年来，网络舆论场显现出一定的泛政治化倾向，动辄对非政治问题进行政治化解读，将一些问题的原因和矛盾处处“拔高”到所谓的制度、体制层面，使现实问题在网络舆论环境中变得更为复杂，给公共治理带来了新的考验。

3. 一石激起千层浪：社会焦虑与非理性表达

处于社会转型期的各个不同阶层，把在现实生活中的紧张焦虑情绪和相对剥夺感都丢进了互联网中。网络舆论正是这种社会心理在网络空间的写照，是民众心理与社会矛盾的“晴雨表”。从传播学的角度来看，网络舆论仍属于大众传播的范畴，很多在现实中不易得到关注和解决的问题，都可能通过网络的放大效应快速获得社会关注。

同时，网络舆论又是社会存在局部而不是全部的一种反映，这种反映是片面的。由于网络具有虚拟性，网民身份具有隐匿性，网络也成为部分个体发泄负面情绪的场所，其中时常出现一些非理性的言论。更有甚者，还有人利用网络散布虚假信息或谣言，给社会秩序带来了不良影响。在网络空间，网民往往认为自己具有某种共同属性，容易在交互行为中产生情感共鸣，并持续增强这一整体意识，从而汇集为强有力的话语力量。各种公共事件、群体性事件在形成和发展的过程中，经常出现“线上互动、线下行动”的情况，具有极强的舆论造势及组织动员能力。

4. 一波未平一波又起：舆情应对影响政府公信力

近年来，一些政府部门对待网络舆论“遮遮掩掩”，而事件相关各方借助网络，在短时间内连续爆料发声，出现数次反转和舆论高峰的事件层出不穷，甚至政府回应本身也可能引爆新一波次生舆情。如 2016 年年初，哈尔滨“天价鱼”事件一波三折，最终证实网民就餐“被宰”属实，官方的第二次回应推翻了第一次调查的结果，导致其公信力受损。

此外，在网络舆论危机面前，政府“慢语”“错语”，应对迟滞、草率，也可能为舆论升温提供时间，出现“劣币驱逐良币”[注1]的现象，导致权威信息连续受各种传言、谣言的冲击。2015 年天津港“8・12”瑞海公司危险品仓库特别重大火灾爆炸事故发生当晚，各种视频在网上疯狂转发，吸引了大量网民关注，事故原因、伤亡情况等焦点问题亟待政府部门回应。但事发 17 小时后，当地政府才举行首场新闻发布会，并出现提问环节直播中断、信息点不全、关键人物未现身等情况，不仅未能有效遏制“爆炸物有毒气体飘到市区”“爆炸与恐怖分子有关”等谣言，还引发了更多质疑，对事故后续的处置造成了干扰。

二、网络舆论形成的基础

网络舆论的形成有互联网及其应用的技术因素，而在技术因素之外，我们还需要考虑社会因素的作用，即社会转型期社会结构与认知的分化，容易给部分群体带来被剥夺感、焦虑感，削弱了部分群体的获得感、幸福感。再加上公众权利意识的觉醒、表达诉求意愿的增强，以及新的社会风险等，这些因素共同构成了我国网络舆论形成和发展的社会语境。

（一）社会转型背景与民众认知变化

2018 年，是我国改革开放 40 周年。2019 年，是中华人民共和国成立 70 周年。2020 年，是我国全面建成小康社会和“十三五”规划收官之年，也是实现第一个百年奋斗目标的关键之年。

伴随着国家与民族的复兴，我国的社会经济发展迎来了史无前例的变革。在这场大变迁当中，我国的社会结构不断发生变动，政治、经济、意识形态高度重合的社会整体认知开始向更加多元化的方向转变。

随着这一时代的变迁，多元的社会结构带来更多的不确定性，其影响也延伸到了舆论场，并通过网络舆论的快速生长得以进一步凸显。在新旧秩序之间、社会阶层之间、城乡之间、物质与文化之间、经济发展与社会发展之间，普遍呈现出各种不确定、不平衡、不协调甚至产生冲突的情形，公共议题相继反映在网络舆论中，社会保障制度改革、医疗卫生改革、国有企业改革、高考改革等“深水区”话题获得高度关注。同时，物质的极大丰裕也潜移默化地影响着人们对社会现象的看法，贫富差距、收入分配等话题时常引发公众讨论，并在网络舆论中生成相应的标签，对社会问题的解读容易出现偏颇，甚至具有一定的消极倾向。

在网络舆情事件中，某类带有冲突性的现实问题更易成为焦点，如征地拆迁、陈年冤案、性别歧视等。这些问题如同海上的“冰山一角”，而海面之下隐藏的“冰山”，即问题背后的社会转型带来的认知变化，是影响网络舆论形成和演变的深层因素。

在网络舆论场中，任何一起看似微不足道的小事，都可能因为触及社会的某个敏感点而演变为一起舆情事件。有研究者提出，社会转型、经济转轨等问题是我国一些群体突发事件发生的根本原因，现实社会风险的上升是网络舆论生成的根本因素[5]。具体来看，群体突发事件的影响主要表现在三个方面：一是利益不平衡现象更为突出，并借助互联网表达出来；二是基层治理矛盾凸显，民众对政府产生不信任感，不满情绪在网上发酵；三是官方舆论场与网络舆论场不时脱节，一旦在网络舆论场中出现“带节奏”的情形，若官方舆论跟进不及时，就会引发网络舆论的质疑。

不仅如此，社会转型在推动社会结构分化的同时，也加速了社会成员意识的分化，这种分化的阶层意识对网络舆论的影响更为显著。不同阶层对自身有着不同的身份认知，彼此之间也会存在不同的身份认同，由此形成了强势群体和弱势群体的区分，并在身份、职业、收入等方面带来心理上的隔离感。在网络舆论热点事件中，引发热议的往往并不是现实中出现的场景，而是在网络空间聚集的网民群体意见，以及由此发起和推动的线上线下联动。这种联动是在人们的生活中悄然发生的，看起来可能只是普通人对所遇到问题的抱怨，却在网络舆论中聚合成不容忽视的力量。繁盛的虚拟空间为社会弱势群体提供了通过发声来宣泄情感的重要场域。通常，弱势群体的利益诉求很难获得表达的渠道，而“网络可以汇聚舆论，反映民意，这种力量强大到一定程度，就会让政府听到”[6]。网络舆论场的观点汇聚作用使事件之间更容易产生关联，进而对社会造成影响。

（二）公民权益诉求与传播方式革新

社会结构的调整和分化给公共治理带来了挑战，也推动了多元社会的形成。个体的独立意识不断觉醒，更多人开始强调自己的个人追求与生活质量，这一个性化的进程反过来又加速了社会结构的分化。在社会主义市场经济改革的带动下，资源的重新配置推动着利益群体的形成与分化，这种分化又进一步丰富了社会的组成。利益表达的个性化和多元化不断促进着社会中个体奋斗精神的培育，给社会整体发展带来了积极的影响。

但另一方面，个体出于维护自身权利的目的，推动了多元化社会的形成，民众为获取自身权益，不断强调独立性与自主性，巩固和维护自身权益的呼声越来越高。民众权利意识不断觉醒，对于权利获取的愿望不断增强。然而，由于各地区间经济、政治和文化的发展仍然不平衡，社会群体的权利意识并不同步。比如，我国城市居民的权利意识通常高于农村居民，东部经济发达地区居民的权利意识也总体高于西部地区的居民。

以信访工作发生的变化为例，2018 年 7 月，国家信访局网上信访工作推进会议的信息显示，自 2015 年信息系统上线运行以来，国家信访局和许多省份网上信访量均超过总信访量的一半，网络成为群众信访的主渠道。网上信访量的增加，不仅显示出当前互联网发展对信访渠道产生的重大影响，也反映出群众维权意识的增强。具体来看，当前我国城镇居民的维权问题主要集中在消费权益、环境保护、劳动权益等方面，有的采取了较为激进的群体性行动，有的则采取了比较温和与理性的法律诉讼等方式。而在维权过程中，利用网络舆论曝光侵权的不法行为的情况也变得更加常见。相比之下，我国农村居民的法律意识仍显淡薄，对互联网应用的认识还相对片面，维权方式相对激进。不过，随着移动互联网的普及，这一情况在逐渐发生变化。总体而言，无论是城镇民众还是农村群体，在表达权利意识时都开始注意借助网络的力量，越来越多的人倾向于通过互联网发出自己的声音。

与权利意识增强相伴，网络舆论的政治功能在我国逐步显现。可以预见的是，未来这一趋势只会加强，不会减弱。有研究认为，“通过网络表达，网民参与政治和影响政策的意愿得到了更加便捷的实现。现有实证研究表明，我国网民具有强烈的建言献策的意愿，政治类议题在网络论坛上具有突出的重要性和感召力，它们是舆论参与利益诉求的彰显，也是舆论认同的结果和展示，政治利益诉求往往能够借助具体社会事件的网络传播，发展集结成一种极具挑战性的强大群体性舆论”[7]。2009 年以来，网络舆论中出现的“被小康”“被慈善”等话题，折射出网民特有的调侃心态，同时，网络热词的生成与传播反映出网络舆论话语力量的增长，这一力量在舆论场以外产生了较为持久的影响。

如今，人们日益认识到网络舆论并非法外之地，但移动互联网带来的“弱控制”现象也愈发明显，即每一个终端都在时刻发生变化，为各种观点充分、实时的表达提供着便利。尤其是社交网络已成为网上各种信息的新集散地，能够迅速集结网民声音，使个体情绪转化为群体互动。来自社交网络的声音已成为政府部门进行公共决策时必须加以考量的重要因素。

（三）各类风险因素与治理压力传导

人类在经历现代化进程之初就保持着对风险的审视，“社会转型使国家同时在两个层面经历着危机，首先是社会变革过程中不可避免的现代性危机，在此过程中，各种危机伴随着由传统社会向现代社会的转型而出现”[8]。改革开放以来，我国的社会生产力得到跨越式提升，社会主义市场经济体制的改革不断深化，不仅重组了我们所处的社会关系，也使人与社会、自然等各个方面的关系都面临新的挑战。生产力的发展依赖于土地、能源等基本要素的持续投入，环境污染、资源消耗、公平分配等产生的压力也逐渐显现，反过来制约着社会经济的发展；食品安全、房价波动、用药贵看病难、入托上学难等民生问题容易成为网络舆论场上的热点话题，持续受到群众的关注。

当前，我国改革已经进入攻坚期和深水区。站在进一步提高政府治理能力、通过简政放权优化治理方式的角度来看，中央政府不断将资源配置权下放给地方，使地方政府成为治理主体，并分担相应的治理风险，这在推动政府管理职能与服务属性平衡的同时，也将促使地方政府直面权利意识不断提升的民众，接受网络舆论中民意的持续考验。有学者曾提出，“以治官权与治民权分设作为基本特征的上下分治的治理体制包含着分散执政风险和自发调节集权程度两个降低执政风险的机制，有助于国家治理体制的长期稳定”[9]。就当前而言，部分基层政府公共治理能力较弱，提升速度慢，跟不上中央的步调，这是基层治理的突出问题。其中，群体性事件已成为基层治理矛盾外化的重要表现，并在网络舆论的推动下呈现出泛化和分散的趋势，包括各种以确定性利益为诉求的维权行为，以非确定性利益为诉求的盲从性维权行为，以及由地方政府操作不当引发的情绪性聚集等。这些事件通过网络舆论衍生出形形色色的次生危机，对社会的安定构成了一定冲击。

“网络舆论总是源于某些事件或问题的发生，即网络舆论是以具体事件对象为依托触发的。”[10] 以公共治理中突发事件引发的网络舆论为例，突发事件是网络舆论生成的触发条件，事件敏感度越高，与民众生活关系越密切，网络舆论的升温速度就越快；越是触及民生难点问题、老问题，网络舆论中出现反思性讨论的声音就越多。社会风险积聚，不断通过突发事件释放，然后在网络舆论中得到关注，最终给公共治理带来压力。

公共突发事件因其与网络舆论的“共生关系”，不仅极易成为网络舆论热点，也持续考验着政府的应对能力，并反映出民众情绪对于政府回应方式的承受力。可以说，政府应对公共突发事件的能力，包括预案、响应、反馈等，有时可以直接决定网络舆论的传播程度和走向，其中任何一个环节出了问题，都可能遭到网络舆论进一步的质疑。尤其是面对一些前期处置失当、民众权益受损的情况，舆论引导稍有不慎，就会持续激发社会中沉积的其他矛盾。如 2019 年江苏省金湖过期疫苗事件，因为前期舆论疏导未能充分从群众利益出发，导致部分民众反应激烈，演变成了更加严重的公共危机。

三、网络舆论的传播机制

开放的互联网生态推动人们在网上尽情表达意见，情绪表达与态度转换变得更加频繁，网络舆论的传播机制也因此更加复杂多变。从表面上看，网络舆论生成、发展和消减的过程难以把握，但我们也应认识到，网络舆论从生成到消亡仍是一个完整的动态过程，并且呈现或遵循着某些信息传播的内在规律。如果将这一过程看作传播的生命周期，那么网络舆论的演变周期可划分为舆论生成、舆论再造、舆论发酵、舆论消减四个阶段。

（一）舆论生成：公共表达与意见扩散

通常，民众参与公共讨论的意愿除了缘于政治信仰、爱国情怀，以及人类对于参与公共事务的天然热情等因素，更多的还是缘于民众希望通过某种形式，充分地表达自身诉求或对社会问题的关切。在互联网高速发展的当下，网络成为民众表达意见、展开公共讨论的重要平台。同时，这种公共表达也是一种泛化的政治活动，包括向政府反映问题，或是关注政府部门如何更好地履职等。归根结底，民众在舆论中的表现具有一定的目的性，他们希望获得相应的关注。

在网络舆论场中，意见的交互往往呈现出去中心化的参与模式，即我们常说的“人人都有麦克风”，每个人都可能成为参与的主体，任何一个个体都能借助互联网表达意见，引起关注的概率也大大增加。有学者将这种转变形容为“新媒体向个体赋权”，可以理解为“一个让个体感受到能自己控制局面的过程，并天然地具有对社会边缘群体的关怀”[11]。打个比方，传统的舆论场是一个广场，人们在广场聚集和讨论，舆论是在这个广场上形成和发生变化的，这个广场的边界是可见的。但在网络舆论场中，舆论就像在水中生成，个体已经被集合在一起，就像一颗颗水滴汇聚成流，网络空间内的每一个节点都能与其他成员产生无限的连接。一旦微博、论坛等平台出现焦点事件，它很快就会“一传十、十传百”，触发连锁反应，迅速生成舆情。因此，这一网络赋权现象不仅改变了舆论场中个体的地位，也在群体层面使个体之间的关系得到强化，通过“连接众多的微力量和微关系，以对社会政策和社会变革采取主动行为而产生的聚合能量来得以体现”[12]。

由于网络传播涉及多种类型的媒介平台，其对个体的意见表达形式也有着不同的影响。例如，门户网站以持续发布新闻类信息为主，网民跟帖评论是主要的互动机制，与传统媒体的新闻生产机制类似；而如今应用更为广泛的微信、微博等社交平台，其个性化、开放、互动等特征更为明显，网民在这些平台上能够实时、自主地提供和分享信息，快速形成群体意见。这种意见在形成一定规模后，又会被传统媒体注意到，从而继续扩大其影响力，然后回到网络舆论中引起新的讨论。

近年来，从文字到图片，再到视频、交互技术，社会化媒介的形态始终在升级。人们乐在其中，使社会化媒介成为工作与生活的重要组成部分。社会化媒介不仅为我们提供了更多茶余饭后的谈资以及交谈的场所，也使那些意趣相投的群体在孤独的现代化社会中寻找到些许归属感。由此可见，推动网络舆论生成的主体是网民，其构成具有相当程度的异质性和复杂性。网络空间内的公共意见及其扩散，是网民群体之间讨论、对话甚至冲突的结果。在许多网络舆情事件发展的初期，总能发现一部分网民中的“先导者”阐述事件、提供热点，由一部分“追随者”补充信息、点燃引线，再由

"反对者"进行质疑，"专业人士"给出分析……当各种意见的集合达到一定强度时，就会在如水的网络舆论中产生一个旋涡，吸引更多网民参与其中，使舆论情绪在短期内形成不容忽视的共鸣。

（二）舆论再造：舆情迁移与观点塑造

互联网有着特殊的时空属性，它既是让无数人进行互动的宏大空间载体，又可以在时间维度上进行联通，使世界变成一个平面，"可以将不同地点和不同时间的网民的言语、思想、情绪与行为，在互联网上以近似的或同一时空进行互动"[13]。互联网的存在，尤其是移动互联网的出现，让人类社会信息的传播发生了根本性变化，单向的传播转变为双向乃至多向的传播，而且速度远超以往。也正因为网络舆论突破了时空的区隔，哪怕一件小事也可能演变为全国性话题，由此形成的舆情可能以更快的速度迁移，使人难以把握其变化。

2005 年，我国某些城市出现抗议日本篡改教科书的游行活动，一些群众通过网络平台组织线下活动，表现出互联网的动员潜力。在这起事件的舆情扩散中，随着游行细节、原因等要素在网络舆论中的曝光、放大，虚拟空间的渲染作用开始激发更多的社会关注，形成了其他地方民众参与事件的可能，从而打破了局部地区舆情事件发展的界限。

再如，2018 年 9 月发生的中国游客在瑞典酒店"被驱逐"事件中，舆情首先在网上出现并发酵，几经反转后延伸出海外公民安全、国民素养等议题，关注点出现一定程度的变异，最后甚至触及两国外交层面。

相关事例表明，单起舆情事件在网络舆论的催化之下，其传播影响力可以超越时空，甚至以“一己之力”实现跨越式发展。舆情的走向往往扑朔迷离，还可能引发多方长时间的博弈。

信息传播是动力，网民围观是基础，舆情异化是风险。而在舆情背后，网民观点的形成和变化同样值得重视。像在一些群体性公共事件中，有些网民可能因为一张“富有冲击力”的“现场照片”就义愤填膺，也可能随后就看到另一篇辟谣文章，从而在短期内形成与之前对立的认知。这里的关键在于，舆情的迁移或变异总是存在一个关键节点，可能是一篇文章、一张图片、一个人的表态，也可能是对事件更多细节的披露，触发了网民的共同认知。要想使舆情变得稳定可控，就必须关注这些节点，以及它们对舆情迁移的反作用。

网络有时就如同一面凸透镜，既可以将舆论关注集中于某个特定的焦点，也可以将一起看似普通的事件放大为热点。面对网络舆论，政府传统的应对措施很难奏效，政府在引导网络舆论时存在基层党组织“进不去”，思想政治工作“进不去”等情况[14]。也正因如此，当网络舆情事件的走向趋于失控时，进行引导的难度会迅速增大，网民的持续解读和自发传播会成为舆情发展的重要影响因素，一旦偏离解决事件的目的和理性讨论的轨道，后续处理的成本及代价也将随之增加。

（三）舆论发酵："去中心化"与"再中心化"

随着互联网及其应用在我国的深入普及，每一个网民都开始成为网络传播的"中转站"，甚至变成"始发站"。曾经人们已习惯于通过新闻媒介获取社会信息，但在今天，身边人的传播影响力在网络空间中得到了重塑，微博的热搜、微信朋友圈的最新发布、各种 App 的推送……在现有网络舆论中，一个人通常是通过社交媒体来获知最新发生的社会事件，而事件的内容往往是经过多次传播甚至加工后的结果，要想在第一时间梳理出一起舆情事件的源头变得很困难。

总体上看，网络舆论的发酵，主要是指网络舆论生成后，其影响力由小到大、由弱变强、由隐到显的传播和变化过程。在这一过程中，事件的基本情况可能经历四方面的变化，即从一般叙述到具体叙述、从基本认知到强化认知、从个体传播到群体传播、从就事论事到延伸讨论。由于每一个网络主体都可以结合自身的认知及理解，将获取的信息进行再次传播，其"去中心化"特征会得到进一步强化和放大。人们不再只接触到某一方的观点，而是同时看到身边人甚至更远处人的观点。举例来说，人们最常使用的微博、微信等社交平台，聚合起通信、发布、召集、支付等诸多功能和应用场景。当信息传播的载体与生活紧密相连时，用户就会把这个载体视为与外界联络的最主要的渠道，看似封闭的群组和朋友圈实际上成为更具影响力的网络舆论场，并且在这种联结关系更强的"熟人社交"模式中，更易引发互动和共鸣。

不过，当我们分析一起具体的网络舆情事件时，可以发现其发酵并不总是由纯粹的集体行为驱使的。在网民复杂多样的意见中，多半是那些率先赢得更多人认同的观点左右着舆情的发展方向，这就是网络舆论的“再中心化”。虽然网络舆论有着“去中心化”的基本特征，但在后续阶段，“再中心化”的出现更加值得重视和研究。从产生的条件来看，网络舆论的“再中心化”一般有两种情形：一是大量网民同时就某一话题展开讨论，并出现某种共识占据主流的情况，这时原本松散的网络舆论就会向主流意见靠拢，形成一个议论和发酵的中心；二是生成于网络舆论中的热点议题，被传统媒体发现后进行跟进报道，更多的信息被补充到网络舆论中，这时新的舆论焦点将替代原有的焦点，使舆情再次升级。

在网络舆论出现“再中心化”的过程中，“意见领袖”输出意见激发公众进一步讨论的意愿是一种常见的情况。1944 年，被称为传播学四大奠基人之一的美国学者保罗·拉扎斯菲尔德在《人民的选择》一书中提出，在竞选活动中，大多数选民获取信息并接受影响的主要来源并非大众传媒，而是亲戚、朋友等身边的其他选民以及一些群体。这部分能影响他人的选民中，有的人较普通人更加频繁地接触媒体、熟悉某个特定领域并社交广泛，从而被称为“意见领袖”。美国社会心理学家利昂·费斯汀格认为，个体在进行社会比较时，通常会选择一个“参照群体”。同样，社交媒体中的网民也会被身处的群体所说服，向身边“意见领袖”的观点和立场靠拢。微博上动辄拥有几十万、上百万粉丝的“大 V”

用户针对某事件发布评论后，就能迅速获得大量转发评论，对网络传播的影响巨大。因此，引导者观点的性质往往决定了事态发展的性质，要分析网络上某起事件舆情发酵的原因和走向，通常少不了要分析“意见领袖”这一要素。

（四）舆论消减：自然衰退与适时干预

世间事物的发展普遍遵循着有盛有衰、周而复始的循环法则，呈现出一种螺旋往复的变化方式。同样，网络舆论也呈现出这一逻辑。所谓网络舆论的消减，即舆论热度达到沸点后，关注度自然趋于衰减，在对同一事件予以长时间的高度关注后，网民群体进入关注疲劳期，媒体的报道量也开始减少。在此阶段，如果事件的核心矛盾已得到妥善解决，同时没有出现新的舆论要素，则网络舆论将暂时归于平息。之所以说是“暂时”，是因为单次事件的影响力虽然减退，但由此引发的社会共性问题不一定能够得到彻底解决，公众积累的情绪难以在短时间内完全消化，而是以“种子”的形式留存于舆论场中。当下次类似的事件发生时，舆论爆点仍可能再次出现。

但总体上，网络舆论基本是按照“冲突—扩散—弱化—消亡”的路径演变。通常，网络舆论关注点的替代和转移是十分频繁的。在这个多元化、碎片化、便捷化的信息时代，注意力和兴趣点的转移自然会导致网络舆论的消减，并且这种转移的速度通常很快。当一个新的热点出现后，舆论就会出现转向，旧的话题可能就此消匿。就像网上流传的“帮 ×

×上头条”，即通过某种集中传播，短期内推高某个人物或话题的舆论热度，使其替代原有热点成为新的热点，这实质上就是一种网络舆论关注点的转移。但在负面舆情中，由于敏感话题相较一般话题更易引发讨论和不满，舆论热度上升和持续的时间会更久，网络舆论热点的转移也会发生得更晚。如果新的热点继续与现有的负面话题相关联，还会增加舆情的复杂程度。

在此过程中，公权力适时、合理地介入，有助于积极引导网络舆论快速走向消减阶段，避免舆论发酵期因为恶意炒作、过度解读等出现消极延长，从而助推事件在短时间内得到解决。关于公权力介入的时机，一般认为主要在网络舆论生成至发酵阶段之间，或是舆论已经扩散，达到一定热度后，通过职能部门的直接介入和有力作为，回应公众的关切，解决核心问题，使舆论热度从沸腾状态快速转入消退状态，避免媒体和网民的注意力过度注入，为网络舆论的演变带来正面“拐点”。

近年来，随着网络上舆情事件的多发，以及我国政府信息与政务公开工作的不断进步，各级政府部门不仅网络舆论干预和引导能力得到了显著提升，也更加注意方式方法，从对互联网“阻”“管”“控”的强硬思路，开始向“引”“导”“疏”的善治思路转变，如图 1－2 所示。从当事人、公众、政府、媒体这四个舆论基本主体出发，网络舆论的演变是多方共同作用的结果，每一方都自始至终存在于舆论场中。因此，要进行更加有效的介入和引导，不再局限于舆论开始或已经形成扩散的阶段，在网络舆论生成之初和趋于平息之后，均有必要采取积极的策略，使网络舆论引导成为具有全生命周期特性的一项长期工作。

图1－2　网络舆论干预思路的转变

四、网络舆论的引导原则

2016年4月，习近平总书记在网络安全和信息化工作座谈会上指出，“要让互联网成为我们同群众交流沟通的新平台，成为了解群众、贴近群众、为群众排忧解难的新途径，成为发扬人民民主、接受人民监督的新渠道”。认真理解和把握网络舆论的本质属性、产生基础、传播机制，进而提出具有建设性、指导性、实效性的引导策略，是开展网络舆论研究的价值体现。

（一）传播博弈：客观看待多元主体的碰撞

舆论场上的博弈是无处不在的，有观点的交锋，也有利益的对抗。在网络上，舆情事件中存在的博弈有时是真相与谎言的较量，有时则是部分真相与部分谎言的较量。在缺少有效信息的情况下，只能是虚虚实实，孰真孰假难以区分。

而决定网络舆论传播趋势及结果的，是同时存在于网络空间和现实空间的多元主体。“在现代社会，每一个组织、每一个群体甚至每个个人在争夺利益或者权利时，都会尽可能在舆论场占据先机。谁占有了媒体主导权，谁就占有话语权，谁也就拥有了合法性。”[15]当网民通过开放的网络社交工具被赋权时，就从一般受众变为缔造和发展网络舆论的有机组成部分，现代社会的信息传播结构也因此发生巨变。由此出发，在舆情事件的传播过程中，无论普通网民、“意见领袖”还是传统媒介，都在不断实施传播行为。因此，网络舆论的参与者应包括所有广义的、在网络传播中具有表达和行动能力的主体。认识到网络舆论场一定会出现观点的碰撞，每一方主体都有可能改变舆情的走向，这是理解网络舆论的重要前提。

需要注意的是，在网络事件的传播过程中，多元主体的存在并不会阻碍“意见领袖”的出现。“意见领袖”的行动选择是政府进行舆论介入和引导时需要重点关注的。在舆情事件的传播过程中，“意见领袖”通常居于枢纽性的地位，在网民和媒体之间扮演着中介角色。通过加工、提炼、整合网民的观点，他们将分散的意见和言论转变为相对集中的内容，让这些内容以更易于受众接受和符合传播逻辑的形态被关注和转发，进而获得传统媒体的关注。反过来，“意见领袖”出于对公共话题关注的敏锐性，又不断向网民传递媒体、权威机构的最新发声，并进行相应的解读。

在将具体事件转变为社会关注的焦点方面，“意见领袖”承担着信息汇聚的作用，因而可以在消除或增强网络舆论的不确定性方面发挥作用。但“意见领袖”对相关信息的选择性披露，以及对相关事件的评论，有可能左右网络舆论导向趋于积极或消极。此外，“意见领袖”与受众之间的互动会呈现出较明显的选择性、关联性，甚至是部分竞争性。一个“意见领袖”所能影响的范围，首先还是一个有限的支持者群体，然后才会扩散至更多的关注者。在部分情况下，“意见领袖”也可能与受众产生分歧，难以发挥主导作用。而近年来出现的“网络推手”等特定群体，因为具有更加明确的行动意向，在传播的策划方面更有经验，成为“意见领袖”之外的又一股舆论力量。

（二）寻求共识：实现共意建构与情绪消解

如果说舆论需要科学和有效的管理，那么寻求共识就是进行管理的基础。近年来，曾有国内外学者提到“共意建构”“共意动员”等概念，即议题设置者运用特定的策略呈现事件，使其能够吸引广泛关注并成为舆论场的焦点。这一现象关系到事件本身能否积累较强烈的社会情绪，形成统一的集体意识和意见指向，进而引起社会各界的广泛关注，促使网络舆论意见达成一致[16]。网络舆论是开放的，每一个参与者同时也是传播者，但在多数情况下，他们是自发地、临时地、偶然地就某个感兴趣的议题而聚集，通过离散却不间断的互动共同对议题产生作用。在日常状态下，各主体之间不存在人际互动的强关联，彼此存在信息不对称的情况。但在舆情事件生成后，网民开始寻求共识，共意建构的意义开始显现。

由于网络中信息节点的相互连接是多维、随机和无限的，任何一则信息的出现，都可能经由其他信息节点进行响应和链接，进而影响整个网络舆论场。在近年来出现的网络舆情事件中，共意建构主要以两种形式出现。一是基于话语形成的共识及其传播。有时候，一则貌似简单、随意、毫不起眼的言论，可能因为其在话语风格、内涵等方面具有很强的传播属性，可以在短时间内演变为一场舆论海啸。2009 年 7 月 16 日，百度“魔兽世界吧”出现一个题为“贾君鹏，你妈妈喊你回家吃饭”的帖子，在不到一天的时间内，这句话就被网民迅速扩散至整个网络，本不具有什么实际意义的话语，因为契合了网民特有的话语体系和传播习惯，成为一个舆论热点。二是基于动员形成的共同意愿及相应行为。如近年来流行的“快闪”行动，组织者通过线上活动召集互不相识的人，在指定时间里涌入指定地点，集体做出指定行为后，又在约定的时间内快速解散。作为一种独特的网络文化现象，这种看似“无厘头”的集体行为背后也反映出网络舆论在线上和线下的动员力量，即网络舆论中的倡议只要能够获得群体的认同，就可以成功地转化为线下行动，展现出共意建构的现实影响。

从网络舆论引导的角度出发，除了可以引导网民形成相对客观理性的共意，还可以针对已经形成的消极共意进行情绪消解。在当前的舆论引导工作实践中，应对影响力较大的网络舆情事件时主要有三种策略：一是借助媒体搜集与整合信息的优势，快速介入信息发布、事实说明等环节，回应舆论关切；二是以舆论监督的姿态介入传播过程，针对网民反映的诉求和讨论的问题，提供正面解读或进行纠错；三是与权威专家、媒体人等“意见领袖”形成合力，讲事实、摆道理、明逻辑，利用第三方来发挥关键性作用，推动舆论共意与网络群体形成良性共振，化解潜在风险。

（三）谨慎应对：避免矛盾激化与发酵串联

在与突发事件或群体性事件伴生的网络舆论热点中，经常会出现“声讨”政府的情形。这既说明了政府作为主体在网络舆论发展过程中扮演了重要的角色，也说明网络舆论容易对政府代表的“官方”进行情绪化归因或是习惯性质疑，甚至“言必称政府如何如何”。网络拉近了政府与民众之间的关系，使更多人获得了向社会公共治理者“喊话”以及与之“对话”的机会，也因此产生了前所未有的传播影响力。在网络传播的生态中，官方的话语地位被削弱，多元主体之间的矛盾更容易走向舆论前台，触发更多的讨论。

在一些负面事件引发的网络舆论中，社会矛盾通过网络舆论的发酵快速凸显出来，使政府感受到应对舆论和处理问题的紧迫性。但由于制度惯性或僵化思维，一些缺乏经验和准备的政府部门，尤其是基层政府部门，在应对、引导时缺乏技巧，不注意方式方法，从而造成了舆论态势的升级，无益于问题快速、合理地解决。

如果脱离网络舆论来看，一起公共群体性事件的发生并非必然与政府的工作相关，公权力的作用应该是居中调解。

但进入网络舆论环境后，群体性事件发生的原因、处置的过程等被放大地呈现在公众面前，政府的应对方式和做法被社会充分监督，从而使政府不可避免地成为舆论评价的对象。

近年来，“抗议建垃圾焚烧站”“抗议建化工厂”等群体性事件有所增多，地方政府或强力阻止，或设法劝导,但或多或少出现了网络舆论生成和发酵的情况,“邻避效应”[注2]成为地方执政的重大考验。其中一个重要启示在于，群体活动具有强烈的诉求意识，并借助活跃网民、“意见领袖”形成线上线下的同步或串联，他们通常持有鲜明的反对意见。如果一味简单地采取“封堵式”的策略，无疑将进一步加剧这种对立。

2010 年，《人民日报》曾刊发题为《新媒体时代：处置突发事件的“黄金 4 小时”法则》的文章，对政府发布信息引导舆论的时间提出了明确标准。近年来，随着网络媒介及其传播能力的飞速发展，对引导舆论的时间标准的认识还在变化，已经出现“1 小时”“半小时”等观点。政府部门的舆情应对和舆论引导能力如果落后于事态的发展，达不到民众的心理预期，就难以有效避免舆论场的矛盾激化与变异。

不容否认，当前各级政府在应对网络舆情事件时，处置水平与引导能力较以往有明显提升，但随着社交媒体的迅猛发展，广大网民的期望也越发深切，“官方话语体系”与“民间话语体系”依然存在差异。政府部门有时仍然采用刚性管理思维进行网络舆论引导，出现对舆情事件置之不理、直接封锁这样的武断之举，暴露出部分基层政府部门在网络信息时代处理舆情事件时的能力短板。

ས་བཅད་གཉིས་པ།

ཉེ་བའི་ལོ་ཤས་ནང་དྭ་ལམ་སློང་ཕྱོགས་ཁྲིད་སྟོན་ཡག་པོ་བྱུང་བའི་དཔེ་གཞིའི་དབྱེ་ཞིབ།

ས་བཅད་དང་པོའི་ནང་ངོ་སྤྲོད་བྱས་པ་ལས་མཐོང་ཐུབ་པར། དྲ་ལམ་གླིང་ཕྱོགས་ནི་སྤྱི་ཚོགས་ཀྱི་གླིང་ཕྱོགས་དྲ་ལམ་བར་ཁམས་ནང་གི་མངོན་ཚུལ་ཞིག་ཡིན། ཡིན་ནའང་གང་དེ་སྤྱི་ཚོགས་གླིང་ཕྱོགས་ཀྱི་ཡོད་ཚད་ཀུང་མིན་ཞིང་། དེར་རང་སོའི་ཁྱད་ཆོས་ལྡན་ཡོད། དྲ་ལམ་གླིང་ཕྱོགས་ལ་ཁྲིད་སྟོན་བྱ་རྒྱུ་དེ་གླིང་ཕྱོགས་ལ་ཁྲིད་སྟོན་བྱེད་པའི་ཆ་ཤས་ཤིག་གམ། ཡང་ན་གླིང་ཕྱོགས་ཁྲིད་སྟོན་དྲ་ལམ་ཐོག་སྣར་སྲིང་བྱས་པ་ཞིག་ཀྱང་ཡིན། མ་གཞི་དྲ་ལམ་ཐོག་གི་བསམ་འཆར་གྱིས་སྤྱི་ཚོགས་ཀྱི་བསམ་འཆར་ཡོངས་ཀྱི་ཚབ་བྱེད་མི་ཐུབ་ཀྱང་། རང་རྒྱལ་གྱི་དྲ་དམངས་ཀྱི་གྲངས་འབོར་ཇེ་མང་དུ་ཕྱིན་པ་དང་བསྟུན་ཏེ། སྤྱི་ཚོགས་ཐོག་གི་གྲོས་བསྡུར་མང་པོ་ཞིག་དྲ་ཐོག་ཏུ་སྤོ་བ་མ་ཟད། དེ་རྗེས་དེ་བས་ཀྱང་འཁྲུག་ཆ་དོད་པར་འགྱུར་གྱིན་ཡོད།

མིག་སྔར་དྲ་ལམ་གླིང་ཕྱོགས་གང་དེ་སྤྱི་ཚོགས་ཐོག་གི་བསམ་འཆར་གྱི་མངོན་ཚུལ་ཞིག་ཡིན་པའི་ཆ་ནས། སྲིད་གཞུང་གི་ཧུས་ཐག་གཅོད་རྒྱུ་དང་སྤྱི་པའི་བཅོས་སྐྱོང་གི་དཔྱད་གཞི་གལ་ཆེན་ཞིག་ཡིན་ལ། སྲིད་སྐྱོང་ཕན་འབྲས་དང་ཞབས་ཞུའི་ཚད་ལ་དཔྱད་དཔོག་བྱེད་པའི་སྐར་ཁུང་ལྟ་བུ་ཡིན། ཉེ་བའི་ལོ་ཤས་ནང་། དྲ་ལམ་ཐོག་གི་ཚ་གླིང་གླིང་ཕྱོགས་ཁག་གཅིག་ལ་ལུགས་མཐུན་སྒོ་ནས་ཁྲིད་སྟོན་བྱས་རྗེས། ཚད་གཞི་ངེས་ཅན་ཐོག་ནས་དྲ་ཐོག་གི་ཛ་དྲག་ངང་ཚུལ་སེལ་ཐུབ་ཡོད་པས། འབྲེལ་ཡོད་ཀྱི་བྱ་ཐབས་དང་ཉམས་མྱོང་ནི་དཔྱད་གཞིར་འཛིན་རིན་ཡོད་པ་ཞིག་རེད།

དོན་ཚན་དང་པོ། ཕན་འབྲས་ལྡན་པའི་དྲ་ལམ་གླིང་ཕྱོགས་ཁྲིད་སྟོན་བྱ་རྒྱུའི་སྐོར་གྱི་འབྲེལ་ཡོད་ཞིབ་འཇུག

དཔེ་གཞི་དངོས་སུ་མ་གླིང་གོང་། འབྲེལ་ཡོད་ཞིབ་འཇུག་གི་གནས་

ཚུལ་དང་དེའི་རིགས་པའི་གཞུང་ལུགས་ཀྱི་གྲུབ་འབྲས་ངོ་སྤྲོད་རགས་ཙམ་བྱས་ན། སློག་པ་པོས་གོ་བ་དེ་བས་ལེགས་པ་ཡོན་རྒྱུར་ཕན་ཐོགས་ཡོད། ད་ཐོག་གླིང་ཕྱོགས་ལ་ལུགས་མཐུན་གྱིས་ལན་ཆ་བྱ་རྒྱུའི་ཁ་ཚོ་དགོས་གཏུགས་ཀྱི་དགོས་མཁོར་གཞིགས་ཏེ། མི་རྣམས་ནས་འབྲེལ་ཡོད་ཀྱི་གནད་དོན་ལ་ཞིབ་འཇུག་རབ་དང་རིམ་པ་བྱས་ཡོད། ཉེ་བའི་ལོ་ཤས་ནང་། རྒྱལ་ནང་གི་ད་ལམ་གླིང་ཕྱོགས་ལ་ཁྲིད་སྟོན་བྱེད་པའི་ཐད་ཀྱི་ཞིབ་འཇུག་སྤྱིའི་ཆ་ནས་རིགས་གསུམ་ལ་དབྱེ་ཆོག་པ་སྟེ། གཅིག་ནི་རིག་ཚན་མི་འདྲ་བའི་འབྲེལ་ཡོད་ཞིབ་འཇུག་ལ་བརྟེན་ནས། ད་ལམ་གླིང་ཕྱོགས་ཁྲིད་སྟོན་ལ་རིགས་གཞུང་དཔྱད་གཞི་མཁོ་འདོན་བྱས་པ་དེ་དང་། གཉིས་ནི་སྤྱི་པའི་ཐོལ་བྱུང་དོན་རྐྱེན་སོགས་གླིང་ཕྱོགས་དོན་རྐྱེན་མི་འདྲ་བ་ཐོན་པའི་རྒྱབ་ལྗོངས་ལ་གཞིགས་ནས། ད་ལམ་གླིང་ཕྱོགས་ཁྲིད་སྟོན་ལ་རྒྱུ་རྐྱེན་དབྱེ་ཞིབ་མཁོ་འདོན་བྱས་པ། གསུམ་ནི་ཁྲིད་སྟོན་བྱེད་པོ་མི་འདྲ་བར་གཞིགས་ནས། ད་ལམ་གླིང་ཕྱོགས་ཁྲིད་སྟོན་ལ་ཞིབ་ཕྲའི་མཇུབ་སྟོན་མཁོ་འདོན་བྱས་པ་བཅས་རེད། ཞིབ་འཇུག་གི་སྣེ་རིགས་གསུམ་པོ་དེ་དག་གི་ཐུན་མོང་གི་ཁྱད་ཆོས་ནི། ད་ལམ་གླིང་ཕྱོགས་ཁྲིད་སྟོན་ལ་དམིགས་པའི་ཞིབ་འཇུག་ཚང་མས་ཞིབ་ཕྲའི་གླིང་ཕྱོགས་དོན་རྐྱེན་ལ་དབྱེ་ཞིབ་བྱ་རྒྱུ་དེ་རྨང་གཞིར་འཛིན་པ་ཡིན་པས། འབྲེལ་ཡོད་ཞིབ་འཇུག་དག་དངོས་ཡོད་གནད་དོན་ཐད་སྤྱོད་ཆོག་པ་དང་། ལག་ལེན་དངོས་ཀྱི་དོན་སྙིང་མངོན་གསལ་དོད་པོ་ལྡན་ཡོད།

གཅིག རིག་ཚན་མང་པོའི་ཞིབ་འཇུག་ལ་གཞིགས་ནས་ད་ལམ་གླིང་ཕྱོགས་ལ་ཁྲིད་སྟོན་བྱེད་པ།

སྤྱི་ཚོགས་ཀྱི་དོན་དངོས་གནད་དོན་དང་ཐད་ཀར་འབྲེལ་བ་ཡོད་པའི་

ལས་དོན་ཞིག་ཡིན་པའི་ངོས་ནས། དྲ་ལམ་གླིང་ཕྱོགས་ཁྲིད་སྟོན་གྱི་ཐོན་པའི་ཁོར་ཡུག་དང་། སྣེ་མང་བྱེད་པོ་སོགས་རྒྱ་ཆར་རྟོག་འཛིང་རང་བཞིན་ལྡན་པའི་རྐྱེན་གྱིས་རིགས་གཞུང་ཞིབ་འཇུག་ལས་རིགས་ཀྱིས་དོ་སྣང་བྱེད་ཀྱིན་ཡོད། སྤྱིར་བཏང་བྱས་ན། དྲ་ལམ་གླིང་ཕྱོགས་ཁྲིད་སྟོན་གྱི་ཞིབ་འཇུག་དེ་དྲ་ལམ་གླིང་ཕྱོགས་ཞིབ་འཇུག་ནས་བྱུང་བ་དང་། གང་དེ་གསར་འགྱུར་རིག་པ་དང་། བརྒྱུད་སྤེལ་རིག་པ། སེམས་ཁམས་རིག་པ། སྤྱི་ཚོགས་རིག་པ་སོགས་རིག་ཚན་དང་འབྲེལ་བ་དམ་ཟབ་ཡོད། དཔེར་ན་གཤམ་གསལ་པར་རིས་2－1ལྟར་རེད། དཔེར་ན། གསར་འགྱུར་ཆེད་ལས་ཁྲབ་ཁོངས་ཀྱི་བརྗོད་དོན་གཙོ་བོའི་འཕྲིན་སྤེལ་དང་གཏིང་ཟབ་བརྟག་དཔྱད། དེ་ནས་ཕྱིས་ཀྱི་གསར་འགྱུར་དཔྱད་གླེང་བཅས་ནི་ད་ལྟའི་བར་དུ་ཡང་གླིང་ཕྱོགས་ཁྲིད་སྟོན་གྱི་རྣམ་པ་གཙོ་བོ་ཞིག་ཡིན། སྤྱི་ཚོགས་སེམས་ཁམས་རིག་པའི་སྤྱི་ཚོགས་རྣམ་འགྱུར་འགྱུར་ལྡོག་གི་ནང་རྐྱེན་ཞིབ་འཇུག་གིས་དྲ་ལམ་ཁྲོ་ཚོགས་ཀྱི་ངེས་ཤེས་དང་དེ་བཞིན་བྱ་སྤྱོད་ལ་དཔྱེ་ཞིབ་གཏིང་ཟབ་བྱ་རྒྱུར་རྨང་གཞི་བཏིང་ཡོད། སྤྱི་ཚོགས་འཕེལ་འགྱུར་གྱི་བརྒྱུད་སྤེལ་རིག་པའི་ཞིབ་འཇུག་གིས་དྲ་ལམ་གླིང་ཕྱོགས་ཀྱི་དྲ་ཐོག་དྲ་འོག་གི་སྐྱུལ་སློང་ལ་ཐོག་མའི་དབྱེ་ཞིབ་བལྟ་ཕྱོགས་མཁོ་འདོན་བྱས་

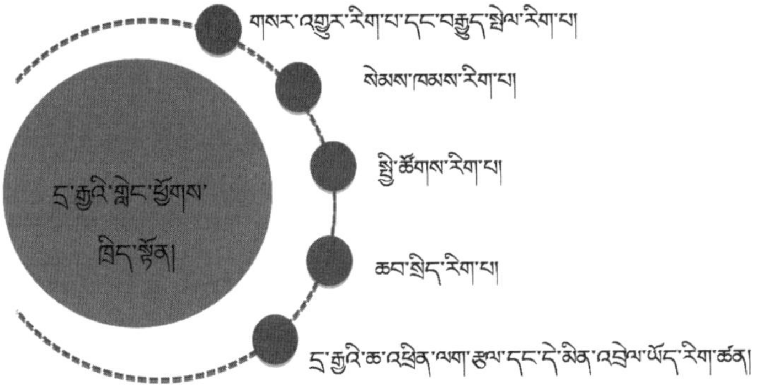

པར་རིས། 2－1 དྲ་ལམ་གླིང་ཕྱོགས་ཁྲིད་སྟོན་ཞིབ་འཇུག་དང་འབྲེལ་བ་ཡོད་པའི་རིག་ཚན།

ཡོད།

རིག་ཚན་གྱི་རྒྱབ་ལྗོངས་ཐད་འབྲེལ་བ་གང་འདྲ་ཡོད་མེད་ཐད་ནས་བལྟས་ན། བརྒྱུད་སྤྲེལ་རིག་པའི་འབྲེལ་ཡོད་རིགས་གཞུང་དང་དྲ་ལམ་སྒྲིང་ཕྱོགས་ཁྲིད་སྟོན་ལས་དོན་བར་གྱི་འབྲེལ་བ་ནི་ཟབ་ཉོས་ཡིན། དྲ་ལམ་བརྒྱུད་སྤྲེལ་གྱི་སྨྱུར་ཚད་མགྱོགས་པ་དང་ཁྱབ་ཁོངས་ཆེ་བ་སོགས་ཀྱི་ཁྱད་ཆོས་ལ་དམིགས་ནས། བརྒྱུད་སྤྲེལ་རིག་པའི་ཞིབ་འཇུག་གིས་དྲ་ལམ་བརྒྱུད་སྤྲེལ་གྱིས་སྲོལ་རྒྱུན་གསར་འགྱུར་སྨྱན་སྦྱོར་ལ་ཐེབས་པའི་ཤུགས་རྐྱེན་དང་ཁ་གསབ་སྐོར་ལ་ཞིབ་འཇུག་ཤུགས་ཆེན་བྱེད་པ་དང་། དྲ་ལམ་སྒྲིང་ཕྱོགས་ཁྲིད་ཀྱི་བསམ་འཆར་གཙོ་འཛིན་གསོ་སྐྱོང་དང་། སྲོལ་རྒྱུན་སྨྱན་སྦྱོར་དང་དྲ་ལམ་སྒྲིང་ཕྱོགས་བར་གྱི་སྤྲེལ་རེས་ལ་ཤུགས་སྣོན་རྒྱག་རྒྱུ། དྲ་ལམ་སྒྲིང་ཕྱོགས་བརྟག་ཞིབ་ཚད་ལེན་ལ་ཤུགས་སྣོན་རྒྱག་རྒྱུ་སོགས་ཉེར་སྤྱོད་རང་བཞིན་ཆེ་ཙམ་ལྡན་པའི་གྲོས་འགོ་བཏོན་ཡོད། དེ་དང་ཆབས་ཅིག་གྲོས་རིམ་བཀོད་སྒྲིག（མཆན་3）དང་། འགྱུར་མེད་བག་ཆགས།（མཆན་4）སྣང་ས་འཛིན་པ།（མཆན་5）རིམ་གཉིས་བརྒྱུད་སྤྲེལ（མཆན་6）ཞེས་པ་སོགས་བརྒྱུད་སྤྲེལ་རིག་པའི་དཔེ་མཚོན་བརྗོད་ཚུལ་ལས། རིགས་པའི་གཞུང་ལུགས་དྲ་ལམ་བརྒྱུད་སྤྲེལ་ནང་རྒྱུན་མཐུད་དང་འཕེལ་འགྱུར་བྱུང་བ་དེ་ཡང་དྲ་ལམ་སྒྲིང་ཕྱོགས་ཁྲིད་སྟོན་གྱི་འབྲེལ་ཡོད་ཞིབ་འཇུག་གི་ནང་དོན་གལ་ཆེན་ཞ་སྟག་ཡིན།

དྲ་ལམ་བར་ཁམས་ལ་སྙེར་གསང་རང་བཞིན་ལྡན་པ་དང་དྲ་ལམ་སྒྲིང་ཕྱོགས་བྱེད་པོ་ལ་རྙོག་འཛིང་རང་བཞིན་ལྡན་པས། སེམས་ཁམས་རིག་པར་གཞིགས་པའི་དྲ་ལམ་སྒྲིང་ཕྱོགས་ཁྲིད་སྟོན་ཐད་ཀྱི་ཞིབ་འཇུག་ཀྱང་སྣང་ཆུང་བྱ་མི་རུང་བ་ཞིག་རེད། སྒྲིང་ཕྱོགས་ཀྱིས་དམངས་འདོད་ཀྱི་ཚབ་བྱེད་པ་དང་། དྲ་ལམ་སྒྲིང་ཕྱོགས་ནི་ཚད་གཞི་ངེས་ཅན་གྱི་ཐོག་ནས་བཤད་ན་དམངས་འདོད

དང་འབྲེལ་ཡོད། དྭ་ལམ་གླིང་ཕྱོགས་ཀྱི་བྱེད་པོ་ནི་དྭ་དམངས་ཡིན་པ་དང་། དྭ་ལམ་གླིང་ཕྱོགས་གྲུབ་པ་དང་དྭ་དམངས་ཀྱི་སེམས་ཁམས་བརྒྱུད་རིམ་(མཚན7)ནི་འབྲེལ་བ་དམ་ཟབ་ཡོད་པ་ཞིག་རེད། དྭ་ལམ་ཐུན་མོང་མ་ཡིན་པའི་ཁོར་ཡུག་དང་འབྱུང་ཁམས་ཀྱི་ཤུགས་རྐྱེན་འོག། དྭ་དམངས་རྣམས་ལ་ཁོར་ཡུག་དངོས་ནང་དང་མི་འདྲ་བའི་སྤྱི་ཚོགས་སེམས་ཁམས་ཤིག་གྲུབ་ཀྱིན་ཡོད། དྭ་ལམ་གླིང་ཕྱོགས་གྲུབ་ཚུལ་དང་། འཕེལ་ཕྱོགས། ཁྱད་ཆོས་བཅས་ཚང་མར་དྭ་དམངས་ཀྱི་སེམས་ཁམས་ཀྱི་ཤུགས་རྐྱེན་ཐེབས་ཀྱིན་ཡོད། དཔེར་ན། སྤྱི་ལོ1920ལོར་བརྩོན་པའི་འཁོར་འཁྱམ་ནུས་འབྲས་(མཚན8)ཞེས་པ་དེ་ནི་མི་དང་མིའི་བར་གྱི་ཤེས་ཚོར་ཁྲིད་གྲུབ་ཅིང་། ཆ་ཤས་གཅིག་ལ་བལྟས་རྗེས་ཀུན་ལ་ཚོད་རྟོམ་རྒྱག་པའི་རང་སྣང་བག་ཆགས་ཤིག་ལ་ཟེར། འདི་ལྟ་བུའི་སེམས་ཁམས་ཀྱི་ནུས་སྣང་འདི་མི་སྣ་གྲགས་ཅན་གྱི་སྨྱུན་སྦྱོར་བཟ་ཁྱབ་དང་། མི་སྣ་གྲགས་ཅན་གྱི་སྨྱུན་སྦྱོར་ལེ་ཚན། མི་སྣ་གྲགས་ཅན་གྱི་ཕྱི་འབྲེལ་སོགས་ཁྱབ་ཁོངས་སུ་སྤྱོད། ཡིན་ནའང་གླིང་ཕྱོགས་ར་བའི་ནང་། འཁོར་འཁྱམ་ནུས་སྣང་ཁྲིད་གནས་པའི་མི་རྣམས་མི་སྣ་གྲགས་ཅན་གྱི་དབང་འོག་ཏུ་གྱུར་ནས། གླིང་ཕྱོགས་ཀྱི་དུས་བབ་ལ་ཡང་དག་པའི་ལྟ་སྟངས་འཛིན་ཐུབ་ཀྱིན་མེད། སྤྱི་འབྲེལ་སྨྱུན་སྦྱོར་གྱི་དུས་རབས་འདིར། གླིང་ཕྱོགས་དོན་རྐྱེན་གློ་བུར་དུ་ཐོན་པ་དང་། མང་པོ་ཐོན་པ། ཡང་སེ་ཐོན་པ་བཅས་ནི་རྒྱུན་རྣམ་ཅན་ཞིག་ཡིན་ལ། མ་རྟོག་ལོག་རྟོག་གི་གནས་ཚུལ་འབྱུང་བའི་ངེས་པ་ཡང་ཇེ་ཆེར་ཕྱིན་ཡོད་པས། སེམས་ཁམས་རིག་པའི་ཐོག་ནས་དབྱེ་ཞིབ་བྱ་རྒྱུར་གཞན་གྱིས་ཚབ་བྱ་ཐབས་བྲལ་བའི་གནས་བབ་གལ་ཆེན་ལྡན་ཡོད།

སྤྱི་ཚོགས་རིག་པའི་རིགས་གཞུང་ངམ་ཡང་ན་འབྲེལ་ཡོད་ཀྱི་ཤེས་རྟོགས་ལ་གཞིགས་ནས་དྭ་ལམ་གླིང་ཕྱོགས་ཁྲིད་སྟོན་ལ་ཞིབ་འཇུག་བྱེད་མཁན་ཡང་

མིག་སྟར་ཞུང་ཞུང་མིན། འཚོ་བའི་ཁྲོད་རྒྱུན་དུ་སློང་བའི་ཕྱེ་ལེབ་ནུས་སྣང་ཞེས་པ་དང་། སྐེའུ་ཁྲུང་གཏོར་བའི་ནུས་འབྲས་(མཚན9)ཞེས་པ་སོགས་སྟར་བཞིན་དྲ་ལམ་སློང་ཕྱོགས་ར་བའི་ཐོག་གི་སྟོབས་ཤུགས་ཁག་ཕན་ཚུན་སྐུལ་སློང་དང་ཕན་ཚུན་ཤུགས་རྐྱེན་ཐེབས་རེས་བྱེད་པ་དང་། དེ་བཞིན་གང་དེ་ལས་བྱུང་བའི་ཤུགས་རྐྱེན་ཆེན་མོར་བརྟག་ཞིབ་བྱ་རྒྱུའི་ཐད་སྙིད་ཚོག། དེ་མིན་སྤྱི་ཚོགས་ལས་འགུལ་ཞིབ་འཇུག་ཁྲོད་ཐོན་པའི་ཁྱུ་ཚོགས་རང་བཞིན་གྱི་བྱ་སྤྱོད་ཀྱི་ཀུན་སློང་དང་། ངེས་ཤེས། གདམ་ག་སོགས་དཔྱེ་ཞིབ་ནང་རྐྱེན་དག་ཀྱང་རྒྱུན་དུ་དྲ་ལམ་སློང་ཕྱོགས་ཁྲིད་སྟོན་གྱི་བརྒྱུད་རིམ་དཔྱེ་ཞིབ་ཁྲོད་བེད་སྤྱོད་བྱེད་ཀྱིན་ཡོད།

གཉིས། སློང་ཕྱོགས་དོན་རྐྱེན་གྱི་སྣེ་རིགས་ལ་གཞིགས་ནས་དྲ་ལམ་སློང་ཕྱོགས་ཁྲིད་སྟོན་ལ་བསམ་གཞིགས་བྱེད་པ།

མི་དམངས་དྲ་བའི་སློང་ཕྱོགས་གནས་ཚུལ་གྱི་གཞི་གྲངས་ལྟེ་གནས་ཀྱིས་2018ལོའི་ཟླ1ཚེས1ཉིན་ནས་ཟླ12ཚེས15བར་ཐོན་པའི་རྒྱལ་ཡོངས་ཀྱི་དྲ་ལམ་སློང་ཕྱོགས་ཀྱི་ཚ་སློང་ཁག600ལ་ཐོག་མའི་བསྡོམས་རྩིས་དཔྱེ་ཞིབ་བྱས་པ་ལས་གསལ་བར། སློང་གཞིའི་སྣེ་རིགས་ཐད་ནས་བལྟས་ན། ལོ་དེར་དྲ་ལམ་སློང་ཕྱོགས་ཀྱི་ཚ་སློང་མང་ཆེ་བ་མི་ཕལ་བའི་ཁེ་ཕན་དང་འབྲེལ་བའི་དམངས་འཚོ་དང་ཚེ་སྲོག་བདེ་ཐང་སོགས་ཀྱི་གྲོས་གཞིར་གཞིགས་ནས་བྱས་ཡོད་པ་རེད། ལོ་ཁ་ཤས་གོང་གི་དྲ་ལམ་སློང་ཕྱོགས་མང་ཆེ་བ་ཉམ་ཐག་མི་ཚོགས་ཀྱི་འཚོ་གནས་གནད་དོན་དང་དེ་བཞིན་སྲིད་གཞི་སྲིད་ལུགས་ཀྱི་གྲོས་གཞིའི་ཐོག་འདུས་པ་དང་མི་འདྲ་བར། 2018ལོའི་དྲ་ལམ་སློང་ཕྱོགས་ཐད་ནས་གྲོང་ཁྱེར་གྱི་གྲོང་མིས་དམངས་འཚོ་དང་བདེ་འཇགས་ཐད་དོ་ཁུར་བྱེད་ཚུལ་དེ་བས་མང་

བ་མངོན་ཡོད་པ་རེད། མཇུག་འབྲས་དེས་དྲ་ལམ་སློང་ཕྱོགས་ཀྱི་ཚ་སློང་བརྗོད་གཞི་དེ་དྲ་དམངས་ནས་དོ་ཁུར་བྱེད་པའི་བརྗོད་གཞིར་འགྱུར་ཕྱོགས་འགྲོ་བ་དང་བསྟུན་ནས་འགྱུར་བ་འགྲོ་བ་མཚོན། དེས་ན་སྣ་རིགས་མི་འདྲ་བའི་སློང་ཕྱོགས་དོན་རྐྱེན་ཐོན་ཚུལ་ལ་དུས་ཐོག་ཏུ་དོ་ཁུར་བྱ་རྒྱུ་ནི་དྲ་ལམ་སློང་ཕྱོགས་ཁྲིད་སྟོན་ཐད་"རྒྱབ་ལྗོངས་གྲུང་"ཡོད་པ་ལྟ་བུའི་དཔྱད་གཞིའི་དོན་སྙིང་ལྡན་པ་ཞིག་རེད།

དངོས་ཡོད་རྒྱུ་རྐྱེན་གྱིས་ཤུགས་རྐྱེན་ཐེབས་པའི་རྐྱེན་གྱིས། སྤྱི་ཚོགས་ཀྱི་ཐོལ་བྱུང་དོན་རྐྱེན་ལ་གཞིགས་པའི་དྲ་ལམ་སློང་ཕྱོགས་ཁྲིད་སྟོན་ཐད་ཀྱི་ཞིབ་འཇུག་ཚུང་མང་བ་ཡོད། སྤྱི་ཚོགས་ཀྱི་ཐོལ་བྱུང་དོན་རྐྱེན་གྱི་སྤྱི་པའི་རང་བཞིན་དང་། རྙོག་འཛིང་རང་བཞིན། དྲ་ལམ་སློང་ཕྱོགས་ཀྱི་དམིགས་བསལ་རང་བཞིན་བཅས་དུས་མཉམ་དུ་མངོན་པ་དང་། དེ་ལས་ཁྱབ་མཆེད་ཀྱི་མགྱོགས་མྱུར་རང་བཞིན་དང་སྣོལ་འདྲེས་རང་བཞིན། ནང་དོན་གྱི་དམངས་ཁྲོད་རང་བཞིན་དང་རྒྱ་ཁྱབ་རང་བཞིན། མཚོན་བྱེད་ཐད་ཀྱི་སྣ་མང་རང་བཞིན་དང་དཔྱོད་ཤེས་མིན་པའི་རང་བཞིན་སོགས་སྤྱི་ཚོགས་ཀྱི་སློང་ཕྱོགས་གཞན་དང་མི་འདྲ་བའི་གཞི་རྩའི་ཁྱད་ཆོས་མངོན་ཡོད། ཞིབ་འཇུག་བྱེད་པའི་གནད་དོན་དང་ཞིབ་འཇུག་གི་གཙོ་གནད་མི་འདྲ་བའི་དབང་གིས། ཉེ་བའི་ལོ་ཤས་ནང་ཐོལ་བྱུང་དོན་རྐྱེན་ལ་དམིགས་པའི་དྲ་ལམ་སློང་ཕྱོགས་ཁྲིད་སྟོན་གྱི་ཞིབ་འཇུག་ཐད། དོན་རྐྱེན་གྱི་སྣེ་རིགས་མི་འདྲ་བའི་ཁྱད་ཆོས་ལ་ཞིབ་འཇུག་བྱས་པ་ཡོད་ལ། ད་དུང་སྔར་ཚུལ་གྱི་རྒྱབ་ངོས་སུ་གནས་པའི་གནད་དོན་གྱི་འབྱུང་རྐྱེན་ཐད་ལའང་དོ་ཁུར་བྱེད་པས། སྤྱི་པའི་ངོ་དམ་དང་སྲིད་གཞུང་གི་སྲིད་ཇུས་ལ་ཞིབ་འཇུག་བྱེད་པའི་ལྟ་ཕྱོགས་མངོན་ཡོད།

གོང་དུ་ཞུས་པ་ལྟར། སེམས་ཁམས་རིག་པ་དང་འབྲེལ་བའི་འབྲེལ་ཡོད་

ཞིབ་འཇུག་གིས་ཀྱང་རྟག་ཏུ་སྣེ་རིགས་མི་འདྲ་བའི་གླེང་ཕྱོགས་དོན་རྐྱེན་ཐད་ནུས་པ་ཐོན་བཞིན་ཡོད། 2013ལོ་ནས་བཟུང་། སེམས་ཁམས་རིག་པའི་ལྟ་ཕྱོགས་ཁྲོད་ཀྱི་དྲ་ལམ་གླེང་ཕྱོགས་ཁྲིད་སྟོན་གྱི་ཞིབ་འཇུག་དང་། དྲ་དམངས་ཀྱི་ལྟ་ཕྱོགས་འོག་གི་དྲ་ལམ་གླེང་ཕྱོགས་ཁྲིད་སྟོན་གྱི་རྐྱེན་རྩ་ཞིབ་འཇུག། གླེང་ཕྱོགས་དོན་རྐྱེན་ཁྲོད་ཀྱི་དྲ་དམངས་ཀྱི་སེམས་ཁམས་འགྱུར་ལྡོག་ནང་རྐྱེན་ཐད་ཀྱི་ཞིབ་འཇུག་བཅས་ཀྱང་རིམ་པས་མང་དུ་ཕྱིན་ཡོད། ཞིབ་འཇུག་དེ་རིགས་ཀྱིས་གཙོ་ཆེར་དྲ་ལམ་བྱ་སྤྱོད་ཁྲོད་ཀྱི་མིའི་སེམས་ཁམས་ཀྱི་མངོན་ཚུལ་ཐད་ཞིབ་འཇུག་བྱས་ཡོད་པ་དང་། དྲ་དམངས་ཀྱི་སེམས་ཁམས་དེ་གླེང་ཕྱོགས་གོང་འཕེལ་ལ་ཤུགས་རྐྱེན་ཐེབས་པའི་རྒྱུ་རྐྱེན་གལ་ཆེན་ཞིག་ལ་བརྩིས་ཡོད་པས། དེ་སྣེ་རིགས་མི་འདྲ་བའི་དྲ་ལམ་གླེང་ཕྱོགས་གྲུབ་པ་དང་འཕེལ་འགྱུར་འགྲོ་བའི་བརྒྱུད་རིམ་ལ་ངོས་འཛིན་བྱེད་པའི་རྨང་གཞིར་གྱུར་ཡོད། དེ་མིན། ཉེ་བའི་ལོ་ཤས་ནང་གི་མཐོ་རིམ་སློབ་གྲྭ་དང་འབྲེལ་བའི་དྲ་ལམ་གླེང་ཕྱོགས་དོན་རྐྱེན་ཐད་ཀྱི་ཞིབ་འཇུག་དེ་དག་ཚད་གཞི་ངེས་ཅན་གྱི་ཐད་ནས་བཤད་ན་ཁྱུ་ཚོགས་གང་རུང་ཞིག་ལ་དམིགས་པའི་དྲ་ལམ་གླེང་ཕྱོགས་ཁྲིད་སྟོན་གྱི་ཞིབ་འཇུག་ལ་བརྩིས་ཆོག། དམག་ཞབས་ཐེམ་པའི་མི་སྣའི་ཁྱུ་ཚོགས་དང་། ཡོང་འབབ་འབྲིང་བའི་ཁྱུ་ཚོགས་སོགས་དམིགས་བསལ་ཁྱད་ཆོས་ལྡན་པའམ་རི་དོན་དངོས་ཡོད་པའི་ཁྱུ་ཚོགས་ཀྱང་རིགས་གཞུང་ཞིབ་འཇུག་ལས་རིགས་ཀྱི་ཞིབ་འཇུག་བྱ་ཡུལ་དུ་འགྱུར་འགོ་ཚུགས།

གསུམ། བྱེད་པོ་མི་འདྲ་བར་གཞིགས་ཏེ་དྲ་ལམ་གླེང་ཕྱོགས་ཁྲིད་སྟོན་ལ་བལྟ་དགོས།

གལ་ཏེ་དྲ་ལམ་གླེང་ཕྱོགས་ཁྲིད་སྟོན་གྱི་བརྒྱུད་རིམ་ལ་གཞིགས་ནས་དབྱེ་

འབྱེད་རགས་ཙམ་བྱས་ཆོ། དེའི་ནང་གི་བྱེད་པོ་དེ་རིགས་གཉིས་སུ་དབྱེ་ཆོག་སྟེ། གཅིག་ནི་རང་སྤེལ་བྱེད་པོ་སྟེ། སྙན་སྒྲོར་ཚན་པ་དང་ལས་ཁུངས་ཁག་གིས་རང་འགུལ་གྱི་སྒོ་ནས་དོ་ཁུར་དང་གནས་འཕྲིན་གཏོང་སྤེལ་བྱེད་པ་དེ་དང་དྲ་དམངས་ཀྱིས་རང་བརྟེན་ཁྲབ་སྤེལ་བྱེད་པ་གཉིས་ཡིན། གཉིས་ནི་ལྷ་སྐུལ་དོ་དམ་བྱེད་པོ་སྟེ། གནད་དོན་གྱི་འགན་འཁུར་མཁན་ཕྱོགས་དང་དྲ་ལམ་གཙོ་སྐྱོང་སྡེ་ཁག་སོགས་ལྟེ་བའི་ཆ་འཕྲིན་ཁྲབ་སྤེལ་བྱེད་མཁན་དང་གླིང་ཕྱོགས་ཀྱི་དོ་དམ་པ་ཁག་ཡིན།

དང་ཐོག་སྙན་སྒྲོར་གྱི་བྱེད་ནུས་དང་ནུས་པར་གཞིགས་ཏེ་དྲ་ལམ་གླིང་ཕྱོགས་ལ་ཁྲིད་སྟོན་བྱེད་པའི་བརྒྱུད་རིམ་ཁྲོད་སྙན་སྒྲོར་གྱི་བྱེད་པོ་རང་བཞིན་ལ་ཞིབ་འཇུག་བྱ་དགོས། མི་རྣམས་ཀྱི་རྒྱུན་གཏན་གྱི་སྨྲ་བརྗོད་གོམས་གཤིས་ལྟར་ན། སྙན་སྒྲོར་དེ་ཉིད་སྲོལ་རྒྱུན་སྙན་སྒྲོར་དང་སྙན་སྒྲོར་གསར་པར་དབྱེ་འབྱེད་རགས་ཙམ་བྱ་ཆོག། འོན་ཀྱང་དབྱེ་འབྱེད་བྱ་ཐབས་དེར་འབྲེལ་ཡོད་ཞིབ་འཇུག་བྱེད་མཁན་ཁྲོད་དུ་རྒྱུས་བཤད་མི་འདྲ་བ་ཡོད་སྲིད་མོད། དེའི་ངོ་བོ་གཅིག་མཚུངས་ཡིན།

སྲོལ་རྒྱུན་སྙན་སྒྲོར་དེ་དྲ་ལམ་དུས་རབས་སུ་དར་བའི་དྲ་ལམ་སྙན་སྒྲོར་དང་བསྡུར་ན། གཙོ་བོ་ཚགས་པར་དང་། དུས་དེབ། རླུང་འཕྲིན། བརྙན་འཕྲིན་བཅས་ཀྱིས་མཚོན་པའི་སྤྱི་དམངས་ཀྱི་སྙན་བྱད་དེ་དག་ཡིན་པ་དང་། བརྡ་ཁྱབ་སོགས་ཚོང་ལས་ཀྱི་དགོས་མཁོའི་ཤུགས་རྐྱེན་འོག་ཡུལ་ཕྱིའི་འགྲེམས་སྟོན་སྒྲིག་ཆས་སོགས་ཀྱི་སྙན་བྱད་ཀྱང་ཚུད་ཡོད། སྲོལ་རྒྱུན་སྙན་སྒྲོར་གྱིས་གཏན་འཇགས་སྙན་བྱད་ཀྱི་གཞི་རྟེན་བརྒྱུད་དུས་བཀག་ལྟར་སྤྱི་དམངས་ལ་ཆ་འཕྲིན་སྤེལ་བའམ་ཡང་ན་སློབ་གསོ་དང་རོལ་རྩེད་སོགས་ཀྱི་ནང་དོན་མགོ་འདོན་བྱེད་པ་དང་། བྱེད་ནུས་དང་རྣམ་པའི་ཐད་སྤྱིར་སྤེལ་རེས་རང་བཞིན་

མེད་པར། རྒྱུན་དུ་སྒྱི་ཚོགས་ལ་ལྟ་སྐྱུལ་བྱེད་མོད། འོན་ཀྱང་དེའི་དུས་ནུས་རང་བཞིན་དང་ཤུགས་རྐྱེན་ཁྱབ་ཁོངས་ཚད་ཡོད་པ་ཞིག་ཡིན།

སྨྱན་སྦྱོར་གསར་པའི་ནང་དེང་གི་གྲངས་གཞི་ཅན་གྱི་སྨྱན་བྱེད་རྣམ་པ་ཡོངས་རྫོད་པ་དང་། དེ་མཉེན་ཆས་ཉེར་སྤྱོད་དང་མཁྲིགས་ཆས་སྒྲིག་ཆས་ཚད་མཐོའི་མཉམ་འདྲེས་བྱས་པར་བརྟེ་ཚོག་ཅིང་། དེའི་ཁྲིད་གྲངས་གཞི་ཅན་གྱི་སྲོལ་རྒྱུན་སྨྱན་སྦྱོར་ཡོད་ལ། ད་དུང་ཐོག་མ་ནས་གྲངས་གཞི་ཅན་ཡིན་པའི་སྨྱན་བྱེད་རྣམ་པ་ཡང་ཡོད། དེའི་ནང་དྲ་ཚོགས་དང་། སྒྲེར་གྱི་སྨྱན་སྦྱོར་ཨང་ཐོ། སྐྱུལ་བདེའི་དུད་སྣེ། གྲངས་འཛིན་བརྙན་འཕྲིན། གློག་རྩལ་དུས་དེབ་སོགས་རྫོད་ཡོད། དྲ་ལམ་འཕྲིན་གཏོང་ལག་རྩལ་དང་དེ་མཚུངས་ཀྱི་སྒྲིག་ཆས་ཟམ་མི་ཆད་པར་འཕེལ་རྒྱས་དང་ཁྱབ་གདལ་འགྲོ་བ་དང་ཆབས་ཅིག། དྲ་དམངས་ཚོས་དྲ་ལམ་ཆ་འཕྲིན་རང་མོས་ངང་སྤྱོད་པའི་ནུས་པ་སྤར་བས་ཆེ་རུ་འགྲོ་བཞིན་ཡོད། འོན་ཀྱང་རང་མོས་སྤེལ་རེས་བྱ་ཡུལ་དུ་གྱུར་པའི་དྲ་ལམ་ཁོར་ཡུག་གིས་དྲ་དམངས་ཀྱི་དོ་སྣང་བྱ་ཡུལ་ཁ་ཐོར་དུ་གྱུར་བར་བྱེད་བཞིན་ཡོད། དེ་ལྟ་བུའི་ཁོར་ཡུག་འོག། སྨྱན་སྦྱོར་གསར་པ་ཆར་རྗེས་ཀྱི་ཤ་མོ་ཇི་བཞིན་ཐོན་པ་དང་ཆ་འཕྲིན་སྤྱི་ཚོགས་ཀྱི་དོ་གནད་དཔལ་འབྱོར་གཉིས་ཚད་མཐོའི་གཅིག་མཐུན་བྱུང་བས། དེར་གླེང་ཕྱོགས་ཀྱི་ཁ་ཕྱོགས་ལ་ཁྲིད་སྟོན་བྱེད་པའི་རྨང་གཞི་ལྡན་པར་གྱུར་ཡོད།

རིག་ནུས་ལག་ཐོགས་ཁ་པར་དང་ངོས་ལེབ་གློག་ཀླད་སོགས་སྐྱུལ་བདེའི་མཐའ་སྣེ་དག་མང་ཚོགས་ཀྱིས་མགྱོགས་མྱུར་དང་ལེན་བྱས་པ་མ་ཟད། དེ་དག་མི་རྣམས་ཀྱི་འཚོ་བ་དང་མཉམ་འདྲེས་ཐུབ་སྟེ་དྲ་ཐོག་བརྒྱུད་སྤེལ་བྱེད་པའི་མཉམ་འགྲུལ་རང་བཞིན་ཟམ་མི་ཆད་པར་ཆེ་རུ་ཕྱིན་པ་དང་། སྲོལ་རྒྱུན་གྱི་སྤྱི་ཚོགས་གླེང་ཕྱོགས་གྲུབ་སྟངས་དང་དེ་བཞིན་དེའི་འགྱུར་ལྡོག་འགྲོ་རིམ་ལ་

འཕོ་འགྱུར་ཆེན་པོ་བྱུང་ཡོད། མིག་སྔར། མི་རྣམས་ཀྱིས་དྲ་བའི་གླིང་ཕྱོགས་ལ་གོ་བ་ལེན་སྟངས་དང་ཞིབ་འཇུག་བྱེད་སྟངས་ཐད་ཚོད་མཐོའི་གཅིག་མཚུངས་ཡོང་བཞིན་ཡོད། དེ་ཡང་ཕྱོགས་གཅིག་ནས་ཞིབ་འཇུག་པ་ཁག་གཅིག་གིས་སྨྱན་སྦྱོར་གསར་པ་དེ་ཞིབ་འཇུག་བྱ་གཞིར་བཟུང་བ་དང་། དྲ་ལམ་གླིང་ཕྱོགས་ལ་དམིགས་སུ་དབང་བའི་འཁོར་སྐྱོད་ཆོས་ཉིད་ལ་ལྟ་ཞིབ་དང་ཕྱོགས་སྡོམ་བྱས་ཏེ། ཁ་ཐོར་དུ་གྱུར་པའི་དྲ་ལམ་གླིང་ཕྱོགས་དེ་དངོས་ཡོད་གནད་དོན་དེ་བས་མང་བ་ཐག་གཅོད་བྱ་རྒྱུར་སྤྱོད་ཐུབ་པར་བྱེད་པ་དང་འབྲེལ། དྲ་ལམ་བརྒྱུད་སྤེལ་ཉིན་བཞིན་གོ་རིམ་མེད་པ་དང་ཟང་ཟིང་དུ་འགྱུར་བའི་འཕེལ་ཕྱོགས་ཅན་པའི་སྣང་ཚུལ་བཀག་འགོག་ཐུབ་རེ་བྱེད་བཞིན་ཡོད། ཕྱོགས་གཞན་ཞིག་ནས་མི་རྣམས་ཀྱིས་མྱུ་མཐུད་དཔེ་མཚོན་གྱི་ཞིབ་འཇུག་དང་རིགས་པའི་གཞུང་ལུགས་ཀྱི་ཁྲིད་ནས་འཚོ་བཅུད་བསྡུ་ལེན་བྱེད་པ་སྟེ། སྲོལ་རྒྱུན་སྨྱན་སྦྱོར་དེ་ཉིད་དྲ་ལམ་གླིང་ཕྱོགས་དང་མཉམ་འདྲེས་བྱེད་སྐབས་འཕྲད་པའི་གནད་དོན་དང་ཉམས་མྱོང་ལ་དོ་ཁུར་བྱེད་པ་དང་། སྲོལ་རྒྱུན་གྱི་གླིང་ཕྱོགས་ར་བ་ཁག་གཅིག་གི་བརྒྱུད་སྤེལ་ཆོས་ཉིད་དྲ་ལམ་བརྒྱུད་སྤེལ་བར་ཁམས་ནང་ཞུགས་མིན་དང་། དེ་དག་དྲ་དམངས་ཀྱིས་དང་ལེན་དང་བརྩེ་སྲུང་བྱེད་མིན་ལ་བསམ་གཞིགས་བྱེད་བཞིན་ཡོད་ཅིང་། ཆ་འཕྲིན་དེ་དྲ་ལམ་ཐོག་ཏུ་བརྒྱུད་སྤེལ་བྱེད་པའི་བརྒྱུད་རིམ་ནང་གང་འདྲ་བྱས་ཏེ་ཚོད་འཛིན་ཐུབ་པ་དང་། གཙོ་རྒྱུག་སྨྱན་སྦྱོར་གྱིས་དྲ་ལམ་གླིང་ཕྱོགས་ཀྱི་དོན་རྐྱེན་ལ་འགྱུར་ལྡོག་འགྲོ་བའི་བརྒྱུད་རིམ་ཁྲིད་ལངས་ཕྱོགས་གང་འདྲ་འཛིན་མིན་སོགས་ཀྱི་གྲོས་གཞི་ཚང་མ་དྲ་ལམ་གླིང་ཕྱོགས་ཁྲིད་སྟོན་ལ་ཞིབ་འཇུག་བྱེད་པའི་ཁ་ཕྱོགས་སུ་གྱུར་ཡོད།

སྤྱིར་སྲོལ་རྒྱུན་སྨྱན་སྦྱོར་དང་སྨྱན་སྦྱོར་གསར་པའི་དབར་མཉམ་འགྲུལ་

ཤུས་ལྡན་ཡོང་བ་བྱ་རྒྱུར་སྐུལ་འདེད་གཏོང་བ་དེས། ད་ལམ་གླིང་ཕྱོགས་ལ་ཁྲིད་སྟོན་བྱ་རྒྱུར་དགེ་མཚན་ལྡན་པའི་དོན་སྙིང་ལྡན་ཡོད། མཐོང་ཆེན་བྱེད་རིན་ཡོད་པའི་གནད་འགག་ཞིག་སྟེ། སྲོལ་རྒྱུན་སྨན་སྦྱོར་གྱིས་སྤྱི་ཚོགས་ཐོག་ཚ་གླིང་བྱེད་པའི་གནད་དོན་སྐོར་གྱི་གནས་འཕྲིན་སྟོན་ལ་སྤྲེལ་བ་དང་དབང་གྲགས་ལྡན་པའི་ཁྱབ་བསྒྲགས་བྱེད་ཤུས་དང་། སྨན་སྦྱོར་གསར་པས་ཚ་གླིང་བཙོད་གཞིར་མགྱོགས་མྱུར་རྗེས་སྙེགས་དང་གླིང་སྐྱོང་བ། དེ་བཞིན་དེ་གཉིས་བར་དཔྱད་གཏམ་རྩོམ་ཡིག་སོགས་མཉམ་འདྲེས་རང་བཞིན་ལྡན་པའི་ཚ་འཕྲིན་ལས་གྲུབ་པའི་གླིང་ཕྱོགས་སྤེལ་རེས་སོགས་ཀྱིས། གཙོ་རྒྱུག་སྨན་སྦྱོར་དང་། སྔར་གྱི་སྨན་སྦྱོར། ད་ལམ་གླིང་ཕྱོགས་བཅས་ཀྱི་བར་གླིང་གཞིའི་མཉམ་འགྲུལ་ཐོན་རྒྱུར་སྐུལ་འདེད་ཐེབས་བཞིན་ཡོད། སྨན་སྦྱོར་གསར་པའི་རྣམ་པས་རྩོམ་སྒྲིག་སྐབས་ཀྱི་སྟབས་བསྟུན་རང་བཞིན་དང་ཐབས་ལམ་སྣ་ཚོགས་ཀྱི་བརྒྱུད་སྤེལ་བྱེད་ཤུས་གང་ལེགས་མངོན་པས། ད་ལམ་གླིང་ཕྱོགས་ར་བའི་ནང་དྲིལ་བསྒྲགས་དང་གླིང་གཞི་བཟོ་རྒྱ་རྒྱུན་འཁྱོངས་ཐུབ་པ་དང་། གྲོས་བསྡུར་བྱ་རྒྱ་སྒྲིག་འཛུགས་དང་མཐོང་ཐོས་མྱོང་གྲུབ་ཀྱི་དམངས་འདོད་བརྟག་དཔྱད་ཀྱང་བྱེད་ཐུབ། སྲོལ་རྒྱུན་སྨན་སྦྱོར་གྱིས་དེ་དག་རྒྱ་ཆར་བྱས་ནས་གཙོ་རྒྱུག་གླིང་ཕྱོགས་ར་བའི་ནང་དུས་ཐོག་ཏུ་བཟ་ལེན་དང་ལན་ཆ་བྱེད་པ་བརྒྱུད། སླར་ཡང་སྨན་སྦྱོར་གསར་པའི་ཐོག་བརྒྱུད་སྤེལ་བྱས་ཏེ་མཐར་གླིང་ཕྱོགས་ཁྲིད་སྟོན་གྱི་མཉམ་ཤུགས་སུ་འགྱུར་བཞིན་ཡོད། བརྒྱུད་རིམ་དེའི་ནང་སྲོལ་རྒྱུན་སྨན་སྦྱོར་དང་སྨན་སྦྱོར་གསར་པའི་དབར་གྱི་སྤེལ་རེས་དེ་ཕྱོགས་རྐྱང་པའི་རང་བཞིན་དང་སྤྱིར་བཏང་རང་བཞིན་གྱི་སྐད་ཆ་ཤོད་རེས་ཤིག་མིན་པར། དེ་ནི་ཕྱོགས་གཉིས་དང་ལན་མང་གི་རྣམ་པ་ཞིག་ཡིན་པས། དེའི་སྤེལ་རེས་བྱེད་ཚད་ཇི་ཙམ་གྱིས་མཐོ་བ་ཡོད་ཚེ་གླིང་ཕྱོགས་ཁྲིད་སྟོན་གྱི་ཕན་འབྲས་ཀྱང་

དེ་ཙམ་གྱིས་མངོན་གསལ་དོད་དུ་འགྲོ།

དེ་མིན་སྲིད་གཞུང་གིས་ད྄་ལམ་གླིང་ཕྱོགས་ཁྲིད་སྟོན་ཁྲོད་ནུས་པ་གང་འདྲ་ཐོན་མིན་དེར་ཕྱོགས་ཁག་གིས་ཡུན་རིང་གྲོས་བསྡུར་བྱེད་པ་དེ་བྱེད་པོ་ཞིབ་འཇུག་གི་གྲུབ་ཆ་གལ་ཆེན་ཞིག་ཏུ་གྱུར་པ་མ་ཟད། ཞིབ་འཇུག་གི་ཁ་ཕྱོགས་ཀྱང་ཁྲིད་སྟོན་བྱ་ཐབས་དང་ཁ་གཏད་གཙོག་ཐབས་འདོན་པར་ཕྱོགས་ཡོད། ཁྲིད་སྟོན་བྱ་ཐབས་ལ་བསམ་གཞིག་བྱེད་སྐབས། སྲིད་གཞུང་གིས་ད྄་ཐོག་གི་ལྟོག་ཕྱོགས་ཀྱི་གླིང་ཕྱོགས་ལ་ཁ་གཏད་གཙོག་པའི་བརྒྱུད་རིམ་ནང་ཡིད་རྟོན་གྱི་ཉམས་ཉེན་འཕྲད་བཞིན་ཡོད་པས། དམངས་ཀྱི་ཡིད་ཆེས་ཐོབ་ཚད་ལ་གནོད་འཚེ་ཐོག་སླ་པོ་ཡོད།

ཀྱོད་དཔེ་ཁག་གཅིག་གི་ཞིབ་འཇུག་ཁྲོད། ད྄་ལམ་གླིང་ཕྱོགས་ལ་ཁྲིད་སྟོན་བྱ་དགོས་ངེས་ཀྱི་དུས་མཚམས་སུ་སླེབས་སྐབས། སྲིད་གཞུང་གི་བྱེད་པོས་ལྷུགས་པའི་རྟུལ་ཞུགས་བཟུང་ནས་སྐད་ཆ་མ་བཤད་པས། མཐར་བརྟབ་གསིག་རང་བཞིན་གྱི་གླིང་ཕྱོགས་གྲུབ་སྐབས། ཀུན་གྱི་ཡིད་ཆེས་ཐོབ་ཚད་མི་འདང་བའི་དོགས་སློང་ལ་དུས་ཐུང་ནང་སྤྲིར་གྲགས་བྱུང་སྟེ། གླིང་ཕྱོགས་ལ་ཁྲིད་སྟོན་ནུས་ལྡན་བྱ་ཐབས་བྲལ་བར་གྱུར་བ་ཡང་ཡོད།

ཁ་གཏད་གཙོག་ཐབས་འདོན་མཁན་ཞིག་གི་ངོས་ནས། ད྄་ལམ་གླིང་ཕྱོགས་ཁྲོད་ཀྱི་སྲིད་དམངས་དབར་གྱི་སྤྲེལ་རེས་དེ་ཞིབ་འཇུག་བྱ་གཞི་གལ་ཆེན་ཞིག་ཏུ་གྱུར་ཡོད། ད྄་ལམ་སྤྱི་ཚོགས་ཀྱིས་མི་རྣམས་ཀྱི་ཐོན་སྐྱེད་དང་འཚོ་བ་སྐྱེལ་སྟངས་ལ་འགྱུར་ལྡོག་གཏིང་ཟབ་གཏོང་བཞིན་ཡོད་ཅིང་། དེའི་སྒོ་དབྱེ་དང་། འདྲ་མཉམ། གསང་རྒྱ་སོགས་ཀྱི་ཁྱད་ཆོས་དེས་ད྄་དམངས་ཀྱིས་དུས་རྒྱུན་དུ་རང་སོས་ངང་བསམ་འཆར་འདོན་ཆོག་པ་མ་ཟད། གྲངས་ཉུང་ཕྱོགས་ཁག་གི་བསམ་འཆར་ལ་རྒྱབ་སྐྱོར་བྱས་རྐྱེན་ཁེར་རྐྱང་དུ་ལུས་པའི་སེམས་ཁྲལ་

མེད་པ་དང་། མི་སྣེར་གྱིས་དམངས་ཀྱི་རྗེས་སུ་རྒྱུགས་པའི་བསམ་ཚུལ་དེ་རང་འགྲུལ་དང་གཏམ་བརྗོད་སྤེལ་བ་དེས་ཚབ་བྱེད་ཅིང་། གླིང་ཕྱོགས་ཁོར་ཡུག་གིས་མི་སྣེར་ལ་བཟོས་པའི་གནོན་ཤུགས་རིམ་བཞིན་མེད་པར་འགྱུར་བཞིན་ཡོད། ཇི་ལྟར་ཏྲ་ལམ་གླིང་ཕྱོགས་བརྒྱུད་སྲིད་འཛིན་གསར་གཏོད་བྱས་ཏེ་སྲིད་འཛིན་ནུས་པ་ཆེ་རུ་གཏོང་རྒྱུ་དེ་ཏྲ་ལམ་གླིང་ཕྱོགས་ཁྱབ་ཁོངས་ནང་གི་ཞིབ་འཇུག་བྱ་གཞི་གསར་པ་ཞིག་ཏུ་གྱུར་ཡོད།

དེ་དང་ཆབས་ཅིག འདས་ཟིན་པའི་ཞིབ་འཇུག་འགའ་ཞིག་གི་ནང་། གནད་འགག་དམ་འཛིན་བྱེད་མཁན་ཞེས་པ་སོགས་དཔེ་མཚོན་རིགས་གཞུང་གིས་བརྟོན་པའི་སྒྲིག་གཞི་དག་ཏྲ་ལམ་གླིང་ཕྱོགས་ཁྲིད་རིམ་བཞིན་བྱེད་ནུས་ཉམས་པར་གྱུར་པ་དང་། གླིང་ཕྱོགས་སྣེ་མང་ཅན་གྱིས་ཏྲ་ལམ་གླིང་ཕྱོགས་ཀྱི་རྣམ་པར་སྣང་བས་འགྱུར་ལྡོག་བཏང་སྟེ། ཏྲ་ལམ་གླིང་ཕྱོགས་ཀྱི་ལྟ་སྐུལ་དོ་དམ་ལ་དཀའ་ཚེགས་ཆེན་པོ་འཕྲད་བཞིན་ཡོད། འོན་ཀྱང་ཞིབ་འཇུག་བྱེད་ཚད་གཏིང་ཟབ་ཏུ་འགྲོ་བ་དང་བསྟུན་ནས། མི་རྣམས་ཀྱིས་ཏྲ་ལམ་གླིང་ཕྱོགས་ར་བ་ནི་བདག་མེད་ར་བ་ཞིག་མིན་པ་ཤེས་རྟོགས་ཐུབ་པ་དང་། ཁྲིད་སྟོན་དང་གནད་འགག་ལ་དམ་འཛིན་བྱ་རྒྱུ་དེ་ནང་དོན་ཐད་མཉམ་འདྲེས་ཐུབ་པ་བྱུང་སྟེ། སྲིད་གཞུང་གིས་ཏྲ་ལམ་གླིང་ཕྱོགས་ཀྱི་ཁྲིད་སྟོན་ཁྲིད་བསྐྱར་དུ་གནས་ཚད་གཏན་འཁེལ་བྱེད་པར་དབྱེ་ཞིབ་ཀྱི་སྒྲོམ་གཞི་གསར་པ་འདོན་སྤེལ་བྱས་ཡོད། གཞན་ཡང་ཏྲ་ལམ་གླིང་ཕྱོགས་ཀྱི་དོན་རྐྱེན་ཁག་གཅིག་ལས་མངོན་པར། དམིགས་བསལ་གྱི་གནས་ཚུལ་འགའ་ཤས་འོག། གླིང་ཕྱོགས་ཁྲིད་ཀྱི་གྲངས་ཤུང་ཕྱོགས་ཁག་གིས་བསམ་འཆར་གཙོ་འཛིན་གྱི་དགེ་མཚན་ལྡན་པའི་བྱ་སྤྱོད་བརྒྱུད། གང་དེའི་ལྟ་བ་བརྒྱུད་སྤེལ་བྱེད་སྐབས་གནས་བབ་ཞན་སར་ལུས་ནའང་སྔར་བཞིན་གླིང་ཕྱོགས་ཀྱི་རྒྱབ་སྐྱོར་ཐོབ་རེ་ཡོད་པ་དང་། ཐ་ན་

གླིང་ཕྱོགས་ཀྱི་འཕེལ་ཕྱོགས་ལ་ཡང་བསྐྱར་སྙེ་ཁྲིད་བྱེད་པ་བརྒྱུད། གླིང་ཕྱོགས་ལ་ཁྲ་སློག་ཀྱང་བཟོ་སྲིད་པས། དེས་སྲིད་གཞུང་གིས་ལྟོག་ཕྱོགས་ཀྱི་གླིང་ཕྱོགས་ལ་ཁ་གཏད་འཛལ་རྒྱུར་དཔྱད་གཞི་འདོན་སྤྲོད་བྱས་ཡོད།

དེའི་རྨང་གཞིའི་ཐོག། གཞུང་ཕྱོགས་ཀྱི་གླིང་ཕྱོགས་རང་དང་དམངས་ཁྲིད་ཀྱི་གླིང་ཕྱོགས་རང་གཉིས་དབར་གྱི་མཉམ་འགྲུལ་བཟང་པོ་བྱ་རྒྱུར་སྐུལ་འདེད་ཇི་ལྟར་གཏོང་རྒྱུ་དེ། ད་ལམ་གླིང་ཕྱོགས་ཁྲིད་སྟོན་གྱིས་ཞིབ་འཇུག་བྱ་རྒྱུའི་ཁ་ཕྱོགས་ཤིག་ཏུ་གྱུར་ཡོད། མིག་སྔར། རང་རྒྱལ་དུ་གཞུང་ཕྱོགས་ཀྱི་གླིང་ཕྱོགས་རང་དང་དམངས་ཁྲིད་ཀྱི་གླིང་ཕྱོགས་རང་ཕན་ཚུན་ཆོད་འཛིན་དང་ཕན་ཚུན་སྐུལ་འདེད་གཏོང་བའི་གླིང་ཕྱོགས་ཀྱི་རྣམ་པ་གསར་པ་ཞིག་གྲུབ་ཟིན་པ་དང་། གླིང་ཕྱོགས་རང་གཉིས་བར་གྱི་དགེ་མཚན་ལྡན་པའི་མཉམ་འགྲུལ་དེས་ཚད་གཞི་ངེས་ཅན་ཞིག་གི་ཐོག་སྔར་ཡོད་ཀྱི་ཕྱོགས་རྐྱང་པའི་འབྲེལ་གཏུག་སྒྲིག་གཞི་གཏོར་ཟིན་པས། མང་ཚོགས་ཀྱིས་སྐད་ཆ་ཤོད་ནུས་པ་དང་། སྲིད་གཞུང་གིས་ཨ་ལན་སློག་ཐོད་པ། སྤྱི་ཚོགས་ཀྱི་འགལ་བླ་མཐོགས་སྨྱུར་ངང་སེལ་རྒྱུར་ཕན་ཐོགས་ཡོད་པ། ཁྱབ་ཁོངས་ཁག་གི་བསྒྱུར་བཅོས་ཟབ་སྒྲིལ་བྱེད་པར་སྐུལ་འདེད་གཏོང་ཐུབ་པ་བཅས་བྱུང་ཡོད། འོན་ཀྱང་དེ་བསྟུན་གྱི་ཆ་འཕྲིན་བདེན་པ་མིན་པ་དང་གླིང་ཕྱོགས་བསྐྱར་ལོག་རྒྱག་པ་སོགས་ཀྱི་སྣང་ཚུལ་ཡང་ཐོན་སྲིད། དུས་ཀྱི་འགྲོས་དང་བསྟུན་ནས་བརྒྱུད་སྒྲིལ་བྱེད་ཐུབ་པའི་སྨྱན་སྦྱོར་གསར་པའི་དཔུང་ཁག་ལ་བརྟེན་ནས། ད་དམངས་ཀྱིས་ཚ་གླིང་བྱེད་པའི་གནད་དོན་གང་འདྲ་ཞིག་ལ་རྣམ་པ་གང་འདྲ་གི་ཐོག་ནས་གྲོས་བསྡུར་འཁྲུག་པོ་བྱེད་ཆོག་ཅིང་། དམངས་འདོད་ཀྱི་སྟོབས་ཤུགས་དེ་གླིང་ཕྱོགས་ལ་འགྱུར་ལྡོག་འགྲོ་བའི་བརྒྱུད་རིམ་ཁྲིད་ཟམ་མི་ཆད་པར་མངོན་པ་དང་། ད་རྒྱར་ལྟ་སྐུལ་དང་ད་ལམ་ཁེ་དབང་སྲུང་སྐྱོང་སོགས་ཀྱི་བྱ་སྤྱོད་རྒྱུན་རྣམ་ཅན་དུ

གྱུར་ཏེ་སྤྱི་དམངས་སྤྱི་ཚོགས་དང་སྤྱི་ཚོགས་དམངས་གཙོས་མཉམ་འདྲེས་དང་འཚོལ་ཞིབ་བྱེད་པ་མངོན་ཡོད། དེར་བརྟེན་སྲིད་གཞུང་གི་ངོས་ནས་བཤད་ན། མང་ཚོགས་ཀྱི་བསམ་འཆར་རྒྱ་ཁྱབ་ཏུ་ཉན་རྒྱུར་མཐོང་ཆེན་བྱ་དགོས་ལ། དྲ་ལམ་གླིང་ཕྱོགས་ཀྱི་དོ་དམ་དང་ཞབས་ཞུའི་ལས་དོན་ལེགས་སུ་གཏོང་རྒྱུ་མཐའ་འཁྱོངས་བྱས་ཏེ། དམངས་ཀྱི་ཆེད་དུ་དབང་ཆ་སྤྱོད་པ་དང་། དམངས་ལ་བརྩེ་སེམས་འཆང་བ། དམངས་ཀྱི་དོན་དུ་ཁེ་ཕན་གཉེར་བ་བཅས་བྱས་ཏེ། གླིང་ཕྱོགས་ར་བ་གཉིས་གཅིག་གྱུར་ཡོང་གང་ཐུབ་བྱ་དགོས། དེ་ནི་གླིང་ཕྱོགས་གཉིས་མཉམ་གནས་ཐུབ་པའི་རྩ་བའི་ཐབས་ལམ་ཡིན།

ཕྱོགས་སྡོམ་ཞིག་བྱས་ན། གཞུང་ཕྱོགས་ཀྱི་གླིང་ཕྱོགས་ར་བ་དང་དམངས་ཁྲོད་ཀྱི་གླིང་ཕྱོགས་ར་བ་གཉིས་དབར་མཉམ་འགྲུལ་བཟང་པོ་ཡོང་བ་བྱ་རྒྱུ་དེ་སྲོལ་རྒྱུན་སྨན་སྦྱོར་དང་སྨན་སྦྱོར་གསར་པའི་མཉམ་འདྲེས་དང་ཡང་འབྲེལ་བ་དམ་ཟབ་ཡོད། གཙོ་རྒྱུག་སྨན་སྦྱོར་གྱིས་དྲ་ལམ་དུས་རབས་ཀྱི་ཆ་འཕྲིན་བརྒྱུད་སྤེལ་སྒྱུར་བཅོས་བྱེད་པའི་དོན་དངོས་དགོས་མཁོ་དང་རྒྱུན་ཆད་མེད་པར་འཚམ་པར་བྱེད་པ་དེ་ནི། གཞུང་ཕྱོགས་ཀྱི་གླིང་ཕྱོགས་ར་བས་དྲ་ལམ་གླིང་ཕྱོགས་ཀྱི་བརྒྱུད་སྤེལ་སྟེགས་བུའི་ནང་ཏུར་ཐག་ངང་ཞུགས་ཚུལ་ཞིག་ཡིན།

ཉེ་བའི་ལོ་ཤས་རིང་། གཙོ་རྒྱུག་སྨན་སྦྱོར་གྱིས་གཅིག་རྗེས་གཉིས་མཐུད་དང་བརྒྱུད་སྤེལ་ཐབས་ལམ་རྒྱ་སྐྱེད་གཏོང་བ་དང་གླིང་ཕྱོགས་ཁྲིད་སྟོན་གྱི་ཟིན་ཐོ་གསར་པ་གཏོད་པར་དམིགས་ནས་ཕན་ཡོད་ཀྱི་ཚོད་ལྟ་འཕོར་ཆེན་བྱས་ཡོད། ད་ཆ་སྲོལ་རྒྱུན་གྱི་སྨན་སྦྱོར་མང་ཆེ་བ་ཚགས་པར་དང་དྲ་ཚོགས་གཉིས་སྤྱོད་དང་། ཕྲན་གཉིས་སྣེ་གཅིག（མཆན10）སོགས་ཀུན་འཛོམས་སྨན་སྦྱོར་ལས་རིགས་སུ་བསྒྱུར་ཡོད་ལ། ཀུན་འཛོམས་སྨན་སྦྱོར་དང་མཐའ་སྣེ་མང་

བའི་ཚོགས་པ་ཅན་གྱི་བརྒྱུད་བསྒྲགས་བྱ་ཐབས་དེ་སྦྱིན་སྦྱོར་འཕེལ་རྒྱས་གཏོང་བའི་ཐུན་མོང་གི་གདམ་ག་ཞིག་ཏུ་གྱུར་ཡོད། བྱེད་པོ་གཉིས་ཏེ་གཙོ་རྒྱུག་སྦྱིན་སྦྱོར་དང་སྲིད་གཞུང་གི་དྲང་ཕྱོགས་ཁྲིད་སྟོན་གྱི་ནུས་པ་འདོན་སྤེལ་གང་ལེགས་བྱས་ཏེ། དྲ་ལམ་གླིང་ཕྱོགས་ཁྲིད་དྲང་ཕྱོགས་ཀྲིས་བསྒྱུར་བྱ་རྒྱུར་སྐྱུལ་ཁྲིད་བྱ་རྒྱུ་ནི་དྲ་ཐོག་གླིང་ཕྱོགས་ཀྱི་ཁྲིད་སྟོན་སྒྲིག་གཞི་གསར་པ་འཛུགས་པའི་ནུས་ལྡན་གྱི་ཐབས་ལམ་ཞིག་ཡིན།

དོན་ཚན་གཉིས་པ། ཕྱི་རྒྱལ་གྱི་དཔེ་གཞི་དང་དེའི་དཔྱད་ཞིབ།

རིགས་པའི་གཞུང་ལུགས་མཐར་ཐུག་དངོས་ཡོད་དང་ཟུང་འབྲེལ་བྱ་དགོས། ང་ཚོས་དྲ་ཐོག་ཏུ་ཉེ་བའི་ལོ་ཤས་ནང་ཐོན་པའི་ཀུན་གླིང་གླིང་ཕྱོགས་དོན་རྐྱེན་ཁྲིད་ནས་ཐུན་མོང་གི་ཆོས་ཉིད་འགའ་བཙལ་ཏེ། ཡང་སྙིང་སྟོབས་ཤུགས་གང་དག་གིས་དྲ་ལམ་གླིང་ཕྱོགས་ཀྱི་འཕེལ་ཕྱོགས་ལ་ཤུགས་རྐྱེན་བཟོ་བ་དང་སྐྱུལ་འདེད་གཏོང་བ། མཐར་དྲ་ལམ་གླིང་ཕྱོགས་བརྒྱུད་སྤེལ་ཁྲིད་ཀྱི་ཡང་དག་པའི་ཕྱོགས་སྟོན་གྲུབ་མིན་རྟོགས་ཐབས་བྱེད་བཞིན་ཡོད། དང་ཐོག་ང་ཚོས་ཕྱི་རྒྱལ་གྱི་ཀུན་གླིང་དྲ་ལམ་གླིང་ཕྱོགས་ཀྱི་དོན་གཞི་ཁག་གཅིག་ལ་བལྟ་བར་བྱ།

གཅིག གནད་དོན་ལ་ཐད་ཀར་བལྟ་བ། ཧའོ་ལའེ་ཝུའུ་ཡི་ལེ་ཝེན་སི་ཐན་གྱི་གཡེམ་འཆལ་དོན་རྐྱེན་གྱི་གླེང་ཕྱོགས་ཁྲིད་སྟོན།

2017ལོའི་ཟླ10པར། ཧའོ་ལའེ་ཝུའུ་ཡི་གློག་བརྙན་པ་གྲགས་ཅན་ཧ་ཝེ · ཝེ་ཝེན་སི་ཐན་གྱི་གཡེམ་འཆལ་དོན་རྐྱེན་ཐོན་ཏེ། གླིང་ཕྱོགས་ཀྱི་གླིང་གཞིར་

གྱུར་ཡོད། སྨྱན་སྦྱོར་ཚན་པས་གསལ་བཤད་བྱས་པར་གཞིགས་ན། དེའི་གྲོང་གི་ལོ་སུམ་ཅུའི་ནང་ཁོ་པས་གཡེམ་འཆལ་གྱི་བྱ་སྤྱོད་སྤེལ་བའམ་ཆགས་བརྙས་བརྐོ་སྤྱོད་བའི་བུད་མེད་འཁྲབ་སྟོན་པ་དང་དེ་བཞིན་ཀུང་སིའི་ནང་གི་བུད་མེད་ལས་མིའི་གྲངས་འབོར་ནི་མི་རྣམས་ཧ་ང་སངས་དགོས་པ་ཞིག་ཡོད། ཉེའུ་ཡོག་སྐབས་དོན་ཚགས་པར་སོགས་སྨྱན་སྦྱོར་གྱིས་དེའི་ཐད་བརྟག་དཔྱད་གཏིང་ཟབ་བྱས་པའི་གནས་འཕྲིན་སྤེལ་བ་དང་། དེ་རྗེས་གནོད་འཚེ་ཐོག་མྱོང་བའི་མི་ལྷག་མ་དག་གིས་ཀྱང་སྐད་བརྒྱབ་པས། ཁོ་པའི་བཙན་ཞེན་པ་དང་ཧའོ་ལའི་ཝུའུ་ཡི་གློག་བརྙན་པ་རྣམས་ཧ་ལས་ཧ་ང་སངས་པར་གྱུར་ཡོད། གཤམ་ལ་སློང་ཕྱོགས་དེའི་འཕེལ་རིམ་ལ་ཕྱིར་དྲན་ཞིག་བྱས་ན། སྨྱན་སྦྱོར་གྱིས་གཡེམ་འཆལ་དོན་རྐྱེན་ལ་བརྟག་དཔྱད་བྱས་ཏེ་ཐེར་འདོན་བྱས་པ་དང་། དེ་བཞིན་སྤྱི་ཚོགས་ལས་རིགས་ཁག་གི་ལབ་སློང་དང་ལས་རིགས་ལྔ་སྟོམ་སེ་ཁག་བར་ཟྭ་ལམ་སློང་རའི་ནང་ཕན་ཚུན་སློང་རེས་བྱས་པས། ཟྭ་ལམ་སློང་ཕྱོགས་ཁྲིད་སྟོན་ལ་ཡང་དག་པའི་སློ་འབྱེད་ཀྱི་ནུས་པ་འགའ་ཐོན་ཡོད།

【དོན་རྐྱེན་གྱི་ཕྱིར་དྲན།】

སྐྱུག་བྲོ་བའི་དོན་རྐྱེན་འདི་ཐོག་མར《ཉེའུ་ཡོག་སྐབས་དོན་ཚགས་པར》གྱིས2017ལོའི་ཟླ10པའི་ཚེས5ཉིན་སྙན་ཞུ་རིང་མོ་ཞིག་སྤེལ་བ་ནས་ཕྱིར་གྲགས་པ་དང་། གསར་འགོད་པས་དོ་བདག་མང་པོར་བཅར་འདྲི་བྱས་ཏེ་ཧའོ་ལའི་ཝུའུ་ཡི་གློག་བརྙན་པ་གྲགས་ཅན་ཧ་ཝེ・ཝེ་ཨིན་སི་ཐན་གྱིས་དེའི་སྔོན་གྱི་ལོ30ལྷག་ཙམ་ནང་བུད་མེད་མང་པོ་ཞིག་ལ་ཆགས་རྩོད་བརྙས་བཀོས་པ་དང་ཆགས་རྩོད་འཛིགས་སྐུལ་བྱས་པའི་སྐྱོན་འཛུགས་བྱས་ཡོད་པ་དང་། དེ་དག་ཁྲོད་དུ་འཁྲབ་སྟོན་པ་གྲགས་ཅན་མི་ཉུང་བ་ཞིག་ཡོད། གསར་འགྱུར་དེས་མྱུར་དུ་སློང་ཕྱོགས་ལ་གྲགས་འགྱུལ་བཟོས་པ་དང་། དེའི་ཤུགས་རྐྱེན་གྱི

དབང་གིས་ཉིན་ཁ་ཤས་ནང་བུད་མེད་གནོད་འཚེ་ཐོག་མཁན་ཚོས་ལྷེ་ཨེན་སི་ཐན་ལ་རྩོལ་གཏམ་གཏོང་བའི་བྱ་སྤྱོད་ཟམ་མི་ཆད་པར་སྤེལ་ཡོད། སྤྱི་ཟླ10 ཚེས10ཉིན་ཨ་རིའི་NBCབརྙན་འཕྲིན་ལས་ཁུངས་ཀྱིས་ཆེད་དོན་ལེ་ཚན་ཞིག་སྤེལ་བའི་ནང་། བུད་མེད16ལ་དེ་སྔ་ལྷེ་ཨེན་སི་ཐན་གྱི་ཆགས་སྤྱོད་ཀྱི་གནོད་འཚེ་ཐོག་མྱོང་ཡོད་ཅེས་བཤད་ཅིང་། དེའི་ནང་ནས་མི་གསུམ་གྱིས་གཡེམ་འཆལ་གྱི་གནོད་འཚེ་ཐོག་པའི་སྐྱོན་འཛུགས་བྱས་པ་དང་། ཏ་ལྷེ་ཀུང་སིའི་ལས་བཟོ་18ཀྱིས་ཁྲིམས་རར་དཔང་པོ་བྱེད་འདོད་ཡོད་ཅེས་བཤད་པ་རེད། སྨྱན་སྤྱོར་ཐེར་འདོན–གྲགས་ཅན་མི་སྣའི་གྲོས་བསྡུར–དྲ་ལམ་བརྒྱུད་སྤེལ–སྤྱི་ཚོགས་ལས་འགུལ་བཅས་དུས་མཚམས་བཞི་བརྒྱུད་ད་ཐེངས་ཀྱི་དྲ་ལམ་གླེང་ཕྱོགས་དོན་རྐྱེན་དེ་"བཞུར་ཚད་རྒྱལ་པོ་"ཞེས་བརྗོད་པའི་གྲགས་ཅན་མི་སྣའི་གླེང་གཞིར་བརྟེན་ནས། སྤྱི་འབྲེལ་སྨྱན་སྤྱོར་ཐོག་ནད་དུག་ལྟར་ཁྱབ་ཅིང་། མཐར་གོ་ལ་ཧྲིལ་པོར་ཁྱབ་ཡོད།

【ཕྱོགས་ཁག་གི་ལན་ཆ།】

1. ཏའོ་ལའི་ཕྲུའུ་ཡི་འཁྲབ་སྟོན་པ་གྲགས་ཅན་ཁག་གིས་གཅིག་རྗེས་གཉིས་མཐུད་དང་གཏམ་བཤད་སྤེལ་བ། ཏའོ་ལའི་ཕྲུའུ་ཡི་མི་གྲགས་ཤིག་ཡིན་པའི་ཆ་ནས་ཧ་ལྷེ・ལྷེ་ཨེན་སི་ཐན་གྱིས་ཏའོ་ལའི་ཕྲུའུ་ཡི་བུད་མེད་འཁྲབ་སྟོན་པ་གྲགས་ཅན་མང་ཆེ་བ་དང་འབྲེལ་གཏུག་བྱས་མྱོང་བས། གཡེམ་འཆལ་གྱི་དོན་རྐྱེན་ཐོན་རྗེས། འཁྲབ་སྟོན་པ་མང་པོས་རང་ཉིད་ལ་ཡང་གནོད་འཚེ་ཐོག་མྱོང་ཡོད་ལུགས་བརྗོད་པས། སྤྱི་འབྲེལ་དྲ་བའི་ཐོག་ལན་ཆ་ཆེན་པོ་བྱུང་ཡོད། དཔེར་ན། བུད་མེད་འཁྲབ་སྟོན་པ་གྲགས་ཅན་ཕྲུན་ཉི་སེ・རྩ་ཐེ་ལོ་དང་། ཨན་ཅི་ལི་ན・ཀྲུའུ་ལི་ཡིས་སྔ་རྗེས་སུ་དེའི་གོང་ཏ་ལྷེ・ལྷེ་ཨེན་སི་ཐན་གྱིས་རང་ཉིད་ལ་ཆགས་བརྙས་བཏོ་མྱོང་ཡོད་ཚུལ་བཤད་ཡོད་པ་རེད།

དེ་རྗེས་སྟེར་ཧྥ་ལྷེ · ལྷེ་ཨེན་སི་ཐན་དང་མཉམ་ལས་བྱེད་མྱོང་བའི་འཁྲབ་སྟོན་པ་མེ་ལེར · སེ་ཐ་ལི་ཕུ་དང་ཁའེ་ཐེ · ལྷུན་སེ་ལའེ་ཐེས་ཀྱང་ཡོངས་བསྒྲགས་ཐོག་ཁོ་པར་སྐྱོན་འཛུགས་བྱས་ཡོད། བུད་མེད་སྒྱུ་རྩལ་བས་གསལ་བསྒྲགས་སྤེལ་བ་མ་ཟད། པེན · ཨ་ཕེ་ལའི་ཁེ་དང་། ལའེ་ཨའོ་ན་ཐོ · ཏི་ཁ་ཕུ་ལི་ཨའོ་སོགས་འཁྲབ་སྟོན་པ་སྐྱེས་པ་ཁག་གཅིག་གིས་ཀྱང་གཅིག་རྗེས་གཉིས་མཐུད་དང་གསལ་བསྒྲགས་སྤེལ་ཏེ་ཧྥ་ལྷེ · ལྷེ་ཨེན་སི་ཐན་ལ་སྐྱོན་བརྗོད་བྱས་ཡོད་པ་རེད།

2. ལས་རིགས་ལྟ་སྟོམ་ཕྱོགས་དང་ཉེན་རྟོག་པས་འཕྲུལ་དུ་ལན་ཆ་བྱས་པ། ཐོག་མར་ལས་རིགས་ལྟ་སྐྱུལ་དོ་དམ་སྡེ་ཁག་གིས་འཕྲུལ་དུ་ལན་ཆ་བྱས་ཏེ་ལྷེ་ཨེན་སི་ཐན་གྱི་བྱེད་སྟངས་དེ་ནི་གུ་ཡངས་གཏོང་ཐབས་བྲལ་བ་ཞིག་རེད་ཅེས་བཤད་ཡོད། དབྱིན་ཇིའི་གློག་བརྙན་དང་བརྙན་འཕྲིན་སྒྱུ་རྩལ་སློབ་གླིང་དང་། ཨ་རིའི་གློག་བརྙན་སྒྱུ་རྩལ་དང་ཚན་རིག་སློབ་གླིང་གིས་སྔ་རྗེས་སུ་ལྷེ་ཨེན་སི་ཐན་གྱི་ཚོགས་མིའི་ཐོབ་ཐང་མེད་པར་བཟོས་པ་དང་། ཨ་རིའི་བརྙན་སྐྲུན་པའི་མཐུན་ཚོགས་ཀྱིས་ལྷེ་ཨེན་སི་ཐན་མཐུན་ཚོགས་དེ་ནས་ཕྱིར་འབུད་བཏང་ཡོད། ཀ་ན་གློག་བརྙན་དུས་ཆེན་གྱི་ཀྲུའུ་ཞི་ཕེ་ཨེར · ལའེ་སེ་ཁྲུའར་དང་། སྒྱུ་རྩལ་སྤྱི་འདོམས་པ་ཏི་ཨའེ་ལི · རྦོ་ལི་མོ་ཡིས་ལྷེ་ཨེན་སི་ཐན་གྱི་བྱེད་སྟངས་དེ་བསམ་ཤེས་བྱ་ཐབས་བྲལ་བ་ཞིག་རེད་ཅེས་བརྗོད་ཡོད། དེ་རྗེས་ཉེན་རྟོག་ཕྱོགས་ནས་གྱོད་དོན་ཐོ་འགོད་ཀྱིས་བརྟག་དཔྱད་བྱས་པ་མ་ཟད། ཉེས་མིང་གཏན་འཁེལ་ཚེ་ལྷེ་ཨེན་སི་ཐན་འཛིན་བཟུང་བྱ་རྒྱུ་ཡིན་ཞེས་བཤད་ཡོད། གཞན་ཡང་སྙན་སྒྲོར་གྱིས་གནས་ཚུལ་སྤེལ་བར་གཞིགས་ན། ཨ་རིའི་རྒྱལ་ཁྲབ་མཉམ་འབྲེལ་བརྟག་དཔྱད་ཚུད་ཀྱིས་ཀྱང་བརྟག་དཔྱད་བྱས་པ་མ་ཟད། བརྟག་དཔྱད་ཀྱི་འཕེལ་རིམ་དེ་ FBI ཡིས་ཀྲེ་ཙ་ཁོའི་ནགས་ཚོགས་ཀྱི་འགོ་པ་

ཨར་·ཁ་ཐེང་ལ་བརྟག་དཔྱད་བྱེད་པ་དང་འདྲ་པོ་ཡོད་ཅེས་བཤད་ཡོད། ཉེའུ་ཡོག་མན་ཧ་ཏུན་ས་ཁུལ་གྱི་ཞིབ་དཔྱོད་དཔོན་གྱིས་མཉམ་ཞུགས་གྱོད་ཞིབ་ལྷན་ཚོགས་ཆེན་པོ་སྐོང་བསྡུ་བྱས་ཏེ། དོན་དེར་དམིགས་ནས་གཡེམ་འཚལ་ཉེས་བསགས་ལ་བརྟག་དཔྱད་བྱེད་འགོ་བཙུགས་ཡོད། དོ་སྣང་བྱེད་རིན་ཡོད་པ་ཞིག་ནི། འབྲེལ་ཡོད་གནས་ཚུལ་སྤེལ་རྒྱུན་ཐབས་ལམ་བརྒྱུད་དེ་ཁྱབ་བསྒྲགས་བྱས་པ་མ་ཟད། དེ་དང་ཆབས་ཅིག་གླིང་ཕྱོགས་འཕེལ་རིམ་གྱི་གྲུབ་ཆ་གལ་ཆེན་ཞིག་ཡིན་པའི་ཆ་ནས། སྤྱི་འབྲེལ་སྨྱན་སྦྱོར་གྱིས་ཀྱང་མུ་མཐུད་བརྒྱུད་སྤེལ་བྱས་ཡོད།

3. གླིང་ཕྱོགས་སྣུར་སྲིང་། སྤྱི་ཚོགས་ཧྲིལ་པོར་“Me Too” དབང་ཆ་འདྲ་མཉམ་གྱི་ལས་འགུལ་སྤེལ་འགོ་ཚུགས་ཡོད། དོན་རྐྱེན་དེ་ཐེར་འདོན་བྱས་རྗེས། ཉམ་ཐག་བུད་མེད་ལ་ཞབས་ཞུ་སྒྲུབ་མཁན་ཉེའུ་ཡོག་སྡེ་ཁུལ་སྒྲིག་འཛུགས་པ་ཐ་ལ་ན་·པོ་ཁེ་ཡིས་“Me Too” (ང་ཡང་གནོད་འཚེ་ཕོག་མཁན་ཡིན་) ཞེས་པའི་འབོད་ཚིག་བསྒྲགས་ཡོད། 2017ལོའི་ཟླ་10པའི་ཚེས་15ཉིན། བུད་མེད་འཁྲབ་སྟོན་པ་གྲགས་ཅན་ཨའེ་ལི་ཧྲ་·མི་ལན་ནོ་ཡིས་ཐུའི་ཐེ་ཡི་ཐོག་འབོད་ཚིག་དེ་བརྒྱུད་སྒྱུར་བྱས་པ་མ་ཟད། དེའི་ཐོག་གསལ་སྲིད་བྱེད་ལ་ཡང་གཡེམ་འཚལ་གྱི་བཙན་གནོད་ཕོག་པའམ་ཆགས་བརྙས་ཀྱི་གནོད་འཚེ་ཕོག་མྱོང་ཡོད་ན་“Me Too” ཞེས་པའི་ཡི་གེ་འདི་བྲིས་ནས་ལན་སློག་རོགས་ཞེས་བྲིས་ཡོད། དེ་རྗེས་“Me Too” ལས་འགུལ་དེ་དྲ་ལམ་གྱི་གྲུ་ཟུར་ཀུན་ལ་ཁྱབ་པ་དང་། ཨན་ན་·པོ་ཁུའེ་དཔྱིན་དང་། ཏའེ་ཝོ་ལ་·མའེ་ཞིན། ལའོ་ལ་·ཏེ་ལི་ཧྲུ་སེ། ཨའེ་ལྷུན་·ལི་ཆེར་·ལྷུ་ཏེ་སོགས་འཁྲབ་སྟོན་པ་གྲགས་ཅན་རྣམས་ཞུགས་པ་མ་ཟད། ད་དུང་དྲ་དམངས་དེ་བས་མང་བས་སྤྱི་འབྲེལ་དྲ་བ་བརྒྱུད་དེའི་ནང་ཞུགས་ཡོད་ཅིང་། དེ་དག་གིས་“Me Too” ལས་འགུལ་དྲ་རྒྱ་

ཡོངས་སུ་ཁྱབ་པར་བྱས།

【གླེང་ཕྱོགས་ཁྲིད་སྟོན་དང་དེ་ལས་བྱུང་བའི་བློ་འབྱེད།】

1. སྨྱན་སྦྱོར་གྱི་གནས་འཕྲིན་གཏིང་ཟབ་སྤེལ་བའི་ཐེར་འདོན་ནུས་པ་ནི་དོ་སྣང་བྱེད་རིན་ཡོད་པ་ཞིག་རེད། 2017ལོའི་ཟླ10པའི་ཚེས5ཉིན《ཉེའུ་ཡོག་སྐབས་དོན་ཚགས་པར་》ཐོག་གནས་འཕྲིན་རིང་གྲས《ཧ་ལེ · ལེ་ཨིན་སི་ཐན་གྱིས་ལོ་མང་རིང་དངུལ་མང་པོ་བཏང་ནས་ཕོ་པའི་ཆགས་སྤྱོད་བརྙས་བཅོའི་བྱ་སྤྱོད་འགེབས་སྲུང་བྱས་པ》ཞེས་པ་སྤེལ་ཏེ། ལེ་ཨིན་སི་ཐན་གྱིས་འདས་པའི་ལོ30ལྷག་ཙམ་ནང་བུད་མེད་མང་པོར་ཆགས་སྤྱོད་བརྙས་བཅོས་པ་དང་། ཆགས་སྤྱོད་འཇིགས་སྐུལ་བྱས་པ་མ་ཟད། ཆགས་སྤྱོད་བརྙས་བཅོའི་བྱ་སྤྱོད་འགེབས་སྲུང་བྱས་པ་དང་། དེའི་གོང་ཨ་སྒོར་ཁྲི10བཏང་སྟེ་གནོད་འཚེ་ཐོག་མཁན་བསླུ་ཉོ་བྱས་པའི་སྐྱོན་འཛུགས་བྱས་ཡོད། སྨྱན་སྦྱོར་གྱིས་དོ་ཁུར་ཆེན་པོ་བྱེད་པ་དང་ཞིབ་ཚགས་པའི་གནས་འཕྲིན་གྱིས་རྗེས་མཐུད་ཀྱི་ཆགས་སྤྱོད་གཡེམ་འཆལ་བྱ་སྤྱོད་ལ་ངོ་རྒོལ་བྱེད་པའི་ལས་འགུལ་དེའི་འགོ་ཚུགས་པར་བྱས་ཡོད། དེ་རྗེས《ཉེའུ་ཡོག་སྐབས་དོན་ཚགས་པར》དང《ཉེའུ་ཡོག་པ》ཞེས་པའི་དུས་དེབ་ལ་ཡང་དེས་རྒྱུན་པས་ཕུ་ལི་ཚེའི་སྤྱི་དམངས་ཀྱི་ཁེ་ཕན་ལ་ཞབས་འདེགས་ཞུས་པའི་བྱ་དགའ་ཞེས་པ་ཐོབ་ཡོད། སྤྱི་འབྲེལ་སྨྱན་སྦྱོར་དར་རྒྱས་ཤིན་ཏུ་ཆེ་བའི་དེང་གི་དུས་འདིར་མཚོན་ནའང་། སྲོལ་རྒྱུན་སྨྱན་སྦྱོར་གྱིས་གང་དེའི་ཆེད་ལས་རང་བཞིན་དང་། གཏིང་ཟབ་རང་བཞིན། གནད་འཕིགས་རང་བཞིན་བཅས་ལ་བརྟེན་ནས། གླེང་ཕྱོགས་ར་བའི་ནང་སྟར་བཞིན་གཞན་གྱིས་བསྒྱུར་ཐབས་མེད་པའི་བཟང་ཆ་དབང་ཡོད་པ་དང་། འགག་རྩའི་ཁྲིད་སྟོན་ནུས་པ་ཐོན་དང་འདོན་སྲུས་ཡིན་པ་རེད།

2. མི་སྣ་གྲགས་ཅན་གྱི་ཤུགས་རྐྱེན་གྱིས་གླེང་ཕྱོགས་སུ་མཐུད་ཤུགས་ཆེ་རུ

འགྲོ་རྒྱུར་སྐུལ་ཁྲིད་བྱས་པ། ལེ་ཨེན་སི་ཐན་གྱི་གཡེམ་འཚལ་དོན་རྐྱེན་དེ་གླིང་ཕྱོགས་ཐོག་ཀུན་གྱི་གླིང་གཞི་ཆེན་པོ་ཞིག་ཏུ་གྱུར་དོན་ནི། ཕྱོགས་གཅིག་ནས་གཡེམ་འཚལ་དོན་རྐྱེན་དེ་མང་ཚོགས་ཀྱི་གླིང་ཕྱོགས་ར་བ་དང་མི་སྣ་གྲགས་ཅན་གྱི་གླིང་ཕྱོགས་ར་བ་གཉིས་སྦྲེལ་མཐུད་བྱས་པས་ཡིན་པ་དང་། ཕྱོགས་གཞན་ཞིག་ནས་བཤད་ན། དོན་རྐྱེན་དེ་ཐོན་རྗེས། གློག་བརྙན་འཁྲབ་སྟོན་པ་དང་འཁྲབ་སྟོན་ལས་རིགས་ཀྱི་མི་སྣ་གྲགས་ཅན་མང་པོ་ཐེ་ཞུགས་བྱས་པས། དོན་རྐྱེན་དེའི་ཐད་རྒྱུན་མཐུད་དང་མི་སྣ་གྲགས་ཅན་གྱི་ཤུགས་རྐྱེན་ནུས་པ་ཐོན་ཡོད་ཅིང་། གང་དེས་སྨྱན་སྦྱོར་གྱིས་གཅིག་སྡུད་དང་གནས་འཕྲིན་སྤེལ་རྒྱུར་སྐུལ་འདེད་ཀྱི་ནུས་པ་ཐོན་ཡོད་ལ། དྲ་གྲོགས་ཐལ་པ་ཚོས་དོན་དེའི་ཐད་གྲོས་བསྡུར་བྱ་རྒྱུར་གླིང་བསླངས་ཡོད་པས། གླིང་ཕྱོགས་གྲུབ་པའི་མྱུར་ཚད་མགྱོགས་སུ་བཏང་ཡོད། གོམ་གང་མདུན་སྤོས་ཀྱིས་བཤད་ན། མི་སྣ་གྲགས་ཅན་རྣམས་ནི་ཤུགས་རྐྱེན་ཆེན་པོ་ལྡན་པའི་བསམ་འཆར་གཙོ་འཛིན་ལྟ་བུ་ཡིན་པས། གླིང་ཕྱོགས་ཀྱི་འཕེལ་ཕྱོགས་ཐད་དེ་དག་གིས་ཐོན་པའི་ནུས་པ་ནི་སྣང་ཆུང་བྱ་མི་རུང་བ་ཞིག་ཏུ་གྱུར་ཡོད།

3. དྲ་ལམ་མཚོན་རྟགས་ཅན་དང་གླིང་གཞི་ཅན་དུ་འགྱུར་བའི་སྣང་ཚུལ་མངོན་པ། སྤྱི་འབྲེལ་སྨྱན་སྦྱོར་དུས་རབས་ནང་ལྟེ་བ་མེད་པ་བཟོ་བའི་སྣང་ཚུལ་དར་ཁྱབ་ཆེན་པོ་འགྲོ་བ་དང་། མི་ཚང་མར་སྒྲ་དུང་ཡོད་པ་དང་། མི་ཚང་མ་རང་བདག་སྨྱན་སྦྱོར་ལ་གྱུར་པ་ཞེས་པ་ལྟར་རེད། སྤྱི་འབྲེལ་སྨྱན་སྦྱོར་གྱིས“Me Too”ཞེས་པའི་མཚོན་རྟགས་སམ་གླིང་གཞི་སྤྲུད་རྗེས། དེའི་རྐྱེན་ལས་བྱུང་བའི་གླིང་ཕྱོགས་གཅིག་རྗེས་གཉིས་མཐུད་ཀྱིས་ཐོན་པ་དང་། མཚོན་རྟགས་དེར་རང་དགར་གཉོན་འདེབས་བྱས་པའམ་གང་དེ་བེད་སྤྱོད་བྱས་རྗེས། རྒྱ་ཆེའི་དྲ་དམངས་ནས་གླིང་གཞི་དེར་དོ་ཁུར་དང་དཔྱད་བརྗོད་བྱས་ཚོག།

རང་ཉིད་ཀྱི་སྤྱོང་བ་དང་རྣམ་འགྱུར་བརྒྱུད་སྤེལ་བྱས་ཆོག་གི་ཡོད། མཚོན་རྟགས་སམ་གླིང་གཞི་གཏན་འཁེལ་བྱས་རྗེས། གཅིག་ནས་དྲ་དམངས་རྣམས་དོན་རྐྱེན་དེ་དང་འབྲེལ་བའི་གྲོས་བསྡུར་ནང་ཞུགས་རྒྱུར་སྐུལ་འདེད་ཀྱི་ནུས་པ་ཐོན་ཏེ། གླིང་གཞི་དེར་དོ་ཁུར་བྱེད་མཁན་རྒྱུན་མཐུད་ངང་མང་དུ་འགྲོ་སྲིད་པ་དང་། གཉིས་ནས་གླིང་གཞི་དེ་བརྒྱུད་སྤེལ་བྱ་ཡུལ་ཇེ་མང་དུ་འགྲོ་བ་དང་། སྤྱི་འབྲེལ་སྨྱན་སྦྱོར་གྱི་སྐད་ཅིག་ཉིད་ཀྱི་སྤེལ་མཐུད་ཀྱིས་དྲ་དམངས་ཚང་མ་གླིང་གཞི་དེའི་ནང་ཞུགས་ཐུབ་པར་འགྱུར་བཞིན་ཡོད།

4. སྲིད་འཛིན་སྟོབས་ཤུགས་དུས་ཐོག་ཏུ་ཐེ་ཞུགས་བྱས་པ་དེས་གླིང་ཕྱོགས་ཀྱི"ཚབ"ནུས་ལྡན་ངང་གཙོག་ཐུབ་པ། དོན་རྐྱེན་དེས་གསལ་བཤད་བྱས་པ་ཞིག་ལ། སྲིད་གཞུང་སྡེ་ཁག་གིས་འབྲེལ་ཡོད་ཆ་འཕྲིན་དུས་ཐོག་ཏུ་ཁྱབ་བསྒྲགས་དང་། མང་ཚོགས་ཀྱི་གནས་ཚུལ་ཤེས་རྟོགས་དབང་ཆར་བརྩི་བཀུར་ཞུ་བ་ཕུད། ད་དུང་སྤྱི་དམངས་ཀྱི་བློ་དོགས་སེལ་རྒྱུར་དོ་སྣང་བྱས་ཐོག། དེ་བས་སྔ་མང་ཅན་གྱི་ཆ་འཕྲིན་མགོ་འདོན་དང་། ཆ་འཕྲིན་བརྒྱུད་སྤེལ་གྱི་སྤེལ་རེས་རང་བཞིན་ཤུགས་ཆེར་གཏོང་དགོས་ཚེ། སྤྱི་ཚོགས་ཀྱི་གྲོས་མཐུན་ངེས་ཅན་ཞིག་སྒྲུབ་ནས། འབྲེལ་ཡོད་སྡེ་ཁག་གིས་དེ་བས་ཁྱབ་ཆེ་བའི་ལྟ་སྐུལ་དོ་དམ་བྱ་ཐབས་བཟོ་རྒྱུར་སྐུལ་འདེད་ཀྱིས་སྤྱི་ཚོགས་གོང་འཕེལ་ཐད་དོན་སྙིང་ལྡན་པའི་མ་དཔེ་དེ་བས་མང་བ་མགོ་འདོན་བྱ་དགོས། སྤྱོད་དཔེ་དེའི་ནང་། ཉེན་རྟོག་པ་དང་སྲིད་འཛིན་སྡེ་ཁག་གིས་དེ་མ་ཉིད་དུ་སྤྱོད་གཞི་དེར་ཐེ་ཇུས་བྱས་པ་མ་ཟད། འབྲེལ་ཡོད་ཆ་འཕྲིན་དུས་ཐོག་ཏུ་སྤེལ་བས། གླིང་ཕྱོགས་ཚད་ལས་འདས་པའི་ཐོག་ནས་ཤུགས་ཆེར་འགྲོ་རྒྱུར་སྔོན་འགོག་ཡག་པོ་ཐུབ་ཡོད།

གཉིས། མི་གཙོ་བོར་འཛིན་པ། དབྱིན་ཇིའི་མན་ཁྲེ་སེ་ཐེའི་གླུ་གཞས་མཚན་ཚོགས་ཐོག་འབར་གས་བྱུང་བའི་སྐབས་ཀྱི་སྔེང་ཕྱོགས་ཀྱི་ཁྲིད་སྟོན།

ས་གནས་དེ་གའི་དུས་ཚོད་2017ལོའི་ཟླ་5པའི་ཚེས་22ཉིན་གྱི་ཆུ་ཚོད་22དང་སྐར་མ་33ཐོག། དབྱིན་ཇིའི་མན་ཁྲེ་སེ་ཐེ་ལུས་རྩལ་ཁང་དུ་མི་ཚོགས་ཀྱིས་ཁེངས་ཤིང་། ཨ་རིའི་གྲུབ་ཆེའི་གླུ་གཞས་གཏོང་མཁན་ཨའེ་ལི་ཨན་ན・ཀེ་ལན་ཏེ་ས་མཚན་ཚོགས་ཀྱི་གླུ་གཞས་མཐའ་མཇུག་དེ་ལེགས་པར་གླང་ས་ཇེས། གར་སྟེགས་ནས་ཁ་བྲལ་རྗེས་བྱེད་སྐབས། ཚོགས་རའི་ནང་འབར་གས་ཀྱི་སྒྲ་ཆེན་པོ་ཐེངས་གཉིས་གྲག་པ་རེད། སྐབས་དེའི་འབར་གས་ནང་ཤྱོན་མི་20ལྷག་ཙམ་གྲོངས་པ་དང་། མི་50ལྷག་ཙམ་ལ་རྨས་སྐྱོན་ཐོག་ཡོད། འཆི་རྨས་བྱུང་བའི་མི་སྣའི་ཁྲོད་གཞོན་ནུ་ལོ་ཆུང་དང་བྱིས་པ་མང་པོ་ཡོད་ཅིང་། དབྱིན་ཇིའི་ཉེན་རྟོག་ཕྱོགས་ནས་དོན་རྐྱེན་དེ་2005ལོར་དབྱིན་ཇིའི་ས་འོག་ལྕགས་ལམ་ནང་འབར་གས་བྱུང་ཚུན་གྱི་འཇིགས་སྐྲུལ་འཛབ་གཏོལ་ཚབས་ཆེ་ཤོས་དེ་ཡིན་པར་གཏན་འཁེལ་བྱས་ཡོད། དེ་ལྟ་བུའི་འཇིགས་སྐྲུལ་འཛབ་གཏོལ་གྱི་ཆག་སྒོ་ཐོན་ཇེས། འབྲེལ་ཡོད་སྡེ་ཁག་གིས་ཁ་གཏད་ཡག་པོ་བཅག་པས། ད་ལམ་གླིང་ཕྱོགས་ཁྲིད་སྟོན་ཐད་ལུགས་དང་མཐུན་པའི་དཔེ་གཞི་ཞིག་མགོ་འདོན་བྱས་ཡོད།

【དོན་རྐྱེན་གྱི་ཕྱིར་དྲན།】

2017ལོའི་ཟླ་5པའི་ཚེས་22ཉིན་གྱི་དགོང་མོ། ཀྱང་གོའི་གླུ་ཞེན་པས་Aམའེ་ཞེས་འབོད་པའི་ཨ་རིའི་གྲུབ་ཆེའི་གླུ་གཞས་གཏོང་མཁན་ཨའེ་ལི་ཨན་ན・ཀེ་ལན་ཏེ་ས་དབྱིན་ཇིའི་མན་ཁྲེ་སེ་ཐེ་ལུས་རྩལ་ཁང་དུ་གླུ་གཞས་དགོང་ཚོགས་ཤིག་འཚོགས་ཡོད། མཚན་ཚོགས་གྲོལ་སྐབས་ལུས་རྩལ་ཁང་གི་ཚོམས་ཆེན་ཁྱུལ་དུ་སློ་བུར་དུ་འབར་གས་ཐོན་པ་དང་། འབར་གས་དོན་རྐྱེན་ཐོན

རྗེས་དབྱིན་ཇིའི་ཉིན་རྟོག་པས་འཕྲུལ་དུ་ཐེ་ཇུས་བྱས་པ་མ་ཟད། ཉིན་ཐོན་བཀག་རྒྱ་བསྒྲགས་ཤིང་། དོན་རྐྱེན་དེ་ནི་རང་ལྷེབས་རང་བཞིན་གྱི་འཛིགས་སྐུལ་འཇབ་རྒོལ་དོན་རྐྱེན་ཞིག་ཡིན་པ་གཏན་འཁེལ་བྱས་པ་དང་། དོན་རྐྱེན་དེ་ཉིན་ཚབས་རིམ་པ་གཉིས་པ་སྟེ། ཚབས་ཆེའི་རིམ་པར་གཏན་འཁེལ་བྱས། ཉིན་རྟོག་པས་འཇབ་རྒོལ་བྱེད་མཁན་ཚོད་པའི་མི22འབར་གས་ནང་གྲོངས་པ་དང་། དེ་མིན་མི59ལ་རྨས་སྐྱོན་ཕོག་པ་ཁྱབ་བསྒྲགས་བྱས། དེ་འཕྲུལ་རིགས་སྐྱིབ་ལྟངས་འཁོར60གནས་ཚུལ་ཐོན་སར་བཏང་སྟེ། རྨས་མ་ས་གནས་དེ་གའི་སྨན་ཁང་དུ་བསྐྱལ་ཞིང་། གནས་ཚུལ་ཐོན་ས་དངོས་སུ་རིགས་སྐྱིབ་ལས་དོན་སྤེལ་ཡོད། སླུ་མ་ཨའི་ལི་ཨན་ན · ཀོ་ལན་ཏེ་ལ་དོན་རྐྱེན་དེའི་ནང་རྨས་སྐྱོན་ཕོག་མེད་པ་རེད།

དོན་རྐྱེན་ཐོན་སའི་དབྱིན་ཇིའི་མན་ཁྲི་སི་ཐེ་ལུས་རྩལ་ཁང་ནི་ས་གནས་དེ་གའི་ཁང་པའི་ནང་གི་རྩལ་འགྲན་ར་བ་ཆེ་ཤོས་དེ་ཡིན་པ་དང་། ནམ་རྒྱུན་ལུས་རྩལ་འགྲན་བསྡུར་དང་གླུ་གཞས་མཚན་ཚོགས་སོགས་བྱེད་སྒོ་ཆེ་གྲས་སྤེལ་ས་ཡག་ཤོས་ཤིག་རེད། ལུས་རྩལ་ཁང་དེའི་ནང་མང་ཤོས་ལ་ལྟད་མོ་བ་མི་ཁྲི2.1ཙམ་ཤོང་བ་དང་། དེའི་ངལ་གསོའི་ཁུལ་དེ་མན་ཁྲི་སེ་ཐེ་ཡི་ལེ་ཧོ་ལི་ཡ་ལྟངས་འཁོར་འབབ་ཚུགས་དང་སྦྲེལ་ཡོད། དབྱིན་ཇིའི་ཉིན་རྟོག་ཕྱོགས་ནས། འཇབ་རྒོལ་བྱེད་མཁན་དེ་ལོ22ལ་སོན་ཞིང་། རྒྱལ་ཁོངས་དབྱིན་ཇི་དང་། སྐྱེ་ཁུངས་རི་པི་ཡ་ནས་ཡིན་པའི་གནས་སྡོད་ཡུལ་མི་སར་མན · ལ་མ་དན · ཨ་པི་ཏི་ཡིན་པ་དང་། ཁོ་པ་ས་གནས་དེ་གའི་ནག་ཚོགས་ནང་ཞུགས་རྗེས་ཐལ་སྐྱོད་པར་གྱུར་པ་གཏན་འཁེལ་བྱས་ཡོད། 2017ལོའི་ཟླ5པའི་ཚེས23ཉིན། ཐལ་སྐྱོད་སྒྲིག་འཛུགས་ISཡིས་འབར་གས་དོན་རྐྱེན་དེའི་འགན་འཁུར་རྒྱུ་ཁྱབ་བསྒྲགས་བྱས་ཡོད།

【ཕྱོགས་ཁག་གི་ལན་ཆ།】

1. གླིང་ཕྱོགས་ཀྱི་དོ་ཁུར། འཇིགས་སྐུལ་འཇབ་རྒོལ་དོན་རྐྱེན་གྱི་ཚོར་སྐྱེན་རང་བཞིན་གྱི་རྐྱེན་པས། འབར་གས་དོན་རྐྱེན་དེ་དེ་མ་ཐག་ཏུ་རྒྱལ་སྤྱིའི་གླིང་ཕྱོགས་ཀྱི་དོ་ཁུར་ཆེན་པོ་བྱ་ཡུལ་དུ་གྱུར་ཡོད། BBCསོགས་དབྱིན་ཇིའི་རྒྱལ་ནང་སྨྱན་སྦྱོར་དང་དེ་བཞིན་དྲ་ཚོགས་ཁག་གིས་ཆེད་བསྒྲིགས་ལེ་ཚན་བཟོས་ཏེ་གནས་འཕྲིན་སྤེལ་བ་དང་། རྒྱལ་སྤྱིའི་གཙོ་རྒྱུག་སྨྱན་སྦྱོར་ཁག་གིས་ཀྱང་གནས་འཕྲིན་སྤེལ་ཡོད། སྤྱི་འབྲེལ་སྨྱན་སྦྱོར་སྟེགས་བུར་དེ་མ་ཐག་ཏུ་གླིང་ཕྱོགས་བརྒྱུད་སྤེལ་གྱི་རྣམ་པ་ཆགས་པ་དང་། དབྱིན་ཇིའི་དྲ་དམངས་ཀྱིས་གནས་ཚུལ་ཐོན་ས་དངོས་ཀྱི་པར་དང་གནས་ཚུལ་བརྒྱུད་སྐྱུར་བྱས་ཤིང་། དྲ་དམངས་འགའ་ཤས་ཀྱིས་འཇིགས་སྐུལ་འཇབ་རྒོལ་དོན་རྐྱེན་དེའི་འབྱུང་རྐྱེན་ལ་དོགས་སློང་བྱས་པ་མ་ཟད་ཁུངས་སྣེ་མཁོ་འདོན་བྱས་ཡོད། དེ་དང་ཆབས་ཅིག་མི་མི་ཉུང་བས་སྤྱི་འབྲེལ་དྲ་བ་བརྒྱུད་རོགས་རེས་བྱས་ཤིང་། མིང་ལ་"#Room For Manchester"ཞེས་པ་སྟེ། མན་ཁྲེ་སི་ཐེ་ཡི་ཁང་པ་ཞེས་པའི་མཚོན་རྟགས་སྤྱད་དེ་དོན་རྐྱེན་ཁྲོད་གནོད་འཚེ་ཐོག་མཁན་ཕྱོགས་དང་འབྲེལ་བ་བྱས་པ་དང་། ལོ་ཚོར་སྟོད་ས་དང་ཟས་རིགས་མཁོ་འདོན་དང་། དེ་བཞིན་གར་སོང་ཆ་མེད་དུ་གྱུར་བའི་མི་སྣ་འཚོལ་རོགས་བྱས་ཡོད།

2. སྲིད་ཕྱོགས་ཀྱི་ལན་ཆ། BBCཡིས་གནས་འཕྲིན་སྤེལ་བར་གཞིགས་ན། སྐབས་དེར་དབྱིན་ཇིའི་དབུ་བཞུགས་བློན་ཆེན་གྱི་འགན་འཁུར་མཁན་ཐེ་ལེ་ཟ་・མེ་ཡིས་དུས་ཐོག་ཏུ། དོན་རྐྱེན་དེ་ནི་མི་རྣམས་ཏ་སངས་པའི་འཇིགས་སྐུལ་འཇབ་རྒོལ་ཞིག་རེད་ཅེས་བཤད་པ་མ་ཟད། དོན་རྐྱེན་ཐོན་པའི་ཉིན་གཉིས་པའི་ཞོགས་པར་དམངས་དོན་ཛ་དྲག་གནས་ཚུལ་ཨུ་ཡོན་ལྷན་ཁང་གི་གྲོས་ཚོགས་གཙོ་སྐྱོང་བྱས་ཏེ། སྲུང་འཛིན་ཏང་གིས་སྤེལ་ལ་ཉེ་བའི་འགྲན་

འདེམས་བྱེད་སྒོ་གནས་སྐབས་མཚམས་འཇོག་རྒྱུའི་ཁྱབ་བསྒྲགས་བྱས་ཡོད། མན་ཁྲི་སི་ཐེ་གྲོང་ཁྱེར་གྱི་གྲོང་སྤྱི་ཨན་ཏེ・པོ་ན་ལུས་དོན་རྐྱེན་དེ་ནི་གདུག་པ་ཅན་གྱི་བྱ་སྤྱོད་ཅིག་རེད་ཅེས་བརྗོད་པ་དང་། ཁོང་གིས་གནོད་འཚེ་ཐོག་མཁན་ལ་རོགས་རམ་བྱེད་མཁན་ས་གནས་དེ་གའི་གྲོང་མི་དང་ཁེ་ལས་ལ་གུས་འདུད་ཞུས་པ་མ་ཟད། དོན་རྐྱེན་ཐོན་པའི་ཉིན་གཉིས་པའི་དགོང་མོ་ཨར་པོ་ཐེ་ཐང་ཆེན་དུ་མཚན་སྲུང་བྱེད་སྒོ་སྤེལ་རྒྱུའི་ཁྱབ་བསྒྲགས་བྱས། དབྱིན་ཇིའི་རྒྱལ་མོ་དབྱི་ལི་ཧྲ་པེ་སྐུ་ཐོག་གཉིས་པས་ཀྱང་འཛིགས་སུ་རུང་བའི་དོན་རྐྱེན་དེས་ཤུགས་རྐྱེན་ཐེབས་པའི་མི་རྣམས་ལ་ལྷག་བསམ་དག་པའི་གདུང་སེམས་མཉམ་སྐྱེ་ཞུ་ལུགས་མཚོན་པར་བྱས་ཡོད། ད་དུང་རྒྱལ་ཁབ་མང་པོའི་འགོ་ཁྲིད་དང་སྲིད་གཞུང་ནས་དབྱིན་ཇིར་འཚམས་འདྲི་ཞུས་ཡོད།

3. མི་སྣ་གྲགས་ཅན་དང་སྤྱི་ཚོགས་མི་སྣས་ལན་ཆ་བྱས་པ། གནས་ཚུལ་ཐོན་ཏེ་ཆུ་ཚོད་འགའ་སོང་རྗེས། སྐུ་མ་ཨའི་ལི་ཨན་ན་ཡིས་ཐུའི་ཐེ་ཐོག། ང་སེམས་སྡུག་གིས་བཟོད་མི་ཐུབ་པར་གྱུར་སོང་། སེམས་གཏིང་ནས་དགོངས་དག་ཞུ། ངས་ཇི་ལྟར་ཞུ་དགོས་མིན་ཤེས་ཀྱིན་མི་འདུག་ཅེས་སྤེལ་ཡོད། སྐུ་གཞོན་ཀུང་སིས་ཀུང་ཁོང་ནས་འཛམ་གླིང་ལ་བསྐོར་སྐྱོད་འཁྲབ་སྟོན་བྱེད་པའི་ཡོ་རོབ་གླིང་གི་འཁྲབ་སྟོན་ཁག་མེད་པར་བཏང་ཡོད། སྤྱི་ཟླ་5པའི་ཚེས་27ཉིན། སྐུ་གཞོན་ཀུང་སི་དེས་མན་ཁྲི་སི་ཐེར་བསྐྱར་དུ་ལོག་ནས་སྤྱི་ཐན་སྐུ་གཞོན་མཚན་ཚོགས་གཉེར་རྒྱུའི་ཁྱབ་བསྒྲགས་བྱས། དབྱིན་ཇིའི་སྒོ་ལོ་བ་གྲགས་ཅན་ཏ་ལེ・པེ་ཁེ་ཏན་ལུས་སྤྱི་འབྲེལ་དྲ་སྟེགས་ཀྱི་པར་གྱུར་ཞེས་པའི་ཐོག མན་ཁྲི་སི་ཐེ་ནས་འགྱུར་བའི་གནས་ཚུལ་དེ་ནི་མི་རྣམས་ཡིད་ཤིན་ཏུ་སྐྱོ་དགོས་པ་ཞིག་རེད། ང་རང་ཨ་ཕ་ཞིག་ཡིན་པའི་ཆ་ནས། གདུང་སེམས་མཉམ་དུ་སྐྱེ་བཞིན་འདུག། དོན་དག་འདི་ལྟ་བུ་ཐོན་པས་ང་རང་སེམས་ཤིན་

ཏུ་སྐྱོ། ངའི་སེམས་པ་གནོད་འཚེ་ཐོག་མཁན་རྣམས་དང་ལྷན་དུ་ཡོད་ཅེས་བྲིས་ཡོད་པ་རེད།

【སློང་ཕྱོགས་ཁྲིད་སྟོན་བྱས་ཚུལ་དང་དེ་ལས་བྱུང་བའི་བློ་འབྱེད།】

མིའི་རིགས་ཐུན་མོང་ལ་འཕྲད་པའི་ཉེན་ཁ་ཞིག་ཡིན་པའི་ཆ་ནས། འཇིགས་སྐུལ་འཇབ་རྒོལ་ནི་ཉེན་ཚབས་ཤིན་ཏུ་ཆེ་བ་ཞིག་ཡིན་པ་དང་། དེས་སྤྱི་ཚོགས་ཐོག་འཇིགས་སྣང་ཆེན་པོ་བཟོ་བའི་ཉེན་ཁ་ཆེན་པོ་ཡོད། དོན་རྐྱེན་དེའི་རྗེས་སུ་ཕྱོགས་བསྡོམས་ཤིག་བྱས་ན། དབྱིན་ཇིའི་མན་ཁྲེ་སི་ཐེ་ཡི་སློ་གཞིས་མཚན་ཚོགས་ཐོག་འབར་གས་བྱུང་བའི་དོན་རྐྱེན་དེར་འཕྲལ་དུ་སློང་ཕྱོགས་ཀྱིས་དོ་སྣང་ཆེན་པོ་བྱས་པའི་གནས་ཚུལ་འདིག། སློང་ཕྱོགས་ཀྱི་རྩ་བའི་བརྗོད་ཚུལ་དེ་ལུགས་མཐུན་དང་སྣང་འཛིན་ཐུབ་པའི་ཁྱབ་ཁོངས་ནང་གནས་ཡོད་པ་དང་། སྤྱི་ཚོགས་ལས་རིགས་ཁག་གི་མི་སྣས་ཉེས་མེད་ཀྱི་གནོད་འཚེ་ཐོག་མཁན་རྣམས་ལ་དོ་ཁུར་དང་སེམས་ཁུར་བྱས་པས། ཆག་སྒོ་དེའི་ཁྲོད་ནས་བརྩེ་བ་དང་གཅེས་སྐྱོང་གི་ངང་ཚུལ་ཞིག་མངོན་པ་དང་། དོན་རྐྱེན་དང་འབྲེལ་བའི་ཕྱོགས་ཁག་གི་སློང་ཕྱོགས་ལ་ཁྲིད་སྟོན་བྱེད་པའི་ལས་དོན་ཡང་གོ་རིམ་ལྡན་པའི་ངང་སྤེལ་ཞིང་། དྲ་ལམ་སྤྱི་འབྲེལ་སྟེགས་བུའི་ཐོག་གི་བཟང་ཕྱོགས་རོགས་རམ་གྱི་ནུས་པ་ཡང་མངོན་ཡོད།

1. སློང་ཕྱོགས་ཀྱི་འཕྲལ་སྐྱབ་ལན་ཆ་ཡག་པོ་བྱས་པ་དང་། སྟེ་ཚན་ཁག་གིས་རང་འགན་གཙང་སྒྲུབ་བྱས་པ། དོན་རྐྱེན་དེའི་སློང་ཕྱོགས་ཀྱི་འཕེལ་འགྱུར་བརྒྱུད་རིམ་ལ་བལྟས་ཚེ། དབྱིན་ཇི་སྲིད་གཞུང་གི་སྡེ་ཚན་ཁག་གིས་ཉམས་ཉེན་ལ་ཁ་གཏད་གཅོག་པའི་སྤྱི་འབྲེལ་སྟོན་རྟུས་ཡག་པོ་བཟོས་པ་མ་ཟད། ནམ་རྒྱུན་ནས་ནང་སྦྱོང་བྱས་པས། སྡེ་ཚན་ཁག་གིས་ཉམས་ཉེན་ལ་ཁ་གཏད་གཅོག་པའི་ཁྲོད་ཀྱི་རང་འགན་ཚུང་ཁ་གསལ་པོ་བྱུང་ཡོད། བསྟོད་རིན་

བསྡུགས་རིན་ཡོད་པའི་བྱེད་སྟངས་ཤིག་ནི། གནད་དོན་ཐོན་སྐབས་ཅི་ཞིག་ཤོད་དགོས་མིན་དང་། ཇི་ལྟར་ཤོད་དགོས་མིན་གསལ་པོ་ཤེས་པ་དང་། གཅིག་གྱུར་གྱི་གསར་འགྱུར་ལན་འདེབས་གྲ་སྒྲིག་བྱས་པ་མཐོང་ཐུབ། འབར་གས་དོན་རྐྱེན་ཐོན་རྗེས་ཉེན་རྟོག་པས་འཕྲལ་དུ་སྤྱོད་དོན་ལ་ཐེ་ཇུས་བྱས་པ་དང་། དུས་ཐོག་ཏུ་སྤྱོད་དོན་བརྟག་ཞིབ་བྱས་འབྲས་ཁྱབ་བསྒྲགས་བྱས་པ། འཕྲལ་སྒྲུབ་སྡེ་ཁག་གིས་མཉམ་འབྲེལ་ཐོག་གནས་ཚུལ་ཐོན་ས་བཀག་སྡོམ་བྱས་པ། ཕྱི་འབྲེལ་སྡེ་ཁག་གིས་རྒྱལ་ཁབ་གཙོ་བོ་ཁག་ལ་སྤྱོད་དོན་གྱི་འཕེལ་རིམ་གནས་ཚུལ་བརྗ་ཁྱབ་སོགས་བྱས་ཡོད། བྱེད་སྟངས་དེ་དག་གི་རྐྱེན་པས་གླིང་ཕྱོགས་ཀྱི་ཁྲིད་སྟོན་དེ་ལུགས་མཐུན་དང་སྟངས་འཛིན་ཐུབ་པའི་ལམ་ཕྱོའི་ཐོག་འཁོར་སྐྱོད་ཐུབ་པ་བྱུང་།

2. ཆ་འཕྲིན་ཁྱབ་བསྒྲགས་བྱེད་སྐབས་མི་ཚོས་བརྩེ་བ་མངོན་པར་བྱས་པ་དང་། གླིང་ཕྱོགས་ཀྱི་གཙོ་གནད་ལ་ཁྲིད་སྟོན་ཡག་པོ་བྱས་པ། སྤྱོད་གཞི་ཐོན་རྗེས་དབྱིན་ཇི་སྲིད་གཞུང་གིས་འཕྲལ་དུ་གསར་འགྱུར་ཁྱབ་བསྒྲགས་ཚོགས་འདུ་འཚོགས་ཏེ་གནས་ཚུལ་དངོས་ཁྱབ་བསྒྲགས་བྱས་པ་དང་། གནོད་འཚེ་ཐོག་མཁན་ལ་སེམས་ཁུར་བྱེད་ལུགས་མཚོན་པར་བྱས་པ། རང་ངོས་ནས་ཤེས་རྟོགས་ཐུབ་པའི་ཆ་འཕྲིན་གང་ཐུབ་ཀྱིས་སྨྱུན་སྦྱོར་ལ་མཁོ་འདོན་བྱས་ཏེ། མང་ཚོགས་ནས་དེ་མ་ཉིད་དུ་དོན་དངོས་ཤེས་རྟོགས་ཐུབ་པ་བྱས་ཡོད། ཆག་སྒོའི་དོན་རྐྱེན་གྱི་ཆ་འཕྲིན་ཁྱབ་བསྒྲགས་བྱེད་པའི་བརྒྱུད་རིམ་ནང་། དོན་དངོས་ཁྱབ་བསྒྲགས་དང་མི་ཚོས་སེམས་ཁུར་གྱི་ཕྱོགས་དེ་གལ་ཆེ་བར་བཟུང་ཚེ། མང་ཚོགས་ལ་སེམས་གསོ་བྱ་རྒྱུ་དང་། གླིང་ཕྱོགས་དེ་གང་མགྱོགས་ཆག་སྒོའི་རྗེས་འཇུག་ལས་དོན་ཐོག་སྤོ་སྒྱུར་བྱ་རྒྱུར་ཁྲིད་སྟོན་བྱེད་ཐུབ། ཉིན་དེར་སྤྱོད་དོན་ཐོན་སའི་ཆ་འཕྲིན་རབ་དང་རིམ་པ་ཁྱབ་བསྒྲགས་བྱས་རྗེས། མན་ཁྲི་སེ

ཐེའི་གྲོང་མི་དང་། སླ་འཁོར་ཀུང་སི། མགྲོན་ཁང་སོགས་ཀྱིས་གཉོད་འཚོ་ཐོག་མཁན་ལ་དཀའ་ངལ་འཕྲད་པ་ཞེས་རྗེས། ལོ་ཆོས་སྐྱི་འབྲེལ་སྟེགས་བུ་བརྒྱུད་དོན་རྐྱེན་ཐོན་སའི་ཉེ་འཁོར་དུ་ལུས་པའི་མང་ཚོགས་དང་འབྲེལ་བ་བྱས་ཏེ་ལོ་ཆོར་འགྲིམ་འགྲུལ་དང་ཞག་སྡོད་སོགས་ཐད་ནས་རོགས་རམ་བྱས་པ་མ་ཟད། ཕ་མ་དང་ཁ་ཐོར་བའི་བྱིས་པར་སྐྱང་སྐྱོབ་བྱས་པས། ཕན་ཚུན་རོགས་རེས་ཀྱི་གླིང་ཕྱོགས་རྣམ་པ་ཡག་པོ་ཞིག་གྲུབ་ཡོད།

3. དོན་རྐྱེན་གྱི་འཕེལ་རིམ་དུས་ཐོག་ཏུ་སེལ་བས། ད་ཐོག་ཏུ་དཀྲིག་གཏམ་ཐོན་པའི་གོ་སྐབས་མེད་པར་གྱུར་པ། འབར་གས་དོན་རྐྱེན་ཐག་གཅོད་བྱེད་པའི་བརྒྱུད་རིམ་ནང་། འབྲེལ་ཡོད་སྡེ་ཁག་གིས་དུས་ཡུན་ཆུ་ཚོད་འགའི་ནང་གསར་འགྱུར་ཁྱབ་བསྒྲགས་ཐེངས་རེ་བྱས་པ་དང་། ཆ་འཕྲིན་གསར་པ་མགོ་འདོན་བྱ་རྒྱུ་མེད་ཀྱང་། སྔོན་སྒྲོར་ལ་མིག་སྔའི་བར་ཆ་འཕྲིན་གསར་པ་འགྱོར་མ་བྱུང་ཞེས་བཤད་པས། མང་ཚོགས་ཀྱི་གནས་བཟོད་བདེ་རུ་ཕྱིན་པ་དང་། དེ་ལྟར་གླིང་ཕྱོགས་དོན་རྐྱེན་འཕེལ་རིམ་གྱི་གླིང་ཕྱོགས་རབ་གཙོ་བོ་དེ་འཛུགས་ཐུབ་ཡོད་ཅིང་། གླིང་ཕྱོགས་ཀྱི་ཁ་ཕྱོགས་འཁྲིག་པའམ་ཚད་ལས་འདས་པའི་ཐོག་ནས་ཚ་གླིང་བྱ་རྒྱུར་བཀག་འགོག་ཐུབ་པ་དང་། འབར་གས་ཀྱོད་དོན་གྱི་ཆ་འཕྲིན་དེ་དཔེན་ཐེའི་ཉེན་རྟོག་ཕྱོགས་ལོ་ནས་སེལ་བས། ཁྱབ་བསྒྲགས་བྱས་པའི་ཆ་འཕྲིན་གྱི་དབང་གྲགས་རང་བཞིན་ལ་འགན་སྲུང་ཐུབ་ཡོད།

གསུམ། བབ་བསྟུན་ཁྲིད་སྟོན་བྱས་པ་སྐྱེ་འཇར་པན་ཅིང་ཧྲུའུ་ཡི་འགྲུལ་རིས་ཀུང་སིའི་མེ་ཤོར་དོན་རྐྱེན་གྱི་གླིང་ཕྱོགས་ཁྲིད་སྟོན།

2019ལོའི་ཟླ7པའི་ཚེས18ཉིན་དེ་འཇར་པན་གྱི་འཆར་ཡན་འགྲུལ་རིས་

ལ་དགའ་པོ་བྱེད་མཁན་གྱིས་འགྲུལ་རིས་ལོ་རྒྱུས་ཐོག་གི་ཆེས་མྱུར་ནག་གི་ཉིན་མོར་ངོས་འཛིན་བྱེད་ཀྱིན་ཡོད། ཉིན་དེའི་སྔ་དྲོར། འཛར་པན་ཅིང་ཧྲུའུ་ཡི་འགྲུལ་རིས་བཟོ་སྐྲུན་ཀུང་སི་གྲགས་ཅན་ཅིང་ཧྲུའུ་འགྲུལ་རིས་ཞེས་པར་མི་ཤོར་བའི་དོན་རྐྱེན་ཞིག་ཐོན་ཏེ། མི་36གྲོངས་པ་དང་། མི་33རྨས་པ། ཚ་ཆེ་བའི་འགྲུལ་རིས་མ་ཟིན་འཁོར་ཆེན་མེས་འཚིག་ཡོད། འཛར་པན་གྱི་འཆར་ཡན་འགྲུལ་རིས་ཐོན་ལས་ལ་ཤུགས་རྐྱེན་ཆེ་ཙམ་ལྡན་པས། འཛར་པན་རྒྱལ་ནང་དང་དེ་བཞིན་རྒྱལ་སྤྱིའི་གླེང་ཕྱོགས་ཀྱིས་དོན་རྐྱེན་དེར་དོ་སྣང་ཆེན་པོ་བྱས་ཡོད་ཅིང་། དོན་རྐྱེན་དེའི་གླེང་ཕྱོགས་ཐད་ནས་བཤད་ན། སྤྱིར་བཏང་གི་ཉེས་དོན་སྤྱོད་གཞི་གཞན་ལས་དོ་སྣང་བྱེད་མཁན་དེ་བས་མང་བ་བྱུང་ཡོད། མི་ཤོར་བའི་དོན་རྐྱེན་དེའི་ཐད་ཀྱི་གླེང་ཕྱོགས་ལ་ཁྲིད་སྟོན་བྱས་ཚུལ་ཐད་ཕྱིར་དྲན་ཞིག་བྱས་ན། འཛར་པན་སྲིད་གཞུང་གིས་གླེང་ཕྱོགས་ཁྲིད་སྟོན་བྱ་ཐབས་མངོན་གསལ་དོད་པོ་སྤྱད་མེད། ཡིན་ནའང་ཐོག་མཐའ་བར་གསུམ་དུ་རོགས་སྐྱོབ་ལས་དོན་ཧུར་ཐག་བསྒྲུབས་པ་དང་། གནས་ཚུལ་ལ་ཇི་མ་ཇི་བཞིན་དུ་འགྲེལ་བརྗོད་བྱས་པས། སྤྱོད་གཞི་དེ་རྒྱུན་མཐུད་རང་བཞིན་གྱི་སྤྱི་ཚོགས་གླེང་ཕྱོགས་ལ་གྱུར་མེད་པ་རེད། ཅིང་ཧྲུའུ་འགྲུལ་རིས་ཀུང་སིར་སྐབས་མ་ལེགས་པར་མི་ཤོར་བའི་གླེང་ཕྱོགས་ཀྱི་བརྗོད་གཞི་གཙོ་བོ་དེ། རོགས་སྐྱོབ་དང་། ཀུན་གསལ། བསྐྱར་སྐྲུན་བཅས་ཚ་དོན་གསུམ་གྱི་ཐོག་གནས་པ་དང་། གང་དེ་དོན་རྐྱེན་བརྟན་པོའི་ངང་ཐག་གཅོད་ཐུབ་པའི་རྒྱུ་རྐྱེན་དུ་གྱུར་ཡོད་པ་རེད།

【དོན་རྐྱེན་གྱི་ཕྱིར་དྲན།】

ས་གནས་དེ་གའི་དུས་ཚོད2019ལོའི་ཟླ7པའི་ཚེས18ཉིན་གྱི་ཆུ་ཚོད10དང་སྐར་མ35ཡི་གཡས་གཡོན་དུ། འཛར་པན་ཅིང་ཧྲུའུ་གྲོང་ཁྱེར་སྦྲུ་ཅན་ཁུལ་དུ་གནས་པའི་ཅིང་ཧྲུའུ་འགྲུལ་རིས་ཀྱི་ལས་དོན་ཁང་དང་པོར་སློ་བུར་དུ་

འབར་གས་བྱུང་བ་མ་ཟད་མེ་སྐྱོན་བྱུང་ཡོད། དེའི་ཉེ་འགྲམ་གྱི་མང་ཚོགས་ནས་སྐྱེས་པ་ཞིག་གིས་ཁང་པ་དེའི་སྒོའི་ནང་ལྷངས་སྨུམ་གཏོར་བ་འདྲ་པོ་མཐོང་བ་དང་། དེ་རྗེས་དུ་བ་ཐོན་པ་མཐོང་བས་འཕྲལ་དུ་ཉེན་རྟོག་པར་བརྡ་བཏང་ཡོད། དེ་ནས་མེ་གསོད་ལྷངས་འཁོར་30ཙམ་གནས་ཚུལ་ཐོན་སར་འགྱུར་ཏེ་མེ་བསད། ཉིན་དེའི་ཆུ་ཚོད་15དང་སྐར་མ་19ཡི་གཡས་གཡོན་ནས་དུས་ཡུན་ཆུ་ཚོད་5ལྷག་ཙམ་མེ་གསོད་ལས་དོན་སྒྲུབ་པ་བརྒྱུད། མེ་སྐྱོན་ཚོད་འཛིན་ཐུབ་ཡོད། ཡིན་ནའང་དོན་རྐྱེན་དེའི་ནང་ཅིང་ཏུའུ་འགུལ་རིས་ལས་དོན་ཁང་གི་ཁང་པ་ཐོག་བརྩེགས་དང་པོ་ནས་གསུམ་པ་བར་ཚང་མ་འཚིག་ཡོད་པ་རེད། དེ་ནས་སྤྱི་ཟླ7པའི་ཚེས19ཉིན་གྱི་ཆུ་ཚོད6དང་སྐར་མ20ཙམ་ལ་སླེབས་སྐབས། དུས་ཡུན་ཆུ་ཚོད20ཙམ་འབར་བའི་མེ་ཆེན་པོ་དེ་གཞི་ནས་གསོད་ཐུབ་པ་བྱུང་། དོན་རྐྱེན་དེའི་ནང་མི36གྲོངས་པ་དང་། མི33རྨས་ཤིང་། གང་དེ་འཛར་པན་དུ་འཛམ་གླིང་དམག་ཆེན་གཉིས་པ་མཇུག་སྒྲིལ་བ་ནས་སྐབས་དེའི་བར་ཀང་བསྡུགས་ནས་མི་བསད་པའི་གྱོད་དོན་ཁྲིད་མི་ཤི་གྲངས་ཆེས་མང་ཤོས་ཀྱི་གྱོད་དོན་དུ་གྱུར་ཡོད།

འཛར་པན་ཉེན་རྟོག་ཕྱོགས་ཀྱིས་བརྟག་དཔྱད་བྱས་པ་བརྒྱུད། སྐབས་དེའི་མེ་སྐྱོན་དེ་མེ་ཤོར་ནས་མི་བསད་པའི་གྱོད་གཞིར་གཏན་འཁེལ་བྱས་ཡོད། ཉེས་བསགས་དོགས་ཡོད་མི་སྣ་དེ་ནི་ལོ41ལ་སླེབས་པའི་འཛར་པན་གྱི་སྐྱེས་པ་ཆིང་ཡེ་ཀྲེན་སེ་ཡིན་པ་དང་། མི་དེ་བྲོས་འགྲོ་བའི་ལམ་བར་དུ་ཐང་ཆད་པའི་རྐྱེན་གྱིས་ཉེན་རྟོག་པས་འཛིན་བཟུང་ཐུབ་ཡོད། གནས་ཚུལ་དངོས་མཐོང་མཁན་གྱིས་བཤད་པར་གཞིགས་ན། སྐྱེས་པ་དེས་མེ་སྤོར་སྐབས། སྡུག་ཤི་རྒྱོབ་ཅེས་བཤད་པ་ཐོས་པ་དང་། འཛིན་བཟུང་བྱས་རྗེས་བཤུ་འབྲིའི་སྐོར་གླེང་ཡོད། ཉེན་རྟོག་པས་ཉེས་བསགས་དོགས་ཡོད་མི་སྣ་དེས་ཞེ་སྡང་གི་བསམ་པ་

དྲག་པོ་བཅངས་ནས་ཉེས་པ་བསྒགས་འདུག་ཅེས་བཤད། དེའི་ཐད་ཅིང་ཏའོ་འགྲུལ་རིས་ཁང་གི་འགོ་འཛིན་པ་ཐེན་དབྱིང་མིང་གིས་སྤྱི་ཟླ7པའི་ཚེས20ཉིན་ལན་ཆ་བྱས་པའི་ནང་། སྐྱེས་པ་དེའི་བཙམས་འབྲས་འགྱོར་མ་བྱུང་བས། བཤུ་འབྲིའི་སྐོར་གླེང་བར་ངོས་འཛིན་བྱ་ཐབས་མེད་ཅེས་བཤད་ཡོད། དེ་རྗེས་འཇར་པན་ཉིན་རྟོག་ཕྱོགས་ནས་མི་ཤོར་བ་དང་མི་བསད་པ་སོགས་ཀྱི་ཉེས་མིང་ཐོག་ནས་ཉེས་བསྒགས་དོགས་ཡོད་མི་སྣ་ཆིང་ཡེ་ཀྲིན་སེ་འཛིན་བཟུང་བྱས་ཡོད།

【ཕྱོགས་ཁག་གི་ལན་ཆ།】

1. སྙན་སྒྲོན་གྱི་དོ་ཁུར། དོན་རྐྱེན་ཐོན་རྗེས་འཇར་པན་གྱིNHKབརྙན་འཕྲིན་ཁང་གིས་འཕྲུལ་མ་ཉིད་དུ་རོགས་སྐྱོབ་བརྙན་པར་མང་ཚོགས་ལ་བསྟན་པ་མ་ཟད། ཅིང་ཏའོ་ཉིན་རྟོག་ཕྱོགས་ནས་མེ་བརྒྱབ་པའི་དོན་རྐྱེན་གྱི་ཉེས་བསྒགས་དོགས་ཡོད་མི་སྣ་འཛིན་བཟུང་བྱས་པའི་བརྙན་ཡང་བསྟན་ཡོད། དེ་མིན་གཙོ་རྒྱུག་སྙན་སྒྲོན་ཏེ་འཇར་པན་གྱི་གཙོ་རྒྱུག་སྙན་སྒྲོན་དཔེར་ན།《ཉི་གཞོན་གསར་འགྱུར་》དང་།《ཏའོ་མའི་གསར་འགྱུར》《ཉིན་རེའི་གསར་འགྱུར》སོགས་རྒྱལ་ཡོངས་རང་བཞིན་གྱི་གསར་འགྱུར་སྙན་སྒྲོན་དང་། དེ་བཞིན《ཅིང་ཏའོ་གསར་འགྱུར་》སོགས་ས་གནས་ཀྱི་སྙན་སྒྲོན་ཁག་གིས་གཅིག་རྗེས་གཉིས་མཐུད་ཀྱིས་གནས་འཕྲིན་སྤེལ་བ་དང་། ཅིང་ཏའོ་ཉིན་རྟོག་ཕྱོགས་དང་དེ་བཞིན་མེ་ཟློན་སྡེ་ཁག་གིས་ཡོངས་བསྡུགས་བྱས་པའི་ཆ་འཕྲིན་བརྒྱུད་སྤེལ་དང་ལུང་འདྲེན་འཕོར་ཆེན་བྱས་ཏེ་སྐྱོད་གཞིའི་རྒྱུ་རྐྱེན་ལ་དབྱེ་ཞིབ་བྱས་ཡོད། སྙན་སྒྲོན་འགའ་ཤས་ཉེས་བསྒགས་དོགས་ཡོད་མི་སྣའི་སྡོད་གནས་སུ་ཕྱིན་ནས་ཕོ་པའི་དེ་སྔའི་གནས་ཚུལ་རྒྱུས་ལོན་བྱས་ཏེ། དོན་རྐྱེན་དེའི་རྒྱབ་ཕྱོགས་ཀྱི་ཆ་འཕྲིན་གསལ་པོ་ཡོང་ཐབས་བྱས་ཡོད་པ་རེད།

2. སྲིད་ཕྱོགས་ཀྱི་ལན་ཆ། གྲོད་དོན་དེར་འཛར་པན་སྲིད་གཞུང་གིས་འཕྲུལ་དུ་ལན་ཆ་དང་ཐེ་ཇུས་བྱས་པ་དང་། འཛར་པན་གྱི་དབུ་བཞུགས་བློན་ཆེན་ཨན་པེ་ཅིང་སན་གྱིས་ཐུའེ་ཐེ་དྲ་བ་བརྒྱུད་ཆ་འཕྲིན་སྤེལ་ཏེ་འདས་པོ་རྣམས་ལ་སྨོན་ལམ་བཏབ་པ་སྟེ། དེ་རིང་ཅིང་ཧྲུའུ་ཊུ་མེ་ཤོར་བའི་དོན་རྐྱེན་ཐོན་ནས་མི་མང་པོ་འཆི་རྨས་བཟོས་འདུག དོན་རྐྱེན་དེ་ཚབས་ཆེ་དྲག་པས་ད་དུང་ཡང་ཡིད་ཆེས་དཀའ་བ་ཞིག་རེད། འདས་པོ་རྣམས་ལ་སྨོན་ལམ་འདེབས་རྒྱུ་དང་ཆབས་ཅིག། རྨས་མ་རྣམས་གང་མགྱོགས་དྲག་སྐྱིད་ཡོང་བའི་སྨོན་འདུན་ཞུ་ཞེས་བཤད་ཡོད། དེ་མིན་ཅིང་ཧྲུའུ་ཡི་གྲོང་སྤྱི་མིན་ཁྲིན་ཏ་ཙོ་ཡིས་ཀྱང་སྤྱི་འབྲེལ་སྙན་སྒྲོར་ཐོག། ཧང་སངས་པ་དང་ཁོང་ཁྲོ་ལངས་པའི་སེམས་ཁྱུང་སྐྲ་བརྗོད་ལས་འདས་སོང་ཞེས་བྲིས་ཡོད་པ་མ་ཟད། མེ་ཟོན་སྲེ་ཁག་གིས་མྱུ་མཐུད་དོན་རྐྱེན་ཐོན་སའི་རོགས་སྐྱོབ་ལས་དོན་ཁག་ཡག་པོ་སྒྲུབ་ངེས་པ་དང་། ཉེན་རྟོག་ཕྱོགས་དང་མཉམ་འབྲེལ་བྱས་ཏེ་ཆག་སྐྱོའི་འབྱུང་རྐྱེན་རྩད་གཅོད་བྱེད་ངེས་རེད་ཅེས་བཤད་ཡོད། སྤྱི་ལྔ7པའི་ཚེས19ཉིན་གྱི་འཆར་ཅན་གསར་འགྱུར་ཁྱབ་བསྒྲགས་ཚོགས་འདུའི་ཐོག ཅིང་ཧྲུའུ་ཡི་དཔོན་རིགས་ཞི་ཞི་ལུང་ཙུན་གྱིས། དེ་ནི་མཐོང་བར་དཀོན་པའི་གཏུམ་སྤྱོད་ཉེས་བསགས་བྱ་སྤྱོད་ཅིག་ཡིན་པས། སེམས་ནང་ཁོང་ཁྲོ་ཆེན་པོ་ལངས་བཞིན་འདུག་ཅེས་བཤད་པ་མ་ཟད། ཉིན་དེའི་ཕྱི་དྲོ་གྲོད་དོན་ཐོན་ས་དངོས་སུ་རྟོག་ཞིབ་ལ་ཕྱིན་ཡོད།

3. ཚོང་ལས་ལས་རིགས་དང་འཕྲུལ་སྟོན་ལས་རིགས་ཀྱི་ལན་ཆ། ཅིང་ཧྲུའུ་འགྲུལ་རིས་དེ་ལས་རིགས་ནང་སྐད་གྲགས་ཆེན་པོ་ཡོད་པའི་དབང་གིས་ཚོང་པ་དང་འཕྲུལ་སྟོན་ལས་རིགས་ཀྱི་མི་སྣས་གཅིག་རྗེས་གཉིས་མཐུད་ངང་ལན་ཆ་བྱས་པས། གླིང་ཕྱོགས་ཀྱི་ལབ་གླེང་རྒྱུན་མཐུད་ངང་མང་དུ་ཕྱིན་ཡོད།

འཇར་པན་གྱི་འགྱུལ་རིས་འཁྲབ་ཁྲིད་པ་ཞིན་ཏེ་ཁྲིང་གིས། ཅིང་ཏུའུ་རུ་ཡོད་པའི་ལྷན་རྒྱས་བདེ་བར་སྨོན་ཞེས་བཤད་པ་དང་། འཇར་པན་གྱི་འཁྲབ་ཁྲིད་པ་ཡན་ཅིང་ཙུན་ཨར་གྱིས། གསར་རྩོམ་བྱེད་གནས་དེ་འབེན་ལ་གྱུར་པ་དང་། མི་སྲོག་སོག་མ་ལྟར་དུ་བརྩིས་པ་ནི་སུས་ཀྱང་གུ་ཡངས་གཏོང་མི་སྲིད་པ་ཞིག་རེད་ཅེས་བཤད་ཡོད། ཀུ་ཤུ་ཀུང་སིའི་CEOཁྲུ་ཁེས། མི་སྐྱོན་དེ་ནི་ཆེག་འཛོམས་རང་བཞིན་གྱི་འཇབ་རྐོལ་ཞིག་རེད་ཅེས་དང་། འཇར་པན་གྱི་ས་ཁོངས་ལས་འདས་པའི་ཡིད་སྐྱོ་བའི་དོན་རྐྱེན་ཞིག་རེད་ཅེས་བཤད། དེ་སྔ་ཅིང་ཏུའུ་འགྱུལ་རིས་ཀུང་སི་དང་མཉམ་ལས་བྱེད་སྒྲོང་བའི་ཨ་རིའི་Sentai Filmworksཀུང་སིས་ཀུང་དྲ་ལམ་ཐོག་ཞལ་འདེབས་བསླངས་ནས། ཅིང་ཏུའུ་འགྱུལ་རིས་བསྐྱར་སྐྱུན་བྱ་ཆེད་རོགས་རམ་བྱས་ཡོད།

【གླིང་ཕྱོགས་ལ་ཁྱད་སྟོན་བྱས་ཚུལ་དང་དེ་ལས་བྱུང་བའི་བློ་འབྱེད།】

ངོ་བོ་དང་། རྒྱུ་རྐྱེན། རྣམ་པ་བཅས་ནས་བལྟས་ན། ཅིང་ཏུའུ་ཡི་འགྱུལ་རིས་ཀུང་སིར་མེ་ཤོར་བ་དེ་སྤྱི་ཚོགས་ལ་འཁོན་ལན་སློག་པའི་ཉེས་དོན་གྱོད་གཞི་ཞིག་ཡིན་པས། དེའི་རྐྱེན་པས་གླིང་ཕྱོགས་ཀྱི་འཇིགས་སྣང་དང་དོགས་སློང་བྱེད་པའི་གནས་ཚུལ་ཐོན་སླ་པོ་ཡོད་རྐྱེན། གླིང་ཕྱོགས་ཀྱི་ཁྱད་སྟོན་ནི་དགོས་ངེས་ཤིག་རེད། ཡིན་ནའང་གླིང་ཕྱོགས་ཀྱི་འགྱུར་ལྡོག་འགྲོ་ཚུལ་གསེད་འགྲོལ་བྱེད་སྐབས་མཐོང་ཐུབ་པར། སྲིད་གཞུང་གིས་འཕྲུལ་མ་ཉིད་དུ་ཉེས་བསགས་དོགས་ཡོད་མི་སྣ་འཛིན་བཟུང་ཐུབ་པའི་གནས་ཚུལ་འོག། ཁ་གཏད་གཙོག་པའི་བྱ་ཐབས་ཀྱི་གཙོ་གནད་དེ་མང་ཚོགས་ནས་དོ་ཁུར་བྱེད་པའི་རྐྱེན་ངན་འཕྲད་མཁན་ལ་རོགས་སྐྱོབ་དང་། སྤྱི་ཚོགས་ཀྱི་སེམས་ཤུགས་བསྐྱར་འཛུགས་ཐོག་བཞག་ཅིང་། ཁ་གཏད་གཙོག་པའི་བྱ་ཐབས་རབ་དང་རིམ་པ་བཟུང་བས་གླིང་ཕྱོགས་ཀྱི་གཙོ་གནད་ཚོད་འཛིན་ཐུབ་ཅིང་། གྱོད་གཞིའི་རྗེས

མཐུད་ཐག་གཅོད་ལས་དོན་ལ་མཐུན་རྐྱེན་བསྐྲུན་ཐུབ་ཡོད།

1. དོན་རྐྱེན་ཐག་གཅོད་ནང་ཐད་ཀར་ཞུགས་མཁན་སྡེ་ཁག་གིས་དུས་ཐོག་དང་རྒྱུན་མཐུད་ངང་ཆ་འཕྲིན་ཡོངས་བསྡུགས་བྱས་པ། མི་སྐྱོན་ཐོན་པའི་ཐོག་མའི་དུས་སྐབས་སུ་ཅིང་ཏུའུ་མེ་ཐེན་སྡེ་ཁག་དུས་ཐོག་ཏུ་གནས་ཚུལ་ཐོན་སར་སླེབས་ཤིང་མི་གསོད་ལས་དོན་སྒྲུབ་པ་དང་། ཅིང་ཏུའུ་ཉེན་རྟོག་ཐིང་གིས་ཀྱང་དུས་ཐོག་ཏུ་བརྟག་དཔྱད་ལེགས་སྒྲུབ་བྱས་པ་མ་ཟད་ཉེས་བསགས་དོགས་ཡོད་མི་སྣ་རང་ས་ནས་འཛིན་བཟུང་བྱས་པ་སོགས་ཚང་མས་མི་རྣམས་ལ་བག་ཆགས་བཟང་པོ་བཞག་ཡོད། གླིང་ཕྱོགས་ཀྱི་མཐུན་རྐྱེན་བཟང་པོ་དེ་ལྟ་བུའི་འོག། མི་ཐེན་དང་ཉེན་རྟོག་སོགས་ཐག་གཅོད་བྱེད་མཁན་སྡེ་ཁག་གིས་རྒྱུན་མཐུད་ངང་ཆ་འཕྲིན་ཡོངས་བསྡུགས་བྱས་ཤིང་། དུས་ཐོག་ཏུ་མི་སྣ་འཆི་རྨས་བྱུང་བའི་གནས་ཚུལ་དང་། དོན་རྐྱེན་གྱི་འབྱུང་རྐྱེན་སོགས་ཡོངས་བསྡུགས་བྱས་པས། དོན་རྐྱེན་འབྱུང་རྐྱེན་སོགས་ཀྱི་ཐད་མང་ཚོགས་ཀྱི་བློ་དོགས་སེལ་ཡོད་ཅིང་། དེ་ལྟར་དཀྲིག་གཏམ་འབྱུང་རྩ་ནས་བཀག་པ་དང་། གླིང་ཕྱོགས་ལ་ཁ་གཏད་གཙོག་པའི་རང་འགུལ་དབང་ཆ་བརྩོན་ལེན་ཐུབ་ཡོད། གླིང་ཕྱོགས་ཀྱི་འཕེལ་རིམ་གནས་ཚུལ་ནས་བལྟས་ན། ད་ཐོག་ཏུ་དོན་རྐྱེན་དེའི་ཐད་ནས་སྲིད་གཞུང་ལ་དོགས་སློང་དང་ཀློལ་གཏམ་གཏོང་མཁན་ཆེས་ཉུང་ངུ་ལས་བྱུང་མེད་པ་དང་། མི་རྣམས་ནས་མེ་ཐེན་མི་སྣས་རོགས་སྐྱོབ་བྱེད་པའི་པར་རིས་སོགས་བརྒྱུད་སྐུར་གང་མང་བྱས་པས། གླིང་ཕྱོགས་ཀྱི་གནས་ཚུལ་ཡག་པོ་བྱུང་ཡོད་པ་རེད།

2. གཞུང་ཕྱོགས་དང་གསོ་རྒྱུག་སྨན་སྦྱོར་མཁྱེན་དབྱངས་གཅིག་གྱུར་བྱུང་ནས། གླིང་ཕྱོགས་ཀྱི་གྲོས་མཐུན་གཅིག་སྡུད་ཐུབ་པ། དོན་རྐྱེན་ཐག་གཅོད་བྱེད་པའི་དུས་རིམ་ནང་། འཛར་པན་གྱི་གསོ་རྒྱུག་སྨན་སྦྱོར་གྱིས་མི་གཉིས་ཀྱི་

ལྟ་སྟངས་ཐོག་ནས་མྱུ་ངན་ཞུ་བ་དང་བློ་ཕམ་པ་སོགས་ཀྱི་སྐད་ཆ་གཙོ་བོར་བཤད་སྤྲོད་བྱས་པས་གླིང་ཕྱོགས་ཀྱི་སྒྲོ་འདོགས་གནས་ཚུལ་ཐོན་མེད་པ་རེད། དོན་རྐྱེན་ཐོན་ཏེ་ཆུ་ཚོད་2མ་སོང་བའི་ནང་། འཇར་པན་གྱི་དབུ་བཞུགས་བློན་ཆེན་དང་ཅིང་ཧྲུའུ་གྲོང་ཁྱེར་གྱི་གྲོང་སྤྱིས་ སྔ་རྗེས་སུ་སྤྱི་འབྲེལ་སྒྲུབ་སྦྱོར་བརྒྱུད་དེ་འཆི་རྨས་བྱུང་བ་རྣམས་ལ་སྙིང་ལམ་བཏབ་ཡོད། ཐོལ་བྱུང་དོན་རྐྱེན་བྱུང་བའི་ཐོག་མའི་དུས་སུ་གཏམ་བརྗོད་སྤེལ་ཐུབ་པ་དེས་གླིང་ཕྱོགས་ལ་བག་ཆགས་ཡག་པོ་བཞག། དེ་དང་ཆབས་ཅིག་གཙོ་རྒྱུག་སྒྲུབ་སྦྱོར་དང་སྤྱི་འབྲེལ་སྒྲུབ་སྦྱོར་མགྲིན་དབྱངས་གཅིག་གྱུར་བྱུང་ཞིང་། ལན་ཆ་མགྱོགས་ལ་བརྒྱུད་སྤེལ་ཁྱབ་རྒྱ་ཆེན་པོ་བྱུང་བས། དུས་ཐུང་ནང་གི་སྲིད་གཞུང་གི་བྱེད་སྟངས་དེས་མི་རྣམས་ལ་བག་ཆགས་ཡག་པོ་འཇོག་ཐུབ་ཡོད།

3. གླིང་ཕྱོགས་ཀྱི་རྗེས་མཐུད་ཐག་གཅོད་ལ་མཐོང་ཆེན་བྱས་པས་མི་སྐྱོན་གྱི་རྟུལ་སྒྲུག་དྭངས་རྗེས་སྤར་བཞིན་འོད་མདངས་འཕྲོས་པ། གླིང་ཕྱོགས་མཇུག་བསྡུ་ལ་ཉེ་བ་དང་བསྟུན་ཏེ། བར་སྐབས་ཤིག་རིང་སྒྲུབ་སྦྱོར་འགའ་ཤས་ཀྱིས་འཇར་པན་དུ་རང་ལྷེབས་རང་བཞིན་གྱི་འཇིགས་སྐུལ་རིང་ལུགས་ཕྱོད་གཞི་མང་དུ་འགྲོ་ཚུལ་དང་། འཇར་པན་སྤྱི་ཚོགས་ནང་མཐའ་གྱུར་ཕྱོ་ཚོགས་མང་དུ་འགྲོ་བ་ཞེས་པ་སོགས་ཀྱི་གྲོས་གཞིར་གྲོས་བསྡུར་བྱེད་འགོ་ཚུགས་པ་དང་། སྲིད་གཞུང་དང་སྤྱི་ཚོགས་ནས་དེར་དོ་ཁུར་མང་ཙམ་བྱ་དགོས་པའི་རེ་འབོད་བྱས་ཡོད། དེའི་ཐད་ཅིང་ཧྲུའུ་ཉེན་རྟོག་ཕྱོགས་ནས་རྨས་སྐྱོན་ཐོག་པའི་མི་སྣ་དང་འདས་པོའི་ཁྱིམ་མིར་ནུས་ཤུགས་ཡོད་རྒྱུས་རོགས་རམ་བྱ་རྒྱུའི་སྐོར་བརྗོད་པ་དང་། འཇར་པན་ནང་བློན་ཁང་གི་དཔོན་པོ་ཙན་དཔེ་ལྷི་ཡིས་གསར་འགོད་པའི་ཚོགས་འདུའི་ཐོག ཅིང་ཧྲུའུ་འགྲུལ་རིས་ཀུང་སིའི་བསྐྱར་སྐྱུན་ལ་རྒྱབ་སྐྱོར་བྱ་རྒྱུའི་སྐོར་སོགས་བརྗོད་ཡོད། རོགས་སྐྱོབ་སོགས་རྗེས

མཐུད་ལས་དོན་ཁག་གོ་རིམ་ལྡན་པའི་ངང་སྤེལ་བ་དང་བསྟུན་ཏེ་མེ་ཤོར་བའི་དོན་རྐྱེན་གྱི་སླེང་ཕྱོགས་དེ་རིམ་པས་ཞི་འཇགས་སུ་གྱུར་ཡོད།

བཞི། རྩ་བ་བརྟན་གཏོང་དང་འབྱུང་རྐྱེན་གཙང་སེལ། སེང་ཀ་ཕོར་གྱི་རིགས་རྒྱུད་རྒྱ་གར་བ་ཡིན་པའི་མི་སྣའི་འདུས་སྡོད་ཁུལ་གྱི་ཟིང་འཁྲུག་དོན་རྐྱེན་གྱི་སླེང་ཕྱོགས་ཁྲིད་སྟོན།

ཨ་རིའི་གྲོས་འདྲི་ཀུང་སི་ཀེ་ལུའོ་ཡུ་ཡིས་སྤེལ་བའི་2018ལོའི་《གོ་ལ་ཧྲིལ་པོའི་བཅའ་ཁྲིམས་དང་སྲིག་ལམ་》གྱི་ཨང་རིམ་ནང་། སེང་ཀ་ཕོར་ནི་སྐར་གྲངས97གྱི་ཐོག་ནས་གོ་ལ་ཧྲིལ་པོའི་བདེ་འཇགས་ཡག་ཤོས་ཀྱི་རྒྱལ་ཁབ་ལ་བདམས་ཡོད། ཡིན་ནའང་ལོ་ཤས་གོང་གི2013ལོའི་ཟླ12པའི་ཚེས8ཉིན་གྱི་དགོང་མོར། སེང་ཀ་ཕོར་གྱི་བདེ་འཇགས་གནས་སྟངས་ལ་ཚོད་བགམ་དྲག་པོ་ཞིག་འཕྲད་ཡོད་པ་སྟེ། དེ་ཡང་ཉིན་དེའི་དགོང་མོར། སེང་ཀ་ཕོར་གྱི་རིགས་རྒྱུད་རྒྱ་གར་བ་ཡིན་པའི་མི་སྣའི་འདུས་སྡོད་ཁུལ་ཏེ། རྒྱ་གར་ཆུང་ཆུང་ཞེས་པ་དེར་ཁྲུ་ཚོགས་རང་བཞིན་གྱི་དོན་རྐྱེན་ཞིག་ཐོན་པ་དང་། དོན་རྐྱེན་དེར་སླེང་ཕྱོགས་ནས་རྒྱ་གར་ཆུང་ཆུང་གི་ཟིང་འཁྲུག་ཅེས་ཟེར། དོན་རྐྱེན་དེའི་ནང་མི1གྲོངས་པ་དང་། མི40ལྷག་ཙམ་ལ་རྨས་སྐྱོན་ཐེབ་པ། ཉེན་རྟོག་པའི་རླངས་འཁོར་དང་སྨན་སྐྱོབ་རླངས་འཁོར་མང་པོ་ཞིག་ལ་གཏོར་བརླག་ཐེབ་ཡོད། སེང་ཀ་ཕོར་དུ་ལོ་བཞི་བཅུའི་ནང་ཐོན་མ་མྱོང་བའི་ཟིང་འཁྲུག་དེའི་རྒྱབ་ཕྱོགས་སུ་སླེང་ཕྱོགས་ཀྱི་ལབ་སླེང་ཟམ་མི་ཆད་པར་ཐོན་ཡོད། ཡིན་ནའང་འབྲེལ་ཡོད་སྡེ་ཁག་གིས་ཁྲིམས་ལྟར་འཕྲུལ་ཐག་ཚོད་པོས་བྱ་ཐབས་རབ་དང་རིམ་པ་སྤྱད་པས། སླེང་ཕྱོགས་དྲ་བའི་འཕེལ་རིམ་ལ་ཁྲིད་སྟོན་ཡག་པོ་ཐུབ་ཅིང་། དོན་རྐྱེན་གང་མགྱོགས་ཞོད་འཇགས་ཡོང་རྒྱུར་རོགས་འདེགས་ཐུབ་

ཡོད།

【དོན་རྐྱེན་གྱི་ཕྱིར་དྲན།】

ས་གནས་དེ་གའི་དུས་ཚོད་2013ལོའི་ཟླ་12པའི་ཚེས་8ཉིན་གྱི་ཆུ་ཚོད་21དང་སྐར་མ་23ཐོག། སེང་ཀ་ཕོར་གྱི་རྒྱ་གར་ཚུང་ཚུང་ཞེས་པའི་སྡེ་ཁུལ་དེར། རྒྱལ་ཁོངས་རྒྱ་གར་ནས་ཡིན་པའི་ལས་མི་ལོ་33ལ་སླེབས་པ་ཞིག་ར་བཟེ་རྗེས་ལམ་མདོ་ཞིག་བརྒྱུད་འགྲོ་སྐབས་མི་སྣེར་གྱི་འགྲུལ་འཁོར་ཞིག་གིས་བརྡུངས་ཏེ་འགྱེལ་ཡོད། དོན་རྐྱེན་ཐོན་རྗེས་ཉེན་རྟོག་པ2དང་སྨན་དོན་མི་སྣ་དང་མི་དམངས་འགོག་སྲུང་དཔུང་སྡེའི་མི་སྣ་འགའ་དོན་རྐྱེན་བྱུང་སར་འབྱོར་ཏེ་གནོད་འཚེ་ཐོག་པའི་མི་དེ་རླངས་འཁོར་འོག་ནས་གནས་གཞན་དུ་སྤོ་རྩིས་བྱས་ཡོད། སྐབས་དེར་ལས་མི་གཉིས་ཀྱིས་སྡེ་ཁྲིད་ནས་ཟིང་བསླངས་པ་དང་། མི་འགའ་ཤས་ཀྱིས་ཞེལ་དམ་དང་ཚོང་ཁང་གི་སྒོ་འགྲམ་གྱི་མེ་ཏོག་བུམ་པ་སོགས་མཚོན་ཆར་སྤྱད་ཅིང་། ཉེན་རྟོག་རླངས་འཁོར་མགོ་ཏིང་སློག་པ་མ་ཟད་ལམ་འགྲམ་གྱི་རླངས་འཁོར་ལ་མེ་སྤར་ཡོད། དེ་རྗེས་རླངས་འཁོར་གྱིས་བརྡུངས་པའི་ལས་མི་དེ་སྨན་བཅོས་མ་ཐུབ་པར་གྲོངས་པས། ཉེ་འཁོར་དུ་ཡོད་པའི་ཤེ་ཡའི་ལྟོ་རྒྱུད་ནས་ཡོང་བའི་ལས་མི400ཙམ་འདུ་འཛོམས་བྱས་ཤིང་། ལོ་ཚོས་དེར་སླེབས་པའི་ཉེན་རྟོག་པ་སོགས་ཁྲིམས་འཛིན་མི་སྣར་ཚུར་རྒོལ་བྱས་པས། མི40ལྷག་ཙམ་ལ་ཟིང་འཁྲུག་ནང་རྨས་སྐྱོན་ཐོག་པ་དང་། ཉེན་རྟོག་པའི་རླངས་འཁོར་དང་མྱུར་སྐྱོབ་རླངས་འཁོར་མང་པོ་མེར་བསྲེག་བཏང་ཡོད། དེ་རྗེས་སེང་ཀ་ཕོར་སྲིད་གཞུང་གིས་ཇོ་དྲག་ངང་ཟིང་འགོག་ཉེན་རྟོག་པ300སྒྲིག་ལམ་སྟར་གསོ་བྱེད་རོགས་སུ་བཏང་། ཟིང་འཁྲུག་དུས་ཡུན་ཆུ་ཚོད2ཙམ་ལངས་པ་དང་། ནམ་ཕྱེད་ཙམ་ལ་གཞི་ནས་ཚོད་འཛིན་ཐུབ་ཡོད།

དོན་རྐྱེན་དེ་རིགས་བསྐྱར་དུ་མ་ཐོན་པ་བྱེད་ཆེད། དུས་བབ་ཚོད་

འཛིན་ཐུབ་པའི་རྗེས་སེང་ཀ་ཕོར་གྱི་ཉེན་རྟོག་པས་འཕྲལ་དུ་ཟིང་སློང་ནང་ཞུགས་པར་དོགས་པ་ཡོད་པའི་མི་སྣ་ཁྲིམས་ལྟར་འཛིན་བཟུང་བྱས། དེ་དང་ཆབས་ཅིག་ཟིང་འཁྲུག་ནང་ཞུགས་པར་དོགས་པ་ཡོད་པའི་མི་སྣ་རྣམས་ནས་ཁྲིམས་ལྟར་རང་ཉིད་ཀྱི་ཁྲིམས་མཐུན་ཁེ་དབང་ལ་སྲུང་སྐྱོབ་བྱེད་ཚོག་པ་ཁྱབ་བསྒྲགས་བྱས་པ་མ་ཟད། སེང་ཀ་ཕོར་གྱི་ཁྲིམས་རྩོད་པའི་སྤྱི་ཕན་ཚོགས་པའི་རིན་མེད་ཞབས་ཞུ་གཞུང་ལས་ཁང་གིས་ཟིང་འཁྲུག་ནང་ཞུགས་མཁན་ཚོར་དག་འཐུད་ཁྲིམས་རྩོད་པ་བཀོད་སྒྲིག་བྱས། སེང་ཀ་ཕོར་གྱི་ཕྱི་འབྲེལ་ཕྱུའུ་ཡིས་ཀྱང་སེང་ཀ་ཕོར་དུ་བཅའ་སྡོད་རྒྱ་གར་གྱི་མཐོ་རིམ་མངག་གཞུག་ཁང་དང་འབྲེལ་བ་བྱས་ཏེ། ཞུ་སྦྱོར་ཕྱི་མར་ཁྲིམས་ལུགས་རོགས་སྐྱོབ་བྱ་རྒྱུའི་སྐོར་བཤད་ཡོད། ཉིན་གཉིས་པར་སེང་ཀ་ཕོར་ཉེན་རྟོག་ཕྱོགས་ནས་གསར་འགོད་པའི་ཚོགས་འདུ་འཚོགས་ཏེ་དོན་རྐྱེན་དེའི་སྐོར་བརྗོད་ཁྱབ་བཏང་བ་དང་། ཟིང་འཁྲུག་ལངས་རྗེས་རང་གནས་སུ་ལོག་འདོད་མི་བྱེད་མཁན་མི་27འཛིན་བཟུང་བྱས། དེ་དག་ཁྲོད་ཀྱི་མི24ཡི་རྒྱལ་ཁོངས་རྒྱ་གར་ཡིན་པ་དང་། མི2གཉིས་ཀྱི་རྒྱལ་ཁོངས་ཧྥང་ག་ལ་ཡིན་པ། མི1སེང་ཀ་ཕོར་གྱི་གཏན་སྡོད་གྲོང་མི་ཡིན་པ་རེད། གནས་ཚུལ་དེ་སེང་ཀ་ཕོར་གྱི་ཊམ་སྟོན་ཁྲིམ་སྐོར་བྱེད་སྐབའི་འབྲེལ་ཡོད་གཏན་འབེབས་ལས་འགལ་བའི་དོགས་གཞི་ཡོད་པར་གཞིགས་ནས། སེང་ཀ་ཕོར་གྱི་རྩུང་ལི་གཞོན་པ་དང་རྒྱལ་ཁབ་བདེ་འཇགས་གཅིག་གྱུར་འཆར་འགོད་ཕྱུའུ་ཀྲང་དང་དེ་བཞིན་ནང་སྲིད་ཕྱུའུ་ཀྲང་ཀྲང་གྱི་ཞན་གསར་འགོད་པའི་ཚོགས་འདུར་ཞུགས་ཡོད།

【ཕྱོགས་ཁག་གི་ལན་ཆ།】

1. གླིང་ཕྱོགས་ཀྱི་དོ་ཁུར། དོན་རྐྱེན་དེ་ཐོན་རྗེས། 《མཉམ་འབྲེལ་ཞོགས་པའི་ཚགས་པར》དང་། 《མཚོ་འགག་སྐབས་དོན་ཚགས་པར》སོགས་

སེང་ག་ཕོར་གྱི་གཙོ་རྒྱུག་སྨྱན་སྦྱོར་ཚན་པ་ཁག་གིས་རྗེས་མཐུད་གནས་འཕྲིན་སྤེལ་བ་དང་། ཀྲུང་གོའི་ཀྲུང་དབྱང་བརྙན་འཕྲིན་ལས་ཁུངས་དང་། དབྱིན་ཇིའི་BBCསོགས་རྒྱལ་སྤྱིའི་སྨྱན་སྦྱོར་གྱིས་ཀྱང་དོ་སྣང་བྱས་ལ། ཨ་རིའི་《ཚོང་ལས་གཟའ་འཁོར་དུས་དེབ》སོགས་ཀྱིས་དེའི་ཐད་དཔྱད་གཏམ་སྤེལ་ཡོད། སེང་ག་ཕོར་གྱི་སྐྱིང་ཕྱོགས་ནས་ཐེངས་དེའི་ཐེང་འཁྲུག་དོན་རྐྱེན་དེར་དོ་ཁུར་ཆེན་པོ་བྱས་པ་དང་། སྨྱན་སྦྱོར་མང་པོས《སེང་ག་ཕོར་གྱི“རྒྱ་གར་ཆུང་ཆུང”ཁུལ་དུ་ལོ་བཅུ་ཕྲག་འགའི་ནང་ཐོན་མ་མྱོང་བའི་ཐེང་འཁྲུག་ལངས་པ་》ཞེས་པ་དང་། 《སེང་ག་ཕོར་གྱི་རིགས་རྒྱུད་རྒྱ་གར་བ་འདུས་སྡོད་ཁུལ་དུ་ཐེང་འཁྲུག་ལངས་ནས་ཉེན་རྟོག་པའི་རླངས་འཁོར་དང་སྨྱུར་སྐྱོབ་རླངས་འཁོར་མེར་བསྲེག་བཏང་བ་》ཞེས་པ་སོགས་ཀྱི་གནས་འཕྲིན་སྤེལ་ཡོད། སྤྱི་འབྲེལ་སྨྱན་སྦྱོར་གྱི་ཐད་ནས་ཀྱང་དུ་དམངས་ཀྱིས་གཅིག་རྗེས་གཉིས་མཐུད་ངང་བརྙན་དང་པར་བརྒྱུད་སྐུར་བྱས་ཏེ། དུས་བབ་ཚོད་འཛིན་ཐུབ་མི་འདུག་ཅེས་པ་དང་། ཐེང་འཁྲུག་དྲག་པོ་ལངས་འདུག་ཅེས་པ་སོགས་བཤད་ཡོད་ཅིང་། དཔྱད་གཏམ་འགའ་རེའི་ནང་དོན་རྐྱེན་དེ་སེང་ག་ཕོར་གྱིས་ཕྱི་རྒྱལ་གྱི་ལས་མི་འཕོར་ཆེན་རྒྱལ་ནང་དུ་བཏང་བ་དང་འབྲེལ་བ་ཡོད་པའི་ངོས་འཛིན་བྱས་ཡོད་པ་རེད།

2. སྲིད་གཞུང་གི་ལན་ཆ། དོན་རྐྱེན་ཐོན་པའི་ཉིན་གཉིས་པའི་ཐོ་རེངས་ཆུ་ཚོད2པ་དང་སྐར་མ30ཡི་ཐོག། སེང་ག་ཕོར་གྱིས་གསར་འགོད་པའི་ཚོགས་འདུ་ཐེངས་དང་པོ་དེ་འཚོགས་པ་དང་། ཙུང་ལི་གཞོན་པ་དང་རྒྱལ་ཁབ་བདེ་འཇགས་གཅིག་གྱུར་འཆར་འགོད་སྡུའུ་ཀྲང་དང་ནང་སྲིད་སྡུའུ་ཀྲང་གཅིག་རྐྱོགས་ཀྲང་ཀྲི་ཞན་དང་། ནང་སྲིད་སྡུའུ་ཡི་སྡུའུ་ཀྲང་གཉིས་པ་དབྱི་ཧྭ་རེན། ཉེན་རྟོག་སྤྱི་འདོམས་པ་ཏོང་ཡུས་ཞི། ཉེན་རྟོག་སྤྱི་འདོམས་པ་གཞོན་པ་ལ་

ཧྥུའོ་ཀུ་མ་བཅས་ནས་ཚོགས་འདུ་གཙོ་སྐྱོང་བྱས་ཤིང་། དོན་རྐྱེན་དེ་མཚོན་ཆ་འཁྱེར་ནས་ཟིང་འཁྲུག་ཚབས་ཆེན་བསླངས་པ་ཞིག་ཡིན་པར་གཏན་འཁེལ་བྱས་ཡོད། ཟླ་རིངས་ཚུ་ཚོད་3པ་ཙམ་ལ། སེང་ཀ་ཕོར་གྱི་ཙུང་ལི་ལི་ཞན་ལུང་གིས་སྤྱི་འབྲེལ་སྨྱན་སྦྱོར་བརྒྱུད་གནས་ཚུལ་སྤེལ་ཏེ། དོན་རྐྱེན་སློང་མཁན་བྱེད་གཏེ་ནུས་ཤུགས་ཡོད་རྒྱུས་བདའ་འདེད་གཏོང་རྒྱུའི་ཁས་ལེན་དམ་བཅའ་བཞག་ཡོད། དེ་དང་ཆབས་ཅིག། སེང་ཀ་ཕོར་སྲིད་གཞུང་གི་འབྲེལ་ཡོད་སྡེ་ཁག་གིས་རྒྱུན་མཐུད་དང་སྤྱི་འབྲེལ་སྨྱན་སྦྱོར་སོགས་དྲ་ལམ་དུ་གསལ་བསྒྲགས་སམ་འབྲེལ་ཡོད་གནས་ཚུལ་ཁྱབ་བསྒྲགས་བྱས་ཏེ་གླིང་ཕྱོགས་ལ་ཁྲིད་སྟོན་བྱེད་པའི་ལས་དོན་ཧྲུར་ཐག་བསྒྲུབས་ཡོད། དེའི་ནང་ཕྱི་རྒྱལ་ནས་ཡོང་བའི་ལས་མིའི་ཁྲུ་ཚོགས་ལ་སེམས་གསོ་གཏོང་རྒྱུ་དང་། འཕྲུལ་སྒྲུབ་ཐག་གཅོད་མི་སྣར་འཚམས་འདྲི་བྱ་རྒྱུ། རིགས་རྒྱུད་དང་འབྲེལ་བའི་གཏམ་བརྗོད་མི་སྤེལ་རྒྱུའི་རེ་འབོད་བྱས་པ། ཆང་རག་ཚོང་འཛིན་གྱི་ཚོད་ལྟ་བྱ་རྒྱུའི་ཁྱབ་བསྒྲགས་བྱས་པ་སོགས་ཚུད་ཡོད།

【གླིང་ཕྱོགས་ལ་ཁྲིད་སྟོན་བྱས་ཚུལ་དང་དེ་ལས་ཐུང་བའི་བློ་འཆར།】

སེང་ཀ་ཕོར་དུ1969ལོར་རིགས་རྒྱུད་ཟིང་འཁྲུག་ལངས་ཚུན་གྱི་ཟིང་འཁྲུག་ཐེངས་གཉིས་པ་དེ་ཡིན་པའི་ཆ་ནས། "རྒྱ་གར་ཆུང་ཆུང་གི་ཟིང་འཁྲུག"དེར་སེང་ཀ་ཕོར་གྱི་རྒྱལ་ནང་དང་རྒྱལ་སྤྱིའི་གླིང་ཕྱོགས་ནས་དོ་སྣང་ཆེན་པོ་བྱས་ཡོད་པ་དང་། དེའི་ཐོག་ནས་ཕྱི་ཕྱོགས་ནས་ཡོང་བའི་ལས་མི་དང་། རིགས་རྒྱུད་མཐོང་ཚུང་། དམངས་འདོད་རིང་ལུགས་སོགས་ཆོར་སྐྱེན་བརྗོད་གཞི་མངོན་ཡོད། ཡིན་ནའང་དོན་རྐྱེན་དེའི་གླིང་ཕྱོགས་ཀྱི་འཕེལ་འགྱུར་བརྒྱུད་རིམ་ཡོངས་ལ་བལྟས་ན། འབྲེལ་ཡོད་སྡེ་ཁག་གིས་འཕྲལ་མ་ཉིད་དུ་དོན་རྐྱེན་དེའི་ངོ་བོ་གཏན་འཁེལ་བྱས་པ་མ་ཟད་བྱ་སྤྱོད་ཧྲུར་ཐག་སྤེལ་བས།

ད་ལམ་གླིང་ཕྱོགས་ཁྲིད་སྟོན་དང་གཞུང་ཕྱོགས་ཀྱི་ཐག་གཅོད་བྱ་ཐབས་ཟུང་འབྲེལ་ཡག་པོ་བྱུང་བས། ཕན་འབྲས་ཚུང་ཡག་པོ་ཐོན་ཡོད་པ་རེད།

1. སྨྱན་ལམ་ཁག་ཚང་མས་རང་འགུལ་དབང་ཆ་བཟུང་ཐུབ་པ། ཐོལ་བྱུང་སྤྱི་པའི་དོན་རྐྱེན་ཐག་གཅོད་བྱེད་པའི་བརྒྱུད་རིམ་ནང་། གླིང་ཕྱོགས་རབ་གཙོ་བོ་དེ་བརྒྱུད་གཞུང་ཕྱོགས་ཀྱི་རྣམ་འགྱུར་དང་ལང་ཕྱོགས་རྒྱུན་འཁྱོངས་བྱ་རྒྱུ་ནི་གླིང་ཕྱོགས་ཁྲིད་སྟོན་གྱི་དཔེ་གཞི་འདིའི་ཚོད་བགམ་གལ་ཆེན་ཞིག་ཡིན། ཐེངས་འདིའི་དོན་རྐྱེན་ལ་ཕྱིར་དྲན་ཞིག་བྱས་ཚེ། སེང་ག་པོར་གྱི་སྤྱི་འབྲེལ་སྨྱན་སྦྱོར་སྡེ་ཚོགས་བུ་ཁག་གི་ནང་བར་སྐབས་ཤིག་རིང་ལྟོག་ཕྱོགས་ཀྱི་དཔྱད་གླེང་འཐོར་ཆེན་ཐོན་ཡོད་པ་དང་། རྒྱལ་ཁབ་གཞན་པའི་སྨྱན་སྦྱོར་གྱིས་ཀྱང་སེང་ག་པོར་དུ་ཡོད་པའི་ཕྱི་རྒྱལ་གྱི་ལས་མིའི་ཐོབ་ཆ་དང་། དབུལ་ཕྱུག་རྗེ་བག། སྤྱི་ཚོགས་བརྟན་ལྷིང་སོགས་ཀྱི་ཐད་དོགས་སློང་བྱས་ཡོད། དེའི་ཐད་སེང་ག་པོར་གྱི་མཐོ་རིམ་དང་སྲིད་གཞུང་གིས་གསར་འགྱུར་ཁྱབ་བསྒྲགས་ཚོགས་འདུ་ཐེངས་མང་འཚོགས་ཏེ་འབྲེལ་གཏུག་མཐུན་སྦྱོར་བྱས་པས། ཟིང་འཁྲུག་བསྐྱར་དུ་ཐོན་པའི་ཉེན་ཁ་སེལ་བ་དང་། གླིང་ཕྱོགས་ཀྱི་འཕེལ་ཕྱོགས་ལ་སྟངས་འཛིན་ཐུབ་ཡོད། ཟིང་འཁྲུག་ལངས་རྗེས། རྒྱ་གར་དང་ཨ་རི་ཡི་སྨྱན་སྦྱོར་འགའ་རེས་བདེན་པ་མིན་པའམ་རྫོད་གཞི་ཡོད་པའི་གནས་འཕྲིན་སྤེལ་བར་སེང་ག་པོར་སྲིད་གཞུང་གིས་འཕྲལ་དུ་ཡི་གེ་བཏང་སྟེ་འབྲེལ་གཏུག་བྱས་པ་མ་ཟད་གསལ་བསྒྲགས་སྤེལ་བས། འབྲེལ་ཡོད་གནད་དོན་དུས་ཐོག་ཏུ་དག་སེལ་དག་འབུད་ཐུབ་ཡོད་པ་རེད།

2. དོན་རྐྱེན་རྗེས་ཀྱི་བརྟག་དཔྱད་ཀྱི་ནུས་པ་ཡག་པོ་ཐོན་པ། དོན་རྐྱེན་ཐོན་པའི་ཉིན་གཉིས་པའི་ཕྱི་དྲོ། སེང་ག་པོར་གྱི་ཙུང་ལི་ལི་ཞན་ལུང་གིས་སྨྱན་སྦྱོར་ལ་གསལ་བསྒྲགས་སྤེལ་ཏེ་དོན་རྐྱེན་དེའི་ཐད་བརྟག་དཔྱད་ཞུ་ཡོན་ལྷན་

ཁང་འཛུགས་རྒྱུའི་ཁྱབ་བསྒྲགས་བྱས་པ་མ་ཟད། མང་ཚོགས་ནས་སེམས་རྣལ་ལ་འབེབས་དགོས་པའི་རེ་འདོད་བྱས་ལ། དེ་རྗེས་སེང་ག་ཕོར་གྱི་འབྲེལ་ཡོད་སྡེ་ཁག་གིས་མང་ཚོགས་ནས་འགན་འཁུར་བའི་རྣམ་འགྱུར་བཅངས་ཐོག ཕྱི་ཕྱོགས་ནས་ཡོང་བའི་མིར་དམིགས་པའི་འཁྲུག་རྐྱེན་སློང་མི་རུང་བའི་རེ་འདོད་བྱས། དོན་རྐྱེན་ཐོན་པའི་རྗེས་ཀྱི་གནས་ཚུལ་ལ་བལྟས་ཚེ། བརྟག་དཔྱད་སྡེ་ཁག་འཕྲལ་དུ་བཙུགས་པ་དེས་སླེང་ཕྱོགས་ཀྱི་འཕེལ་ཚུལ་ཞི་འཇགས་ཡོང་བ་བྱ་རྒྱུར་ཤུགས་རྐྱེན་ཡག་པོ་ཐེབས་ཡོད། 2014ལོའི་ཟླ་7པར། སེང་ག་ཕོར་གྱི་ཙུང་ལི་གཞོན་པ་དང་རྒྱལ་ཁབ་བདེ་འཇགས་གཅིག་གྱུར་འཆར་འགོད་པུའུ་གྲང་དང་ནང་སྲིད་པུའུ་གྲང་གཅིག་སྟོགས་གྲང་གྲི་ཞན་གྱིས་འགན་འཁུར་པའི་བརྟག་དཔྱད་ཨུ་ཡོན་ལྷན་ཁང་གིས་བརྟག་དཔྱད་བྱས་འབྲས་ཁྱབ་བསྒྲགས་བྱས་པའི་ནང་། ར་བཟི་བ་དང་། གོ་ནོར་ཐེབས་པ། དེ་བཞིན་རིག་གནས་ཀྱི་ཧེ་བག་དང་སེམས་ཁམས་ཀྱི་རྒྱུ་རྐྱེན་བཅས་ནི་“རྒྱ་གར་ཚུང་ཚུང་”དུ་ཟིང་འཁྲུག་ལངས་པའི་རྒྱུ་རྐྱེན་ཆེན་པོ་གསུམ་ཡིན་ཞེས་བརྗོད་པ་དང་། ཕྱོགས་བསྡོམས་དེར་སླེང་ཕྱོགས་ཀྱི་ཁས་ལེན་ཐོབ་ཡོད། ཕན་འབྲས་ལྡན་པའི་ངང་བརྟག་དཔྱད་ལས་དོན་སྒྲིལ་བ་དང་དུས་བཀག་ལྟར་ལས་ཀའི་འཕེལ་རིམ་ཁྱབ་བསྒྲགས་བྱས་པ་དེས་སླེང་ཕྱོགས་ཁྲིད་སྟོན་ཐད་ཀློ་འབྱེད་ཀྱི་ནུས་པ་གལ་ཆེན་ཐོན་ཡོད་པ་རེད།

3. ཁྲིམས་ལྟར་ཐག་གཅོད་བྱ་རྒྱུ་དང་དྲ་ཐོག་ཡོངས་བསྒྲགས་གཉིས་ཟུང་འབྲེལ་བྱས་པ། སེང་ག་ཕོར་གྱི་བཅའ་ཁྲིམས་ལྟར་ན། སེང་ག་ཕོར་དུ་ཡོད་པའི་ཕྱི་རྒྱལ་བས་ཚོག་མཆན་མ་ཐོབ་པར་སྤྱི་པའི་འདུ་འཛོམས་གཉེར་བའམ་ཐེ་ཞུགས་བྱས་ན་ཁྲིམས་འགལ་གྱི་བྱ་སྤྱོད་ཡིན་པ་དང་། སེང་ག་ཕོར་གྱི་སྤྱི་འབངས་ཡིན་ཡང་གཏན་འཁེལ་གྱི་ས་ཆ་ཁོ་ནར་མ་གཏོགས་གང་བྱུང་དུ་ཐམ

སྟོན་བྱེ་མི་ཆོག་པའི་གཏན་འབེབས་བྱས་ཡོད། སེང་ག་ཕོར་སྲིད་གཞུང་གིས་བཅའ་ཁྲིམས་ལ་ནན་པོར་གཞིགས་ཏེ་ཁྲིམས་ལྟར་འཐྲལ་དུ་ཐག་ཆོད་པོའི་བྱ་ཐབས་སྤྱད་པས། ཟིང་འཁྲུག་ཚབས་ཆེ་རུ་དང་རྒྱ་ཆེ་རུ་འགྲོ་རྒྱུར་སྔོན་འགོག་ཐུབ་ཡོད། རྗེས་མཐུད་ཀྱི་ཐག་གཅོད་ཁྲིད། སེང་ག་ཕོར་སྲིད་གཞུང་གིས་བདེ་འཇགས་ཐད་ཀྱི་གནས་སྐབས་རང་བཞིན་གྱི་བྱ་ཐབས་མང་པོ་བཏོན་པ་དང་། དེ་དང་ཆབས་ཅིག་སྤྱི་འབྲེལ་སྨྱན་སྦྱོར་བརྒྱུད་གནས་ཚུལ་ཁྱབ་བསྒྲགས་བྱ་རྒྱུར་དོ་སྣང་བྱས་པས། མང་ཚོགས་དེ་བས་མང་བས་སྲིད་གཞུང་གི་བྱ་ཐབས་ཤེས་རྟོགས་ཐུབ་རྒྱུར་འགན་སྲུང་བྱས་ཡོད། དཔེར་ན། ཆང་རག་བཀག་འགོག་བཀའ་རྒྱ་ཁྱབ་བསྒྲགས་མ་བྱས་གོང་། སེང་ག་ཕོར་གྱི་འགྲིམ་འགྲུལ་པུའུ་གྲང་ལུའེ་ཏེ་ཡའོ་ཡིས་སྤྱི་འབྲེལ་སྨྱན་སྦྱོར་བརྒྱུད་གནས་ཚུལ་སྤེལ་ཏེ། རྒྱ་གར་ཆུང་ཆུང་ཟེར་བའི་སྡེ་ཁུལ་དེར་ཆང་རག་ཆོད་འཛིན་གྱི་བྱ་ཐབས་སྤྱོད་རྒྱུར་བསམ་གཞིགས་བྱེད་བཞིན་ཡོད་ཅེས་བརྗོད་ཡོད། དེ་ལྟ་བུའི་བྱ་ཐབས་ཀྱིས་གླིང་ཕྱོགས་ར་བར་བར་བརྒྱལ་གྱི་ཁེམ་པ་ཡོད་པར་བྱས་པ་དང་། དེས་འགལ་བ་ཇོ་ངར་ཆེ་རུ་འགྲོ་རྒྱུར་སྔོན་འགོག་ཐུབ་ཡོད།

དོན་ཚན་གསུམ་པ། རྒྱལ་ནང་གི་དཔེ་གཞི་དང་དེའི་དབྱེ་ཞིབ།

མིག་ཟུང་རྒྱལ་ནང་ལ་ཕྱོགས་ན། ད་ལམ་གླིང་ཕྱོགས་ཁྲིད་སྟོན་ལག་པོ་བྱུང་བའི་དཔེ་གཞི་མི་ཉུང་བ་ཡོད། གཤམ་གསལ་གྱི་འབྲེལ་ཡོད་སྒྱོད་དཔེ་ཐག་གཅོད་བྱེད་པའི་བརྒྱུད་རིམ་ནང་། སྲིད་གཞུང་སྡེ་ཁག་གིས་ལུགས་མཐུན་གྱི་གཏམ་བཤད་སྤེལ་བ་དང་། ཐག་གཅོད་བྱེད་སྣང་ཡོངས་བསྒྲགས་ཁ་གསལ་བྱུང་བ། ཆ་འཕྲིན་ཁྱབ་བསྒྲགས་དུས་ཐོག་གནད་འཕིགས་བྱུང་བ་

བཅས་ཀྱི་རྐྱེན་པས། ལུགས་མཐུན་ངང་གླིང་ཕྱོགས་ལ་ཁྲིད་སྟོན་བྱ་རྒྱུ་དང་། གླིང་ཕྱོགས་ཀྱི་ཉེན་ཁ་ལེགས་པར་སེལ་རྒྱུར་ནུས་པ་གལ་ཆེན་ཐོན་ཡོད།

གཅིག ལྔེ་བའི་གནད་དོན་ཐག་གཅོད་མཐའ་གཅིག་ཏུ་བྱས་པ་སྟེ། ཅི་ཡིན་ཁྲང་ཁྲུན་ཁྲང་ཧྲེང་སྐྱེ་དངོས་རིམས་འགོག་ཁབ་སྨན་ཀྲོད་གཞིའི་གླིང་ཕྱོགས་ཁྲིད་སྟོན།

2018ལོར། གནད་དོན་ཡོད་པའི་རིམས་འགོག་ཁབ་སྨན་དེ་ཀུན་གྱི་གླིང་གཞིར་གྱུར་པ་དང་། གང་དེ་མི་རྣམས་ནས་རྒྱུན་མཐུད་ངང་གླིང་བ་མ་ཟད། དེ་བས་ཀྱང་དོན་རྐྱེན་དེའི་ཐོག་ནས་རང་རྒྱལ་གྱི་སྤྱི་པའི་བདེ་འཇགས་མ་ལག་ཁྲོད་གནས་པའི་ཕྱོགས་མང་པོའི་གནད་དོན་མངོན་ཡོད་ཅིང་། དེ་དག་སྲིད་ཇུས་གཏན་འབེབས་དང་། ལྟ་སྐུལ་དོ་དམ། ཐག་གཅོད་ཚད་གཅོད་སོགས་ལྷུ་ཚིགས་མང་པོ་དང་འབྲེལ་བ་ཡོད། དོན་རྐྱེན་དེའི་ཐད་དྲ་གྲོགས་ཀྱི་དོ་ཁུར་བྱེད་ས་དེ་རིམས་འགོག་ཁབ་སྨན་གྱི་བདེ་འཇགས་རྐྱང་པ་ནས་རིམས་འགོག་ཁབ་སྨན་ལས་རིགས་ཀྱི་དོ་དམ་བར་དང་། དེ་ནས་སླར་ཡང་འབྲེལ་ཡོད་སྲིག་གཞི་སྲིག་ལུགས་ཀྱི་འཛུགས་སྐྲུན་བར། དྲ་གྲོགས་ནས་བསམ་འཆར་སྣ་ཚོགས་བཏོན་ཡོད་པ་དང་། དོན་རྐྱེན་དེའི་འཕེལ་རིམ་དེ་མི་རྣམས་ཀྱི་བསམ་ཡུལ་ལས་འདས་ཡོད། གླིང་ཕྱོགས་ཀྱི་འཕེལ་རིམ་ནས་བལྟས་ན། གནད་དོན་ཡོད་པའི་རིམས་འགོག་ཁབ་སྨན་གྱི་དོན་རྐྱེན་དེ་སྤྱིའི་ཆ་ནས་བཤད་ན། ཐོག་མར་ཐོན་པ་དང་། འགྱུར་ལྡོག་བྱུང་བ། ཞི་འཇགས་སུ་གྱུར་བ་བཅས་དུས་མཚམས་གསུམ་བརྒྱུད་ཡོད་པ་དང་། དེ་ནས་དོན་རྐྱེན་གྱི་ལྔེ་བའི་གནད་དོན་ཐག་གཅོད་འོས་འཚམས་བྱས་པ་དང་བསྟུན་ནས་གླིང་ཕྱོགས་རིམ་པས་ཞི་འཇགས་སུ་གྱུར་ཡོད།

【དོན་རྐྱེན་ཕྱིར་དྲན།】

2018ལོའི་ཟླ7པའི་ཚེས15ཉིན། རྒྱལ་ཁབ་སྨན་རྫས་ལྟ་སྐྱུལ་དོ་དམ་ཅུད་ཀྱིས་བརྗ་ཁྱབ་བཏང་བའི་ནང་། ཁྲང་ཁྲུན་ཁྲང་ཧྲེང་སྐྱེ་དངོས་ཚན་རྩལ་ཚད་ཡོད་ཀུང་སིའི་མིར་སྤྱོད་ཁྱི་སྨྱོན་ནད་ཀྱི་རིམས་འགོག་ཁབ་སྨན་འཁྱག་སྐམ་ཐོན་སྐྱེད་ཐད་ཐོ་འགོད་རྫུན་བཟོ་བྱས་པ་སོགས་ཀྱི་གནད་དོན་འདུག་ཅེས་བཤད་ཡོད། དེ་ཡང་2017ལོའི་ཟླ11པར་ཁྲང་ཧྲེང་སྐྱེ་དངོས་ཚན་རྩལ་མ་ཧྲང་ཚད་ཡོད་ཀུང་སིའི་རིམས་འགོག་ཁབ་སྨན་གྱི་ཕན་ནུས་དང་རིན་གོང་སྟོན་གྲངས་གཏན་འབེབས་དང་མི་མཐུན་པའི་སྐོར་བཏོན་རྗེས། དེ་ནས་ལོ་གཅིག་ཀྱང་མ་འགོར་བར་སླར་ཡང་རིམས་འགོག་ཁབ་སྨན་གྱི་སྤུས་ཚད་ཐད་གནད་དོན་ཐོན་པ་ཐེར་འདོན་བྱས་པ་ཞིག་རེད། 2018ལོའི་ཟླ7པའི་ཚེས16ཉིན། ཁྲང་ཧྲེང་སྐྱེ་དངོས་ཀུང་སིས་སྤྱི་བསྒྲགས་སྤེལ་ཏེ། ལོ་དུས་ཐིམ་མེད་པའི་མིར་སྤྱོད་ཁྱི་སྨྱོན་ནད་ཀྱི་རིམས་འགོག་ཁབ་སྨན་འཁྱག་སྐམ་ཚང་མ་ཕྱིར་བསྡུ་བྱ་རྒྱུའི་སྐོར་བཤད་པ་དང་། སྤྱི་ཟླ7པའི་ཚེས19ཉིན། ཁྲང་ཧྲེང་སྐྱེ་དངོས་ཀུང་སིས《ཅི་ལིན་ཞིང་ཆེན་ཟས་རིགས་སྨན་རྫས་ལྟ་སྐྱུལ་དོ་དམ་ཅུད་ཀྱི་སྲིད་འཛིན་ཆད་གཅོད་གཏན་འབེབས་ཡི་གེ》འབྱོར་ཚུལ་བཤད་ཡོད། ཡིན་ནའང་དོན་རྐྱེན་དེ་དམངས་འཚོ་དང་འབྲེལ་བའི་རྐྱེན་གྱིས། ཆད་གཅོད་བྱས་པ་ཙམ་གྱིས་གླེང་ཕྱོགས་ཀྱི་ཚ་ཆ་ཞི་ཐབས་འཛུགས་མེད། དེ་རྗེས་གཟའ་འཁོར་གཅིག་སོང་རྗེས། གནད་དོན་ཡོད་པའི་རིམས་འགོག་ཁབ་སྨན་གྱི་དོན་རྐྱེན་དེའི་སྐོར་མི་སྣེར་གྱི་སྨྱན་སྦྱོར་དང་སྤྱི་འབྲེལ་སྨྱན་སྦྱོར་ཐོག་གང་སར་ཁྱབ་ཅིང་། ལོ་དེའི་ལབ་གླེང་མང་ཤོས་ཀྱི་གླེང་ཕྱོགས་དོན་རྐྱེན་ཞིག་ཏུ་གྱུར་ཡོད།

2018ལོའི་གླེང་ཕྱོགས་ར་བར་སྐད་གྲགས་ཆོད་པའི་ཁྲང་ཁྲུན་ཁྲང་ཧྲེང་སྐྱེ་དངོས་རིམས་འགོག་ཁབ་སྨན་གྱི་དོན་རྐྱེན་དེ་ལོ་ཧྲིལ་པོའི་ཚབས་ཆེ་ཤོས་ཀྱི་སྤྱི་

པའི་ཐླིང་ཕྱོགས་ཀྱི་དོན་རྐྱེན་གྲས་སུ་གྱུར་ཡོད། དམངས་འཚོ་དང་འབྲེལ་བའི་ཐླིང་གཞིའི་ཚོར་སྐྱེན་རང་བཞིན་དང་རྟོག་འཛིན་རང་བཞིན་གྱི་དབང་གིས། སྲིད་གཞུང་གིས་དོན་རྐྱེན་དེར་ཁ་གཏད་གཙོག་པའི་དཀའ་ཚོགས་ཆེས་ཆེ་བ་དང་། ཐླིང་ཕྱོགས་ཀྱི་ཚ་རླབས་འཇགས་པ་བྱ་རྒྱུ་དང་། ཐླིང་ཕྱོགས་ཀྱི་འཕེལ་ཕྱོགས་ལ་ལུགས་མཐུན་ངང་སྔངས་འཛིན་བྱེད་པའི་ཐད། ཐླིང་ཕྱོགས་བསྐྱར་ལངས་རྒྱག་ཏ་ཙང་སླ་པོ་ཡོད།

【ཐླེང་ཕྱོགས་འཕེལ་རིམ་གསེད་འགྲོལ།】

1. **ཐླེང་ཕྱོགས་གབ་གནས་དུས་རིམ།** （2018ལོའི་ཟླ7པའི་ཚེས15ནས་ཚེས20ཉིན་བར།）སྤྱི་ཟླ7པའི་ཚེས15ཉིན། རྒྱལ་ཁབ་སྨན་རྫས་ལྟ་སྐུལ་དོ་དམ་ཅུད་ཀྱིས་ཁྲང་ཁྲུན་ཁྲང་ཧྲེང་ཀུང་སིས་སྒྲིག་འགལ་ཁྲིམས་འགལ་གྱིས་ཁྱི་སྨྱོན་ནད་ཀྱི་རིམས་འགོག་ཁབ་སྨན་ཐོན་སྐྱེད་བྱས་པའི་བརྫ་ཁྲབ་བཏང་བ་དང་། སྤྱི་ཟླ7པའི་ཚེས17ཉིན། ཁྲང་ཁྲུན་ཁྲང་ཧྲེང་ཀུང་སིས་ཁྱི་སྨྱོན་ནད་ཀྱི་རིམས་འགོག་ཁབ་སྨན་ཐག་གཅོད་བྱས་ཚུལ་ཐད་ལན་ཆ་བྱས་ཡོད། ཁྲང་ཁྲུན་ཁྲང་ཧྲེང་ཀུང་སིས་གསལ་བསྒྲགས་སྤེལ་བའི་ནང་། ཐླང་བྱ་ལྟར་ཁྱི་སྨྱོན་ནད་ཀྱི་རིམས་འགོག་ཁབ་སྨན་ཐོན་སྐྱེད་བྱེད་མཚམས་བཞག་པ་མ་ཟད། དེའི་ཐད་དགོངས་དག་ཐུགས་བདེན་ཞུ་རྒྱུ་ཡིན་ཞེས་བཤད་ཡོད། སྤྱི་ཟླ7པའི་ཚེས18ཉིན། ཅི་ལིན་ཞིང་ཆེན་ཟས་རིགས་སྨན་རྫས་ལྟ་སྐུལ་དོ་དམ་ཅུད་ཀྱིས་ཁྲང་ཁྲུན་ཁྲང་ཧྲེང་ཀུང་སིས་ཚད་མ་ལོན་པའི་སྐྲ་ནད་སྔོན་འགོག་ཁབ་སྨན་ཐོན་སྐྱེད་བྱས་པར་སྲིད་འཛིན་ཉེས་ཆད་སྒོར་ཁྲི344བཅད་ཡོད། སྤྱི་ཟླ7པའི་ཚེས19ཉིན། ཁྱི་སྨྱོན་ནད་ཀྱི་རིམས་འགོག་ཁབ་སྨན་གྱི་རྟོག་དྲ་མ་འཇགས་གོང་སྐྲ་ནད་རིམས་འགོག་ཁབ་སྨན་གྱི་རྟོག་དྲ་ཐོན་པས། ཁྲང་ཁྲུན་སྐྲེ་དངོས་ཀུང་སིས་སྤྱི་བསྒྲགས་སྤེལ་ཏེ། ཀུང་སི་དེའི་ཡན་ལག་ཀུང་སི་ཁྲང་ཁྲུན་ཁྲང་ཧྲེང་

ཀུང་སིར་ཅི་ལིན་ཞིང་ཆེན་ཟམ་རིགས་སྨན་རྫས་ལྟ་སྐྱུལ་དོ་དམ་ཅུད་ཀྱི་སྐྱེ་ནད་རིམས་འགོག་ཁབ་སྨན་སྐོར་གྱི་གྲོད་གཞི་རྙིང་པའི་ཆད་གཅོད་གཏན་འབེབས་འགྱུར་བ་ཁྱབ་བསྒྲགས་བྱས་ཡོད། དུས་མཚམས་དེར་རྒྱལ་ཁབ་སྨན་རྫས་ལྟ་སྐྱུལ་དོ་དམ་ཅུད་ཀྱི་ཆད་གཅོད་བསམ་འཆར་ཁྱབ་བསྒྲགས་བྱས་པ་དང་། ཁྲང་ཁྲུན་ཁྲང་ཧྲེང་ཀུང་སིས་ཀྱང་ཆད་གཅོད་དེར་དམིགས་ནས་དུས་ཐོག་ཏུ་སྤྱི་བསྒྲགས་སྤེལ་བས། སློང་ཕྱོགས་ཀྱི་རྣམ་པ་ཅུང་ཞི་ལྷོད་དུ་གྱུར་བ་དང་། དེ་དང་འབྲེལ་ཡོད་ཀྱི་གསར་འགྱུར་ཡང་གཞི་ཁྱོན་ཆེན་པོས་སྤེལ་མཁན་བྱུང་མེད། ཡིན་ནའང་དཔྱད་སློང་ལ་དབྱེ་ཞིབ་བྱས་པ་ལས་མཐོང་ཐུབ་པར། དྲ་གྲོགས་རྣམས་ཀྱི་དོ་ཁུར་བྱེད་ས་གཙོ་བོ་དེ་ཚད་མ་ལོན་པའི་རིམས་འགོག་ཁབ་སྨན་གྱི་གནོད་འཚེ་དང་། ཆད་གཅོད་ཡང་དྲགས་པ། གནད་དོན་ཡོད་པའི་རིམས་འགོག་ཁབ་སྨན་སླར་ཡང་ཐོན་པ་སོགས་ཀྱི་ཐད་གཅིག་སྡུད་བྱས་ཡོད་པ་དང་། འབྲེལ་ཡོད་ཁེ་ལས་ཀྱི་ཁས་ལེན་ནང་དེའི་སྐོར་གྱི་དོགས་སློང་ལ་ལན་ཆ་བྱས་མེད་པས། དེའི་རྗེས་སློང་ཕྱོགས་ཀྱི་ལབ་སློང་ཐོན་རྒྱུར་མཐུན་རྐྱེན་བསྐྲུན་ཡོད།

2. **སློང་ཕྱོགས་རྩོལ་ཤུགས་དུས་རིམ།** (2018ལོའི་ཟླ7པའི་ཚེས21ཉིན་ནས23ཉིན་བར།) སྤྱི་ཟླ7པའི་ཚེས21ཉིན། འགོ་བརྗོད་དུ་འགོག་སྨན་རྒྱལ་པོ་ཞེས་འབོད་པའི་སྐོར་གྱི་སྨྱན་སྦྱོར་གྱི་རྩོམ་ཡིག་ཅིག་མི་མང་པོས་བརྒྱུད་སྐུར་དང་དོ་སྣང་བྱས་པ་དང་། དེ་ལྟར་གནད་དོན་ཡོད་པའི་རིམས་འགོག་ཁབ་སྨན་ལ་སྤྱི་དམངས་ནས་རྒྱ་ཁྱབ་ངང་དོ་སྣང་བྱས་ཡོད། སློང་ཕྱོགས་རྩོལ་ཤུགས་བརྒྱབ་རྗེས་རྒྱལ་ཁབ་སྨན་རྫས་ལྟ་སྐྱུལ་དོ་དམ་ཅུད་ཀྱིས་གྲོད་དོན་ཐོ་འགོད་བརྟག་ཞིབ་བྱས་པ་མ་ཟད་ཁྲང་ཁྲུན་ཁྲང་ཧྲེང་གིས་ཐོན་སྐྱེད་བྱེད་མཚམས་འཇོག་དགོས་པའི་བཀའ་ཕབ་པ་དང་། ཁྲང་ཁྲུན་ཉེན་རྟོག་ཕྱོགས་ནས་ཁྲང་ཁྲུན་ཁྲང་ཧྲེང་གིས་སྒྲིག་འགལ་ཁྲིམས་འགལ་ཐོག་ནས་ཁྱི་སྨྱོན་ནད་ཀྱི་

རིམས་འགོག་ཁབ་སྨན་ཐོན་སྐྱེད་བྱས་པའི་ཐད་ཀྱི་དོན་ཐོ་འགོད་དང་བརྟག་དཔྱད་བྱས་ཡོད། སྤྱི་ཟླ7པའི་ཚེས22ཉིན། རྒྱལ་སྲིད་སྤྱི་ཁྱབ་ཁང་གི་རྩུང་ལི་ལི་ཁེ་ཆང་གིས་རིམས་འགོག་ཁབ་སྨན་གྱི་དོན་རྐྱེན་དེའི་ཐད་མཆན་བཀོད་མཇུབ་སྟོན་གནང་སྟེ། རྒྱལ་སྲིད་སྤྱི་ཁྱབ་ཁང་གིས་འཕྲལ་དུ་བརྟག་དཔྱད་ཚོ་ཆུང་བཏང་ཐོག་རིམས་འགོག་ཁབ་སྨན་ཐོན་སྐྱེད་དང་བྲིན་ཚོང་སོགས་བརྒྱུད་རིམ་ཧྲིལ་པོ་དང་ལྷུ་ཚིགས་ཧྲིལ་པོར་ཞིབ་བཤེར་མཐར་ཕྱིན་པ་བྱེད་པ་དང་། ཁེ་ལས་གང་དང་མི་སུ་ལ་ཐུག་ཀྱང་ཆད་པ་ནན་པོ་གཅོད་པ་ལས་གུ་ཡངས་གཏན་ནས་མི་གཏོང་བ། མི་དམངས་ཀྱི་ཚེ་སྲོག་བདེ་འཇགས་ལ་གནོད་འཚེ་བཟོ་བའི་ཁྲིམས་འགལ་ཉེས་གསོག་བྱ་སྤྱོད་མཐའ་དག་ལ་ རྡུང་རྡེག་ནན་པོ་གཏོང་བ། ཁྲིམས་འགལ་བར་ཁྲིམས་ལྟར་ཆད་པ་ནན་པོ་གཅོད་པ། ལྟ་སྐྱུལ་ངོ་དམ་ཐད་འགན་འཛོལ་ཤོར་མཁན་གྱི་འགན་འཁྲི་བདའ་འདེད་ནན་པོ་བཅས་བྱས་ནས། གང་མགྱོགས་མི་དམངས་མང་ཚོགས་ལ་བདེ་འཇགས་དང་། བློས་འགེལ་ཚོག་པ། ཡིད་རྟོན་རུང་བ་བཅས་ཀྱི་འཚོ་བའི་ཁོར་ཡུག་ཅིག་བསྐྲུན་དགོས་པའི་བླང་བྱ་བཏོན་ཡོད། སྤྱི་ཟླ7པའི་ཚེས23ཉིན། ཕྱི་རྒྱལ་དུ་འཚམས་འདྲི་གནང་བཞིན་ཡོད་པའི་ཀྲུང་གུང་ཀྲུང་དབྱང་གི་སྤྱི་ཁྱབ་རྩུའུ་ཅི། རྒྱལ་ཁབ་ཀྱི་ཀྲུའུ་ཞི། ཀྲུང་དབྱང་དམག་ཨུད་ཀྱི་ཀྲུའུ་ཞི་ཞི་ཅིན་ཕིང་གིས་མཇུབ་སྟོན་གལ་ཆེན་གནང་བའི་ནང་། ཁྲང་ཁྲུན་ཁྲང་ཧྲེང་སྐྱེ་དངོས་ཚན་རྩལ་ཚད་ཡོད་འགན་འཁྲི་ཀུང་སིས་ཁྲིམས་འགལ་སྒྲིག་འགལ་གྱི་ཐོག་ནས་རིམས་འགོག་ཁབ་སྨན་ཐོན་སྐྱེད་བྱས་པ་དེ་ནི་བྱ་བ་ཤིན་ཏུ་ངན་པ་ཞིག་ཡིན་པ་དང་། མི་རྣམས་ཧང་སངས་དགོས་པ་ཞིག་རེད། འབྲེལ་ཡོད་ས་ཁུལ་དང་སྡེ་ཁག་ནས་མཐོང་ཆེན་བྱས་ཐོག། གནས་ཚུལ་དངོས་འཕྲལ་དུ་བརྟག་དཔྱད་བྱ་དགོས་པ་དང་། རྩད་གཅོད་མཐར་ཕྱིན་པ་བྱེད་པ་དང་། འགན་འཁྲི་བདའ་

འདེད་ནན་པོ་བྱས་ནས། ཁྲིམས་ལྟར་ཚད་པ་ནན་པོ་གཅོད་དགོས། བརྟག་དཔྱད་ཀྱི་འཕེལ་རིམ་དུས་ཐོག་ཏུ་ཁྱབ་བསྒྲགས་བྱེད་པ་དང་། མང་ཚོགས་ཀྱི་ངོ་ཁུར་བྱེད་སར་ལན་ཆ་ཏན་ཏིག་བྱ་དགོས་ཞེས་བསྟན་གནང་ཡོད། ཞི་ཅིན་ཕིང་གིས། སྨན་རྫས་ཀྱི་བདེ་འཇགས་ལ་འགན་སྲུང་བྱ་རྒྱུ་ནི་རིམ་ཁག་ཏང་ཨུད་དང་སྲིད་གཞུང་གི་ གློག་ཐབས་མེད་པའི་འགན་འཁྲི་ཡིན་པས། མི་དམངས་མང་ཚོགས་ཀྱི་གཟུགས་གཞིའི་བདེ་ཐང་ཐོག་མཐའ་བར་གསུམ་དུ་ཨང་དང་པོར་འཛོག་དགོས་པ་དང་། རང་རྒྱལ་གྱི་རིམས་འགོག་སྨན་རྫས་དོ་དམ་སྒྲིག་གཞི་སེམས་ཐག་གཙང་བཅད་ཀྱིས་འཕྲུས་སྐྱོ་ཚང་དུ་གཏོང་དགོས། བདེ་འཇགས་ཀྱི་མཐའ་ཐིག་མཐའ་གཅིག་ཏུ་སྲུང་ནས། མང་ཚོགས་ཀྱི་བདེ་རྩར་ཐུག་པའི་ཁེ་ཕན་དང་སྤྱི་ཚོགས་བདེ་འཇགས་བརྟན་ལྷིང་གི་གནས་བབ་ཆེན་པོར་ནུས་ཤུགས་ཡོད་རྒྱུས་འགན་སྲུང་བྱ་དགོས་ཞེས་ནན་སྟོན་གནང་ཡོད། དེ་ལྟར་རྒྱལ་སྲིད་སྤྱི་ཁྱབ་ཁང་གིས་ཆེད་དོན་ལས་དོན་སྒྲིག་གཞི་བཙུགས་པ་མ་ཟད། བརྟག་དཔྱད་ཚོ་ཆུང་ཁྲང་ཁྲུན་ཁྲང་རྫིང་ཀུང་སིར་བཅའ་སྡོད་བྱེད་བཙུག་སྟེ་བརྟག་དཔྱད་བྱས་ཡོད་པ་རེད། དུས་མཚམས་དེར་འབྲེལ་ཡོད་གསར་འགྱུར་ཇེ་མང་དུ་ཕྱིན་པ་དང་། སྤྱི་འབྲེལ་སྒྲུན་སྦྱོར་གྱིས་རྒྱ་ཁྱབ་ངང་བརྒྱུད་སྤེལ་བྱས་པ། བརྟག་དཔྱད་རིམ་པས་གཏིང་ཟབ་ཏུ་ཕྱིན་པ་བཅས་དང་བསྟུན་ཏེ། རྩལ་སྲུངས་དང་། དཔལ་འབྱོར་ཁེ་ཕན་སོགས་ཀྱི་སྙིང་གཞི་དང་འབྲེལ་བ་བྱས་ཡོད་ཅིང་། དེས་རིམས་འགོག་ཁབ་སྨན་གཞན་དག་ཐོན་སྐྱེད་བྱེད་མཁན་ཁེ་ལས་ལ་ཡང་ཤུགས་རྐྱེན་ཐེབས་ཡོད་པ་རེད།

3. **སྙིང་ཕྱོགས་ཁྱབ་འགྱེད་དུས་རིམ།** （2018ལོའི་ཟླ7པའི་ཚེས24ཉིན་ནས་ཟླ8པའི་ཚེས15ཉིན་བར།）སྤྱི་ཟླ7པའི་ཚེས24ཉིན། ཁྲང་ཁྲུན་ཁྲང་རྫིང་ཀུང་སིའི་ལས་འཛིན་དཔོན་གཱའོ་མོའུ་རྡུང་སོགས་མི15ཉིས་དོན་

བཀག་ཉར་བྱས་པ་དང་། སྤྱི་ཟླ7པའི་ཚེས27ཉིན། རྒྱལ་སྲིད་སྤྱི་ཁྱབ་ཁང་གི་བརྟག་དཔྱད་ཚོ་ཆུང་གིས་གཞི་རྩའི་ཆ་ནས་རྩད་ཆོད་པ་ལྟར་ན། ཁྲང་ཁྲུན་ཁྲང་རྫེང་གིས་དོན་དངོས་སྦྲ་གསང་བྱ་ཆེད་འབྲེལ་ཡོད་དཔང་རྟགས་མེད་པར་བཟོས་པ་དང་། ཁྱི་སྐྱོན་ནད་ཀྱི་རིམས་འགོག་ཁབ་སྨན་དེ་དག་ཐེངས་རིམ་མི་འདྲ་བར་ཕན་ཚུན་བསྲེས་ཡོད་པ་རེད། སྤྱི་ཟླ7པའི་ཚེས29ཉིན། ཁྲང་ཁྲུན་ཉེན་རྟོག་ཕྱོགས་ནས་ཞིབ་དཔྱོད་ཁང་ལ་ཁྲང་ཁྲུན་ཁྲང་རྫེང་ཀུང་སིའི་ལས་འཛིན་དཔོན་ཀའོ་མོའུ་ཧྲུང་སོགས་མི18འཛིན་བཟུང་བྱ་རྒྱུའི་ཚོག་མཆན་ཞུས་ཡོད། སྤྱི་ཟླ7པའི་ཚེས30ཉིན། རྒྱལ་སྲིད་སྤྱི་ཁྱབ་ཁང་གིས་ཁྲང་ཁྲུན་ཁྲང་རྫེང་ཀུང་སིས་ཁྲིམས་འགལ་སྒྲིག་འགལ་ཐོག་ནས་ཁྱི་སྐྱོན་ནད་ཀྱི་རིམས་འགོག་ཁབ་སྨན་ཐོན་སྐྲུན་བྱས་པར་བརྟག་དཔྱད་བྱས་ཚུལ་གྱི་སྐོར་ཞུར་གསན་པ་དང་། སྐྱོད་འབྲེལ་གྱི་རིམས་འགོག་ཁབ་སྨན་མེད་པར་བཟོ་དགོས་པའི་གླང་བྱ་བཏོན། རྒྱལ་ཁབ་ཀྱི་ཁྲིམས་འཛིན་སྡེ་ཁག་ཐེ་ཞུགས་བྱས་པ་དང་བསྟུན་ནས། དོན་རྐྱེན་དེའི་རྩ་ལག་རྩ་ཁུངས་གཞི་རྩའི་ཆ་ནས་རྩད་ཆོད་པ་དང་། སྐྱོད་འབྲེལ་ཁེ་ལས་ལ་བརྟག་དཔྱད་བྱས་ཚུལ་དང་ཆད་པ་བཅད་ཚུལ་གཅིག་རྗེས་གཉིས་མཐུད་ཀྱིས་ཁྱབ་བསྒྲགས་བྱས་པས། གླིང་ཕྱོགས་དུས་བབ་གཞི་རྩའི་ཆ་ནས་ཞི་སྙོད་དུ་ཕྱིན་ཡོད།

4. གླིང་ཕྱོགས་མཇུག་སྒྲིལ་བའི་དུས་རིམ། （2018ལོའི་ཟླ8པའི་ཚེས15ཉིན་གྱི་རྗེས།）སྤྱི་ཟླ8པའི་ཚེས16ཉིན། རྒྱལ་སྲིད་སྤྱི་ཁྱབ་ཁང་གི་བརྟག་དཔྱད་ཚོ་ཆུང་གི་བརྟག་དཔྱད་མཇུག་འབྲས་ལ་གཞིགས་ནས། ཅི་ལིན་ཞིང་ཆེན་ཨུ་ཡོན་ལྷན་ཁང་གིས་རྒྱུན་ལས་ཨུ་ཡོན་ལྷན་ཁང་གི་གྲོས་ཚོགས་ཐོག་ཞིབ་འཇུག་བྱས་པ་བརྒྱུད། ཁྲང་ཁྲུན་ཁྲང་རྫེང་ཀུང་སིས་ཁྲིམས་འགལ་སྒྲིག་འགལ་ཐོག་ནས་ཁྱི་སྐྱོན་ནད་ཀྱི་རིམས་འགོག་ཁབ་སྨན་ཐོན་སྐྲུན་བྱས་པ་དེའི་ཐད་ལྟ་

སྐྱུལ་དོ་དམ་གྱི་འགན་ལག་པོ་འཁུར་མེད་པ་དང་། ས་ཕྱོགས་དོ་དམ་གྱི་འགན་འཁྲི་ལག་པོ་འཁུར་མེད་པ། ཐད་ཀའི་འགན་འཁྲི་དང་འགོ་ཁྲིད་ཀྱི་འགན་འཁྲི་ཡོད་པའི་འབྲེལ་ཡོད་མི་སྣར་རྩ་འཛུགས་ཀྱིས་ཐག་གཅོད་བྱ་རྒྱུའི་ཐག་བཅད་པ་དང་། ཉིན་དེར་སྤྱི་བདེ་ལས་ཁུངས་ཀྱིས་ཁྲང་ཁྲུན་ཁྲང་ཧྲེང་ཀུང་སིའི་སྤྱོད་དོན་ཐད་བརྟག་དཔྱད་མཇུག་སྒྲིལ་ནས་ཉེས་བསགས་དོགས་ཡོད་མི་སྣ་ཚང་མ་ཁྲིམས་ལྟར་ཞུ་གདུག་བྱ་རྒྱུར་བསྐྱལ། ཙུང་ལི་ལི་ཁེ་ཆང་གིས་རྒྱལ་སྲིད་སྤྱི་ཁྱབ་ཁང་གི་རྒྱུན་ལས་གྲོས་ཚོགས་གཙོ་སྐྱོང་གནང་སྟེ་ཁྲང་ཁྲུན་ཁྲང་ཧྲེང་སྐྱེ་དངོས་རིམས་འགོག་ཁབ་སྨན་གྱི་སྤྱོད་དོན་བརྟག་དཔྱད་བྱས་ཚུལ་དང་ཆད་གཅོད་ཀྱི་གནས་ཚུལ་སྐོར་གྱི་སྙན་ཞུར་གསན་ཡོད། འབྲེལ་ཡོད་ལས་དོན་གྱི་བཀོད་སྒྲིག་དེ་གླིང་ཕྱོགས་ལ་ཁ་གཏད་གཅོག་པའི་དུས་ཚོད་རང་བཞིན་དང་ཤིན་ཏུ་མཐུན་པོ་བྱུང་བས། གནད་དོན་ཡོད་པའི་རིམས་འགོག་ཁབ་སྨན་གྱི་སྤྱོད་གཞིའི་གླིང་ཕྱོགས་ཞི་འཇགས་ཡོང་རྒྱུར་འགན་སྲུང་ནུས་ལྡན་ཐུབ་ཡོད།

【གླིང་ཕྱོགས་ཀྱི་ཁྲིད་སྟོན་དང་དེ་ལས་བྱུང་བའི་བློ་འབྱེད།】

1. རྒྱལ་ཁབ་ཀྱི་འགོ་ཁྲིད་ནས་དུས་ཐོག་ཏུ་མཚན་བཀོད་མཇུབ་སྟོན་གནང་བ་དེས་མང་ཚོགས་གནས་བཟོད་བདེ་བར་གྱུར་པ། 2018ལོའི་ཟླ7པའི་ཚེས22ཉིན། ཙུང་ལི་ལི་ཁེ་ཆང་གིས་མཚན་བཀོད་མཇུབ་སྟོན་གནང་སྟེ། དོན་རྐྱེན་ཞིབ་བཤེར་ནན་པོ་དང་ཞིབ་བཤེར་མཐར་ཕྱིན་བྱ་དགོས་པའི་གཞི་རྩའི་བྱེད་ཕྱོགས་གཏན་འཁེལ་མཛད། གླིང་ཕྱོགས་རྩོབ་ལངས་ཀྱི་དུས་ལ་སླེབས་རྗེས། ཕྱི་རྒྱལ་དུ་འཚམས་འདྲི་གནང་བཞིན་ཡོད་པའི་སྤྱི་ཁྱབ་ཏྲུའུ་ཅི་ཞི་ཅིན་ཕིང་གིས་མཇུབ་སྟོན་གལ་ཆེན་གནང་བ་དེས་སྟེ་ཚན་ཁག་གིས་བརྟག་དཔྱད་བྱེད་པའི་མྱུར་ཚད་མགྱོགས་སུ་གཏོང་རྒྱུར་སྐུལ་མ་ཐེབས་ཡོད། འབྲེལ་ཡོད་མཚན་བཀོད་མཇུབ་སྟོན་དེ་དག་དོན་རྐྱེན་གྱི་གླིང་ཕྱོགས་ཚབས་ཆེ་རུ་འགྲོ་

བའི་འགག་གནད་དུ་གནང་བ་ཞིག་ཡིན་པས། དེ་དག་མང་ཚོགས་ཀྱི་བློ་ལ་བབ་ཅིང་། ད་ལམ་གླིང་ཕྱོགས་ལ་ལུགས་མཐུན་གྱི་ཁྲིད་སྟོན་བྱ་རྒྱུར་སྲིད་ཇུས་ཀྱི་འདེགས་སྐྱོར་ཐུབ་ཡོད་པ་དང་། གླིང་ཕྱོགས་ལ་ཁ་གཏད་གཙོག་པའི་ཁ་ལོ་སྒྱུར་མཚམས་སུ་གྱུར་པ་དང་། གླིང་ཕྱོགས་འཕེལ་འགྱུར་གྱི་ཆོས་ཉིད་དང་ཡང་མཐུན་ཡོད།

2. དུས་ཐོག་ཏུ་བརྟག་དཔྱད་མཇུག་འབྲས་ཁྱབ་བསྒྲགས་བྱས་པ་མ་ཟད་ཐག་གཅོད་ནན་པོ་བྱས་ཤིང་། མང་ཚོགས་ཀྱི་དོ་ཁུར་བྱེད་པའི་གནད་དོན་ལ་ལན་ཆ་བྱ་རྒྱུར་དོ་སྣང་བྱས་པས། གླིང་ཕྱོགས་ཀྱི་ལབ་གླིང་ཞི་སྡོད་དུ་བཏང་། ཁྲང་ཁྲུན་ཁྲང་རྫིང་སྐྱི་དངོས་རིམས་འགོག་ཁབ་སྨན་གྱི་གྱོད་དོན་ཐད་ནས་བཤད་ཚེ། གླིང་ཕྱོགས་ལ་ཁྲིད་སྟོན་བྱེད་པའི་འགག་རྩའི་ལྷུ་ཚོགས་ཤིག་ནི་གྱོད་དོན་གྱི་འཕེལ་རིམ་དུས་ཐོག་ཏུ་ཁྱབ་བསྒྲགས་བྱས་པ་དེ་ཡིན། 1961ལོར། ཨ་རིའི་སྐམ་དམག་སྨན་ཁང་གི་སྨུར་སྐྱོབ་ཚན་ཁག་གི་སྨན་པ་བསླབ་པ་ཏན་གྲས་ཡ་ཏང・ཁའོ་ལི་ཡིས་ཐེངས་དང་པོར་དུས་བཟང་ཆུ་ཚོད་གཅིག་ཅེས་པའི་རྩ་དོན་བརྗོད་པ་དང་། དེ་རྗེས་རྩ་དོན་དེ་ཉམས་ཉེན་ལ་ཁ་གཏད་གཙོག་པའི་ཁྱབ་ཁོངས་སུ་རྒྱ་ཁྱབ་ངང་བེད་སྤྱོད་བྱས་པ་དང་། གང་དེས་ཐོལ་བྱུང་དོན་རྐྱེན་གྱི་དུས་ཚོད་ཐད་ཚད་གཞི་གསལ་པོ་བརྗོད་ཡོད། རྒྱུན་གཏན་གྱི་གསར་འགྱུར་ཁྱབ་བསྒྲགས་དང་བསྡུར་ཚེ། ཐོལ་བྱུང་དོན་རྐྱེན་ནི་མང་ཚོགས་ཀྱི་ཁེ་ཕན་དང་སྤྱི་པའི་བདེ་འཇགས་དང་འབྲེལ་བ་ཡོད་པས། ཏང་སྲིད་སྡེ་ཁག་དག་གླིང་ཕྱོགས་ཀྱི་དོགས་པ་བྱ་ཡུལ་དུ་འགྱུར་ཉེན་ཆེན་པོ་ཡོད། 2016ལོའི་ཟླ11པའི་ཚེས15ཉིན། རྒྱལ་སྲིད་སྤྱི་ཁྱབ་ཁང་གཞུང་དོན་ཐིང་གིས།《སྲིད་དོན་ཡོངས་བསྒྲགས་ལས་དོན་གྱི་བསམ་འཆར〈ལག་བསྟར་ཞིབ་སྒྲིལ〉》ཞེས་པ་པར་འགྲེམས་བྱས་ཏེ། ཚབས་ཏ་ཅང་ཆེ་བ་དང་ཚབས་ཆེ་བའི་

ཐོལ་བྱུང་དོན་རྐྱེན་དང་འབྲེལ་བའི་སྲིད་དོན་གླིང་ཕྱོགས་ཐད་གང་མགྱོགས་ལན་ཆ་བྱ་དགོས་པ་དང་། འགོར་ཤོས་ལ་ཡང་ཆུ་ཚོད་5ཡི་ནང་ཚུན་དུ་ཁུངས་བཙན་ཆ་འཕྲིན་སྤེལ་དགོས་པ། ཆུ་ཚོད་24ཡི་ནང་ཚུན་དུ་གསར་འགྱུར་ཁྱབ་བསྒྲགས་ཚོགས་འདུ་འཚོགས་དགོས་པ་བཅས་ཀྱི་བླང་བྱ་བཏོན་ཡོད། ལན་ཆ་བྱ་རྒྱུར་ཇི་ཙམ་འགྱངས་ན་གླིང་ཕྱོགས་ཁྲིད་སྟོན་དེ་ཙམ་གྱིས་གཞན་དབང་དུ་འགྱུར་བཟོ་ཡོད་པ་དང་། ལན་ཆ་ཇི་ཙམ་གྱིས་སྔ་བ་བྱས་ཆེ་གླིང་ཕྱོགས་ཁྲིད་སྟོན་གྱི་རང་འགུལ་དབང་ཆ་དེ་ཙམ་གྱིས་ཆེ་བ་ཡོད། འབྲེལ་ཡོད་སྡེ་ཁག་གིས་ཆ་འཕྲིན་ཡོངས་བསྒྲགས་ལམ་ལུགས་ལག་བསྟར་ནན་པོ་བྱས་ཏེ་གླིང་ཕྱོགས་ཁྲིད་སྟོན་ལ་ནུས་ཡོད་ཀྱི་འདེགས་སྐྱོར་བྱ་དགོས། དམངས་སེམས་གང་དུ་ཕྱོགས་ན་དེ་གར་སྲིད་སེམས་སླེབས་པ་བྱ་དགོས། མི་དམངས་ཀྱི་ཆེས་རྒྱ་ཁྱབ་ཀྱི་ཁེ་ཕན་ལ་བསམ་བློ་གཏོང་རྒྱུ་ནི་གླིང་ཕྱོགས་གསེད་འགྲོལ་ལས་དོན་གྱི་རྩ་དོན་དང་པོ་དེ་ཡིན།

3. མི་རབས་རྗེས་མ་དང་འབྲེལ་བའི་གླིང་ཕྱོགས་གནས་ཚུལ་གྱི་ཚོར་སྐྱེན་རང་བཞིན་ལ་དུས་ཐོག་ཏུ་དོ་ཁུར་དང་མཐོང་ཆེན་བྱེད་པ། གནད་དོན་ཡོད་པའི་རིམས་འགོག་ཁབ་སྨན་གྱི་དོན་རྐྱེན་དེ་གླིང་ཕྱོགས་ཀྱི་མཚོ་ཡོམ་ལྟ་བུར་འགྱུར་དོན་ནི། གླིང་ཕྱོགས་དོན་རྐྱེན་གང་དེ་མང་ཚོགས་ཀྱིས་དོ་ཁུར་ཆེན་པོ་བྱེད་པའི་མི་རབས་རྗེས་མ་དང་འབྲེལ་བ་སྟེ། ནར་མ་སོན་པའི་མིའི་འཚར་ལོངས་དང་འབྲེལ་བའི་གནད་དོན་དང་འབྲེལ་བ་ཡོད་པས་རེད། ཉེ་བའི་ལོ་ཤས་ནང་གི་གླིང་ཕྱོགས་དོན་རྐྱེན་ལ་གསེད་འགྲོལ་བྱེད་སྐབས། གླིང་ཕྱོགས་ཀྱི་གླིང་གཞི་དེ་མི་རབས་རྗེས་མ་དང་འབྲེལ་བ་ཡོད་སྐབས། གླིང་ཕྱོགས་ནས་དོ་ཁུར་ཆེན་པོ་བྱེད་པ་མཐོང་ཐུབ། དཔེར་ན། སློབ་ཁུལ་ཁང་པ་དང་། བུ་བཙོལ་ཁང་། སློབ་ཕྲུའི་གསོ་སྐྱོང་སོགས་དང་འབྲེལ་བའི་དོན་རྐྱེན་ཡིན་ཕྱིན།

གླེང་ཕྱོགས་གྲུབ་ཚུལ་དང་འཕེལ་ཕྱོགས་ནི་མི་རྣམས་ཀྱི་བསམ་ཡུལ་ལས་འདས་པ་ཞིག་ཡོད། སྲིད་གཞུང་སྡེ་ཁག་གིས་དོན་རྐྱེན་དེ་རིགས་ཐག་གཅོད་བྱེད་པའི་སྐབས་ཚོད་དེ་དོན་རྐྱེན་གྱི་འཕེལ་ཕྱོགས་ལས་འགོར་བ་ཡོད་པས། མཐའ་མཇུག་འུ་ཐུག་ཐབས་ཟད་དུ་འགྱུར་སླ་པོ་ཡོད། གོང་ཞུས་ཀྱི་དཔེ་དེ་ཐག་གཅོད་བྱེད་པའི་བརྒྱུད་རིམ་ནང་། འབྲེལ་ཡོད་སྡེ་ཁག་གིས་བྱས་པའི་བདེ་ཐང་ལ་དམ་པོར་གཞིགས་ནས་ལན་ཆ་བྱས་པ་དང་བཀོད་སྒྲིག་འོས་འཚམས་བྱས་པ་མ་ཟད། དེ་དང་ཆབས་ཅིག་མགྱོགས་མྱུར་ངང་གྲོད་གཞི་ཐག་གཅོད་བྱས་པས། མི་རབས་རྗེས་མ་དང་འབྲེལ་བའི་གླེང་ཕྱོགས་སུ་མཐུད་ཚབས་ཆེ་རུ་འགྲོ་རྒྱུར་བཀག་འགོག་ཡག་པོ་ཐུབ་ཡོད།

གཉིས། མང་ཚོགས་ཀྱི་རེ་འདུན་ལ་ཁྲིན་ཡོངས་ནས་ལན་ཆ་བྱས་པ། ཅང་སུའུ་ཁུན་ཧྲན་ཏ་ཡང་ཕྱེ་རྡུལ་འབར་གས་དོན་རྐྱེན་གྱི་གླེང་ཕྱོགས་ཁྲིད་སྟོན།

ཐོན་སྐྱེད་བདེ་འཇགས་དང་འབྲེལ་བའི་གླེང་ཕྱོགས་ལ་རྟག་ཏུ་མི་མང་པོས་དོ་ཁུར་ཆེན་པོ་བྱེད་པས། སྲིད་གཞུང་གི་གླེང་ཕྱོགས་ལ་ཁ་གཏད་གཅོག་པའི་ནུས་པར་ཚོད་བགམ་འཕྲད་ཡོད། 2014ལོར་ཅང་སུའུ་ཁུན་ཧྲན་དུ་ཐོན་པའི་དོན་རྐྱེན་ཞིག་གི་གླེང་ཕྱོགས་ཁྲིད་སྟོན་ལས་དོན་གྱི་བྱེད་སྟངས་ཁག་གཅིག་ནི་དཔྱད་གཞིར་འཛིན་རིན་ཡོད་པ་ཞིག་ཡིན།

【དོན་རྐྱེན་ཕྱིར་དྲན།】

2014ལོའི་ཟླ་8པའི་ཚེས་2ཉིན་གྱི་ཆུ་ཚོད་7དང་སྐར་མ་34ཡི་ཐོག ཅང་སུའུ་ཞིང་ཆེན་སུའུ་ཀྲོའུ་གྲོང་ཁྱེར་ཁུན་ཧྲན་གྲོང་ཁྱེར་ཁུན་ཧྲན་དཔལ་འབྱོར་ལག་རྩལ་གསར་སྤེལ་ཁུལ་དུ་ཡོད་པའི་ཁུན་ཧྲན་ཀྲུང་རུང་ལྕགས་རིགས་ཐོན་

རྫས་ཚད་ཡོད་ཀྱང་སིའི་འོད་འདོན་འཁོར་ཁང་དུ་ད་ཡང་ཕྱི་རྟུལ་འབར་གས་ཀྱི་དོན་རྐྱེན་ཏ་ཅང་ཚབས་ཆེན་པོ་ཞིག་ཐོན་ཏེ། ཉིན་དེ་རང་ལ་མི་75གྲོངས་པ་དང་། མི་185ལ་རྨས་སྐྱོན་ཐེབ་པ། ཐད་ཀའི་དཔལ་འབྱོར་གྱོང་གུན་སྒོར་དུང་ཕྱུར་3དང་བྱེ་བ་5དང་ས་ཡ་1ཟིན་ཡོད་པ་རེད། སྤྱི་ཟླ་8པའི་ཚེས་2ཉིན་གྱི་ཆུ་ཚོད་7པ་དང་སྐར་མ་35ཡི་ཐོག། ཁྲུན་ཧྲན་གྲོང་ཁྱེར་སྤྱི་བདེ་མེ་ཟློན་སྡེ་ཁག་ལ་སྙན་སེང་འབྱོར་བས། དེ་མ་ཉིད་དུ་འཕྲལ་སྐྱབ་སྔོན་རྟུས་ལག་བསྟར་བྱས་ཤིང་། སྡེ་ཕྱིར་ཧྲུ་འབྲིང་7དང་། རླངས་འཁོར་21མི་111བཅས་བཀོད་སྒྲིག་བྱས་ཏེ་གནས་ཚུལ་ཐོན་སར་རོགས་སྐྱོབ་བྱེད་པར་བཏང་ཡོད། ཆུ་ཚོད་8དང་སྐར་མ་3ཀྱི་སྐབས་སུ་འབར་བཞིན་པའི་མེ་གསོད་ཐུབ་པ་དང་། དཀའ་རྐྱེན་འཕྲད་པའི་མི་130བསྐྱབས་ཡོད་པ་རེད། འགྲིམ་འགྲུལ་སྐྱེལ་འདྲེན་སྡེ་ཁག་གིས་སྤྱི་སྤྱོད་རླངས་འཁོར་8དང་ཟློག་སྐྱེལ་རླངས་འཁོར་3བཀོད་སྒྲིག་བྱས་ཏེ་རྨས་མ་རྣམས་ཁྲུན་ཧྲན་གྱི་སྨན་ཁང་ཁག་ཏུ་སྐྱོབ་བཅོས་བྱེད་པར་བསྐྱལ་ཡོད། ཁོར་ཡུག་སྲུང་སྐྱོབ་སྡེ་ཁག་གིས་འཕྲལ་མ་ཉིད་དུ་ཆར་ཆུ་གཤོང་སྒོ་དང་བཟོ་ལས་ཆུ་སྐྱིགས་གཤོང་སྒོ་བཀག་སྟེ་མེ་གསོད་ཆུ་སྐྱིགས་ཕྱི་ཕྱོགས་ཁོར་ཡུག་ཏུ་མ་བཞུར་བ་བྱས་པ་དང་། ཆུ་དང་མཁའ་རླུང་ལ་འཕྲལ་སྐྱབ་ཞིབ་དཔྱད་བྱས་ཡོད། བདེ་འཛུགས་ལྟ་སྐུལ་དོ་དམ་སྡེ་ཁག་གིས་འཕྲལ་དུ་དོན་རྐྱེན་བྱུང་བའི་འཁོར་ཁང་ནང་ཉེན་ཁ་ཆེ་བའི་རྫས་འགྱུར་དངོས་པོ་བེད་སྤྱོད་བྱས་ཡོད་མེད་བརྟག་དཔྱད་བྱས་ཏེ། སླར་ཡང་རྐྱེན་ངན་ཐོན་རྒྱུར་སྔོན་འགོག་བྱས་ཡོད།

དོན་རྐྱེན་ཐོན་རྗེས། ཅང་སུའུ་ཞིང་ཆེན་སུའུ་ཀྲོའུ་གྲོང་ཁྱེར་སྲིད་གཞུང་གིས་འཕྲལ་དུ་འཕྲལ་སྐྱབ་སྔོན་རྟུས་ལག་བསྟར་བྱས་པ་དང་། ཞིང་ཆེན་དང་གྲོང་ཁྱེར་གྱི་འབྲེལ་ཡོད་འགོ་ཁྲིད་དང་འབྲེལ་ཡོད་སྡེ་ཁག་གི་འགན་འཁུར་བློ་མཐུན་དོན་རྐྱེན་ཐོན་སར་བསྐྱོད་པ། དུས་ཐོག་ཏུ་ས་ཆ་དངོས་ཀྱི་བཀོད་

འཛོམས་པུའུ་བཙུགས་པ། འཕྲུལ་སྒྲུབ་རིགས་སྦྱོང་དང་རྣམ་མ་སྦྱོང་བཅོས་ལས་དོན་སྒྲིག་འཛུགས་བཅས་བྱས་ཡོད། སུའུ་ཀྲོའུ་ཡན་ལག་དམག་ཁུལ་ཁང་དང་། ཁུན་ཧྲན་མི་དམངས་དྲག་ཆས་པུའུ། བཅིངས་འགྲོལ་དམག་100སྨན་ཁང་སོགས་ནས་སྤྱ་རྗེས་སུ་མི་120ཙམ་དོན་རྐྱེན་གྱི་རིགས་སྦྱོང་དང་རྣམ་མ་སྦྱོང་བཅོས་ཀྱི་ལས་དོན་སྒྲུབ་པར་བཏང་། ཕྱི་ཟླ8པའི་ཚེས2ཉིན་གྱི་ཆུ་ཚོད16དང་སྐར་མ30ཡི་ཐོག། ཁུན་ཧྲན་གྲོང་ཁྱེར་གྱི་གྲོང་སྤྱི་ལུའུ་ཙུན་གྱིས་ཁུན་ཧྲན་གྱི་བཟོ་གྲྭའི་འབར་གས་དོན་རྐྱེན་ཐད་ཀྱི་གསར་འགྱུར་ཁྱབ་བསྒྲགས་ཚོགས་འདུ་གཙོ་སྐྱོང་བྱས་ཡོད། གསར་འགོད་པ་བརྒྱ་ལ་ཉེ་བའི་མདུན་དུ་ལུའུ་ཙུན་སེམས་སྡུག་གིས་མནར་ནས་མིག་ཆུ་ཡང་ཤོར་བ་དང་། གསར་འགྱུར་ཁྱབ་བསྒྲགས་བྱེད་སར་ཚང་མས་རྐྱེན་ལམ་དུ་ཤོར་བ་རྣམས་ལ་ངག་བསྔམས་མྱ་ངན་ཞུས་ཡོད་པ་རེད།

2014ལོའི་ཟླ8པའི་ཚེས7ཉིན། ཙང་སུའུ་ཁུན་ཧྲན་གྱི་འབར་གས་དོན་རྐྱེན་དང་འབྲེལ་བའི་ཁེ་ལས་ཀྱི་ལས་འཛིན་དཔོན་དང་། སྤྱི་ཁྱབ་སྤྱི་གཉེར་ཉིས་དོན་བཀག་ཉར་བྱས་ཡོད། 2014ལོའི་ཟླ12པའི་ཚེས30ཉིན། རྒྱལ་སྲིད་སྤྱི་ཁྱབ་ཁང་གིས་ཙང་སུའུ་ཁུན་ཧྲན་གྲོང་ཁྱེར་ཀྲུང་རུང་ལྷུགས་རིགས་ཐོན་རྫས་ཚད་ཡོད་ཀུང་སིའི་ཚབས་ཆ་ཙང་ཆེ་བའི་ཆ་ཡང་ཅེ་རྡུལ་འབར་གས་དོན་རྐྱེན་གྱི་བརྟག་དཔྱད་སྙན་ཞུར་མཆན་བཀོད་བཀའ་ལན་གནང་བ་དང་། དེ་ཐོན་སྐྱེད་བདེ་འཇགས་ཀྱི་འགན་འཁྲིའི་ཆག་སྒོ་ཞིག་ཡིན་པར་གཏན་འཁེལ་གནང་ཞིང་། དོན་རྐྱེན་གྱི་འགན་འཁྲི་ཡོད་པའི་མི་དང་ཚན་པར་ཐག་གཅོད་བྱ་རྒྱུའི་བསམ་འཆར་ལ་མོས་མཐུན་གནང་ཡོད། འབྲེལ་ཡོད་བཅའ་ཁྲིམས་ཁྲིམས་སྲོལ་ལྟར། ཉེས་བསགས་དོགས་ཡོད་མི་སྣ18ཁྲིམས་འཛིན་ལས་ཁུངས་ལ་རྩིས་སྤྲོད་པ་དང་། དེ་མིན་གྱི་འགན་འཁྲི་ཡོད་པའི་མི35ལ་ཏང་ཁྲིམས་དང་སྲིད་

ཁྲིམས་ཀྱི་ཆད་པ་བཅད་ཡོད་པ་རེད། 2016ལོའི་ཟླ2པའི་ཚེས3ཉིན་དོན་རྐྱེན་དེའི་ཐད་གཅིག་སྡུད་ཁྲིམས་བསྒྲགས་བྱས་པ་དང་། ཞུ་སྐྱོར་ཕྱི་མ14ལ་ཁག་སོ་སོར་ལོ3ནས་ལོ7དང་ཟླ6བར་གྱི་བཙོན་འཇུག་ཁྲིམས་ཐག་བཅད་ཡོད།

དེ་རྗེས་ས་གནས་ཏང་ཨུད་དང་། སྲིད་གཞུང་གི་འབྲེལ་ཡོད་སྡེ་ཁག་གིས་སྨན་བཅོས་སྐྱབ་བཅོས་དང་། དོན་རྐྱེན་ནང་གྲོངས་པའི་མི་སྣའི་ཁྱིམ་མིར་སྙེ་ལེན་དང་སེམས་གསོ། རྐྱེན་ལམ་དུ་ཤོར་བ་རྣམས་ཀྱི་གཞིས་ཁུངས་གཏན་འཁེལ་དང་གྲུབ་གསབ་སྤྲོད་པ་སོགས་ཀྱི་ལས་དོན་བསྒྲུབས་པ་མ་ཟད། སྨན་བཅོས་སྐྱབ་བཅོས་དང་རྗེས་འཇུག་སེམས་གསོའི་ཐད། གཅིག་དང་གཅིག་ག་སྦྱར་གྱི་བླང་བྱར་གཞིགས་ནས། འདས་པོའི་ཁྱིམ་མི་དང་རྨས་མ་དང་ཕོ་ཚོའི་ཁྱིམ་མིར་སེམས་གསོ་གཏོང་བ་དང་། རྗེས་འཇུག་ལས་དོན་ཁག་ཧུར་ཐག་གིས་བསྒྲུབས་པས། སྤྱི་ཚོགས་བརྟན་ལྷིང་རྒྱུན་འཁྱོངས་ཐུབ་ཡོད།

【བརླིང་ཕྱོགས་ལ་ཁྲིད་སྟོན་བྱེད་པའི་བརྒྱུད་རིམ།】

སྐྱོད་དོན་དེའི་ཁྲོད་ས་གནས་གཞུང་ཕྱོགས་སྨན་སྦྱོར་གྱི་བྱེད་སྟངས་ཏ་ཅང་ཡག་པོ་བྱུང་ཡོད། དོན་རྐྱེན་དེ་ཐོན་པའི་ཐོག་མའི་དུས་སྐབས་སུ། ཅང་སུའུ་ཞིང་ཆེན་རླུང་འཕྲིན་བརྙན་འཕྲིན་སྤྱི་ཁྱབ་ལས་ཁུངས་ཀྱིས་འཕྲལ་དུ་ལན་ཆ་བྱས་ཤིང་། དེ་མ་ཉིད་དུ་སྨྱན་བྱེད་མང་པོའི་གསར་འགྱུར་འཕྲལ་སྒྲུབ་སྒྲིག་གཞིའི་ལས་འགོ་བཙུགས་ཐོག། མང་ཚོགས་ནས་དུས་ཐུང་ནང་དོན་རྐྱེན་ཐག་གཅོད་ཀྱི་འཕེལ་རིམ་དང་གནས་ཚུལ་གསར་ཤོས་རྟོགས་པ་བྱེད་པའི་དགོས་མཁོ་སྐོང་རྒྱུ་དེ་ལྟེ་བར་བཞག་པ་དང་། སྐབས་ཐོག་གི་བརྙན་མཐོང་བརྒྱུད་སྲིལ་གྱིས་གཙོ་ཁྲིད་བྱེད་པ། དེ་དང་ཆབས་ཅིག་དྲ་ཚོགས་དང་། པོད་ཕྲན། འཕྲིན་ཕྲན། ལག་ཁྱེར་ཁ་པར་གྱི་དུད་སྣེ། IPTV ས་འོག་ལྗགས་ལམ་གྱི་སྒྲུལ་ཁྱེར་བརྙན་འཕྲིན་སོགས་སྨྱན་སྦྱོར་གསར་པའི་སྡེགས་བུ་མཉམ་སྦྱོད་བྱས་པ།

མགྱོགས་མྱུར་འགྲོས་གཅིག་གི་ཐོག་ནས་སྣེ་མང་སྨྱན་སྦྱོར་གྱི་ཐོག་ཏུ་གནས་ཚུལ་དུས་ཐོག་ཏུ་སྤེལ་བ། ཀུན་ལ་ཁྱབ་པའི་སྒོ་ནས་གསར་འགྱུར་ཆ་འཕྲིན་བརྒྱུད་སྤེལ་བྱས་པ། སྣེ་མང་སྨྱན་སྦྱོར་དང་ཆ་ཕྱོགས་ཀུན་ནས་གཅིག་སྡུད་ཀྱིས་གནས་འཕྲིན་སྤེལ་བ་བཅས་བྱས་པས། གླིང་ཕྱོགས་ཁྲིད་སྟོན་གྱི་གདམ་ཐོད་དབང་ཆ་དང་རང་འགུལ་དབང་ཆ་སྟོན་ལ་བཟུང་ཐུབ་རྐྱེན། དོན་རྐྱེན་གྱི་རྗེས་མཐུད་ལས་དོན་བསྒྲུབ་རྒྱུར་གླིང་ཕྱོགས་ཀྱི་ཕོར་ཡུག་ཡག་པོ་ཞིག་བསྐྲུན་ཐུབ་ཡོད། དོན་རྐྱེན་རྗེས་ཀྱི་གླིང་ཕྱོགས་ལ་ཕྱིར་དྲན་བྱེད་སྐབས། སྨྱན་སྦྱོར་གྱི་དཔྱད་གླིང་ཞིག་གི་ནང་བསྟན་དོན། ཅང་སུའུ་ཞིང་ཆེན་ རླུང་འཕྲིན་བརྙན་འཕྲིན་སྤྱི་ཁྱབ་ལས་ཁུངས་ཀྱིས་ཚབས་ཆ་ཅང་ཆེ་བའི་དོན་རྐྱེན་སྐོར་ལ་མཉམ་འདྲེས་གནས་འཕྲིན་སྤེལ་བའི་ལག་ལེན་ཐོག་ནས། སྨྱན་སྦྱོར་གསར་པའི་དུས་རབས་ནང་གཙོ་རྒྱུག་སྨྱན་སྦྱོར་གྱིས་སྨྱན་སྦྱོར་མཉམ་འདྲེས་བྱེད་ཤུགས་ཟམ་མི་ཆད་པར་ཆེ་རུ་བཏང་སྟེ་སྤྱི་ཡོངས་སྨྱན་སྦྱོར་གྱི་བརྒྱུད་སྤེལ་ནུས་པ་ཆེ་རུ་བཏང་ཚེ། གཞི་ནས་གླིང་ཕྱོགས་ལ་ཡང་དག་པའི་ཁྲིད་སྟོན་བྱེད་པའི་ནུས་པ་དེ་བས་ཡག་པ་འདོན་སྤེལ་ཐུབ་ཅེས་བཤད་ཡོད།

བརྗོད་རིན་ཡོད་པའི་དོན་དག་གཞན་ཞིག་ནི་དོན་རྐྱེན་ཐོན་རྗེས་ཀྱི་གསར་འགྱུར་ཁྱབ་བསྒྲགས་ཐེངས་དང་པོ་དེ་ཡིན། ཐོག་མའི་འཆར་གཞི་ལྟར་ན་གསར་འགྱུར་ཁྱབ་བསྒྲགས་ཚོགས་འདུ་ཐེངས་དང་པོ་དེ་ཉིན་དེའི་ཆུ་ཚོད་16པར་སུའུ་ཀྲོའུ་ཁུན་ཧྲན་དུ་འཚོག་རྒྱུ་གཏན་འཁེལ་བྱས། ཡིན་ནའང་རྒྱུ་རྐྱེན་གཞན་གྱི་རྐྱེན་པས་ཆུ་ཚོད་ཕྱེད་ཀ་ནར་འགྱངས་བྱ་དགོས་བྱུང་ཡོད། ཡིན་ནའང་སྨྱན་སྦྱོར་ཁག་གི་གསར་འགྱུར་རྩོམ་སྒྲིག་ཁང་དང་ཚོགས་ར་དངོས་ཀྱི་གསར་འགོད་པས་ད་ཐོག་ནས་འབྲེལ་བ་བྱས་པ་དང་། ཚོགས་ར་དངོས་སུ་ཡོད་པའི་གསར་འགོད་པས་གསར་འགྱུར་ཁྱབ་བསྒྲགས་ཚོགས་འདུ་འགོ་མ་

ཚུགས་གོང་བརྒྱུད་རིམ་རྫིལ་པོ་ཐད་གཏོང་བྱས་ཤིང་། བཟ་འཕྲིན་དེ་སྲུང་སྐྱར་བརྒྱུད་ནན་ཅིང་དུ་བཏང་བ་མ་ཟད། སྨྲུན་སྦྱོར་ཁག་ལ་བེད་སྤྱོད་བྱ་རྒྱུར་མཁོ་འདོན་བྱས་པས་མང་ཚོགས་ཀྱི་བློ་ལ་བབ་པོ་བྱུང་ཡོད།

【སླེང་ཕྱོགས་ཀྱི་ཁྱིད་སྟོན་དང་དེའི་བློ་འཆེད།】

ཁྱོན་ཡོངས་ནས་བལྟས་ན། སྲིད་གཞུང་གིས་ད་རེས་ཀྱི་ལས་འཛོལ་ལ་ཁ་གཏད་གཙོག་པའི་བྱེད་སྟངས་ནི་སྤྱི་ཡོངས་ནས་བཤད་ན་དགེ་མཚན་ལྡན་པ་ཞིག་ཡིན། ཁུན་རྟན་ས་གནས་དེ་གའི་སྤྱི་བདེ་དང་། མེ་ཟློན། བདེ་འཛགས་ལྟ་སྐྱུལ་སོགས་ཐད་ཀའི་འབྲེལ་ཡོད་སྡེ་ཚན་དང་དེ་བཞིན་ཁོར་ཡུག་སྲུང་སྐྱོང་སོགས་བར་བརྒྱུད་འབྲེལ་ཡོད་སྡེ་ཚན་ཚང་མས་དུས་ཐོག་ཏུ་བྱ་སྤྱོད་སྤེལ་བ་དང་། རང་འགུལ་དང་མཉམ་འབྲེལ་ཐོག་གཏམ་བརྗོད་སྤེལ་བས་གཞན་དབང་འོག་གཏམ་བརྗོད་སྤེལ་སྐབས་མི་རྣམས་ཀྱི་ཡིད་ཆེས་ཐོབ་དཀའ་བའི་གནས་དེ་འདྲར་གྱུར་མེད། འབར་གས་དོན་རྐྱེན་བྱུང་རྗེས་ཉེ་འཁོར་གྱི་གྲོང་མིས་འབར་གས་ཀྱིས་ཁོར་ཡུག་སྦགས་བཙོག་བཟོས་མེད་དམ་སྙམ་པའི་སེམས་ཁྲལ་བྱེད་སྲིད་པས། གནས་ཚུལ་དེ་རིགས་ལ་དམིགས་ཏེ་ཅང་སུའུ་ཞིང་ཆེན་ཁོར་ཡུག་སྲུང་སྐྱོང་ཐིང་གིས་འབར་གས་བྱུང་ཁུལ་གྱི་ཉེ་འཁོར་གྱི་མཁའ་རླུང་དང་ཆུ་ཁུངས་ལ་དུས་ཐོག་ཏུ་ལྟ་ཞིབ་ཚད་ལེན་བྱས་པ་མ་ཟད་རང་འགུལ་ངང་གནས་ཚུལ་ཁྱབ་བསྒྲགས་བྱས་པས། མཐའ་འཁོར་གྱི་གྲོང་མིའི་སེམས་ཁྲལ་སེལ་ཐུབ་པ་བྱུང་བ་དང་། མང་ཚོགས་ཀྱི་སླེང་ཕྱོགས་ སྟེར་བས་ཚབས་ཆེ་རུ་འགྲོ་བའི་མངོན་མེད་རྐྱེན་ངན་སེལ་ཐུབ་ཡོད། དེ་དང་ཆབས་ཅིག་ས་གནས་ཀྱི་སྨྲུན་སྦྱོར་གྱིས་མང་ཚོགས་ཀྱི་ཁ་ཚ་དགོས་གཏུགས་ཀྱི་རེ་འདུན་ལ་ལན་ཡག་པོ་བཏབ་པས། དཀྲིག་གཏམ་ཁྱབ་རྒྱ་ཆེ་རུ་འགྲོ་རྒྱུར་སྔོན་འགོག་ཐུབ་ཡོད།

ཉེ་བའི་ལོ་ཤས་རིང་། རྫས་འགྱུར་བཟོ་གྲྭའི་འབར་གས་ཀྱི་ལས་འཛོལ་

དེ་རིགས་ཡང་ཡང་ཐོན་པ་དང་། ས་གནས་ཁག་གི་སྲིད་གཞུང་ཕྱོགས་ཀྱིས་ཚད་མཐོའི་མཐོང་ཆེན་བྱེད་བཞིན་ཡོད། སྲིད་གཞུང་གིས་ཀྱང་སྣ་བསྡུན་བསླབ་བྱ་རབ་དང་རིམ་པའི་ཁྲིད། གླིང་ཕྱོགས་ཀྱི་གནས་ཚུལ་ལ་ཁ་གཏད་གཙོག་པའི་སྒྲིག་གཞི་ཅུང་འཐུས་སྒོ་ཚང་པོ་ཞིག་གྲུབ་པ་བྱས་ཡོད་པ་དང་། རྫས་འགྱུར་བཟོ་གྲྭའི་འབར་གས་རིགས་ཀྱི་ལས་འཛོལ་ཐག་གཅོད་ཐད་ལ་ཡང་སྔོན་ཚུས་བཟོས་ཡོད། དཔེར་ན། སྲིད་གཞུང་གིས་འཕྲུལ་མར་ལན་ཆ་བྱེད་པ་དང་། འཕྲུལ་སྣུབ་བཀོད་འདོམས་ཚོ་ཆུང་འཛུགས་པ། དུས་ཐོག་ཏུ་རོགས་སྐྱབ་སྟོབས་ཤུགས་བཀོད་སྒྲིག་བྱེད་པ། གསར་འགྱུར་ཡོངས་བསྒྲགས་ཚོགས་འདུ་འཚོག་པ། མང་ཚོགས་ཀྱིས་དོ་ཁུར་བྱེད་པའི་གནད་དོན་ལ་ལན་འདེབས་པ། ལས་འཛོལ་ལ་བརྟག་དཔྱད་ཡག་པོ་བྱེད་པ། ལས་འཛོལ་ཐོན་རྗེས་བསམ་གཞིག་དང་རང་སྐྱོན་རང་བརྟག་གིས་བཅོས་སྒྲིག་བྱེད་པ། འགན་འཁྲི་ཡོད་པའི་འབྲེལ་ཡོད་མི་སྣར་ཆད་པ་གཅོད་པ། རྫས་འགྱུར་བཟོ་ལས་ཁེ་ལས་ཀྱི་བདེ་འཇགས་ལ་ལྟ་སྐུལ་དོ་དམ་བྱེད་ཤུགས་ཆེ་རུ་གཏོང་བ་སོགས་ལྟ་བུ་ཡིན། གླིང་ཕྱོགས་ལ་ཁ་གཏད་གཙོག་ཐབས་ཀོ་རིམ་ཁ་གསལ་དང་བཀོལ་སྤྱོད་རང་བཞིན་ཤུགས་ཆེན་ལྡན་པ་ཞིག་ནི་ཐོན་སྐྱེད་བདེ་འཇགས་དོན་རྐྱེན་གྱིས་བཟོས་པའི་གླིང་ཕྱོགས་ཀྱི་ཉམས་ཉེན་སྔོན་འགོག་བྱ་རྒྱུར་ཕན་ཐོགས་ཡོད་པ་ཞིག་རེད་ཅེས་བཤད་ཆོག 2014ལོའི་ཁུན་ཧྲན་རྫས་འགྱུར་བཟོ་གྲྭའི་འབར་གས་ལས་འཛོལ་ཁྲིད། ང་ཚོས་སྲིད་གཞུང་གི་ཁ་གཏད་འཛུལ་ཐབས་ཡར་རྒྱས་ཕྱིན་ཡོད་པ་མཐོང་ཡོད་ལ། དེས་ཀྱང་རང་འགུལ་གྱི་སྒོ་ནས་ཁ་གཏད་འཛུལ་བའི་རྣམ་འགྱུར་རྒྱུན་འཁྱོངས་བྱས་ཚེ། གླིང་ཕྱོགས་ཁྲིད་ཐོན་པའི་མང་ཚོགས་ཀྱི་བློ་དོགས་འབྱུང་རྩ་ནས་སེལ་རྒྱུར་ཕན་འདོགས་ཐུབ་པ་ར་སྤྲོད་བྱུང་ཡོད།

གསུམ། རྒྱལ་གཅེས་ཀྱི་བརྩེ་སེམས་ལུགས་མཐུན་དང་མཚོན་པར་བྱ་དགོས་པ། ཏུའུ་ཅ་པན་ན་ཡིས་ཀྲུང་གོར་དམའ་འབེབས་བཏང་བའི་དོན་རྐྱེན་གྱི་སྙིང་སྟོབས་ཁྲིད་སྟོན།

ཉེ་བའི་ལོ་ཤས་རིང་། དྲ་ལམ་གླིང་སྟོབས་ཀྱི་ར་བར་བསམ་འཆར་གྱི་འགལ་རྗོད་རྒྱུན་ཆད་མེད་པར་ཐོན་བཞིན་ཡོད།

རང་རྒྱལ་མི་དམངས་ཀྱི་མི་རིགས་ཀྱི་བློ་སྤོབས་དང་རང་བཀུར་གྱི་བསམ་པ་ཉིན་བཞིན་ཤུགས་ཆེར་འགྲོ་བ་དང་བསྟུན་ནས། མི་རིགས་ཀྱི་ལ་རྒྱ་དང་འབྲེལ་བ་ཡོད་པའི་དོན་རྐྱེན་དྲ་ཐོག་ཏུ་ཁྱབ་རྗེས། གླིང་སྟོབས་ཀྱི་སྐྲུལ་འདེད་འོག་ཚ་གླིང་གླིང་སྟོབས་སུ་འགྱུར་སླ་པོ་ཡོད། སྤྱིའི་ཆ་ནས་བཤད་ན། རང་རྒྱལ་གྱི་དྲ་དམངས་ཁྲོད་རྒྱལ་གཅེས་ཀྱི་ལ་རྒྱ“འབར་ཤིན་ཏུ་སླ་བ”དང་“དྲ་ཐོག་ཏུ་རྒྱལ་སྲུང་བྱེད་མཁན”གྱི་མི་གྲངས་མང་བའི་ཁྲོད་ཚོས་མདོན་པ་མཟད། ང་རྒྱལ་མེད་པའི་རྒྱལ་དམངས་ཀྱི་སེམས་ཁམས་ཤིག་ཆགས་པ་བྱ་རྒྱུར་དོ་སྣང་བྱེད་འགོ་བཙམས་ཡོད།

【དོན་རྐྱེན་གྱི་ཕྱིར་དྲན།】

2018ལོའི་ཟླ11པར་དབྱི་ཐ་ལིའི་རྒྱས་སྤྲོས་ཕྱུས་རྟགས་ཏུའུ་ཅ་པན་ན་ཡི་བརྡ་ཁྱབ་ཅིག་གི་ནང་། ཀྲུང་ལུགས་ཀྱི་སྨྲ་གདངས་འདོན་སྟངས་དང་། ཐོམ་པ་ཡིས་བཟོ་ལྟ་ཁྲིད་མཚར་བསྟན་ཏེ་ཁོའི་ཅོ་བཟུང་ནས་ཕེ་ས་བག་ལེབ་དང་དབྱི་ཐ་ལིའི་ལུགས་ཀྱི་བག་སྲབ་མངར་མོ་བཟས་པ་སོགས་ཀྱི་པར་གཞི་བཟོས་ཡོད་པས། བརྡ་ཁྱབ་དེས་ཕྱི་རྒྱལ་དུ་ཡོད་པའི་ཀྲུང་གོའི་མི་རྒྱུད་ལ་མཐོང་ཆུང་བྱས་ཡོད་པའི་དོགས་སློང་བྱེད་མཁན་བྱུང་ཡོད། དྲ་དམངས་ཀྱིས་སྤྱི་འབྲེལ་མཉེན་ཆས་བརྒྱུད་ཚོང་རྟགས་དེའི་ཇུས་འགོད་པ་སི་ཏེ་ཕན་ནོ · ཅ་པན་ན་ལ་འཕྲིན་ཡིག་བསྐུར་བ་དང་། ཁོ་པར་ཀྲུང་གོའི་རིག་གནས་ལ་བརྩི་འཇོག་བྱ་

དགོས་པའི་བླང་བྱ་བཏོན་ཡོད། རྗེས་འགོད་པ་དེས་དེར་བརྟེན་བཅོས་རང་བཞིན་གྱི་ཐ་སྙད་སྤྱད་དེ་ལན་བསྒྲིགས་པས། ཡིག་ལན་དེའི་པར་དྲ་ཐོག་ཏུ་ཁྱབ་སྟེ་རྒྱལ་ཁབ་ཕྱི་ནང་གི་གླིང་ཕྱོགས་ཀྱི་རྩོད་གཞི་ཆེན་པོ་ཞིག་ཏུ་གྱུར། ཟླ་11 པའི་ཚེས་21 ཉིན། ཏའུ་ཅ་པན་ན་ཡིས་ཧྲང་ཧའེ་ཊུ་གཉེར་རྩིས་ཡོད་པའི་སྤྲུས་རྟགས་འགྲེམ་སྟོན་དེ་མེད་པར་བཟོས་པས། གནས་ཚུལ་དེའི་གླིང་ཕྱོགས་སྟེང་བས་ཚབས་ཆེ་རུ་སོང་ཡོད། ཏའུ་ཅ་པན་ན་ཡིས་གཞུང་ཕྱོགས་པོད་ཕྲན་ཐོག་གི་འབྲེལ་ཡོད་བརྟན་བསྒྲུབས་པ་ཙམ་ལས་དེར་ལན་གང་ཡང་མ་བཏབ་པས། དྲ་དམངས་ཀྱིས་མ་མོས་པའི་རྣམ་འགྱུར་ཆེན་པོ་བསྟན་ཡོད།

ཉིན་དེར་པོད་ཕྲན་སོགས་སྒྱི་འབྲེལ་སྟེགས་བུའི་ཐོག་དོན་དེའི་སྐོར་ལ་བགྲོ་གླེང་ཚ་ཚ་འུར་འུར་བྱས་པ་དང་། གླིང་ཕྱོགས་ཚོད་འཛིན་དཀའ་བའི་གནས་སུ་གྱུར། དང་ཐོག་རང་རྒྱལ་གྱི་མི་སྣ་གྲགས་ཅན་གྱིས་མཉམ་སྟེབ་ཐོག་ཀྱང་གོར་དམའ་འབེབས་བྱེད་མཁན་སྤྲུས་རྟགས་དེ་བཀག་འགོག་བྱ་རྒྱུའི་སྐོར་བཤད་པ་དང་། དེ་རྗེས་རང་རྒྱལ་གྱི་འགྲེམ་ཞུགས་ཚོམ་པས་ཏུ་ཅ་པན་ན་ཡི་སྤྲུས་རྟགས་འགྲེམ་སྟོན་ནང་མི་ཞུགས་རྒྱུའི་སྐོར་བཤད་ཅིང་། དགོང་མོའི་གསོལ་སྟོན་ལ་ཞུགས་རྩིས་ཡོད་པའི་ལི་པིང་པིང་དང་། ཁྲིན་ཁྲུན། ཀྲང་ཅེ་དབྱི་སོགས་གྲགས་ཅན་སྒྱུ་རྩལ་པ་རྣམས་ནས་གསོལ་སྟོན་ལ་མི་ཞུགས་རྒྱུའི་སྐོར་བཤད་ཡོད། ཤུགས་རྐྱེན་དེ་ལྟ་བུ་ཐེབས་པའི་དབང་གིས་ཏའུ་ཅ་པན་ན་ཡིས་ཧྲང་ཧའེ་ཊུ་གཉེར་རྒྱུའི་དུས་གོས་འགྲེམ་སྟོན་དེ་མེད་པར་བཟོ་རྒྱུའི་ཁྱབ་བསྒྲགས་བྱས། ཡིན་ནའང་དོན་རྐྱེན་དེའི་སྐོར་དྲ་ཐོག་ཏུ་མུ་མཐུད་ཁྱབ་པ་དང་། དྲ་དམངས་ཀྱི་རྒྱལ་གཅེས་རིང་ལུགས་ཀྱི་ལ་རྒྱ་ཆེས་ཆེར་འཕེལ་ཡོད། དོན་རྐྱེན་དེ་ཐོན་པའི་དགོང་མོ་དེ་དང་ཉིན་གཉིས་པར། སྤྲུས་རྟགས་དེའི་མགྲིན་ཚབ་པ་སྟེ། ཀྲུང་གོའི་འཁྲབ་སྟོན་མ་གྲགས་ཅན་ཏི་ལི་རེ་པ་ཡི་ལས་ཤག

གིས་ཏུའུ་ཙ་པན་ན་དང་མཉམ་ལས་བྱེད་མཚམས་འཇོག་རྒྱུའི་གསལ་བསྒྲགས་སྤེལ། ཐའོ་པའོ་སོགས་སློག་རྡུལ་ཚོང་སྡེགས་ཀྱི་ཕྱི་རྒྱལ་ཅ་དངོས་ཚོང་མཁན་མང་པོས་ཀྱང་ཀུང་སི་དེའི་མངགས་ཐོ་དང་ལེན་མི་བྱ་རྒྱུའི་སྐོར་བཤད་ཡོད། ཚེས22ཉིན། ཏུའུ་ཙ་པན་ན་ཡིས་དོན་རྐྱེན་དེའི་ཐད་སྐོར་ཡང་གསལ་བསྒྲགས་སྤེལ་བ་དང་། ཡིན་ནའང་དགོངས་དག་ཐུགས་བདེན་ཞུས་མེད། ཚེས23ཉིན་གྱི་ཕྱི་དྲོ་ཏུའུ་ཙ་པན་ན་ཡི་གཞུང་ཕྱོགས་ནས་དེའི་ཐད་དགོངས་དག་ཐུགས་བདེན་ཞུ་བའི་བརྙན་ཐུང་སྤེལ་ཡོད།

【ཕྱོགས་མང་པོ་ནས་སྐད་བརྒྱབ་པས་གླིང་ཕྱོགས་ཀྱི་འཕེལ་ཕྱོགས་ལ་འགྱུར་ལྡོག་བྱུང་བ།】

དང་ཐོག་གཞུང་ཕྱོགས་སྨྱན་སྦྱོར་གྱིས་རང་འགུལ་ངང་དོན་རྐྱེན་གྱི་ངོ་བོ་གཏན་འཁེལ་བྱེད་པའི་རྩོམ་ཡིག་སྤེལ་ཡོད་དེ། དོན་རྐྱེན་བྱུང་བའི་ཉིན་དེ་རང་ལ་གུང་གཉེན་སྡེ་ཚོགས་ཀྲུང་དབྱང་གི་གཞུང་ཕྱོགས་པོད་ཕྲན་ཐོག"ང་ཚོས་ཕྱི་རྒྱལ་གྱི་ཁེ་ལས་ཀྲུང་གོར་མ་འཇོག་ལས་གཏོད་བྱེད་པར་ཡོང་བར་དགའ་བསུ་ཞུ་བཞིན་ཡོད། དུས་མཚུངས་སུ་ཀྲུང་གོར་ལས་གཉེར་བྱེད་མཁན་ཕྱི་རྒྱལ་གྱི་ཁེ་ལས་ཀྱིས་ཀྱང་ཀྲུང་གོར་བརྩི་འཇོག་དང་། ཀྲུང་གོའི་མི་དམངས་ལ་བརྩི་འཇོག་བྱ་དགོས། གང་འདི་ཡང་ཁེ་ལས་གང་རུང་ཞིག་གིས་རྒྱལ་ཁབ་གཞན་དུ་མ་འཇོག་ལས་གཉེར་དང་མཉམ་ལས་བྱེད་སྐབས་མ་མཐར་ཡང་བརྩི་སྲུང་བྱ་དགོས་པ་ཞིག་རེད་ཅེས་སྤེལ་བ་དང་། ཚེས2ཉིན་རང་རྒྱལ་གྱི་ཕྱི་འབྲེལ་པུའུ་ཡི་མཐུན་ཚབ་པ་ཀེང་ཧྲོང་གིས་གསར་འགོད་པས་དེའི་སྐོར་དྲིས་པར་ལན་འདེབས་སྐབས། ཀྲུང་གོ་ཕྱོགས་ཀྱིས་དོན་དེ་ཕྱི་འབྲེལ་གྱི་གནད་དོན་དུ་མི་འགྱུར་བའི་རེ་བ་བྱེད་ཀྱིན་ཡོད། ཡིན་ནའང་ཕྱི་ཕྱོགས་ཀྱིས་ཀྲུང་གོའི་མང་ཚོགས་ཀྱིས་གནད་དོན་དེར་ལྟ་སྟངས་གང་འདྲ་འཛིན་གྱིན་ཡོད་པ་ཞེས

རྟོགས་ཐུབ་པ་བྱ་དགོས་ཞེས་བཤད་ཡོད། 《མི་དམངས་ཉིན་རེའི་ཚགས་པར》དང་། ཤིན་ཧྭ་གསར་འགྱུར་ཁང་དང་《བོད་ལྗོངས་ཉིན་རེའི་ཚགས་པར》སོགས་གཞུང་ཕྱོགས་ཀྱི་སྐྱུན་སྦྱོར་གྱིས་དོན་རྐྱེན་དེར་དོ་ཁུར་ཆེན་པོ་བྱས། དཔེར་ན། ཤིན་ཧྭ་གསར་འགྱུར་ཁང་གིས་དཔྱད་གཏམ་སྤེལ་བའི་ནང་། བཙེ་འཛོག་མ་བྱས་ཚེ། ཀུན་གྱིས་ཁོང་ཁྲོ་བྱེད་ངེས་ཡིན་ཞེས་འཁོད་ཡོད་པ་དང་། 《མི་དམངས་ཉིན་རེའི་ཚགས་པར》ཐོག་དཔྱད་གཏམ་སྤེལ་བའི་ནང་། མི་གཞན་ལ་བཙེ་འཛོག་མ་བྱས་ཚེ་གཞན་གྱིས་འདོར་ངེས་རེད་ཅེས་འཁོད་ཡོད་པ་རེད།

གཉིས་ནས་གསོ་རྒྱུག་ཁྲིམ་ར་ཅན་གྱི་སྐྱུན་སྦྱོར་དང་སྤྱི་འབྲེལ་སྟེགས་བུའི་བར་མཉམ་ཤུགས་ཆགས་པས། དོན་རྐྱེན་དེའི་གླེང་ཕྱོགས་ཀྱི་ལྟེ་བ་དེ་རྒྱལ་གཅེས་ཀྱི་བརྗོད་གཞིའི་ཐོག་གཅིག་བསྡུས་བྱས་ཡོད། དྲ་ལམ་སྐྱུན་སྦྱོར་དཔེར་ན་ཏེན་ཧོང་དྲ་བ་དང་། སོའུ་ཧུའུ་དྲ་བ། ཕང་དབྱི་གསར་འགྱུར། ལྷ་ཞིབ་པའི་དྲ་བ་སོགས་ཚང་མས་དོན་རྐྱེན་གྱི་འཕེལ་རིམ་ལ་དོ་ཁུར་བྱས་ཏེ་འབྲེལ་ཡོད་རྩོམ་ཡིག་སྤེལ་ཡོད། དོ་སྣང་བྱེད་རིན་ཡོད་པ་ཞིག་ནི། པོད་ཕྲན་ནི་དོན་རྐྱེན་དེ་དང་འབྲེལ་བའི་གླེང་ཕྱོགས་ཀྱི་གཡུལ་ས་གཙོ་བོ་ལྟ་བུར་གྱུར་པ་དང་། འབྲེལ་ཡོད་བརྗོད་གཞིའི་སློག་ཐེངས་དུང་ཕྱུར་20ལས་བརྒལ་བ་དང་། དྲ་དམངས་ཀྱིས་གྲོས་བསྡུར་བྱེད་ཚད་ཁྲི་2000ལས་བརྒལ་ཡོད། གྲགས་ཅན་མི་སྣ་མང་པོས་པོད་ཕྲན་བརྒྱུད་གཏམ་བརྗོད་སྤེལ་ཏེ་སྲུས་རྟགས་དེའི་བྱ་སྤྱོད་ལ་རྒོལ་གཏམ་བཏང་བ་དང་། གཅིག་རྗེས་གཉིས་མཐུད་ཀྱི་གླེང་བརྗོད་ཀྱི་རྐྱལ་འདེད་འོག། རྒྱལ་གཅེས་ཀྱི་ངར་སེམས་ཟམ་མི་ཆད་པར་འཕེལ་ཡོད་ཅིང་། བརྗོད་གཞི་དེ་ཉིན་དེའི་པོད་ཕྲན་ཐོག་འཚོལ་བཤེར་བྱེད་མཁན་མང་ཤོས་ཀྱི་བརྗོད་གཞིར་གྱུར་ཡོད།

【སློང་ཕྱོགས་ཀྱི་ཁྲིད་སྟོན་དང་དེའི་བློ་འབྱེད།】

གཞུང་ཕྱོགས་ཀྱི་སྨྱན་སྦྱོར་དང་མི་སྣ་གྲགས་ཅན་གྱི་མཁྲིན་དབྱངས་གཅིག་གྱུར་བྱུང་བ་དེས། ད་དམངས་ཚོའི་དྲང་ཕྱོགས་ཀྱི་ཤེས་ཚོར་ཤུགས་ཆེར་ཕྱིན་ཡོད། མི་རིགས་ཀྱི་ལ་རྒྱ་དང་འབྲེལ་བའི་ཀུན་སློང་དོན་རྐྱེན་ཁྲིད་དོ་སྣང་བྱེད་རིན་ཡོད་པའི་སྣང་ཚུལ་ཞིག་ཡོད་པ་དེ་ནི། མི་སྣ་གྲགས་ཅན་གྱིས་དེའི་ཁྲིད་ཐོན་པའི་ནུས་པ་དང་ཤུགས་རྐྱེན་དེ་ཡིན། ལྷག་པར་དུ་དོན་རྐྱེན་དེའི་ཁྲིད་གཞུང་ཕྱོགས་ཀྱི་སྨྱན་སྦྱོར་གྱིས་གཏམ་བཤད་སྤེལ་རྗེས། འཁྲབ་སྟོན་པ་གྲགས་ཅན་གྱིས་དེ་འབྲེལ་བྱེད་སྒོར་ཞུགས་རྒྱུ་མིན་པའི་གསལ་བསྒྲགས་སྤེལ་བ་དེ་རྒྱལ་གཅེས་ཀྱི་ངར་སེམས་ཆེ་རུ་གཏོང་བའི་སྟོབས་ཤུགས་གཙོ་བོར་གྱུར་ཡོད། མི་སྣ་གྲགས་ཅན་རྣམས་ནི་སྤྱི་ཚོགས་ཀྱི་ཆ་ཤས་ཤིག་ཡིན་པ་དང་། སྤྱི་ཚོགས་ཀྱི་ཚོགས་སྤྱི་གཞན་དག་དང་འབྲེལ་བ་དམ་ཟབ་ཡོད། འབྲེལ་ཡོད་སློང་ཕྱོགས་ཀྱི་བརྗོད་གཞི་ནས་བལྟས་ཚེ། དེང་སྐབས་མི་སྣ་གྲགས་ཅན་གྱི་སྤྱི་ཚོགས་སྣང་བརྙན་ཐད་ཀྱི་མཚོན་དོན་སྔར་བས་ལྷུན་སུམ་ཚོགས་སུ་ཕྱིན་ཡོད། མི་སྣ་གྲགས་ཅན་རྣམས་སྤྱི་ཚོགས་ཀྱི་སྤྱི་ཕན་བྱ་གཞག་ནང་ཞུགས་འདོད་ཡོད་པ་མ་ཟད། ད་དུང་སྤྱི་པའི་བརྗོད་གཞིའི་གྲོས་བསྡུར་ཁྲིད་ཞུགས་འདོད་ཀྱང་ཡོད་པ་དང་། ཐ་ན་རང་འགུལ་ངང་གྲོས་གཞི་བཀོད་སྒྲིག་བྱས་ཏེ་རང་ངོས་ཀྱི་ཤུགས་རྐྱེན་ཆེ་རུ་གཏོང་བཞིན་ཡོད། རྒྱ་ཆེའི་མི་སྣ་གྲགས་ཅན་རྣམས་ལ་ལས་རིགས་ཐོབ་ཐང་སྣ་གཅིག་ཕུད་སྤྱི་ཚོགས་ཀྱི་ཐོབ་ཐང་ཡང་མང་པོ་ཡོད་པ་དང་། གཞན་གྱིས་གཟུགས་བརྙན་གསར་བཞེངས་བྱས་པ་ནས་རང་འགུལ་ངང་སྤྱི་ཚོགས་ཀྱི་འགན་འཁྲི་སྒྲུབ་པའི་བར། དེའི་ཐོག་ནས་སྤྱི་ཚོགས་ཀྱི་སྟོབས་ཤུགས་ཆེ་རུ་ཕྱིན་པ་མཚོན་པ་མ་ཟད། ཚད་གཞི་ངེས་ཅན་ཞིག་གི་ཐོག་ནས་དེས་སྤྱི་ཚོགས་ཀྱི་སྟོབས་ཤུགས་ཆེ་རུ་འགྲོ་བར་སྐུལ་འདེད་ཀྱང་གཏོང་བཞིན་ཡོད། མི་

སྣ་གྲགས་ཅན་རྣམས་ནི་སླུ་པ་དང་འཁྲབ་སྟོན་པ་ཙམ་མིན་པར། དེ་བས་ཀྱང་དང་བླངས་པ་དང་། དགེ་སྒྲུབ་པ། མ་འཇོག་པ། དེ་བཞིན་བསམ་འཆར་གཙོ་འཛིན་པ་བཅས་ཀྱང་ཡིན་སྲིད། འདིས་ཀྱང་གླིང་ཕྱོགས་ཁྲིད་སྟོན་ལས་དོན་གྱི་བློ་སྒོ་ཕྱེ་བ་སྟེ། སྤྱི་ཚོགས་ཀྱི་བསམ་འཆར་གཙོ་འཛིན་གྱི་དགེ་མཚན་ལྡན་པའི་ནུས་པར་མཐོང་ཆེན་གྱིས་དེ་དག་དང་མཉམ་དུ་དྲང་ཕྱོགས་ཀྱི་གླིང་ཕྱོགས་ཁྲིད་སྟོན་མཉམ་ཤུགས་ཆགས་པ་བྱས་ཚེ། གླིང་ཕྱོགས་ཡང་དག་པའི་ཁ་ཕྱོགས་སུ་འཕེལ་རྒྱས་གཏོང་ཐུབ།

དྲ་དམངས་ཐེ་ཞུགས་བྱེད་ཚད་ཆེས་མཐོ་བའི་བརྗོད་གཞི་དེ་ལྟ་བུའི་ནང་། ངེས་པར་དུ་དྲ་དམངས་ཀྱི་བསམ་ཚུལ་ལུགས་མཐུན་གྱིས་ཁྲིད་སྟོན་བྱས་ཏེ། ཐལ་དྲགས་པའི་རྗོད་གླིང་གི་ལོག་ཕྱོགས་ནུས་པ་སྣོན་འགོག་བྱ་དགོས། སྤྱོད་དཔེ་དེའི་ནང་། གཞུང་ཕྱོགས་པོད་ཕྲན་གྱིས་དོན་རྐྱེན་དེའི་གླིང་ཕྱོགས་རང་བ་གཙོ་བོར་དུས་ཐོག་ཏུ་གཏམ་བརྗོད་དང་རྣམ་འགྱུར་བསྟན་ཡོད། དྲ་དམངས་མང་ཆེ་བས་ཏུའུ་ཙ་པན་ན་ཡིས་ཀྱང་གོར་དམའ་འབེབས་བྱས་པའི་བརྙན་སྲིལ་བ་དང་གཏམ་བཤད་སྲིལ་བ་དེར་ཁོང་ཁྲོ་དང་ཁོལ་གཏམ་བཏང་བ་དང་། དྲ་དམངས་འགའ་ཤས་ཀྱིས“རྒྱལ་ཁབ་ནས་རྣམ་འགྱུར་བསྟན་པ”དང་། མི་སྣ་གྲགས་ཅན་ནས་རང་འགུལ་གྱིས་ངོ་རྒོལ་བྱས་པ་དེར་བསྔོད་བསྔགས་བྱས་ཡོད་ཅིང་། དེར་བརྟེན་མང་ཚོགས་ཀྱི་རྒྱལ་གཅེས་བརྩེ་བ་དང་མི་རིགས་མཐུན་འགྱུར་གྱི་བློ་ཆེ་རུ་བསྐྱེད། གླིང་ཕྱོགས་ར་བའི་ནང་གི་བསམ་འཆར་གཙོ་བོ་དེ་སྤུས་རྟགས་དེ་ཁོ་ནའི་ཐོག་ཏུ་འདུས་པ་ལས། དེ་ལས་སྒོ་བསྒྱུར་དང་ཁ་ཕྱོགས་ཡོ་བའི་གནས་ཚུལ་ཐོན་མེད་པ་དང་། དོན་དག་དེར་ཁ་གཡར་ཏེ་འུད་སྒྲོག་དང་སྒྲོ་བཏགས་བྱས་པའི་རིགས་ཏ་ལམ་ཐོན་མེད། ཡིན་ནའང་ཤེས་རྟོགས་ཐུབ་དགོས་པ་ཞིག་ནི། དྲ་ལམ་ཉིན་བཞིན་སྣེ་མང་ཅན་དུ་

འགྱུར་བའི་ཁོར་ཡུག་འོག། ཐ་དམངས་ཀྱི་སེམས་ཁམས་ཀྱང་ཉིན་བཞིན་རྙོག་འཛིང་ཆེ་རུ་འགྲོ་བ་དེ་ཡིན། གལ་ཏེ་ཐ་ལམ་སྐྱུན་སྐྱོར་གྱིས་མི་རིགས་ཀྱི་ལ་རྒྱ་ཟམ་མི་ཆད་པར་ཤུགས་ཆེར་བཏང་ཆེ། རྒྱལ་གཉིས་ཀྱི་གླིང་གཞི་དེ་སྤྱི་ཚོགས་ཀྱི་ཡོངས་ཁྱབ་འགལ་བ་གཞན་ལ་སྤོ་བསྒྱུར་བྱེད་པའི་ཉེན་ཁ་ཡོད། མི་རིགས་ཀྱི་ལ་རྒྱ་ནི་ཐ་དམངས་དང་མཐུན་སྒྲིལ་བྱེད་པ་དང་། རྒྱལ་ཁབ་ཀྱི་གོང་བུ་སྒྲིལ་ཤུགས་འགྲུབ་པ་བྱེད་པ། རྒྱ་ཁྱབ་ཀྱི་འཐབ་ཕྱོགས་གཅིག་གྱུར་སྒྲིག་འཛུགས་བཅས་བྱེད་པའི་བྱ་ཐབས་ཡག་པོ་ཞིག་ཡིན། ཡིན་ནའང་མི་རིགས་ཀྱི་ལ་རྒྱའི་ཚད་དེ་གང་འདྲ་ཞིག་ལ་ཚོད་འཛིན་བྱ་དགོས་མིན་ད་དུང་ལག་ལེན་ཁྲོད་འཚོལ་ཞིབ་བྱ་དགོས་པའི་གནད་ཅིག་ཡིན།

དེས་ན་ཐ་ལམ་སྐྱུན་སྐྱོར་གྱི་བརྒྱུད་སྤེལ་མྱུར་ཚད་ཤིན་ཏུ་མགྱོགས་པ་དེས་དོན་རྐྱེན་དེའི་རྐྱེན་ལས་བྱུང་བའི་རྟབ་ལངས་རང་བཞིན་གྱི་གླིང་ཕྱོགས་དེ་རིགས་དཔེ་མཚོན་འོས་པའི་སྤྱི་པའི་དོན་རྐྱེན་ལ་འགྱུར་སླ་པོ་ཡོད། མི་སྣ་གྲགས་ཅན་ནི་སྤྱི་དམངས་ཀྱིས་ངོ་སྣང་བྱ་ཡུལ་ཡིན་པ་དང་། དེ་དག་གིས་ཐ་ལམ་གླིང་ཕྱོགས་ར་བའི་ཁྲིད་ཀྱི་ངོ་ཁུར་བྱ་ཡུལ་གྱི་ཐོན་ཁུངས་རྩ་ཆེན་གྱི་ཚབ་བྱེད་པས། ངོ་ཁུར་བྱ་ཡུལ་གྱི་ཐོན་ཁུངས་དེ་རིགས་ལ་དེ་བས་མཐོང་ཆེན་དང་གསར་སྤེལ་བྱས་ཏེ། ཐ་ལམ་གླིང་ཕྱོགས་ལ་ལུགས་མཐུན་གྱི་ཁྲིད་སྟོན་བྱ་རྒྱུར་རམ་འདེགས་བྱ་དགོས།

བཞི། ཞོག་ཕྱོགས་ཀྱི་བསམ་ཚུལ་དུས་ཐོག་ཏུ་གསེད་བཀྲོལ་བྱས་པ། མཐོ་རིམ་སློབ་གྲྭའི་ཚོགས་པ་དཔོན་ཉམས་ཅན་དུ་འཕྱུར་བའི་གནད་དོན་གྱི་གླིང་ཕྱོགས་ཁྲིད་སྟོན།

2018ལོའི་རྒྱལ་སྟོན་གུང་གསེང་རིང་། ཁྲིན་ཏུའུ་མཁའ་འགྲུལ་ལས་

རིགས་ལག་རྩལ་སློབ་གླིང་གི་སློབ་མའི་ཚོགས་པའི་ཕོངས་མི་ཞིག་གིས་འཕྲིན་ཕྲན་གྲོགས་ཚོམས་ནང་དཔོན་ཉམས་བསྟན་པའི་ཐད་རྗོད་གླེང་བྱུང་བ་དང་། དྲ་གྲོགས་རྣམས་ནས་གཅིག་རྗེས་གཉིས་མཐུད་དང་རང་ཉིད་ལ་ཡང་སློབ་གྲྭའི་ཚོགས་པའི་ནང་དེ་ལྟ་བུའི་དཔོན་ཉམས་ཅན་འཕྲད་ལུགས་བཤད་པ་སྟེ། དུས་ཆེན་སྐབས་སློབ་མའི་ཚོགས་པའི་ཀྲུའུ་ཞི་དང་ཕུའུ་ཀྲང་ལ་བཙན་ཤེད་ཀྱིས་བཀྲ་ཤིས་བདེ་ལེགས་ཞུ་བའི་འཕྲིན་ཐུང་བསྐུར་དུ་བཅུག་པའི་སྐོར་དང་། ཚོགས་པའི་ཕོངས་མིས་གོང་རིམ་གྱི་མིང་འབྲི་ནོར་ཤོར་བར་ཆད་པ་གཅོད་ཆེད་མིང་ཐེངས་50བཤུ་རུ་བཅུག་པ་མ་ཟད་ཚོགས་འདུའི་ཐོག་རང་ཉེས་ངོས་ལེན་བྱ་དགོས་ཞེས་བཤད་པ་སོགས་ཀྱི་གནས་ཚུལ་སྤེལ་བས། དེ་ལྟ་བུའི་སྣང་ཚུལ་ལ་དྲ་ཐོག་ཏུ་ཚ་གླེང་བྱས་ཡོད།

【རྣོན་རྐྱེན་གྱི་ཕྱིར་དྲན།】

2018ལོའི་ཟླ10པར། མཐོ་རིམ་སློབ་གྲྭའི་ཚོགས་པ་ཁག་སྤྱར་ལས་ལྷག་པའི་ངང་དཔོན་ཉམས་ཅན་དུ་འགྱུར་བའི་སྐོར་པོད་ཕྲན་ཐོག་གཅིག་རྗེས་གཉིས་མཐུད་ཀྱིས་སྤེལ་མཁན་བྱུང་ཡོད་དེ། དཔེར་ན། ཁྲིན་ཏའུ་མཁའ་འགྲུལ་ལས་རིགས་སློབ་གླིང་གི་སློབ་མ་ཞིག་གིས། ཚོགས་པ་ཞིག་གི་ཕོངས་མི་གསར་པའི་དྲ་ཚོགས་ནང་ཚོགས་འདུ་འཚོགས་མིན་སྐོར་དྲིས་པ་མ་ཟད། ཚོགས་པ་དེའི་ཀྲུའུ་ཞི་གཞོན་པར་ངོ་སྣང་སྲིད་པས། ཀྲུའུ་ཞི་གཞོན་པ་དེས་རང་ཉིད་ཀྱི་ཐོབ་ཐང་ལ་བསམ་གཞིག་བྱས་ཞེས་ལན་བསྐུར་ཡོད། དེ་རྗེས་པོད་ཕྲན་ཐོག་སློབ་གྲོགས་ཀྱིས་སྤྱི་ཚེས7ཉིན་ཚོགས་འདུ་འཚོགས་སམ་ཞེས་འདྲི་བཞིན་འདུག་ཅེས་པའི་བརྗོད་གཞི་སྤེལ་བས། དྲ་གྲོགས་མང་པོས་རང་ཉིད་ལ་སློབ་གྲྭའི་སློབ་མ་ལས་བྱེད་པས་དཔོན་ཉམས་སྟོན་སྟོང་ཡོད་ལུགས་སྤེལ་ཡོད། དཔེར་ན། ཚོགས་པའི་ཕོངས་མི་ཞིག་གིས་ཚོགས་གཙོ་དང་ཀྲུའུ་ཞིའི་

མིང་འབྲི་ནོར་ཤོར་བའི་ཉེས་ཆད་ལ་མིང་ཐེངས་50བཤུ་རུ་བཅུག་པ་མ་ཟད། ད་དུང་ཚོགས་ཆེན་འཚོགས་ཏེ་ཞིབ་བཤེར་བྱ་དགོས་ཞེས་བཤད་པ། གཞན་སློབ་མ་ཞིག་གིས་ཚོགས་པས་ཚོགས་པའི་ཕྲུའུ་ཀྲང་དང་ཀྲུའུ་ཞིར་དུས་ཆེན་གྱི་བཀྲ་ཤིས་སྨོན་ཚིག་བསྒྲར་དུ་བཅུག་པའི་ཡི་གེ་པར་བརྒྱབ་སྟེ་དྲ་ཐོག་ཏུ་བསྒྲར་བས། ཚོགས་པའི་ཁོངས་མིས་སློབ་མ་དེ་བཙལ་ཏེ་དགོངས་དག་ཞུགས་བདེན་ཞུ་དགོས་ལུགས་སྤེལ་བ། ཅང་སུའུ་ཡན་ཁྲིང་ལག་རྩལ་དགེ་འོས་སློབ་གླིང་གི་སློབ་མ་ཞིག་གིས་ཚོགས་པའི་ནང་སློབ་མ་ཚོགས་པའི་ལས་བྱེད་པར། ཏ་ཏ་ཏ་ཞེས་པའི་ཚིག་འགའ་ལན་དུ་སློག་པས། ཡིག་འབྲུ400ཡི་ངོས་ལེན་ཡི་གེ་འབྲི་རུ་བཅུག་པ། སི་ཁྲོན་རང་བྱུང་བཟོ་ལས་སློབ་གླིང་གི་ཚོགས་པ་ཞིག་གི་ཁོངས་མིས་ཤེས་ཚིག་བསྒྲར་སྐབས་མིང་འབྲི་ནོར་ཤོར་བས་ཚོགས་ཆེན་ཐོག་རང་ཉེས་ངོས་ལེན་ཞུ་རུ་བཅུག་པའི་སྐོར་སྤེལ་བ་ལྟ་བུ་རེད། དོན་རྐྱེན་དེ་དག་དང་འབྲེལ་ཡོད་གནས་ཚུལ་སྤེལ་མཁན་མང་ཆེ་བས་འཕྲིན་ཕྲན་ཚོགས་པའི་ནང་གི་སྐད་ཆ་པར་དུ་བླངས་ནས་སྤེལ་ཡོད་པས། དབང་ཏགས་ལ་པར་ཡོད་པའི་བརྒྱུད་སྤེལ་ནུས་འབྲས་ཐོན་ཏེ། དྲ་ཐོག་ཏུ་བརྒྱུད་བསྒྲར་བྱེད་མཁན་ཏ་ཅང་མང་པོ་བྱུང་ཡོད།

【སློང་ཕྱོགས་ལ་ཁྲིད་སྟོན་བྱེད་པའི་བརྒྱུད་རིམ།】

1. དོན་རྐྱེན་དང་འབྲེལ་བའི་སློབ་གྲྭའི་ལན་ཆ། 2018ལོའི་ཟླ10པའི་ཚེས2ཉིན་གྱི་ཐོ་རེངས་ཆུ་ཚོད1ཙམ་ལ། ཁྲིང་ཏུའུ་མཁའ་འགྲུལ་ལས་རིགས་ལག་རྩལ་སློབ་གླིང་གིས་གསལ་བསྒྲགས་སྤེལ་ཏེ་ལན་ཆ་བྱས་པའི་ནང་། སློབ་མས་ཚོགས་པའི་ནང་ཚོགས་འདུ་འཚོགས་མིན་དྲིས་པའི་སྐོར་གྱི་དོན་དག་དེ་ནི་སློབ་གྲྭའི་ཚོགས་པ་མཉམ་འབྲེལ་ལྟན་ཚོགས་ཀྱི་སློབ་མ་གཉིས་ཀྱི་བར་དུ་བྱུང་བ་ཞིག་ཡིན་པ་དོན་དངོས་རེད། སློབ་གྲྭས་དོན་དག་དེ་དང་འབྲེལ་བའི་མིར་

བསམ་བློའི་སློབ་གསོ་དང་སེམས་གསོ་བྱས་ཡོད། དོ་བདག་ནས་ཀྱང་རང་ཉིད་ཀྱི་གནད་དོན་ལ་ངོས་འཛིན་གཏིང་ཟབ་ཐུབ་པ་མ་ཟད་ལེགས་བཅོས་བྱ་རྒྱུའི་སྐོར་ཐོད་ཀྱིན་འདུག མ་གཞི་དོན་དག་དེ་ནི་སློབ་མ་མི་སྙེར་གྱི་བྱ་སྤྱོད་རེད། ཡིན་ནའང་དེའི་ཐོག་ནས་སློབ་གྲྭ་ཚོགས་པའི་ལས་བྱེད་པར་སློབ་གསོ་དོ་དམ་བྱ་རྒྱུ་མི་འདང་བའི་གནད་དོན་མངོན་ཡོད་ཅེས་བཤད་ཡོད། ཉིན་དེར་སི་ཁྲིན་རང་བྱུང་བཟོ་ལས་སློབ་གླིང་གི་གཞུང་ཕྱོགས་པོད་ཕྲན་ཐོག་གསལ་བསྒྲགས་སྤེལ་བའི་ནང་། སློབ་གྲྭ་ངེད་སློབ་གྲྭའི་སློབ་མའི་ལས་བྱེད་པས་ལས་དོན་ཁྲིད་འཚམ་པོ་མེད་པའི་སྐད་ཆ་བཤད་པའི་སྐོར་གྱི་གནས་ཚུལ་འགྲོར་བྱུང་། སློབ་གྲྭའི་ཧྲང་ཤུད་ཀྱིས་དོན་དེར་མཐོང་ཆེན་པོ་བྱས་པ་དང་། དོན་དེའི་ཐད་བརྟག་དཔྱད་བྱེད་འགོ་བཙུགས་ཡོད་ཅེས་བཤད་ཡོད། སྤྱི་ཟླ་11པའི་ཚེས་2ཉིན། ཡན་ཁྲིང་ལག་རྩལ་དགེ་འོས་སློབ་གླིང་གི་སྡེ་ཚོགས་ཤུ་ཡོན་ལྷན་ཁང་གིས་གསར་འགོད་པར་ལན་ཆ་བྱས་པའི་ནང་། སློབ་མ་དེའི་ཐོག་མའི་ཀུན་སློང་ནི་དོ་དམ་ལ་ཤུགས་སྣོན་རྒྱག་ཆེད་རེད། ཡིན་ནའང་སྐད་ཆ་ཐོད་སྟངས་ཡག་པོ་མ་བྱུང་བས་སློབ་ཕྲུགས་ལ་ཕོག་ཐུག་ཐོར། སློབ་གྲྭས་དེའི་ཐད་སྐྱོན་བརྗོད་སློབ་གསོ་བརྒྱབ་ཟིན་ཞེས་བཤད་ཡོད།

2. དྲ་ལམ་སྨྱན་སྦྱོར་གྱིས་གཅིག་སྡུད་དང་གནས་འཕྲིན་སྤེལ་བ། པོད་ཕྲན་ནི་དོན་རྐྱེན་དེ་ཐོག་མར་ཐོན་ས་དེ་ཡིན་པ་དང་། བརྗོད་གཞི་དེར་གྲོས་བསྡུར་བྱེད་མཁན་དྲ་གྲོགས་ཧ་ཅང་མང་པོ་བྱུང་ཡོད། དེ་རྗེས་ཞིན་ལང་པོད་ཕྲན་གྱིས། སློབ་མའི་བར་གྱི་དཔོན་ཉམས་སྤྱོད་ཚུལ་གང་དག་ཡོད། ཁྱེད་ནས་མཐོང་མི་འདོད་པའི་སློབ་མ་དཔོན་ཉམས་རིང་ལུགས་པ་ཡོད་དམ་ཞེས་པའི་བརྗོད་གཞི་སྤེལ་བས། སློབ་མ་རྣམས་ནས་གྲོས་བསྡུར་ཚ་ཚ་འུར་འུར་བྱས་པ་དང་། རང་ཉིད་ལ་ཡང་འཕྲད་མྱོང་བའི་སློབ་མ་དཔོན་ཉམས་ཅན་གྱི་སྐོར་

གླིང་བས། གླིང་ཕྱོགས་ཀྱི་ཚ་རླབས་རྒྱུན་མཐུད་དང་འཕྱུར་ཡོད། ཤིན་ཅིང་ཚགས་པར་དཔེ་དཔྱད་གཟའ་འཁོར་དུས་དེབ་དང་། དེ་རིང་གི་དཔྱད་གླེང་ཞེས་པ་སོགས་སྨྱན་སྦྱོར་མང་པོའི་འཕྲིན་ཕྲན་སྤྱི་སྙེགས་ཀྱང་དོན་རྐྱེན་དེའི་ཁྲོས་བསྐུར་ནང་ཞུགས་པས། གླིང་ཕྱོགས་ཤུགས་ཇེ་ཆེར་ཕྱིན་ཡོད།

3. གཞུང་ཕྱོགས་སྨྱན་སྦྱོར་གྱིས་དཔྱད་གཏམ་རྩོམ་ཡིག་སྤེལ་ཏེ། སློབ་རའི་ཚོགས་པ་ཁག་གིས་བབ་ཆགས་རྒྱུན་འཁྱོངས་བྱས་ཐོག་སློབ་མའི་ལས་བྱེད་པའི་ཁྲིད་ཀྱི་དཔོན་ཉམས་རིང་ལུགས་བཀག་འགོག་བྱ་དགོས་པའི་རེ་འདོད་བྱས་པ། ཤིན་ཧྭ་གསར་འགྱུར་ཁང་གིས་རྩོམ་ཡིག་འགོ་བརྗོད་དུ། 《སློབ་མའི་ཁྲིད་དཔོན་ཉམས་རིང་ལུགས་ཐོན་པར་ངོགས་ཟློན་བྱ་དགོས་》ཞེས་པ་སྤེལ་བའི་ནང་། མཐོ་རིམ་སློབ་གྲྭ་འགའ་རེའི་སློབ་མའི་སྒྲིག་འཛུགས་འགའ་རེ་ནི་དཔོན་ར་ཆུང་ཆུང་དང་འདྲ་བར་འགྱུར་བ་དང་། རྒྱབ་རྟ་འཚོལ་བ་དང་། ཁྱུ་ཚོགས་སྒྲིག་པ། ངོ་ཆེན་ཞུ་བ་སོགས་སྤྱོད་ཚུལ་ངན་པ་དར་བཞིན་ཡོད་ཅེས་འཁོད་པ་དང་། ཤིན་ཧྭ་གསར་འགྱུར་ཁང་གི་དཔྱད་གཏམ《ཞིན་ཧྲེ་ཕིང་། སློབ་མའི་ལས་བྱེད་པར་དཔོན་ཉམས་ཡོད་མི་རུང་》ཞེས་པའི་ནང་སྣང་ཚུལ་དེ་རིགས་ལ་སྐྱོན་བརྗོད་བྱས་ཡོད་པ་མ་ཟད། མཐོ་སློབ་འགའ་རེར་སློབ་མའི་སྒྲིག་འཛུགས་ནང་དཔོན་ཉམས་ཅན་རྒྱ་ཁྱབ་ཏུ་འགྲོ་བཞིན་ཡོད་པས། དོན་དངོས་ཐོག་དེ་ནི་དཔོན་པོ་གཙོར་འཛིན་གྱི་བསམ་བློ་ཞིག་རེད་ཅེས་བཤད་ཡོད། 《ཤིན་ཅིང་ཚགས་པར་》གྱི་དཔྱད་གཏམ་རྩོམ་ཡིག《མཐོ་སློབ་ཀྱི་སློབ་མའི་ཚོགས་པའི་ནང་དཔོན་ཉམས་ཅན་ཐོན་པ་དེ་ཅི་ཞིག་གིས་ལན་ནམ་》ཞེས་པའི་ནང་། གླེང་གཞི་དེ་སློབ་མར་དཔོན་ཉམས་སླེབས་པའི་རྒྱུ་རྐྱེན་དང་། མཐོ་སློབ་ཀྱི་ངོ་དམ་འགན་འཁྲི། དེ་བཞིན་དེ་འབྲེལ་གྱི་རེ་འདོད་སོགས་ཀྱི་ཐད་ལ་སྙོར་སྲིང་བྱས་ཡོད།

【གླིང་ཕྱོགས་ཀྱི་ཁྲིད་སྟོན་དང་དེ་ལས་བྱུང་བའི་བློ་འབྱེད།】

1. སྲོལ་རྒྱུན་སྐྱུན་སྦྱོར་གྱི་བསྒྲམ་ནན་རང་བཞིན་གྱིས་བཤད་ཚུལ་འདྲ་མིན་སྣ་ཚོགས་ཀྱིས་ཁེངས་པའི་དྲ་ལམ་དུས་རབས་ནང་ཐོ་བ་གཅིག་གིས་སྒྲ་ཐག་གཅོད་པའི་ནུས་པ་ཐོན་པ་དང་། གླིང་ཕྱོགས་ཀྱི་གཞི་རྩའི་འཕེལ་ཕྱོགས་གཏན་འཁེལ་བྱས་པ། ཐེངས་འདིའི་དོན་རྐྱེན་ནང་དུ་ཐོག་ཏུ་མཐོ་རིམ་སློབ་གྲྭའི་ནང་གི་དཔོན་ཉམས་རིང་ལུགས་སྐོར་གླིང་མཁན་ཏ་ཅང་མང་པོ་བྱུང་བ་དང་། གྲོས་གཞི་དེར་གྲོས་བསྡུར་བྱེད་མཁན་རྒྱུན་མཐུད་ངང་མང་དུ་ཕྱིན་ཡོད། ཤིན་ཏུ་གསར་འགྱུར་ཁང་སོགས་དབང་གྲགས་ལྡན་པའི་སྐྱུན་སྦྱོར་གྱིས་བཤད་ཚུལ་འདྲ་མིན་སྣ་ཚོགས་ལ་ཕྱོགས་བསྡོམས་བྱས་ཐོག། དོན་རྐྱེན་དེའི་ཉེན་ཚབས་རང་བཞིན་ལ་དབྱེ་ཞིབ་གཏིང་ཟབ་བྱས། ཆེས་འགག་རྩར་གྱུར་པ་ནི་གཞུང་ཕྱོགས་ཀྱི་དབང་གྲགས་ལྡན་པའི་སྐྱུན་སྦྱོར་གྱི་དཔྱད་གཏམ་རྩོམ་ཡིག་གིས་ཐོ་བ་གཅིག་གིས་སྒྲ་ཐག་གཅོད་པའི་ནུས་པ་བཏོན་པ་དང་། རྒྱ་ཆེའི་དྲ་དམངས་ཀྱི་བསམ་ཚུལ་མཚོན་པར་བྱས་ཏེ། དོན་རྐྱེན་ལ་ཕྱོགས་བསྡོམས་དང་རྩ་བའི་ངོ་བོ་གཏན་འཁེལ་བྱས་པ་དང་ཆབས་ཅིག། ཚད་གཞི་ངེས་ཅན་ཞིག་གི་ཐོག་ནས་གཞུང་ཕྱོགས་རྣམ་འགྱུར་གྱི་ཚབ་བྱས་ཡོད་པ་དང་། གླིང་ཕྱོགས་ཀྱི་འཕེལ་ཕྱོགས་ལ་ཁྲིད་སྟོན་བྱས་ཏེ། ཐེངས་འདིའི་དོན་རྐྱེན་གྱི་གླིང་ཕྱོགས་ཁྲིད་སྟོན་ལ་ཐག་གཅོད་རང་བཞིན་གྱི་ནུས་པ་ཐོན་ཡོད།

2. སློབ་གྲྭས་དུས་ཐོག་ཏུ་ལན་ཆ་བྱས་པ་དེས་མཐོ་རིམ་སློབ་གྲྭས་དྲ་ལམ་གླིང་ཕྱོགས་ལ་ཁ་གཏད་གཅོག་པའི་ནུས་པ་རིམ་བཞིན་ཆེ་རུ་འགྲོ་བ་མཚོན་པ། སློབ་གྲྭའི་ཕྱོགས་ཀྱི་ལན་ཆར་བལྟས་ན། འབྲེལ་ཡོད་སློབ་གྲྭ་ཚང་མས་དུས་ཐོག་ཏུ་སྤྱི་བསྒྲགས་སྤེལ་ཏེ་དོན་རྐྱེན་དེར་ངོ་སྐང་བྱེད་པའི་རྣམ་པ་བསྟན་པ་དང་། དེ་དང་ཆབས་ཅིག་དོན་དག་དེ་དང་འབྲེལ་བ་ཡོད་པའི་མི་སྣར་ཐག

གཙོད་བྱས་པའི་མཇུག་འབྲས་ཁྱབ་བསྒྲགས་བྱས་པ་དེའི་ཐོག་ནས། དུས་ཐོག་ཏུ་ཐག་གཅོད་དང་། རྒྱ་ཡན་དུ་གཏན་ནས་མི་གཏོང་རྒྱུའི་རྣམ་འགྱུར་མངོན་ཡོད་པ་དང་། ད་དུང་དེའི་ཐོག་ནས་མཐོ་རིམ་སློབ་གྲྭས་དྲ་ལམ་གླིང་ཕྱོགས་ལ་ཁ་གཏད་གཙོག་པའི་དུས་ཚོད་ཇ་དྲག་པ་དང་། གླིང་ཕྱོགས་ཐོན་པའི་ཆེ་ཁ་གཏད་གཙོག་རྒྱུ་ནར་འགྱངས་བྱེད་པ་ནི་བྱ་ཐབས་ཡག་པོ་ཞིག་མིན་པ་ཚད་གཞི་ངེས་ཅན་ཐོག་ནས་ངེས་ཤེས་ཐུབ་པ་མཚོན་ཡོད། དྲ་ལམ་དུས་རབས་གསར་པའི་ཁོར་ཡུག་ནང་། གླིང་ཕྱོགས་དོན་རྐྱེན་ཐོན་སྐབས་གནད་དོན་ལས་མི་གཡོལ་བ་དང་། གནད་དོན་ཐག་གཅོད་བྱེད་པའི་བསམ་ཚུལ་ནི་ཁྱབ་གདལ་གཏོང་བ་དང་དཔྱད་གཞིར་འཛིན་རུང་བ་ཞིག་རེད།

3. གཞོན་ནུ་ལོ་ཆུང་གི་ཚོགས་རྣམས་དྲ་བར་ཞུགས་ཚད་མཐོ་བ་དེ་དང་། གླིང་ཕྱོགས་ཁྲིད་སྟོན་གྱི་དྲང་ཕྱོགས་ནུས་པའི་བར་གྱི་འགལ་འབྲེལ། 2018 ལོར་སློབ་གྲྭ་ཆེན་མོའི་སློབ་རའི་ནང་2000ལོའི་རྗེས་སྐྱེས་སློབ་མ་ཐོག་མར་སླེབས་ཡོད་པ་དང་། གོ་ལྔ་ལོའི་རྗེས་སྐྱེས་རྣམས་ཀྱང་རིམ་པས་ལས་གནས་དང་སྤྱི་ཚོགས་ཐོག་བསྐྱོད་ཡོད། དུས་སྐབས་དེ་གཉིས་ཀྱི་གཞོན་ནུས་གཙོས་པའི་གཞོན་ནུའི་ཁྲུ་ཚོགས་དག་སྤྱི་ཚོགས་ཀྱི་གསར་སྐྱེས་སྟོབས་ཤུགས་གལ་ཆེན་ཞིག་ལ་གྱུར་པ་མ་ཟད། སྤྱི་ཚོགས་ཀྱི་བྱ་དོན་ཁག་ནང་གནས་བབ་གལ་ཆེན་བཟུང་ནུས་ཡིན། དྲ་ལམ་གླིང་ཕྱོགས་ནང་གི་ཁྲུ་ཚོགས་གཞན་དག་དང་བསྡུར་ཆེ། གཞོན་ནུའི་ཁྲུ་ཚོགས་ཀྱི་དྲ་ཞུགས་ལོ་རྒྱུས་རིང་བ་དང་། དྲ་བར་ཞུགས་པའི་དུས་ཚོད་རིང་བ། དྲ་ཐོག་ཉེར་སྤྱོད་ལ་བྱང་ཆུབ་པ། དྲ་ལམ་རིག་གནས་ལ་རྒྱུས་མངའ་ཆེ་བ་བཅས་ཀྱི་རྐྱེན་པས། དེ་དག་ནི་དྲ་ལམ་གླིང་ཕྱོགས་ཀྱི་ཤུགས་རྐྱེན་ཐེབས་ཡུལ་སྣང་ཆུང་བྱ་མི་རུང་བ་ཞིག་ཡིན། དེར་གཞིགས་ན། མཐོ་སློབ་ནི་གཞོན་ནུ་དེ་དག་འདུ་འཛོམས་བྱེད་གནས་ཡིན་པས། གཞོན་ནུའི་

ཁྲུ་ཚོགས་ཀྱི་རིན་ཐང་ལྟ་ཕྱོགས་ལ་དུས་དང་རྣམ་པ་ཀུན་ཏུ་དོ་སྣང་བྱས་ཏེ། སྐྱོད་གཙང་གཞུང་དྲང་གི་སློབ་རའི་ཁོར་ཡུག་ཅིག་བཏོད་ཐོག། སྤྱི་ཚོགས་སྤྱི་པའི་བྱ་དོན་གྱི་གླིང་ཕྱོགས་ཁྲིད་སྟོན་ལས་དོན་ཁྲོད་ནུས་པ་དེ་བས་ཆེ་བ་འདོན་དགོས།

དོན་ཚན་བཞི་པ། དྲ་ལམ་གླིང་ཕྱོགས་ལ་ལུགས་མཐུན་དང་ཁྲིད་སྟོན་བྱེད་པའི་མཐུན་ཆོས་དབྱེ་ཞིབ།

རྒྱལ་ཁབ་ཕྱི་ནང་གིས་གླིང་ཕྱོགས་ལ་ཁྲིད་སྟོན་བྱས་པའི་དཔེ་མཚོན་དེ་དག་ལ་དབྱེ་ཞིབ་བྱས་པ་བརྒྱུད། ཚན་རིག་དང་མཐུན་པ་དང་ཕན་འབྲས་ལྡན་པའི་ཐོག་ནས་དྲ་ལམ་གླིང་ཕྱོགས་ལ་ཁྲིད་སྟོན་བྱེད་པར་དངོས་ཡོད་གནས་ཚུལ་གྱི་གཞི་འཛིན་ས་ཡོད་པ་མཐོང་ཐུབ། དྲ་ལམ་གླིང་ཕྱོགས་ལ་ཡང་དག་པའི་ཁྲིད་སྟོན་བྱེད་པར། གཅིག་ནས་ལྟེ་བའི་དྲ་ཚོགས་ཀྱི་ཡིད་རྟོན་ཐོབ་ཚད་ཤུགས་ཆེན་མངོན་པ་བྱ་དགོས་པ་དང་། གཉིས་ནས་དྲ་ལམ་སྨྱུན་སྦྱོར་དང་སྤྲོལ་རྒྱུན་སྨྱུན་སྦྱོར་ཟུང་འབྲེལ་བྱ་དགོས་པ། གསུམ་ནས་དྲ་ལམ་དོ་དམ་འགན་སྲུང་སྒྲིག་གཞི་འཛུགས་དགོས་པ་མ་ཟད། ད་ཡོད་ཀྱི་དྲ་ལམ་སྨྱུན་སྦྱོར་གྱི་གཞུང་དྲང་རང་བཞིན་དང་ཡང་དག་རང་བཞིན་ཤུགས་ཆེར་གཏོང་དགོས། སྔར་གྱི་སྨྱུན་སྦྱོར་དུས་རབས་ཀྱི་འདུ་ཤོང་མདུན་དུ། གླིང་ཕྱོགས་ཐོན་པའི་རྗེས་སུ་བསྟན་པ་ནས་གླིང་ཕྱོགས་ཐོན་པ། དེ་ནས་གླིང་ཕྱོགས་འཇགས་པ་བཅས་བར་ལ་ཕྱོགས་བསྒོམས་ནན་ཏན་བྱ་དགོས་ངེས་ཡིན།

གཅིག ཕྱི་རྒྱལ་གྱི་སླེང་ཕྱོགས་ཁྲིད་སྟོན་ཉམས་མྱོང་། སྒྲིག་སྒྲིལ་དང་གོ་རིམ་ལྡན་པའི་དང་གནད་དོན་ཐག་གཅོད་བྱ་རྒྱུར་སྐུལ་འདེད་གཏོང་དགོས་པ།

ཕྱི་རྒྱལ་སྨྱན་སྦྱོར་གྱིས་སླེང་ཕྱོགས་ཐད་ཀྱི་དོན་རྐྱེན་ལ་ཁ་གཏད་གཅོག་པའི་ཐད་མང་ཆེ་བས་རྗེས་འདེད་འཕྲིན་སྤེལ་བྱ་རྒྱུ་གཙོ་བོར་བཟུང་ཐོག། དོན་རྐྱེན་ཐོག་མའི་དུས་སུ་ཐག་གཅོད་བྱ་རྒྱུར་སྐུལ་འདེད་གཏོང་རྒྱུར་སྣང་ཆེན་བྱེད་བཞིན་ཡོད། མ་གཞི་རང་ཐག་རང་གཅོད་དང་སོ་སོས་སླེང་ཕྱོགས་ལ་ཁྲིད་སྟོན་བྱེད་པའི་གནས་ཚུལ་ཡང་ཡང་ཐོན་མོད། འོན་ཀྱང་བཅའ་ཁྲིམས་ཀྱི་སྒྲོམ་གཞིའི་འོག་དོན་རྐྱེན་ཐག་གཅོད་བྱ་རྒྱུར་མཐུན་རྐྱེན་སྣ་ཚོགས་མཁོ་འདོན་བྱེད་ཀྱིན་ཡོད། ཨ་རི་ར་ཆ་བཞག་ན། ཨ་རི་སྲིད་གཞུང་གིས་དྲ་ལམ་སླེང་ཕྱོགས་ལ་ཤུགས་རྐྱེན་བཟོ་བའི་བྱེད་སྟངས་དེ་རིགས་གཉིས་སུ་དབྱེ་ཆོག་པ་སྟེ། ཁྲིད་སྟོན་ཧུར་ཐག་བྱེད་པ་དང་དོ་དམ་ཚོད་འཛིན་བྱ་རྒྱུར་སྒྲིད་ལུག་བྱེད་པ་དེ་ཡིན། རྒྱལ་ཁབ་དང་སྤྱི་ཚོགས་ཀྱི་སྤྱི་པའི་བདེ་འཇགས་དང་འབྲེལ་བ་ཡོད་པའི་གནད་དོན་ཁྱབ་ཁོངས་ཐད་ཨ་རི་སྲིད་གཞུང་གིས་ཆ་འཕྲིན་འབྲེལ་གཏུག་བྱེད་པའི་ཐབས་ལམ་གཙོ་བོ་ནི་ཕོ་བྲང་དཀར་པོའི་གསར་འགྱུར་ཡོངས་བསྒྲགས་མ་ལག་ཡིན་པ་དང་། སྨྱན་སྦྱོར་དོ་དམ་གཏན་འབེབས་རབ་དང་རིམ་པ་བརྒྱུད་དྲ་ལམ་སླེང་ཕྱོགས་ལ་ཁྲིད་སྟོན་བྱེད་པ་དེ་ཡིན། ཨ་རི་སྲིད་གཞུང་གིས་དྲ་ཐོག་གི་གཏམ་བཤད་ལ་ཤུགས་རྐྱེན་ཐེབས་པའི་གཞི་འཛིན་ས་གཙོ་བོ་ཕྱོགས་གཉིས་ལ་གཞིགས་པ་སྟེ། གཞོན་ནུ་ལོ་ཚང་ལ་སྲུང་སྐྱོང་བྱེད་པའི་མིང་ཐོག་ནས་ཞིབ་བཤེར་བྱེད་པའམ་ཡང་ན་རྒྱལ་ཁབ་དང་མི་དམངས་མང་ཆེ་བའི་བདེ་འཇགས་ལ་སྲུང་སྐྱོང་བྱེད་པའི་མིང་ཐོག་ནས་ཞིབ་བཤེར་བྱེད་ཀྱིན་ཡོད། དགོས་ངེས་ཀྱི་ཆ་རྐྱེན་འོག་ཨ་རིའི་རྒྱལ་སྲུང་མཉམ་འབྲེལ་བརྟག

དཔྱད་ཞུད་ཀྱིས་ཀུང་ཆེད་དོན་བརྟག་དཔྱད་བྱས་ཏེ་དྲ་ཐོག་གི་དམིགས་བསལ་ཚོགས་སྤྱིར་ལྟ་སྐྱུལ་ཚོད་འཛིན་བྱེད་པ་དང་། དེ་དག་གི་དྲ་ཐོག་གི་གཏམ་བརྗོད་དང་ཆ་འཕྲིན་ཡོངས་བསྒྲགས་ཀྱི་བྱ་སྤྱོད་ལ་ཞིབ་བཤེར་བྱེད་པ། ཐ་ན་བྱ་ཐབས་སྤྱད་དེ་ལྟ་སྐྱུལ་ཚོད་འཛིན་བྱ་ཡུལ་ལ་ཐག་གཅོད་བྱེད་བཞིན་ཡོད།

ཕྱིའི་རྒྱལ་ཁབ་ཀྱིས་གླིང་ཕྱོགས་ཐག་གཅོད་བྱེད་པའི་ཀྱོད་དཔེ་ཕྱོགས་བསྡོམས་བྱས་ཚེ། དེའི་མཐུན་ཆོས་རང་བཞིན་གྱི་ཉམས་མྱོང་ཕྱོགས་བསྡུས་བྱས་ཚེ་གཤམ་གསལ་དོན་གནད་གཉིས་ཡོད་དེ། གཅིག་ནས་གླིང་ཕྱོགས་དོན་རྐྱེན་ལ་དམིགས་པའི་ཆ་འཕྲིན་ཡོངས་བསྒྲགས་སྒྲིག་གཞི་འཐུས་སྒོ་ཚང་པོ་ཡོད་པ་དེ་ཡིན། ཕྱི་རྒྱལ་གྱི་སྲིད་གཞུང་མང་ཆེ་བས་སྲོལ་རྒྱུན་སྨྱན་སྦྱོར་དང་སྤྱི་འབྲེལ་སྨྱན་སྦྱོར་གྱིས་མཚོན་པའི་སྨྱན་སྦྱོར་གསར་པར་ལྟ་སྐྱུལ་དོ་དམ་དང་བཀོལ་སྤྱོད་བྱ་རྒྱུར་མཐོང་ཏ་ཅང་ཆེན་པོ་བྱེད་པ་དང་། སྲིད་གཞུང་གིས་འཕྲལ་མར་གསར་འགྱུར་ཡོངས་བསྒྲགས་ཚོགས་འདུ་འཚོགས་པ་སོགས་ཀྱི་བྱ་ཐབས་བརྒྱུད་འབྲེལ་ཡོད་གནས་ཚུལ་བརྡ་ཁྱབ་གཏོང་རྒྱུ་གོམས་གཤིས་སུ་གྱུར་ཡོད། འཇར་པན་སྲིད་གཞུང་གིས་ས་ཡོམ་བརྒྱབ་རྗེས་ནང་བློན་ཁང་གི་གཞུང་དོན་ཁང་གི་འགོ་འཛིན་ལ་ཆུ་ཚོད་གཉིས་རེར་གསར་འགྱུར་ཡོངས་བསྒྲགས་ཚོགས་འདུ་ཐེངས་རེ་འཚོགས་ཏེ་སྤྱི་དམངས་དང་སྨྱན་སྦྱོར་ལ་གནས་ཚུལ་གསར་ཤོས་བརྡ་ཁྱབ་གཏོང་དགོས་པ་དང་། སྨྱན་སྦྱོར་པེད་སྤྱོད་གང་ལེགས་བྱས་ཏེ་ཆ་འཕྲིན་ཡོངས་བསྒྲགས་ཏུར་ཐག་བྱས་ཐོག་དོན་རྐྱེན་གྱི་འཕེལ་རིམ་རྒྱུན་མཐུད་ངང་བརྡ་ཁྱབ་གཏོང་དགོས་པའི་བླང་བྱ་བཏོན་ཡོད། གཉིས་ནི་སྤྱི་འབྲེལ་སྨྱན་སྦྱོར་གྱིས་གླིང་ཕྱོགས་ལ་ཁ་གཏད་གཅོག་པའི་ཁྲིད་ཀྱི་ནུས་པ་གལ་ཆེན་ཉིན་བཞིན་མངོན་གསལ་དོད་དུ་འགྲོ་བཞིན་ཡོད་པ་དེ་ཡིན། དྲ་ལམ་ནི་སྲིད་གཞུང་གིས་སྲོལ་རྒྱུན་གྱི་གླིང་ཕྱོགས་ལ་ཁྲིད་སྟོན་བྱེད་སྟངས་ཀྱི་ཁ་གསབ་

ཡིན་ལ། དམིགས་བསལ་དུས་སྐབས་སུ་སླེང་ཕྱོགས་ཁྲིད་སྟོན་གྱི་གཡུལ་ས་གཙོ་བོ་ཡང་ཡིན། ཨ་རི་ར་ཆ་བཞག་ཚེ། སྲིད་གཞུང་དང་། སྲིད་ཏང་། སྲིད་ཚོང་བ་བཅས་ཀྱིས་དྲ་ལམ་གྱིས་སླེང་ཕྱོགས་ལ་ཐེབས་པའི་ཤུགས་རྐྱེན་ལ་ཉེན་བཞིན་མཐོང་ཆེ་རུ་འགྲོ་བཞིན་ཡོད། ཨ་རིའི་ཙུང་ཐུང་ཐེ་རོན་ཧྲུ་སྲིད་སྐྱེགས་ཐོག་འཛུགས་པ་ནས་བཟུང་། སྤྱི་འབྲེལ་སྨྱུན་སྦྱོར་ཐོག་རྒྱུན་མཐུད་ངང་རང་ཉིད་ཀྱི་འདོད་ཚུལ་དང་། གནས་འཕྲིན་སྤེལ་བ་དང་། ཐ་ན་སླེང་ཕྱོགས་ལ་ཁྲིད་སྟོན་བྱེད་ཀྱིན་ཡོད། དེའི་ཐོག་ནས་ཀྱང་སྤྱི་འབྲེལ་སྨྱུན་སྦྱོར་གྱིས་དྲ་ལམ་སླེང་ཕྱོགས་ཁྲིད་གནས་བབ་གལ་ཆེན་བཟུང་བ་མཚོན་ཡོད།

གཉིས། རྒྱལ་ནང་གི་སླེང་ཕྱོགས་ཁྲིད་སྟོན་ཉམས་མྱོང་། དབང་གྲགས་ལྡན་པའི་གཏམ་བརྗོད་དང་འབྱུང་རྩ་བཙོས་སྐྱོང་གཉིས་ཟུང་འབྲེལ་བྱེད་པ།

གོང་གསལ་གྱི་གྲོད་དཔེའི་དབྱེ་ཞིབ་དང་ཟུང་འབྲེལ་བྱས་ཚེ། རྒྱལ་ནང་དུ་དྲ་ལམ་སླེང་ཕྱོགས་ཀྱི་ཁྲིད་སྟོན་ཁྲོད་གཙོ་བོ་ཕྱོགས་གསུམ་གྱི་ཉམས་མྱོང་བསགས་ཡོད་ཅིང་། ཉམས་མྱོང་དེ་དག་ལ་ཡོངས་ཁྱབ་ཀྱི་དོན་སྙིང་ངེས་ཅན་ལྡན་ཡོད།

1. གཙོ་རྒྱུག་སྨྱུན་སྦྱོར་གྱིས་ཐག་གཅོད་རང་བཞིན་གྱི་ནུས་པ་འདོན་སྤེལ་བྱེད་པ་དང་། དྲ་ལམ་སླེང་ཕྱོགས་ཀྱི་དོན་རྐྱེན་ཁྲོད་དུས་ཐོག་ཏུ་གཏམ་བརྗོད་སྤེལ་བ་དང་། སླེང་ཕྱོགས་ཀྱི་གཞི་རྩའི་རྣམ་པ་གཏན་འཁེལ་བྱེད་པ། སླེང་ཕྱོགས་ཀྱི་ཁ་ཕྱོགས་ལ་ཁྲིད་སྟོན་ལུགས་མཐུན་བྱེད་པ་བཅས་ཡིན། སྲོལ་རྒྱུན་སྨྱུན་སྦྱོར་གྱི་ཆ་འཕྲིན་ཁྱབ་བསྒྲགས་བྱེད་དབང་དེ་ཚད་ངེས་ཅན་ཞིག་གི་ཐོག་ནས་སྲིད་གཞུང་གི་སྟངས་འཛིན་དང་འབྲེལ་བ་ཡོད་པ་དང་། གནད་དོན་ཡོད་པའི་རིམས་འགོག་ཁབ་སྨན་ལྟ་བུ་དེ་རིགས་སྤྱི་དམངས་ཀྱི་བདེ་འཇགས་

དང་འབྲེལ་བ་ཡོད་པའི་དོན་རྐྱེན་ཡིན་སྟབས། དེའི་རྩོམ་བཤེར་གོ་རིམ་རྩིག་འཛིང་ཆེ་བའི་དབང་གིས་འཕྲིན་སྤེལ་གྱི་དུས་ཚོད་ལ་ཚོད་འཛིན་ངེས་ཅན་ཐེབས་ཀྱིན་ཡོད། འོན་ཀྱང་སྤེལ་རྒྱུན་སྨྱན་སྦྱོར་གྱིས་རང་ངོས་ཀྱི་ལེགས་ཆ་ཤེས་རྟོགས་ཐུབ་པ་བྱ་དགོས་པ་དང་། སྙིར་ཀྱི་སྨྱན་སྦྱོར་སྟེགས་བུའི་ཆ་འཕྲིན་ཁུངས་བཙན་པོ་མེད་པ་དང་། དཀྲིག་གཏམ་གྱི་ཆ་ལྷན་པ། གཉིང་ཟབ་པོ་མེད་པ་བཅས་ཀྱི་གནས་ཚུལ་འོག སྤེལ་རྒྱུན་སྨྱན་སྦྱོར་གྱིས་གླིང་ཕྱོགས་འཕེལ་རྒྱས་ཀྱི་ཆ་འཕྲིན་གཙོ་བོ་གདམ་གསེས་བྱས་ཏེ་སྤྱི་དམངས་ཀྱིས་དོ་ཁུར་བྱེད་པའི་དོན་གནད་ཤེས་རྟོགས་ཐུབ་པ་བྱས་ཐོག སྐད་ཆ་ཏུར་ཐག་གཅོད་པ་དང་རྣམ་འགྱུར་མཐའ་གཅིག་ཏུ་བསྟན་ཏེ་གླིང་ཕྱོགས་ཁྲིད་"དྲང་ཕྱོགས་བརྒྱུད་འཛིན་"གྱི་ནུས་པ་ཐོན་པ་བྱེད་པ་དང་། དྲ་གྲོགས་ཚོའི་སྣེ་ཁྲིད་དེ་"དྲང་ནུས་མཉམ་འཆར་"གྱི་ཕན་འབྲས་ཐོན་པ་བྱ་དགོས། གོང་གི་རྩོམ་ཡིག་ནང་བཀོད་པའི་མཐོ་སློབ་སློབ་མ་དཔོན་ཉམས་ཅན་གྱི་ཀྱོད་དཔེ་ལས་གཙོ་རྒྱུག་སྨྱན་སྦྱོར་གྱིས་ནང་དོན་གཏན་འཁེལ་དང་གླིང་ཕྱོགས་བརྟན་པོ་ཡོང་བ་བྱེད་པའི་ཁུངས་ཚོས་མངོན་ཡོད།

2. དྲ་ལམ་སྨྱན་སྦྱོར་ལ་འབྱུང་རྩ་ནས་བཅོས་སྐྱོང་བྱས་ཐོག། དྲ་ལམ་གྱི་ནང་དོན་བཅོས་སྒྲིག་ལམ་ལུགས་ཅན་དུ་འགྱུར་བ་བྱས་ཏེ། གླིང་ཕྱོགས་ཀྱི་འབྱུང་ཁམས་ཡག་པོ་ཞིག་གྲུབ་པ་བྱ་དགོས། 2018ལོའི་དྲ་ལམ་གླིང་ཕྱོགས་རབའི་ནང་། ནའི་ཏན་ཏོན་ཙེ་(内涵段子)ཞེས་པ་སྒོ་བརྒྱབ་པ་དང་། མིའོ་པའི་(秒拍)ཞེས་པ་མེད་པར་བཟོས་པ། ཨར་གེང་ཟ་ཁང་(二更食堂)ཞེས་པ་སྒོ་བརྒྱབ་པ་སོགས་དྲ་ལམ་ནང་དོན་བཅོས་སྒྲིག་བྱ་སྤྱོད་རབ་དང་རིམ་པ་སྤེལ་བར་མི་རྣམས་ཀྱིས་དོ་སྣང་བྱས་ཡོད། 2018ལོའི་དྲ་ལམ་བཅོས་སྒྲིག་གི་བརྗོད་གཞིར་ཕྱོགས་བསྡུས་དབྱེ་ཞིབ་བྱས་ཚེ། མིག་སྔའི་དྲ་ལམ་བར་ཁམས་ཀྱི་

བཅོས་སྒྲིག་བྱེད་པོ་དང་གཞི་འཛིན་ས་སྟར་བས་ཚད་ལྡན་དུ་འགྱུར་བཞིན་ཡོད་པ་དང་། སྐྱོང་འདྲི་དང་། ཕབ་ཏུ་འཇུག་པ། སྒོ་རྒྱག་པ་སོགས་བྱ་ཐབས་ཀྱིས་ང་ལམ་གྱི་ནང་དོན་ཐད་མཐའ་ཐིག་གསལ་པོར་འཐེན་ཡོད་པ་རེད།

ང་ལམ་གླིང་ཕྱོགས་ཁྲིད། ང་ལམ་སྟེགས་བུ་སྣ་ཚོགས་ནི་གླིང་ཕྱོགས་ཀྱི་ཐོག་མའི་ཐོན་ཡུལ་དང་བར་མཇུག་གི་མཐོ་ཚླབས་འཕྱུར་ས་གཙོ་བོ་དེ་ཡིན། ང་ལམ་སྟེགས་བུར་ཁེ་གཉེར་རང་བཞིན་ལྡན་པའི་དབང་གིས་ནང་དོན་མང་པོ་ཞིག་གི་ཐོན་སྐྱེད་དང་གསར་རྩོམ་ཐད་བདེན་བཟང་མཛེས་གསུམ་ཐོག་མའི་ཀུན་སློང་ལ་མི་འཛིན་པ་དང་། བལྟ་མཁན་གང་མང་བསྡོན་ལེན་བྱེད་པས། དེ་ལྟར་གླིང་ཕྱོགས་ཁྲིད་ཕྱུང་དཀྲུག་སློང་མཁན་ཐོན་རྒྱུ་ནི་ཕྱོག་ཐབས་མེད་པ་ཞིག་ཡིན། མིག་སྔར་ང་ལམ་གླིང་ཕྱོགས་ཀྱི་ཁྲིད་སྟོན་ལམ་སྲོལ་ནང་ང་ལམ་སྨྱན་སྦྱོར་ལ་འབྱུང་རྩ་ནས་བཅོས་སྒྲིག་བྱ་རྒྱུ་ནི་ལྷ་ཚོགས་གལ་ཆེན་ཞིག་ཡིན་པ་ལས། སྐབས་བདེའི་སྲུབ་སྦྱར་ཙམ་གྱིས་གནད་དོན་ཐག་གཅོད་ཐུབ་པ་ཞིག་མ་ཡིན་པར་རྩ་བའི་ཐོག་ནས་ང་ལམ་གྱི་སྨྱན་སྦྱོར་ཚད་ལྡན་ཅན་དང་ཁྲིམས་མཐུན་ཅན་ཡོང་བ་བྱ་དགོས་པ་དང་། སྐྱོང་འདྲིའི་སྒྲིག་གཞི་དང་ངྲང་ཕྱོགས་སྐྱུལ་འདེད་སོགས་ཀྱི་བྱ་ཐབས་བརྒྱུད་སྲིད་གཞུང་དང་ཁེ་ལས་ཀྱི་མཐུན་སྦྱོར་ལམ་སྲོལ་གྱི་ནུས་པ་དེ་བས་ལེགས་པའི་ངང་འདོན་སྤེལ་ཐུབ་པ་བྱ་དགོས།

3. མང་ཚོགས་ཀྱིས་རྒྱུན་གཏན་གྱི་རེ་འདོད་ཞུ་སའི་བར་ཁམས་ལ་འགན་སྲུང་བྱེད་པ་དང་། གླིང་ཕྱོགས་འཕེལ་རྒྱས་ཀྱི་དུས་མཚམས་རང་བཞིན་གྱི་ཁྱད་ཆོས་ལ་བརྩི་སྲུང་ཞུས་ཏེ། འགོག་འགྲེམས་ཟུང་འབྲེལ་དང་། ལུགས་མཐུན་ཁྲིད་སྟོན་བྱ་དགོས། གནས་ཚུལ་དངོས་རྗེས་མ་ཞིས་པའི་དུས་རབས་ཤར་བ་དང་བསྟུན་ནས་གླིང་ཕྱོགས་ལ་འགྱུར་ལྡོག་ཡང་ཡང་འགྲོ་བ་དང་། ང་ལམ་གླིང་ཕྱོགས་ལ་བསམ་ཚུལ་སྣ་ཚོགས་ཀྱིས་ཁ་ལོ་སྒྱུར་སླ་བས་ན་གཞོན་མི་

ཚོགས་ལ་སྨྲ་བརྗོད་བར་མཐོང་ས་ཤིག་གཏོད་རྒྱུ་དེ་ད་ཅང་དགོས་ངེས་ཤིག་ཏུ་གྱུར་ཡོད། གླིང་ཕྱོགས་ཀྱི་དོན་རྐྱེན་བྱུང་བ་དང་འཕེལ་བའི་བརྒྱུད་རིམ་ཁྲོད། དྲ་དམངས་ལ་འདང་ངེས་ཀྱི་གྲོས་བསྡུར་གྱི་བར་སྟོང་འཛོག་རྒྱུར་འགན་ལེན་བྱ་རྒྱུ་ནི་དྲ་དམངས་ཀྱི་བསམ་ཚུལ་སྣ་ཚོགས་བག་ལ་ཞ་བར་བྱེད་པའི་དགོས་ངེས་ཀྱི་བརྒྱུད་རིམ་ཞིག་ཡིན། གལ་ཏེ་འབྲེལ་ཡོད་ཆ་འཕྲིན་རང་དགར་བསྒུབས་ཚེ། གླིང་ཕྱོགས་ཀྱི་དོན་རྐྱེན་ཞི་འཇགས་སུ་གཏོང་རྒྱུར་ལྡོག་ཕྱོགས་ཀྱི་ནུས་པ་ཐོན་ཉེན་ཡོད། དཔེར་ན། 2017ལོའི་ཟླ11པར་པེ་ཅིང་ཧྲུང་ཏོང་ལན་བུ་བཙོལ་ཁང་གིས་བྱིས་པར་མནར་གཅོད་བཏང་བའི་དོན་རྐྱེན་ཐེར་འདོན་བྱས་རྗེས་སྐྱུན་སྦྱོར་ལ་ལས་དོན་དངོས་དང་མི་མཐུན་པ་དང་འོས་འཚམ་མིན་པའི་ཆ་འཕྲིན་ཡོངས་བསྒྲགས་བྱས་པ་དང་། ཆ་འཕྲིན་དུས་ཐོག་ཏུ་གསལ་པོ་མ་བཟོས་པ་དང་། རྫོམ་ཡིག་ཁག་གཅིག་དོན་དངོས་དང་མི་མཐུན་པས་ཕྱིར་འཐེན་བྱས་རྗེས་སྤྱི་དམངས་ཀྱི་སེམས་ཁྲལ་དང་འཇིགས་སྣང་ཆེ་རུ་ཕྱིན་ཡོད། དེའི་མཇུག་ཏུ་དོན་དངོས་ཡོངས་བསྒྲགས་བྱས་པ་དང་བསྟུན་ཏེ། དྲ་དམངས་ཀྱི་བསམ་འཆར་སྣ་ཚོགས་དོགས་འདྲི་དང་རྩོད་གླེང་ཁྲོད་རིམ་པས་ཞི་བར་གྱུར་ཞིང་། མཐར་ལུགས་མཐུན་སྐད་སྒྲས་གཙོ་རྒྱུན་བཟུང་བས། དོན་རྐྱེན་གྱི་གླིང་ཕྱོགས་དེ་གཞི་ནས་བཟང་ཕྱོགས་སུ་སྐྱོད་ཐུབ་པ་བྱུང་ཡོད།

第二章

近年来网络舆论引导得当的案例评析

通过第一章的介绍可以看出，网络舆论是社会舆论在网络空间的投射，但又不是社会舆论的全部，它具有自身独特的属性。网络舆论引导可被视为舆论引导的一部分，或舆论引导在网络传播中的延伸。虽然网上的意见状况不能代表社会的整体意见，但随着我国网民数量的逐年增加，越来越多的社会讨论从线下转移至线上，并变得更加活跃。

当前，网络舆论已成为反映社会意见的“风向标”，既是政府决策与公共治理的重要参考，也是施政成效与服务水平的评估窗口。近年来，部分网上热点舆情事件经过合理引导后，一定程度上消解了网上的不良情绪，相关做法及经验值得借鉴。

一、有效开展网络舆论引导的相关研究

在进入具体案例之前，简要了解与之相关的研究情况及理论成果，有助于读者进行更充分的思考。出于合理应对网络舆论的现实的迫切需求，人们围绕相关问题展开了一系列研究。近年来，国内有关网络舆论引导的研究大致包括三种类型：一是依托于不同学科的相关研究，为网络舆论引导提供理论借鉴；二是基于公共突发等不同类型舆情事件的发生背景，为网络舆论引导提供原因分析；三是以不同的引导主体为出发点，为网络舆论引导提供具体指导。这三类研究的共同之处在于，针对网络舆论引导的研究均需以具体舆情事件的分析为基础，因此相关研究可直接应用于现实问题，具有明确的实践意义。

（一）依托多学科研究开展网络舆论引导

作为一项与社会具体问题直接相关的工作，网络舆论引导因其发生环境、多元主体等要素的复杂性，受到学术研究领域的关注。一般而言，网络舆论引导研究源于网络舆论研究，与新闻学和传播学、心理学、社会学等学科息息相关，如图 2－1 所示。例如,新闻专业领域的主题报道与深度调查，再到后来的新闻时评，时至今日仍是舆论引导的主要形式；社会心理学关于社会态度改变机制的研究，为今天深入剖析网民群体的认知及行为奠定了基础；社会运动的传播学机理研究，则为网络舆论的线上线下动员提供了原始分析视角。

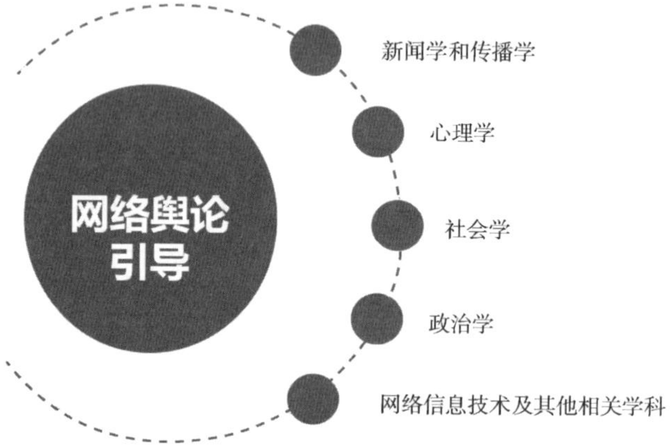

图 2－1　与网络舆论引导研究相关的学科

从学科背景的相关度来看，传播学相关理论与网络舆论引导工作的联系最为紧密。针对网络传播速度快、范围广等特点，传播学研究着重分析网络传播对传统新闻传媒的影响及补充，提出了培养网络舆论中的“意见领袖”、加强传统媒体与网络舆论的互动、加强网络舆情监测等实用性较强的建议。同时，“议程设置[注3]”“刻板成见[注4]”“把关人[注5]”“二级传播[注6]”等传播学经典概念或理论在网络传播中的延续与变迁，也是网络舆论引导相关研究的重要内容。

由于网络空间的匿名性和网络舆论主体的复杂性，基于心理学的网络舆论引导研究不容忽视。舆论代表着民意，网络舆论则在更大程度上连通着民意。网络舆论的主体是网民，网络舆论的形成与网民的心理过程[注7]息息相关。在网络特有的环境和生态的作用下，网民逐渐形成了有别于真实环境的社会心理。网络舆论的形成、走向、特点，都受到网民心理的影响。例如，1920 年提出的“晕轮效应[注8]”，指在人际知觉中形成的以点概面或以偏概全的主观印象。这一心理效应广泛应用于名人广告、名人媒体栏目、名人外交等领域。然而在舆论场中，沉浸在“晕轮效应”中的受众可能被明星的光环遮蔽，无法客观地看待舆论情势。在社交媒体时代，舆情事件的突发、高发、频发已成常态，被误读和误解的概率也大大提升，从心理学角度进行的分析具有不可替代的重要地位。

结合社会学理论或相关发现开展的网络舆论引导研究，目前也不在少数。像生活中经常提到的“蝴蝶效应”“破窗理论[注9]”等，仍可用来观察网络舆论场上各种力量的相互传导和作用，以及由此产生的巨大连锁反应。此外，基于社会运动研究出现的群体性行为动机、认知、选择等分析机制，也经常被应用于网络舆论引导的过程分析。

（二）按照舆情事件类型理解网络舆论引导

人民网的舆情数据中心对2018年1月1日至12月15日产生的600个全国网络舆论热点的初步统计显示，从话题类型看，当年我国网络舆论热点更多地围绕与普通人利益攸关的民生、生命健康等议题展开。与前些年网络舆论聚焦于困难群体的生存问题以及体制机制议题不同，2018年的网络舆论更多表现为城市居民对民生和安全的关切。这一结论表明，网络舆论的热点话题会随着网民关注话题的转移而快速变化，所以，及时关注不同类型舆情事件的发生状况，对做好网络舆论引导具有“背景墙”式的参考意义。

受现实因素的影响，基于社会突发事件的网络舆论引导的研究相对较多。社会突发事件的公共性、复杂性与网络舆论的特殊性相伴而生，使之展现出扩散的迅捷性与交互性、内容的草根性与广泛性、表达的多样性与非理性等不同于其他社会舆论的基本特征。由于研究的问题和研究的重点不同，近年来针对突发事件的网络舆论引导研究，除了对不同种类事件的特征进行研究外，还关注现象背后产生问题的内在机理，从而显现出公共管理与政府决策的研究视角。

前面提到心理学的相关研究通常也针对不同类型的舆情事件发挥作用。2013年以来，心理学视野中的网络舆论引导研究、网民心理视角下的网络舆论引导机制研究、舆情事件中网民的心理演变机制研究逐渐增多。这类研究着重关注人在网络行为中的心理活动表现，将网民的心理视为影响舆论发展的重要因素，使之成为认识不同类型网络舆论生成及演变过程的基础。此外，对近年来频发的与高校相关的网络舆情事件的研究，在某种程度上也可被视为基于某一类群体的网络舆论引导研究。退伍军人群体、中等收入群体等具有特定特征或现实诉求的群体，也开始成为学界的研究对象。

（三）结合不同主体看待网络舆论引导

如果按照网络舆论引导过程进行粗略划分，其中的主体可分为两类：一是自发主体，即各类媒体、机构的主动关注和报道，以及网民的自主传播；二是监管主体，即问题责任方、互联网主管部门等核心信息的发布者和舆论的管理者。

首先是从媒体的功能及作用出发，研究媒体在网络舆论引导过程中的主体性。按照人们日常表述的习惯，可以将媒体简单划分为传统媒体与新媒体，这一划分在相关研究中可能存在不同的表述，但其实质是相同的。

传统媒体一般相对于互联网时代兴起的网络媒介而言，主要是以报刊、广播、电视为代表的大众传播媒介，在广告等商业需求的影响下，也包括户外展示设施等媒介类型。传统媒体通过某种固定媒介的载体，定期向社会公众发布信息或提供教育、娱乐等内容，在功能和形式上基本不具有交互性，经常进行社会监督，但其时效性和影响范围有限。

新媒体则涵盖了如今所有的数字化媒介形式，可被视为软件应用与硬件设备的高度融合，既有数字化的传统媒体，也有先天数字化的媒介形式，包括网站、自媒体账号、移动客户端、数字电视、电子版报刊等。随着网络通信技术及相应设备的不断发展和普及，网民拥有了越来越多自由使用互联网信息的能力，但自由交互的网络环境也高度分散了网民的注意力。在这一条件下，各类新媒体的涌现与信息社会的“注意力经济”高度契合，并由此获得了引导舆论走向的基础。

随着智能手机、平板电脑等移动终端被大众快速接受并融入人们的生活，网络传播的互动性不断增强，传统的社会舆论形成方式及变化过程发生了重大改变。当前，人们对于网络舆论的理解及研究呈现出高度的兼容并蓄的态度。一方面，部分研究者以新媒体为研究对象，希望观察并总结出网络舆论特有的运行特征，使越发分散的网络舆论能够用于解决更多的现实问题，并遏制网络传播日益无序、混乱的消极状态。另一方面，人们继续从经典研究及理论中汲取养分，关注传统媒体融入网络舆论时面临的问题和经验，思考是否有部分传统舆论场的传播规则进入网络传播空间，并得到网民的接受和遵守。信息在网络传播的过程中如何被控制、主流媒体在网络舆情事件演变过程中的角色等议题，都成为研究网络舆论引导的方向。

总体而言，促进传统媒体和新媒体之间的有效互动，对于开展网络舆论引导具有积极意义。值得重视的问题包括：传统媒体对社会热点的率先报道及权威发布能力，新媒体对即时话题的快速跟进和放大能力，以及二者之间通过评论文章等汇聚性信息形成的舆论交互，不断助推主流媒体、自媒体与网络舆论进行话题共振；新媒体形态充分发挥自身编采灵活、形式多样的传播张力，在网络舆论场上保持推送和话题设置，组织讨论并获得第一手的民意调查，传统媒体以此为素材，在主流舆论场及时进行呼应与反馈，然后再经新媒体传播，最终形成舆论引导合力。在此过程中，传统媒体与新媒体的互动并非单向的、一次性的对话，而是呈现双向、反复的态势，其互动频率越高，舆论引导效果就越明显。

其次，政府在网络舆论引导中的作用被各方长期探讨，成为主体研究的重要组成部分，并且研究方向侧重于反思引导方法和提出应对策略。站在对引导方法进行反思的角度，政府在应对网络负面舆情的过程中，一般面临着信任危机，公信力容易受损。

在部分案例研究中，正是在网络舆论发展至最需要引导的阶段，政府主体选择了沉默不语，当冲击性舆论最终形成的时候，有关公信力缺失的质疑难以在短期内得到有效回应，从而无法对舆论进行有力的引导。

站在提出应对策略的角度，网络舆论中的政民互动成为重要的研究对象。互联网社会深刻改变着人们的生产、生活方式，其开放、平等、匿名等特点使网民可以随时自由地发表意见，并且不再担忧因为支持“少数派”的意见而被孤立，个体的从众心理逐渐被主动发声替代，舆论环境对于个体的压力逐渐消失。如何通过网络舆论进行执政创新，从而提高执政能力，成为网络舆论视域下的新课题。

同时，过去一些研究认为，“把关人”等经典理论提出的机制在网络舆论中逐渐失去作用，舆论多元化使网络舆论氛围更加多变，给网络舆论监管带来了极大的难度。但随着研究的深入，人们发现网络舆论场并非完全的“无主之地”，引导与把关在内涵上出现融合，为政府在网络舆论引导中的重新定位赋予了新的分析框架。此外，部分网络舆情事件显示，在一些特定情况下，舆论中的“少数派”通过“意见领袖”的积极作为，即使其观点在传播格局中处于劣势地位，仍可能再次获得舆论的支持甚至重新引领舆论的走向，使舆情发生反转，这也给政府应对负面舆情提供了借鉴。

在此基础上，如何推进官方舆论场和民间舆论场这两个舆论场之间的良性互动，成为积极开展网络舆论引导的研究方向。当前，我国已经形成了官方舆论场和民间舆论场相互制约又相互促进的舆论新格局，两个舆论场之间的良性互动在一定程度上打破了固有的单向沟通机制，群众敢于发声，政府积极回应，有利于快速化解社会矛盾，推动各领域深化改革。但也会出现信息不实、舆论反弹等现象。借助可以瞬时传播的新媒体矩阵，网民对任何一起热点舆情事件都可通过任意形式展开热议，民意的力量不断在舆论演变过程中得到体现，网络监督、网络维权等行为已成常态，呈现出公民社会与社会民主的交织与探索。因此，对于政府而言，既要重视广泛听取群众的意见，又要坚持改进网络舆论管理和服务工作，真正做到权为民所用、情为民所系、利为民所谋，让两个舆论场尽量走向统一，这才是打通两个舆论场的根本途径。

综合来看，官方舆论场和民间舆论场的良性互动，与传统媒体和新媒体的融合也密切相关。主流媒体不断适应网络时代信息传播变革的现实需求，这其实也是官方舆论场在积极融入网络舆论传播平台。

近年来，主流媒体纷纷围绕拓展传播渠道、构建舆论引导新高地进行了大量有益的尝试。如今，传统媒体多已转型为纸媒＋网站、“两微一端[注10]”等全方位媒体平台，全媒体、多终端的集团化传播策略成为媒体发展的共同选择。发挥好主流媒体与政府两大主体的正向引导作用，在网络舆论中带动形成正面讨论，是建立新型网络舆论引导机制的有效途径。

二、国外相关案例及分析

理论终需与现实结合。从网上近年来产生的热点舆情事件中，我们试图找出一些共同规律，看看究竟是哪些力量影响和推动着网络舆论发展的走向，并最终促成了网络舆论传播中的正向引导。首先，我们将视野放到国外的几起热点舆情事件中。

（一）直面问题：好莱坞韦恩斯坦性侵案的舆论引导

2017 年 10 月，好莱坞电影大亨哈维·韦恩斯坦被曝出性丑闻，舆论一片哗然。据媒体披露，这之前 30 多年间被其性侵或性骚扰过的女演员及公司女员工数量“令人瞠目结舌”。《纽约时报》等媒体就此发布深度调查报道，不断有新的受害者发声，让影迷及好莱坞电影人大感震惊。以下回顾整起事件的舆情发展，媒体对性侵调查的真实揭露，以及社会各界的声音与行业监管部门在网络舆论场上的积极交互，为网络舆论引导带来一些正面启示。

【事件回顾】

这场丑闻风暴的开端是《纽约时报》2017 年 10 月 5 日刊载的一篇长篇报道。记者走访多位当事人，指控好莱坞电影大亨哈维·韦恩斯坦在那之前的 30 多年间对多名女性实行性骚扰、性恐吓，其中涉及不少知名演员。该报道迅速引爆舆论。受此影响，数天之内不断有女性受害者站出来声讨韦恩斯坦的行径。10 月 10 日，美国 NBC 电视台播出专题节目，称 16 名女性曾遭受韦恩斯坦的性骚扰，其中 3 人指控其性侵，哈维公司的 18 名员工愿意出庭作证。经过“媒体揭露—‘大 V’（明星）讨论—网络传播—社会运动”四个阶段，此次网络舆情事件借助被称为“流量之王”的明星话题，乘着社交媒体在网络社群中的病毒式传播之势，在全球范围迅速蔓延。

【各方反应】

（1）好莱坞明星纷纷发声。作为好莱坞巨头，哈维·韦恩斯坦和绝大多数知名好莱坞女星都有交集，在性侵丑闻被曝出之后，不断有明星以受害者身份出来发声，引爆了社交网络。例如，女星格温妮丝·帕特洛、安吉丽娜·朱莉相继公开表明曾遭遇哈维·韦恩斯坦的性骚扰。随后，曾与韦恩斯坦合作过的演员梅丽尔·斯特里普和凯特·温丝莱特也公开发文斥责他。不仅女艺人出面声明，本·阿弗莱克、莱奥纳多·迪卡普里奥等一众男明星也纷纷发声，对哈维·韦恩斯坦予以谴责。

（2）行业监管方与警方迅速回应。首先是行业监管部门及时发声，表示韦恩斯坦的行为“不可原谅”。英国电影和电视艺术学院、美国电影艺术与科学学院先后撤销了韦恩斯坦的会员资格，美国制片人协会也将韦恩斯坦逐出协会。戛纳电影节主席皮埃尔·莱斯库尔、艺术总监蒂埃里·弗雷莫斥其行径“不可原谅”。其次是警方迅速介入事件调查。事件发生后，纽约、洛杉矶等地的警方纷纷立案调查，并表示一旦罪名成立就可对韦恩斯坦进行批捕。另据媒体报道，美国联邦调查局也对此展开了调查，其进程被描述为“与 FBI 拿下芝加哥黑帮教父阿尔·卡彭的步调一致”；纽约曼哈顿地区检察官召集大陪审团，针对此事开启性犯罪调查。值得注意的是，相关动向不仅通过传统渠道进行发布，同时也作为舆情进展的重要组成部分，得到社交媒体的持续跟进。

（3）舆论扩展：全社会拉开“Me Too”平权运动序幕。丑闻曝光后，服务弱势女性的纽约社区组织者塔拉纳·伯克提出了“Me Too”（我也是受害者）的口号。2017 年 10 月 15 日，女星艾丽莎·米兰诺在推特上转发该口号并附上文字：“如果你曾受到性侵犯或性骚扰，请用‘Me Too’来回复这条推文。”之后，“Me Too”运动以摧枯拉朽之势席卷网络，不仅有安娜·帕奎因、黛博拉·梅辛、劳拉·德雷福斯、埃文·蕾切尔·伍德等明星参与，还有更多的网民通过社交网络参与其中，这些人推动“Me Too”运动在全网热传。

【舆论引导及其启示】

（1）媒体深度报道的揭发作用值得关注。2017 年 10 月 5 日，《纽约时报》刊发长篇报道《哈维·韦恩斯坦多年来重金掩盖其性骚扰行为》，指控韦恩斯坦在过去 30 多年间，对多名女性实行性骚扰、性恐吓，并为掩盖性骚扰的事实，曾试图用 10 万美元高价收买受害者。媒体深入、详尽的报道揭开了后续反性侵运动的序幕。后来《纽约时报》和《纽约客》杂志也因此获得了普利策“公众利益服务奖”。即使在现今社交媒体蓬勃发展的时代，传统媒体依靠其专业性、深入性、准确性，在舆论场中仍然有着不可比拟的优势，起到了关键的引导作用。

（2）“明星效应”带动舆情持续发酵。韦恩斯坦性侵事件之所以能够形成舆论风波，一方面性侵事件关联了大众舆论场与明星舆情；另一方面，事件发生后，众多知名影星、演艺界人士积极介入，使事件持续产生“明星效应”，在带动媒体集中报道的同时，也激发了普通网民的热烈讨论，加速了舆情的发展。更进一步来讲，明星作为影响力极其广泛的“意见领袖”，对舆论的走向起着不容忽视的作用。

（3）互联网“标签化”和“话题化”现象兴起。社交媒体时代去中心化盛行，“人人都有麦克风，个个都是自媒体”。在社交媒体使用“Me Too”标签或话题之后，所带动的舆情开始汹涌，通过简单点击或使用这一标签，广大网民就可参与评论，传递自己的经历或态度。标签或话题的设置，一是直接推动了网民参与事件讨论，带动话题热度持续走高；二是拓展了话题传播的受众群，通过社交媒体“瞬时连接”，使每一名网民都可参与其中。

（4）行政力量的及时介入有效降低了舆论热度。此次事件表明，政府部门除了及时发布相关信息、尊重公众知情权外，还要注意消除公众的疑惑，提供更加多元的信息，增强信息传播的互动性。应选取一定的社会共识，促进相关部门制定更为全面的监管举措，为社会发展提供更多有意义的范本。该案例中，警方、行政机关第一时间介入案件，并及时发布相关信息，有效防止了舆论的过度发酵。

（二）以人为本：英国曼彻斯特演唱会爆炸案的舆论引导

当地时间2017年5月22日22时33分，英国曼彻斯特体育馆人潮涌动，美国流行歌手爱莉安娜·格兰德完美演绎了演唱会上的最后一首歌，正准备离开舞台，不曾想随之而来的并非观众的热情欢呼，而是两次爆炸的巨响。这起曼彻斯特演唱会爆炸案导致20余人死亡、50余人受伤，伤亡人员包括多名青少年和儿童，被英国警方定性为“2005年伦敦地铁爆炸案以来英国最严重的恐怖袭击事件”。而在恐怖袭击的阴霾背后，有关部门应对得当，不失为一个网络舆论引导合理的样本。

【事件回顾】

2017 年 5 月 22 日晚间，被中国歌迷昵称为“A 妹”的美国流行歌手爱莉安娜·格兰德在英国曼彻斯特体育馆举行巡回演唱会。在散场过程中，体育馆大堂区域突发爆炸，事发时大批人员正离开体育馆，不少人聚集在大堂购买纪念品。爆炸发生后，英国警方迅速介入并警戒，宣布事件为自杀式恐怖袭击，并确定此事件为第二高警戒的“严重”级别。警方称，包括袭击者在内共有 22 人在爆炸中身亡，另有 59 人受伤。60 辆救护车赶往现场，护送伤者前往当地医院以及展开现场救治。歌手爱莉安娜·格兰德未在事件中受伤。

发生爆炸的英国曼彻斯特体育馆是当地最大的室内竞技场，也是平日里举办体育赛事、演唱会等大型活动的首选场地。馆内最多可容纳 2.1 万名观众，其休息区与曼彻斯特的维多利亚车站相连接。英国警方认定，袭击者为 22 岁的英国籍利比亚裔移民萨尔曼·拉马丹·阿比迪，他加入当地黑帮后成为激进分子。2017 年 5 月 23 日，极端组织 IS 声称对这一爆炸案负责。

【各方反应】

（1）舆论关注。由于恐怖袭击事件的敏感性，爆炸案迅速引发国际舆论的高度关注。BBC 等英国国内媒体及网站纷纷进行专题跟踪报道，国际主流媒体也进行了报道。社交媒体平台第一时间形成舆论传播态势，英国网民在社交平台发布现场图片及消息，部分网民开始猜测恐怖袭击的原因并提供线索。同时，不少人通过社交网络进行互助，使用名为“# Room For Manchester”（曼彻斯特房间）的标签接纳事故受害者，让他们留宿或为他们提供食物，以及帮助寻找走失的人。

（2）政界回应。据BBC报道，时任英国首相特雷莎·梅第一时间表示，该事件是“骇人听闻的恐怖袭击”，并在事发次日早上主持民事紧急情况委员会的会议，决定暂停保守党即将开始的竞选活动。大曼彻斯特市市长安迪·伯纳姆将此事件称为“邪恶的行为”，他向帮助受害者的当地居民和企业致敬，并宣布于事发次日晚间在阿尔伯特广场举行守夜仪式。英国女王伊丽莎白二世也向受这起“可怕事件”影响的人们表达“最深切的同情”，多国领导人和政府向英国表达慰问。

（3）明星及社会人士发声。在推特上，歌手爱莉安娜在事发后几小时发布消息称：“我彻底心碎了，真的非常非常抱歉，不知道该说什么好。”唱片公司随后确定取消她世界巡演的欧洲场次。5月27日，唱片公司宣布将重返曼彻斯特举行公益演唱会“One Love Manchester”。英国球星大卫·贝克汉姆在社交平台照片墙（Instagram）上表示：“来自曼彻斯特的消息令人心碎，作为一名父亲，我感同身受，发生这样的事真的让我很悲伤。我的心与受害者同在。”

【舆论引导及其启示】

作为人类共同的威胁，恐怖袭击事件具有极强的危害性，极易引发社会的恐慌情绪。事后总结来看，英国曼彻斯特演唱会爆炸案在迅速引起舆论高度关注的情况下，舆论基调能够保持在合理可控的范围，保持社会各界对无辜受害者的关注与关怀，使这起“人祸”背后传递出些许温情与暖意，离不开事件相关方舆论引导工作的有序开展，也体现出网络社交媒体平台的正面互助作用。

（1）**舆情应急预案积极响应，各部门各司其职。**从该事件舆论演变的过程看，英国政府各部门制定了应对危机的公关预案，并在平时进行演练，各部门在危机应对中的角色和所承担的责任较为明确。突出的表现是，知道发生问题时该说什么、怎么说，可以看出统一的新闻备答口径。爆炸案发生后，警方迅速跟进案情，第一时间对外发布案情进展；应急部门积极联动，封锁现场；外交部门及时向主要国家通报案件进展情况等，这些举措均引导舆论运行在合理可知的轨道上。

（2）**信息发布凸显人文关怀，积极引导舆论重心。**案件发生后，英国政府迅速召开新闻发布会，发布事实真相，传递对受害者的关怀，尽可能把已掌握的信息提供给媒体，让公众第一时间了解事实，表现出强烈的人文关怀，而不只是发布冰冷的数字。在灾难事故类事件的信息发布过程中，将重点放在公开事实与人文关怀方面，有助于疏导公众情绪，引导舆论快速走向善后阶段。当天一系列案件的现场信息被公布后，曼彻斯特当地居民、出租车公司和酒店关注到受害者的受困情况，自发通过社交媒体平台向滞留民众提供免费交通和住宿，并为走失儿童提供庇护，形成了积极互助的舆论氛围。

（3）及时更新事态进展，消除滋生网上谣言的土壤。在爆炸案的处置过程中，有关部门的新闻发布会每隔几小时召开一次，即使没有新的信息，也会告知媒体“截至目前还没有得到新的信息”等，及时消除了民众的不安情绪，从而建立起聚焦事件进展的主舆论场。为避免舆论走偏或引发过度炒作，有关爆炸案的调查信息仅由英国警方公布，这在一定程度上也保障了所发布信息的权威性。

（三）因势利导：日本京都动画纵火案的舆论引导

2019 年 7 月 18 日被日本动漫迷称作“动画史上最黑暗的一天”。当天上午，日本京都市著名动画制作公司京都动画发生人为纵火事故，共造成 36 人死亡、33 人受伤，大批珍贵动画原画稿被焚毁。由于日本动漫产业具有较高的影响力，日本国内及国际舆论对此事予以高度关注，事件舆论呈现出远超一般刑事案件的热度。回顾该起纵火案的舆论引导过程，日本政府没有采取明显的舆论引导措施，但始终保持了积极救援、就事论事的正向态度，案件没有演变为持续性的社会舆论话题。作为京都动画不幸失火后的舆论主题，“救助、补偿、重建”这三项原则，成为确保事件平稳解决的重要因素。

【事件回顾】

当地时间 2019 年 7 月 18 日 10 时 35 分左右，位于日本京都市伏见区的京都动画第一工作室突然爆炸并发生火灾。有附近民众发现一名男子疑似在入口处泼洒汽油，于是在看到浓烟后急忙报警，约30辆消防车抵达现场进行灭火。当天15时19分左右，历经5个多小时的救火工作，现场火势得到控制。但事故已造成京都动画工作室1～3层均被烧毁。7月19日6时20分，燃烧了近20小时的大火终于被完全扑灭。该起纵火案最终造成36人死亡、33人受伤，成为日本自第二次世界大战结束至当时的所有故意杀人案件中死亡人数最多的案件。

根据日本警方的调查结果，此次火灾被定性为“纵火杀人案”。涉嫌纵火者为41岁的日本男子青叶真司，其在逃走时因体力不支被警方逮捕。有目击者称，该男子在点火时喊着“去死”，被捕时又提到“抄袭”，警方称嫌犯因“怀着强烈恨意”而作案。对此，京都动画社长八田英明7月20日回应称，并未收到过该男子的投稿，无法认可“抄袭”一说。随后，日本警方正式以纵火、谋杀等罪名逮捕嫌疑人青叶真司。

【各方反应】

（1）媒体关注。事故发生后，日本NHK电视台火速将现场救援画面传达给观众，并公布了一段京都警方逮捕纵火嫌疑人的视频。其他主流媒体，如日本《朝日新闻》《读卖新闻》《每日新闻》等全国性新闻媒体，以及《京都新闻》等地方媒体也纷纷跟进报道，京都警方及消防部门公开的信息被大量转载或援引，用于分析案件原因。部分媒体前往嫌疑人住处了解其过往经历，试图还原事件背后的信息。

（2）政界回应。案件迅速引起日本政府的关注和介入，日本首相安倍晋三通过推特发布消息，为伤亡者祈福：“今日，京都发生了放火事件，造成多人死伤，此事过于沉痛，几乎难以言喻。为牺牲者祈祷，并祝福伤者早日康复。”此外，京都市市长门川大作在社交媒体上写道，“惊讶与愤怒之情无以言表”，并表示消防部门会继续做好现场救援，联合警方彻查事故原因。在7月19日的例行记者会上，京都府知事西胁隆俊称“这是罕见的凶恶犯罪行为，感到非常愤怒”，并在当天下午视察了案发现场情况。

（3）商界和演艺界发声。由于京都动画在业内具有较高的知名度，商界和演艺界人士相继表态，舆论持续升温。日本动画导演新海诚表示，“希望在京都的各位都没事”。日本导演岩井俊二称，“创作者工作的地方成了靶子，把人命当草芥，天理难容”。苹果公司CEO库克表示，这起“火灾是毁灭性袭击”“是一场超越了日本地域范围的悲剧事件”。曾与京都动画合作的美国Sentai Filmworks公司在网上发起众筹，希望帮助京都动画重建。

【舆论引导及其启示】

从性质、起因和形式来看，京都动画纵火案属于个体报复社会的刑事案件，容易引起舆论的恐慌和猜疑，开展舆论引导很有必要。但梳理舆论的变化可以发现，政府在迅速逮捕嫌疑人的有利情况下，始终将应对举措的重心放在民众关心的救助遇难者、重建社会信心方面，一系列应对措施起到了把控舆论焦点的作用，为案件的后续处置提供了良好的条件。

（1）直接参与事件处置的部门能够及时、持续地公开信息。火灾发生之初，京都消防局迅速抵达现场进行灭火工作，日本警察厅也第一时间完成调查并当场抓获嫌疑人，均展现出正面形象。在这一有利的舆论条件下，消防、警察等处置部门持续做好信息公开，确保第一时间公开事故伤亡情况、事故原因等，消解了公众对案件原因等问题的猜测，从源头上堵住了谣言的传播，为舆情应对争取了主动。从舆情进展来看，网上很少出现针对政府的质疑或声讨，转载更多的是消防员奋力救火的现场图片，舆论氛围积极正面。

（2）官方与主流媒体同频共振，凝聚舆论共识。在事件处置阶段，日本主流媒体保持人性视角，哀悼、惋惜等情绪占据主流，未出现舆论渲染。事发后 2 小时内，日本首相、京都市市长相继通过社交媒体发声，为伤亡者祈福，在应对突发事件的黄金时间内发声，争取了舆论的好感。同时，主流媒体与社交媒体保持同步，时效性强、传播度广，在短时间内强化了政府积极作为的形象。

（3）重视舆论的后续处置，使火灾阴霾过后仍有“光亮”。随着舆论进入尾声，一度有媒体开始讨论“日本自杀式恐怖主义案件增多”“日本社会被边缘化群体正在扩大”等议题，呼吁政府和社会予以更多关注。对此，京都府警方表示将全力为受伤者及死难者家属提供协助；日本内阁官房长官营义伟在记者会上表示将支持重建京都动画公司等。随着救助等后续工作的有序展开，纵火案舆论逐渐得以平息。

（四）正本清源：新加坡印度族群聚居区骚乱事件的舆论引导

在美国咨询公司盖洛普发布的2018年《全球法律与秩序》排行榜中，新加坡以97分的高分被列为“全球治安最好的国家”。但几年前，在2013年12月8日夜晚，新加坡的治安状况曾经遭受了一次极大的考验。当晚，新加坡印度族群聚居区“小印度”发生群体性事件，该事件被舆论称为“小印度骚乱”，共造成1人死亡、40余人受伤，多辆警车、救护车及其他车辆遭到破坏。在这起“新加坡四十年一遇”的骚乱背后，舆论风波不断，但有关部门依法果断采取了一系列措施，有效引导了舆论场的走向，助推事件得以快速平息。

【事件回顾】

当地时间2013年12月8日21时23分，在新加坡的“小印度”社区，一名33岁的印度籍劳工醉酒后在交叉路口被一辆私人巴士撞倒。事发后，2名警察、部分医护人员和民防部队人员到达现场，试图将受害人从车底搬离。此时，2名劳工带头闹事，一些人拿起玻璃瓶和商店外的花盆当作武器，推翻警车并点燃路边的汽车。随后，被撞劳工当场不治身亡，引发附近约400名南亚裔外籍工人聚集，他们攻击了来到现场的警察等执法人员，造成40余人在骚乱中受伤，多辆警车和救护车被焚毁。新加坡政府紧急调动300名防暴警察协助恢复秩序，骚乱持续约2小时，至午夜时分得以控制。

为防止事态反复，在局势得到控制后，新加坡警方迅速依法逮捕涉嫌参与骚乱的人员；同时，宣布涉嫌参与骚乱者可依法维护自身合法权益，新加坡律师公会无偿服务办公室将安排律师为滋事者辩护。新加坡外交部也与印度驻新加坡高级专员署接洽，提出将为被告提供法律援助。次日，新加坡警方召开记者会通报事件进展，宣布共逮捕27名骚乱后不肯离去的人员，其中24人为印度国籍、2人为孟加拉国国籍、1人为新加坡永久居民，涉嫌违反新加坡关于示威活动的相关法律规定，新加坡副总理兼国家安全统筹部长及内政部长张志贤出席记者会。

【各方反应】

（1）舆论关注。事件发生后，《联合早报》《海峡时报》等新加坡主流媒体跟进报道，中国的中央电视台、英国的BBC等国际媒体予以关注，美国《商业周刊》等发表评论文章。新加坡舆论高度关注此次骚乱事件，媒体多以《新加坡"小印度"区发生数十年未遇骚乱》《新加坡印度族群居住地发生骚乱警车救护车被烧》等为题进行报道。社交媒体方面，网民纷纷上传现场视频和图片，称"场面失控""激烈骚乱"，部分评论认为事件与新加坡大量引进外籍劳工有直接关联。

（2）政府回应。事件发生第二天凌晨2时30分，新加坡召开第一次记者会，由副总理兼国家安全统筹部长及内政部长张志贤、内政部第二部长易华仁、警察总监黄裕喜和副警察总监拉惹古玛主持，将事件定性为“持武器的严重骚乱”。凌晨3时许，新加坡总理李显龙通过社交媒体发布消息，誓言将全力追击肇事者。同时，新加坡政府有关部门持续通过社交媒体等网络渠道发布声明或相关动态，积极开展舆论引导工作，包括安抚外来劳工群体、慰问应急处突力量、呼吁避免进行种族性言论抨击、宣布试行限酒措施等。

【舆论引导及其启示】

作为新加坡自“1969年种族骚乱”以来发生的第二起骚乱事件，“小印度骚乱”引起了新加坡国内和国际舆论的广泛关注，背后隐现外来劳工、种族歧视、民粹主义等敏感话题。但纵观整起事件的舆论演变过程，有关部门在迅速给事件定性后能够积极作为，将网络舆论引导与官方处置举措紧密结合，形成了较好的效果。

（1）在各类媒体渠道均占据主动。在对突发公共事件的处置过程中，坚持通过主要舆论场表达官方的态度和立场，是这起舆论引导案例的重要经验。回顾此次事件，新加坡社交媒体平台一度充斥着大量的负面评论，他国媒体也针对新加坡的外来劳工待遇、贫富差距、社会稳定等提出质疑。对此，新加坡高层及政府多次召开新闻发布会进行沟通，消除了骚乱事态反弹的风险，把握了舆论场的走向。骚乱发生后，印度、美国的部分媒体发布不实或争议性报道，新加坡政府立即致函交涉并发表声明，及时对相关问题予以澄清。

（2）发挥了事后调查的积极作用。事发次日下午，新加坡总理李显龙向媒体发出声明，宣布将就此事件成立调查委员会，并呼吁民众保持冷静。随后，新加坡有关部门持续呼吁民众秉持负责任的态度，不要煽动排外情绪。事后来看，调查机构的及时成立为缓和舆论情绪带来了正面影响。2014年7月，由新加坡副总理兼国家安全统筹部长及内政部长张志贤负责的调查委员会公布调查结果称，醉酒、误解以及文化差异和心理因素是导致“小印度骚乱”的三大因素，该结果得到舆论认可。有效开展调查工作并按期公布进展，为做好舆论引导带来了重要启示。

（3）依法处置与网络公开相结合。按照新加坡的法律，外国人举办或参与未被许可的公众集会属于非法行为，而新加坡公民只能在指定场所进行示威。新加坡政府严格依照法律程序，依法果断采取措施，避免了骚乱的升级和扩大。在后续处理中，新加坡政府推出一系列治安临时性措施，并注意通过社交媒体平台发布动向，最大范围确保公众及时获知政府举措。例如在宣布实施禁酒令之前，新加坡交通部部长吕德耀通过社交媒体发布消息，表示正考虑在“小印度”社区试行限酒措施。类似举措为舆论场留出了过渡空间，有助于避免矛盾再次激化。

三、国内相关案例及分析

放眼国内，同样不乏在网络舆论引导方面处置得当的案例。下面的相关案例在处置过程中，政府部门合理发声，处理方式公开透明，信息发布及时准确，对合理引导舆论、有效化解舆论风险发挥了重要作用。

（一）坚决处置核心问题：吉林长春长生生物疫苗案件的舆论引导

2018年，问题疫苗成为“话题之王”，不仅因其热度居高不下，更因为事件从多方面反映出我国公共安全体系存在的问题，涉及政策制定、监督管理、处理惩罚多个环节。对于该事件，网民的关注点从疫苗安全本身到疫苗行业管理，再到相关体制机制建设，网民情绪跌宕起伏，事件的发展出乎意料。从舆情的发展来看，“问题疫苗”事件大致历经发酵、转折、回落三大阶段，随着对事件核心问题的妥善处理，舆情态势逐渐趋于平稳。

【事件回顾】

2018年7月15日，国家药品监督管理局（下文简称国家药监局）发布通告称，长春长生生物科技有限公司（下文简称长春长生）冻干人用狂犬病疫苗生产存在记录造假等行为。这也是长生生物科技股份有限公司（下文简称长生生物，为长春长生的母公司）自2017年11月被发现疫苗效价指标不符合规定后不到一年，再次曝出的疫苗质量问题。2018年7月16日，长生生物发布公告，表示正对有效期内所有批次的冻干人用狂犬病疫苗全部实施召回；7月19日，长生生物发布公告称，收到《吉林省食品药品监督管理局行政处罚决定书》。但在这起事关民生的事件背后，舆论并未因此处罚而平息。一周后，“问题疫苗”事件在自媒体与社交媒体的交互作用下快速发酵，最终演变为年度热点舆情事件。

引爆2018年舆论场的长春长生生物疫苗案件，可谓全年最重大的公共舆情事件之一。出于民生类舆论话题的敏感性与复杂性，政府在应对此类事件时难度极大，在缓和疏解舆论情绪、合理引导舆论走向方面，极易出现舆情的反复。

【舆论演变过程梳理】

（1）舆论潜伏期（2018年7月15日—20日）。7月15日，国家药监局通报长春长生违法违规生产狂犬病疫苗；7月17日，长春长生回应对狂犬病疫苗的处理，长春长生发声明称，已按要求停止狂犬病疫苗的生产，并“深表歉意”。7月18日，吉林省食品药品监督管理局（现已更名为吉林省药品监督管理局）对长春长生生产不合格百白破疫苗处以344万元的行政罚款。7月19日，狂犬病疫苗一波未平，“百白破”疫苗一波又起，长生生物发布公告，称其子公司长春长生收到吉林省食品药品监督管理局关于“百白破”疫苗旧案的处罚决定书。此阶段可以看到，国家药监局已经公示了对商家的处罚意见，长春长生也已经针对处罚在第一时间发布公告，舆情态势比较平稳，相关新闻未引发大规模报道。但分析已有评论可以发现，网民关注点集中在不合格疫苗的危害、处罚过轻、问题疫苗再现等方面，而相关企业的承诺未能回应相关质疑，为之后的舆论爆发埋下了诱因。

（2）舆论爆发期（2018 年 7 月 21 日—23 日）。7 月 21 日，一篇题为“疫苗之王”的自媒体文章引起大量的转发与关注，问题疫苗引起公众的广泛关注。舆论进入爆发期后，国家药监局立案调查并责令长春长生停产；长春警方对长春长生违法违规生产狂犬病疫苗进行立案调查。7 月 22 日，国务院总理李克强就此疫苗事件作出批示要求，国务院立刻派出调查组，对所有疫苗生产、销售等全流程全链条进行彻查，尽快查清事实真相，不论涉及到哪些企业、哪些人都坚决严惩不贷、绝不姑息。对一切危害人民生命安全的违法犯罪行为坚决重拳打击，对不法分子坚决依法严惩，对监管失职渎职行为坚决严厉问责，尽早还人民群众一个安全、放心、可信任的生活环境。7 月 23 日，正在国外访问的中共中央总书记、国家主席、中央军委主席习近平对吉林长春长生生物疫苗案件作出重要指示指出，长春长生生物科技有限责任公司违法违规生产疫苗行为，性质恶劣，令人触目惊心。有关地方和部门要高度重视，立即调查事实真相，一查到底，严肃问责，依法从严处理。要及时公布调查进展，切实回应群众关切。习近平强调，确保药品安全是各级党委和政府义不容辞之责，要始终把人民群众的身体健康放在首位，以猛药去疴、刮骨疗毒的决心，完善我国疫苗管理体制，坚决守住安全底线，全力保障群众切身利益和社会安全稳定大局。由此，国务院建立专门工作机制，并派出调查组进驻长春长生进行立案调查。此阶段，相关新闻报道量出现指数级增长，社交媒体对此进行广泛传播，事件调查逐渐深入，牵扯到腐败、经济利益等议题，影响扩散至其他疫苗的生产企业。

（3）舆论蔓延期（2018 年 7 月 24 日—8 月 15 日）。7 月 24 日，长春长生董事长高某芳等 15 人被刑事拘留。7 月 27 日，国务院调查组基本查清：长春长生为掩盖事实销毁相关证据，狂犬病疫苗由不同批次原液勾兑。7 月 29 日，长春警方提请检察院批捕长春长生董事长高某芳等 18 人。7 月 30 日，国务院听取长春长生违法违规生产狂犬病疫苗案件调查进展汇报，要求涉案疫苗回收销毁。随着国家司法机构的介入，事件的来龙去脉已基本查清，对相关涉事企业的调查与处罚陆续发布，舆情态势基本稳定。

（4）舆论终结期（2018 年 8 月 15 日后）。8 月 16 日，根据国务院调查组的调查结果，吉林省委召开常委会议研究决定，对长春长生违法违规生产狂犬病疫苗履行监管职责不力、履行属地管理职责不力、负有直接责任和领导责任的相关人员进行组织处理。同日，公安机关对长春长生案件的侦查完结并依法将犯罪嫌疑人全部移送起诉。李克强总理主持召开国务院常务会议，听取长春长生生物疫苗案件的调查情况汇报并进行相关处置。相关工作部署高度契合舆情应对的时效性，为“问题疫苗”事件的舆论平息带来了有力保障。

【舆论引导及其启示】

（1）国家领导人及时作出重要批示指示，给群众吃下“定心丸”。2018 年 7 月 22 日李克强总理作出批示，确定了严查、彻查的事件应对总基调。舆论进入爆发期后，正在国外访问的习近平总书记作出重要指示，有力推动了各部门加快调查。相关批示、指示正处在事态舆情发展的关键点上，顺应了民意，为合理引导网络舆论提供了政策支撑，成为舆情应对的转折点，符合舆论演变规律。

（2）及时公布调查结果并从严处置，注意回应群众关切的问题，有效纾解了舆论消极情绪。从此次长春长生生物疫苗案件来看，舆论引导的重要一环就是对案件进展的及时公布。1961 年，美国陆军医院资深急救科医师亚当·考利首先提出“黄金 1 小时（Golden Hour）”原则，之后该原则被广泛运用到危机应对领域，对回应突发事件的时效性提出了明确标准。较之常规的新闻发布，突发事件往往涉及公众利益和公共安全，党政部门容易成为舆论质疑的对象。2016 年 11 月 15 日，国务院办公厅印发《〈关于全面推进政务公开工作的意见〉实施细则》，要求对涉及特别重大、重大突发事件的政务舆情，要快速反应，最迟在 5 小时内发布权威信息，在 24 小时内举行新闻发布会。发声越晚，舆论引导就越容易陷入被动；发声越早，舆论引导就越主动。相关部门对信息公开制度的严格落实，为舆论引导带来有力支撑。民之所向，政之所至。与人民最广泛的利益站在一起，永远是开展舆论疏导工作的第一原则。

（3）及时关注并重视“下一代”舆情的敏感性。“问题疫苗”事件之所以会成为“舆情海啸”一般的现象级舆情事件，就是因为牵扯到了民众最脆弱的神经——“下一代”，即关于未成年人成长的民生类问题。梳理近年的舆情事件，可以发现，当热点话题与“下一代”结合时，往往会引发舆论的高度关注。如学区房、幼儿园、课外培训等相关事件，舆论热点的形成和走向令人猝不及防，政府部门因其反应处置往往滞后于事态发展，容易陷入被动局面。在本案例的处置过程中，有关部门紧紧围绕儿童健康给出回应和妥善安排，同时快速调查处置案件，抓住痛点，有效避免了“下一代”舆情的发酵。

（二）全面呼应公众诉求：江苏昆山铝粉尘爆炸事故的舆论引导

安全生产舆论热点常常引发舆论聚焦，使得政府的舆情应对及引导能力持续经受考验。回顾2014年江苏昆山一起事故的处理过程，其舆论引导工作的相关做法具有可借鉴的正面意义。

【事件回顾】

2014年8月2日7时34分，位于江苏省苏州市昆山市昆山经济技术开发区的昆山中荣金属制品有限公司抛光二车间发生特别重大铝粉尘爆炸事故，当天造成75人死亡、185人受伤，直接经济损失3.51亿元。8月2日7时35分，昆山市公安消防部门接到报警，立即启动应急预案，先后调集7个中队、21辆车辆、111人赴现场救援。8时03分，现场明火被扑灭，共救出被困人员130人。交通运输部门调度8辆公交车和3辆卡车运送伤员至昆山各医院救治。环境保护部门立即关闭雨水总排口和工业废水总排口，防止消防废水排入外环境，并开展水体、大气应急监测。安全监管部门迅速检查事故车间内是否使用了危险化学品，防止发生次生事故。

事故发生后，江苏省及苏州市政府立即启动应急预案，省、市有关领导及有关部门负责同志赶赴事故现场，及时成立现场指挥部，组织开展应急救援和伤员救治工作。苏州军分区、昆山人民武装部、解放军一〇〇医院等先后出动120余人投入事故救援和伤员救治工作。8月2日16时30分，昆山市市长路军就昆山工厂爆炸事故主持召开新闻发布会。面对近百名记者，路军悲痛难已，当场落泪，发布会现场集体为遇难者默哀。

2014年8月7日，江苏昆山爆炸涉事企业董事长、总经理被刑事拘留。2014年12月30日，国务院对江苏昆山市中荣金属制品有限公司“8·2”特别重大铝粉尘爆炸事故调查报告作出批复，认定这是一起生产安全责任事故，同意对事故责任人员及责任单位的处理建议，依照有关法律法规，对涉嫌犯罪的18名责任人移送司法机关，对其他35名责任人给予党纪、政纪处分。2016年2月3日事故集中宣判，所涉14名被告分别被判处3年至7年6个月不等的刑罚。

此后，地方党委、政府及有关部门持续做好医疗救治、事故伤亡人员家属接待及安抚、遇难者身份确认和赔偿等工作，并按照医疗救治、善后安抚两个“一对一”的要求，对遇难者家属、受伤人员及其家属分步骤进行了心理疏导，积极开展善后工作，保持了社会稳定。

【舆论引导过程】

该案例中，地方官方媒体的表现可圈可点。在事故发生初期，江苏省广播电视总台快速反应，第一时间启动全媒体新闻应急机制，以满足公众在短时间内对事故处理进展及最新动态的巨大需求为核心，以实时的视频传播为主导，同时融合联动网站、微博、微信、手机客户端、IPTV、地铁公交移动电视等新媒体平台，快速同步，在全媒体各个平台上均要求第一时间发布消息，进行全覆盖的新闻信息发布，实现了多媒体、多维度的集中式报道，从而抢占了突发事件信息发布的“第一落点”，确保没有出现信息“真空”，为有效掌握舆论引导的话语权和主动权获得了先机，为事故的善后处理营造了良好的舆论氛围。事后舆情回顾阶段，曾有媒体评论认为，江苏省广播电视总台昆山“8・2”特大事故融合报道的实践表明，在新媒体时代，主流媒体只有不断增强媒体融合度，有效提升全媒体传播力，才能更好地发挥正面的舆论引导作用。

值得一提的还有事故后的首场新闻发布会。事故首场发布会原定当天 16 时在苏州昆山举行，却因故推迟半小时举行。但各家新媒体的新闻编辑部与现场记者一直保持在线联系，现场记者从发布会前夕开始全程直播，信号通过卫星传输到南京，并同步收录至新闻中心制播网，供各种媒体平台使用，有效安抚了民众的情绪。

【舆论引导及其启示】

整体来看，政府在此次事故中的应对整体是积极正面的。

昆山当地公安、消防、安监等直接相关部门以及环保等间接相关部门均能够及时行动，主动联合发声，避免了被动发声可能带来的不信任感。爆炸事故发生后，周边居民对爆炸可能造成的环境污染有所担忧。针对这种情况，江苏省环保厅对爆炸地区周边空气、水源进行了实时监测并主动发布消息，消除了周边居民的隐忧，消解了让舆情进一步升级的部分潜在因素。同时，地方媒体表现良好，较好地回应了民众迫切希望得到有效信息的诉求，也避免了谣言的大范围传播。

近年来，类似化工厂爆炸的事故时有发生，引起了各地方政府的高度重视。政府也在一系列惨痛的教训中，逐渐形成了一套相对完善的舆情应对机制，对化工厂爆炸类事故的处置制定了相应预案，如政府迅速回应，成立应急指挥小组，及时投入救援力量，召开新闻发布会，回应民众关切的问题，做好事故调查，事故后进行反思、反省与整改，对相关责任人做出处罚，加强化工企业的安全监管等。应该说，一套流程清晰、操作性强的舆情应对机制，有利于防范安全生产事故等带来的舆情危机。在 2014 年的昆山化工厂爆炸事故中，我们看到了政府应对方式的进步，这也证明只有坚持采取积极主动的应对态度，才有助于从源头打消舆情中反映出来的公众的疑虑。

（三）合理释放爱国情感：杜嘉班纳辱华事件的舆论引导

近年来，在网络舆论场产生的意见冲突层出不穷，随着国人民族自豪感和自尊心的日益增强，涉民族情感事件在网络舆论的催化下，更易被激化形成热点舆情。总体上，我国网民呈现出爱国情绪“易燃度高”和“网络护国”人数众多的特征，并开始注意形成不卑不亢的国民心态。

【事件回顾】

2018 年 11 月，意大利奢侈品牌杜嘉班纳（D&G）的一则广告片因为“中式发音”“模特用奇怪的姿势拿筷子吃比萨、意大利式甜卷”等片段，被指涉嫌歧视华裔。有网民通过社交软件向该品牌设计师斯蒂芬诺·嘉班纳发送私信，希望其尊重中国文化，遭该设计师使用侮辱性词语回复。相关对话的截图在网上流传，迅速引发境内外舆论的高度争议。11 月 21 日，杜嘉班纳原计划在上海举办的品牌大秀取消，事件舆情进一步升级。杜嘉班纳并未积极回应，仅删除了官方微博上的相关视频，更是引发了网民的不满。

当日，微博等社交平台集中讨论相关事件，舆论形成不可逆转之势。首先是我国明星集体发声抵制“辱华”品牌，随后我国参展模特表示罢演杜嘉班纳品牌秀。原本将出席晚宴的李冰冰、陈坤、章子怡等知名演艺人士均表示不再出席。受此影响，杜嘉班纳宣布取消上海时装秀，但“D&G 辱华”舆论仍在网上不断发酵，网民的爱国主义情绪高涨。事发当晚至次日，品牌代言人迪丽热巴的工作室宣布终止与杜嘉班纳的合作，淘宝等电商平台多家海外代购店铺表示暂不接受该公司的订单。22 日，杜嘉班纳就辱华事件再度发声，但未道歉。23 日下午，杜嘉班纳官方发布道歉视频。

【多方积极发声引导舆论走向】

首先，官方媒体主动表态为事件定性。事发当天，共青团中央官方微博账号就第一时间表态称："我们欢迎外国企业来华投资兴业，同时在华经营的外国企业也应当尊重中国，尊重中国人民。这也是任何企业到其他国家投资兴业、开展合作最起码的遵循。"次日，我国外交部发言人耿爽在回应记者有关该事件的问询时表示，中方不希望此事上升为外交问题，但外界应了解中国民众如何看待这一问题。《人民日报》、新华社、《光明日报》等官方媒体均对此事件给予高度关注，如新华社评论 D&G 辱华行为"没有尊重，必犯众怒"，《人民日报》评论称"不尊重他人者只会被抛弃"。

其次，主流市场化媒体及社交平台形成合力，使事件舆情集中于爱国主题。网络媒体如凤凰网、搜狐网、网易新闻、观察者网等，均持续关注事件的进展，发表了相关文章。值得关注的是，微博成为事件酝酿发酵的"主战场"，相关话题阅读量超过 20 亿次，网民讨论量超过 2000 万条。众多明星通过微博平台公开发声，谴责品牌方的行为，连番坚决表态助推爱国热情不断升温，此话题在当日微博热搜话题中排名第一。

【舆论引导及其启示】

官方媒体与明星"大 V"声调一致，增加网民正向感知。在涉及民族情感的热点事件中，有一种动向值得关注，即明星在其中的角色和能量。尤其是在此次事件中，在官方媒体积极发声后，明星集体“罢演”成为推高爱国情绪的主要力量。明星群体本是社会的一部分，与社会其他群体有着密切联系。从相关舆论话题来看，当下明星的社会形象有着更为丰富的内涵。明星们不仅有意愿参与社会公益事业，还积极参与公共话题的讨论，甚至主动设置议题发挥自身的影响力。广大明星从具有单一的职业身份到具有多重的社会身份，从被塑造形象到主动履行社会责任，这既反映了社会力量的壮大，又在一定程度上促进了社会力量的壮大。明星不再只是歌手或演员，更可能是志愿者、慈善家、投资人以及“意见领袖”。这也为类似舆论的引导工作带来启示，即重视社会“意见领袖”的积极作用，与其形成正向舆论引导的合力，使舆论向着正面的方向发展。

在此类网民参与度极高的话题中，应注意合理引导网民情绪，以防过度渲染造成“反作用力”。在该案例中，官方在微博这一事件的主要舆论场上及时发声，表明态度，对第一时间引导网民情感发挥了有益的作用。多数网民对杜嘉班纳辱华视频、言论表示强烈愤怒和谴责，部分网民为“国家表态”、明星主动抵制活动点赞，相关动向进一步激发了民众的爱国情怀和民族认同感，舆论场中的负面情绪一直以该品牌为核心，没有出现迁移和偏离，几乎没有出现借机炒作或借题发挥的情形。但也应意识到，网络表达日益多元化的背后，网民心态也日益复杂。如果网络媒体对民族情绪的渲染不断放大，可能导致“爱国热点”向其他社会共性矛盾转移。民族情感是团结网民、促进国家凝聚力形成、组织广泛统一战线的利器，但如何把握运用民族情感的“度”，还需在实践中继续探索。

应该说，网络媒体的快速传播极易使类似案例爆发出舆论热度，发酵为典型的社会公共事件。明星作为公众关注点，代表着网络舆论场中宝贵的注意力资源，应更加重视和开发这类注意力资源，为合理引导网络舆论提供助力。

（四）及时疏导负面情绪：高校社团“官僚化”问题的舆论引导

2018 年国庆假期中，成都航空职业技术学院某学生社团学生在微信群中“逞官威”引发争议，网友纷纷讲述起自己在学校社团中遇到的官僚现象——过节强制要求给学生会主席、部长发祝福短信；社团成员发短信写错上级名字，被罚抄 50 遍、被要求开会做检查等，引发网上持续热议。

【事件回顾】

2018 年 10 月开始，陆续有微博爆料称，现在高校的社团越来越“官僚化”，如成都航空职业技术学院有学生在“社联新生群”内询问是否开会并“@社联副主席”，结果被要求“注意自己的身份”。随后，在微博“同学在群里问 7 号要开会吗”的话题下，有网民曝光了更多自己学校的“社团干部逞官威”现象。例如，一位社团成员因写错社团部长/主席的名字被要求抄写 50 遍，还要“开大会检查”；另一学生把社团要求给社团部长/主席发“节日祝福”的消息截屏发到贴吧，被社团成员找上门要求道歉；江苏盐城技师学院某学生，因为在群里回复学生会干部“哈哈哈”，被罚写400字的检讨；四川理工学院一社团成员发送祝福时写错名字，被要求在大会上检讨。相关事件大多配发了微信群对话截图，形成“有图有真相”的传播效果，在网上形成大量转发。

【舆论引导过程】

（1）**涉事学校回应。**2018年10月2日凌晨1时许，成都航空职业技术学院发布声明回应称，“同学在群里问是否开会”事件确为学校社团联合会两位同学所为，学校立即对当事人进行了思想教育和心理疏导，当事人也深刻认识到自己的问题并积极改正。虽然此事是学生的个人行为，但也反映了学校对社团干部的教育管理还不到位。同日，四川理工学院官方微博发布声明称：“学校已收到关于我校学生干部在工作中不妥言辞的相关反映，学校党委高度重视，已经开始着手调查此事。”11月2日，盐城技师学院团委回应记者称，该学生干部出发点是加强管理，但措辞生硬，伤害了同学，校方已对其进行了批评教育。

（2）**网络媒体集中报道。**微博是此次事件的发源地，话题引发了网民集中讨论。随后，新浪微博发起“学生之间的官僚作风都有什么，说说你讨厌的学生官僚主义”话题，学生积极参与话题互动，纷纷吐槽自己经历过的“学生官僚”事件，舆论热度持续走高。“新京报书评周刊”“今日评论”等多家媒体的微信公众号介入事件的讨论，舆论加速蔓延。

（3）官方媒体发表评论文章，呼吁回归校园社团的淳朴之风，杜绝学生干部之中的“官气”和“官僚主义”。新华社发表文章《学生官僚化现象值得警醒》称，部分高校学生组织就像“小官场”，“抱大腿”“混圈子”“打招呼”等不正之风盛行，新华社的评论文章《辛识平：学生干部的“官气”要不得!》对该现象进行了批评，并称“一些高校的学生组织‘官风’很盛，实质上是官本位思想……”《新京报》评论文章《高校社团官气横生、虚荣跋扈，到底是什么惹的祸?》等，则把话题讨论引向探讨学生“官气”的由来、高校管理责任以及相应呼吁等方面。

【舆论引导及其启示】

（1）传统媒体的严肃性在众说纷纭的网络时代“一锤定音”，奠定了舆论基调，引导舆论“当仁不让”。此次事件中，网上众说纷纭的高校官僚作风事件愈演愈烈，话题讨论量居高不下。新华社等权威媒体对舆论场的喧哗进行了总结，深入分析了事件的危害性。最关键的是，官方权威媒体的评论文章“一锤定音”，说出了广大网民的心声，在为事件总结并奠定基调的同时，也在一定程度上代表了官方的态度，引导了舆论发展的方向，成为此次事件舆论引导的“定海神针”。

（2）校方及时回应，显示高校“网感”正逐步提升。从校方的回应来看，各校均在第一时间发布公告，表示对事件的关切，并通报对相关涉事人员的处理结果，在一定程度上呈现了“及时处理、不姑息纵容”的态度，也表明高校在一定程度上意识到，网络舆情应对时间紧迫，舆情汹涌时，采用“拖字诀”绝不是最好的方式。在新时代网络环境下，针对舆情事件，不回避问题、要解决问题的思路值得推广和借鉴。

（3）青年群体网上参与度高，与舆论引导的正向作用力“短兵相接”。2018 年大学校园迎来第一批“00 后”，“95 后”也逐渐迈向工作岗位，走入社会。以“95 后”“00 后”为代表的青年群体逐渐成为社会重要的新生力量，并在各项社会事务中担任着愈发重要的角色。与其他网络舆论中的群体相比，青年群体网龄长、上网时间长、熟悉网络应用技能、了解网络文化，是不可忽视的网络舆论影响者。从这方面出发，高校作为青年群体汇聚地，时刻关注青年群体的价值导向，营造风清气正的校园风气，将在社会公共事务的舆论引导工作中发挥更大作用。

四、合理引导网络舆论的共性分析

通过分析国内外舆论引导的经典案例可以发现，科学有效地引导网络舆论是具有现实依据的。正确引导网络舆论，一要大力彰显核心网站的公信力，二要网络媒体与传统媒体结合，三要建立网络管理保障机制，并增强现有网络媒体的正义性和正确性。面对自媒体时代的狂欢，从舆论发酵到舆论爆发，再到舆论的平息，值得认真总结现有经验。

（一）国外舆论引导经验：依规有序推动问题解决

国外媒体应对舆情事件大多以跟进为主，注重推动事件向前解决，虽然各自为政、各自引导舆论的情况也时有发生，但在法律框架下为事件的解决提供了多种可能。以美国为例，美国政府影响网络舆论的方式大致可分为两种类型：积极引导和消极管控。对于涉及国家和社会公共安全的问题范畴，美国政府进行信息沟通的主要途径是白宫的新闻发布体系，通过一系列的媒体管理规定引导网络舆论。美国政府影响网络言论的依据主要基于两个方面，即以保护青少年的名义进行审查，或以保护国家及大多数人民安全的名义进行审查。在必要条件下，美国联邦调查局也可能启动专项调查，对网上的特殊群体进行监控，审查其网络言论和信息发布行为，甚至采取手段对监控对象进行处理。

总结国外舆情处置案例，其共性经验可以归纳为以下两点。一是围绕舆情事件的信息公开机制已趋成熟。国外政府大多十分重视对传统媒体和以社交媒体为代表的新媒体的监管与应用，政府习惯于通过第一时间召开新闻发布会等方式通报相关情况。如日本政府要求地震发生后，内阁官房长官应每两小时召开一次新闻发布会，向公众及媒体通告最新情况，积极利用媒体公开信息，持续通报事态进展。二是社交媒体在舆情应对中的重要作用日益显现。互联网既是政府传统舆论引导方式的补充，也是特定时期舆论引导的主阵地。以美国为例，政府、政党和政客日益重视互联网对舆论的影响。美国总统特朗普自上任以来，持续在社交媒体平台发布政见、公布消息甚至进行舆论引导，这也表明社交媒体在网络舆论中已占据非常重要的地位。

（二）国内舆论引导经验：权威发声结合源头治理

结合上述案例分析，国内在网络舆论引导中主要积累了三方面的经验，这些经验具有一定的普遍意义。

一是发挥主流媒体“定海神针”的作用，在重要网络舆情事件中及时发声，确定舆论基调，合理引导舆论走向。传统媒体的信息发布权在一定程度上受政府把关，遇到“问题疫苗”这类关乎公众安全的事件时，因编审程序复杂，对报道的时效性有一定的制约。但传统媒体应意识到自身优势，在自媒体平台信息不够权威、谣言肆虐、深度不够的“泡沫”中，提炼舆论发展的主要信息，厘清公众关注的焦点问题，积极发声，坚决表态，在舆论中形成“正向传导机制”，带领网民实现“正能量共鸣”。前文提到的高校学生官僚化案例就明显体现出主流媒体定基调、稳舆论的特点。

二是对网络媒体进行源头治理，确保互联网内容治理制度化，营造良好的舆论生态。在2018年的网络舆论场中，内涵段子永久关停、秒拍下架、二更食堂永久关停等一系列互联网内容治理动作引发关注。综合分析2018年互联网治理的话题，当前网络空间治理的主体和依据越来越规范，“约谈—下架—关停”的阶梯举措督促互联网内容平台树立底线思维。在网络舆论场中，各类互联网平台是舆论的直接“原产地”，是“爆款”舆论的直接制造者。由于互联网平台的营利属性，很多内容的生产创作不是以“真善美”为初衷，而是为了博眼球、追流量，这样就不可避免地出现舆论场中的“搅局者”。在当下的互联网舆论引导机制中，网络媒体的源头治理是重要一环，不是简单删帖就可以解决问题，而是要从根本上实现网络媒体的规范化、合法化，通过“约谈机制”“正向激励”等举措使政企协调机制更加顺畅地发挥作用。

三是保障民众正常表达诉求的空间，遵循舆论发展的阶段性特征，疏堵结合，开展合理引导。随着“后真相”时代的来临，舆情反转频发，网络舆论愈加容易被情绪操纵，给予年轻群体足够的表达空间变得十分必要。在舆情事件爆发和发酵的过程中，保证为网民提供充足的讨论空间是纾解网民情绪的必要步骤，如果贸然对相关信息进行粗暴的删除，可能会增加舆情事件平复的“反作用力”，导致负面情绪找不到出口。例如2017年11月的北京红黄蓝幼儿园虐童事件披露之后，一些自媒体发布了不属实和不恰当的信息，这些信息未能及时得到澄清，部分不实文章被撤下后，反而加剧了公众的焦虑和恐慌情绪。随着后期事实被公开，各种网民意见在质疑与自辩中碰撞、弱化、消逝，理性声音不断占据主流，事件的舆情才得以进入良性轨道。

ས་བཅད་གསུམ་པ།

ཉེ་ལམ་ལོ་ཤས་ནང་དྲ་ལམ་སློང་སྦྱོགས་ཁྲིད་སྟོན་ཡག་པོ་མ་བྱུང་བའི་ཀྱོད་དཔེ་དབྱེ་ཞིབ།

དོན་ཚན་དང་པོ། དྲ་ལམ་སློང་སྦྱོགས་ཁྲིད་སྟོན་ལ་འཕྲད་པའི་འགྲན་རྩོད།

དོན་ཚན་གཉིས་པ། ཕྱིའི་རྒྱལ་ཁབ་ཀྱི་འབྲེལ་ཡོད་ཀྱོད་དཔེའི་དབྱེ་ཞིབ།

དོན་ཚན་གསུམ་པ། རྒྱལ་ནང་གི་འབྲེལ་ཡོད་ཀྱོད་དཔེའི་དབྱེ་ཞིབ།

དོན་ཚན་བཞི་པ། དྲ་ལམ་སློང་སྦྱོགས་ཀྱི་ཁྲིད་སྟོན་ཡང་དག་མ་བྱུང་བ་ལས་ཐོན་པའི་ཤུགས་རྐྱེན་ངན་པ།

ཉེ་ལམ་ལོ་ཤས་རིང་དྭ་རྒྱུར་གོང་འཕེལ་གཏིང་ཟབ་བྱུང་བ་དང་བསྟུན་ཏེ་དྭ་ལམ་གླིང་ཕྱོགས་ཐད་ལ་ཡང་སྔར་ལས་ལྷག་པའི་རྟོག་འཛིང་རང་བཞིན་དང་ཚོད་འཛིན་བྱེད་དཀའ་བའི་རང་བཞིན་མངོན་པ་དང་། རྒྱལ་ཁབ་དང་སྤྱི་ཚོགས་བཅོས་སྐྱོང་ཐད་དཀའ་ངལ་ངེས་ཅན་བཟོས་ཡོད། དྭ་ལམ་བརྒྱུད་སྤྱིལ་ཁོར་ཡུག་འོག་དྭ་ལམ་གླིང་ཕྱོགས་ཐད་དྲིལ་བསྒྲགས་མཆེལ་ཟེགས་ཅན་དང་། ངོས་འཛིན་ཁ་ཕོར་ཅན། ཉེན་ཁ་རྒྱུན་རྣམ་ཅན། བརྒྱུད་སྤྱིལ་ཅིག་ཅིག་ཅན། ཁྲིད་སྟོན་འགོར་འགྱངས་ཅན་སོགས་ཀྱི་འགྲན་རྩོད་འཕྲད་བཞིན་ཡོད་པས། ཉེ་ལམ་ལོ་ཤས་རིང་རྒྱལ་ཁབ་ཁག་གི་སྲིད་གཞུང་ནས་ཕོལ་བྱུང་གླིང་ཕྱོགས་གནས་ཚུལ་ལ་ཁྲིད་སྟོན་ནུས་ལྡན་མ་ཐུབ་པའི་ཁྱད་དཔེ་ཁག་གཅིག་དྭངས་ཏེ་ཉམས་མྱོང་དང་བསླབ་བྱ་འགའ་ཕྱོགས་བསྡོམས་བྱས་ཚེ་སླད་ཕྱིན་དྭ་ལམ་གླིང་ཕྱོགས་ཁྲིད་སྟོན་ལས་དོན་ལ་མིག་དཔེ་ཞིག་མཁོ་འདོན་བྱེད་ཐུབ་སྙམ།

དོན་ཚན་དང་པོ། དྭ་ལམ་གླིང་ཕྱོགས་ཁྲིད་སྟོན་ཐད་འཕྲད་པའི་འགྲན་རྩོད།

ཕྲ་རན་སིའི་རྩོམ་པ་པོ་གྲགས་ཅན་ཨད་ཏི་ཡེ་ན་ · ཁ་པེས《དཔྱི་ཅ་རི་ཡའི་ཡུལ་སྐོར་ཟིན་ཐོ》ཞེས་པའི་དཔེ་དེབ་ནང་། གླིང་ཕྱོགས་ནི་ཁྲི་གསོལ་མ་ཐུབ་པའི་རྒྱལ་པོ་ཞིག་དང་འདྲ་ཞེས་བཀོད་ཡོད། དྭ་ལམ་གླིང་ཕྱོགས་ཀྱིས་ཕྱོགས་མང་པོའི་ཐད་ནས་གླིང་ཕྱོགས་ཀྱིས་མིའི་རིགས་སྤྱི་ཚོགས་ལ་ཐེབས་པའི་གལ་ཆེའི་ཤུགས་རྐྱེན་རྒྱུན་འཕྱོངས་བྱེད་བཞིན་ཡོད། གཞན་ཡང་གླིང་ཕྱོགས་ནི་རལ་གྲི་རྣོན་པོ་ཞིག་དང་ཡང་འདྲ་སྟེ། ཕྲ་རན་སིའི་བསམ་བློ་མཁས་ཅན་པུ་ལའེ་ཚེ་ · ཕ་སི་གར་གྱིས་རང་ཉིད་ཀྱི《བསམ་གཞིགས་ཟིན་ཐོ》ཞེས་པའི་དཔེ་དེབ་ནང་། དངོས་ཤུགས་ཀྱིས་འཛམ་གླིང་ལ་ཁ་ལོ་བསྒྱུར་ཐུབ། ཡིན་

ནའང་གླིང་ཕྱོགས་ཀྱིས་དངོས་ཤུགས་ཤུལ་མེད་དུ་གཏོང་ཐུབ་ཅེས་བྲིས་ཡོད། དེའི་ཐོག་ནས་གླིང་ཕྱོགས་ནི་རྒྱལ་ཁབ་གོང་འཕེལ་གྱི་དོན་ཆེན་དང་འབྲེལ་བ་ཡོད་ལ་གླིང་ཕྱོགས་ཁྲིད་སྟོན་ལས་དོན་ནི་མེད་དུ་མི་རུང་བ་ཞིག་ཡིན་པ་མཐོང་ཐུབ། སྤྱི་ཁྱབ་རྒྱུའུ་ཅི་ཞི་ཅིན་ཕིང་གིས་ལས་དོན་དེའི་གལ་ཆེའི་དོན་སྙིང་ནན་བཤད་ཐེངས་མང་གནང་ཡོད་ཅིང་། 2016ལོའི་ཟླ་4པར་སྐོང་འཚོགས་གནང་བའི་དྲ་ལམ་བདེ་འཇགས་དང་ཆ་འཕྲིན་ཅན་ལས་དོན་གྱི་བཞུགས་མོལ་ཚོགས་འདུའི་ཐོག། རྒྱ་ཆེའི་དྲ་དམངས་ལ་ཁོག་རྒྱ་ཡངས་ཙམ་དང་ངང་རྒྱུད་རིང་ཙམ་བྱ་དགོས་པ་དང་། དགེ་མཚན་ལྡན་པའི་བསམ་འཆར་དུས་ཐོག་ཏུ་དང་ལེན། དཀའ་ངལ་དུས་ཐོག་ཏུ་སེལ་བ། གནས་ཚུལ་གསལ་པོ་མ་ཤེས་པ་རྣམས་དུས་ཐོག་ཏུ་གསལ་བཤད་བྱེད་པ། ངོས་འཛིན་གསལ་པོ་མ་བྱུང་བ་དུས་ཐོག་ཏུ་གསལ་པོ་བཟོ་བ། བསམ་འཆར་དུས་ཐོག་ཏུ་ཐག་གཅོད་བྱེད་པ། ལྟ་བ་ནོར་འཁྲུལ་དག་ལ་དུས་ཐོག་ཏུ་ཁྲིད་སྟོན་དང་དག་བཅོས་བྱ་དགོས་ཞེས་ནན་གསུངས་གནང་ཡོད། མིག་སྔར་རང་རྒྱལ་གྱི་དྲ་ལམ་གླིང་ཕྱོགས་ཁྲིད་སྟོན་ལས་དོན་ཐད་གཤམ་གསལ་འགྲན་རྩོད་ཁག་ལྔ་འཕྲད་ཡོད་དེ།

པར་རིས3－1 མིག་སྔར་རང་རྒྱལ་གྱི་དྲ་ལམ་གླིང་ཕྱོགས་ལས་དོན་ཐད་འཕྲད་པའི་འགྲན་རྩོད།

གཅིག དྲིལ་བསྒྲགས་མཆིལ་ཟེགས་ཅན།

དྲིལ་བསྒྲགས་མཆིལ་ཟེགས་ཅན་ཞེས་པ་ནི་ལས་ཁུངས་ཁག་གིས་སྨྱན་སྦྱོར་སྣ་ཚོགས་བརྒྱུད་དེ་སྤེལ་བའི་ཕྱོགས་རྒྱང་པའི་དྲིལ་བསྒྲགས་དེ་མང་ཚོགས

ཁྲིད་དུ་སླེབས་སྐབས་མཁའ་ལྡིང་ཁྲིད་ཀྱི་མཆིལ་ཟེགས་ལྟ་བུར་གྱུར་ཏེ་མི་རྣམས་ཀྱིས་ཆ་འཕྲིན་དེ་དག་གནས་པར་དོ་སྣང་མི་ཡོང་བའམ་ཡང་ན་སྣང་མེད་དུ་འཛོག་པར་ཟེར།[17] ཏྲེལ་བསྒྲགས་མཆིལ་ཟེགས་ཅན་དུ་འགྱུར་བར་གཞམ་གསལ་གྱི་རྒྱུ་རྐྱེན་ཡོད་དེ། གཅིག་ནི་ཆ་འཕྲིན་ཚད་ལས་འདས་པ། ཆ་འཕྲིན་འབར་གས་ཀྱི་དུས་རབས་འདིར་ཉིན་ལྟར་ཆ་འཕྲིན་གསར་པ་གྲངས་ལས་འདས་པ་ཐོན་བཞིན་ཡོད། ཡིན་ནའང་མི་རྣམས་ཀྱི་ཀླད་པའི་ཤོང་ཚད་དང་བློ་རིག་བར་སྟོང་། ཆ་འཕྲིན་བསྡུ་ལེན་བྱེད་པའི་ནུས་པ་བཅས་ནི་ཚད་ཡོད་ཅིག་ཡིན་པས་མི་རྣམས་ཀྱིས་རང་ཉིད་ལ་མཁོ་བའི་ཆ་འཕྲིན་ཁོ་ནར་མ་གཏོགས་དོ་ཁུར་མི་བྱེད། གཉིས་ནི་འགྱུར་མེད་རེངས་འགྱུར་གྱི་བག་ཆགས། འགྱུར་མེད་རེངས་འགྱུར་གྱི་བག་ཆགས་ཞེས་པ་ནི་མི་རྣམས་ཀྱིས་སྐྱེ་བོ་གང་རུང་ཞིག་གམ་བྱ་དངོས་གང་རུང་ཞིག་ལ་འཛིན་པའི་གཏན་འཇགས་ཀྱི་བག་ཆགས་སམ་འོལ་ཚོད་ཀྱི་གདེང་འཛོག་ལ་ཟེར། གལ་ཏེ་ལས་ཁུངས་གང་རུང་ཞིག་གིས་མི་རྣམས་ལ་བག་ཆགས་ཡག་པོ་བཞག་མེད་ཚེ་ལས་ཁུངས་དེ་དག་གིས་སྤེལ་བའི་ཕྱོགས་རྒྱང་པའི་ཏྲེལ་བསྒྲགས་ཀྱིས་མི་དེར་ཤུགས་རྐྱེན་ཐེབས་ཁག་པོ་ཡིན། གསུམ་ནི་གླིང་གཞི་ཉིང་པ། གླིང་གཞི་ཁག་གཅིག་གིས་གཞན་སྐྱོན་འཚོལ་བར་མཁས་པའི་མི་རྣམས་ལ་ཤུགས་རྐྱེན་ཐེབས་ཁག་པོ་ཡོད་དེ། མིག་སྔར་སྲིད་གཞུང་གིས་གནད་དོན་གང་རུང་ཏྲེལ་བསྒྲགས་སམ་གནད་དོན་གང་རུང་ལ་ལན་ཆ་བྱེད་སྐབས་ཕྱོགས་གཅིག་ནས་གཞུང་ཕྱོགས་སྐད་ཆའི་ཐོག་ནས་ལན་ཆ་བྱེད་པའི་གོམས་གཤིས་ཡོད་པས། དེས་འདྲིས་གཤིབ་མི་བདེ་བའི་ཚོར་སྣང་ཞིག་སྟེར་བ་དང་། མང་ཚོགས་ལ་གཞུང་ཕྱོགས་ཀྱི་ལན་ཆ་ནི་ཆེ་རྫུན་སྟོང་གསུམ་གྱི་ཁྲིད་ཆོས་ལྡན་པ་ཞིག་ཡིན་པའི་བག་ཆགས་ངན་པ་འཛོག་པས། སྲིད་གཞུང་དང་མང་ཚོགས་བར་གྱི་འབྲེལ་ཐག་ཇེ་རིང་དུ་འགྲོ་བཞིན་ཡོད།

ཐ་ན་སྲིད་དོན་སྙན་སྦྱོར་སྙེགས་བུ་གསར་པ་མང་པོའི་ཐོག་ཏུ་ཡང་དཔོན་གཏམ་མང་པོ་སྤྱོད་ཀྱིན་ཡོད་པ་སྟེ། དཔེར་ན། ཚད་མཐོའི་མཐོང་ཆེན་དང་། འབད་བརྩོན་ཆེན་པོས། འཕྲུལ་དུ། འབྲེལ་ཡོད་སྡེ་ཁག་ལ་སོགས་གཏམ་འདྲ་ཆགས་ཐོག་ནས་མང་ཚོགས་ཀྱི་དཔྱད་གླེང་ལ་ལན་ཆ་བྱེད་པས་དེ་དག་ལ་མང་ཚོགས་ཀྱིས་བསྔུན་སྣང་བྱེད་པ་དང་། མང་ཚོགས་ཀྱི་དཀའ་གནད་ཐག་གཅོད་དང་། གླེང་ཕྱོགས་ལ་ཁྲིད་སྟོན་ཡང་དག་བྱེད་པའི་ནུས་པ་ཐོན་ཐུབ་མེད། ཕྱོགས་གཞན་ཞིག་ནས་སྲིད་གཞུང་སྡེ་ཁག་ཁག་གཅིག་གིས་དོན་དངོས་དང་མི་མཐུན་པའི་ལན་ཆ་བྱེད་པས་མི་རྣམས་ཀྱི་ཡིད་ཆེས་ཐོབ་དཀའ་བར་འགྱུར་བ་དང་། ཐ་ན་ཡིད་ཆེས་མི་བྱེད་པའི་སྣང་ཚུལ་དེ་རྒྱུན་རྣམ་ཅན་དུ་འགྱུར་བས་སྲིད་གཞུང་གི་དྲ་ལམ་གླེང་ཕྱོགས་ཁྲིད་སྟོན་ལས་དོན་ལ་དགོས་ངེས་ཀྱི་མ་མཐའི་རྨང་གཞི་ཡང་མེད་པར་འགྱུར་བཞིན་ཡོད།

གཉིས། ངོས་འཛིན་ཁ་ཐོར་ཅན།

དྲ་ལམ་སྐྲེར་གྱི་སྙན་སྦྱོར་གོང་འཕེལ་འགྲོ་བ་དང་ཆབས་ཅིག་དྲ་ལམ་གླེང་ཕྱོགས་གྲུབ་པའི་ཁོར་ཡུག་ལ་ཡང་སྔར་དང་མི་འདྲ་བའི་འགྱུར་ལྡོག་བྱུང་ཡོད། སྲོལ་རྒྱུན་སྙན་སྦྱོར་གྱི་ཁོར་ཡུག་ཁྲིད་བརྙན་འཕྲིན་དང་ཚགས་པར་སོགས་གླེང་ཕྱོགས་ཁྲིད་སྟོན་གྱི་བྱེད་པོ་སྣ་ཚོགས་ནི་ཆ་འཕྲིན་གྱི་འགག་སྒོ་སྲུང་མཁན་ཡིན་པ་དང་། དེ་དག་གིས་གླེང་ཕྱོགས་ཀྱི་གཏམ་ཤོད་དབང་ཆ་དང་གཙོ་ཁྲིད་དབང་ཆ་བཟུང་ཡོད་པས་མང་ཚོགས་ལ་ཕྱོགས་པའི་དྲིལ་བསྒྲགས་ཐད་གཅིག་འཐོར་བརྒྱུ་ལན་ལྟ་བུ་མེད་ཀྱང་ཚང་མའི་ཡིད་ཆེས་ཆེན་པོ་ཐོབ་བཞིན་ཡོད། འོན་ཀྱང་ད་ཆ་དྲ་ལམ་ལྟེ་བ་ཅན་མེད་པར་འགྱུར་བའི་ཁྱད་ཆོས་མངོན་གསལ་ཇེ་དོད་དུ་འགྲོ་བཞིན་ཡོད་པ་དང་། སྲོལ་རྒྱུན་སྙན་སྦྱོར་དེ་ཆ་

འཕྲིན་ཤེས་རྟོགས་བྱེད་པའི་ལམ་བུ་ཞིག་ཅིག་དེ་མིན་ལ། མང་ཚོགས་ཀྱང་གཞན་དབང་འོག་དང་ལེན་མཁན་དེ་ཡང་མིན་པར། ད་ལམ་གྱི་སྐྱུལ་འདེད་འོག་དེ་བས་རང་འགུལ་རང་བཞིན་ལྡན་པའི་འདྲི་རྩད་མཁན་དང་མཉམ་ཞུགས་མཁན་ཞིག་ཏུ་འགྱུར་བཞིན་ཡོད། སྔར་གྱི་སྤྱན་སྦྱོར་ལ་ཆ་འཕྲིན་བརྒྱུད་སྤེལ་ལུགས་མཐུན་དང་དོ་ནན་གྱི་ཞིབ་དཔྱད་སྒྲིག་གཞི་ཆ་མི་ཚང་བའི་རྐྱེན་གྱིས། སྐབས་རེ་ཆ་འཕྲིན་ཞིབ་བསྟུར་མ་བྱས་གོང་བརྒྱུད་སྤེལ་བྱེད་པ་དང་། སྐབས་རེ་བརྒྱུད་སྤེལ་བྱས་ཟིན་པའི་གནམ་བཤད་ལ་འགན་སེམས་མེད་པ། སྐབས་རེ་ཞིབ་དཔྱད་མ་བྱས་པར་གང་བྱུང་གིས་ཅུད་སྒྲོག་དང་དཀྲིག་གནམ་བཟོ་བ་སོགས་བྱེད་བཞིན་ཡོད།

2016ལོར། དབྱིན་ཇིས་ཡོ་རོབ་ལས་བྲལ་བའི་སྤྱི་འདེམས་བྱེད་སྒོ་སྤེལ་བ་དང་། ཨ་རོན་ཕུ་ཨ་རིའི་ཙུང་ཐུང་ལ་བདམས་ཐོན་བྱུང་བ་སོགས་རྒྱལ་སྤྱིའི་སྐབས་དོན་གསར་འགྱུར་དང་བསྟུན་ཏེ། post-truth(རྗེས་མའི་བདེན་དོན་)ཞེས་པ་དེ་《ཉིའུ་ཅིན་ཚིག་མཛོད་》ནང་གསར་དུ་བཅུག་པའི་ལོ་དེའི་མིང་ཚིག་གསར་པ་བཅུའི་གྲས་སུ་གྱུར་ཡོད། 《ཉིའུ་ཅིན་ཚིག་མཛོད་》ནང་འཀོད་པའི་འགྲེལ་པར་གཞིགས་ན། རྗེས་མའི་བདེན་དོན་ཞེས་པ་ནི་བརྩེ་སེམས་དང་སྔར་གྱི་དད་མོས་མཚོན་པར་བྱེད་པ་དེས་དམངས་འདོད་ལ་ཤུགས་རྐྱེན་ཐེབས་ཤུགས་དེ་དོན་དངོས་བརྗོད་པ་ལས་ཀྱང་ཤུགས་ཆེ་བ་ཡོད་ཟེར། མིག་སྔར་རྗེས་མའི་བདེན་དོན་གྱི་སྣང་ཚུལ་ད་ཐོག་ཏུ་ཐོན་མང་ཞིང་ད་ལམ་སློང་ཕྱོགས་ཁོར་ཡུག་ལ་ཤུགས་རྐྱེན་མངོན་གསལ་དོད་པོ་བཟོ་བཞིན་ཡོད། ཕྱོགས་གཅིག་ནས་སློང་ཕྱོགས་ར་བར་སྒོ་དབྱེ་དང་རང་དབང་གི་ཁྱད་ཆོས་ལྡན་པས་མི་རྣམས་ཀྱིས་གཞན་གྱི་ཚོར་སྣང་ལ་བསམ་ཤེས་བྱེད་མི་དགོས་པར་དུས་ངེས་མེད་དང་རང་མོས་ཀྱིས་རང་གི་ལྟ་ཚུལ་སློང་ཚིག་པ་དང་། ཕྱོགས་གཞན་ཞིག་ནས

གླིང་ཕྱོགས་ར་བར་ཚད་བཀག་རང་བཞིན་དང་ཕྱི་འབུད་རང་བཞིན་ལྡན་པས། མི་རྣམས་ཀྱིས་དྲ་ཐོག་ཏུ་རིག་གནས་དང་། གོམས་སྲོལ། ལས་རིགས། དད་མོས་སོགས་མི་འདྲ་བར་གཞིགས་ཏེ་དེ་བསྟུན་གྱི་ཚོགས་པ་སྣ་ཚོགས་སྒྲིག་བཞིན་ཡོད། ཚོགས་པ་དེ་དག་ཁྲོད་ཆ་འཕྲིན་འབུ་སྐྱིག་ནུས་འབྲས་མངོན་གསལ་དོད་པོ་ཡོད་དེ། གླིང་གཞི་དང་རིན་ཐང་ལྟ་བ་གཅིག་པ་རྣམས་ཚོགས་པའི་ནང་བརྒྱུད་སྤེལ་ཟམ་མི་ཆད་པ་བྱེད་པས་ཚོགས་པའི་ཁོངས་མི་རྣམས་ཀྱི་ཁྲོད་དེར་གཅིག་གྱུར་གྱི་ངོས་འཛིན་ཞིག་གྲུབ་པ་དང་། ཁོང་ཚོའི་བསམ་བློ་དང་། རིན་ཐང་ལྟ་བ་དེ་བས་རང་འདོད་ཅན་དང་། སྒོ་བཀག མཁྲིགས་འཛིན་བཅས་སུ་འགྱུར་བས་ཐལ་དྲགས་པའི་བསམ་བློ་གྲུབ་པ་དང་རྒྱ་ཁྱབ་ཏུ་འགྲོ་བའི་ཉེན་ཁ་ཡོད།

གསུམ། ཉེན་ཁ་རྒྱུན་རྣམ་ཅན།

མི་རྣམས་ཀྱིས་ཤེས་གསལ་ལྟར། སྐྱེ་བོ་གང་འདྲ་གིས་ཕོད་ཕྲན་དང་། འཕྲིན་ཕྲན། གླིང་སྣེགས་སོགས་དྲ་ལམ་སྣེགས་བུ་བརྒྱུད་དེ་གཏམ་གླིང་སྤེལ་བའི་དུས་རབས་འདིར། དྲ་ལམ་གླིང་ཕྱོགས་ཀྱིས་དོ་ཁུར་བྱེད་མང་བའི་གནད་དོན་ཐོན་སླ་པོ་ཡོད། དྲ་ལམ་གླིང་ཕྱོགས་ལ་ཐུན་མོང་མ་ཡིན་པའི་ཁྱད་ཆོས་ལྡན་ཡོད་དེ། གཅིག་ནི་ཐོན་དུས་སྐད་ཅིག་རང་བཞིན་ལྡན་པ་དེ་ཡིན། དྲ་ལམ་ཆ་འཕྲིན་གྱི་བརྒྱུད་སྤེལ་མྱུར་ཚད་འོད་ལྟར་མགྱོགས་པའི་རྨང་གཞིའི་སྟེང་། དྲ་ཐོག་གི་ཁྱུ་ཚོགས་མི་འདྲ་བའི་བསམ་འཆར་མང་བས་དོ་ཁུར་བྱེད་མང་བའི་དྲ་ལམ་གླིང་ཕྱོགས་དུས་ཐུང་ནང་ཚོད་འཛིན་བྱེད་དཀའ་བར་འགྱུར་སྲིད་པས། ཚོད་འཛིན་ལུགས་མཐུན་བྱེད་མ་ཐུབ་ཚེ་གླིང་ཕྱོགས་ཀྱི་ཉམས་ཉེན་དུ་འགྱུར་ངེས་ཡིན། གཉིས་ནི་ཤུགས་རྐྱེན་ཐེབས་རྒྱ་ཆེ་བ་དེ་ཡིན། དྲ་ལམ་སྨྱུན་བྱེད

ཀྱིས་དུས་དང་བར་སྟོང་གི་བཀག་རྒྱ་ལས་གྲོལ་བའི་ནུས་པར་ཚགས་པར་དང་། ཆུང་འཕྲིན། བརྙན་འཕྲིན་སོགས་སྲོལ་རྒྱུན་སྨྱན་སྦྱོར་གྱིས་བསྒྱུར་ཐབས་མེད། ད་ལམ་གྱི་མཐའ་སྣེ་ཁག་བར་བཀག་རྒྱ་དང་བྲལ་བའི་སྒྲེལ་མཐུད་ཐུབ་ཀྱིན་ཡོད། ཚད་མཐོའི་ཁ་ཐོར་ཅན་གྱི་ཆ་འཕྲིན་བརྒྱུད་སྒྲེལ་སྒྲིག་གཞི་དེ་རིགས་ཀྱིས་ཕྱོག་ཕྱོགས་ཀྱི་གླིང་ཕྱོགས་ཁག་དུས་ཡུན་ཐུང་ངུའི་ནང་ས་ཁྱབ་ཇོ་ཁྱབ་ཏུ་འགྲོ་བར་བྱེད་ཀྱིན་ཡོད། གསུམ་ནི་སྟོན་དཔག་བྱེད་དཀའ་བའི་རང་བཞིན་ལྡན་པ་དེ་ཡིན། སྨྱན་བྱེད་གཞན་དང་བསྡུར་ཚེ། ད་རྒྱར་གཞན་དང་མི་འདྲ་བའི་དངོས་ཁམས་གྲུབ་ཆ་ལྡན་པས་དེར་ཁྲོན་ཡོངས་ནས་ཚོད་འཛིན་བྱ་ཐབས་བྲལ་བ་ཞིག་ཡིན། བཞི་ནི་མཇུག་འབྲས་ཚབས་ཆེ་བ་དེ་ཡིན། གླིང་ཕྱོགས་ནི་སྐྱེ་པའི་བསམ་འཆར་མཚོན་ཚུལ་ཞིག་ཡིན་པའི་ཆ་ནས། སྐབས་རེ་མི་རྣམས་ཀྱི་བསམ་ཚུལ་མཚོན་པ་ཙམ་ཡིན་རུང་། དོན་དངོས་ཐོག་སྲིད་གཞུང་གི་གཟུགས་བརྙན་དང་སྲིད་འཛིན་ནུས་པ་དང་འབྲེལ་བ་དམ་ཟབ་ཡོད་པས། ཕྱོག་ཕྱོགས་ཀྱི་གླིང་ཕྱོགས་ཐག་གཅོད་ནུས་ལྡན་མ་ཐུབ་ཚེ་སྤྱི་པའི་ཉམས་ཉེན་དུ་འགྱུར་ཉེན་ཡོད།

བཞི། བརྒྱུད་སྒྲེལ་སིལ་བུ་ཅན།

སིལ་བུ་ཅན་ཞེས་པ་ནི་མིག་སྔའི་གསར་དར་གྱི་སྤྱི་ཚོགས་སྨྱན་སྦྱོར་བརྒྱུད་སྒྲེལ་སྣང་ཚུལ་ལ་ཕྱོགས་བསྡོམས་ནུས་ལྡན་བྱས་པ་ཞིག་ཡིན་ཞིང་། དེར་གོ་དོན་གསུམ་ལྡན་ཡོད་དེ། གཅིག་ནི་ཆ་འཕྲིན་བརྒྱུད་སྒྲེལ་ལ་རང་འདོད་རང་བཞིན་ཆེན་པོ་ལྡན་པ་དང་། གཉིས་ནི་ཆ་འཕྲིན་རྩིས་པོ་བརྒྱུད་སྒྲེལ་བྱེད་པར་བརྒྱུད་སྒྲེལ་བྱེད་མཁན་གྱིས་ཆ་འཕྲིན་ཁྱབ་བསྒྲགས་ཐེངས་མང་བྱས་རྗེས་ལྷ་སྒྲིལ་གཏོང་དགོས། གསུམ་ནི་བརྒྱུད་སྒྲིལ་བྱེད་མཁན་མང་པོས་

མཉམ་དུ་ཆ་འཕྲིན་རྩིལ་པོ་གཅིག་བརྒྱུད་སྤེལ་ལེགས་སྒྲུབ་བྱ་དགོས་པ་བཅས་ཡིན།

སྒྲུལ་འཁྱེར་དྲ་ལམ་ཉེར་སྤྱོད་ཉིན་རེ་བཞིན་ཁྱབ་གདལ་འགྲོ་བ་དང་བསྟུན་ཏེ། མི་རྣམས་ཀྱིས་ཆ་འཕྲིན་ཤེས་རྟོགས་ཐུབ་པའི་དུས་ཚོད་ལ་ངེས་པ་མེད་པ་དང་། ཆ་འཕྲིན་དེ་བས་སིལ་བུར་འགྱུར་བཞིན་ཡོད། དེ་ནི་ཆ་འཕྲིན་ཤེས་རྟོགས་བྱེད་པའི་བྱ་སྤྱོད་སིལ་བུ་མང་བ་ལས་མངོན་ཐུབ་ལ། དེས་རྐྱེན་པས་ཤེས་རྟོགས་བྱུང་བའི་ནང་དོན་ཟང་ཟིང་ཆེ་བ་དང་། ཕན་ཚུལ་འབྲེལ་བ་མེད་པར་ཁ་ཐོར་ཡིན་པ་མཚོན་ཐུབ། བྱ་སྤྱོད་ཐད། ཀྲུང་གོའི་དྲ་ལམ་ཆ་འཕྲིན་ལྟེ་གནས་ཀྱི་བསྡོམས་རྩིས་བརྟག་དཔྱད་བྱས་འབྲས་ལས་མངོན་པར། 2020ལོའི་ཟླ3པའི་བར་རང་རྒྱལ་དུ་དམངས་ཀྱིས་གཟའ་འཁོར་རེར་དྲ་བ་སྤྱོད་ཚད་ཆུ་ཚོད30ལས་བརྒལ་བ་དང་། སྒྲུལ་འཁྱེར་དྲ་བ་བེད་སྤྱོད་བྱེད་ཚད་ཟམ་མི་ཆད་པར་མང་དུ་འགྲོ་བཞིན་ཡོད། ནང་དོན་ཐད། མང་ཚོགས་ཀྱི་ཆ་འཕྲིན་དགོས་མཁོ་དེ་ཁ་ཐོར་ཅན་དང་ཐིངས་མང་ཅན་དུ་འགྱུར་བར་དམིགས་ཏེ། སྨྱན་སྦྱོར་ཁག་གིས་ཉིན་མཚན་ལྟོས་མེད་ཀྱིས་དྲན་སྐུལ་ཡང་སེ་གཏོང་བ་དང་། རྩེ་ཐབས་བསྐུར་སྐྱེལ་བྱེད་པ། ཁོར་ཡུག་ཆ་སྒྲིག་བྱེད་པ་སོགས་བརྒྱུད་དེ་མང་ཚོགས་ཀྱིས་དོ་སྣང་ཡོང་ཐབས་བྱེད་པ་མ་ཟད། ད་དུང་དམིགས་ཡུལ་ཡོད་པའི་སྒོ་ནས་ཆ་འཕྲིན་ཐོན་སྐྱེད་བརྒྱུད་རིམ་དང་བརྒྱུད་སྤེལ་ཐབས་ལམ་གསར་བཅོས་བྱེད་བཞིན་ཡོད་དེ། དཔེར་ན། སྨྱན་སྦྱོར་བརྒྱུད་གནས་ཚུལ་གང་རུང་ཞིག་གཏོང་སྤེལ་བྱེད་སྐབས་དུས་ཐོག་རང་བཞིན་ལ་གཙིགས་ཆེན་བྱེད་པ་དང་། དོན་རྐྱེན་གྱི་འཕེལ་རིམ་ལ་གཞིགས་ཏེ་ཆ་འཕྲིན་འོས་སྦྱོར་བྱེད་པ། ཐ་ན་དོན་རྐྱེན་དེ་དང་འབྲེལ་བའི་མངོན་མེད་གནས་ཚུལ་གང་རུང་ཞིག་ལ་དབྱེ་ཞིབ་བྱེད་པ་བརྒྱུད། མི་རྣམས་ཀྱིས་དུས་གཅིག་ཏུ་ཕྱོགས་མི་འདྲ་བའི་

ཐད་ནས་ཆ་འཕྲིན་འཐོར་ཆེན་ཤེས་རྟོགས་ཐུབ་པ་བྱེད་པས། ཆ་འཕྲིན་ཤེས་རྟོགས་བྱེད་ཚུལ་དེ་བས་སིལ་བུ་ཅན་དུ་འགྱུར་བཞིན་ཡོད། སྤྲོལ་རྒྱུན་སྒྱུན་སྦྱོར་གྱི་བརྗོད་དོན་རྒྱས་བཤད་དང་བསྡུར་ཚེ་སིལ་བུ་ཅན་གྱི་ལྡ་ཀློག་རྣམ་པ་དེར་དགའ་བསུ་དེ་བས་མང་བ་ཐོབ་བཞིན་ཡོད།

༤། ཁྲིད་སྟོན་འགོར་འགྱངས་ཅན།

དྲ་ལམ་གླིང་ཕྱོགས་ཁྲིད་སྟོན་ལས་དོན་ཁྲོད་སྲིད་གཞུང་གི་ལན་ཆ་འགྱངས་དྲགས་པ་ནི་རྒྱུན་མཐོང་གནད་དོན་ཞིག་ཡིན། སྤྱིའི་ཆ་ནས་བཤད་ཚེ། དྲ་ལམ་གླིང་ཕྱོགས་ཀྱི་གཙོ་གནད་བསམ་འཆར་ཐོན་འགོ་ཚུགས་པ་ནས་སྲིད་གཞུང་གིས་ལན་ཆ་ནུས་ལྡན་བྱས་པའི་བར་གྱི་དུས་ཡུན་རིང་འགན་འཁྲིའི་སྟེ་ཁག་གིས་འཕྲལ་དུ་ཆ་འཕྲིན་མ་སྤེལ་ཚེ། གླིང་ཕྱོགས་ཁྲིད་སྟོན་གྱི་གོ་སྐབས་ཡག་ཤོས་ཤོར་ཏེ་རྗེས་མཐུད་ཀྱི་བརྒྱུད་སྤེལ་དེ་ལྟེ་བའི་བརྗོད་གཞི་ལས་བྲལ་ཏེ་རྐྱེན་ངན་དེ་བས་མང་དུ་འགྲོ་བའི་ཉེན་ཁ་ཡོད། དེ་དང་ཆབས་ཅིག་སྤྱི་པའི་ཐོལ་བྱུང་དོན་རྐྱེན་གྱི་གླིང་ཕྱོགས་ཇ་དྲག་དུས་མཚམས་སུ་སླེབས་མགྱོགས་པས། གལ་ཏེ་ཐག་གཅོད་དུས་ཐོག་མ་བྱུང་བའམ་སྒྱུན་སྦྱོར་དང་འབྲེལ་འདྲིས་གང་ལེགས་མ་བྱུང་ཚེ། དུས་ཐུང་ནང་དོན་དངོས་དང་མི་མཐུན་པའི་ཆ་འཕྲིན་ཁྱབ་འགོ་ཚུགས་ཉེན་ཡོད།

དྲ་ལམ་སྒྱུན་སྦྱོར་གོང་འཕེལ་འགྲོ་བའི་རྒྱབ་ལྗོངས་འོག་སྔར་གྱི་སྒྱུན་སྦྱོར་དང་དུས་ཐོག་འཕྲིན་གཏོང་ཡོ་བྱད་ཀྱི་ནུས་པའི་བར་ཕན་ཚུན་ཤུགས་རྐྱེན་ཐེབས་རེས་བྱེད་པ་དང་། གླིང་ཕྱོགས་ཀྱི་འཕེལ་རིམ་ནང་ཟབ་ཞུགས་བྱེད་ཀྱིན་ཡོད། གླིང་ཕྱོགས་ཀྱི་དོ་ཁུར་བྱེད་མང་བའི་གནད་དོན་ཐོན་ཚུལ་དང་ཁྱབ་ཚུལ་ལ་འགྱུར་བ་འགྲོ་མང་བས། གླིང་ཕྱོགས་ཁྲིད་སྟོན་ཁྲོད་ཀྱི་དུས་ཐོག

རང་བཞིན་ཐད་ཀྱི་རེ་བ་ཟམ་མི་ཆད་པར་མཐོ་རུ་འགྲོ་བཞིན་ཡོད་པས། སྤེལ་རྒྱུན་གླིང་ཕྱོགས་ཁོར་ཡུག་ཁྲོད་ཀྱི་དབང་གྲགས་ལྡན་པའི་ཆ་འཕྲིན་གཏོང་སྤེལ་བྱེད་པའི་དུས་ཚོད་ཀྱི་བླང་བྱ་དང་བརྒྱུད་རིམ་གྱིས་མིག་སྔའི་དྲ་ལམ་གླིང་ཕྱོགས་འགྱུར་བའི་མྱུར་ཚད་ཀྱི་རྗེས་ཟིན་ཐབས་མེད།

རང་རྒྱལ་སྲིད་གཞུང་གི་མིག་སྔའི་འཕྲུལ་སྒྲུབ་ཐག་གཅོད་ནུས་པར་བལྟས་ཚེ། ས་གནས་འགོ་ཁྲིད་ལག་གཅིག་གི་བསམ་བློ་ད་དུང་དྲ་ལམ་ཆ་འཕྲིན་དུས་རབས་ཀྱི་གོམ་འགྲོས་དང་བསྟུན་ཐུབ་ཀྱིན་མེད་པ་དང་། དྲ་ལམ་གླིང་ཕྱོགས་ཀྱི་ནུས་པ་དང་དེས་སྲིད་གཞུང་གི་མཚན་སྙན་ལ་ཤུགས་རྐྱེན་བཟོ་ཚད་ད་དུང་གསལ་པོ་ཤེས་མེད་པས། རྒྱུན་དུ་དྲ་དམངས་ཀྱིས་སྲིད་གཞུང་ནས་ནུས་པ་འདོན་སྤེལ་བྱ་དགོས་པའི་འབོད་སྐུལ་ལན་མང་བྱས་རྗེས་གཞི་ནས་བྱ་སྤྱོད་སྤེལ་འགོ་འཛུགས་ཀྱིན་ཡོད། དོན་དངོས་སུ་རྗེས་མཐུད་གླིང་ཕྱོགས་ཀྱི་ཤུགས་རྐྱེན་ཆེ་ཆུང་ཚོད་འཛིན་ཐུབ་མིན་ནི། སྤྱི་པའི་ཐོལ་བྱུང་དོན་རྐྱེན་གྱི་གླིང་ཕྱོགས་གནས་ཚུལ་ལ་ལན་ཆ་བྱེད་པའི་ནུས་པར་རག་ལས་ཡོད།

དོན་ཚན་གཉིས་པ། ཕྱིའི་རྒྱལ་ཁབ་ཀྱི་འབྲེལ་ཡོད་སྒྲུབ་དཔེའི་དབྱེ་ཞིབ།

ཐོལ་བྱུང་དོན་རྐྱེན་གྱི་གླིང་ཕྱོགས་ལ་ཁ་གཏད་གཅོག་ཁག་པ་དང་། དྲ་ལམ་ཁོར་ཡུག་ཁྲོད་ཀྱི་གླིང་ཕྱོགས་ནི་དེ་བས་རྙོག་འཛིང་ཆེན་པོ་ཡོད། ཆ་འཕྲིན་ཡོངས་བསྒྲགས་ཀྱི་ཚད་གཞི་མཐོ་བར་ངོས་འཛིན་པའི་དར་རྒྱས་ཆེ་བའི་རྒྱལ་ཁབ་ཀྱི་སྲིད་གཞུང་ངོས་ནས་བཤད་ཀྱང་། ཐོལ་བྱུང་དོན་རྐྱེན་གྱི་གླིང་ཕྱོགས་ལ་ལས་སླ་པོར་ཁ་གཏད་གཅོག་ཐུབ་པའི་ངེས་པ་མེད་པ་དང་། ཕྱིའི་རྒྱལ་ཁབ་ཀྱི་སྲིད་གཞུང་ཁྲོད་དུའང་དྲ་ལམ་གླིང་ཕྱོགས་ལ་ཁ་གཏད་ནུས་ལྡན་

གཙོག་མི་ཐུབ་པའི་གནས་ཚུལ་ཡང་ཡང་ཐོན་བཞིན་ཡོད།

གཅིག མཚོ་གཉིང་གི་ཆག་སྒོ་སྡེ་ཨ་རིའི་རྨ་ཞི་ཁོ་མཚོ་ཁྲུག་གི་ཁྲིན་འཁྱིགས་སྡེགས་བྱའི་འབར་གས།

མཚོ་ངོགས་ནས་སྟོང་སྨི64ཙོད་པའི་སར་གནས་པའི་ཡངས་ཤིང་རྒྱ་ཆེ་བའི་མོ་ཞི་ཁོའི་མཚོ་ཁུག་གི་མཚོ་ངོས་སུ་འཛམ་གླིང་ཐོག་གི་མཚོ་ཐོག་ཁྲིན་འཁྱིགས་སྡེགས་བྱ་རྩེ་གྲ་སྡེ། མཚོ་གཉིང་གི་ས་ངོས་སློམས་ཐིག་ཅེས་པ་དེ་འགྲིང་ངེར་གནས་ཡོད། ཨར་སྒྲུན་ཉ་ཁག་གིས་ཟིན་ཐོ་གསར་པ་གཏོད་པའི་གཉིང་ཚད་ནང་ཁྲིན་པ་འཁྱིགས་སྐབས། སློ་བུར་དུ་ཁྲིན་པའི་ནང་ངོས་གནོན་ཤུགས་བརྟན་པོ་མེད་པའི་སྣང་ཚུལ་ཐོན་པ་དང་། དེའི་རྐྱེན་གྱིས་བདེ་འཛགས་མ་ལག་ནུས་མེད་དུ་གྱུར་ཏེ། དེ་འཕྲུལ་སྒྱུ་འབྲེལ་འབར་གས་དོན་རྐྱེན་ཐོན་ཡོད། མཚོ་གཉིང་གི་མ་བཙོས་རྫ་སྣུམ་གྱིན་དུ་དྲག་པོས་འཕྱུར་ཏེ་མཐོ་ཚད་སྨི་བཅུ་ཙམ་ཟིན་པ་དང་། དེ་འཕྲུལ་གནམ་ལ་མེ་ལྕེ་ཆེན་པོ་ཞིག་ཀྱང་འཕྱུར་འགོ་ཚུགས། ཏུན་ཁྲི་ཕྲག་ཟིན་པའི་མ་བཙོས་རྫ་སྣུམ་སྐད་ཅིག་ཉིད་དུ་ཡོངས་སུ་ཕྱིར་འཐོར་བ་དང་། ཁྲིན་འཁྱིགས་སྡེགས་བྱ་དང་དེའི་མཐའ་འཁོར་གྱི་མཚོ་ངོས་ཡོངས་ལང་ལོང་དུ་འཕྱུར་བའི་དུ་བ་དང་མེ་ལྕེས་མཐའ་བསྐོར་ཏེ་མི་ཡུལ་གྱི་དམྱལ་ཁམས་ལྟ་བུར་གྱུར། ཁྲིན་འཁྱིགས་བཟོ་པ126དེའི་ཁྲོད་དུ་ལུས། དེ་ནི2016ལོར་བསྟན་པའི་《མཚོ་གཉིང་གི་ཆག་སྒོ》ཞེས་པའི་གློག་བརྙན་གྱི་དུམ་བུ་ཞིག་ཡིན་ལ་ཡང་བའི་དོན་རྐྱེན་དེ་སྒྱུ་རྩལ་གྱི་རྣམ་པའི་ཐོག་ནས་མངོན་པ་ཞིག་ཀྱང་ཡིན།

【དོན་རྐྱེན་ཕྱིར་དྲན།】

ས་གནས་དེ་གའི་དུས་ཚོད2010ལོའི་ཟླ4པའི་ཚེས20ཉིན་གྱི་དགོང

མོར། ཨ་རིའི་ལུ་དབྱི་སི་ཨན་ན་མངའ་སྡེའི་མོ་ཞི་ཁོ་མཚོ་ཁུག་ཐོག་གནས་པའི་དབྱིན་ཇིའི་རྡོ་སྣུམ་ཀུང་སིའི་ (གཤམ་དུ་BPཀུང་སི་ཞེས་འབོད།) མཚོ་གཏིང་གི་ས་རྡོས་སྙོམས་ཐིག་ཅེས་པའི་རྡོ་སྣུམ་ཁྲོན་འབིགས་སྟེགས་བུར་འབར་གས་བྱུང་། དོན་རྐྱེན་ཁྲོད་མི་11གར་སོང་ཆ་མེད་དུ་གྱུར་པ་དང་། མི་17ལ་རྨས་སྐྱོན་ཕོག་པ། རྡོ་སྣུམ་ལྕུགས་ཀྲིན་ས་ཡ་ལྔ་ཕྱིར་འཐོར་ཏེ། མཐའ་འཁོར་གྱི་སྤྱི་ལེ་ཪྫས་སྙོམས་གྲུ་བཞི་མ་2500ཟིན་པའི་མཚོ་ཁོངས་སུ་ཁྱབ། ཉིན་87རིང་བསྟུད་མར་མེ་འབར་བས་དོན་རྐྱེན་དེར་མིའི་རིགས་ཀྱི་ལོ་རྒྱུས་ཐོག་གི་མཚོ་ཐོག་སྣུམ་འཛགས་དོན་རྐྱེན་ཚབས་ཆེ་ཤོས་ཞེས་ཟེར། སྤྱི་པའི་ཉམས་ཉེན་དེར་དམིགས་ཏེ་ཨ་རི་སྲིད་གཞུང་གིས་འཕྲལ་དུ་སྤྱི་འབྲེལ་བྱེད་སྒོ་སྤེལ་འགོ་ཚུགས་ཡོད། འོན་ཀྱང་དབྱིན་ཇིའི་BBCཡིས་གནས་ཚུལ་སྤེལ་བར་གཞིགས་ན། དོན་རྐྱེན་དེའི་རྐྱེན་པས་ཨ་རི་སྲིད་གཞུང་གླིང་ཕྱོགས་ཀྱི་ཡོ་ལང་ཁྲིད་ཚུད་པ་དང་། གླིང་ཕྱོགས་ཁྲིད་སྟོན་བྱ་ཐབས་ལ་བསམ་འདུན་དང་མཐུན་པའི་བརྒྱུད་སྤེལ་ནུས་པ་མ་ཐོན་པས། སྲིད་གཞུང་གི་གཟུགས་བརྙན་ལ་ཤུགས་རྐྱེན་ངན་པ་ངེས་ཅན་བཟོས་ཡོད། ལོ་དེའི་ལོ་མཇུག་ཏུ། ཐུའེ་ཐེ་དྲ་བས་བདམས་པའི་ལོ་འཁོར་གྱི་དོ་སྣང་བྱེད་མཁན་མང་ཤོས་ཀྱི་གླིང་གཞི་ཆེ་ཤོས་བཅུའི་ནང་། མོ་ཞི་ཁོ་མཚོ་ཁུག་གི་རྡོ་སྣུམ་འཛགས་པའི་དོན་རྐྱེན་དེ་ཨང་དང་པོར་བཞག་ཡོད་པ་རེད།

【གླེང་ཕྱོགས་ཁྲིད་སྟོན་གྱི་བསམ་གཞིགས།】

1. **དོན་རྐྱེན་ཐོག་མར་ཐོན་སྐབས་ཀྱི་སྲིད་གཞུང་གི་སྤྱི་འབྲེལ།** མོ་ཞི་ཁོ་མཚོ་ཁུག་ཏུ་རྡོ་སྣུམ་འཛགས་པའི་དོན་རྐྱེན་ཐོན་པའི་ཉིན་དང་པོར། ཨ་རི་སྲིད་གཞུང་གིས་དོན་དེར་དེ་ཙམ་གྱིས་མཐོང་ཆེན་བྱས་མེད་པ་དང་། དེའི་དགོང་མོར་ཨ་རིའི་མཚོ་ངོགས་ཉེན་སྲུང་དུ་ཁག་གིས་ཐུལ་བའི་སྐད་ཞུའི་ནང་

གནས་ཚུལ་ཆེན་པོ་ཐོན་མེད་པ་དང་། ངོ་སྣུམ་འཛགས་པའི་སྣང་ཚུལ་ཐོན་མེད་ཅེས་མངོན་ཡོད། སྤྱི་ཟླ4པའི་ཚེས28ཉིན་ལ་སླེབས་སྐབས་དོན་རྐྱེན་དེ་བས་ཚབས་ཆེ་ཆེར་སོང་བས་ཨ་རི་སྲིད་གཞུང་གཞི་ནས་ཉེན་སྐྱོབ་ལས་དོན་ནང་ཞུགས་འགོ་ཚུགས་པ་མ་ཟད་སྤྱི་འབྲེལ་བྱ་སྤྱོད་སྤེལ་འགོ་ཚུགས་ཡོད། ཨ་རི་སྲིད་གཞུང་གིས་དོན་རྐྱེན་ཐོག་མར་ཐོན་སྐབས་དུས་ཐོག་ཏུ་བྱ་སྤྱོད་སྤེལ་མེད་པ་དེས་རང་ཉིད་སླེང་ཕྱོགས་ཀྱི་ཡོ་ལང་ཁྲོད་ལྷུང་བ་དང་། སླེང་ཕྱོགས་ཁྲིད་སྟོན་བྱེད་པའི་རང་འགུལ་དབང་ཆ་ཤོར་ཡོད། སྤྱི་ཟླ5པའི་ཟླ་མགོར། ངོ་སྣུམ་འཛགས་པའི་དོན་རྐྱེན་དེ་ཨ་རིའི་གསར་འགྱུར་གཙོ་བོར་གྱུར་པ་དང་། མང་ཚོགས་ཀྱིས་དོ་ཁུར་བྱེད་ཤུགས་ཆེ་རུ་ཕྱིན་པ་དང་གནས་ཚུལ་ཇེ་སྡུག་ཏུ་སོང་བ་དེས་སྲིད་གཞུང་ལ་སྐྱོན་འཛུགས་བྱེད་མཁན་དེ་བས་མང་དུ་ཕྱིན་ཡོད། CNNདང་། 《དེ་རིང་གི་ཨ་རི》《ཡེ་ཤུའི་ཆོས་ལུགས་ཀྱི་ཚན་རིག་ཞལ་བདམས་ཚགས་པར》ཞེས་པ་སོགས་སྙན་སྒྲོན་གྱིས། མོ་ཞི་ཁོའི་མཚོ་ཁུག་གི་ངོ་སྣུམ་འཛགས་པའི་དོན་རྐྱེན་དེ་ཨའོ་པ་མའི་ཁ་ཐེ་ལི་ན་ཀླུང་འཚུབ་ཡིན་ནམ་ཞེས་པའི་གནས་ཚུལ་གཏོང་སྤེལ་བྱས་ཡོད། ཨ་རིའི《ཆུང་སི》ཟླ་རེའི་དུས་དེབ་ཀྱིས། ཨ་རི་སྲིད་གཞུང་ལ་འགན་འཁྲི་འཁུར་བའི་སྙིང་སྟོབས་མེད་པས་རང་འགུལ་གྱིས་གནད་དོན་ཐག་གཅོད་མ་བྱས་པར། རྙོག་དྲ་ཡོད་ཚད་BPཀུང་སིར་དགྲིས་པའི་ངོས་འཛིན་བྱས་པ་དང་། ཨ་རིའི་རྒྱལ་ཚོགས་ཀྱི་གྲོས་ཚོགས་སྨད་པའི་གྲོས་མི་མེ་ཁེ་ཡོང་སིས། ཨ་རིའི་མང་ཚོགས་ཀྱིས་སྲིད་གཞུང་གིས་ལན་ཆ་འགོར་པོ་དེ་ལྟར་བྱ་དགོས་དོན་ཅི་ཡིན་པ་དང་། ཉེར་མཁོའི་སྒྲིག་ཆས་འཕྲལ་དུ་དོན་རྐྱེན་ཐོན་སར་མི་སྐྱེལ་བའི་རྒྱུ་མཚན་ཅི་ཡིན་པ། ཙུང་ཐུང་གིས་ནང་སྲིད་ཁང་གི་དཔོན་རིགས་ཁྲོད་ཡོངས་ནས་བཀོད་སྒྲིག་མི་བྱེད་པའི་རྒྱུ་མཚན་ཅི་ཡིན་པ་སོགས་ཤེས་འདོད་ཀྱིན་ཡོད་ཅེས་སྐྱོན་བརྗོད་བྱས་ཡོད། ཨ་

རིའི་《ཧྭ་ཨར་ཁྲིམ་གཞུང་གི་ཉིན་རེའི་ཚགས་པར་》གྱིས། མཉམ་འབྲེལ་སྲིད་གཞུང་གི་ཡིག་ཆར་གཞིགས་ཏེ། ཕོ་བྲང་དཀར་པོ་དང་དེ་བཞིན་ཨ་རིའི་མཚོ་ངོགས་ཉེན་སྲུང་ཙུ་ལག་གི་དཔོན་རིགས། མངའ་སྡེ་དང་ས་གནས་སྲིད་གཞུང་གི་དཔོན་རིགས་བཅས་ལ་བཅར་འདྲི་ཞུས་ཡོད། ཨ་རི་སྲིད་གཞུང་གིས་དོན་རྐྱེན་ལ་ཁ་གཏད་གཅོག་ཚུལ་ལ་རྟོག་ཞིབ་བྱས་རྗེས་ཤེས་རྟོགས་བྱུང་བར། ཧོ་མེད་ཆོར་མེད་དང་། ག་བྱེད་འདི་བྱེད་མེད་པར་གནས་པ་དེའི་རྐྱེན་པས་ཚད་གཞི་ངེས་ཅན་ཐོག་གནས་ཚུལ་ཐག་གཅོད་བྱ་རྒྱུ་ནར་འགྱངས་སུ་སོང་ཡོད་ཅེས་བཤད་ཡོད།

2. **དོན་རྐྱེན་གྱི་མཐོ་རླབས་དུས་མཚམས་ཀྱི་སྲིད་གཞུང་གི་སྤྱི་འབྲེལ།**

དོན་རྐྱེན་ཛེ་སྡུག་ཏུ་འགྲོ་བའི་བརྒྱུད་རིམ་ནང་། ཨ་རི་སྲིད་གཞུང་གིས་ཐོག་མའི་བྱ་སྤྱོད་ལ་འགྱུར་བ་བཏང་སྟེ་འཕྲུལ་དུ་སྲིད་གཞུང་གི་སྤྱི་འབྲེལ་བྱེད་སྒོ་སྤེལ་འགོ་ཚུགས་ཡོད། ཐོག་མར་མཚོ་ངོགས་ཉེན་སྲུང་ཙུ་ལག་དང་། སྲིད་འཛིན་དོ་དམ་དང་སྔོན་རྩིས་ཅུད། སྲིད་ཁྲིམས་པུའུ་སོགས་སྲིད་གཞུང་གི་སྡེ་ཁག་མང་པོ་རྗེ་སྙམ་འཛོགས་པའི་དོན་རྐྱེན་ཐག་གཅོད་བྱེད་པའི་ལས་དོན་ནང་ཞུགས་པ་དང་། ཨའོ་པ་མས་སྤྱི་ཟླ་5པའི་ཚེས་17ཉིན་བརྟག་དཔྱད་ཞུ་ཡོན་ལྷན་ཁང་གསར་འཛུགས་བྱས་ཏེ། སྲིད་གཞུང་གིས་ནུས་ཤུགས་ཡོད་རྒྱུ་བཀོན་ཏེ་མོ་ཞི་ཁོའི་མཚོ་ཁུག་གི་རྗེ་སྙམ་འཛོགས་པའི་ཉེན་ཁ་ཐག་གཅོད་བྱ་རྒྱུའི་ཁྲབ་བསྒྲགས་བྱས་པ་དང་། གཉིས་ནས་ཕོ་བྲང་དཀར་པོས་སྨྱན་སྦྱོར་སྤྱི་འབྲེལ་བྱེད་སྒོ་སྤེལ་འགོ་ཚུགས་ཤིང་། སྨྱན་སྦྱོར་ལས་དོན་པར་དཔྱད་ཡིག་བཀྲམ་སྟེ། སྲིད་གཞུང་གིས་ཁྲོན་ཡོངས་ནས་འཕྲུལ་སྒྲུབ་ལས་དོན་སྤེལ་བའི་གནས་ཚུལ་ངོ་སྤྲོད་དང་། མཉམ་འབྲེལ་ལས་ཁུངས་དང་BPཀུང་སིས་འབྱུང་ཁམས་གནོད་འཚེ་ལས་བཟློས་པའི་ཤུགས་རྐྱེན་ཆུང་དུ་གཏོང་ཆེད་བྱ་སྤྱོད་གང་དག་སྤེལ་ཡོད་

མེད་སོགས་ངོ་སྤྲོད་ཞིབ་ཕྲ་བྱས་ཡོད། དེ་མིན་སྲོལ་རྒྱུན་སྨན་སྦྱོར་དང་སྨན་སྦྱོར་གསར་པ་བྱུང་འབྲེལ་དང་། གསར་འགྱུར་ཁྱབ་བསྒྲགས་ཚོགས་འདུ་དང་ དྲ་ཐོག་གི་གཞུང་ཕྱོགས་ཁྱབ་བསྒྲགས་བྱུང་འབྲེལ་གྱིས་དབང་གྲགས་ལྡན་པའི་ཚ་འཕྲིན་ཁྱབ་སྤེལ་མ་ལག་བཙུགས་པ་དང་། མཆོ་གཏིང་ས་ངོས་སྔོམས་ཐིག་འཕྲུལ་སྒྲུབ་ལན་ཆའི་གཞུང་ཕྱོགས་དྲ་བ་དང་སྤྱི་འབྲེལ་སྨན་སྦྱོར་ཨང་གྲངས་སོགས་ཐོ་འགོད་བྱས་ཏེ། ཚ་འཕྲིན་ཁྱབ་སྤེལ་དང་། ཡུལ་དངོས་ཀྱི་ཐད་གཏོང་། ཕྱོགས་ཀུན་ཁ་གསབ་སོགས་ཀྱི་ལས་དོན་སྤེལ་ཏེ། གནོད་སེལ་བྱ་སྤྱོད་ལས་ཕྱོད་ཆེ་བ་དང་ཕྱི་གསལ་ནང་གསལ་ཡོང་བ་བྱས་ཡོད། དུས་མཚམས་གཉིས་པར་ཨ་རི་སྲིད་གཞུང་གིས་སྔ་ཁག་ཁག་གི་རོགས་ལས་ལ་བརྟེན་ནས་ཐོན་ཁུངས་འཕོར་ཆེན་མཁོ་འདོན་བྱས་ཏེ་ཉེན་སྐྱོབ་བྱས་པ་དང་། ནུས་ཤུགས་གང་ཡོད་ཀྱིས་སྲིད་གཞུང་གི་དྲང་ཕྱོགས་གཟུགས་བརྙན་གཏོད་པས། མང་ཚོགས་ཁག་གཅིག་གིས་དེར་རྒྱབ་སྐྱོར་དང་བསམ་ཤེས་བྱས་ཡོད།

3. དོན་རྐྱེན་མཇུག་སྒྲིལ་དུས་མཚམས་ཀྱི་སྲིད་གཞུང་གི་སྤྱི་འབྲེལ།

ཇོ་སྨུམ་འཛགས་པའི་དོན་རྐྱེན་ཐག་གཅོད་གཙང་མ་མ་བྱུང་རྐྱེན་མང་ཚོགས་ཀྱིས་རེ་ཐག་ཆད་པ་དང་མི་འདོད་པའི་རྣམ་འགྱུར་སྟོན་འགོ་ཚུགས་ཤིང་། སྲིད་གཞུང་གི་སྲིད་འཛིན་ནུས་པར་དོགས་གཞི་བྱེད་འགོ་ཚུགས། གནས་ཚུལ་དེ་ལྟ་བུའི་འོག་ཨ་རི་སྲིད་གཞུང་གིས་སླར་ཡང་སྤྱི་འབྲེལ་བྱ་སྤྱོད་སྤེལ་འགོ་ཚུགས་པ་དང་། ཁྲོས་རིམ་བཀོད་སྒྲིག་བྱེད་པ་བརྒྱུད་མང་ཚོགས་ཀྱིས་ཇོ་སྨུམ་འཛགས་པའི་དོན་རྐྱེན་གྱི་འཕེལ་རིམ་ཐད་དོ་ཁུར་བྱེད་ཤུགས་ཆུང་དུ་བཏང་ཡོད། ཨ་རི་སྲིད་གཞུང་གིས་དོན་རྐྱེན་ཐག་གཅོད་བྱེད་པའི་བརྒྱུད་རིམ་ནང་BPཀུང་སིར་གནོན་ཤུགས་ཆེན་པོ་སྤྲད་དེ་གུན་གསབ་འགན་འཁྲི་འཁུར་དུ་བཙུགས་པ་མ་ཟད་འབྲེལ་ཡོད་སྲིད་གཞུང་དཔོན་རིགས་ཀྱི་འགན་འཁྲི་རྩད་

གཙོད་བྱས་པ་དང་། སྤྱི་ཟླ5པའི་ཚེས17ཉིན། གཏེར་ཐོན་ཐོན་ཁུངས་དོ་དམ་ཅུད་ཀྱི་ཉེ་འཁོར་མཚོ་ཐོག་རྫོ་རླུམ་གསར་སྤེལ་ལས་དོན་འགན་འཁུར་མཁན་ཅུད་ཀྲང་གཞོན་པ་དོན་རྐྱེན་དེ་ཐོན་རྗེས་འགན་འཛོལ་གྱི་རྐྱེན་ལས་དགོངས་ཞུ་བྱེད་མཁན་དང་པོ་དེར་གྱུར། སྤྱི་ཟླ6པའི་ཚེས17ཉིན། ཨ་རི་སྲིད་གཞུང་གི་སྐུལ་འདེད་འོག་BPཀུང་སིས་ཆེད་དོན་གུན་གསབ་ཐེབས་རྩ་བཙུགས། གཞུང་ཕྱོགས་དྲ་ཚོགས་ཐོག་བདེ་འཛུགས་ཞེས་བྱ་དང་། གུན་གསབ་དང་ཞུ་སྐྱོར་གྱི་འབྲེལ་ཡོད་ཆ་འཕྲིན་སོགས་འགོར་ཆེན་མགོ་འདོན་བྱས། དུས་མཚམས་དེའི་ནང་ཨ་རི་སྲིད་གཞུང་གིས་ལེགས་གྲུབ་ལྡན་པའི་སྒོ་ནས་མི་རྣམས་ཀྱིས་དོ་ཁུར་བྱ་ཡུལ་གྱི་ཁ་ཕྱོགས་བསྒྱུར་བ་དང་། འབྲེལ་ཡོད་བྱ་ཐབས་སྤྱད་དེ་མང་ཚོགས་ཚོར་སྲིད་གཞུང་ནི་འགན་སེམས་ལྡན་པའི་སྲིད་གཞུང་ཞིག་ཡིན་པའི་བག་ཆགས་བཞག་ཡོད། ཡིན་ནའང་དོན་རྐྱེན་གྱི་འཕེལ་རིམ་ནི་ཚོད་དཔག་བྱེད་དཀའ་བ་དང་རྙོག་འཛིང་ཆེ་བས། ཕྱོགས་འགའ་ཤས་ཐད་སྲིད་གཞུང་གིས་སྣང་བཞིན་ནོར་འཛོལ་ཤོར་ཡོད། ཨ་རི་སྲིད་གཞུང་ལ་ཡང་BPཀུང་སི་དང་མཉམ་ལས་ཀྱིས་མོ་ཞི་ཁོའི་མཚོ་ཁུག་གི་རྫོ་རླུམ་འཛུགས་པའི་གཞི་ཁྱོན་དང་ཤུགས་རྐྱེན་སྐོར་སྔ་གསང་བྱས་ཏེ་མང་ཚོགས་ཀྱི་གནས་ཚུལ་ཤེས་རྟོགས་བྱེད་དབང་ལ་ཐོག་ཐུག་བཏང་ཡོད་ཅེས་པའི་སྐྱོན་བརྗོད་ཡུན་རིང་ཐོག

གཉིས། སྟོད་གོས་སེར་པོའི་དོན་རྐྱེན་ཏེ་ཧྥ་རན་སིའི་སྟོད་གོས་སེར་པོའི་ལས་འགུལ།

2018ལོའི་དགུན་དུས་ཧྥ་རན་སིར་སྟོད་གོས་སེར་པོའི་ལས་འགུལ་ལངས་ཏེ་ཧྥ་རན་སི་དང་ཐ་ན་ཡོ་རོབ་མནའ་འབྲེལ་ལ་ཤུགས་རྐྱེན་ཆེན་པོ་བཟོས། དོན་རྐྱེན་དེ་ཇི་ལྟར་ཚབས་ཆེར་ཕྱིན་པ་ཡིན་ནམ་ཞེ་ན། ང་ཚོས་གླེང

ཕྱོགས་དབྱེ་ཞིབ་བརྒྱུད་ནས་དེའི་དྲི་ལན་འཚོལ་བར་བྱ།

【དོན་རྐྱེན་ཕྱིར་དྲན།】

2018ལོའི་ཟླ་11པར། ཧྭ་རན་སིའི་རྩུང་ཐུང་ཨེ་མ་ཉེའུ་ཨེར་མ་ཁེ་ལུང་གིས། ཁོར་ཡུག་སྲུང་སྐྱོབ་བྱ་གཞག་ལ་སྐུལ་འདེད་གཏོང་ཆེད། 2019ལོའི་ཟླ་1པའི་ཚེས་1ཉིན་ནས་བཟུང་འབར་རྫས་ཀྱི་དཔྱ་ཁྲལ་སྒོར་རྒྱུ་དང་། ཁྲའི་ཡུའུ་རྫས་རྫིང་རེར་ཡོ་རོབ་དངུལ་སྒོར་0. 065 (མི་དམངས་ཤོག་སྒོར་0. 5) བར་སྒོར་རྒྱུའི་ཁྱབ་བསྒྲགས་བྱས། སྲིད་ཇུས་དེ་ཁྱབ་བསྒྲགས་བྱས་རྗེས་དེ་འཕྲལ་ཧྭ་རན་སིའི་མང་ཚོགས་ཀྱིས་འགོག་རྒོལ་དྲག་པོ་བྱས་པ་དང་། 2018ལོའི་ཟླ་11པའི་ཚེས་17ཉིན་ཧྭ་རན་སིའི་ས་ཆ་གང་སར་སྟོད་གོས་སེར་པོའི་ལས་འགུལ་སྤེལ་ཏེ་རྫས་རིན་སྤར་བར་ངོ་རྒོལ་བྱས་ཤིང་། ཐམ་སྟོན་ཁྲོམ་སྐོར་བས་སྐད་ཤུགས་ཆེན་པོས་འབོད་ཚིག་སྒྲོག་པ་དང་གཞུང་ལམ་བཀག་པ་སོགས་བྱས། གྲངས་གཞི་ལས་མངོན་པར། མི་ཉིས་འབུམ་བརྒྱད་ཁྲི་བདུན་སྟོང་ཐམ་སྟོན་ཁྲོམ་སྐོར་དེའི་ནང་ཞུགས་པ་དང་། མི་400ལྷག་ལ་རྨས་སྐྱོན་ཐེབ་ཡོད། འགོག་རྒོལ་བས་སྤྱི་འབྲེལ་སྒྲིགས་བུ་བརྒྱུད་དེ་མཉམ་འཛོམས་བྱས་པ་དང་། སྟོད་གོས་སེར་པོ་གྱོན་ཏེ་མྱུར་བགྲོད་གཞུང་ལམ་དང་། ཐུག་ལམ། གནམ་ཐང་གི་བགྲོད་ལམ་སོགས་ཀྱི་ཐོག་བསྐྱོད་དེ་འགྲོ་གིན་འདོད་ཀྱིན་དུ་ང་ཚོའི་ཉོ་སྒྲུབ་ནུས་པ་སླར་གསོ་བྱ་དགོས་ཞེས་པའི་འབོད་ཚིག་བསྒྲགས་པ་དང་། ས་གནས་དེ་གའི་འགྲིམ་འགྲུལ་ལ་ཤུགས་རྐྱེན་ཆེན་པོ་བཟོས། ཕྱི་ཟླ་12པའི་ཚེས་1ཉིན། ཐམ་སྟོན་ཁྲོམ་སྐོར་བས་པ་རི་སི་གྲོང་ཁྱེར་གྱི་ལྟེ་བ་བཙན་བཟུང་བྱས་ཏེ། འཇུགས་སྐྲུན་དངོས་པོར་གཏོར་སྐྱོན་གཏོང་བ་དང་། ལམ་འགྲམ་གྱི་ཚོང་ཁང་གཏོར་བཤིག་གཏོང་བ། ལྷངས་འཁོར་མང་པོ་མེར་བསྲེགས་པ། རྒྱལ་ཁབ་ཀྱི་སྒོ་མོ་སོགས་གནའ་ཤུལ་ལ་ཡང་གང་བྱུང་དུ་བཙོག་སྐྱོན་གཏོང་བ་སོགས་བྱས་པས།

ཧྥ་རན་སིའི་དྲག་འགོག་ཉེན་རྟོག་པ་དང་འགོག་རྒོལ་པའི་བར་འཛིང་རེས་ཐུག་པ་མ་ཟད་མཆི་འབྲིན་ལག་མདེལ་དང་རྒྱ་མདའ་སོགས་བེད་སྤྱད་ཡོད། དེའི་རྗེས་སྟོད་གོས་སེར་པོའི་ལས་འགུལ་ལྷུ་མཐུད་སྤེལ་བ་དང་། འགོག་རྒོལ་ལས་འགུལ་ཡང་ཧྥ་རན་སིའི་ས་ཆ་གང་སར་ཁྱབ། ཕྱི་ཟླ་12པའི་ཚེས་4ཉིན། ཧྥ་རན་སིའི་རྩུང་ལི་ཨའེ་ཏེ་ཧྲ་ཕེ་ལི་ཕུས་སྐུམ་རིན་སྤྱོར་རྒྱ་མཚམས་འཛོག་བྱ་རྒྱུའི་ཁྱབ་བསྒྲགས་བྱས། དེ་ནི་ཧྥ་རན་སི་སྲིད་གཞུང་གིས་དོན་རྐྱེན་དེར་ལན་ཆ་བྱེད་ཐེངས་དང་པོ་དེ་ཡིན། ཡིན་ནའང་དེར་ནུས་པ་ཆེན་པོ་ཐོན་མེད། ཕྱི་ཟླ་12པའི་ཚེས་8ཉིན། ཧྥ་རན་སིར་འགོག་རྒོལ་ལས་འགུལ་ཐེངས་བཞི་པ་ལངས་པ་དང་། མི་ཆིག་འབུམ་ལས་འགུལ་དེར་ཞུགས་ཡོད། ཕྱི་ཟླ་12པའི་ཚེས་15ཉིན་ནི་འགོག་རྒོལ་ལས་འགུལ་འགོ་ཚུགས་ཚུན་གྱི་གཟའ་འཁོར་ལྔ་པ་དེ་ཡིན་པ་དང་། ཧྥ་རན་སིའི་ས་གནས་ཁག་གི་མི་དྲུག་ཁྲི་དྲུག་སྟོང་གིས་སྟོད་གོས་སེར་པོ་གྱོན་ཏེ་གཞི་ཁྱོན་ཆེ་བའི་ཧམ་སྟོན་ཁྲོམ་སྐོར་ཐེངས་ལྔ་པ་བྱས་པ་དང་། པ་རི་སིས་ཉེན་རྟོག་པ8000ལྷག་དང་ཁྲབ་ལྡན་འཁོར་ལོ14མངགས་གཏོང་བྱས་ཏེ་དུས་བབ་ཚོད་འཛིན་བྱས། ཕྱི་ཟླ་12པའི་ཚེས་17ཉིན། ཧྥ་རན་སིའི་རྩུང་ལི་ཕེ་ལི་ཕུས་ཡོངས་བསྒྲགས་ཐོག། སྲིད་གཞུང་གིས་སྟོད་གོས་སེར་པོའི་འགོག་རྒོལ་བྱེད་སྒོ་ཐག་གཅོད་བྱེད་པའི་ཁྲིད་ནོར་འཁྲུལ་ནོར་བ་ཁྱབ་བསྒྲགས་བྱས་པ་དང་། མང་ཚོགས་ཀྱི་བསམ་འཆར་དང་ལེན་གང་ལེགས་བྱས་ཏེ་བསྐྱར་བཅོས་གཏོང་རྒྱུ་ཡིན་ཞེས་བཤད། ཡིན་ནའང་འབྲེལ་ཡོད་ནོད་སྐྱངས་དེས་གནས་ཚུལ་ཞོད་འཇགས་གཏོང་བར་ཕན་ནུས་དེ་ཙམ་ཐོན་མེད། ཕྱི་ཟླ་12པའི་ཚེས་27ཉིན། སྟོད་གོས་སེར་པོའི་ལས་འགུལ་གྱི་འགོག་རྒོལ་བ་ཁག་གཅིག་གིས་རྩུང་ཁྲུང་སྒོ་གསེང་གཏོང་སའི་གཞུང་ལས་ཁང་ཕུ་ལི་ཀང་སུང་ཕོ་བྲང་མདུན་དུ་འདུ་འཛོམས་བྱས་ཏེ་འཇབ་རྒོལ་བྱེད་རྩིས་བྱས། འོན་ཀྱང་ཉེན་རྟོག་ཕྱོགས

དུས་ཐོག་ཏུ་འགྲོར་བས་འཇབ་རྒོལ་བྱེད་ཐུབ་མེད། ཡིན་ནའང་སྟོད་གོས་སེར་པོའི་ལས་འགུལ་ད་ལྟའི་བར་དུ་ཡང་ཡོངས་སུ་མཚམས་ཆད་མེད།

【གླེང་ཕྱོགས་ཁྲིད་སྟོན་གྱི་བསམ་གཞིགས།】

1. **རྡོན་རྐྱེན་ཐོག་མར་ཐོན་སྐབས་སྲིད་གཞུང་གིས་དུས་ཐོག་ཏུ་གནས་ཚུལ་ཤེས་རྟོགས་དང་དམིགས་འཛོད་ལ་ལན་ཆ་བྱས་མེད་པ།** འབར་སྣུམ་དཔྱ་ཁྲལ་ཡོ་རོབ་སྒོར་0. 065སྤར་བའི་རྐྱེན་གྱིས་གཞི་ཚྭོན་ཆེ་བའི་སྟོད་གོས་སེར་པོའི་ལས་འགུལ་དེ་ལྟ་བུ་ལངས་པའི་རྒྱུ་རྐྱེན་གཙོ་བོ་ནི། སྲིད་གཞུང་དང་མང་ཚོགས་བར་ཡུན་རིང་གི་འགལ་ཟླ་གནས་པས་ཡིན། སྐབས་དེར་ཕྲ་རན་སི་སྲིད་གཞུང་གིས་འབར་རྒྱུའི་དཔྱ་ཁྲལ་དང་། རྫ་ཐའི་དཔྱ་ཁྲལ། སྤྱི་ཚོགས་ཕན་བདེའི་དཔྱ་ཁྲལ་སོགས་སྤར་བས་མང་ཚོགས་ཀྱི་གནོན་ཤུགས་ཇེ་ཆེར་སོང་ཡོད། ཨ་རིའི《ནེའུ་ཡོག་སྐབས་དོན་ཚགས་པར་》ཐོག་ཏུ། མ་ཁེ་ལུང་གི་བསྒྱུར་བཅོས་འཆར་གཞིའི་ནང་བཟོ་པའི་གྲལ་རིམ་ལ་དོ་ཁུར་སྒུ་ཙམ་ཡང་བྱས་མེད་པ་དང་། ཁོ་པའི་གོང་ནས་འོག་གི་བསྒྱུར་བཅོས་དེ་མཐར་རྙོག་དྲའི་ནང་ཚུད་པ་དང་། རང་ཉིད་ལ་རྒྱབ་སྐྱོར་ཐོབ་ཚད་ཀྱང་ཉིན་རེ་བཞིན་ཉུང་དུ་ཕྱིན་ཏེ་བདམས་ཐོན་བྱུང་མ་ཐག་སྐབས་ཀྱི་བརྒྱ་ཆ66ནས་བརྒྱ་ཆ21བར་མར་ཆག་སྟེ་སྲིད་འཛིན་བྱས་ཚུན་གྱི་ལོ་རྒྱུས་ཟེན་ཐོ་དམའ་ཤོས་གཏོད་ཡོད་ཅེས་བཤད་ཡོད། 《ཉིའུ་ཡོག་སྐབས་དོན་ཚགས་པར་》ཐོག་འཁོད་དོན། ཉིན་རེ་བཞིན་འཕར་བཞིན་པའི་ཟློག་གོང་མདུན་དུ་ཕྲ་རན་སིའི་ཡོང་འབབ་དམའ་འབྲིང་ཁྱིམ་ཚང་མང་པོ་ཟླ་མཇུག་འཚོ་བ་ཡང་ཐག་གཅོད་མི་ཐུབ་པར་གྱུར་ཟིན་པས། འབར་རྒྱུའི་རིན་གོང་སྤར་བ་ནི་དམངས་འདོད་དང་ཡོངས་སུ་རྒྱབ་འགལ་དུ་སོང་བ་ཞིག་ཡིན། དེའི་སྟེང་མང་ཚོགས་ཀྱི་རེ་འབོད་ལ་དུས་ཐོག་ཏུ་ལན་ཆ་བྱས་མེད་པས་མཐར་མང་ཚོགས་ཀྱིས་ངོ་རྒོལ་བྱས་ཡོད། མང་

ཚོགས་དང་སྲིད་གཞུང་བར་ཡུན་རིང་ཁ་གཏད་དུ་གནས་པས་སྲིད་གཞུང་ལ་དམངས་འདོད་ཀྱི་རྒྱབ་སྐྱོར་དང་དོན་རྐྱེན་ཞོད་འཛུགས་སུ་གཏོང་བའི་ཆ་རྐྱེན་མེད་པར་གྱུར་ཡོད་ཅེས་བསྟན་ཡོད།

2. **སྲིད་གཞུང་གིས་སྤྱི་འབྲེལ་སྨན་སྦྱོར་གྱིས་ཚབས་ཆེའི་མཇུག་འབྲས་བཟོ་བར་སྔར་ཆུང་བྱས་པ།** སྟོད་གོས་སེར་པོའི་ལས་འགུལ་དེ་ཐོག་མར་ཁ་ལོ་བས་སྤྱི་འབྲེལ་དྲ་ཐོག་ཏུ་སྒྲུགས་གཅིག་གིས་སྤེལ་འགོ་ཚུགས་པ་ཞིག་ཡིན་པ་དང་། དེའི་དམིགས་ཡུལ་ནི་ཕྲ་རན་སི་སྲིད་གཞུང་གིས་འབར་རྒྱུའི་རིན་གོང་གཙོག་ཆེད་ཡིན། ཕྲ་རན་སི་སྲིད་གཞུང་གི་གཏན་འབེབས་ལྟར་ན་རླངས་འཁོར་གཏོང་སྐབས་ངེས་པར་དུ་འོད་འཕྲོ་བའི་སྟོད་གོས་སེར་པོ་གྱོན་དགོས་པས་ཁ་ལོ་བ་ཚོས་ཀྱང་སྟོད་གོས་སེར་པོ་གྱོན་ཏེ་འགྲོ་ལམ་བཀག་པ་སོགས་བརྒྱུད་རེ་འདུན་བཏོན་ཡོད། སྤྱི་འབྲེལ་སྨན་སྦྱོར་གྱི་བརྒྱུད་སྤེལ་ལ་བརྟེན་ནས་ངོ་རྒོལ་ལས་འགུལ་དེ་འཕྲུལ་གཞི་ཁྱོན་ཆེ་བའི་སྟོད་གོས་སེར་པོའི་ལས་འགུལ་དུ་གྱུར། སྟོད་གོས་སེར་པོའི་ལས་འགུལ་གྱི་སྤྱི་འབྲེལ་སྨན་སྦྱོར་གྱི་ངོ་བོ་ལས་འགོག་རྒོལ་བའི་གྲུབ་ཆ་རྙོག་འཛིང་ཆེ་བ་མ་ཟད་སྒྲིག་འཛུགས་མེད་པ་མཚོན་པ་དང་། དེས་སྲིད་གཞུང་དང་འགོག་རྒོལ་བའི་བར་དབྱེན་འབྱེད་གྲོས་མོལ་བྱེད་པའི་དཀའ་ངལ་ཇེ་ཆེར་སོང་ཡོད། ཕྲ་རན་སིའི་སྲིད་གཞུང་གིས་དོན་རྐྱེན་ཐོག་མར་ཐོན་སྐབས་སྤྱི་འབྲེལ་སྨན་སྦྱོར་ནུས་པའི་གོང་བུ་འགྲིལ་ཤུགས་དང་ཤུགས་རྐྱེན་ཐེབས་ཤུགས་ལ་དོ་སྣང་མ་བྱས་པ་དེས་དོན་རྐྱེན་དེ་དྲ་ཐོག་གི་རེ་འདུན་ཞུ་འབོད་བྱེད་སྒོ་ཞིག་ནས་འཕྲུལ་དུ་ས་ཆ་དངོས་ཀྱི་འགོག་རྒོལ་བྱེད་སྒོར་གྱུར་བ་མ་ཟད་རིམ་པས་ཤུགས་ཆེར་ཕྱིན་ཡོད།

3. **དོན་རྐྱེན་ཚོད་འཛིན་བྱ་ཐབས་མེད་པར་གྱུར་རྗེས་སྲིད་གཞུང་གིས་གཞི་ནས་ལག་ཆ་མི་བྱེད་ཀ་མེད་བྱུང་བ།** དོན་རྐྱེན་ཐོན་རྗེས་ཕྲ་རན་

སེའི་སྲིད་གཞུང་གིས་ཕྱོགས་གཅིག་ནས་འགོག་རྒོལ་བའི་བསམ་འཆར་དང་ལེན་ཞུ་རྒྱུ་ཡིན་ཞེས་ཤོད་པ་དང་། ཕྱོགས་གཞན་ཞིག་ནས་དྲག་ཤུགས་ལ་མཐའ་གཅིག་ཏུ་ངོ་རྒོལ་བྱ་རྒྱུ་ཡིན་ཞེས་བཤད་ཅིང་། སྤྱི་ཕྱི་བར་གསུམ་དུ་རྣམ་འགྱུར་སྟོན་པ་ལས་བྱ་སྤྱོད་དངོས་སྐྱེལ་མེད་པས་མཐར་འགོག་རྒོལ་བྱེད་སྒོ་ཚབས་ཆེ་ཆེར་སོང་ཡོད། མཐར་སྤྱི་ཟླ་12པའི་ཚེས་4ཉིན་ཧྥ་རན་སིའི་སྲུང་ལི་ཨའེ་ཧྲེ་ཧྥུ་ཕེ་ལི་ཕྲུས་གཞི་ནས་བརྙན་འཕྲིན་གཏམ་བཤད་སྤེལ་ཏེ་འབར་རྫས་ཀྱི་དཔྱ་ཁྲལ་སྤོར་བའི་དུས་ཡུན་ཟླ་6ནར་འགྱངས་གཏོང་རྒྱུ་ཡིན་ཞེས་ཁྲབ་བསྒྲགས་བྱས་པ་མ་ཟད། 2018ལོའི་དགུན་དུས་རིང་རང་བྱུང་རླངས་དང་གློག་རིན་སྤོར་རྒྱུ་མིན་པ་ཁྲབ་བསྒྲགས་བྱས། འགོག་རྒོལ་པས་ཉོ་སྒྲུབ་ནུས་པ་མཐོ་རུ་གཏོང་དགོས་པའི་རེ་བ་བཏོན་པའི་ཐད། ཁོང་གིས་སྲིད་གཞུང་གིས་སྡོད་གནས་དང་གླ་ཕོགས་ཀྱི་ཆ་བགོས་དངུལ་ཆག་ཡང་བཏང་བ་དང་། ཡོང་འབབ་དམའ་བའི་མི་སྣའི་བྱ་དགའི་དངུལ་སྣར་བ་སོགས་ཀྱི་བྱ་ཐབས་བཟུང་ཡོད་ཅེས་གསལ་བཤད་བྱས་ཡོད། ཧྥ་རན་སིའི་སྲིད་གཞུང་གི་གོང་གསལ་བྱ་ཐབས་དེ་དག་གི་དམིགས་ཡུལ་ནི་འགོག་རྒོལ་བའི་ལྷོ་བའི་རེ་བར་ལན་ཆ་བྱ་ཆེད་ཡིན། ཡིན་ནའང་འགོག་རྒོལ་ལས་འགུལ་དེ་ཧྥ་རན་སིའི་སྲིད་གཞུང་གི་བསྒྱུར་བཅོས་བྱ་ཐབས་མང་པོ་དང་། དེ་བཞིན་དབུལ་ཕྱུག་ཧེ་བག་ཇེ་ཆེར་སོང་བ་སོགས་ལ་དམིགས་པའི་འགོག་རྒོལ་ལ་གྱུར་ཟིན་པས། སྲིད་གཞུང་གཞན་དབང་དང་གོམ་པ་ཕྱིར་བསྒྲོད་བྱེད་པའི་གནས་སྐབས་སུ་གྱུར་ཟིན་ཡོད་དེ། གལ་ཏེ་ཐམ་སྟོན་ཁྲིམ་སྐོར་གྱིས་འབར་རྫས་དཔྱ་ཁྲལ་སྤོར་བའི་ཐད་སྲིད་གཞུང་ཕྱིར་བཤོལ་བྱེད་དུ་འཇུག་ཐུབ་ཚེ། མང་ཚོགས་ཀྱིས་ཐབས་ལམ་དེ་རང་བརྒྱུད་དེ་སྲིད་གཞུང་ནས་བསྒྱུར་བཅོས་ཁྲབ་ཁོངས་དེ་བས་མང་བའི་ནང་མང་ཚོགས་ལ་བསྟུན་དུ་འཇུག་སྲིད། དེ་ལྟར་བྱས་ཚེ་ཧྥ་རན་སིའི་གཉིང་ཟབ་པའི་

བསྒྱུར་བཅོས་དེ་རིམ་བཞིན་རྟོག་དྲའི་ནང་ཚུད་ངེས་ཡིན།

གོང་གསལ་ལས་མཐོང་ཐུབ་པར། དམངས་འདོད་སྣང་མེད་དུ་གཏོང་བའམ་དམངས་འདོད་ལས་རྒྱབ་འགལ་དུ་སོང་ཚེ་རྒྱུན་མཐུད་ཟང་ཟིང་གི་རྣམ་པ་ཐོན་ངེས་ཡིན། སྐབས་དེའི་ཕྲ་རན་སིའི་སྟོད་གོས་སེར་པོའི་ལས་འགུལ་ལ་འཕྲེད་བསྲིང་གི་སྣང་ཚུལ་ཡང་ཐོན་པ་དང་། ཐ་ན་དབྱི་ཏ་ལི་དང་། པེར་ཀྲེམ། ཀེ་རི་སི། ཧོ་ལན། འཇར་མན་སོགས་ཡོ་རོབ་རྒྱལ་ཁབ་ཁག་ལ་ཡང་དེ་དང་འདྲ་བའི་སྣང་ཚུལ་ཐོན་པ་དང་། ཛམ་སྟོན་ཁྲིམ་སྐོར་ནང་ཞུགས་མཁན་གྱིས་སྟོད་གོས་སེར་པོ་གྱོན་ཡོད། ད་ཆ་ཡོ་རོབ་ཏུ་རང་མོས་རིང་ལུགས་ཀྱི་གདམ་གླེང་དར་ཁྱབ་འགྲོ་བཞིན་ཡོད་པས། སྟོད་གོས་སེར་པོའི་ལས་འགུལ་གྱི་གླེང་ཕྱོགས་འཕེལ་ཚུལ་ཡང་དེ་བས་ངེས་གཏན་མེད་པར་གྱུར་ཡོད།

གསུམ། ཆབ་སྲིད་མེ་སྐྱོན་ཏེ་ཨུ་རུ་སུར་རྒྱལ་ཡོངས་རང་བཞིན་གྱི་ནགས་ཚལ་མེ་སྐྱོན་ཐོན་པ།

2010ལོའི་ཟླ7པའི་ཚེས8ཉིན་ཨུ་རུ་སུར་ཐར་དང་མི་འདྲ་བར་བསྟུད་མར་ཉིན་སུམ་ཅུའི་རིང་དྲོད་ཚད་ཏུའུ་གྲངས30ཟིན་པའི་ཚ་གདུག་ཤིན་ཏུ་ཆེ་བའི་གནམ་གཤིས་བྱུང་བ་དང་། རྒྱལ་ནང་དུ་ཚབས་ཆེའི་མེ་སྐྱོན་བསྟུད་མར་ཐོན། མེ་སྐྱོན་ཐོན་ས་ཁྱོན་བསྡོམས7000ལས་བརྒལ་བ་དང་། རིམ་རྩིས་ལྟར་ན་མི་ཉིས་ཁྲི་ཆིག་སྟོང་མེ་གསོད་ལས་དོན་ནང་ཞུགས་ཡོད་ཅིང་། ནུབ་ཕྱོགས་ཀྱི་སྨྱན་སྦྱོར་ལས་རིགས་ཀྱིས་དེར་དེང་རབས་ལོ་རྒྱུས་སུ་ནགས་ཚལ་མེ་སྐྱོན་ཆེ་ཤོས་ཞེས་འབོད། གནས་ཚུལ་སྤྱིལ་བར་གཞིགས་ན། ཐེངས་འདིའི་གཞི་ཁྱོན་ཆེ་བའི་ནགས་ཚལ་མེ་སྐྱོན་གྱིས་དཔལ་འབྱོར་གྱོང་གུན་སྒོར་དུང་ཕྱུར150བཟོས་ཡོད་པ་དང་། དེ་ནི་ཨུ་རུ་སུའི་2010ལོའི་རྒྱལ་ནང་ཐོན་སྐྱེད་སྤྱིའི་རིན་

ཐང་གི་བརྒྱ་ཆ་གཅིག་དང་མཚུངས་པས། ཨུ་རུ་སྒུས་དེར་བསམ་གཞིགས་ནན་པོ་བྱས་ཡོད།

【དོན་རྐྱེན་ཕྱིར་དྲན།】

2010ལོའི་དབྱར་དུས་ཨུ་རུ་སྒུར་ཚ་དྲོད་དང་སྐམ་ཤས་ཆེ་བའི་གནམ་གཤིས་ནམ་རྒྱུན་མཐོང་དཀོན་པ་ཞིག་བྱུང་བ་དང་། སྤྱི་ཟླ7པའི་ཚེས29ཉིན་རྒྱལ་ས་མོ་སི་ཁོའི་དྲོད་ཚད་ཧྭའུ་གྲངས38ཟིན་ཏེ་ལོ་རྒྱུས་ཀྱི་ཟིན་ཐོ་གཏོད་ཅིང་། ལོ་དེའི་ཟླ7པ་ནི་གནམ་གཤིས་སྟོན་བརྡའི་ཟིན་ཐོའི་ཐོག་ས་གནས་དེ་གའི་དྲོད་ཚད་མཐོ་ཤོས་ཀྱི་ཟླ་བ་དེར་གྱུར། དྲོད་ཚད་མཐོ་ལ་སྐམ་ཤས་ཆེ་བའི་གནམ་གཤིས་བསྟུད་མར་བྱུང་བའི་རྐྱེན་གྱིས་ཨུ་རུ་སྒུའི་རྒྱལ་ཁོངས་ཀྱི་ས་ཆ་མང་པོར་ནགས་ཚལ་མེ་སྐྱོན་ཐོན་པ་དང་། མོ་སི་ཁོ་དང་། རྦོ་ལ་ཅི་མིར་སོགས་མང་འ་སྡེ་བདུན་སྡེ་ཕྱིར་ཛ་དྲག་རྣམ་པར་གནས་པའི་ཁྱབ་བསྒྲགས་བྱས། སྤྱི་ཟླ8པའི་ཚེས9བར་སླེབས་སྐབས་ནགས་ཚལ་མེ་སྐྱོན་ཁྲིད་མི་མང་པོ་རྐྱེན་ལམ་དུ་ཤོར་བ་དང་། ཁང་པ་ཉིས་སྟོང་ལྷག་མེས་འཚིག་པ། མི་སུམ་སྟོང་ཁྱིམ་གཞིས་མེད་པར་གྱུར་ཡོད།

ནགས་ཚལ་མེ་སྐྱོན་ནི་སློ་བུར་དུ་ཐོན་མང་བ་དང་། གཏོར་སྐྱོན་རང་བཞིན་ཆེ་བ། རོགས་སྐྱོབ་དཀའ་ངལ་ཆུང་ཆེ་བའི་རང་བྱུང་གནོད་འཚེ་ཞིག་ཡིན། ཨུ་རུ་སྒུའི་ནགས་ཚལ་གཞི་ཁྱོན་ཆེ་བ་དང་མེ་སྐྱོན་ཐོན་མང་བས། མང་ཚོགས་ཀྱིས་སྲིད་གཞུང་གིས་གནོད་འཚེ་དེ་རིགས་ལ་ཁ་གཏད་གཙོག་པའི་འཕྲུལ་སྒྲུབ་བྱ་ཐབས་འཐུས་སྐྱོ་ཚང་པོ་ཡོད་པའི་ངོས་འཛིན་བྱེད་ཀྱིན་ཡོད། ཡིན་ནའང་གླིང་ཕྱོགས་ཀྱི་རེ་བ་མཐོ་དྲགས་པ་དང་། དེ་བཞིན་སྲིད་གཞུང་གིས་ནོར་འཁྲུལ་གྱི་ཁ་གཏད་བྱ་ཐབས་བཟུང་བའི་རྐྱེན་གྱིས། ནགས་ཚལ་མེ་སྐྱོན་དེ་སྲིད་གཞུང་གི་ཆབ་སྲིད་མེ་སྐྱོན་ཞིག་ཏུ་གྱུར།

ཨུ་རུ་སུའི་《རང་བཙན་ཚོགས་པར་》གྱིས། མི་སྐྱོན་ཐོན་རྗེས་ཨུ་རུ་སུའི་མང་ཚོགས་ཀྱིས་ཙུང་ཐུང་དང་ཙུང་ལིར་ཡིད་ཆེས་བྱེད་ཚད་དམའ་རུ་ཕྱིན་པ་དང་། སྲིད་གཞུང་དང་སྲིད་འཛིན་ཁང་གི་དབང་གྲགས་ལ་ཤུགས་རྐྱེན་ངན་པ་ཐེབས་ཡོད། ཨུ་རུ་སུའི་རིམ་ཁག་སྲིད་གཞུང་དང་དེ་བཞིན་དཔོན་རིགས་ཀྱིས་ཐེངས་འདིའི་མི་སྐྱོན་ཁྲོད་སྤེལ་བའི་བྱ་སྤྱོད་ལ་མང་ཚོགས་བློ་ཡིད་ཚིམས་པོ་བྱུང་མེད་ཅིང་སྲིད་གཞུང་ལ་ཀུན་གྱིས་ཡིད་ཆེས་བྱེད་ཚད་དམའ་རུ་སོང་ཡོད་ཅེས་བཤད་ཡོད།

【སླེང་ཕྱོགས་ཁྲིད་སྟོན་གྱི་བསམ་གཞིགས།】

1. **ཉེན་ཟོན་འདུ་ཤེས་ཞན་པ།** མི་སྐྱོན་ཐོན་མང་བའི་རྒྱལ་ཁབ་ཅིག་ཡིན་ཕྱིན་ཉེན་ཟོན་འདུ་ཤེས་ཆེན་པོ་ཡོད་དགོས། ཡིན་ནའང་ཨུ་རུ་སུར་རང་བྱུང་གནོད་འཚེའི་ལས་དོན་འགན་འཁུར་མཁན་གྱི་ཆེད་དོན་ལས་ཁུངས་གཅིག་ཀྱང་མེད། མི་སྐྱོན་ཐོན་རྗེས་གསར་འགོད་པ་འགའ་ཞིག་གིས་ས་ཆ་དངོས་སུ་བརྟག་དཔྱད་བྱས་རྗེས་ཤེས་རྟོགས་བྱུང་བར། ནགས་ཚལ་མི་སྐྱོན་ཐོག་མར་ཐོན་སའི་ས་ཆ་མང་པོ་ཞིག་ཏུ་ཐ་མག་གི་རོ་ཧྲའམ་མི་སྐྱོན་ཐོན་སླ་བའི་དངོས་པོ་ཡོད་པ་རེད། ཉེན་ཟོན་འདུ་ཤེས་ནི་ཉེན་ཁར་ངོགས་ཟོན་བྱེད་པའི་སེམས་ཁམས་ཀྱི་རྨང་གཞི་ཡིན་པ་དང་། ཉེན་ཁར་ཁ་གཏད་གཅོག་པའི་ནུས་པར་འགན་སྲུང་བྱ་ཐབས་ཤིག་ཀྱང་ཡིན། ཨུ་རུ་སུའི་མང་ཚོགས་དང་སྲིད་གཞུང་གི་བབ་བསྟུན་ཉེན་ཟོན་འདུ་ཤེས་ཞན་པའི་རྐྱེན་གྱིས་དེ་བསྟུན་གྱི་ཉེན་ཟོན་དང་ཁ་གཏད་གཅོག་ཐབས་ཐད་ལ་ཡང་གཞན་དབང་དུ་གྱུར་པ་དང་འགོར་འགྱངས་ཀྱི་སྣང་ཚུལ་མངོན་ཡོད།

2. **གནས་ཚུལ་སྨྲ་གསང་བྱས་བྲགས་པ།** ཆ་འཕྲིན་ཡོངས་བསྒྲགས་བྱེད་པའི་ཐད། ས་གནས་སྲིད་གཞུང་གི་དཔོན་རིགས་ཁག་གཅིག་ཉེས་པ་ཐོག

པར་སྒྲག་སྟེ་གོང་རིམ་ལ་མི་སྐྱོན་གནས་ཚུལ་དྲང་ཞུ་མ་བྱས་པ་དང་། མི་སྐྱོན་ཐོན་པའི་གྲངས་ཚད་སྙན་ཞུ་བྱེད་སྐབས་གྲངས་ཀ་ཉུང་དུ་བཏང་བས། ཐབས་ཇུས་གཞི་འཛིན་ས་མེད་པར་གྱུར་ཏེ་མཐར་མི་སྐྱོན་གཞི་ཁྱོན་ཆེན་པོར་གྱུར་ཡོད་ལ། དེ་མིན་མོ་སི་ཁོའི་གཞུང་ཕྱོགས་ཀྱིས་ཁྱབ་བསྒྲགས་བྱས་པའི་མི་སྣ་ཤི་རྨས་གྲངས་གཞིར་ཡང་རྫུན་བཟོའི་གནས་ཚུལ་ཐོན་ཡོད། ཨུ་རུ་སུའི་གསར་འགྱུར་ལས་རིགས་ཀྱིས་གསལ་བཤད་བྱས་པར་གཞིགས་ན། སྐབས་དེའི་མོ་སི་ཁོའི་གྲོང་ཁྱེར་ལུ་རེ་ཁོ་རྒྱུས་མི་སྣ་ཤི་རྨས་བྱུང་བའི་གྲངས་ཚད་དངོས་སྣ་གསང་བྱས་པ་མ་ཟད། སྨན་པས་ནད་པའི་ནད་གཞི་གནམ་གཤིས་དྲོད་ཚད་དང་ནགས་ཚལ་མེ་སྐྱོན་དང་འབྲེལ་བ་ཡོད་པར་ཐག་གཅོད་མི་ཆོག་པའི་བཀའ་རྒྱ་བཀྲམ་ཡོད། ཆ་འཕྲིན་བཀག་སྡོམ་དང་རྫུན་བཟོའི་བྱ་སྤྱོད་རབ་དང་རིམ་པ་རྣམས་ཐེར་འདོན་བྱས་རྗེས་གླིང་ཕྱོགས་ཀྱི་ཁ་རྡུང་གཏོང་ཡུལ་དུ་གྱུར།

3. **ཉེན་བརྡ་གཏོང་བའི་སྒྲིག་གཞི་ཆ་མི་ཚང་བ།** ཐོག་མར། རིམ་ཁག་སྲིད་གཞུང་གིས་ཉེན་ཁའི་ཆ་འཕྲིན་བསྡུ་རུབ་བྱེད་མཁན་ལས་ཁུངས་བཙུགས་མེད་ལ་གནས་ཚུལ་སྙན་ཞུ་བྱེད་མཁན་ཁ་གསལ་ཡང་མེད། མི་སྐྱོན་ཐོན་ཏེ་ཉིན་དགུ་སོང་རྗེས་མོ་སི་ཁོའི་གྲོང་ཁྱེར་ལུ་རེ་ཁོ་རྒྱུས་ཆ་འཕྲིན་བསྡུ་རུབ་ཆ་ཚང་པོ་བྱུང་མེད་པའི་གནས་ཚུལ་འོག་ཙང་ཐུང་ལ་གནོད་འཚེའི་གནས་ཚུལ་སྙན་ཞུ་བྱས་པ་དང་། འབྲེལ་ཡོད་ཆ་འཕྲིན་དེ་དག་ཀྱང་ལས་སྔོན་བྱས་རྗེས་ཀྱི་གྲངས་གཞི་ཡིན་པས། ཐབས་ཇུས་འདོན་མཁན་གྱིས་གནད་འཚེའི་གནས་ཚུལ་དངོས་མ་ཤེས་པར་བརྟེན་རོགས་སྐྱོབ་བྱ་སྤྱོད་འགོར་འགྱངས་སུ་སོང་སྟེ་མཐར་མི་བཅུ་གྲངས་རྐྱེན་ལམ་དུ་སོང་བའི་གནས་ཚུལ་ཡ་ང་བ་ཞིག་ཐོན་ཡོད། དེ་མིན་འབྲེལ་ཡོད་ཉེན་སྐྱོབ་ཉེན་བརྡའི་བྱ་ཐབས་ཀྱང་དོན་འཁྱོལ་བྱུང་མེད། མ་གཞི་ཨུ་རུ་སུར《ཛ་དྲག་རྣམ་པའི་ཁྲིམས་སྲོལ་》ཞེས་པ་ཡོད་ཀྱང་། མི་སྐྱོན་

ཛ་དྲག་པ་དང་། གཞི་ཁྱོན་ཆེ་བ། གནས་ཚུལ་རྙོག་འཛིང་ཆེ་བ། རོགས་སྐྱོབ་ལས་དོན་གོ་རིམ་ལྡན་པ་ཞིག་མེད་པ་བཅས་ཀྱི་རྐྱེན་པས་ཁྲིམས་སྲོལ་དེའི་ནུས་པ་གང་ཡང་ཐོན་མེད། མཐར་མི་སྐྱོན་ཆོད་འཛིན་བྱ་ཐབས་མེད་པར་འགྱུར་སྐབས། སྐབས་དེའི་ཙུང་ཐུང་མི་དེ་ལེ་ཙེ་ཧྲུས་ཨོ་ལོ་ཉེ་རི་མངའ་སྡེའི་འགོ་འཛིན་ཀར་ཙི་ཡེ་ཧྲུའི་ཁ་པར་སྙན་ཞུ་གསན་རྗེས་གཞི་ནས་མངའ་སྡེ་དེའི་མི་གསོད་བྱ་ཐབས་དང་། མི་སྐྱོན་ཚབས་ཆེ་བའི་ས་ཁུལ་གྱི་མང་ཚོགས་ཁ་འགྲེམ་དགོས་པ་སོགས་ཀྱི་མཇུབ་སྟོན་བྱས་པ་ལས་ཆུ་མ་ཐོར་གོང་གི་ཆུ་རགས་རྒྱག་པའི་ནུས་པ་མ་ཐོན།

4. **འགན་འཁྲི་ཟུད་གཅོད་བྱེད་པའི་ལས་རིམ་ཆ་མི་ཚང་བ།** 2010 ལོའི་ཟླ8པའི་ཚེས11ཉིན། མོ་སི་ཁོའི་མངའ་སྡེའི་ནགས་ལས་ཙུད་ཀྱི་ཙུད་གྲང་གིས་ཞུ་ཏུ་སུའི་ཞིང་ལས་པུའུ་ཡི་པུའུ་གྲང་ལ་འགན་གནས་དགོངས་ཞུའི་སྙན་ཞུ་ཕུལ་ཡོད། དེའི་རྒྱུ་རྐྱེན་ནི། མི་དེ་ལེ་ཙེ་ཧྲུས་མོ་སི་ཁོའི་ནགས་ལས་ཙུད་ཀྱི་འགོ་ཁྲིད་ཁག་ལ་སྐྱོན་བརྗོད་བྱས་པ་དང་། ཁོང་ཚོས་མི་སྐྱོན་ལ་སྣང་ཆུང་བྱས་པ། སུ་མཐུད་ངལ་གསོ་རྒྱག་བཞིན་པའི་ནགས་ལས་སྡེ་ཁག་གི་འགན་འཁུར་བ་ལས་གནས་ནས་དགོངས་ཞུ་བྱ་དགོས་ངེས་ཡིན་པ་སོགས་ཀྱི་ངོས་འཛིན་བྱས་པས་ཡིན། ཐེངས་དེར་འགན་འཁྲི་ཟུད་གཅོད་གསལ་པོ་བྱུང་བས་ཉིན་གསུམ་ནང་འབྲེལ་ཡོད་འགོ་ཁྲིད་ཁག་སུ་ཕྱིར་ལས་གནས་ལས་དགོངས་ཞུ་བྱས་ཡོད། ཡིན་ནའང་སྤྱིང་ཕྱོགས་ཀྱིས་སྲིད་འཛིན་འགན་འཁྲི་ཟུད་གཅོད་བྱེད་པར་ཆ་ཚང་བའི་གོ་རིམ་ཞིག་ཡོད་དགོས་པ་ལས་འབྲེལ་ཡོད་དཔོན་རིགས་ལས་གནས་དགོངས་ཞུ་བྱས་པ་ཙམ་གྱིས་མི་འགྲིག་པའི་ངོས་འཛིན་བྱས་ཡོད། གནས་ཚུལ་ཐག་གཅོད་བྱེད་སྟངས་དེ་ནི་སྤྱིང་ཕྱོགས་ཀྱིས་འགན་འཁྲི་ལས་གཡོལ་ཐབས་བྱས་པ་ཞིག་ཡིན་པར་ངོས་འཛིན་བྱེད་པས། ཚད་གཞི་ངེས་ཅན་

ཐོག་མང་ཚོགས་ཀྱིས་སྲིད་གཞུང་ལ་ཡིད་ཆེས་མི་བྱེད་པའི་སྣང་ཚུལ་སླར་ཡང་ཐོན་འགོ་ཚུགས་ཡོད།

ཨ་རྡ་སུའི་སྲིད་གཞུང་གི་ཐེངས་འདིའི་མེ་སྐྱོན་ཁྲོད་ཀྱི་བྱ་སྤྱོད་ལ་དཔྱེ་ཞིབ་བྱས་པ་ལས་མཐོང་ཐུབ་པར། ཨ་རྡ་སུའི་སྲིད་གཞུང་གིས་རྒྱལ་ནང་གི་ཐོན་མང་བའི་རང་བྱུང་གནོད་འཚེར་ཡུན་རིང་ནང་ནུས་ལྡན་གྱི་འཕྲུལ་སྒྲུབ་རྟུས་གཞི་བཏིང་མེད་པ་ནི་རྐྱེན་གཙོ་བོ་ཡིན་པ་དང་། དོན་རྐྱེན་ཁྲོད་རྐྱེན་ལམ་དུ་སོང་བའི་མི་གྲངས་སྟ་གསང་བྱས་པ་ནི་དོར་འཁྲུལ་ཚབས་ཆེ་ཤོས་དེ་ཡིན། སྲིད་གཞུང་གིས་གང་འདྲ་བྱས་ཏེ་ཆ་འཕྲིན་སྙེ་མང་ཅན་གྱི་ལམ་བུ་འཚོལ་ཞིབ་དང་། ཆ་འཕྲིན་ཡོང་ཁུངས་རྒྱུད་པ་ཡིན་པའི་རྐྱེན་གྱིས་གླེང་ཕྱོགས་ཕྱོགས་ལྡང་ཅན་དུ་གྱུར་ཏེ་ཐབས་རྟུས་ཐད་དོར་འཁྲུལ་ཤོར་བའི་གནས་ཚུལ་ལས་གཡོལ་ཐབས་བྱ་རྒྱུ་ནི་རྒྱལ་ཁབ་ཁག་ལ་ཐུན་མོང་ཐོག་འཕྲད་པའི་གནད་དོན་ཞིག་཈ཀྱང་ཡིན།

བཞི། ཉིང་རྡུལ་གློག་ཁང་གི་ཉམས་ཉེན་ཏེ། ས་ཡོམ་བརྒྱབ་རྗེས་འཛར་པན་ཕུ་ཀུ་ཤི་མའི་ཉིང་རྡུལ་གློག་ཁང་གི་ཉིང་རྡུལ་ཕྱིར་ཤོར་བ།

ས་གནས་དེ་གའི་དུས་ཚོད་2011ལོའི་ཟླ་3པའི་ཚེས་11ཉིན། འཛར་པན་གྱི་པེན་ཀྲོའུ་གླིང་ཤར་མཚོ་ཁོངས་སུ་རིམ་པ9. 0ཟིན་པའི་ས་ཡོམ་དྲག་པོ་བརྒྱབ་པ་མ་ཟད་མཚོ་ཡོམ་གྱི་གནས་ཚུལ་ཐོན་པ་དང་། དེས་འཛར་པན་གྱི་མཚོ་འགྲམ་དུ་ཡོད་པའི་ཉིང་རྡུལ་གློག་ཁང་བཞི་པོར་ཚད་གཞི་མི་གཅིག་པའི་ཤུགས་རྐྱེན་ཐེབས། དེ་དག་ཁྲོད་སྐྱོང་གྲུབ་ཐེབ་ཆེ་ཤོས་ནི་འཛམ་གླིང་གི་ཉིང་རྡུལ་གློག་ཁང་གྲགས་ཅན་ཕུ་ཀུ་ཤི་མའི་ཉིང་རྡུལ་གློག་ཁང་དང་པོ་དང་གཉིས་པ་ཡིན། དེའི་གོང་གི1978ལོར་ཕུ་ཀུ་ཤི་མའི་ཉིང་རྡུལ་གློག་ཁང་དང་པོར་འགྱུར་

མཚམས་དོན་རྐྱེན་བྱུང་ཡང་སྔ་གསང་བྱས་ཡོད་པ་དང་། དེ་ནས2007ལོར་གཞི་ནས་གནས་ཚུལ་ཡོང་བསྒྲགས་བྱས་ཡོད། 2011ལོའི་ཟླ་ཏའོ་ཡི་ཉིང་རྡུལ་ཕྱིར་ཤོར་བའི་དོན་རྐྱེན་དེས་ཉིང་རྡུལ་གློག་ཁང་གི་ཉམས་ཉེན་དེ་སྐད་ཡང་རྒྱལ་སྤྱིའི་སློང་ཕྱོགས་ཀྱིས་དོ་ཁུར་བྱེད་སར་གྱུར།

【དོན་རྐྱེན་ཕྱིར་དྲན།】

ས་ཡོམ་བརྒྱབ་རྗེས་ཟླ་ཏའོ་ཉིང་རྡུལ་གློག་ཁང་དང་པོ་དང་གཉིས་པའི་གས་འགྱུར་ཕུང་པོའི་གྲང་བཟོ་མ་ལག་ནུས་མེད་དུ་གྱུར་པ་དང་། གནས་ཚུལ་ཛ་དྲག་པོར་གྱུར། སྤྱི་ཟླ3པའི་ཚེས12ཉིན། འཇར་པན་གྱི་དཔལ་འབྱོར་ཐོན་ལས་ཞིང་པུའུ་རྡུལ་ཕྲན་ནུས་པའི་བདེ་འཇགས་བདེ་སྲུང་ཁང་གིས་ཟླ་ཏའོ་ཉིང་རྡུལ་གློག་ཁང་དང་པོའི་འགྱེད་འཕྲོའི་དངོས་པོ་ཁ་ཤོར་བ་ཡོངས་བསྒྲགས་བྱས། སྤྱི་ཟླ3པའི་ཚེས12ནས15ཉིན་བར། ཟླ་ཏའོ་ཡི་ཉིང་རྡུལ་གློག་ཁང་དང་པོའི་འཕྲུལ་ཆས་སྡེ་པ་བཞི་སྔ་ཕྱིར་འབར་གས་བྱུང་བ་མ་ཟད་འགྱེད་འཕྲོའི་རང་བཞིན་གྱི་དངོས་པོ་ཕྱིར་ཤོར་བའི་གནས་ཚུལ་ཐོན། ཁྲོན་མི་ཉིས་འབུམ་ཆིག་ཁྲི་ཁ་བཀྲམ་སྤོ་བདེ་འཇགས་ས་ཆར་བཀོད་སྒྲིག་བྱས་པ་དང་། མི་ཆིག་འབུམ་ཉིས་ཁྲིར་ཉིང་རྡུལ་འགྱེད་འཕྲོའི་བརྟག་དཔྱད་བྱས། སྤྱི་ཟླ3པའི་ཚེས20ཉིན་ཉིང་རྡུལ་གློག་ཁང་དང་པོའི་འཕྲུལ་ཆས་སྡེ་པ་བཞི་པར་ཆུ་གླུགས་ཐུབ་པ་བྱུང་སྟེ། ཕྱི་རོལ་གྱི་གློག་ཤུགས་མཁོ་འདོན་འགན་སྲུང་ཐུབ་པ་བྱུང་།

དོན་རྐྱེན་ཐོན་རྗེས། འཇར་པན་སྲིད་གཞུང་དང་ཐུར་ཁེའུ་གློག་ཤུགས་ཀུང་སིས་ཛ་དྲག་དོན་རྐྱེན་དེར་ཁ་གཏད་གཅོག་ཐབས་རབ་དང་རིམ་པ་བཟུང་། སྤྱི་ཟླ3པའི་ཚེས11ཉིན་གྱི་དགོང་མོར། སྐབས་དེའི་འཇར་པན་གྱི་དབུ་ཞུགས་བློན་ཆེན་ཅན་ཀྲེ་རེན་གྱིས《རྡུལ་ཕྲན་ནུས་པའི་གནོད་འཚེར་ཁ་གཏད་གཅོག་པའི་ཐབས་ཇུས་ཀྱི་དམིགས་བསལ་བྱ་ཐབས》གཞིར་བཟུང་ཉིང་

རྩལ་ནུས་པའི་ཇོ་དྲག་དོན་གཞིའི་བསྒྲགས་གཏམ་ཁྲབ་བསྒྲགས་བྱས་པ་དང་། སྤྱི་ཟླ3པའི་ཚེས12ཉིན། འཛར་པན་གྱིས་ཉིང་རྩལ་སློག་ཁང་གི་འཕྱིད་འཕྲོའི་རང་བཞིན་ལྡན་པའི་དངོས་པོ་ཕྱིར་གྱུར་བ་ཐོག་མར་ཁས་ལེན་བྱས་ཤིང་། ཉིང་རྩལ་ཕུང་པོའི་འབར་རྒྱུ་ཞུ་བཞིན་ཡོད་ཅེས་བཤད། སྤྱི་ཟླ3པའི་ཚེས13ཉིན། འཛར་པན་སྲིད་གཞུང་གིས་ཕྱྭ་ཏའོ་ཉིང་རྩལ་སློག་ཁང་གི་གས་འགྱུར་ཕུང་པོ་བཞི་སྐྱུན་ཀུང་སིའི་གྲས་ཡིན་པའི་ཐུར་ཁེཝུ་སློག་ཤུགས་ཀུང་སིས་ཉིང་རྩལ་སློག་ཁང་གི་གནད་དོན་ཐག་གཅོད་བྱེད་པའི་ནང་ཞུགས་དགོས་པའི་བཀའ་བཏང་བ་དང་། སྤྱི་ཟླ3པའི་ཚེས15ཉིན། འཛར་པན་སྲིད་གཞུང་དང་ཐུར་ཁེཝུ་སློག་ཤུགས་ཀུང་སིས་མཉམ་འབྲེལ་ཐོག་ཕྱྭ་ཏའོ་ཉིང་རྩལ་སློག་ཁང་དོན་རྐྱེན་གྱི་གཅིག་གྱུར་ཐབས་ཇུས་སྤྱི་ཁྲབ་པུཝུ་བཙུགས་པ་མ་ཟད་ཨ་རིའི་ཉིང་རྩལ་དོ་དམ་ཨུ་ཡོན་ལྷན་ཁང་དང་རྒྱལ་སྤྱིའི་ཉིང་རྩལ་ནུས་པའི་ལས་ཁུངས་ལ་དངོས་སུ་རེ་ཞུ་ཕུལ་ཏེ་ཉིང་རྩལ་སློག་ཁང་གི་གནད་དོན་ཐག་གཅོད་བྱེད་པར་ལག་རྩལ་ཐད་ཀྱི་རོགས་སྐྱོར་བྱ་རྒྱུའི་རེ་བ་བཏོན། སྤྱི་ཟླ3པའི་ཚེས18ཉིན་རྒྱལ་སྤྱིའི་རྩལ་ཐུན་ནུས་པའི་ལས་ཁུངས་ཀྱི་རིགས་གཅིག་མཁས་པ་འཛར་པན་དུ་འཁྱོར་བ་དང་ལག་རྩལ་ཐད་ཀྱི་རོགས་སྐྱོར་བྱས།

【སྐྱེད་ཕྱོགས་ཁྲིད་སྟོན་གྱི་བསམ་གཞིགས།】

འཛར་པན་གྱི3 · 11གོད་ཆག་ནི་ས་ཡོམ་དང་། མཚོ་ཡོམ། ཉིང་རྩལ་ཕྱིར་ཤོར་བ་སོགས་ལོ་རྒྱུས་ཐོག་མཐོང་དཀོན་པའི་དཀའ་གནད་མང་པོ་དུས་གཅིག་ཏུ་ཐོན་པའི་ཕྱོགས་བསྡུས་རང་བཞིན་གྱི་ཉམས་ཉེན་ཞིག་ཡིན། ཡིན་ནའང་རང་བྱུང་གནོད་འཚེའི་ཁྲོད་མིའི་རྐྱེན་ལས་བཟོས་པའི་གནོད་འཚེ་ཡང་ཚུད་ཡོད། སྤྱིའི་ཆ་ནས་བཤད་ཚེ། འཛར་པན་གྱིས་ཐེངས་འདིའི་ཉམས་ཉེན་གྱི་སྤྱི་འབྲེལ་ཐད་འབད་བརྩོན་མང་པོ་བྱས་ཡོད་ཀྱང་སྟོན་དཔག་ལྟར་གྱི་ཕན་

ནུས་ཐོན་མེད།

1. གཞུང་ཕྱོགས་ཀྱི་ཆ་འཕྲིན་ཁུངས་བཙན་མེད་པ་མ་ཟད་ཟབ་ནན་པན་ཐུབ་ཅན་འགལ་ཟླ་ཤོར་བས་ཤན་བྱང་ཀྱི་ཡིད་ཆེས་མེད་པར་གྱུར་བ།

ས་ཡོམ་བརྒྱབ་རྗེས། སྐབས་དེའི་དབུ་ཞུགས་སློན་ཆེན་ཅན་ཀྲེ་རེན་གྱིས་སྐར་མ་བཞིའི་ནང་འཕྲུལ་དུ་གནོད་འཚེར་ཁ་གཏད་གཅོག་པའི་སྤྱི་ཁྱབ་པུའུ་བཙུགས་པ་དང་། ཉིན་དེ་རང་ལ་རང་སྐྱོང་དམག་གནོད་འཚོ་ཐོག་ཁུལ་དུ་མངགས་གཏོང་བྱས། བྱ་ཐབས་རབ་དང་རིམ་པ་དེ་དག་ལ་མང་ཚོགས་ཀྱི་བསྔགས་བརྗོད་ཐོབ། ཡིན་ནའང་དེའི་རྗེས་ཀྱི་རོགས་སྐྱོབ་ལས་དོན་ཁྲིད་རང་སྐྱོང་དམག་གི་ལས་ཀར་འཕེལ་རིམ་གང་ཡང་མ་ཐོན་པ་དང་། དུས་ཐུང་ནང་ཐག་གཅོད་ཐུབ་པར་ཚོད་དཔག་བྱས་པའི་ཉིང་རྟུལ་སློག་ཁང་གི་དོན་རྐྱེན་ཉེན་རེ་བཞིན་ཚབས་ཆེ་རུ་སོང་། གཞུང་ཕྱོགས་དཔོན་རིགས་ཀྱི་གསར་འགོད་པར་སྣེ་ལེན་ཞུ་བའི་ཚོགས་འདུ་དང་། ཐུར་ཁེའུ་སློག་ཤུགས་ཀུང་སིའི་གསར་འགོད་པར་སྣེ་ལེན་ཞུ་བའི་ཚོགས་འདུའི་ཐོག་གི་ཆ་འཕྲིན་གཅིག་པ་མིན་པའི་གནས་ཚུལ་ཐེངས་མང་ཐོན་པས། སྤྱི་ཚོགས་སྒྲིང་ཕྱོགས་ཀྱིས་ཡིད་ཆེས་མི་བྱེད་པའི་སྣང་ཚུལ་ཐོན་ཡོད་དེ། སྤྱི་ཟླ་3པའི་ཚེས་27ཉིན་གྱི་ཉིན་གུང་དུ། ཐུར་ཁེའུ་སློག་ཤུགས་ཀུང་སིས་སྐྱ་ཧྲའོ་ཉིང་རྟུལ་སློག་ཁང་དང་པོའི་འཕྲུལ་ཆས་སྔོ་པ་གཉིས་པའི་ཆུ་ཚོད་རེར་ཕྱིར་གྱུར་བའི་ཆུའི་འགྱེད་འཕྲོའི་ཚད་གཞི་ཧྲའོ་སེ་སྐྱ་ཐེ1000ཟིན་པ་དང་། དེ་གས་འགྱུར་ཕུང་པོའི་རྒྱུན་གཏན་འགྱུལ་བསྐྱོད་གྲངས་གཞི་ལས་ལྡབ་100ཡིས་མཐོ་བ་ཡོད་ཅེས་བཤད་པས། དེ་འཕྲུལ་གླིང་ཕྱོགས་ཁྲིད་དངངས་སྐྲག་ཆེན་པོ་བཟོས། སྤྱི་ཚེས་27ཉིན་གྱི་དགོང་མོར། ཐུར་ཁེའུ་སློག་ཤུགས་ཀུང་སིས་འགྱེད་འཕྲོའི་ཚད་གཞི་དེ་ནོར་འཁྲུལ་སྣོ་ནས་ལྡབ་ཆིག་འབུམ་བར་ཆེ་རུ་བཏང་ཡོད་ཅེས་བཤད། འཇར་པན་སྲིད་གཞུང་གིས

འགག་རྩའི་ཆ་འཕྲིན་ཁྱབ་བསྒྲགས་བྱེད་སྐབས་ཁ་གསལ་དོན་གསལ་མེད་པ་དང་། ཆ་འཕྲིན་ནོར་འཁྲུལ་ཡང་སེ་སྔོར་བ། ཉིང་རྫུལ་ཕྱིར་གྱུར་བའི་དོན་རྐྱེན་གྱི་ཚབས་ཆེའི་རང་བཞིན་ཚོད་དཔག་ཡག་པོ་མ་ཐུབ་པ་སོགས་ཀྱི་རྐྱེན་གྱིས་འཛར་པན་མང་ཚོགས་ཀྱི་བསམ་འཆར་ཇེ་མང་དུ་ཕྱིན་ཞིང་། རིམ་བཞིན་ཚབས་ཇེ་ཆེར་ཕྱིན་པ་དང་། མཐར་སེམས་ཁམས་ལ་ཤུགས་རྐྱེན་ཐོག་ཚད་དེ་ས་ཡོམ་དང་མཚོ་ཡོམ་གྱི་གནོད་འཚེས་བཟོས་པའི་ཤུགས་རྐྱེན་ལས་ཚབས་ཆེ་བར་གྱུར།

2. ཕྱི་ཕྱོགས་ཁྱབ་བསྒྲགས་ཀྱི་ཡངས་ཕྱོགས་དང་དེ་བཞིན་དཔྱད་དཔོག་བྱེད་མཁན་ཕྱོགས་གསུམ་པའི་ལས་ཁུངས་ལ་རང་རྩུགས་རང་བཞིན་ལྡན་མེད་པའི་སྐྱོན་འཛུགས་ཐོག་པས་གླིང་ཕྱོགས་ཀྱི་ཁྲིད་སྟོན་དང་ཉེན་སེལ་སྒྲི་འབྲེལ་གྱི་ནུས་པར་ཤུགས་རྐྱེན་ཐེབས་པ།

འཛར་པན་གྱི་སྤྱི་འབྲེལ་མ་ལག་ནི་ནང་སྐྱོན་ཁང་གི་སྤྱི་འབྲེལ་ཁང་དང་། སྲིད་གཞུང་གི་སྤྱི་འབྲེལ་ཁང་། ཏུའུ་ཏའོ་སྨྲ་རྫོང་གི་སྤྱི་འབྲེལ་ཁང་བཅས་ལས་གྲུབ་པ་དང་། ཕྱི་ཕྱོགས་འབྲེལ་བའི་ཐད་ནང་སྐྱོན་ཁང་གི་སྤྱི་འབྲེལ་ཁང་དང་སྲིད་གཞུང་གི་སྤྱི་འབྲེལ་ཁང་གིས་འགག་རྩའི་ནུས་པ་ཐོན་གྱིན་ཡོད། ནང་སྐྱོན་ཁང་གི་སྤྱི་འབྲེལ་ཁང་གི་ལས་འགན་གཙོ་བོ་ནི་ཐད་ཀར་འབྲེལ་གཏུག་བྱ་རྒྱུ་དེ་ཡིན་པ་དང་། འཛར་པན་ནང་སྐྱོན་ཁང་གི་གསར་འགོད་པར་སྐྲེ་ལེན་ཞུ་བའི་ཚོགས་འདུ་དེ་གཞུང་ཕྱོགས་དཔོན་རིགས་ཀྱིས་གཙོ་སྐྱོང་བྱེད་བཞིན་ཡོད། སྐབས་དེའི་གཞུང་ཕྱོགས་དཔོན་རིགས་ཀྱི་ཡེ་ཤིན་ནན་གྱིས་མི་རྣམས་ལ་བག་ཆགས་ཡག་པོ་བཞག་ཡོད། གསར་འགོད་པར་སྐྲེ་ལེན་ཞུ་བའི་ཚོགས་འདུར་ཞུགས་སྐབས་ཁོང་བཞིན་མདངས་སྐྱ་ལ་མིག་གཉིས་དམར་རྒྱང་ཆགས་ཡོད། ས་ཡོམ་གནོད་འཚེ་ཐོན་རྗེས་ཀྱི་ཡེ་ཤིན་ནན་གྱིས་ཆ་སྙོམས་ཉིན་རེར་གསར་

འགོད་པར་སྙེ་ལེན་ཞུ་བའི་ཚོགས་འདུ་ཐེངས་ལྔ་གཙོ་སྐྱོང་བྱ་དགོས་པ་དང་། མི་དམངས་དང་གསར་འགྱུར་ལས་རིགས་ལ་དུས་ཐོག་ཏུ་ས་ཡོམ་དང་། ཉིང་རྟུལ་སློག་ཁང་གི་འབྲེལ་ཡོད་གཞུང་ཕྱོགས་ཆ་འཕྲིན་སྙན་ཞུ་བྱ་དགོས། ཁྲིམས་རྩོད་པ་ཞིག་ཡིན་པའི་ངོས་ནས་ཁོང་གི་སྙན་སེང་ནང་དོན་ཚགས་དམ་ཞིང་། ནོར་འཁྲུལ་ཤོར་བའི་སྟང་ཚུལ་གང་ཡང་ཐོན་མེད། ཡིན་ནའང་ཀྲེ་ཡེ་ཤེན་ནན་གྱིས་ཐུར་ཁེའུ་སློག་ཤུགས་ཀུང་སིར་སྲུང་སྐྱོབ་བྱེད་པའི་ལངས་ཕྱོགས་བཟུང་བས། ཐུར་ཁེའུ་སློག་ཤུགས་ཀུང་སིའི་མགྲིན་ཚབ་པ་ལྟ་བུར་གྱུར་པ་དང་། འཛར་པན་གྱི་ཆབ་སྲིད་དཔྱད་གཏམ་མཁན་ཆན་ཁྲིན་ཕུ་གྲུང་གིས་ཁོང་ལ་སྤྱི་འབྲེལ་ལས་འགན་འཁུར་པའི་ཐུར་ཁེའུ་སློག་ཤུགས་ཀུང་སིའི་འགོ་འཛིན་གཞོན་པ་ཞེས་པའི་མིང་བཏགས་ཡོད།

ཐུར་ཁེའུ་སློག་ཤུགས་ཀུང་སི་ནི་དམངས་གཉེར་ཀུང་སི་ཞིག་ཡིན་པ་དང་། སྟོབས་ཤུགས་ཆེན་པོ་ལྡན་ཡོད། ཡིན་ནའང་ཡིད་སྨོན་སྐྱེ་དགོས་པའི་གྲུབ་འབྲས་ཀྱི་རྒྱབ་ཏུ་གཞན་ལ་བསྟན་ཐབས་མེད་པའི་ཟིན་ཐོ་ཡང་མི་ཉུང་བ་ཞིག་ཡོད། འཛར་པན་མང་ཚོགས་ཀྱི་ངོས་ནས་བཤད་ན་ཐུར་ཁེའུ་སློག་ཤུགས་ཀུང་སི་ནི་ཡིད་ཆེས་ཆེན་པོ་བྱེད་མི་རུང་བའི་ཀུང་སི་ཞིག་ཡིན། ཀྲེ་ཡེ་ཤེན་ནན་གྱིས་ཉམས་ཉེན་གྱི་སྤྱི་འབྲེལ་ལས་དོན་སྤེལ་སྐབས་དོན་རྐྱེན་དང་འབྲེལ་བ་ཆེ་ཤོས་ཀྱི་ཐུར་ཁེའུ་སློག་ཤུགས་ཀུང་སིའི་སྐད་ཆར་ཡིད་ཆེས་བྱས་དྲགས་པ་དེ་ནི་ནོར་འཁྲུལ་ཆེན་པོ་ཞིག་ཡིན། ཐུར་ཁེའུ་སློག་ཤུགས་ཀུང་སིའི་ཆ་འཕྲིན་ནོར་བའི་སྐོར་ཐོས་སྐབས་འཛར་པན་མང་ཚོགས་དངངས་འཚབ་ལངས་འགོ་ཚུགས་པ་དང་། མང་ཚོགས་ཁག་གཅིག་གིས་སྤྱི་འབྲེལ་སྙན་སྒྲོར་དང་འཕྲིན་ཐུང་ནང་བཏང་བའི་ཆ་འཕྲིན་ལ་ཡིད་ཆེས་བྱེད་པ་ལས་ཐུར་ཁེའི་སློག་ཤུགས་ཀུང་སི་དང་ནང་སྲོན་ཁང་སྤྱི་འབྲེལ་ཁང་གི་ཆ་འཕྲིན་ལ་ཡིད་ཆེས་བྱེད་ཀྱིན་

མེད། དེ་དང་ཆབས་ཅིག། འཇར་པན་སྲིད་གཞུང་གིས་རྒྱལ་དམངས་ཀྱི་ཡིད་ཆེས་ཐོབ་ཆེད་ཐུར་ཁེའུ་སློབ་ཆེན་སོགས་ཚན་ཞིབ་ལས་ཁུངས་ཀྱི་ས་ཡོམ་དང་ཉིང་རྩལ་རིགས་གཅིག་མཁས་པ་སོགས་ཕྱི་ཕྱོགས་ཀྱི་བློ་འདྲི་ཡུལ་གདན་ཞུ་བྱས་ཡོད། ཡིན་ནའང་བློ་འདྲི་ཡུལ་དེ་དག་མང་ཆེ་བ་ཉིང་རྩལ་གློག་ཁང་གི་རྒྱབ་སྐྱོར་བ་ཤ་སྟག་ཡིན་པས། བློ་འདྲིའི་མི་སྣའི་མིང་ཐོ་གསར་འགྱུར་ལས་རིགས་ཀྱིས་ཁྱབ་བསྒྲགས་བྱས་རྗེས་གླིང་ཕྱོགས་ཁྲིད་ཟིང་ཆ་ལངས་པ་དང་། དེ་ནི་ཁང་བཙུགས་ནས་ཉིང་རྩལ་གློག་ཁང་གི་དོན་རྐྱེན་གྱི་གནོད་ཚབས་དེ་ཆུང་དུ་གཏོང་ཐབས་བྱེད་པ་ཞིག་ཡིན་པའི་ངོས་འཛིན་བྱས་ཡོད།

3. འཇར་པན་གླིང་ཕྱོགས་ཀྱི་ཁྲིད་སྟོན་ལས་དོན་ཐད་ཐོར་འཁྲུལ་ཤོར་བས་རྒྱལ་ཁབ་གཞན་དག་ལ་དངངས་སྐྲག་བཟོས་པ།

2017ལོའི་ཟླ3པར། ཁན་ན་ཏའི་ཕེ་ཏོ་ལི་ཡ་སློབ་ཆེན་གྱི་རྒྱ་མཚོ་རིག་པའི་རིགས་གཅིག་མཁས་པས། ཁན་ན་ཏའི་མཚོ་ངོགས་ནུབ་མའི་ཉ་སན་ལྷུན་གྱི་སྟེང་ནས་འགྱེད་འཕྲོའི་རང་བཞིན་གྱི་གཞི་རྒྱུ་སད་ –134ལྷ་ཞིབ་ཚད་ལེན་ཐུབ་ཡོད། དེའི་ཐོག་ནས་འཇར་པན་གྱི་ཧྥུ་ཏའོ་ཡི་ཉིང་རྩལ་སྣུགས་བཙོག་མི་གླིང་བྱང་མའི་ས་ཁུལ་དུ་ཁྱབ་ཟིན་པ་ར་སྦྲོད་བྱས་ཡོད་ཅེས་བཤད་པས། ས་གནས་དེ་གའི་མང་ཚོགས་ཁྲོད་དངངས་འཚབ་ཆེན་པོ་བཟོས། རྒྱུན་དུ་མི་རྣམས་ཀྱིས་ཉིང་རྩལ་ཕྱིར་གྱུར་བ་དེ་ཚབས་ཆེའི་ཐོལ་བྱུང་དོན་རྐྱེན་ཁོངས་སུ་འཛོག་བཞིན་ཡོད། དེའི་གནོད་འཚེ་ཤིན་ཏུ་ཆེ་ལ་གནོད་འཚེ་བཟོ་བའི་དུས་ཡུན་རིང་པོ་ཡོད་དེ། ཕྱོགས་གཅིག་ནས་སྣུགས་བཙོག་གཙང་སེལ་བྱེད་དཀའ་བ་དང་། ཕྱོགས་གཞན་ཞིག་ནས་སྣུགས་བཙོག་དེ་དག་ཆུ་རྒྱུན་དང་རླུང་རྒྱུན་བརྒྱུད་སྒྲུ་མཐུད་ཁྱབ་འགྱེད་ཕྱིན་ཏེ་རྒྱལ་ཁབ་མང་པོར་ཤུགས་རྐྱེན་ངན་པ་བཟོ་བ་དང་། རིམ་བཞིན་དོན་རྐྱེན་དེ་རྒྱལ་ཁོངས་ལས་བརྒལ་བའི་སྣུགས་བཙོག

དོན་རྐྱེན་དུ་འགྱུར་བཞིན་ཡོད། དེར་བརྟེན། འཇར་པན་སྲིད་གཞུང་གི་ཁ་གཏད་གཙོག་ཐབས་དེར་འཛམ་གླིང་ཡོངས་ཀྱི་སྐྱོན་བརྗོད་ཐོག་ཡོད། ཚབས་ཆེའི་དོན་རྐྱེན་དེ་རིགས་ལས་བཟློས་པའི་ལྷོག་ཕྱོགས་གླིང་ཕྱོགས་ལ་ཁ་གཏད་ཇི་ལྟར་གཙོག་མིན་ནི་རྒྱལ་ཁབ་སོ་སོའི་སྲིད་གཞུང་གི་ཉམས་ཉེན་ལ་ཁ་གཏད་གཙོག་པའི་ནུས་པའི་ཐད་ཀྱི་དམིགས་བསལ་ཚོད་བགམ་ཞིག་ཡིན།

གོང་གསལ་རྒྱལ་ཁབ་ཁག་གི་ཉམས་ཉེན་གྱི་སྤྱི་འབྲེལ་དང་གླིང་ཕྱོགས་ཀྱི་ཁྲིད་སྟོན་ནོར་འཁྲུལ་གྱི་སྤྱོད་དཔེར་དབྱེ་ཞིབ་བྱས་པ་ལས་ཤེས་རྟོགས་ཐུབ་པར། ཐོལ་བྱུང་དོན་རྐྱེན་འགོག་ཐབས་བྲལ་བ་དང་། སྤྱི་འབྲེལ་སྨྱན་སྦྱོར་གོང་འཕེལ་འགྲོ་མགྱོགས་པ། གླིང་ཕྱོགས་ཀྱི་འགྱུར་བ་མང་བ་བཅས་ཀྱི་འོག། ཉམས་སྨྱོང་ཚུང་ཕུན་སུམ་ཚོགས་པའི་དར་རྒྱས་ཆེ་བའི་རྒྱལ་ཁབ་ཀྱིས་ཀྱང་བབ་བརྟན་ཁ་གཏད་གཙོག་ཐུབ་མེད། ཉེ་བའི་ལོ་ཤས་ནང་རང་རྒྱལ་སྲིད་གཞུང་གི་ཉེན་སེལ་སྤྱི་འབྲེལ་དང་དེ་བཞིན་གླིང་ཕྱོགས་ཀྱི་ཁྲིད་སྟོན་འདྲ་ཤེས་གོང་མཐོར་ཕྱིན་ཡོད། འོན་ཀྱང་འབྲེལ་ཡོད་ཉམས་སྨྱོང་ཞན་པ་དང་། བསམ་བློར་འགྱུར་བ་ཆ་ཚང་གཏོང་ཐུབ་མེད་པ་སོགས་ཀྱི་རྐྱེན་གྱིས་སྐབས་བདེའི་རྩུབ་སྤྱོད་ཀྱི་ཁྲད་ཆོས་ལྡན་པའི་ལྷོག་ཕྱོགས་ཀྱི་སྤྱོད་དཔེ་ཡང་ཡང་ཐོན་བཞིན་ཡོད། དེར་བརྟེན། རང་རྒྱལ་གྱི་ས་གནས་སྲིད་གཞུང་དང་དེ་བཞིན་འབྲེལ་ཡོད་སྡེ་ཁག་གིས་ཉེན་སེལ་སྤྱི་འབྲེལ་དང་དེ་བཞིན་གླིང་ཕྱོགས་ཀྱི་ཁྲིད་སྟོན་ལས་དོན་ལ་དཔྱད་གཞི་ཡོང་ཕྱིར་ང་ཚོས་རྒྱལ་ནང་གི་སྤྱོད་དཔེ་ཁག་གཅིག་བདམས་ཏེ་དབྱེ་ཞིབ་བྱ་རྒྱུ་ཡིན།

དོན་ཚན་གསུམ་པ། རྒྱལ་ནང་གི་འབྲེལ་ཡོད་སྤྱོད་དཔེ་དང་དེའི་དབྱེ་ཞིབ།

ཉེ་བའི་ལོ་ཤས་ནང་། རང་རྒྱལ་གྱི་རིམ་ཁག་སྲིད་གཞུང་གིས་དྲ་ལམ་

སློང་ཕྱོགས་ཀྱི་ཁྲིད་སྟོན་གྱི་གལ་ཆེའི་རང་བཞིན་རིམ་བཞིན་གསལ་ཤེས་ཐུབ་བཞིན་ཡོད་ལ། འབྲེལ་ཡོད་དོན་རྐྱེན་ཐག་གཅོད་བྱེད་པའི་ཁྲོད་དུ་ཡང་རང་སྟོབས་ནུས་པ་འདོན་སྤེལ་ཟམ་མི་ཆད་པར་བྱེད་བཞིན་ཡོད། འོན་ཀྱང་གྱོད་དཔེ་དངོས་ལ་བལྟས་ཚེ། ས་གནས་སྲིད་གཞུང་ཁག་གཅིག་ལ་སྣང་བཞིན་སློང་ཕྱོགས་ལ་ཁྲིད་སྟོན་བྱེད་པའི་འདུ་ཤེས་ཞན་པ་དང་། ནུས་པ་ཞན་པ། ཁ་གཏད་གཅོག་ཐབས་མི་འདང་བ་སོགས་ཀྱི་གནད་དོན་ཡོད་པས་སྲིད་གཞུང་གི་གཟུགས་བརྙན་ལ་ཤུགས་རྐྱེན་ངན་པ་ངེས་ཅན་ཞིག་བཟོ་བཞིན་ཡོད།

གཅིག དཔོན་གནས་གཙོར་འཛིན་རྣམ་པའི་སློང་ཕྱོགས་ཀྱི་ཁྲིད་སྟོན། ཀོང་ཏུང་མཚོ་མིང་གི་PXརྣམ་གྲངས་ཀྱི་དོན་རྐྱེན།

ཆེད་ལས་མིང་ཚིག་PXཞེས་པ་དེ་སྐབས་ཤིག་རིང་རང་རྒྱལ་མང་ཚོགས་ཀྱིས་རྒྱུས་མངའ་ཆེ་བའི་མིང་ཚིག་ཅིག་ཏུ་གྱུར་ཡོད། དེ་ཡང་PXཞེས་པ་ནི་p-xyleneཡི་སྐྱུང་ཡིག་ཡིན་པ་དང་། རྒྱ་སྐད་དུ་ཙ་གཉིས་པ་ཞེས་འབོད། དེ་ནི་མདོག་མེད་ཅིང་དྲི་ཞིམ་པའི་གཤེར་གཟུགས་རྣམ་པའི་དངོས་པོ་ཞིག་ཡིན་པ་དང་། རྫས་འགྱུར་བཟོ་ལས་ཐོན་སྐྱེད་ཁྲོད་ཀྱི་མ་བཅོས་རྒྱུ་ཆ་གལ་ཆེན་གྱི་གྲས་ཤིག་ཡིན། རྒྱུན་དུ་འཁྱིག་ཤོག་དང་། འདུས་གྲུབ་ཚེ་སྣ། སྲབ་སྐྱི་སོགས་ཐོན་སྐྱེད་བྱེད་པར་སྤྱོད། རྫས་འགྱུར་མ་བཅོས་རྒྱུ་ཆ་དེ་རིགས་ཐོན་སྐྱེད་བྱེད་པའི་ཁྲོད་ཁོར་ཡུག་ལ་སྣྲགས་བཙོག་བཟོ་བས། ས་ཆ་མང་པོར་མི་རྣམས་ཀྱིས་དེ་ནི་མི་གཙང་བའི་དངོས་པོ་ཞིག་ཏུ་ངོས་འཛིན་བྱེད་པ་དང་། སྔ་ རྗེས་སུ་འགོག་རྒོལ་བྱེད་སྒོ་སྤེལ་ཡོད།

2007ལོར་ཞ་མོན་དུ་PXརྣམ་གྲངས་ལ་ངོ་རྒོལ་བྱེད་པའི་ཇམ་སྟོན་ཁྲོམ་སྐོར་བྱུང་རྗེས་PXརྣམ་གྲངས་ཀྱི་སློང་ཕྱོགས་རིམ་བཞིན་ཇེ་དྲགས་སུ་ཕྱིན་པ་

དང་། 2012ལོའི་སྤྱི་རྗེས་སུ་མཐོ་རླབས་འཕྱུར་ཏེ་ཏ་ལན་དང་། ཉིང་པོ། ཁུན་མིན་སོགས་སུའང་སྤྱི་རྗེས་སུPXརྣམ་གྲངས་ལ་ངོ་རྒོལ་བྱེད་པའི་དོན་རྐྱེན་བྱུང་། 2014ལོའི་ཟླ3པར་ཀོང་ཏུང་མའོ་མིང་དུPXརྣམ་གྲངས་ལ་ངོ་རྒོལ་བྱེད་པའི་མང་ཚོགས་འདུ་ནུབ་དོན་རྐྱེན་བྱུང་བ་དང་། གླིང་ཕྱོགས་ར་བའི་ཁྲོད་གནད་དོན་མང་པོ་ཐོན། དེ་ནི་བསམ་གཞིགས་བྱ་དགོས་ངེས་ཤིག་ཡིན།

【དོན་རྐྱེན་ཕྱིར་དྲན།】

2014ལོའི་ཟླ3པའི་ཚེས30ཉིན་གྱི་སྔ་དྲོ་ཀོང་ཏུང་མའོ་མིང་དུ་མང་ཚོགས་ཁག་གཅིག་གིས་ས་གནས་དེ་གར་PXརྣམ་གྲངས་ལག་བསྟར་བྱེད་འཆར་ཡོད་པར་གཞིགས་ནས་གྲོང་ཁྱེར་ཀྱི་རྒྱལ་སྒོའི་མདུན་དུ་འདུ་འཛོམས་ཧམ་སྟོན་བྱས་པ་དང་། ཕྱི་ཚེས30ཉིན་གྱི་དགོང་མོ་ཧམ་སྟོན་པ་ཁག་གཅིག་གིས་སྤྱི་པའི་སྒྲིག་ཆས་རྡུང་གཙོག་བྱེད་པ་སོགས་གཏོར་བཤིག་བྱ་སྤྱོད་སྤེལ་ཡོད།

ཕྱི་ཟླ3པའི་ཚེས31ཉིན་མའོ་མིང་གྲོང་ཁྱེར་སྲིད་གཞུང་གིས་གྲོང་མི་ཡོངས་ལ་ཕྱོགས་པའི་གསལ་བསྒྲགས་སྤེལ་ཏེ་སྤྱི་ཚོགས་ལས་རིགས་ཁག་གིས་ཐབས་ལམ་ཡང་དག་བརྒྱུད་དེPXརྣམ་གྲངས་ཐད་ཀྱི་བསམ་འཆར་འདོན་དགོས་པ་དང་། ཐབས་ལམ་ཡང་དག་བརྒྱུད་དེ་རྣམ་གྲངས་ཀྱི་གནས་ཚུལ་ལ་ལན་ཆ་བྱ་རྒྱུར་དགའ་བསུ་ཞུ་རྒྱུ་ཡིན་ཞེས་བཤད། དེ་འཕྲལ་རྒྱལ་ནང་གསར་འགྱུར་ལས་རིགས་ཀྱིས་གནས་ཚུལ་དེའི་སྐོར་གཏོང་སྤེལ་བྱེད་ཚད་མང་དུ་ཕྱིན་པ་དང་། གླིང་ཕྱོགས་ཀྱིས་དོ་ཁུར་བྱེད་ཚད་ཀྱང་སྔར་བས་ཤུགས་ཆེ་རུ་ཕྱིན། ཉིན་དེའི་གནས་ཚུལ་ཕྱིར་དྲན་བྱས་ཚེ་འདི་ལྟར་ཡིན་ཏེ། མའོ་མིང་གསར་འགྱུར་དྲ་ཚིགས་ཐོག་སྤེལ་བའི་འགོ་བརྗོད་དུ་ཀོང་ཏུང་མའོ་མིང་གི་གྲོང་མིས་ཧམ་སྟོན་ཁྲིམ་སྐོར་བྱས་ཏེPXརྣམ་གྲངས་ལ་ངོ་རྒོལ་བྱས་པ་དང་། སྲིད་གཞུང་གིས་དེ་ནི་ཁྲིམས་འགལ་བས་དཀྲུག་ཤིང་བརྒྱབ་པ་ལས་བྱུང་བ་ཞིག་རེད་ཅེས

འཁོད་པའི་གསར་འགྱུར་ཞིག་སྤྱི་ཟླ3པའི་ཚེས31ཉིན་གྱི་ཕོ་རེངས་སུ་སྐྱུན་སྦྱོར་ཁག་གིས་བརྒྱུད་སྤེལ་བྱས་པ་དང་། དེར་དོ་ཁུར་བྱེད་མཁན་ཏ་ཅང་མང་པོ་བྱུང་ཞིང་། དྲ་ཐོག་ཏུ་བཤད་ཚུལ་སྣ་ཚོགས་ཐོན། སྤྱི་ཟླ4པའི་ཚེས1ཉིན་གྱི་ཕྱི་དྲོ་མའོ་མིང་གྲོང་ཁྱེར་གྱི་གྲོང་སྤྱི་གཞོན་པས་གྲོང་ཞུད་དང་གྲོང་ཁྱེར་སྲིད་གཞུང་གི་ཚབ་བྱས་ཏེ་གྲོང་ཞུད་གཞུང་ལས་ཁང་དུ་ངོ་བཅར་ཞུ་གཏུག་བྱེད་མཁན་འཐུས་མིར་སྣེ་ལེན་ཞུས་པ་དང་། PXརྣམ་གྲངས་ཀྱི་གནད་དོན་ཐད་ངོ་བཅར་ཞུ་གཏུག་བྱེད་མཁན་འཐུས་མིའི་བར་ངོ་གཏུག་བགྲོ་གླེང་དང་ཕོང་ཚོའི་རེ་བ་དང་བསམ་འཆར་ལ་ཉན་ཡོད།

སྤྱི་ཟླ4པའི་ཚེས3ཉིན། མའོ་མིང་གྲོང་ཁྱེར་སྲིད་གཞུང་གིས་PXརྣམ་གྲངས་དང་དེ་བཞིན་དོན་རྐྱེན་ཐག་གཅོད་ཇི་ལྟར་བྱས་མིན་སྐོར་གྱི་གསར་འགྱུར་ཁྱབ་བསྒྲགས་ཚོགས་འདུ་འཚོགས་ཏེ། སྤྱི་ཟླ4པའི་ཚེས2ཉིན་གྱི་དགོང་མོའི་བར་མའོ་མིང་གྲོང་ཁྱེར་སྤྱི་བདེ་ཅུད་ཀྱིས་ཁྲིམས་འགལ་ཉེས་བསགས་དོགས་ཡོད་མི་སྣ44ཁྲིམས་ལྟར་འཛིན་བཟུང་བྱས་པ་དང་། མི18ཉེས་དོན་བཀག་ཉར་བྱས་པ། མི26ལ་སྲིད་འཛིན་ཁྲིམས་ཆད་བཅད་ཡོད་ཅེས་བརྗོད་ཁྱབ་བཏང་བ་དང་། མའོ་མིང་གྲོང་ཁྱེར་སྤྱི་བདེ་ཅུད་ཀྱི་འགོ་ཁྲིད་མི་སྣས། ཉེས་དོན་བཀག་ཉར་བྱས་པའི་ཉེས་བསགས་དོགས་ཡོད་མི་སྣ18ལ་མི་བསྡུ་ཅུབ་བྱས་ཏེ་སྤྱི་ཚོགས་སྒྲིག་ལམ་ལ་གནོད་བཤིག་བཏང་བ་དང་། མི་ཅུབ་བསྡུ་བྱས་ཏེ་སྤྱི་པའི་ས་ཆའི་སྒྲིག་ལམ་གནོད་བཤིག་བཏང་བ། བརྙས་བཅོ་ཟིང་སློང་སོགས་ཀྱི་ཉེས་བསགས་བྱ་སྤྱོད་སྤེལ་བའི་དོགས་པ་ཡོད་ཅེས་བཤད། གནས་ཚུལ་ཐག་གཅོད་བྱེད་པའི་བརྒྱུད་རིམ་ནང་སྤྱི་བདེ་ལས་ཁུངས་ཀྱིས་སློབ་མ་གཅིག་ཀྱང་ཉེས་དོན་བཀག་ཉར་རམ་སྲིད་འཛིན་ཉེས་འགེལ་བྱས་མེད་ཀྱང་། དྲ་དམངས་ཁག་གཅིག་གིས་དེར་ཡིད་ཆེས་བྱེད་བཞིན་མེད། མཐར་གཙོ་རྒྱུན

གསར་འགྱུར་ལས་རིགས་ཀྱིས་དག་སེལ་ཡང་ཡང་བྱས་པ་བརྒྱུད་གཞི་ནས་དྲ་ཐོག་གི་འབྲེལ་ཡོད་དཀྲིག་གཏམ་རིམ་བཞིན་ཞུང་དུ་ཕྱིན།

མའོ་མིང་གྲོང་ཁྱེར་སྲིད་གཞུང་གིས་PXརྣམ་གྲངས་འཛུགས་སྐྲུན་གྱི་གནད་དོན་ཐག་གཅོད་བདེ་བླག་བྱ་ཆེད་གླེང་སྟེགས་ལ་ཁྲིད་སྟོན་བྱེད་པའི་ལས་དོན་མང་པོ་སྤེལ་ཏེ་རྩོད་གཞི་སེལ་ཐབས་བྱས་རུང་མཐར་མང་ཚོགས་ཀྱི་ཁོང་ཁྲོ་ཞི་མི་ཐུབ་པས་PXརྣམ་གྲངས་མཚམས་འཇོག་མི་བྱེད་ཀ་མེད་བྱུང་།

【གླེང་སྟེགས་ཁྲིད་སྟོན་གྱི་བསམ་གཞིགས།】

སྤྱི་ཟླ3པའི་ཚེས30ཉིན་མའོ་མིང་གྲོང་ཁྱེར་གྱི་གྲོང་མིས་གྲོང་ཞུད་ཀྱི་རྒྱལ་སྒོའི་མདུན་དུ་འགོག་རྒོལ་བྱེད་སྒོ་སྤེལ་བ་དང་། མཐར་སྲིད་གཞུང་གིས་དམངས་འདོད་ལས་རྒྱབ་འགལ་དུ་སོང་བའི་རྩིས་ཐག་གཏན་ནས་གཅོད་མི་སྲིད་ཅེས་གསལ་བཤད་བྱས་པའི་བར། མའོ་མིང་གྲོང་ཁྱེར་སྲིད་གཞུང་གིས་ཉིན་གཉིས་ནང་ཉེན་ཁར་ཁ་གཏད་ཡག་པོ་བཅག་པ་དང་། དམངས་འདོད་ལ་ལན་ཆ་ཚང་ཡག་པོ་བྱས་ཡོད། ཡིན་ནའང་གནས་ཚུལ་རྙིལ་པོ་འགོ་ཚུགས་སྐབས་དང་། དྲིལ་བསྒྲགས་བྱེད་པའི་བརྒྱུད་རིམ་ཁྲོད་འབྲེལ་ཡོད་ལས་དོན་ཐད་ལེགས་བཅོས་བྱ་དགོས་པ་ཡང་མི་ཉུང་བ་ཡོད།

1. **ཐོག་མའི་སྐབས་སུ་དྲིལ་བསྒྲགས་རང་བཞིན་གྱི་ཚན་རིག་ཁྱབ་གྲེལ་དང་བརྟན་འཛིན་བཀག་སྡོམ་ཕྱིན་ཅི་ལོག་པ།** 2009ལོར་མའོ་མིང་གྲོང་ཁྱེར་སྲིད་གཞུང་གིས་PXརྣམ་གྲངས་ཀྱི་ས་ཆ་འདེམ་འགོ་ཚུགས། འོན་ཀྱང་བརྒྱུད་རིམ་དེའི་ཁྲོད་རྩོད་གཞི་ཐོན་པས་མཚམས་འཇོག་བྱས། 2014ལོའི་ཟླ2པར་མའོ་མིང་གྲོང་ཁྱེར་གྱིས་PXརྣམ་གྲངས་དྲིལ་བསྒྲགས་ཤུགས་ཆེན་བྱེད་འགོ་ཚུགས་པ་དང་། ཟླ3པ་ནས་བཟུང་ས་གནས་དེ་གའི་གསར་འགྱུར་ནང་ཉིན་ལྟར་PXརྣམ་གྲངས་སྐོར་གྱི་ཚན་རིག་ཤེས་བྱ་ཁྱབ་གདལ་གྱི་དྲིལ་བསྒྲགས

རྩོམ་ཡིག་མཐོང་རྒྱུ་ཡོད། སྲིད་གཞུང་གི་ཐོག་མའི་དམིགས་ཡུལ་ནི་མང་ཚོགས་ལ་ཚན་རིག་ཤེས་བྱ་ཁྱབ་གདལ་བྱ་ཆེད་ཡིན་རུང་། དྲིལ་བསྒྲགས་བྱེད་པའི་བརྒྱུད་རིམ་ནང་ཕྱོགས་རྒྱང་པའི་ཞུ་ཚུགས་ཀྱི་ཐབས་ལམ་སྤྱད་པ་དང་། དེའི་དགེ་མཚན་ལས་སྐྱོན་ཆ་གང་ཡང་གླིང་མེད་པས་མང་ཚོགས་ཀྱིས་དེར་སེམས་ཁྲལ་བྱེད་འགོ་ཚུགས། སྤྱི་ཟླ3པའི་ཚེས27ཉིན་གྱི་དགོང་མོར་མའོ་མིང་གྲོང་ཁྱེར་སྲིད་གཞུང་གིསPXརྣམ་གྲངས་ཁྱབ་གདལ་ཚོགས་འདུ་སྐོང་འཚོགས་བྱས་པ་དང་། ཚོགས་འདུའི་ཐོག་གྲོང་མིས་བསམ་འཆར་མི་འདྲ་བ་བཏོན་པས་སགནས་དེ་གའི་དཔོན་རིགས་དང་རྩོད་གཞི་ཐོན། སྲིད་གཞུང་གིས་ད་དུང་འབྲེལ་ཡོད་མི་སྣས་རྣམ་གྲངས་འཛུགས་སྐྲུན་ལ་རྒྱབ་སྐྱོར་བྱེད་པའི་འགན་ལེན་ཡི་གེར་མིང་རྟགས་འགོད་དགོས་པའི་རེ་བ་བཏོན་པས་གྲོང་མིའི་བློ་དོགས་ཇེ་ཆེར་ཕྱིན་པ་དང་། ཁྱབ་བསྒྲགས་ཚོགས་འདུ་འབྲས་བུ་མེད་པར་མཇུག་སྒྲིལ། དེའི་རྗེས་སུ་གནས་ཕྱིའི་གསར་འགྱུར་ལས་རིགས་ཀྱི་བཙར་འདྲི་དང་ལེན་མི་བྱེད་པའི་གནས་ཚུལ་ཐོན་པས་གླིང་ཕྱོགས་ཀྱི་ཁྲིད་སྟོན་རིམ་བཞིན་ཚོད་འཛིན་བྱེད་མི་ཐུབ་པར་གྱུར།

2. **གནས་ཚུལ་ཐོན་སྐབས་གདོང་ཐུག་བྱུང་བས་གླིང་ཕྱོགས་ཀྱི་ཉམས་ཉེན་ཚབས་ཆེར་ཕྱིན་པ།** སྲིད་གཞུང་དང་གྲོང་མིའི་བར་གྲོས་མོལ་བྱ་རྒྱུ་ལེགས་གྲུབ་མ་བྱུང་བའི་རྗེས་དེ་འཕྲུལ་ཁྲུ་ཚོགས་རང་བཞིན་གྱི་གདོང་ཐུག་བྱུང་། 2014ལོའི་ཟླ3པའི་ཚེས30ཉིན་གྱི་སྔ་དྲོ་མའོ་མིང་གི་གྲོང་མི་འབོར་ཆེན་ཞིག་གྲོང་ཤུད་དང་དེ་བཞིན་མཐའ་འཁོར་གཞུང་ལམ་ཐོག་འདུ་འཛོམས་བྱས་ཏེ་ཇམ་སྟོན་ཁྲིམ་སྐོར་བྱས་པ་དང་། འགྲིམ་འགྲུལ་བཀག་སྟེ་སྲིད་གཞུང་གིསPXརྣམ་གྲངས་མའོ་མིང་དུ་ལག་བསྟར་བྱེད་རྩིས་ཡོད་པར་འགོག་རྒོལ་བྱས། ཉིན་དེའི་ཕྱི་དྲོར་འདུ་འཛོམས་བྱེད་མཁན་གྲོང་མི་དང་ཉེན་རྟོག་པའི་

བར་གཞི་ཁྱོན་ཆུང་བའི་གདོང་ཐུག་བྱུང་བ་དང་། དུས་ཚོད་གང་ཙམ་སོང་རྗེས་གྲོང་མི་རྣམས་རང་སར་ལོག ཉིན་དེའི་དགོང་མོའི་ཆུ་ཚོད་22པ་ཡོལ་རྗེས་གྲོང་མི་འགའ་ཞིག་སླར་ཡང་འདུ་འཛོམས་བྱས་པ་དང་། དེའི་ཁྲོད་ཀྱི་མང་ཚོགས་ཉུང་ཤས་ཤིག་གིས་སྲིད་གཞུང་ལས་ཁུངས་དང་སྤྱི་པའི་སྒྲིག་ཆས་ལ་རྡོ་དང་ཤེལ་དམ་གྱིས་གཞུ་བ་སོགས་བྱས་པ་མ་ཟད། སྒྲིག་ལམ་སྲུང་མཁན་ཉེན་རྟོག་པའི་བར་འཛིང་རེས་བྱུང་། ཉེན་རྟོག་པའི་རླངས་འཁོར་གཅིག་མེར་བསྲེགས་པ་དང་། དེའི་ཁྲོད་མང་ཚོགས་མང་པོར་རྨས་སྐྱོན་ཐེབ། སྤྱི་ཚེས་31ཉིན་གྱི་ཐོ་རེངས་སུ་དྲ་ཐོག་ཏུ་གནས་ཚུལ་ཐོན་ཡུལ་དངོས་ཀྱི་འདྲ་པར་སྤེལ་བ་དང་། རྨས་སྐྱོན་ནང་ཞུགས་མཁན་མང་པོ་རྐྱེན་ལམ་དུ་སོང་ཡོད་ཅེས་པ་སོགས་ཀྱི་དཀྲུག་གཏམ་ཁྱབ་འགྲོ་ཚུགས།

3. གནས་ཚུལ་ཐོད་འཇགས་འགྲོ་སྐབས་མང་ཚོགས་ཀྱི་རེ་འདུན་ལ་ཁད་བརྩིགས་ནས་ལན་ཆ་མ་བྱས་པས་ཁོང་ཁྲོ་ཞི་མི་ཐུབ་པར་གྱུར་པ།

སྤྱི་ཟླ་4པའི་ཚེས་2ཉིན། མའོ་མིང་ཉེན་རྟོག་ཕྱོགས་ཀྱིས་གདོང་ཐུག་ཁྲོད་ཁད་བཙུགས་ནས་སྤྱི་པའི་སྒྲིག་ཆས་རྡུང་གཅོག་བྱེད་མཁན་ཁྲིམས་འགལ་བ་ཉུང་ཤས་དེ་དག་གིས་རང་ཉེས་ངོས་ལེན་ཞུ་དགོས་པའི་སྐུལ་མ་བཏང་། སྤྱི་ཟླ་4པའི་ཚེས་3ཉིན་སྲིད་གཞུང་གིས་གསར་འགྱུར་ཁྱབ་བསྒྲགས་ཚོགས་འདུ་སྐོང་འཚོགས་བྱས་ཏེ་PXརྣམ་གྲངས་མིག་སྔར་ལག་བསྟར་བྱས་མེད་ལུགས་བཤད་པ་མ་ཟད། རྨས་སྐྱོན་ཁྲོད་མང་ཚོགས་ལ་རྨས་སྐྱོན་ཐེབ་པའི་གནས་ཚུལ་བརྫ་ཁྱབ་བཏང་། ཡིན་ནའང་སྲིད་གཞུང་གི་ཕྱོགས་རྐྱང་པའི་གསལ་བསྒྲགས་ནང་མང་ཚོགས་ཀྱིས་PXརྣམ་གྲངས་འཆར་འགོད་མཚམས་འཇོག་བྱ་རྒྱུའི་རེ་བ་བཏོན་པའི་སྐོར་ལ་ཐད་ཀའི་ལན་ཆ་བྱས་མེད། སྤྱི་ཟླ་4པའི་ཚེས་3ཉིན་མའོ་མིང་གྲོང་ཁྱེར་སྲིད་གཞུང་གིས་སླར་ཡང་གསར་འགྱུར་ཁྱབ་བསྒྲགས་ཚོགས་

འདུ་སྐོར་འཚོགས་བྱས་ཏེ། མའོ་མིང་གི་PXརྣམ་གྲངས་ཀྱི་དུས་ཚོད་རེའུ་མིག་གཏན་འཁེལ་བྱུང་མེད་པ་དང་། རྣམ་གྲངས་ཀྱི་ལས་རིམ་ཁག་ཀྱང་དངོས་སུ་འགོ་ཚུགས་མེད་པ་བསྐྱར་བཤད་བྱས་པ་མ་ཟད། གདོང་ཐུག་ཁྲིད་རྣམས་སྐྱོན་ཐོག་པའི་གྲོང་མིར་དགོངས་དག་ཐུགས་བདེན་ཞུས། ཉིན་དེ་གར་ཉེན་རྟོག་ཕྱོགས་ཀྱིས་དོན་རྐྱེན་ཁྲིད་རྐང་བཙུགས་ནས་སྤྱི་པའི་སྒྲིག་ཆས་གཏོར་བཤིག་དང་རྟུང་གཙོག་བྱེད་མཁན་གྱི་ཁྲིམས་འགལ་བ་24འཛིན་བཟུང་བྱས། མའོ་མིང་གྲོང་ཁྱེར་སྲིད་གཞུང་གིས་མཐར་PXརྣམ་གྲངས་འཆར་འགོད་འཛུགས་སྐྲུན་བྱེད་མཚམས་བཞག།

གོང་གསལ་དཔྱེ་ཞིབ་ལས་མཐོང་ཐུབ་པར། མའོ་མིང་གྲོང་ཁྱེར་སྲིད་གཞུང་གིས་PXརྣམ་གྲངས་ཀྱི་འགོག་རྐྱོལ་བྱ་སྤྱོད་ལ་ཁ་གཏད་གཙོག་པའི་སྟོན་ཐུས་འགའ་ཞིག་བཏིང་ཡོད་པ་དང་། ཆ་འཕྲིན་ཁྱབ་བསྒྲགས་ཚོགས་འདུ་འཚོགས་པ་དང་། ལན་ཆ་མགྱོགས་མྱུར་བྱས་པ་སོགས་ཀྱི་ཐབས་ལམ་ནི་བསྔགས་བརྗོད་བྱེད་འོས་པ་ཞིག་ཡིན། ཡིན་ནའང་ཁྲིད་སྟོན་གྱི་སྤྱིའི་ཐུས་གཞི་ལྟར་བཞིན་བསམ་བློ་རྙིང་པའི་སྒྲོམ་གཞིའི་འོག་བཏིང་བ་ཞིག་རེད། ཨུ་ཚུགས་ཀྱིས་ཚན་རིག་ཤེས་བྱ་ཁྱབ་གདལ་བྱས་པ་ནས་འབྲེལ་ཡོད་མི་སྣར་བཙན་ཤེད་ཀྱིས་རྣམ་གྲངས་འཛུགས་སྐྲུན་ལ་རྒྱབ་སྐྱོར་བྱེད་པའི་ཁས་ལེན་ཡི་གེར་མིང་རྟགས་འགོད་པའི་རེ་བ་འདོན་པ་སོགས་བར་མི་རྣམས་ལ་སྲིད་གཞུང་མང་ཚོགས་ཀྱི་གོང་དུ་ཡོད་པའི་ཚོར་སྣང་ཞིག་སྤྲད་ཡོད། ས་ཆ་བདམས་པ་དང་། སྒྲགས་བཅོག་གཙང་སེལ། ཉེན་ཁ་འགོག་ཟློན་སོགས་ལྟེ་བའི་གནད་དོན་ཐད་གྲུབ་འབྲས་མ་ཐོན་ཚེ་མང་ཚོགས་ཀྱི་དོགས་གཞི་སེལ་ཐབས་མེད། ཕྱི་ཚུལ་ནས་བལྟས་ཚེ་དམངས་འདོད་ལ་བརྩི་འཇོག་བྱས་པ་ལྟར་སྣང་ཡང་དོན་དངོས་ཐོག་སྲོལ་རྒྱུན་གྱི་གཞུང་ཕྱོགས་གཙོ་བོར་འཛིན་པའི་བསམ་བློ་གཏོང་སྟངས

ཤིག་ཡིན། གླིང་ཕྱོགས་ཀྱི་སྟོབས་ཤུགས་ལ་སྣང་ཆུང་བྱས་པས་མཐར་སྲིད་གཞུང་གི་ཡིད་རྟོན་ལ་ཤུགས་རྐྱེན་ངན་པ་ཐེབས་ཡོད། གནས་ཚུལ་དེ་རྩིལ་པོར་ཕྱིར་དྲན་ཞིག་བྱས་ཚེ་མཐོང་ཐུབ་པར། མའོ་སེང་གྲོང་ཁྱེར་སྲིད་གཞུང་གི་ཐོག་མའི་དྲིལ་བསྒྲགས་དང་ཕྱིས་ཀྱི་ཁྲིད་སྟོན་སོགས་བརྒྱུད་རིམ་ཁྲིད་བཟུང་བའི་ཐག་གཅོད་བྱ་ཐབས་ཀྱིས་ཡང་དག་པའི་ཁྲིད་སྟོན་ནུས་པ་འདོན་སྤེལ་ཐུབ་མེད། དེས་རྒྱལ་ནང་གི་གནས་ཚུལ་དེ་དང་འདྲ་བའི་གླིང་ཕྱོགས་ཀྱི་ཁྲིད་སྟོན་ལས་དོན་ལ་བསླབ་བྱ་ཞིག་མཁོ་འདོན་བྱས་ཡོད། ཉེ་བའི་ལོ་ཤས་ནང་ས་གནས་ཁག་གི་PXརྣམ་གྲངས་སྐོར་གྱི་ཚན་རིག་ཤེས་བྱ་དྲིལ་བསྒྲགས་དང་། ལྡི་བའི་རྫས་འགྱུར་བཟོ་ལས་ལས་རིགས་ཀྱི་བདེ་འཇགས་ངོ་དམ་སོགས་ཀྱི་ལས་དོན་ལ་མཐོང་ཆེན་བྱེད་ཤུགས་ཆེ་རུ་ཕྱིན་ཡོད་པ་དང་། མང་ཚོགས་ཀྱི་ཁོར་སྐྱུང་འདུ་ཤེས་མཚོན་པར་བྱེད་སྐབས་དཔྱོད་ཤེས་ཀྱི་ཐོག་ནས་མཚོན་པར་བྱེད་ཅིང་། གནད་དོན་དེ་རིགས་ཐག་གཅོད་བྱེད་པའི་ཡང་དག་ཐབས་ལམ་ཞིག་ཆགས་བཞིན་ཡོད།

གཉིས། "དོན་དངོས་རྗེས་མའི་" དུས་རབས་ཀྱི་དཀྲིག་གཏམ། སི་ཁྲིན་ལུ་རྫོང་གི་སློབ་མ་ལྷུང་བའི་དོན་རྐྱེན།

ཉེ་བའི་ལོ་ཤས་ནང་། ད་ལམ་གླིང་ཕྱོགས་འོག་ཐོན་པའི་"དོན་དངོས་རྗེས་མའི་" སྣང་ཚུལ་ལ་མི་རྣམས་ཀྱིས་དོ་ཁུར་བྱེད་འགོ་ཚུགས་ཡོད། ཐོལ་བྱུང་གི་གླིང་ཕྱོགས་དོན་རྐྱེན་ཐོན་མ་ཐག་ད་དམངས་ཀྱིས་དེ་འཕྲལ་གཅིག་རྗེས་གཉིས་མཐུད་ཀྱིས་རང་གི་བསམ་ཚུལ་གླིང་བ་དང་། གང་བྱུང་དུ་དཔྱད་གཏམ་སྤེལ་བཞིན་ཡོད། སྐབས་དེར་སེམས་ཁམས་ཀྱི་ཤུགས་རྐྱེན་དེ་གནས་ཚུལ་དངོས་ཀྱི་ཤུགས་རྐྱེན་ཐེབས་ཤུགས་ལས་ལྷག་པ་དང་། དོན་དངོས་བསལ་

རྟོགས་ཐུབ་པ་འགོར་བས་སྐབས་དེར་གལ་ཏེ་སྲིད་གཞུང་སྡེ་ཁག་གིས་དུས་ཐོག་ཏུ་ལན་ཆ་བྱས་ཏེ་དོན་དངོས་གསལ་བཤད་མ་བྱས་ཚེ། "ཐ་ཞི་ཐོའི་རྙི་དོང་(མཆན་13)"ནང་ཚུད་དེ་དཀྲིག་གཏམ་ཕྱོགས་བཞིར་གྱུར་ཉེན་ཡོད། 2017ལོའི་ཟླ་4པར་ཐོན་པའི་སི་ཁྲིན་ལུ་ཛོང་གི་སློབ་མ་ཞིག་རྐྱེན་ལམ་དུ་ཤོར་བ་དེ་ཡང་"དོན་དངོས་རྗེས་མའི་"དཀྲིག་གཏམ་གྱི་ཤུགས་རྐྱེན་ཐོག་པའི་དཔེ་མཚོན་གྱོད་དཔེ་ཞིག་ཡིན།

【དོན་རྐྱེན་ཕྱིར་དྲན།】

2017ལོའི་ཟླ་4པའི་ཚེས་1ཉིན་སི་ཁྲིན་ལུ་ཛོང་ཐེ་ཧྲུ་སློབ་འབྲིང་གི་སློབ་མ་དུས་ཀྲའོ་ཟེར་བ་ཞིག་སློབ་མའི་ཉལ་ཁང་འགྲམ་དུ་རྐྱེན་ལམ་དུ་ཤོར་བ་དང་། གནས་ཚུལ་དེ་འཕྲུལ་མར་དྲ་ལམ་གླེང་སྟེགས་དང་། པོད་ཕྲན། འཕྲིན་འཕྲན་སོགས་དྲ་ལམ་སྟེགས་བུའི་ཐོག་ཁྱབ་འགྲོ་ཚུགས། སྤྱི་ཟླ་4པའི་ཚེས་1ཉིན་ས་གནས་དེ་གའི་སྲིད་གཞུང་གི་འཕྲིན་ཕྲན་སྤྱི་སྟེགས་ཐོག་སྐབས་བདེའི་སྤྱི་བསྒྲགས་ཤིག་སྤེལ་བའི་ནང་། སྤྱི་ཚེས་1ཉིན་གྱི་ཆུ་ཚོད་6པའི་གཡས་གཡོན་དུ་ལུ་ཛོང་ཐེ་ཧྲུ་སློབ་འབྲིང་གི་སློབ་མ་ཞིག་སློབ་མའི་ཉལ་ཁང་ཕྱིར་རྐྱེན་ལམ་དུ་སོང་ཡོད་པ་དང་། ས་གནས་དེ་གའི་འབྲེལ་ཡོད་སྡེ་ཁག་གནས་ཚུལ་ཐོན་སར་བསྐྱོད་དེ་དོན་རྐྱེན་བརྟག་དཔྱད་བྱེད་བཞིན་ཡོད་ཅེས་འཁོད་ཡོད་པ་རེད། སློབ་མ་དེ་འདས་རྐྱེན་དངོས་ཡོངས་བསྒྲགས་བྱས་མེད་པས་གནད་དོན་དེ་འཕྲུལ་དུ་དྲ་ཐོག་གི་གླེང་གཞིར་གྱུར་པ་དང་། སློབ་མ་དེར་མི་གཞན་གྱིས་ཉེས་རྡུང་བཏང་སྟེ་ཤི་རྗེས་ཕུང་པོ་གཡུགས་པ་དང་། ཉེས་རྡུང་གཏོང་མཁན་ཁྲིད་ཀྱི་སློབ་མའི་ཨ་ཕ་ས་གནས་དེའི་འགོ་ཁྲིད་རེད་ཅེས་ཟེར་བ་སོགས་དཀྲིག་གཏམ་སྣ་ཚོགས་ཕྱོགས་བཞིར་ཁྱབ་འགྲོ་ཚུགས། དྲ་ཐོག་ཏུ་ད་དུང་"འདས་པོའི་ཕུང་པོ"རེད་ཟེར་བའི་བརྙན་ཐུང་ཡང་སྤེལ་ཡོད་པ་དང་། གླིང་ཕྱོགས་

ཀྱི་དོ་ཁུར་བྱ་ཡུལ་དེ་“ཤེ་རྐྱེན་དངོས་” དང་“སློབ་རའི་བརྙས་བཅོས་” སོགས་ཀྱི་གླེང་གཞིའི་ཕྱོགས་སུ་འགྱུར་བ་འགྲོ་འགོ་ཚུགས།

དོན་དེའི་ཤུགས་རྐྱེན་ཐོག་པས་སྤྱི་ཟླ4པའི་ཚེས2ཉིན་ས་གནས་དེ་གའི་སྲིད་གཞུང་གིས་སྐར་ཡང་བརྗ་ཁྱབ་བཏང་བའི་ནང་། ཞིབ་དཔྱད་བྱས་པ་བརྒྱུད་རྡུས་ཀྲའོ་ཟེར་བའི་སློབ་མའི་རྣམ་སྨིན་ཐོག་སྟངས་ལ་བལྟས་ན་མཐོ་ས་ནས་ལྷུང་བ་འདྲ་པོ་ཡོད། ད་ཡོད་དཔང་རྟགས་ལ་གཞིགས་ན་གཞན་གྱིས་གནོད་འཚེ་བཏང་བའི་རྐྱེན་གྱིས་གྲོངས་པ་ཞིག་མིན་པ་ཤེས་ཐུབ། ཞིབ་ཕྲའི་འདས་རྐྱེན་རྩད་གཅོད་བྱེད་པར་ཁྲིམས་ལྟར་ནང་མིར་མོས་མཐུན་བྱུང་རྗེས་ཕུང་པོར་བརྟག་དཔྱད་བྱས་ཏེ་གཏན་འཁེལ་བྱ་དགོས་ཞེས་འཁོད་ཡོད་པ་རེད། དེའི་རྗེས་དྲ་ཐོག་ཏུ་ཁྱིམ་བདག་གིས་སློབ་གྲྭའི་མཐའ་བསྐོར་བ་དང་། སློབ་གྲྭའི་ཉེ་འཁོར་དུ་དྲག་འགོག་ཉེན་རྟོག་པ་བཀྲམ་པའི་པར་རིས་དང་བརྙན་ཐུང་སྤེལ་ཡོད་པས་གནད་དོན་དེ་དེ་བས་ཚབས་ཆེ་ཆེར་ཕྱིན་པ་དང་། དྲ་ཐོག་ཏུ“ཉེན་རྟོག་པས་གནས་ཚུལ་ཐོན་ཡུལ་དངོས་བཀག་སྡོམ་བྱས་ཡོད་” ཅེས་པ་དང་། “སྲིད་གཞུང་དང་ནང་མིས་ཕུང་པོ་འཕྲོག་རེས་བྱེད་བཞིན་ཡོད་” ཅེས་པ་སོགས་ཀྱི་དཀྲོག་གཏམ་གང་སར་ཁྱབ་སྟེ་གནད་དོན་གྱི་འཕེལ་ཕྱོགས་དེ་བས་རྙོག་འཛིང་ཇེ་ཆེར་ཕྱིན།

སྤྱི་ཟླ4པའི་ཚེས3ཉིན་ས་གནས་དེ་གའི་སྲིད་གཞུང་གིས་སྤྱི་བསྒྲགས་ཐེངས་གཉིས་སྤེལ་ཏེ། དེ་ནི་མང་ཚོགས་ཁག་གཅིག་གིས་དོན་དངོས་ལ་བརྟག་དཔྱད་མ་བྱས་པར་ཆ་འཕྲིན་རྫུན་མ་སྤེལ་བ་དང་དཀྲོག་གཏམ་བཟོས་པ་ཞིག་ཡིན་ལུགས་གསལ་བཤད་བྱས་པ་མ་ཟད། མིག་སྔར་སློབ་མ་དེ་མི་གཞན་གྱིས་བསད་པའི་དཔང་རྟགས་གང་ཡང་རག་མེད་པ་ནན་བཤད་བྱས་ཡོད། སྤྱི་ཟླ4པའི་ཚེས4ཉིན། དྲ་ལམ་གླེང་ཕྱོགས་ཀྱིས་དོན་དེར་སུ་མཐུད་དོ་ཁུར་བྱས་ཡོད་

ཀྱང་སྲིད་གཞུང་གིས་སྤྱི་བསྒྲགས་གང་ཡང་སྤེལ་མེད། སྤྱི་ཟླ4པའི་ཚེས5ཉིན་《མི་དམངས་ཉིན་རེའི་ཚགས་པར་》དང་ཤིན་ཧྭ་གསར་འགྱུར་ཁང་གིས་གནད་དོན་དེར་དོ་ཁུར་བྱེད་འགོ་ཚུགས་པ་དང་དྲ་ཐོག་དོ་ཁུར་བྱེད་པའི་གླིང་གཞིར་དམིགས་ཏེ་དྲི་བ་བཏོན། ས་གནས་དེ་གའི་ཉིན་རྟག་ཕྱོགས་ཀྱིས་ཀྱང་དེ་རྗེས་བརྗ་ཁྱབ་བཏང་སྟེ་ཁྲིམས་ལྟར་ཕུང་པོའི་བརྟག་དཔྱད་འགོ་འཛུགས་རྒྱུ་ཁྱབ་བསྒྲགས་བྱས་པ་དང་། ས་གནས་དེ་གའི་དྲ་ལམ་ཉིན་རྟག་ཕྱོགས་ཀྱིས་དཀྲིག་གཏམ་མང་དག་ཅིག་དག་སེལ་བྱས། སྤྱི་ཟླ4པའི་ཚེས7ཉིན་ལུ་ཀྲོའུ་གྲོང་ཞུད་དང་གྲོང་ཁྱེར་སྲིད་གཞུང་གིས་གསར་འགྱུར་ངོ་འཕྲད་ཚོགས་འདུ་སྐོང་འཚོགས་བྱས་ཏེ་རྒྱུད་གཞིའི་བརྟག་དཔྱད་མཇུག་འབྲས་དང་དེ་བཞིན་ཕུང་པོར་བརྟག་དཔྱད་བྱས་འབྲས་ཁྱབ་བསྒྲགས་བྱས་པ་དང་། སློབ་མ་དེ་གཞན་གྱིས་བསད་པ་བདེན་དཔང་བྱེད་ཐུབ་པའི་དཔང་རྟགས་མེད་པ་ར་སྤྲོད་བྱས་པས་གླིང་ཕྱོགས་ཀྱི་ལབ་གླིང་རིམ་བཞིན་ཞོད་འཇགས་སུ་ཕྱིན།

【གླེང་ཕྱོགས་ཁྲིད་སྟོན་གྱི་བསམ་གཞིགས།】

དོན་རྐྱེན་དེའི་ཁྲོད་ས་གནས་དེ་གའི་སྲིད་གཞུང་གིས་དོན་རྐྱེན་ཐོན་སྐབས་འཕྲལ་དུ་བརྟག་དཔྱད་བྱེད་འགོ་བཙུགས་པ་དེའི་ཐོག་ནས་སྲིད་གཞུང་ལ་གླིང་ཕྱོགས་ཁྲིད་སྟོན་ཡག་པོ་བྱེད་པའི་ཚོད་སེམས་ཡོད་པ་མཐོང་ཐུབ། ཡིན་ནའང་ཁྱོན་ཡོངས་ནས་བལྟས་ཚེ་ས་གནས་དེ་གའི་སྲིད་གཞུང་གི་ཉེན་སེལ་སྤྱི་འབྲེལ་གྱི་ཁ་གཏད་གཙོག་ཐུས་ཞན་དྲགས་པས་དོན་རྐྱེན་དེ་གླིང་ཕྱོགས་ཀྱི་རྙོག་དྲའི་སློང་དུ་ཚུད་པ་མཐོང་ཐུབ།

1. དུས་ཐོག་ཏུ་ལན་ཆ་མ་བྱས་པ་དང་དཀྲིག་གཏམ་ཟབ་ཉེན་བརྒ་གང་ཞེགས་གཏོང་མ་ཐུབ་པས་གཞན་དབང་དུ་ལྷུང་བ། གླིང་ཕྱོགས་བྱུང་བའི་དུས་མགོར་དྲ་ཐོག་ཏུ་དོགས་གཞི་དང་དཀྲིག་གཏམ་གང་སར་ཁྱབ་ཡོད་དེ།

ཕྱོགས་གཅིག་ནས་ད྄་ཐོག་གི་དོགས་གཞི་སྣ་ཚོགས་ཐད་ས་གནས་དེ་གའི་སྲིད་གཞུང་གིས་དུས་ཐོག་ཏུ་ནུས་ལྡན་བྱ་ཐབས་བཟུང་སྟེ་གླིང་ཕྱོགས་ལ་ཁྲིད་སྟོན་བྱས་མེད་པས་གླིང་ཕྱོགས་སྟོར་བས་ཛ་དྲག་པོར་གྱུར། བྱེད་སྟངས་དེ་ནི་སྨྱན་སྦྱོར་གསར་པའི་དུས་རབས་ཀྱི་ཉེན་སེལ་སྒྲི་འབྲེལ་དང་རྒྱབ་འགལ་དུ་སོང་བ་ཞིག་ཡིན། ཕྱོགས་གཞན་ཞིག་ནས་ས་གནས་སྲིད་གཞུང་གིས་ད྄་ཐོག་གི་དཀྲིག་གཏམ་དག་སེལ་བྱེད་པའི་མྱུར་ཚད་འགོར་བ་དང་། གླིང་ཕྱོགས་ལ་འཛིན་པའི་ཚོར་སྣང་སྐྱེན་པོ་མེད་པས་དུས་ཡུན་རིང་པོའི་ནང་གང་ཡང་མི་སྨྲ་བའི་བྱ་ཐབས་བཟུང་ཡོད། ཐོལ་བྱུང་དོན་རྐྱེན་དང་འབྲེལ་བའི་ད྄་ལམ་གླིང་ཕྱོགས་ལ་འགོག་ཐབས་མེད་པ་དང་། བརྒྱུད་སྲིལ་མགྱོགས་པ། ཤུགས་རྐྱེན་ཐེབས་རྒྱ་ཆེ་བ་བཅས་ཀྱི་ཁྱད་ཆོས་ལྡན་པས། གལ་ཏེ་མང་ཚོགས་ཀྱི་དོགས་གཞིར་འཕྲལ་མར་ལན་ཆ་བྱས་ཏེ་གླིང་ཕྱོགས་ཀྱི་རང་འགྱུལ་དབང་ཆ་འཛིན་མ་ཐུབ་ཚེ་གླིང་ཕྱོགས་ཚོད་འཛིན་བྱེད་ཁག་པོ་ཡོད།

2. དུས་ཕྱིར་ལན་ཚོགས་དང་འབྲེལ་འདྲིས་བྱེད་པའི་ཁྲིད་ཀྲུས་ཡོད་ཆ་འཕྲིན་མགོ་འདོན་བྱ་རྒྱ་ལ་འདང་བ། དོན་རྐྱེན་ཐོན་རྗེས་ས་གནས་དེ་གའི་སྲིད་གཞུང་གིས་གླིང་ཕྱོགས་ཀྱི་དོ་ཁུར་བྱེད་གཞིར་ལན་ཆ་ཡང་དག་བྱས་མེད་པ་དང་། མང་ཚོགས་ཀྱིས་དོ་ཁུར་བྱེད་པ་དང་། ཤེས་རྟོགས་བྱེད་འདོད་པའི་གནད་དོན་ཐད་ལན་ཆ་བྱས་མེད། གཞུང་ཕྱོགས་ཀྱིས་བཏང་བའི་དུས་མགོའི་བརྡ་ཁྱབ་ནང་འདས་པོའི་འདས་རྐྱེན་ཐད་མི་སེམས་འགུགས་ཐུབ་པའི་དཔང་རྟགས་མེད་པ་མ་ཟད་ཕུང་པོར་བརྟག་དཔྱད་མ་བྱས་གོང་“གཞན་གྱིས་བསད་པ་མིན་པའི་”ཕྱོགས་བསྡོམས་བརྒྱབ་པས་ཕྱིས་སུ་“མཐོ་ས་ནས་ལྷུང་བ་”དང་“དེ་མིན་དྲག་ཤུགས་ཀྱི་གནོད་འཚེ་ཐོག་མེད་པ།” “འདས་རྗེས་ཀྱི་རྨས་སྐྱོན་མེད་པ་”སོགས་ཀྱི་བརྟག་དཔྱད་སྙན་ཞུ་ཁྱབ་བསྒྲགས་བྱས་རྗེས། ད྄་

དམངས་འགའ་ཞིག་བསམ་ཡུལ་ལས་འདས་པར་གྱུར་ཏེ་ཁ་གཏད་དུ་ལངས་པའི་བྱ་སྤྱོད་ཐོན་པ་དང་། གནས་ཚུལ་ཆུང་ཙག་བརྟན་ཏེ་དགག་པ་རྒྱག་པ་བརྒྱུད་རང་ཉིད་ཀྱིས་ཐོག་མར་སྔོན་དཔག་བྱས་པའི་ལངས་ཕྱོགས་དང་བསམ་ཚུལ་སོགས་དང་གཅིག་གྱུར་ཡོང་ཐབས་བྱས་པ་མ་ཟད། ད་ཐོག་ཏུ“མཐོ་ས་ནས་ལྷུང་བ་ནི་འདས་རྐྱེན་ཡིན་པ་མ་གཏོགས་དེས་གཞན་གྱིས་བསད་པ་མིན་པའི་དཔང་རྟགས་གང་འདྲ་བྱེད་ཐུབ”ཅེས་པ་དང་། “གཞན་རྐྱེན་ལས་མཐོ་ས་ནས་ལྷུང་བའི་ངེས་པ་མེད་དམ”ཞེས་པ། “ཉེན་རྟོག་ཕྱོགས་ཀྱིས་སྲོད་གཞི་ཐག་གཅོད་ཐད་ཁྲལ་སེལ་སླ་བཅོས་དེ་ལྟར་བྱས་ཚེ་དམངས་ཀྱི་ཡིད་ཁྲོ་ཞི་ཐུབ་བམ”ཞེས་པ་སོགས་ཀྱི་དོགས་འདྲི་བྱེད་མཁན་བྱུང་བ་དང་། ད་ལམ་གླིང་ཕྱོགས་ཐད་ཡོངས་སུ་ཕྱོགས་ལྷུང་དུ་གྱུར་པའི་ཡིད་ཆེས་མེད་པའི་དཔྱད་གཏམ་གྱིས་ཁེངས་པ་དང་སྲིད་གཞུང་གི་གཟུགས་བརྙན་ལ་ཤུགས་རྐྱེན་ཧ་ཅང་ངན་པ་བཟོས་ཡོད།

3. **སྲིད་གཞུང་གི་གཟུགས་བརྙན་དོ་དམ་བྱ་ཐབས་འབྲུས་སློ་ཚད་པོ་གང་ཡང་མེད་པ།** དོན་རྐྱེན་དེའི་ཁྲོད་ས་གནས་དེ་གའི་སྲིད་གཞུང་གི་གཟུགས་བརྙན་དོ་དམ་ཐད་ཆ་ཚང་ཞིང་ཚད་ལྡན་གྱི་གོ་རིམ་མེད་པར་ད་ལམ་གླིང་ཕྱོགས་ཀྱི་འཕེལ་རིམ་དང་བསྟུན་ཏེ་དག་སེལ་བྱ་ཐབས་སྤྱོད་ཡོད་པ་དང་། འཆར་འགོད་རང་བཞིན་དང་ནུས་ལྡན་རང་བཞིན་ལྡན་མེད། དཔེར་ན། དག་སེལ་ཆ་འཕྲིན་ཁྱབ་སྤེལ་བྱེད་པའི་བརྒྱུད་རིམ་ནང་བདེན་དཔང་བྱས་ཟིན་པའི་པོད་ཕྲན་དང་འཕྲིན་ཕྲན་སྤྱི་སྣེ་གས་སོགས་སྐྱོན་སྒྱུར་གསར་པ་སྤྱད་ཡོད་ཀྱང་། ཐབས་ལམ་སྣ་ཚོགས་ཟུང་འབྲེལ་བྱེད་མཁས་པོ་བྱུང་མེད་པས་ཆ་འཕྲིན་ཁ་ཐོར་དང་ཟང་ཟིང་ཆེ་བའི་སྣང་ཚུལ་ཐོན་ཡོད། དོན་རྐྱེན་ཐོན་རྗེས་ས་གནས་དེ་གའི་སྲིད་གཞུང་གིས་གཞུང་ཁོངས་སུ་གཏོགས་པའི་སྣེར་གཉེར་

སྙན་སྤྲོར་བརྒྱུད་བརྗ་ཁྱབ་བཏང་ཡོད། ཡིན་ནའང་གཞུང་ཕྱོགས་སུ་གཏོགས་པའི་སྒེར་གཉེར་སྙན་སྤྲོར་ལ་དོ་ཁུར་བྱེད་མཁན་ཉུང་བ་དང་། ཤུགས་རྐྱེན་ཆུང་བས་གླེང་ཕྱོགས་ལ་ཁ་གཏད་གཙོག་པའི་ནུས་པ་མི་འདང་བར་གྱུར་ཡོད། དོན་རྐྱེན་དེའི་ཁྲིད་གསར་འགོད་པ་ས་ཆ་དངོས་སུ་བརྟག་དཔྱད་བྱེད་པར་ཡོང་སྐབས་བཀག་སྡོམ་བྱས་པ་དང་། དབང་གྲགས་ཡོད་པའི་ཕྱོགས་ནས་ཆ་འཕྲིན་རག་ཐབས་མེད་པ། ཐ་ན་གྲོང་ཚོ་དང་གྲོང་རྡལ་གྱི་ལས་བྱེད་པས་འཇིགས་སྐུལ་དང་། འགོག་རྐྱེན་བཟོ་བ་སོགས་བྱས་པས་མང་ཚོགས་ཀྱིས་ས་གནས་དེ་གའི་སྲིད་གཞུང་ལ་ཡིད་ཆེས་དེ་བས་མེད་པར་གྱུར་ཡོད།

དོན་རྐྱེན་དེའི་བརྒྱུད་རིམ་ཧྲིལ་པོ་ནས་བལྟས་པ་ལས་ཤེས་རྟོགས་ཐུབ་པར། དོན་རྐྱེན་དེ་མ་གཞི་རྙོག་འཛིང་ཆེ་བ་ཞིག་མིན་ལ"གསང་བ"སྣ་ཚོགས་གང་ཡང་མེད་རུང་རྐྱེན་སྣ་ཚོགས་ལ་བརྟེན་ཏེ་ཛ་དྲག་པོར་གྱུར་པ་དང་། སྟོན་དཔག་བྱ་ཐབས་བྲལ་བའི་ཕྱོགས་སུ་འགྱུར་ལྡོག་བྱུང་ཡོད། "དོན་དངོས་རྗེས་མའི"དུས་རབས་ཀྱི་རྒྱབ་ལྗོངས་འོག་གླེང་ཕྱོགས་ཀྱིས་དོ་ཁུར་བྱེད་ས་གནས་ཚུལ་དངོས་ལས་བརྒལ་སླ་བ་དང་། གནད་དོན་རྒྱ་ཆེན་ཅན་དང་རྒྱ་ཁྱབ་ཅན་སོགས་སུ་འགྱུར་བའི་སྣང་ཚུལ་གང་སར་མཐོང་རྒྱུ་ཡོད། དེས་ན་ས་གནས་སྲིད་གཞུང་གི་བྱ་ཐབས་འོས་འཚམས་མ་བྱུང་ཚེ་གནད་དོན་ཚབས་ཆ་ཅང་ཆེན་པོར་གྱུར་ཏེ་གླེང་ཕྱོགས་ཀྱིས་ཁ་རྟུང་གཏོང་སར་འགྱུར་ཉེན་ཡོད། སྤྱི་ཡོངས་ནས་བལྟས་ཚེ། དོན་རྐྱེན་དེའི་ནང་གནད་དོན་ཐོན་མང་བའི་དུས་ནི་དུས་མགོའི་སྐབས་ཡིན་པ་དང་། དུས་དཀྱིལ་དང་དུས་མཇུག་ཏུ་སྲིད་གཞུང་གིས་རང་སྐྱོན་ཡོ་བསྲང་བྱ་ཐབས་བྱས་ཡོད་ཀྱང་སྲིད་གཞུང་ཡིད་རྟོན་ལ་ཤུགས་རྐྱེན་ངན་པ་ཐོག་ཟིན། དོན་རྐྱེན་ཐོན་པའི་དུས་མགོའི་གླེང་ཕྱོགས་ཀྱི་ཁྲིད་སྟོན་བྱ་སྤྱོད་ནི་དོན་རྐྱེན་གྱི་གླེང་ཕྱོགས་འཕེལ་ཕྱོགས་ལ་ཁ་ལོ་བསྒྱུར་བའི་

འགག་རྩའི་བརྒྱུད་རིམ་ཞིག་ཡིན། དེས་སྲིད་གཞུང་གིས་དྲ་ལམ་གླེང་ཕྱོགས་ལ་ཁྲིད་སྟོན་བྱེད་སྐབས་དུས་ཐོག་ཏུ་ལན་ཆ་བྱས་ཏེ་གནས་ཚུལ་དངོས་གསལ་བཤད་བྱེད་པ་དང་། གླེང་ཕྱོགས་ཀྱི་རང་འགུལ་དབང་ཆ་འཛིན་པ་བརྒྱུད་གླེང་ཕྱོགས་ཀྱི་ཉེན་ཁ་ནུས་ལྡན་གྱིས་སེལ་དགོས་པའི་དྲན་སྐུལ་བྱས་ཡོད།

གསུམ། ཞིག་སྲོལ་ལས་འགལ་ཏེ་ སྣ་གསང་བྱས་པ། ཆུ་ཅན་ཆོན་གང་གི་རྫས་འགྱུར་དངོས་རྫས་ཐན་དགུ་ཕྱིར་འཛག་པའི་དོན་རྐྱེན།

2018ལོའི་ཟླ་11པའི་ཚེས་4ཉིན་གྱི་ཐོ་རེངས་སུ་ཆུ་ཅན་ཆོན་ཀྲོའུ་གྲོང་ཁྱེར་ཆོན་གང་རྡོ་སྣུམ་རྫས་འགྱུར་བཟོ་ལས་གྲུ་ཁར་བཟོ་ལས་ཐད་སྤྱོད་པའི་རྫས་འགྱུར་དངོས་པོ་གས་གཏོར་ཐན་དགུ་ཕྱིར་འཛགས་པའི་དོན་རྐྱེན་ཐོན་ཏེ་གསོ་ཚགས་བྱས་པའི་ཆུ་ཐོན་སྲོག་ཆགས་འཕོར་ཆེན་ཤི་བ་དང་། ཉ་པ་མང་པོར་གཟུགས་པོ་མི་བདེ་བའི་སྣང་ཚུལ་ཐོན་པ་སོགས་བྱས་པ་དང་། དེ་འབྲེལ་དོན་རྐྱེན་དེར་གླེང་ཕྱོགས་ཀྱིས་དོ་ཁུར་བྱེད་འགོ་ཚུགས། འོན་ཀྱང་དོན་རྐྱེན་ཐོན་རྗེས་ཆོན་གང་ཁུལ་ཁོར་ཡུག་སྲུང་སྐྱོབ་ཅུད་ཀྱིས་བརྙ་ཁྱབ་ཐེངས་མང་བཏང་སྟེ་མཁའ་རླུང་དམིགས་ཚད་དང་མཚོ་ཆུའི་སྤུས་ཚད་རྒྱུན་གཏན་ལྟར་ཡིན་ཞེས་བཤད། མིག་མཐོང་ལག་ཟིན་ཐུབ་པའི་དོན་དངོས་དང་མི་མཐུན་པའི་བརྙ་ཁྱབ་དེར་མི་རྣམས་ཀྱིས་ཡིད་ཆེས་བྱ་ཐབས་བྲལ་བས་དེ་མུར་འབྱུང་ཁམས་དང་དེ་བཞིན་ཡིད་རྟོན་ཐད་ཀྱི་ཉམས་ཉེན་ཐོན་ཡོད།

【དོན་རྐྱེན་ཕྱིར་དྲན།】

2018ལོའི་ཟླ་11པའི་ཚེས་4ཉིན་གྱི་ཐོ་རེངས་ཆུ་ཚོད་དང་པོ་དང་སྐར་མ་བཅུ་གསུམ་ཐོག་ཆུ་ཅན་ཞིང་ཆེན་ཆོན་ཀྲོའུ་གྲོང་ཁྱེར་ཆོན་གང་ཁུལ་ཧྲུང་གང་རྡོ་སྣུམ་རྫས་འགྱུར་བཟོ་ལས་གྲུ་ཁར་ལས་ཀ་བྱེད་བཞིན་པའི་ལས་མི་རྣམས

ཀྱིས་གྲུའི་ནང་དངོས་ཐོག་བླུགས་སྐབས་བཟོ་ལས་ཐད་སྤྱོད་པའི་རྫས་འགྱུར་དངོས་པོ་གས་གཏོར་ཐན་དགུ་ཕྱིར་འཛོགས་པ་མཐོང་། ཆུ་ཚོད་བདུན་པའི་ཐོག་པོད་ཕྲན་གྱི་དྲ་བདག"@ ཤའོ་ཅེ་ལིན་"སོགས་ཀྱིས་ཚན་གང་ཁུལ་གྱི་མཁའ་རླུང་ཁྲོད་རྫས་འགྱུར་དངོས་པོའི་དྲི་མ་འདྲ་བའི་དྲི་ངན་འཐུལ་བཞིན་འདུག་ཅེས་པའི་པོད་ཕྲན་སྤེལ་བ་དང་། ཆུ་ཚོད་10དང་སྐར་མ་10ཡི་ཐོག་ས་གནས་དེ་གའི་《རྡོ་སེང་ཚགས་པར་》གྱི་གཞུང་ཕྱོགས་པོད་ཕྲན"@ རྡོ་སེང་ཚགས་པར་"གྱིས་ཚན་གང་ཁུལ་ཁོར་ཡུག་སྲུང་སྐྱོབ་ཅུད་ཀྱི་བརྙ་ཁྱབ་བརྒྱུད་གཏོང་བྱས་པ་དང་། བརྙ་ཁྱབ་ནང་། "རྨུམ་གྲུ་ནས་གྲུ་ཁ་བར་སྤེལ་བའི་མཉེན་སྦྱུག་གི་རྡུ་ལན་གཙག་གདན་རྙིང་པ་ཆགས་པས་རྨུམ་ཅུང་ཟད་ཕྱིར་འཛགས་ཡོད"ཅེས་འཁོད་ཡོད་པ་རེད། ཉིན་དེའི་དགོང་མོའི་ཆུ་ཚོད་ཉི་ཤུའི་ཐོག"@ རྡོ་སེང་ཚགས་པར་"གྱིས་སླར་ཡང་ཚན་གང་ཁུལ་ཁོར་ཡུག་སྲུང་སྐྱོབ་ཅུད་ཀྱི་བརྙ་ཁྱབ་བརྒྱུད་སྤེལ་བྱས་པ་དང་། བརྙ་ཁྱབ་ཏུ་དོན་རྐྱེན་ནི་ཐན་དགུ་ཕྱིར་འཛགས་པ་ལས་བཟོས་པ་ཐོག་མར་ཁས་ལེན་བྱས་པ་མ་ཟད་ཐན་དགུ་འཛགས་སའི་མཚོ་ཁོངས་ཀྱི་གཙང་སེལ་ལས་དོན་གཞི་རྩའི་ཆ་ནས་ལེགས་འགྲུབ་ཟིན་པ་ནན་བཤད་བྱས། སྤྱི་ལྷ11པའི་ཚེས6ཉིན་ཚན་གང་ཁོར་སྲུང་ཅུད་ཀྱིས་བརྙ་ཁྱབ་བཏང་སྟེ་ས་གནས་དེ་གའི་མཁའ་རླུང་གི་སྟོན་གྲངས་ཁག་རྒྱུན་མཐུད་དང་རྒྱུན་གཏན་ལྟར་ཡིན་པ་དང་། མཚོ་ཆུའི་སྤུས་ཚད་གསོ་ཚགས་ཆུའི་སྤུས་ཚད་ཀྱི་དགོས་མཁོ་དང་འཚམས་ཡོད་ཅེས་བཤད། སྤྱི་ལྷ11པའི་ཚེས8ཉིན་ཚན་གང་ཁུལ་ཁོར་སྲུང་ཅུད་ཀྱིས་བརྙ་ཁྱབ་ཐེངས་བཞི་པ་བཏང་སྟེ་སྟོན་གྲངས་ཚང་མ་རྒྱུན་གཏན་ལྟར་སླར་གསོ་བྱུང་ཡོད་ཅེས་བཤད།

ཡིན་ནའང་། གཞུང་ཕྱོགས་ཀྱི་བརྙ་ཁྱབ་བཀྲམ་པ་དང་དུས་གཅིག་ཏུ་ས་གནས་དེ་གའི་གྲོང་མི་ཉུང་ཤས་དང་སྐེར་གྱི་སྨན་སྦྱོར་མི་ཉུང་བས"མཁའ

ལྷུང་ནང་དྲི་ངན་འཐུལ་བ་དང་། ལུས་པོ་མི་བདེ་བའི་” ཚོར་སྣང་ཡོད་པ་གསལ་བཤད་བྱས། གསར་འགོད་པས་ས་ཆ་དངོས་སུ་བརྟག་དཔྱད་བྱེད་སྐབས་ཀྱང་མེད་པ་མི་བདེ་བ་དང་བྲང་ཁོག་བསྣམས་པའི་ཚོར་སྣང་ཡོད་པ་གསལ་བཤད་བྱས། ལྷག་པར་དུ་སྤྱི་ཟླ་11པའི་ཚེས་6ཉིན་《ཤིན་ཅིང་ཚགས་པར་》ཐོག་ཉ་པ་ཞིག་ཚོན་གང་གི་ཐན་དགུའི་སྦྲགས་བཙོག་ཐོག་པའི་མཚོ་ཁོངས་ཆུ་ནང་ལྷུང་རྗེས་ICUནང་སྐྱེལ་དགོས་བྱུང་ཡོད་ཅེས་བཀོད་ཡོད། དེ་རྗེས་དྲ་ཐོག་ཏུ་ཐན་དགུར་“དུག་ལྡན་པ”དང་། “སྨན་ནད་བཟོ་བ”སོགས་ཀྱི་བཤད་ཚུལ་ཁྱབ། ཡིན་ནའང་གཞུང་ཕྱོགས་ཀྱིས་དོན་དེར་ལན་ཆ་གང་ཡང་མ་བྱས། དེ་ལས་ལྡོག་སྟེ་གོ་ཁེ་དྲ་བ་སོགས་ཚན་ཤེས་ཁྱབ་གདལ་དྲ་ཚིགས་ཀྱིས་ཐན་དགུའི་དུག་ཤེད་ཆེ་ཆུང་ཐད་ཚན་རིག་ཤེས་བྱ་ཁྱབ་གདལ་བྱས་ཡོད། གླེང་ཕྱོགས་ཀྱི་འདྲི་རྩད་འོག་ཚོན་གང་ཁྲུལ་སྲིད་གཞུང་གིས་འབྲེལ་ཡོད་ཆ་འཕྲིན་སྒྲར་ཡང་ཡོངས་བསྒྲགས་བྱས། སྤྱི་ཟླ་11པའི་ཚེས་8ཉིན་གྱི་དགོང་མོར། ཚོན་གང་ཁྲུལ་སྲིད་གཞུང་གིས་བརྟ་ཁྱབ་བཏང་སྟེ་ཆུའི་སྤུས་ཚད་ལྟ་ཞིབ་ཚད་ལེན་ཁྲུལ་ཁག་གཅིག་གི་ཪྙ་སྔུམ་འདུས་ཚད་རིགས་གསུམ་པ་དང་བཞི་པའི་མཚོ་ཆུའི་སྤུས་ཚད་ཚད་གཞི་དང་མཐུན་པ་དང་། ལྟ་ཞིབ་ཚད་ལེན་གྱི་མཇུག་འབྲས་དེའི་གོང་དང་མ་གཅིག་པའི་གནས་ཚུལ་ཐོག་མར་ཐོན་ཡོད་ཅེས་བཀོད་ཡོད། སྤྱི་ཟླ་11པའི་ཚེས་8ཉིན་སྨྲ་ཅན་ཞིང་ཆེན་འབྱུང་ཁམས་ཁོར་ཡུག་ཐིང་གིས་བརྟ་ཁྱབ་བཏང་སྟེ། ཕྱིར་འཇོགས་པའི་དངོས་པོ་ནི་“གས་གཏོར་ཐན་དགུ”ཡིན་པ་ཐོག་མར་གཏན་འཁེལ་བྱས། སྤྱི་ཟླ་11པའི་ཚེས་9ཉིན་ཚོན་གང་ཁྲུལ་སྲིད་གཞུང་གིས་ཐེངས་འདིའི་དོན་རྐྱེན་ནི་བདེ་འཇགས་ཐོན་སྐྱེད་འགན་འཁྲིའི་དོན་རྐྱེན་ལས་བཟོས་པའི་ཁོར་ཡུག་སྦགས་བཙོག་དོན་རྐྱེན་ཞིག་ཡིན་པ་གཏན་འཁེལ་བྱས། སྤྱི་ཟླ་11པའི་ཚེས་10ཉིན། ཚོན་གང་ཁྲུལ་སྲིད་གཞུང་

གིས། ཉེན་རྟོག་ཕྱོགས་ཀྱིས་དོན་རྐྱེན་དང་འབྲེལ་བའི་ཁེ་ལས་ཀྱི་མི་སྣ་བཞིར་ཁྲིམས་ལྟར་བརྟག་དཔྱད་དཔང་ལེན་བྱས་ཡོད་ཅེས་བཤད། ཕྱི་ཟླ་11པའི་ཚེས་14ཉིན་ཞང་ཀང་རྗོ་སྨུམ་རྫས་འགྱུར་ཀུང་སིའི་མི་གསུམ་དང་དོན་རྐྱེན་ཐོན་སའི་སྨུམ་གྲུ་དང་འབྲེལ་བ་ཡོད་པའི་མི་བཞི་ཁྲིམས་ལྟར་ཉེས་དོན་བཀག་ཉར་བྱས།

ཕྱི་ཟླ་11པའི་ཚེས་18ཉིན། ཞོད་འཛུགས་སུ་བཏང་ཟིན་པའི་དོན་དེའི་སྐོར་གྱི་རྟོག་ཞིབ་སྐབས་ཡང་ལངས། གསར་འགོད་པས་ཕྱི་ཟླ་11པའི་ཚེས་11ཉིན་ཚོན་ཀྲོའུ་རུ་དོན་རྐྱེན་བརྟག་དཔྱད་བྱེད་རིང་ས་གནས་དེ་གའི་ཉེན་རྟོག་པས་ནམ་བྱེད་དུ"འཕྲུལ་རྐྱལ་ཁང་བཤེར་"བྱེད་པར་འོངས་བྱུང་ཞེས་བཤད། ཕྱི་ཟླ་11པའི་ཚེས་25ཉིན་སྨྲ་ཅན་ཚོན་ཀྲོའུ་སྤྱི་བདེ་ཅུད་ཀྱིས་བརྗ་ཁྱབ་བཏང་སྟེ་གསར་འགོད་པས་བཤད་པ་བདེན་པ་ཡིན་པ་དང་། འབྲེལ་ཡོད་ཁྲིམས་འཛིན་མི་སྣ་གསུམ་ལ་ཉེས་ཆད་བཅད་ཟིན་པ་ཁྱབ་བསྒྲགས་བྱས། ཕྱི་ཟླ་11པའི་ཚེས་25ཉིན། སྨྲ་ཅན་ཚོན་ཀྲོའུ་གྲོང་ཁྱེར་སྲིད་གཞུང་གིས་གསར་འགྱུར་ལས་རིགས་ཀྱིས་གནས་ཚུལ་དེ་ཐེར་འདོན་བྱས་ཟིན་རྗེས་གཞི་ནས་བརྟག་དཔྱད་དང་ཐག་གཅོད་བྱས་འབྲས་བརྗ་ཁྱབ་བཏང་བ་དང་། དོན་དངོས་ཐོག་ཞང་ཀང་རྗོ་སྨུམ་རྫས་འགྱུར་ཀུང་སིའི་རྫས་འགྱུར་དངོས་པོ་ཞུན69. 1ཕྱིར་འཛགས་ཡོད་པ་དང་། དེའི་གོང་སྣན་ཞུ་བྱས་པའི་ཞུན6. 97ཀྱི་ལྷབ་བཅུ་ཙམ་ཟིན་པ། གནས་ཚུལ་སྦྲ་གསང་ཚབས་ཆེན་བྱས་པ་བཅས་གཏན་འཁེལ་བྱས།

【གླིང་ཕྱོགས་ཁྲིད་སྟོན་གྱི་བསམ་གཞིགས།】

གླིང་ཕྱོགས་དོན་རྐྱེན་ཁྲིད་འབྲེལ་ཡོད་སྡེ་ཁག་གིས་གནས་ཚུལ་ཐོན་རྗེས་འཕྲལ་དུ་བརྗ་ཁྱབ་བཏང་བ་མ་ཟད། དོན་རྐྱེན་ཐག་གཅོད་ཇི་ལྟར་བྱས་ཚུལ་དང་ཁོར་སྐྱོང་ལྟ་ཞིབ་ཚད་ལེན་གནས་ཚུལ་བརྗ་ཁྱབ་ཐེངས་མང་བཏང་ཡོད།

གླིང་ཕྱོགས་ཀྱིས་དོགས་པ་བྱེད་པའི་གནས་ཚུལ་ཐོན་རྗེས། རིམ་པ་དེ་བས་མཐོ་བའི་སྡེ་ཁག་གིས་རང་འགུལ་གྱིས་ཐེ་ཙམ་བྱས་ཏེ་དོན་རྐྱེན་སྐོར་གྱི་བརྟག་ཞིབ་ཐེངས་མང་བཏང་བ་དང་། ཉུས་ཤུགས་ཡོད་རྒྱུ་བརྟན་ཡོད། ཡིན་ནའང་གླིང་ཕྱོགས་ཀྱིས་སྤྱི་ཚོར་གསུམ་དུ་ཡིད་ཆེས་མི་བྱེད་པ་དང་། ལྷག་པར་དུ་གསར་འགོད་པས་བརྟག་དཔྱད་བྱེད་པའི་བརྒྱུད་རིམ་ནང་འགོག་རྐྱེན་སྣ་ཚོགས་འཕྲད་པ་དང་། དོན་རྐྱེན་དེ་ཁོར་ཡུག་སྲུགས་བཅོག་གི་འགན་འཁྲི་རྩད་གཅོད་བྱེད་པ་ནས་སྲིད་གཞུང་གི་ལས་དོན་ཐག་གཅོད་ཡག་པོ་མི་བྱེད་པར་དོགས་སློང་བྱེད་པར་འགྱུར་བ་བྱུང་སྟེ། རིམ་བཞིན་སྲིད་གཞུང་གི་ཡིད་རྟོན་ཐད་ཉེན་ཁ་ཚབས་ཆེན་འཕྲད་ཡོད།

1. **ཐོག་མར་བརྟག་ཞིབ་གཏོང་སྐབས་ཀྱི་གཡོལ་ཡར་ལེན་བྱས་པ་དང་། ལན་ཆ་སྣ་ཕྱིའི་ནང་དོན་གཅིག་པ་མིན་པ་དེ་གླིང་ཕྱོགས་ཀྱི་གླིང་གཞིར་གྱུར་པ།** དོན་རྐྱེན་ཐོན་རྗེས་ཚོན་གང་ཁུལ་ཁོར་སྲུང་ཅུད་སོགས་ཀྱིས་བརྟག་ཞིབ་བསྟུད་མར་བཏང་སྟེ “སྣུམ་སྙིགས་གཙང་སེལ་བྱས་ཟིན་པ” དང་ “ཆུང་ཁམས་ཆེན་པོའི་དམིགས་ཚད་རྒྱུན་གཏན་ལྟར་སྐར་གསོ་བྱུང་” ལུགས་སོགས་བཤད་དེ་མི་རྣམས་ལ་དོན་རྐྱེན་དེ་ཛ་དྲག་པོ་མེད་པ་དང་། ཚོད་འཛིན་ནུས་ལྡན་ཐུབ་པའི་ཚོར་སྣང་ཞིག་སྤྲད་ཡོད། ཡིན་ནའང་དྲ་ཐོག་ཏུ་དེ་ལས་ལྡོག་སྟེ་གནས་ཚུལ་ཚབས་ཆེན་པོ་ཡོད་པའི་ཐེར་འདོན་གཏམ་གླིང་སྤྱི་བར་གསུམ་དུ་གནས་ཡོད་ཅིང་། མཐར་གནས་ཚུལ་དེའི་སྐོར་གཏོང་སྤེལ་བྱེད་མཁན་གསར་འགྱུར་ལས་རིགས་རིམ་བཞིན་མང་དུ་སོང་བ་དང་། ཚོན་གང་ཁུལ་སྲིད་གཞུང་གིས་སྤྱི་ཚེས4ཉིན་ནས་བཟུང་གཞི་ནས་བརྟག་ཞིབ་ནང་ “མཁའ་རླུང་ཁྲོད་དྲི་ངན་འཕྱུལ་བ” དང་དེ་བཞིན་མཚོ་ཁོངས་ལྟ་ཞིབ་ཚད་ལེན་ཁུལ་ཁག་གཅིག་གི་མཚོ་ཆུའི་སྤུས་ཚད “རིམ་པ་གསུམ་པ་དང་བཞི་པའི་

མཚོ་ཆུའི་སྲུས་ཚད་ལས་ཟིན་མེད་པ་” ཁས་ལེན་བྱས་ཡོད། གཞུང་ཕྱོགས་ཀྱི་དུས་སྟ་ཕྱིའི་ལན་ཆ་གཅིག་པ་མིན་པ་དང་། དོན་རྐྱེན་ལ་ཁ་གཏད་གཙོག་པའི་ཁྲོད་“སྒྲ་གསང་བྱེད་པའི་བསམ་པ་”ཡོད་པ་སོགས་ཀྱི་བྱ་སྤྱོད་ཐད་སླེང་ཕྱོགས་ཀྱིས་དོ་ཁུར་བྱེད་ཤུགས་ཆེ་རུ་ཕྱིན་ཡོད།

2. ཁྲིད་སྟོན་ཐད་གཅིག་གྱུར་འཆར་འགོད་བྱ་རྒྱུ་མི་འདང་བ་དང་ཆ་འཕྲིན་ཁྱབ་བསྒྲགས་བྱས་པའི་ཁྲིད་སྟོན་རུས་པ་ཞན་དུ་ཕྱིན་པ། གཞུང་ཕྱོགས་ཀྱི་ལན་ཆ་བྱེད་མཁན་གཙོ་བོ་ཚོན་ཀང་ཁུལ་སྲིད་གཞུང་དང་། ཚོན་ཀང་ཁུལ་ཁོར་སྐྱོང་རུད། སྨྲ་ཅན་ཞིང་ཆེན་འབྱུང་ཁམས་ཁོར་ཡུག་ཐིང་བཅས་སྡེ་ཁག་གསུམ་ཀས་ཁག་སོ་སོར་ལན་ཆ་ཐེངས་7དང་། ཐེངས་4ཐེངས་2བཅས་བྱས་པ་མ་ཟད། ནང་དོན་འདྲ་བའི་བརྗོད་ཁྱབ་ཡང་བསྐོར་བསྐྱར་བསྐོར་གྱིས་གཏོང་བའི་གནས་ཚུལ་ཐོན་པས་ཆ་འཕྲིན་ཟང་ཟིང་དུ་གྱུར་པ་དང་། ལྷག་པར་དུ་སྤྱི་ཟླ་11པའི་ཚེས་8དང་9ཉིན་སྡེ་ཁག་དེ་གསུམ་པོས་སྟ་རྗེས་སུ་བརྗོད་ཁྱབ་ཐེངས་6བཏང་། བརྗོད་ཁྱབ་གཏོང་ཐེངས་མང་དྲགས་པ་དེས་མང་ཚོགས་ཀྱིས་ཆ་འཕྲིན་གྱི་སྙིང་དོན་གོ་དཀའ་བར་གྱུར་བས་སླེང་ཕྱོགས་ཀྱི་དོ་སྣང་བྱ་ཡུལ་གང་ཡིན་མི་ཤེས་པར་གྱུར་པ་མ་ཟད། ནུས་ཡོད་ཆ་འཕྲིན་དེ་བརྒྱུད་སྤེལ་བྱེད་པའི་བརྒྱུད་རིམ་ཁྲོད་རིན་ཐང་མེད་པར་གྱུར།

3. ཆ་འཕྲིན་བརྒྱུད་སྤེལ་བྱེད་པའི་ཐབས་ལམ་རྒྱུད་པ་ཡིན་པས་ཁྲིད་སྟོན་གྱི་མཉམ་ཤུགས་མགྱོགས་མྱུར་དང་གྲུབ་མ་ཐུབ་པ། ས་གནས་དེའི་འབྲེལ་ཡོད་སྡེ་ཁག་གིས་གཙོ་བོ་ས་གནས་ཀྱི་སྨྱན་སྦྱོར་དང་སྲིད་གཞུང་གི་དྲ་ཚིགས་བརྒྱུད་དེ་ཆ་འཕྲིན་གཏོང་སྤེལ་བྱས་པ་དང་། ཚོན་ཀང་ཁུལ་ཁོར་ཡུག་སྲུང་སྐྱོབ་རུད་དང་། ཚོན་ཀང་ཁུལ་སྲིད་གཞུང་གསར་འགྱུར་གཞུང་ལས་ཁང་ལ་གཞུང་ཕྱོགས་པོད་ཕྲན་དང་འཕྲིན་ཕྲན་སྤྱི་སྟེགས་སོགས་སྨྱན་སྦྱོར་གསར་

པའི་སྲིད་དོན་ཁྱབ་བསྒྲགས་ལམ་བུ་མེད་པས། ཆ་འཕྲིན་གཏོང་སྤེལ་ཐབས་ལམ་རྩུང་ཞུང་ཞིང་། ད་ལམ་གླིང་ཕྱོགས་ཀྱི་ཆ་འཕྲིན་གཏོང་སྤེལ་ར་བ་དང་ཧེ་བག་ཆེན་པོ་ཤོར་ཡོད། དེ་དང་ཆབས་ཅིག དོན་རྐྱེན་འདི་ནི་ཚབས་ཆེའི་ཐོལ་བྱུང་དོན་རྐྱེན་ཞིག་ཡིན་རུང་དོན་རྐྱེན་གྱི་འབྲེལ་ཡོད་སྡེ་ཁག་གིས་དུས་ཡུན་རིང་པོར་གསར་འགྱུར་ཁྱབ་བསྒྲགས་ཚོགས་འདུ་འཚོགས་ནས་དོན་རྐྱེན་སྐོར་གྱི་བརྗོད་ཁྱབ་སྤེལ་མེད་ལ། ཆ་འཕྲིན་གཏོང་སྤེལ་གྱི་སྒྲིག་གཞི་གཞན་ཡང་མེད་པས་གླིང་ཕྱོགས་ཁྲིད་སྟོན་གྱི་མཉམ་ཞུགས་ཆགས་ཐབས་མེད།

4. **ཆེད་ལས་ཤེས་བྱའི་རིགས་གཞི་དུས་ཐོག་ཏུ་སེལ་མ་ཐུབ་པས་དཀྲོག་གཏམ་གྱིས་གླིང་ཕྱོགས་ཁྲིད་དབང་སྐྲག་དེ་ནས་ཆེ་བ་བཟོས་པ།**

དོན་རྐྱེན་གྱི་ནང་དོན་དངོས་དང་འབྲེལ་བ་ཡོད་པའི་“ཐན་དགུ”དང་“ཡལ་བའི་རང་བཞིན་གྱི་སྐྱི་ལྡན་དངོས་པོ”སོགས་ཆེད་ལས་མིང་ཚིག་དང་། དེ་བཞིན་དུག་ཤེད་ཆེ་ཆུང་། མིའི་གཟུགས་པོར་གནོད་འཚེ་གང་ཞིག་བཟོ་མིན་སོགས་གླིང་ཕྱོགས་ཀྱིས་དོ་ཁུར་བྱ་ཡུལ་གཙོ་བོའི་ཐད་གཞུང་ཕྱོགས་ཀྱིས་སྔ་ཕྱི་བར་གསུམ་དུ་འགྲེལ་བཤད་བརྒྱབ་མེད་པས། དོ་ཁུར་བྱ་ཡུལ་དེ་དག་ཐད་གོ་བ་ལོག་སྐྱབ་ཀྱི་གནས་ཚུལ་ཐོན་པས་སྐབས་ཤིག་རིང་གླིང་ཕྱོགས་ཁྲིད་དབང་ངས་སྐྲག་ཆེན་པོ་བཟོས། སྤྱི་ལྔ11པའི་ཚེས8ཉིན། རྒྱ་ཅན་ཞིང་ཆེན་འབྱུང་ཁམས་ཁོར་ཡུག་སྲུང་སྐྱོབ་ཐིང་གི་བརྗོད་ཁྱབ་ནང་གཞི་ནས་ཕྱིར་འཛུགས་པའི་དངོས་པོ་ནི་“གས་གཏོར་ཐན་དགུ”ཡིན་པ་ཁས་ལེན་བྱས་ཡོད། གླིང་ཕྱོགས་ཇ་དྲག་ཏུ་འགྲོ་བའི་དུས་མཚམས་སུ་གོ་ཁེ་དྲ་བ་སོགས་ཚན་རིག་ཁྱབ་གདལ་དྲ་ཚོགས་ཀྱིས་རང་འགུལ་གྱིས་དངོས་པོ་དེའི་ཐ་སྙད་དང་གནོད་འཚེའི་ཐད་འགྲེལ་བཤད་བྱས་པས། ཚད་གཞི་ངེས་ཅན་གྱི་ཐོག་མང་ཚོགས་ཀྱི་དོགས་གནད་སེལ་ཐུབ་པ་བྱུང་ཡོད་ལ། དེ་དང་ཆབས་ཅིག་གླིང་ཕྱོགས་ཀྱིས་ཐེངས་འདིའི་རྫས

འགྱུར་དངོས་པོ་ཕྱིར་འཛུགས་པའི་དོན་རྐྱེན་གྱི་ངོ་བོ་རྩད་གཅོད་བྱེད་འགོ་ཚུགས། མང་ཚོགས་ཀྱི་དོགས་གནད་མང་དུ་ཕྱིན་ཆེ་དཀྲུག་གཏམ་དང་གོ་ནོར་ཐེབས་པའི་གནས་ཚུལ་མུ་མཐུད་ཐོན་ངེས་ཡིན།

5. རྫིས་མཐུད་ཐག་གཅོད་ཡག་པོ་མ་བྱུང་བ་དང་། གླིང་ཕྱོགས་ཀྱི་ལྟ་སྐུལ་དང་ལེན་མ་བྱས་པས་སྐར་ཡང་ཡིད་རྟོན་ཐད་ཀྱི་ཞམས་ཉེན་ཐོན་པ། དོན་རྐྱེན་མཇུག་འགྲིལ་མཚམས་སུ་སླེབས་སྐབས། གསར་འགྱུར་ལས་རིགས་ཀྱིས། དེའི་གོང་བརྗ་ཁྱབ་བཏང་བའི་ཐན་དགུ་ཧུན6. 97ཟིན་ཞེས་པའི་གྲངས་ཚད་དེ་དོན་དངོས་ཐོག་ཧུན69. 1ཡིན་ཞིང་། གཞུང་ཕྱོགས་ཀྱིས་སྔ་གསང་བྱས་པའི་གྲངས་འབོར་ལྷབ་བཙུ་ཙམ་གྱིས་མང་བ་ཡོད་པ་ཐེར་འདོན་བྱས་ཡོད། གཞུང་ཕྱོགས་ཀྱི་སྔ་གསང་ལ་མི་རྣམས་ཀྱིས་དོགས་པ་བྱེད་འགོ་ཚུགས་པ་དང་། ལྟ་ཚུལ་ཁག་གཅིག་ནང་། ས་གནས་དེའི་སྲིད་གཞུང་གིས་ཁྱབ་བསྒྲགས་གྲངས་གཞིར་ཚོད་འཛིན་བྱས་ཏེ་དོན་རྐྱེན་ཚོད་འཛིན་དང་ཉེས་པ་ལས་གཡོལ་བའི་དམིགས་ཡུལ་འགྲུབ་ཐབས་བྱས་ཡོད་ཅེས་ཐད་ཀར་བཤད་ཡོད། དེ་མིན《ནོར་དཔལ་གསར་འགྱུར་གཟའ་འཁོར་དུས་དེབ་》ཀྱི་གསར་འགོད་པས་ཐན་དགུ་ཕྱིར་འཛུགས་པའི་དོན་རྐྱེན་སྐོར་ལ་བརྟག་དཔྱད་དང་གནས་ཚུལ་གཏོང་སྤེལ་བྱས་པའི་རྐྱེན་གྱིས་ཉེན་རྟོག་ཕྱོགས་ཀྱིས། མཚན་གྲུང་གནས་གཏན་འཁེལ་གྱིས"ཁང་པ་བཤེར་བ་"དེར་ཡང་གླིང་ཕྱོགས་ཀྱིས་གསར་འགོད་པས་ཁྲིམས་མཐུན་སྒོ་ནས་གསར་འགྱུར་བཅར་འདྲིའི་དབང་ཆ་ལག་བསྟར་བྱེད་པར་མངོན་སུམ་འཛེམས་མེད་ཀྱིས་འགོག་རྐྱེན་བཟོས་པ་དང་། གླིང་ཕྱོགས་ཀྱི་ལྟ་སྐུལ་དང་ཁ་གཏད་དུ་ལངས་པ་སོགས་ཀྱི་སྐྱོན་འཛུགས་བྱས་པས། ཐོག་མ་ནས་རྙོག་དྲ་མང་བའི་དོན་རྐྱེན་དེའི་གླིང་ཕྱོགས་སྡུག་ཐོག་སྡུག་བརྩེགས་སུ་གྱུར།

ཚོན་ཀང་གི་ཐན་དགུ་འཛོགས་པའི་དོན་རྐྱེན་མཇུག་འགྲིལ་ཏེ་དུས་ཡུན་གང་ཙམ་སོང་རྗེས་ས་གནས་དེའི་ཉ་པར་སྐྱོང་གྲུན་ཚབས་ཆེན་ཐོག་པ་དང་། ཉ་གསོ་ཚགས་ལས་རིགས་ལ་གནོད་འཚེ་ཚབས་ཆེན་ཐོག་སྐྱེ་སླར་གསོ་ཐུབ་ཐབས་མེད་པར་གྱུར་བ་མ་ཟད། ཐ་ན་ཉེ་འཁོར་གྱི་གྲོང་མིའི་བདེ་ཐང་ལ་ཡང་ཤུགས་རྐྱེན་ཐེབས་ཡོད་དམ་ཞེས་པ་སོགས་ཀྱི་འདྲི་རྩད་ཀྱིས་ཚོན་ཀང་དེ་གླེང་ཕྱོགས་ཀྱི་གནོན་ཤུགས་འོག་ཏུ་ཚུད། གླེང་ཕྱོགས་ཀྱི་ཤུགས་རྐྱེན་ལ་ཚད་ཡོད་ཀྱང་སྲིད་གཞུང་གི་ཡིད་རྟོན་ལ་འཕྲད་པའི་ཚོད་བགམ་དེ་ཡུན་རིང་གནས་པ་དང་། ཡོངས་སུ་སླར་གསོ་ཡོང་བ་བྱེད་པར་དུས་ཡུན་རིང་པོ་དགོས། དོན་རྐྱེན་དེ་ལས་དོན་དངོས་དང་མཐུན་པ་དང་ཡིད་རྟོན་རུང་བའི་ཆ་འཕྲིན་ཁྱབ་བསྒྲགས་བྱ་རྒྱུ་ནི་སྲིད་གཞུང་གི་གླེང་ཕྱོགས་ཀྱི་ཁྲིད་སྟོན་ལས་དོན་དངོས་ནས་བཤད་ཚེ་གལ་འགངས་ཧ་ཅང་ཆེན་པོ་ཡིན་པའི་བསླབ་བྱ་ཐོབ་ཡོད།

བཞི། འབྲེལ་གཏུག་གི་དཀའ་གནད་དེ། ཀན་སུའུ་ཁྲེན་རྫོང་གི“བོད་སྨན་ཐོག་གི་རྩོད་གཞིའི་”དོན་རྐྱེན།

ད་ལམ་གླེང་ཕྱོགས་ཀྱི་ཁྲིད་སྟོན་ནི་གཞི་ཁྱོན་ཙུང་ཆེ་བའི་སྤྱི་པའི་དོན་རྐྱེན་ཁྲོད་གནས་པ་མ་ཟད་རྒྱུན་གཏན་འཚོ་བའི་དོན་དག་ཙག་ཙིག་ནང་དུ་ཡང་གནས་ཡོད། 2016ལོའི་ཟླ6པའི་ཚེས1ཉིན་ཀན་སུའུ་ཞིང་ཆེན་ལུང་ནན་གྲོང་ཁྱེར་ཁྲིང་རྫོང་གི་འཕྲོད་བསྟེན་དང་འཆར་ལྡན་བུ་བཙའ་ཙུད（འཕྲོད་བསྟེན་ཙུད）ཀྱི་གཞུང་ཕྱོགས་པོད་སྨན་ཐོག་བརྗོད་དོན་གཙོ་བོའི་དྲན་གསོའི་ཉིན་མོའི་བྱེད་སྒོ་དང་འབྲེལ་བའི་པར་རིས་ཆ་འཕྲིན་ཞིག་སྤེལ་ཡོད། སྤྱིར་བཏང་གི་སྲིད་དོན་ཆ་འཕྲིན་ཞིག་ལ་དྲ་དམངས་འགའ་རེས་ལྷོག་ཕྱོགས་ཀྱི་དཔྱད་གཏམ་ངན་པ་སྤེལ་བའི་རྐྱེན་གྱིས་པོད་སྨན་དོ་དམ་པ་དང་དྲ་དམངས

བར་ཕན་ཚུན་རྩོད་གླེང་བྱེད་པའི་གནས་ཚུལ་ཐོན། ད་ཐོག་ཏུ་ཕན་ཚུན་དཔྱད་གཏམ་སྤེལ་རེས་དང་བརྒྱུད་བསྒྲུར་ཐེངས་མང་བྱས་རྗེས། ལྷོག་ཕྱོགས་ཀྱི་གཏམ་གླེང་དུས་ཐོག་ཏུ་བརྒྱུད་སྤེལ་མཚམས་མ་ཆད་པ་མ་ཟད་ད་ལམ་གླིང་ཕྱོགས་ཀྱི་ཁྲིད་སྟོན་ལ་གྱུར་པ་དང་། ལྷག་པར་དུ་གླིང་ཕྱོགས་ཁྲིད་སྟོན་གྱི་ལྷོག་དཔེ་ཞིག་ཏུ་གྱུར་ཡོད།

【དོན་རྐྱེན་ཕྱིར་དྲན།】

2016ལོའི་ཟླ5པའི་ཚེས29ཉིན། ཀན་སུའུ་ཞིང་ཆེན་ལུང་ནན་གྲོང་ཁྱེར་ཁྲིང་རྫོང་འཕྲོད་བསྟེན་ཅུད་དང་རྫོང་འཆར་ལྡན་བུ་བཙའི་མཐུན་ཚོགས་ཀྱིས་བརྗོད་དོན་གཙོ་བོའི་བྱེད་སྒོ་ཞིག་སྒྲིག་འཛུགས་བྱས་པ་དང་། ས་གནས་དེའི་མང་ཚོགས་བར་ས་ཆ་དངོས་སུ་སྤེལ་རེས་བྱས། སྤྱི་ཟླ6པའི་ཚེས1 ཉིན་ཁྲིང་རྫོང་འཕྲོད་བསྟེན་ཅུད་ཀྱི་གཞུང་ཕྱོགས་པོད་ཕྲན་གྱིས་ཐེངས་འདིའི་བྱེད་སྒོའི་སྐོར་གྱི་པར་རིས་ཡོད་པའི་སྲིད་དོན་ཆ་འཕྲིན་ཞིག་སྤེལ་བ་དང་། དེ་རྗེས་ད་དམངས་ཁག་གཅིག་གིས་ཆ་འཕྲིན་བརྒྱུད་སྤེལ་བྱེད་སྐབས་ཡི་གེ་དང་རབ་བཏགས་རི་མོ་བསྟན་པ་མ་ཟད་རྩོལ་གཏམ་རང་བཞིན་ལྡན་པའི་ལྷོག་ཕྱོགས་ཀྱི་དཔྱད་གཏམ་སྤེལ་ཡོད། པོད་ཕྲན་དེའི་དོ་དམ་པས་གནས་ཚུལ་དེ་ཤེས་རྗེས་དཔྱད་གཏམ་ལ་ལན་སློག་སྟེ་ཁ་ཏ་སློབ་སྟོན་བྱེད་རྩིས་བྱས། ཡིན་ནའང་སྐད་ཆ་ཐལ་དྲགས་པ་དང་། ལྷོག་འདྲི་དང་སྐྱོན་འཛུགས། སློབ་གསོ་བཅས་ཀྱི་སྐད་ཆ་ཤོད་སྟངས་མང་པོ་སྤྱད་ཡོད་ཅིང་། སྐད་ཆ་དེ་དག་ད་དམངས་ཀྱིས་ཕན་ཚུན་མཐུད་ནས་སྤར་ཡང་པོད་ཕྲན་ཐོག་སྤེལ། མཐར་ཁྲིང་རྫོང་འཕྲོད་བསྟེན་ཅུད་ཀྱི་གཞུང་ཕྱོགས་པོད་ཕྲན་གྱིས་དོན་དེའི་ཐད། ཕྱི་རྗེས་སུ་ད་དམངས་མང་པོ་དང་རྩོད་གླེང་དྲག་པོ་བྱས་པ་དང་། སྤྱི་ཟླ6པའི་ཚེས3ཉིན་གྱི་དགོང་མོ་པོད་ཕྲན་གྱི་དོ་དམ་པས་གནས་ཚུལ་ཞི་འཇགས་ཡོང་ཆེད་ཐོག་མའི་

པོད་ཕྲན་གནས་འཕྲིན་དེ་བསྒུབས་ཡོད།

དེའི་རྗེས་དོན་དེར་གསར་འགྱུར་ལས་རིགས་མང་པོས་དོ་ཁུར་བྱེད་འགོ་ཚུགས། འབྲེལ་ཡོད་གནས་ཚུལ་སྤྱེལ་བའི་ནང་དོན་ལ་གཞིགས་ན། སྐབས་དེའི་བརྗོད་དོན་གཙོ་བོའི་བྱེད་སྒོའི་ནང་དོན་ཏེ། འོས་འགན་སྨན་བཅོས་དང་། དབུལ་པོའི་ཁྱིམ་ཚང་ལ་མཚམས་འདྲི་ཞུ་བ་སོགས་དེ་དག་ལ་མི་འཚམས་པའི་ཆ་གང་ཡང་མེད་ཅིང་། ས་ཆ་དེ་གའི་མང་ཚོགས་ཀྱིས་ཀྱང་གདེང་འཛོག་ཡག་པོ་བྱས་ཡོད། པོད་ཕྲན་དོ་དམ་པ་དེ་ནི་ཁྲིད་རྗོང་འཐྲོད་བསྟེན་ཙུད་དྲིལ་བསྒྲགས་ཁོའོ་ཡི་ལས་མི་ཡིན་ཞིང་དྲིལ་བསྒྲགས་ལས་དོན་བསྒྲུབས་ཏེ་ལོ20ལྷག་འགོར་ཡོད་པ་རེད། གནས་ཚུལ་ཐོན་ཉིན། ཁོ་པས་པོད་ཕྲན་ཐོག་ཆ་འཕྲིན་སྤྱེལ་རྗེས་དྲ་དམངས་ཀྱིས་ཚུལ་དང་མི་མཐུན་པའི་དཔྱད་གཏམ་སྤྱེལ་ཡོད་པ་མཐོང་བ་དང་། དེ་རྗེས་མི་སྒེར་གྱི་མིང་ཐོག་ནས་ཊོལ་ལན་སློག་པས་དྲ་དམངས་མང་པོས་ཞུར་བལྟ་བྱས་ཡོད། མཐར་ཁྲིད་རྗོང་རྗོང་ཨུད་དྲིལ་བསྒྲགས་པུའུ་ཡིས་དོན་དེའི་ཐད་བརྡ་ཁྱབ་བཏང་སྟེ་ཁྲིད་རྗོང་འཐྲོད་བསྟེན་ཙུད་དང་པོད་ཕྲན་དོ་དམ་པར་སློབ་གསོ་བརྒྱབ་པ་དང་། རྒྱ་ཆེའི་དྲ་དམངས་ཀྱིས་ཀྱང་དྲ་ཐོག་གི་དཔྱད་གཏམ་སྤྱེལ་སྐབས་གཟབ་གཟབ་བྱ་རྒྱུའི་རེ་བ་བཏོན། དེ་རྗེས་གཞི་ནས་རྩོད་གཞི་ཞོད་འཇགས་སུ་འགྲོ་འགོ་ཚུགས་ཡོད།

【སྙིང་ཕྱོགས་ཁྲིད་སྟོན་གྱི་བསམ་གཞིགས།】

དོན་རྐྱེན་གྱི་ཐུགས་རྐྱེན་ངན་པ་རིམ་བཞིན་མེད་པར་གྱུར་ཙང་གཞུང་ཕྱོགས་པོད་ཕྲན་དང་དྲ་དམངས་བར་ཁ་རྩོད་རྒྱག་པ་དེ་གླེང་གཞི་ཞིག་ཏུ་གྱུར་པ་དང་། གསར་འགྱུར་ལས་རིགས་ཀྱིས་དོན་དེར་དོ་ཁུར་བྱེད་མཚམས་བཞག་མེད། དེའི་རྗེས་དེ་དང་འདྲ་བའི་གནས་ཚུལ་ཐེངས་མང་ཐོན་ཡོད་དེ། 2017

ཡོར་"ཧྲན་ཧུང་ལིའུ་ཁྲིང་དུ་ཐོན་པའི་ཨ་མར་བརྙས་བཅོས་ཐོག་པའི་མི་གསོད་ཀྱིད་གཞི་"དང་འབྲེལ་བའི་གླེང་ཕྱོགས་གནད་དོན་ཐོན་པ་དང་། གསར་འགྱུར་ལས་རིགས་ཀྱིས་ལིའུ་ཁྲིང་སྒྱི་བདེ་ཚུད་སོགས་སྲིད་ཁྲིམས་སྡེ་ཁག་གིས་སྐྱིད་ཆེའི་དདུལ་བུན་གཏོང་མཁན་ཁེ་ལས་ཀྱི་"སྲུང་དམག་"བྱེད་པར་དོགས་པ་བྱས་པ་དང་། "ཅིས་ནན་སྒྱི་བདེས་"པོད་ཕྲན་བརྒྱུད་ལན་ཆ་བྱས་པར། "བརྩེ་སེམས་ནི་བརྩེ་སེམས་ཁོ་ན་དང་། ཁྲིམས་ལུགས་ནི་ཁྲིམས་ཉག་ཅིག་ཡིན། དེ་ནི་ཡང་དག་པའི་ལམ་བུ་ཞིག་ཡིན་"ཞེས་བཤད་པ་མ་ཟད། དེའི་རྗེས་ཡང་"པོང་བུས་འགྲུལ་སྐྱོལ་ རླངས་འཁོར་ལ་བརྡུངས་པའི་"པར་རིས་ཤིག་སྤེལ་ཏེ་དྲ་དམངས་ལ་ཟུར་ཟ་བྱས་པས་ཞུར་ཟིང་ཆེན་པོ་ལངས། གནད་དོན་དེ་དག་ལས་ང་ཚོས་མཐོང་ཐུབ་པར། སྲིད་དོན་པོད་ཕྲན་གྱིས་རྒྱུན་གཏན་སྲིད་དོན་ཆ་འཕྲིན་སྤེལ་བའི་འགན་འཁྲི་འཁུར་པ་ཕུད། དྲ་དམངས་ཀྱིས་སྤེལ་བའི་ཆ་འཕྲིན་ལ་ལན་ཆ་དང་འགྲེལ་བཤད་བྱ་དགོས། དོན་དངོས་ཐོག་དེ་ཡང་གླེང་ཕྱོགས་ཀྱི་ཁྲིད་སྟོན་ཞིག་ཡིན་པས་ཆ་འཕྲིན་སྤེལ་བའི་བརྒྱུད་རིམ་ནང་ནོར་འཁྲུལ་ཡོ་བསྲང་བྱ་དགོས། གསར་འགྱུར་ལས་རིགས་དང་དྲ་དམངས་ཀྱིས་དཔྱད་གཏམ་སྤེལ་ཏེ་སྲིད་དོན་པོད་ཕྲན་བཀོལ་སྤྱོད་ཐད་གནད་འཁེལ་བསམ་འཆར་བཏོན་ཡོད་ཅིང་། དེའི་ནང་མཐོང་ཆེན་དང་བསམ་གཞིགས་བྱ་དགོས་པ་ཕྱོགས་གསུམ་ཡོད་དེ།

1. **སྲིད་དོན་པོད་ཕྲན་བཀོལ་སྤྱོད་བྱེད་སྐབས་ཆ་འཕྲིན་གཏོང་གྲོལ་དང་། ཞིབ་བཤེར་ཞུ་དག་སོགས་ཀྱི་ཐད་ལམ་ལུགས་ཆ་ཚང་ཡོད་དགོས་པ་དང་། "མི་སྣེར་གྱི་བསམ་འཆར་"གྲོལ་སར་བརྩི་མི་རུང་།** ཀན་སུའུ་ཁྲིང་རྫོང་གི་དོན་རྐྱེན་ནི་དྲ་དམངས་ཀྱིས་པོད་ཕྲན་དོ་དམ་པའི་གཏམ་བརྗོད་ཁག་གཅིག་པར་བརྒྱབ་སྟེ་བསྒྱུར་སྒྲིག་བྱས་རྗེས་དོན་དངོས་དང་མི་འཚམས་

པའི་"གླིང་སྲོལ་ནང་དོན་" བཟོས་པ་ལས་ཐོན་པ་ཞིག་ཡིན། ཡིན་ནའང་ད་དམངས་དེའི་བྱ་སྤྱོད་ཕུད། པོད་ཕྲན་དོ་དམ་པའི་གུས་ཞབས་མེད་པ་དང་། གཏམ་བརྗོད་མི་འཚམ་པ་སྤྱེལ་བའི་བྱ་སྤྱོད་དེ་ནི་བསམ་གཞིགས་ནན་པོ་བྱ་དགོས་པ་ཞིག་ཡིན། མི་སྣེར་གྱི་བྱ་སྤྱོད་དང་གཏམ་བརྗོད་ལ་སེམས་ཁམས་དང་ཁོར་ཡུག་གི་ཤུགས་རྐྱེན་ཐོག་པས་སྐད་ཆ་ཤོད་སྟངས་དང་གཏན་ཚིགས་སོགས་ཀྱི་ཐད་སྐྱོན་ཐོན་སྲིད་པ་དང་། རྟོག་འཛིང་ཆེ་ལ་འགྱུར་ལྡོག་མང་བའི་གླིང་ཕྱོགས་རབའི་ཁྲིད་མི་གཞན་གྱིས་དེ་ལྟ་བུའི་སྐད་ཆར་འགྱུ་དམོད་དང་ཐ་ན་ཚུར་རྒོལ་ལག་ཆར་སྤྱོད་ངེས་ཡིན། གཞུང་ཕྱོགས་པོད་ཕྲན་ནི་སྣེར་གྱི་པོད་ཕྲན་མིན་པས་ཆ་འཕྲིན་གཏོང་སྤེལ་གྱི་གོ་རིམ་དང་དོ་དམ་ལམ་ལུགས་ཆ་ཚང་ཞིག་བཟོ་དགོས། སེམས་རྒྱ་འཁོལ་དྲགས་པའི་རྣམ་པའི་ལན་ཆ་དང་སྒྲོ་ཐུང་རྣམ་པའི་ཁྲིད་སྟོན་མི་བྱེད་པ་ནི་སྲིད་དོན་པོད་ཕྲན་གཉེར་བའི་སྟོན་འགྲོའི་ཆ་རྐྱེན་ཞིག་ཡིན།

2. "ནོ་རེངས་ལྷ་བུའི་གཞུང་ཕྱོགས་པོད་ཕྲན་" ཞིག་བྱེད་མི་རུང་ལ་"ཁྱད་མཚར་ཅན་གྱི་གཞུང་ཕྱོགས་པོད་ཕྲན་" ཞིག་ཀྱང་བྱེད་མི་རུང་། ཉེ་བའི་ལོ་ཤས་ནང་དུ་ཐོག་ཏུ་སྲིད་དོན་པོད་ཕྲན་ཁག་གཅིག་དོ་དམ་བྱེད་མཁན་མེད་པར་ལུས་ཏེ་ཡུན་རིང་ཆ་འཕྲིན་གསར་པ་མི་སྤེལ་བའི་གནས་ཚུལ་འདུག་ཅེས་བརྗོད་མཁན་མང་པོ་ཐོན་ཡོད། ད་དམངས་ཀྱིས་པོད་ཕྲན་དེ་རིགས་ལ་"ནོ་རེངས་ལྷ་བུའི་གཞུང་ཕྱོགས་པོད་ཕྲན་" ཞེས་འབོད། སྔོ་ཚན་ཁག་གཅིག་གིས་གཞུང་ཕྱོགས་པོད་ཕྲན་ཐོ་འགོད་བྱས་རྗེས་རིམ་པ་བཞིན་ལས་འགན་སྤྲོད་དེ་བཙན་ཤེད་ཀྱིས་དོ་ཁུར་བྱེད་དུ་འཇུག་པ་དང་། དེའི་རྗེས་དུས་ཚོད་གཏན་འཁེལ་གྱིས་དོ་དམ་བདག་སྐྱོང་མི་བྱེད་པས་དེའི་ཐད་བསམ་འཆར་འདོན་མཁན་མང་པོ་ཡོད། སྤྱི་ཚོགས་ཀྱིས་ཆ་འཕྲིན་ཡོངས་བསྡུགས་ལ་མཐོང་

ཆེན་བྱེད་ཤུགས་ཆེ་རུ་འགྲོ་བ་དང་བསྟུན་ཏེ། པོད་ཐྲན་གྱི་ཆ་འཕྲིན་གཏོང་
སྤེལ་ནུས་པ་ཉིན་རེ་བཞིན་མངོན་གསལ་དོད་དུ་འགྲོ་བཞིན་ཡོད། ཡིན་ནའང་
“ རོ་རེངས་པོད་ཐྲན་” རིམ་བཞིན་ཞུང་དུ་འགྲོ་བ་དང་བསྟུན་ཏེ་“ ཁྱད་མཚར་
ཅན་གྱི་གཞུང་ཕྱོགས་པོད་ཐྲན་” ཐོན་རྒྱུར་དོགས་ཟོན་བྱ་དགོས། ཕྱོགས་
གཅིག་ནས་“ སྐད་ཆ་ཤོད་ཐོད་པ་” དགོས་པ་དང་། འཆར་གཞི་ལྟར་དུས་ཚོད་
གཏན་འཁེལ་ནང་བདག་སྐྱོང་བྱ་དགོས་ལ། ཕྱོགས་གཞན་ཞིག་ནས་“ སྐད་ཆ་
ཤོད་ཤེས་པ་” ཡང་བྱ་དགོས་པ་དང་། ངང་རྒྱུད་རིང་པོ་དང་ཞིབ་ཚགས་པོས་
གནད་དོན་ཁག་ཐག་གཅོད་ཡག་པོ་བྱ་དགོས་ཤིང་། སྲིད་དོན་པོད་ཐྲན་
གཉེར་བའི་བརྒྱུད་རིམ་ཁྲོད་སྣང་ས་འཛིན་ཡག་པོ་བྱ་དགོས།

3. སྲིད་དོན་པོད་ཐྲན་ནི་དྲ་ལམ་གླེང་ཕྱོགས་ལ་ཁྲིད་སྟོན་བྱེད་པའི་
ལག་ཆ་གལ་ཆེན་ཞིག་ཡིན། ཡིན་ནའང་“ སྐད་ཆའི་སྒྲ་རྒྱལ་” ལ་དང་
དོད་བྱ་དགོས། གོང་གི་དོན་རྐྱེན་ནང་པོད་ཐྲན་དོ་དམ་པས་དྲ་དམངས་ལན་
ཆ་བྱས་པའི་ནང་དོན་ནི་དོན་དངོས་ཐོག་སྲིད་དོན་པོད་ཐྲན་གཉེར་སྐྱོང་བྱེད་
པའི་ཁྲོད་ཀྱི་ལྟ་སྐྱུལ་དང་ནོར་འཁྲུལ་ཡོ་བསྲང་ལས་དོན་གྱི་ཁོངས་སུ་གཏོགས་
པ་དང་། རྒྱུན་གཏན་དང་དགོས་ངེས་ཀྱི་གཉེར་སྐྱོང་ལྷ་ཚོགས་ཤིག་ཡིན།
ཡིན་ནའང་དོན་དངོས་ལས་ར་སྤྲོད་བྱུང་བར། ད་དམ་པ་མི་སྙེར་ལ་“ ས་ཉི་ཤུ
སྐྱག་གི་དྲིལ་བསྒྲགས་ལས་ཀའི་” ཉམས་མྱོང་ཡོད་པ་ཙམ་གྱིས་དྲ་ལམ་གླེང་
ཕྱོགས་ལ་ཁྲིད་སྟོན་བྱེད་ཐུབ་པ་ཞིག་མིན་པ་དང་། གནད་དོན་ཤེས་རྟོགས་
བྱུང་རྗེས་ཀྱི་ལན་ཆ་བྱ་ཐབས་ཐོག་ནས་ཀྱང་དྲ་ལམ་བྱུང་ཚད་ཇི་ཙམ་ལྡན་པ་
གསལ་བཤད་མི་ཐུབ། ཆ་འཕྲིན་གཏོང་སྤེལ་དང་ཞིབ་བཤེར་ཞུ་དག་ཐད་ཀྱི་
འཐུས་སྐྱོ་ཚང་བའི་སྒྲིག་གཞི་འཛུགས་པའི་རྨང་གཞིའི་ཐོག། ཆེད་ལས་རང་
བཞིན་དང་དབང་གྲགས་རང་བཞིན་ལྡན་པ་བྱ་རྒྱུ་ནི་གོམ་པ་དང་པོ་ཡིན་པ་

དང་། དམངས་དང་ཉེ་བ་དང་ཡིད་རྟོན་རུང་བའི་སླང་བྱ་ནི་མེད་ཐབས་མེད་པ་ཞིག་ཡིན། མང་ཚོགས་ཀྱི་ཡུན་རིང་གི་ཁས་ལེན་དང་ཡིད་ཆེས་ཐོབ་པ་བྱ་རྒྱུ་ནི་སྲིད་དོན་པོད་ཕྲན་གཉེར་བའི་རིན་ཐང་ངོ་མ་དེ་ཡིན།

2018ལོའི་ཟླ་12པར། 《རྒྱལ་སྲིད་སྤྱི་ཁྱབ་ཁང་གཞུང་ལས་ཐིང་གི་སྲིད་དོན་སྒྲུབ་སྒྲོར་གསར་པ་སྐྱོན་བྲལ་དང་གོ་རིམ་ལྡན་པའི་སྒོ་ནས་གོང་འཕེལ་འགྲོ་བར་སྐུལ་འདེད་གཏོང་བའི་བསམ་འཆར་》ནང་། "ནང་དོན་སྤེལ་སྐབས་ཞིབ་བཤེར་ཞུ་དག་སྒྲིག་གཞི་ནན་པོ་དགོས་པ་དང་། རིམ་པ་དང་རིགས་དབྱེ་སྟེ་ཞིབ་བཤེར་ཞུ་དག་བྱ་དགོས་པ། སྟོན་ལ་ཞིབ་བཤེར་ཞུ་དག་དང་དེ་རྗེས་སྤེལ་བ། ཞིབ་བཤེར་ཞུ་དག་གི་བྱེད་པོ་དང་བརྒྱུད་རིམ་གསལ་པོ་དགོས་པ། ཆབ་སྲིད་དང་བཅའ་ཁྲིམས། སྲིད་ཇུས། གསང་བ། ཡི་གེ་བཅས་ཀྱི་འགག་སྒོ་ནན་པོ་སྲུང་དགོས"ཞེས་གསལ་པོར་བཏོན་ཡོད། 2019ལོའི་ཟླ་4པར་རྒྱལ་སྲིད་སྤྱི་ཁྱབ་ཁང་གཞུང་ལས་ཐིང་དྲུང་ཡིག་ཚུད་ཀྱིས་སྲིད་གཞུང་གི་དྲ་ཚིགས་དང་སྲིད་དོན་སྒྲུབ་སྒྲོར་གསར་པའི་ཞིབ་བཤེར་དམིགས་ཚད་དང་ལྟ་སྐུལ་ངོ་དམ་ལས་དོན་གྱི་ལོ་འཁོར་དཔྱད་དཔོག་སྙན་ཞུ་གསར་པར་འགྲེམས་བྱས་ཏེ་སྲིད་དོན་སྒྲུབ་སྒྲོར་གསར་པ་ཚད་འབེབས་དཔྱད་དཔོག་ནང་ཐོག་མར་བཙུག་ཡོད། མ་གཞི་དུས་ཐོག་འཕྲིན་གཏོང་གཉེན་ཆས་དང་བརྙན་ཕྲང་སོགས་ཉེར་སྤྱོད་ཐོན་པ་དང་བསྟུན་ཏེ་པོད་ཕྲན་གྱི་"སྤྱི་ཚོགས་འབྲེལ་བའི་ལག་ཆ་གཙོ་བོའི་"ལོ་རྒྱུས་གནས་བབ་ཞན་དུ་འགྲོ་བཞིན་ཡོད་ཀྱང་། སྨྱུ་མཐུད་མང་ཚོགས་ཀྱིས་དབང་གྲགས་ཅུང་ཆེ་བ་ལྡན་པའི་ཆ་འཕྲིན་རག་ཐབས་བྱ་ཡུལ་གྱི་ནུས་པ་ཐོན་བཞིན་ཡོད་པ་དང་། "གཞུང་ཕྱོགས་པོད་ཕྲན"ནི་ཆ་འཕྲིན་དངོས་ཀྱི་ཡོངས་ཁུངས་ཀྱི་མིང་ཚབ་ལྟ་བུ་ཡིན། སྲིད་དོན་པོད་ཕྲན་གཉེར་སྐྱོང་བྱེད་པའི་བརྒྱུད་རིམ་ནང་ཐོན་པའི་"གནས་ཚུལ་ཆུང་ཙག"དེ་དག་གིས

ང་ཚོར་འཕྲུལ་མར་ལན་ཆ་དང་འབྲེལ་འདྲིས་བྱེད་པའི་འདུ་ཤེས་ཡོད་དགོས་པ་ནི་ཧ་ཅང་གལ་འགངས་ཆེན་པོ་ཡིན་པ་གསལ་བཤད་བྱས་ཡོད། ཡིན་ནའང་ལན་ཆ་དང་འབྲེལ་འདྲིས་བྱ་ཐབས་དང་། དེ་བཞིན་རྣམ་འགྱུར་སོགས་ཀྱང་སློང་ཕྱོགས་ཀྱི་ཁྲིད་སྟོན་ལ་ཕན་ནུས་གང་འདྲ་ཐོན་མིན་བརྟར་ཤ་གཅོད་པའི་གལ་ཆེའི་གྲུབ་ཆ་ཞིག་ཡིན།

དོན་ཚན་བཞི་པ། དྲ་ལམ་སློང་ཕྱོགས་ཀྱི་ཁྲིད་སྟོན་ཡང་དག་མ་བྱུང་བ་ལས་ཐོན་པའི་ཤུགས་རྐྱེན་ངན་པ།

སྤྱི་ཚོགས་འབྲེལ་བའི་སྒྲུན་སྦྱོར་ཟམ་མི་ཆད་པར་གོང་འཕེལ་འགྲོ་བ་དང་བསྟུན་ཏེ་དྲ་ལམ་སློང་ཕྱོགས་གནས་ཚུལ་ཐོན་ཚད་ཀྱང་མང་དུ་འགྲོ་བཞིན་ཡོད་པས། སྲིད་གཞུང་གིས་ངེས་པར་དུ་བསམ་བློར་འཇུར་ལྟོག་གཏོང་དགོས་པ་ལས་མང་ཚོགས་དང་ཁ་གཏད་དུ་ལངས་ཏེ་“སློང་ཕྱོགས་གནས་ཚུལ་བཀག་སྡོམ”བྱེད་མཁན་ཞིག་ཏུ་མི་འགྱུར་བ་བྱ་དགོས། དེ་བས་དྲ་ལམ་སློང་ཕྱོགས་ཀྱི་དུས་ཐོག་རང་བཞིན་དང་དྲ་དམངས་ཀྱི་གཞིས་ཁུངས་སྣེ་མང་རང་བཞིན། རང་དབང་རང་བཞིན། སྒོ་དབྱེའི་རང་བཞིན། སྤེལ་རེས་རང་བཞིན་སོགས་ཀྱི་ཁྱད་ཆོས་ལ་དོ་ཁུར་བྱས་ཏེ། དྲ་ལམ་སློང་ཕྱོགས་གནས་ཚུལ་འགོག་པ་ལས་དེར་ཁྲིད་སྟོན་བྱས་ན་བཟང་བ་ཤེས་ཐུབ་པ་བྱ་དགོས། གལ་ཏེ་སྲིད་གཞུང་གིས་སློང་ཕྱོགས་ཀྱི་ཉེན་ཁར་ལན་ཆ་ཡག་པོ་བྱེད་མི་ཐུབ་པ་མ་ཟད། ཁྲིད་སྟོན་དང་འགལ་ཟླ་སེལ་མ་ཐུབ་ཚེ་སྤྱི་ཚོགས་བདེ་འཇགས་ཀྱི་མངོན་མེད་ཉེན་ཁ་མང་དག་ཐོན་ཉེན་ཡོད་པ་དང་། རང་ངོས་ཀྱི་ཡིད་རྟོན་ལ་ཡང་ཤུགས་རྐྱེན་ངན་པ་ཐེབས་སྲིད།

གཅིག དོན་དངོས་མི་ཤེས་པའི་དྲ་དམངས་ཟླ་ཚོགས་ལ་ནོར་འཁྲུལ་གྱི་ཁྲིད་སྟོན་བྱས་པ།

ཁྲིད་སྟོན་ནུས་ལྡན་མ་བྱུང་བའི་རྐྱེན་གྱིས་དོན་དངོས་དང་མི་འཚམ་པ་དང་། འཁྲུག་བཤད་ཀྱི་ཆ་འཕྲིན་གང་མགྱོགས་དྲ་ལམ་གླིང་ཕྱོགས་དང་འདྲིས་པས། ཆ་འཕྲིན་བརྒྱུད་སྤེལ་བྱེད་པའི་ཁྲིད་དོན་དངོས་གནས་ཚུལ་ཡོ་འཁྱོག་བྱུང་སྐྱེ་མང་ཚོགས་ནས་གོ་ནོར་ཐེབས་པ་དང་། རྫུན་མ་བདེན་པར་བཟོ་བ་མ་ཟད་བསམ་སྤྱོར་ངན་པ་བཅངས་པའི་མིས་ལག་ཆར་སྤྱོད་པའི་ཉེན་ཁ་ཡོད། དྲ་དམངས་སམ་དྲ་དམངས་ཟླ་ཚོགས་ཁག་གཅིག་གིས་དམིགས་ཡུལ་གང་རུང་ཞིག་གི་ཆེད་དུ་སྤྱི་ཚོགས་འབྲེལ་བའི་ཟླ་ཚོགས་ཆུང་ངུའི་ནང་དཀྲིག་གཏམ་སྤེལ་ཏེ་རྐང་བཙུགས་ནས “བསམ་འཆར་གསོ་འཛིན” དུ་འགྱུར་ཐབས་བྱེད་པ་དང་། རང་ཉིད་ཀྱི་ཤུགས་རྐྱེན་ཇེ་ཆེར་བཏང་སྟེ་དྲ་དམངས་གཞན་དག་གིས་རང་གི་རྗེས་སུ་འབྲང་ནས་བརྒྱུད་སྤེལ་བྱེད་པའི་རེ་བ་བཅངས་པ་མ་ཟད། དྲ་དམངས་མི་འདྲ་བ་གནས་སའི་ཁོར་ཡུག་མི་འདྲ་བ་དང་ཚོགས་པ་མི་འདྲ་བར་བརྟེན་ནས་དྲ་ལམ་གྱི་ཚོགས་པ་ཁག་ནང་རྒྱ་བསྐྱེད་གཏོང་ཐུབ་པ་བྱས་ཏེ། དྲ་ལམ་གླིང་ཕྱོགས་ཀྱི་གཙོ་གནད་དོ་ཁུར་བྱེད་པའི་གླིང་གཞིའི་ཤུགས་རྐྱེན་དེ་བས་ཤུགས་ཆེར་གཏོང་བཞིན་ཡོད། ལྷག་པར་དུ་སྤྱི་ཚོགས་ཀྱི་དོ་ཁུར་བྱེད་མང་བའི་གནད་དོན་དང་དཀའ་གནད་ཁག་ལ་ཡང་བསྐོར་བསྐྱར་བསྐོར་གྱིས་ཞུད་སྒྲོག་བྱེད་མཁན་ཐོན་སླ་བས། དྲ་ལམ་གླིང་ཕྱོགས་ཁྲིད་ཀྱི་འགལ་རྐྱེན་ཤུགས་ཆེར་འགྲོ་བ་དང་། གནས་ཚུལ་དངོས་མི་ཤེས་མཁན་དྲ་དམངས་དག་རེ་ཐོང་ཅལ་འདྲོགས་ལྷ་བུར་གྱུར་ཏེ། སྲིད་གཞུང་གི་སྤྱི་པའི་དོ་དམ་གྱི་གླིང་ཕྱོགས་ཁྲིད་སྟོན་ལ་འགོག་རྐྱེན་ཆེན་པོ་བཟོ་བཞིན་ཡོད།

གཉིས། སྲིད་གཞུང་གི་གཟུགས་བརྙན་དང་ཡིད་རྟོན་ཐོབ་ཚད་ལ་ཐུགས་རྐྱེན་ངན་པ་བཟོ་བ།

མིག་སྔར་རང་རྒྱལ་གྱི་སྤྱི་ཚོགས་དཔལ་འབྱོར་རྣམ་པ་བསྒྱུར་བའི་དུས་མཚམས་སུ་སླེབས་ཡོད་པ་དང་། ཁྱབ་ཁོངས་ཁག་གི་སྒྱུར་བཅོས་གཏིང་ཟབ་ཐོས་སུ་སླེབས་ཡོད་ཅིང་། སྤྱི་ཚོགས་འཁོར་རྒྱུག་སྒྲིག་གཞི་དང་། སྒྲིག་འཛུགས་གྲུབ་ཆ། ཁེ་ཕན་བགོ་འགྲེམ་སོགས་ཀྱི་གནད་དོན་རིམ་བཞིན་ཕྱིར་མངོན་བཞིན་པ་དང་། སྤྱི་ཚོགས་ཀྱི་བསམ་པའི་ལྟབས་རྒྱུན་སྣ་ཚོགས་མཉམ་དུ་འདྲེས་པ། གཏིང་ཟབ་པའི་འགལ་ཟླ་དང་ཉེན་ཁ་མང་པོ་གླེང་ཕྱོགས་ར་བའི་གླེང་གཞིར་འགྱུར་བཞིན་ཡོད། དྲ་ལམ་གླེང་ཕྱོགས་ནི་སྤྱི་ཚོགས་ཀྱི་དོ་ཁུར་བྱེད་མཁན་མང་བའི་གནད་དོན་གང་ཅུང་ལ་དམིགས་ཏེ་གྲུབ་པ་དང་། རྒྱུན་དུ་དཔལ་འབྱོར་དང་དམངས་འཚོ་སོགས་ཚོར་སྣང་རྐྱེན་པའི་གླེང་གཞི་དང་འབྲེལ་བ་ཡོད། གལ་ཏེ་སྲིད་གཞུང་གིས་དྲ་ལམ་གླེང་ཕྱོགས་ལ་ཁྲིད་སྟོན་བྱ་ཐབས་མ་འདང་ཚེ། གླེང་ཕྱོགས་ལ་ལན་ཆ་བྱེད་པའི་བརྒྱུད་རིམ་ནང་སྤྱི་པའི་དོ་དམ་སྒྲིག་གཞིའི་སྐྱོན་ཆ་ཕྱིར་མངོན་པས་མང་ཚོགས་ཀྱི་ཡིད་ཆེས་ཤོར་བ་དང་། སྤྱི་ཚོགས་ཡོངས་ཀྱི་སེམས་ཁྲལ་འདུ་ཤེས་རྒྱ་ཆེར་འགྲོ་ཉེན་ཡོད། ཀུན་གྱི་ཡིད་རྟོན་ཐོབ་པ་བྱ་རྒྱུ་ནི་ཡུན་རིང་གི་ལས་གཞི་ཞིག་ཡིན། སྲིད་གཞུང་གི་སྲིད་འཛིན་ཆུ་ཚད་བརྟན་པོ་བྱུང་ཚེ་གཞི་ནས་མང་ཚོགས་ཀྱིས་སེམས་གཏིང་ནས་རྒྱབ་སྐྱོར་དང་ཡིད་ཆེས་བྱེད་པ་དང་། མི་གང་ཅུང་གིས་རྐང་བཙུགས་ནས་ཆ་འཕྲིན་རྫུན་མ་སྤེལ་བ་དང་དེ་རྒྱ་སྐྱེད་བཏང་ཚེ། ཁྱབ་ཁོངས་འགའ་ཤས་དང་གནད་དོན་འགའ་ཤས་ཀྱི་གཞི་ཁྱོན་ཇེ་ཆེར་འགྲོ་བ་དང་། དེ་བཞིན་སྤྱིར་བཏང་གནད་དོན་ཆབ་སྲིད་ཅན་དུ་གྱུར་ཏེ་མང་ཚོགས་དང་སྲིད་གཞུང་བར་ཁ་གཏད་དུ་ལང་བའི་གནས་ཚུལ་ཚབས་ཇེ་ཆེར་འགྲོ་ངེས་ཡིན།

གསུམ། མང་ཚོགས་རང་བཞིན་གྱི་དོན་རྐྱེན་ཐོན་པར་ཆ་རྐྱེན་སྤྲུན་པ།

གྲངས་ལས་འདས་པའི་སྤྱི་ཚོགས་དོན་རྐྱེན་གྱི་ཤུགས་རྐྱེན་འོག་སྔོར་གྱི་སྨྱན་སྦྱོར་འགའ་ཞིག་དང་དེ་བཞིན་དུ་དམངས་འགའ་ཞིག་གིས་དོ་ཁུར་བྱེད་མཁན་མང་བའི་གནད་དོན་ཐད་རྒྱུ་མ་ཕུ་འདེད་ཀྱི་བདའ་འདེད་བྱེད་པས། དོ་ཁུར་བྱེད་རིན་ཡོད་པའི་གནས་ཚུལ་ཐོན་མ་ཐག་ཏུ་རྒྱུ་སྤྱོད་དེ་གཞི་ཁྱོན་ཆེན་པོས་རྒྱུན་མཐུད་དང་བརྒྱུད་སྤེལ་བྱེད་ཀྱི་ཡོད། མ་གཞི་ནས་སྒྲིག་ལམ་སྲུང་སྐྱོང་མཁན་ཞུང་བའི་ཁོར་ཡུག་འོག་ཏུ་ལམ་གླེང་ཕྱོགས་ར་བའི་ནང་རྒྱུ་བསྐྱེད་རང་བཞིན་གྱི་གྲོས་བསྡུར་ཐོན་སླ་བ་མ་ཟད། ཐ་ན་དེ་དང་འབྲེལ་བའི་ཞུད་སྒྲིག་བྱེད་མཁན་ཡང་ཐོན་སྲིད་པ་དང་། གནས་ཚུལ་གཅིག་ནས་གནས་ཚུལ་མང་པོར་རྒྱུ་བསྐྱེད་པ་དང་། འཚོ་བའི་ཁྲིད་ཀྱི་མི་འདོད་པའི་བསམ་ཚུལ་དང་སེམས་ཁྲལ་སྒྲོ་འདོགས་བྱས་ཏེ་དུ་དམངས་མང་ཚོགས་ཀྱིས་དེར་རང་དགར་ཡིད་ཆེས་བྱེད་པ་སོགས་བརྒྱུད། སྐབས་བདེའི་གནད་དོན་ཞིག་ཀྱང་དམིགས་བསལ་རེ་འདུན་ཡོད་པའི་མང་ཚོགས་རང་བཞིན་གྱི་དོན་རྐྱེན་དུ་འགྱུར་ཉེན་ཡོད། དཔེར་ན། ཉེ་བའི་ལོ་ཤས་ནང་ས་གནས་དང་གཞི་རིམ་སྲིད་གཞུང་ཁག་གཅིག་དང་འབྲེལ་བའི་ལྟོག་ཕྱོགས་ཀྱི་གླེང་ཕྱོགས་ཐོན་མང་རུང་། འབྲེལ་ཡོད་ཚན་པས་གནད་དོན་ཐོན་པའི་སྔ་ཕྱི་བར་གསུམ་གྱི་ཁྲིད་སྟོན་ལ་དོ་སྣང་མི་བྱེད་པས། གནད་དོན་ཐོན་རྗེས་གསབ་ཐབས་དང་འགྲེལ་བརྗོད་བྱ་ཐབས་སྣ་ཚོགས་བཟུང་རུང་མང་ཚོགས་ཀྱི་ངོས་འཛིན་ལ་འགྱུར་བ་ཉུས་ཡོད་གཏོང་ཐུབ་ཀྱིན་མེད་པ་དང་། འགལ་ཟླ་སླར་ཡང་ཐོན་སྐབས་མང་ཚོགས་ཀྱིས་དེའི་ཐད་འགོག་རྒོལ་བྱེད་ཉེན་ཆེ་ལ། ཁྱུ་ཚོགས་རང་བཞིན་གྱི་དོན་རྐྱེན་དེ་ལྟ་བུ་གཅིག་རྗེས་གཉིས་མཐུད་དུ་ཐོན་ཉེན་ཡོད། དེ་མིན། ཕྱི་རྒྱལ་གྱི་དགྲར་འཛིན་སྟོབས

ཤུགས་ཁག་གཅིག་དང་རྒྱལ་ནང་གི་ཁ་བྲལ་རིང་ལུགས་སོགས་བསམ་ངན་འཆང་མཁན་ཁག་གཅིག་གིས་ད་ལམ་ཆ་འཕྲིན་ལག་རྩལ་ལ་བརྟེན་ཏེ། སྔོག་ཏུ་རང་རྒྱལ་ལ་དམིགས་པའི་ལོག་ཕྱོགས་ཀྱི་ད་ལམ་གླིང་ཕྱོགས་དོན་རྐྱེན་རྫུས་བཀོད་དང་སྒྲིག་འཛུགས། ངན་པ་ལག་སྒྲིལ་བཅས་བྱེད་པ་མ་ཟད་ཁྱབ་ཁོངས་ཁ་ཤས་ནང་ཐོན་པའི་ཁྲུ་ཚོགས་རང་བཞིན་གྱི་དོན་རྐྱེན་སློ་འདོགས་བྱས་ཏེ་རང་རྒྱལ་གྱི་རྒྱལ་ཁབ་བདེ་འཇགས་དང་སྤྱི་ཚོགས་བརྟན་ལྷིང་ལ་གནོད་འཚེ་སྐྱེལ་ཐབས་བྱེད་ཀྱིན་ཡོད། གལ་ཏེ་སྲིད་གཞུང་ལ་ཁ་གཏད་གཙོག་ནུས་འདང་ངེས་མེད་ཚེ་འབྲེལ་ཡོད་ཉེན་ཁ་ལས་གཡོལ་མི་ཐུབ།

བཞི། རྒྱལ་ཁབ་ཀྱི་འདུ་ཤེས་འཛིན་སྟངས་ཀྱི་བདེ་འཇགས་ལ་ཉེན་ཁ་བཟོ་བ།

ད་ལམ་གླིང་ཕྱོགས་ཀྱི་དོ་ཁུར་བྱེད་ཡུལ་དེ་སྤྱི་ཚོགས་ཀྱི་མུན་ནག་ཕྱོགས་དང་རྩོད་གླེང་གནས་པའི་གནད་དོན་སོགས་ལོག་ཕྱོགས་ཀྱི་གྲོས་གཞིའི་ཐོག་ཏུབ་བསྡུས་བྱས་ཚེ། ཕྱོགས་གཅིག་ལ་ལྷུང་བའི་གླིང་ཕྱོགས་ཀྱི་རྣམ་པ་ངན་པ་ཐོན་ངེས་ཡིན། ད་ལམ་བརྒྱུད་སྤྲེལ་ལ་སྟབས་བདེའི་རང་བཞིན་ལྡན་པ་དང་། བརྒྱུད་སྤྲེལ་བྱེད་པོ་ལ་སྣེ་མང་རང་བཞིན་ལྡན་པ་དེས་རྒྱལ་ཁབ་ཀྱི་གཙོ་རྒྱུན་འདུ་ཤེས་འཛིན་སྟངས་ལ་རང་སའི་བསམ་པའི་ཆབས་རྒྱུན་སྣ་ཚོགས་དང་ཕྱི་ཕྱོགས་རིག་གནས་སྣ་ཚོགས་ཀྱི་ཤུགས་རྐྱེན་ཐེབས་སླ་པོ་ཡོད། ལོ་རྒྱུས་དོན་སྟོང་རིང་ལུགས་དང་། “ཀྲུང་གོའི་འཇིགས་སྐུལ་སྨྲ་བ།” དངུལ་དད་རྒྱུས་སྤྲོས་རིང་ལུགས་སོགས་བང་རིམ་མི་འདྲ་བའི་ཤུགས་རྐྱེན་ངན་པའི་བསམ་བློ་དང་གདམ་བརྗོད་དུས་ངེས་མེད་ནང་དུ་ཐོག་ཏུ་ཁྱབ་སྟེ་རང་རྒྱལ་གྱི་ད་ལམ་གླིང་ཕྱོགས་འབྱུང་ཁམས་ཁྲོད་ཀྱི་འགོག་རྐྱེན་དུ་འགྱུར་གྱིན་ཡོད། དེ་མིན་ད

ལམ་གླིང་ཕྱོགས་ར་བར་ཉ་ཉུང་མཉམ་བསྲེས་ཀྱི་སྣང་ཚུལ་ལྡན་པས་གཅིག་ནས་གཞིས་ཁྱུངས་མི་འདྲ་བ་དང་དམིགས་ཡུལ་མི་གཅིག་པའི་ལྷོག་ཕྱོགས་གླིང་ཕྱོགས་ཅན་སློག་བྱེད་མཁན་ཡོད་ལ། "དཔོག་དཀའི་དྲ་བ་15" ལྟ་བུའི་འཛམ་གླིང་རྟེལ་པོའི་དྲ་ལམ་བཙོས་སྐྱོང་ལ་ཉེན་ཁ་བཟོ་བའི་ཁྲིམས་མེད་ལུགས་མེད་ཀྱི་ཆ་ཡང་གནས་ཡོད་པས་རང་རྒྱལ་གྱི་འདུ་ཤེས་འཛིན་སྟངས་ཀྱི་བདེ་འཇགས་ལ་ཉེན་ཁ་བཟོ་བཞིན་ཡོད། རྒྱལ་ཁབ་ཕྱི་ནང་གི་དྲ་ལམ་གླིང་ཕྱོགས་ར་བའི་ཁྲིད་ཁྲིམས་འགལ་བ་ངན་པ་ལག་སྒྲིལ་གྱིས་གནས་ཚུལ་རྫུན་མ་དང་གནོད་ཡོད་གཏམ་བརྗོད་འགྲེམ་པའི་གནས་ཚུལ་ཐོན་ཚེ་རང་རྒྱལ་གྱི་དྲ་ལམ་གླིང་ཕྱོགས་ར་བའི་འབྱུང་ཁམས་ལ་གཏོར་བཤིག་ཚབས་ཆེན་པོག་ངེས་ཡིན། གལ་ཏེ་གནས་ཚུལ་དེ་རིགས་ཐག་གཅོད་ཡང་དག་མི་ཐུབ་པ་དང་། དྲ་ལམ་གླིང་ཕྱོགས་ཀྱི་ཁྲིད་སྟོན་ཡང་དག་མ་བྱུང་བ་སོགས་བྱུས་ཚེ། མང་ཚོགས་དང་ཧང་དང་སྲིད་གཞུང་བར་འགལ་ཟླ་ཐོན་ཏེ་སྤྱི་ཚོགས་ཀྱི་འཆམ་མཐུན་བརྟན་ལྷིང་ལ་ཤུགས་རྐྱེན་ངན་པ་བཟོ་ངེས་ཡིན།

第三章

近年来网络舆论引导失当的案例评析

一、网络舆论引导面临的挑战

二、国外相关案例及分析

三、国内相关案例及分析

四、网络舆论引导不力带来的消极影响

近年来，随着网络的深入发展，网络舆论也进一步呈现出复杂性和难以把控性，给国家及社会治理带来一定挑战。在网络传播环境下，网络舆论面临宣传飞沫化、认知分散化、危机常态化、传播碎片化、引导迟滞化等方面的挑战。通过梳理近年来各国政府面对突发舆情事件时出现引导不力的案例，从中总结一些经验教训，或可为今后的网络舆论引导工作提供一些借鉴。

一、网络舆论引导面临的挑战

法国作家埃蒂耶纳·卡贝在《伊加利亚旅行记》一书中写道，舆论是无冕之王。网络舆论在多个方面延续着舆论对于人类社会的重要角色。舆论亦是一柄“利刃”，法国思想家布莱兹·帕斯卡尔在其《思想录》一书中写道：“实力，而非舆论，方能称雄世界；然而，舆论却能瓦解实力。”可见，舆论事关国家发展大局，舆论引导工作不可或缺。习近平总书记多次强调这项工作的重大意义，2016 年 4 月，在网络安全和信息化工作座谈会上明确要求，对广大网民，“要多一些包容和耐心，对建设性意见要及时吸纳，对困难要及时帮助，对不了解情况的要及时宣介，对模糊认识要及时廓清，对怨气怨言要及时化解，对错误看法要及时引导和纠正”。当前，我国网络舆论引导工作主要面临五方面的挑战，如图 3－1所示。

图 3－1　当前我国网络舆论引导工作面临的挑战

（一）宣传飞沫化

“宣传飞沫化”是指各机构通过各类媒体所进行的单向灌输式宣传，在公众那里变成了空气中的“飞沫”，人们要么感觉不到这些信息的存在，要么对此视而不见[17]。造成“宣传飞沫化”的原因如下。一是信息过载。在信息爆炸的时代，每天都有海量的信息生成，而每个人的大脑容量、心智空间和信息处理能力却非常有限。只有人们需要或者期待的信息才能真正引起人们的关注。二是刻板印象。刻板印象通常可理解为人们对某类人或某类事所持有的固定而笼统的判断。如果人们对某些机构持有负面的刻板印象，那么这些机构的单向宣传就很难影响人、打动人。三是话语陈旧。某些宣传话语难以触动越来越挑剔的受众。当前政府在做一些宣传或者回应时，一方面习惯用官方语言回应公众，缺乏亲和力，造成民众对官方回应产生“假、大、空”的刻板印象，拉大了政府与公众之间的距离；甚至很多政务新媒体平台也“官腔”严重，用“高度重视”“积极、立即”“有关部门”等套话回应公众评论，引起公众反感，不能达到解决公众困惑、传播正确舆论导向的作用。另一方面，部分政府机构可能出现过一些不当回应，给人们带来不信任感，直至这种不信任感成为常态，政府的网络舆论引导工作也就失去了应有的基础。

（二）认知分散化

随着网络自媒体平台的兴起，网络舆论形成的环境与以往大不相同。以往传统媒体的环境下，各类舆论引导主体如电视、报纸等，都是信息的“把关人”，掌握着舆论话语权和主导权，面向公众的传播即使不是“一呼百应”，也能收获比较积极的信赖。但如今，网络“去中心化”特征越发明显，传统媒体不再是唯一的信息获取渠道；公众不再是被动的“接收者”，而是在网络的助推下成为更具主动性的“提问者”和“参与者”。自媒体由于通常缺少对信息传播合理及严格的审核机制，有时传播的信息未经核实即发布，有时发表的言论缺乏责任感和理性，有时放弃理性而热衷于煽动、造谣。

2016 年，伴随着英国举行“脱欧公投”、特朗普当选美国总统等国际热点时事，Post-Truth（后真相）成为《牛津词典》收录的当年的十大新词。根据《牛津词典》的解释，“后真相”意为“诉诸情感与个人信仰比陈述客观事实更能影响民意的一种情形”。当前，“后真相”现象在网上时有发生，对网络舆论生态的影响非常明显。一方面，舆论场具有开放和自由的特性，人们可以随时、随意发表看法，不用顾及他人感受。另一方面，舆论场具有自囿性与排外性，人们在网上基于文化、习俗、职业、爱好等因素，构建起形形色色的“群”或“圈”。而“群”或“圈”中的“信息茧房[注11]”效应特别明显，同一种声音、价值观在内部不断得到传播、强化，促使成员对其产生依附感与认同感，他们的思想、价值观将更加自我、封闭、固化，容易导致极端思想的滋生与蔓延。

（三）危机常态化

人们已经意识到，在一个任何人都可以借助微博、微信、论坛等网络平台发声的时代，网络舆论热点事件随时都可能发生。网络舆论具有独特的个性。一是爆发的瞬时性。光速般传递的网络信息加上不同网络群体意见的快速碰撞，热点舆论可以在极短的时间里走向极端，在缺少合理把控的情况下，很可能直接形成舆论危机。二是影响的广泛性。网络媒介对时空限制的突破，远远超过报纸、广播、电视等传统媒介，互联网上的每个终端之间构成了近乎无限的连接。这种高度分散的信息传播机制，使负面舆情可在极短的时间内传到任何一个可以上网的地方。三是难以预测性。网络相比其他媒介，具有完全不同的物理结构，要完全控制它是不可能的事情。四是后果的严重性。舆论作为公共意见的表达，有时看似只是公众情绪的反映，却与政府形象及执政能力紧密相关，若负面舆情处置不当，很可能酿成公共危机。

（四）传播碎片化

“碎片化”（Fragmentation）是对当下新兴社会媒体传播语

境的形象概括，通常包含三层含义：一是信息传播的随意性较强；二是完整的信息需要通过传播者多次发布并整合才能形成；三是需要多位传播者共同来完成一条完整信息的传播。

随着移动互联网应用的日渐普及，人们获取信息的时机更频繁、信息更琐碎，这既体现为信息获取行为的“碎片”，也意味着所获取的内容呈现出凌乱、无关联的“碎片”状态。在行为方面，中国互联网网络信息中心的统计调查显示，截至 2020 年 3 月，我国网民人均每周上网时长已超过 30 小时，对移动互联网的使用黏性不断提升。在内容方面，为了适应公众零散、高频的信息需求，各类媒体不仅通过全天候的密集提醒、算法推送、场景匹配等持续吸引公众注意力，还有意识地变革信息生产流程和传播策略。例如媒体在进行事件报道时，更加注重时效性，追随事件的发展进行推送，甚至专注于捕捉事件背后的某一个片断或细节，使公众同时接触到大量不同视角的信息，加剧了信息获取的碎片化趋势。而这种“碎片化”的阅读态势，使人们相较于传统媒体的“宏大叙事”和“长篇阔论”，更青睐采用以个体经验为视角的“微视角”和“微内容”。

（五）引导迟滞化

在网络舆论引导工作中，最常出现的问题就是政府回应滞后。一般而言，在出现网络舆论关键性意见到政府有效回应的这段时间内，如果责任部门没有在第一时间发布信息，就可能错过舆论引导的先机，造成后续传播偏离事件核心议题，带来更多的不稳定因素。同时，公共突发事件舆情一般会快速进入敏感期，如果处理不够及时或与媒体沟通不足，很快就会有不实信息开始流传。

在网络媒体崛起的背景下，自媒体与即时通信工具相互渗透，深刻参与舆论进程，舆论热点的出现和扩散瞬息万变，对舆论引导时效性的要求不断提高。传统舆论环境下发布权威消息的时间要求及流程，已经难以跟上当前网络舆论变化的速度。

从当前我国政府的应急处置能力来看，部分地方官员的思维尚未完全跟上网络信息时代的节奏和步伐，对网络舆论的力量及其对政府声誉的影响还缺乏足够的敏锐度，往往只有在网民频频呼吁政府介入时，他们才“千呼万唤始出来”。而针对公共突发事件的舆情快速响应能力，将直接决定后续舆论负面影响的大小。

二、国外相关案例及分析

突发事件的舆论本身就是难以应对的，互联网环境下的舆论则更为错综复杂。即使是通常被视为信息公开程度较高的发达国家的政府也未必能够从容应对，国外政府应对网络舆论不力的情况也时有发生。

（一）“深海浩劫”：美国墨西哥湾钻井平台爆炸

离岸 64 千米以外，广阔的墨西哥湾洋面上矗立着世界顶尖的海上钻井平台“深水地平线”。施工团队在进行破纪录深度的钻井作业时，突然遭遇井压不稳，压力冲击导致安全系统失灵，随即引发连环爆炸。深海原油冲破井盖喷涌而出，形成数十米高的油柱，冲天大火随之而来。数百万吨原油倾泻而出，整个钻井平台及附近的海平面被遮天浓烟和熊熊大火包围，变成人间炼狱，126 名钻井工人被困其中……这是 2016 年上映的影片《深海浩劫》中的情节，也是这一残酷事件真实的艺术呈现。

【事件回顾】

当地时间 2010 年 4 月 20 日晚，英国石油公司（下文简称 BP 公司）位于美国路易斯安那州墨西哥湾海面的“深水地平线”石油钻井平台发生爆炸，事故造成 11 人失踪、17 人受伤，引发 500 万桶原油泄漏，覆盖周边 2500 平方千米的海域，持续 87 天，当时被称为“人类史上最严重的海上漏油事故”。面对这一公共危机，美国政府第一时间展开公关。但据英国 BBC 报道，这场灾难使美国政府陷入“舆论风暴”，舆论引导措施并未如愿达到传播效果，政府形象受到一定损害。当年年底，推特评选出年度十大热门话题，墨西哥湾漏油事故高居榜首。

【舆论引导反思】

（1）事故初期的政府公关。墨西哥湾石油泄漏事故发生当天，美国政府对此并未形成高度重视，当晚美国海岸警卫队报告显示情况稳定，没有漏油迹象。直至 4 月 28 日，事故不断恶化，美国政府才全面介入救灾并展开公关行动。美国政府在事故爆发初期的迟缓行动，使其落入了舆论包围圈，失去了引导舆论的主动权。5月初，漏油事故成为美国最主要的新闻，公众的聚焦和现状的恶化导致针对政府的指责增多。CNN、《今日美国》、《基督教科学箴言报》对墨西哥湾石油泄漏是否为“奥巴马的卡特里娜[注12]”做出报道。美国《琼斯》月刊认为，美国政府缺少承担责任的勇气，将烂摊子留给了BP公司，而不主动接盘。美国国会众议院议员迈克·彭斯批评道：“美国人民希望知道，为什么政府反应迟缓，为什么必需的设备没有立即送入事故发生地区，为什么总统没有全面部署内阁官员？”美国《华尔街日报》称，“基于联邦政府的文件，对白宫以及美国海岸警卫队官员、州和地方政府官员的采访，考察了美国政府对事故的应对情况，发现‘茫然、不知所措’一定程度上拖延了决策速度”。

（2）事故高峰阶段的政府公关。在事故逐步恶化的过程中，美国政府一改前期的滞缓，迅速启动了政府公关。首先，政府多个部门开始参与漏油事故的处理，包括海岸警卫队、行政管理和预算局、司法部等。奥巴马5月17日宣布成立调查委员会，宣称政府将“动用手中全部资源，不遗余力”地解决墨西哥湾油污扩散危机。其次，白宫开展媒体公关，向媒体发放资料，介绍政府开展全面应急工作的情况，详述了联邦机构和BP公司为减轻生态灾难带来的影响所采取的所有行动。此外，采用传统媒体和新媒体相结合、新闻发布会与网络权威发布相结合的方式，建立了权威的信息发布系统，包括设立“深水地平线应急反应”官方网站及社交媒体账号，开展信息发布、现场直播、提供索赔通道等工作，使救灾行动高效化和透明化。在第二阶段，美国政府通过各部门的协作投入大量资源救灾，努力营造政府的正面形象，赢得了部分民众的支持和理解。

（3）**事故尾声阶段的政府公关。**漏油事故久悬未止，引起了公众的倦怠和反感情绪，以及对政府执政能力的质疑。在该背景下，美国政府再次公关，通过议程设置转移了公众对漏油进展的关注。美国政府在事故处理中对BP公司强力施压，要求其承担赔偿责任，并追究相关政府官员的责任。5月17日，矿产资源管理局负责近海石油开采的副局长成为事件发生后第一个引咎辞职的官员。6月17日，美国政府最终促成了BP公司的专项赔偿基金的成立。官方网站提供了大量的安全知识、索赔和诉讼信息等。在该阶段，美国政府成功转移了公众的注意力，同时采取相关措施给公众制造了一种勇于承担责任的印象。但是，由于事故发展的不可预知性和复杂性，政府仍然在某些方面存在失误。美国政府一直被指责与BP公司合作，故意掩盖墨西哥湾石油泄漏的规模和影响，对公众知情权造成了一定损害。

（二）“黄衫风波”：法国“黄马甲”运动

2018年的冬天，法国爆发了“黄马甲”运动，给法国甚至欧盟带来了很大的影响。而事件是如何蔓延发展的，我们或许可以通过舆论分析的视角，得出答案。

【事件回顾】

2018年11月，法国总统埃马纽埃尔·马克龙宣布，为了推进环保事业的发展，自2019年1月1日起上调燃油税，每升柴油拟提高0.065欧元（折合人民币约0.5元）。政策一出，立刻遭到法国民众的强烈抗议。2018年11月17日，法国各地爆发“黄马甲”运动，反对油价上涨。示威者高喊口号，封堵道路。数据显示，当天法国有2034个地方发生了抗议示威集会，有28.7万人参加了反对油价上涨的示威活动，超过400人在示威中受伤。抗议者们通过社交平台集结在一起，身着黄色背心，涌入高速公路、隧道和机场通道，边走边大声呼喊“恢复我们的购买力”等口号，对当地交通造成了严重的影响。12月1日，示威者占领巴黎市中心，大肆毁坏建筑，街旁的商店被砸毁，多辆汽车被推翻或焚烧，凯旋门等古迹也被涂抹损坏。法国防暴警察与抗议者发生肢体冲突，并使用了催泪弹和水枪。

此后，“黄马甲”运动持续进行，抗议活动也蔓延到法国各地。12月4日，法国总理爱德华·菲利普表示将停止上调燃油税，这也是事件中法国政府首次回应民众诉求，但收效甚微。12月8日，法国爆发第四次抗议活动，仍有超过10万民众参加；12月15日，抗议活动进入第五周，法国各地约6.6万人身穿黄马甲进行第五次大规模街头示威抗议，巴黎则有2000余人参加抗议。法国警方在全国派出6.9万名警察，巴黎派出8000余名警察、14辆装甲车控制局势。12月

17 日，法国总理菲利普公开称政府在处理“黄马甲”抗议活动时犯了错误，表示会充分听取民众意见进行改革，但相关表态仍然没有达到平息事态的效果。12 月 27 日，一波“黄马甲”运动抗议者聚集在总统度假官邸布雷冈松堡，准备对其发起袭击，警方及时赶到才避免了袭击的发生。时至今日，“黄马甲”运动仍未完全平息。

【舆论引导反思】

（1）事件发生初期，政府并未及时了解并回应民意。因为上调仅 0.065 欧元的燃油税就引发如此声势浩大的“黄马甲”运动，背后其实是政府与民众由来已久的矛盾。当时，法国政府增加了燃料税、烟草税及社会福利税，让很多民众倍感压力。美国《纽约时报》称，马克龙的“改革”计划完全没有关注工人阶级，其自上而下的改革最终陷入一系列问题，支持率不断下降，由当选时的 66% 降至 21%，创执政以来的新低。《纽约时报》称，在日益上涨的物价面前，很多法国中低收入群体连“月底吃什么”都不能解决，增加燃油税无疑与民意脱节，加上没有及时回应民众呼声，最终激起了民众的反抗。而由于民众与政府长期处在对立状态，政府已失去争取民意支持和平息事态的条件。

（2）政府忽视了社交媒体可能引发的严重后果。“黄马甲”运动始于汽车司机在社交网络上的一项请愿，目的是要求法国政府降低燃油价格。由于法国法律规定车内必须备有一件黄色荧光马甲，司机们便身穿马甲封路以表达诉求。借助于社交媒体的传播，这项抗议活动很快便发展成声势浩大的“黄马甲”运动。“黄马甲”运动的社交媒体性质意味着抗议者成分复杂且缺乏组织，这增加了政府与抗议者交涉谈判的难度。而法国政府在事件发生之初，并未意识到社交媒体可能带来的聚集力和影响力，导致事件从线上请愿活动迅速演变为线下抗议活动，并不断升级。

（3）直到事态失控后，政府才被迫做出回应。事件发生后，法国政府一方面称将倾听抗议者的意见，另一方面则表示对暴力事件坚决反对，始终只表明态度，缺乏实际的行动，导致抗议活动持续升级。直至 12 月 4 日，法国总理爱德华 · 菲利普才发表电视讲话，宣布将延期 6 个月上调燃油税，并称 2018 年冬季将不会上调天然气和电力的价格。针对抗议者提高购买力的要求，他还提到政府有降低居住税、降低工资分摊金和提高低收入者的奖金等措施。法国政府的上述举措意在回应抗议者的核心诉求，但抗议已演变为对法国政府多项改革措施及贫富差距加大等问题的不满，政府已陷入被动、退让的局面——即如果游行可以逼迫政府在燃油税上让步，民众也有望用同样的方式逼迫政府在更多改革领域做出妥协，这导致法国改革“深水区”政策可能逐步沦陷。

综上所述，忽视民意甚至与民意背道而驰，可能带来持续的动荡。此次法国“黄马甲”运动出现横向延伸的倾向，甚至在意大利、比利时、希腊、荷兰、德国等欧洲国家均出现类似苗头，游行者均身着黄色马甲。如今欧洲自由主义言论兴起，使“黄马甲”运动的舆情发展显示出更大的不确定性。

（三）“政治大火”：俄罗斯全国性森林火灾

2010 年 7 月至 8 月，俄罗斯遭遇百年未遇、连续 30 天超过 30℃的酷暑天气，境内连续发生严重森林火灾事故，起火点共计超过 7000 个，累计 2. 1 万人参与灭火，有西方媒体称之为“现代史上最大的森林火灾”。据媒体报道，此次大规模火灾事故带来的经济损失可能高达 150 亿美元，相当于俄罗斯 2010 年国内生产总值的 1%，俄罗斯对此进行了深刻反思。

【事件回顾】

2010 年夏季，俄罗斯出现罕见高温和干旱天气，首都莫斯科 7 月 29 日的气温创历史新高，达到 38℃，这个 7 月成为有气象记录以来当地的最热月份。受持续高温和干旱天气的影响，俄罗斯境内多地发生森林火灾，莫斯科、弗拉基米尔等 7 个州宣布进入紧急状态。截至 8 月 9 日，森林大火导致多人死亡，2000 余栋房屋被烧毁，3000 多人无家可归。

森林火灾是一种突发性强、破坏性大、处置救助较为困难的自然灾害。俄罗斯森林广阔，火灾高发，因此民众一般认为政府针对此类灾害应具有完备的应对之策。但过高的舆论期待以及政府后续应对的失误，导致这场森林大火成为政府面临的一场“政治大火”。

俄罗斯《独立报》称，受火灾影响，俄罗斯百姓对总统和总理的信任度甚至有所下降。政府和执政党的威信受到冲击，俄罗斯各级政府及官员在此次火灾中的表现不能使百姓满意，严重消耗了政府的公信力。

【舆论引导反思】

（1）**危机意识匮乏。**火灾频发的国家本应具备敏锐的危机意识，而俄罗斯却没有一个负责处理自然灾害事宜的专门机构。事后，一些记者进行实地调查发现，在相当一部分森林起火点都找到了烟头或者容易引起火灾的物品。危机意识是危机预警的心理基础，是危机应对的能力保障。俄罗斯民众和政府缺乏相应的危机意识，相应的防范和应对策略也明显被动、滞后。

（2）**信息瞒报严重。**在信息公开方面。因为怕受到处罚，一些地方政府官员不愿如实向上级汇报火灾情况，记录火灾发生的数字往往被压低，导致决策失据，最终酿成大面积灾情。此外，莫斯科官方死亡统计数据也出现造假行为。据俄媒披露，时任莫斯科市长的卢日科夫不仅隐瞒真实死亡人数，还下令禁止医生诊断伤员病情与高温和森林大火有关。一系列封堵伪造信息的行为被曝光后，成为舆论抨击的焦点。

（3）**预警机制缺失。**首先，各级政府没有设立专门的危机信息收集机构，也没有明确的报告方。火灾发生 9 天后，莫斯科市长卢日科夫在没有收集完整信息的情况下，就向总统报告了灾情，相关信息还是“加工”后的数字，导致决策层无法准确掌握灾情，从而使得救援行动迟缓，最终酿成数十人死亡的悲剧。其次，相关救灾预警措施未得到落实。俄罗斯虽有《紧急状态法》，可由于火灾紧急、着火面积广、火情复杂，救援工作程序化程度很低，因此并未发挥作用。直到火灾失控后，时任总统的梅德韦杰夫听取了沃罗涅日州州长戈尔季耶夫的电话汇报，才就该州灭火措施、疏散火灾高发区居民等情况给出指示，未能做到防患于未然。

（4）问责程序简单。2010 年 8 月 11 日，俄罗斯农业部部长接受了莫斯科州林业局局长的辞职决定，原因是梅德韦杰夫对莫斯科林业局领导层提出了批评，认为无视大火、仍然继续休假的林业部门负责人应该辞职。该起问责干脆利落，三天之内相应官员便相继辞职。但舆论认为，行政问责应有一套有序而完整的程序，不仅仅是有关官员辞职这么简单。这种处理方式反而给舆论一种逃避之感，一定程度上造成民众对政府的不信任感再度涌现。

综合分析俄罗斯政府在此次火灾中的表现，对于其国内多发的自然灾害长期缺乏有效应急方案是主要原因，而对事故伤亡人数的瞒报则是最大的败笔。政府如何建立起多信息通道，避免信息渠道单一带来的舆论偏颇造成决策失误，这也是许多国家面临的共同问题。

（四）“核电危机”：日本福岛核电站震后泄漏

当地时间 2011 年 3 月 11 日，日本本州岛海域发生里氏 9.0 级强烈地震并引发海啸，日本沿海的 4 座核电站均受到了不同程度的影响，其中受损最为严重的是世界知名的核电站——福岛第一核电站和第二核电站。1978 年，福岛第一核电站曾发生临界事故，但一直被隐瞒至 2007 年才公之于众。

2011年的福岛核泄漏事故再次将核电危机推向国际舆论的旋涡中心。

【事件回顾】

地震发生后，福岛第一核电站和第二核电站的6个反应堆冷却系统失灵，进入“紧急”状态。3月12日，日本经济产业省原子能安全保安院宣布，福岛第一核电站的放射性物质泄漏到外部。3月12日至15日，福岛第一核电站的4个机组先后发生爆炸，并出现放射性物质外泄的情况。大批居民被疏散，共有21万人被紧急疏散到安全地带，12万人接受了核辐射检查。一直到3月20日，第一核电站才完成向4号机组的首次注水，获得外部电力供应。

事件发生后，日本政府和东京电力公司（下文简称东电公司）为应对这一紧急事件，采取了一系列应对措施。3月11日晚，时任日本首相的菅直人根据《原子能灾害对策特别措施法》发布“原子能紧急事态宣言”；3月12日，日本首次确认有核电站的放射性物质泄漏到外部，确定堆芯燃料正在熔化；3月13日，日本政府下令福岛核电站反应堆制造商之一的东电公司帮助解决核电站问题；3月15日，日本政府与东电公司联合成立“福岛核电站事故对策统合总部”，并向美国核管制委员会和国际原子能机构正式提出请求，希望能得到技术援助来解决核电站问题；3月18日，国际原子能机构的专家小组抵达日本，提供相应的技术支持。

【舆论引导反思】

对日本而言，“3·11大灾难”是由大地震、大海啸、核泄漏等一系列史无前例的难题共同构成的“复合型危机”，但天灾之中不乏人祸。总体来说，日本在此次危机公关上花了很多的心思，但都没有收到预期的效果。

（1）官方信息不权威甚至相互矛盾，引发民众不信任。地震发生后，时任首相菅直人在震后4分钟即成立灾害对策总部，当日即调派自卫队赶赴灾区，一系列举措赢得广泛赞誉。但在随后的救援中，自卫队迟迟未有进展，被评估可短期内解决的福岛核电事故愈演愈烈，官房长官记者会和东电公司记者会屡屡出现信息不吻合的情况，社会舆论显示出普遍不信任的状况。如3月27日中午，东电公司称“福岛第一核电站2号机组每小时泄漏的水辐射剂量达到1000毫希沃特”，这比反应堆正常运行时的数值高100万倍，瞬间引发恐慌；而到了27日晚，东电公司又称错误地将辐射剂量夸大了10万倍。日本政府发布关键信息时含糊其词，信息时有错误，对核泄漏事件的严重性估计不足，使得日本民众的消极情绪剧增，且逐步升级，带来的心理影响反而大于地震、海啸灾难带来的心理影响。

（2）对外发布的立场及负责评估的第三方机构被指缺乏独立性，使舆论引导及危机公关成效大打折扣。日本公关体系主要由内阁广报室、政府广报室、都道府县广报室组成。在涉外公关方面，内阁广报室和政府广报室起了关键作用，而内阁广报室更多地承担起直接沟通的职能。日本的内阁记者会通常由官房长官来主持。当时的官房长官枝野幸男的表现确实有许多可圈可点之处。他总是面容憔悴、双眼布满血丝地出现在记者会上，这一为国为民操劳的形象深入人心。地震发生不久，枝野幸男平均每天都要主持5场记者招待会，及时向国民及媒体报告地震、核电等官方信息，律师出身的他逻辑严密，鲜有失态和失言。但糟糕的是，枝野幸男站在维护东电公司的立场，俨然成了“东电发言人”，日本政治评论家浅川博忠就称其为“负责公关的东电副社长”。

东电公司是一家民营公司，具有雄厚的实力，但在其骄人业绩的背后，却隐藏着数笔不太光彩的记录。在日本国民的心目中，东电公司的信用度并不高。而枝野幸男在危机公关时，过于听信核事故第一利害关系方东电公司的说辞，这显然是一大失误。当东电公司的信息被证明并不准确时，原本淡定的日本民众开始出现恐慌心理，部分民众宁愿相信社交媒体和手机短信发布的消息，也不愿意看东电公司及内阁广报室的信息。同时，日本政府为挽回国民的信任，紧急邀请了外部顾问，他们多为东京大学等科研机构的地震、核电专家。但这些顾问多属于“核电支持派”，顾问名单经日本媒体报道后，舆论哗然，认为这一举措将“人为缩小”核电事故的危害。

（3）日方舆论引导工作失当，使其他国家产生了恐慌和困扰。2017年3月，加拿大维多利亚大学海洋学专家表示，在加拿大西海岸的三文鱼身上首次检测到了放射性元素铯-134，证明日本福岛核污染已扩散到北美地区，这引发了当地民众的恐慌。通常，核泄漏属于特大突发事故，影响广泛深远，一方面污染难以消除；另一方面污染可能随着洋流、气流继续扩散，对多国造成负面影响，继而让事故发展为跨国污染事故。日本政府的应对措施因此被全世界诟病。如何应对此类特大事件的负面舆情，是对一国政府危机应对能力的特殊考验。

梳理以上国家危机公关及舆论引导失败的案例可以发现，突发事件来势汹汹，社交媒体发展迅猛，舆情态势波谲云诡，即使是经验较为丰富的发达国家，亦难以妥善应对。近年来，我国政府对危机公关及舆论引导的意识已有大幅提升，但鉴于相关经验仍有不足，思维尚未完全转变，仍不时出现一些“简单粗暴”的负面案例。因此，我们选取国内相关案例进行分析，为我国地方政府及相关部门进行危机公关及舆论引导工作提供一些借鉴。

三、国内相关案例及分析

近年来，我国各级政府已逐渐意识到网络舆论引导的重要性，也在相关事件的处置中不断发挥主观能动性。但从现实案例看，部分地方政府仍存在舆论引导意识不强、能力不足、应对失措等问题，给政府形象带来一定损害。

（一）“官本位”式舆论引导：广东茂名 PX 项目事件

专业名词“PX”一度为我国民众所熟知。PX 即 P－Xylene 的简写，它的中文名称是对二甲苯，它以液态形式存在，无色透明，气味芬芳，属于芳烃的一种，是化工生产的重要原料之一，常用于生产塑料、聚酯纤维和薄膜。PX 项目，即对二甲苯化工项目。由于这种化工原料的生产存在污染环境的风险，多地民众将其视为“洪水猛兽”，并相继引发抗议。2007 年厦门出现反对 PX 项目的游行后，“PX 项目”的舆论敏感度逐渐提高，在 2012 年前后达到高潮，在大连、宁波、昆明等地相继爆发了反对 PX 项目的事件。2014 年 3 月，广东茂名爆发反对 PX 项目的群众聚集事件。舆论场上出现诸多问题，引人深思。

【事件回顾】

2014 年3 月30 日上午，广东茂名市区部分民众因当地拟建 PX 项目在市委门前聚集游行。30 日夜间，有部分闹事者出现打砸行为，对公共设施肆意破坏。

3 月 31 日，茂名市政府发布告全体市民书，表示欢迎社会各界通过正当渠道表达对 PX 项目的关切，通过正当渠道反映项目情况。国内媒体报道量随即上升，舆论热度进一步升温。回顾当日事件进程，一条来自茂名新闻网的、题为“广东茂名市民游行反对 PX 项目政府：不法者挑唆”的新闻在3 月 31 日凌晨被媒体转载，引发大量关注。网上出现各种各样的传言。4 月 1 日下午，茂名市副市长代表市委、市政府在市委办公室接待了上访代表，就 PX 项目问题与上访代表进行面对面交流，听取他们的诉求和意见。

4 月 3 日，茂名市政府就 PX 项目及事件总体处置情况召开新闻发布会，通报称，截至 4 月 2 日晚，茂名市公安机关依法共查处违法犯罪嫌疑人 44 人，其中刑事拘留 18 人、行政处罚26人。茂名市公安局领导表示，被刑拘的18名犯罪嫌疑人主要涉嫌聚众扰乱社会秩序、聚众扰乱公共场所秩序、寻衅滋事等犯罪行为。在查处过程中，公安机关没有对任何学生采取刑事拘留或作出行政处罚。但部分网民仍对此持有怀疑态度，直至主流媒体不断进行证伪，网上相关的不实传言才逐渐消散。

可以说，茂名市政府为顺利解决PX项目的建设问题开展了多项舆论引导工作，试图消解争议，但始终未能有效平息民众的激烈情绪，最后，此事件以PX项目的下马而告终。

【舆论引导反思】

从3月30日茂名市民走到市委门前抗议，到政府表态“决不会违背民意进行决策”，茂名市政府在两天的时间内对危机及时进行有效应对，较好地回应了民意。但在事件的整个启动、宣传过程中，相关工作仍有待改善之处。

（1）初始期：灌输式科普和封锁消息适得其反。2009年，茂名市政府曾启动PX项目的选址，但这一过程引发争议，事件停摆。2014年2月，茂名市开始密集宣传PX项目，从3月开始，当地媒体几乎天天可见对“PX”的科普宣传文章。政府本意是向民众科普，但由于宣传过程中采用单向灌输的方式，刻板、片面，只讲好处不讲风险，反而引发了民众的担忧。3月27日晚，茂名市政府召开PX项目推广会，但会上有市民表达了不同的意见，与当地官员发生了争执。政府还强制要求相关人员签署支持项目建设的承诺书，更加重了市民的猜疑，推广会不欢而散。此后，外地媒体采访被拒，舆论引导逐步走向失控。

（2）爆发期：现实冲突加剧了舆论危机。政府与市民的沟通失效后，随即爆发了群体冲突。2014 年 3 月 30 日上午，大量茂名市民前往市委及周边路段聚集游行、阻塞交通，以此来表达对政府将 PX 项目落户茂名的不满和抗议。当日下午，聚集的人群与前来维持秩序的警察发生小规模冲突，数小时后市民逐渐散去。但当晚 22 时后，部分市民再次聚集，小部分群众向政府机关和公共设施投掷石块、玻璃瓶等，并与前来维护秩序的警察发生肢体冲突，造成一辆警车被焚毁、多名群众受伤。31 日凌晨，网上发出一些所谓的“现场”照片，出现“示威者多人死亡”等谣言。

（3）消散期：刻意回避公众诉求，导致负面情绪难消。4 月 2 日，茂名警方敦促在冲突中故意打砸公共设施的少数不法分子自首；4 月 3 日，政府举行了新闻发布会，称 PX 项目目前并未实施，并通报了在游行中群众受伤的情况。但政府单方面的声明缺少对公众关于停止 PX 项目规划诉求的直接回应。4 月 23 日，茂名市政府再次举行新闻发布会，重申茂名 PX 项目尚无时间表，项目各个环节也未正式展开，并向在冲突中被误伤的市民道歉。同日，警方公布逮捕了 24 名在事件中借机破坏、打砸公共设施的不法分子。茂名市政府最终停止了 PX 项目的规划建设。

综上分析，当时茂名市政府对于 PX 项目遭遇抗议准备了一些预案，在信息发布、快速回应等方面的举措也可圈可点，但总体引导预案仍在旧思维的框架下进行。从刻板的灌输式“科普”，到强制要求相关人员签署支持项目建设的承诺书，政府仍然给人以“高于民众”的感受，而非倾听民众的担忧。不在选址、消除污染、风险防范等核心问题上有所作为，就无法消除民众的质疑。看似“尊重民意”，本质却还是传统的官方主导思维，不够重视舆论的力量，结果造成了政府公信力的消解。回顾整起事件，茂名市政府在前期宣传和事后引导等环节中的处置做法，未能有效发挥出正向引导作用，这为国内类似舆论引导工作提供了教训。近年来，各地关于PX项目的科学宣传、重化工行业的安全管理等工作不断受到重视，民众的环保意识逐步转化为理性诉求，解决类似问题的良性渠道正在形成。

（二）“后真相”时代的谣言：四川泸县学生坠亡事件

近年来，互联网舆论下的“后真相”现象引起关注，即突发的舆情事件触及网民的敏感神经时，往往直接触发网民的争相表达和情绪宣泄。此时，情绪的影响力超过事实的影响力，使得真相的到来存在滞后性。政府部门若不能及时有效发声，还原事实真相，很容易陷入“塔西佗陷阱[注13]”，导致谣言四起。2017年4月发生的四川泸县学生坠亡事件，就是受到“后真相”谣言冲击的一起典型案例。

【事件回顾】

2017年4月1日，四川泸县太伏中学学生赵某被发现死于学校的学生宿舍楼外，消息迅速在网络论坛、微博、微信等网络平台传播。4 月 1 日，当地政府微信公众号发布简单公告称，“1 日 6 时左右，泸县太伏中学一学生在住宿楼外死亡。当地多部门已赶赴事发现场调查处置该事件”。因未公布确切的死亡原因，事件迅速在网络上发酵，多种版本流传，“死者被人殴打致死后扔下楼，打人者中有人的父亲为当地领导”等传言、猜想四起。网上还出现所谓的“死者尸体”视频，舆论关注点不断移向“真实死亡原因”“涉及校园凌辱”等话题。

受此影响，4 月 2 日，当地政府再次发布通报称，经勘察检验和调查走访，赵某的损伤符合高坠伤亡特征，现有证据排除他人加害的可能，具体死亡原因需依法按程序待家属同意后进行尸检确认。但此后，网上又传出看似家长围住学校、防暴警察在学校附近警戒的图片和视频，导致事态进一步激化升级，网上抵触的声音越来越强烈，如“警察封锁现场”“政府与家属抢夺尸体”等传言四起，事态发展越来越复杂。

4 月 3 日，当地政府两次发布公告，对网络上的传言进行辟谣，表示系部分群众未经核实，散布虚假消息，制造谣言，并强调暂无他杀证据。4 月 4 日，网络舆论继续发酵，官方未有公告发布。4 月 5 日晚，《人民日报》和新华社关注该事件，围绕网上关注的话题发问。当地警方随后发布通报称，将依法启动尸检程序，当地网警也澄清了多条涉事谣言。4 月 7 日，泸州市委市政府举行媒体见面会，公布案件的调查结果及尸检结果，显示确无证据证明死者系他杀，舆论逐步趋于稳定。

【舆论引导反思】

此事件中，当地政府在事件发生时迅速介入调查，凸显了政府意图积极引导舆论的发展。但整体来看，当地政府的危机公关应对水平有限，导致事件陷入舆论的旋涡。

（1）回应不够及时，对谣言缺乏充分的预警，导致陷入被动局面。在舆论爆发的初期，网络上质疑之声和谣言四起。一方面，面对网络上的诸多质疑，当地政府未及时采取有效举措进行舆论引导，使舆论进一步激化，这样的方式显然与新媒体时代的危机公关背道而驰。另一方面，地方政府对网上谣言澄清速度慢，对舆论的敏感度不高，长期处于沉默状态。突发事件的网络舆论来势迅猛、传播快、影响广，若未在第一时间发声回应公众质疑，抢占舆论的制高点，就极难有效地控制舆论。

（2）在后续与公众的交流中缺少有效信息的提供。事件发生后，当地政府未能准确回应舆论的关注焦点，未能就公众所关心的、迫切希望知道的问题进行答复。在官方的前期通报中，对死者的死因未能给出有说服力的证明，却在未进行尸检的情况下匆匆得出“非他杀”的结论，导致后期“高坠伤”“无其他暴力加害”“无死后伤”的调查报告发布后，有些网民产生巨大的心理落差，滋生对立情绪，试图找寻一切细节进行驳斥，以满足其自身预设的立场及联想，形成第一波负面舆论的声势，出现了“高空坠亡只是死亡原因，什么时候可以作为证据排除他杀了?”“难道没有因人为外力导致坠亡的可能性?”“警方如此敷衍判案能平民愤?”等质问，使网络舆论一边倒地表达出不信任的态度，导致政府的形象受损。

（3）政府形象管理碎片化现象严重。在此事件中，当地政府的形象管理缺乏完整规范的流程，总是随着网络舆论的走向在澄清补救，缺乏规划性与有效性。如在对外发布澄清信息的过程中，也运用了认证微博、微信公众号等新媒体来发布的手段，但缺乏对多种手段的整合，信息散乱。事件发生后，当地政府主要通过官方自媒体进行通报，但官方自媒体的关注人数少，影响力较弱，对舆情的应对力不从心。此外，当地政府和传统媒体在舆论引导工作上缺乏合力。此事件中，记者赶到当地展开调查时遭到阻拦，无法从权威处获取信息，甚至被村镇干部威胁、干扰，这也加重了百姓对当地政府的信任危机。

梳理事件的过程可以发现，事件本身并不复杂，也不存在各种“内幕”，却在多种因素的作用下不断发酵，向着超出预料的方向发展。在“后真相”时代的背景下，舆论聚焦极易超越事件本身，问题扩大化、泛在化等现象普遍，而地方政府的不当举措也可能被无限放大，成为舆论抨击的焦点。整体来看，该事件的主要问题发生在前端，中后期虽然政府一直试图修补，但政府公信力却不可避免地受到冲击。事件发生初期的舆论引导行为是左右事件舆论走向的关键一步。

这提示政府在开展网络舆论引导时，需努力做到及时发声，还原事情的真相，掌握舆论制高点，从而有效化解舆论危机。

（三）违规瞒报：福建泉港碳九泄漏事件

2018 年 11 月 4 日凌晨，福建省泉州市泉港区东港石化码头发生工业用裂解碳九化学品泄漏事件，造成大量养殖水产死亡、多名渔民出现身体不适等情况，事件迅速引发舆论关注。但事发后，泉港区环境保护局多次通报称空气指标和海水水质正常，与事实观感不符的通报难以令人信服，由此掀起了一场生态及公众信任的危机。

【事件回顾】

2018 年 11 月 4 日凌晨 1 时 13 分，福建省泉州市泉港区东港石化码头的作业人员发现装船过程中发生工业用裂解碳九化学品泄漏；7 时许，微博网民“@ 肖泽玲”等人反映，泉港区的空气中弥漫着异味，疑似有化学品泄漏；10 时 10 分，地方媒体《石狮日报》的官方微博“@ 石狮日报”发布了泉港区环境保护局的通报，该通报称“油船连接至码头的软管法兰垫片老化、破损，导致部分油品泄漏”。当晚 20 时许，“@ 石狮日报”再次发布泉港区环境保护局的通报，该通报首次承认事故系碳九泄漏所致，并强调碳九泄漏海域的清理工作已基本完成。11 月 6 日，泉港区环保局发布通报称，当地各项空气指标持续正常，海水水质标准符合养殖水质的需求。11 月 8 日，泉港区环保局第四次发布通报称各项指标恢复正常。

但就在官方发布通报的同时，不少当地居民和自媒体反映“空气难闻，令人不舒服”，有记者在现场调查时也表示喉咙难受、胸闷，尤其是 11 月 6 日，《新京报》称，有渔民掉入泉港碳九污染海域后住进 ICU。官方通报出现信任危机。此后，网上开始流传碳九“有毒”“致癌”等说法，但官方对此全无回应，反而是果壳网等科普网站对碳九的毒性进行了科普。在舆论的追问下，泉港区政府再次公开相关信息。11 月 8 日晚，泉港区政府通报称，部分水质监测点石油类含量仅符合第三类、第四类海水水质标准注14，首次出现不同的检测结果。11 月 8 日，福建省生态环境厅发布通报，首次确认泄漏物为“裂解碳九”。11 月 9 日，泉港区政府初步认定此事件为安全生产责任事故引发的环境污染事件。11 月 10 日，泉港区政府称，警方对涉事的 4 名企业人员依法进行了调查取证。11 月 14 日，3 名东港石化公司人员和 4 名涉事油轮人员被依法刑事拘留。

11 月 18 日，本以为已经平静的事件再起波澜。有记者称，11 月 11 日在泉州调查报道事故期间遭受当地警方深夜“突击查房”。11 月 20 日，泉州市公安局通报，记者所言情况属实，3 名执法相关责任人被处分。11 月 25 日，福建泉州市政府在媒体曝光后通报调查及处置情况，认定东港石化公司实际化学品泄漏量 69. 1 吨，是此前报告的 6. 97 吨的近 10 倍，瞒报严重。

【舆论引导反思】

此次舆情事件中，有关部门在事发后进行快速通报，并多次通报事故处置情况及环境监测情况；在受到舆论质疑后，更高层级的部门主动介入，对事件进行密集的通报，处置较为尽力，但舆论始终存有疑虑。尤其是记者在调查过程中遭遇多重阻挠，事件由环境污染追责转向质问政府工作处置不力，继而发展成一次严重的政府信任危机。

（1）初始通报避重就轻，回应的前后“打架”成为舆论导火索。事件发生后，泉港区环境保护局等接连发布多次环境通报，称“油污已全部清除完”“大气指标已恢复正常”，给公众营造出了一种事态并不严重、已得到有效控制的观感。反观网络上，有关事态严重的爆料却一直存在。直到越来越多的媒体介入报道，泉港区政府才在事发 4 日后的通报中承认“空气出现刺鼻性气味”，以及部分海域监测点仅符合“第三类、第四类海水水质标准”。官方前后不一致的回应、事件应对中暴露出的“瞒报思维”刺激舆论持续升温。

（2）引导缺少统筹规划，信息发布引导作用损耗严重。作为官方回应主体，泉港区政府、泉港区环境保护局和福建省生态环境厅 3 个部门均进行了回应，回应次数分别为 7 次、4 次和 2 次，且出现频繁发布类似通报内容的情况，导致信息混乱。尤其是在 11 月 8 日和 9 日，3 个部门先后共发布 6 份通报，但密集的内容让公众难以抓住重点，这不但分散了舆论的注意力，也导致有效信息在传播过程中严重损耗。

（3）信息发布渠道单一，无法快速形成引导合力。从信息发布的渠道来看，当地有关部门主要依靠地方媒体和政府网站进行发布，泉港区环境保护局、泉港区政府新闻办尚未设立官方微博和微信公众号等新媒体政务发布渠道，信息发布渠道较狭窄，远不能达到网络舆论对信息发布的要求。同时，这是一起重大突发事故，涉事方长期未通过新闻发布会进行事件通报，也没有其他的信息发布机制，无法形成舆论引导合力。

（4）专业知识未能及时释疑，谣言的传播加剧了舆论的恐慌。对于牵扯事故核心的“碳九”“挥发性有机物”等专有名词，以及其毒性如何、对人体有何种影响等舆论的主要关注点，官方一直未予以解释。对这些关注点的误读一度引发了舆论的恐慌。直至11月8日，福建省生态环境厅的通报才首次确认泄漏物为“裂解碳九”。在舆论发酵阶段，果壳网等科普网站自发解读此泄漏物的概念及其危害，一定程度上消减了公众质疑，却也继续激起舆论对此次泄漏事故性质的追问。公众的疑问一旦积累，就可能造成谣言或误解的持续。

（5）后续处置不力，抗拒舆论监督，再掀信任危机。事件末期，媒体曝光此前一直通报的6.97吨碳九泄漏量实际多达69.1吨，官方瞒报达近10倍量级。官方瞒报令人产生怀疑，有观点直指当地政府企图控制通报的数据，以达到控制事态、躲避惩罚的目的。此外，《财新周刊》记者因调查报道碳九泄漏事件被警方深夜定点“查房”，这也被舆论指责为公然干扰记者合法行使新闻采访权，对抗舆论监督，让原本负面累累的事件舆情雪上加霜。

泉港碳九泄漏事件告一段落后，当地渔民的渔场损失惨重，渔业受打击或一蹶不振；更有附近居民身体健康是否会受影响等种种追问，均让泉港笼罩在阴影之下。舆情可以较快地结束，但政府公信力可能需要经受持久的考验，恢复还需要较长的时间。该事件带来的一个重要启示在于，坚持发布真实、可信的信息，对于政府的舆论引导工作至关重要。

（四）沟通困境：甘肃成县“微博掐架”事件

网络舆论引导不仅存在于较大规模的公共事件当中，也常常因为一些“日常小事”掀起波澜。2016 年 6 月 1 日，甘肃省陇南市成县卫生和计划生育局（卫计局）的官方微博发布了一条有关主题纪念活动的图文信息。但一次普通的政务发布却由于个别网民的带有负面性的跟帖议论，引发了微博管理员与网民的轮番“互怼”，经过网上多次互评转发后，不仅没能及时消除负面言论的传播，还成为一起网络舆论引导，尤其是言论引导的尴尬教案。

【事件回顾】

2016 年 5 月 29 日，甘肃省陇南市成县卫计局、县计生协会组织主题活动，与当地群众现场交流。6 月 1 日，成县卫计局的官方微博发布了一条有关此次主题活动的政务信息，并配发图文。但随后，个别网民在转发时配以文字及漫画图片，并进行了带有攻击性的负面评论。该局的微博管理员发现后，试图用回复评论的方式进行劝导，但语言过激，多次使用反问、指责、说教式语句，这些语句被该网民拼接处理后再次发布，成县卫计局的官方微博就此陆续与多名网民“犀利”互评。6月3日晚，该微博管理员为平息事态，将这条原创微博删除。

该事件随后引起多家媒体的关注，根据相关报道的内容，此次主题活动的内容并无不妥，包括义诊、慰问贫困户等，在当地反响良好。该微博管理员为成县卫计局宣传科工作人员，从事宣传工作20多年，事发当天在微博发布信息后，他发现评论中有网民发表不当言论，于是试图从个人角度回怼，造成诸多网民围观。最后，成县县委宣传部通报此事件，对成县卫计局和微博管理员进行教育，同时希望广大网民在网络上规范自己的言行。至此，事件引发的争议走向平息。

【舆论引导反思】

事件的负面影响逐渐淡去，但“官微与网民掐架”已成话题，媒体关注犹存。此后，多起类似案例仍不时出现在公众面前。2017年，“山东聊城辱母杀人案”舆论发酵，有媒体质疑聊城公安等政法机关为放高利贷的企业充当“保护伞”，“济南公安”疑似发布微博回应，称“情感归情感，法律归法律，这是正道”，随后又发布“毛驴撞大巴”的图片，被指嘲讽网民，引发轩然大波。从这类事件可以看出，政务微博在履行日常政务信息发布的职能之外，也经常需要对网民发布的信息进行回应与解释，其实质仍然是一种舆论引导，即在信息的发布过程中进行有效纠偏。类似的问题背后，不少媒体或网民都曾发表评论，对政务的微博运营提出了中肯的意见，其中有三方面值得重视和思考。

（1）政务微博运营应设有发布、审核等完备制度，不应有“个人脾气”。在甘肃成县发生的这起事件中，微博管理员的部分发言截图被网民重新拼接、组合，制造出不实的“对话效果”。排除涉事网民的不当行为，该微博管理员的失礼、失当之处值得认真反思。个人的行为和言论常常受情绪或所处环境左右，在措辞、逻辑等方面难免出现漏洞，在复杂多元的网络舆论场中，极易被人调侃甚至利用。官微不是个人微信，设计好信息发布的完整流程和把关制度，避免激情式回应和冲动式引导，是做好政务微博运营的前提。

（2）不做“僵尸官微”，也不要做“奇葩官微”。近年来，网上反映部分政务微博疏于管理、长期不更新的情况时有发生，网民将此类微博称为“僵尸微博”。有的部门和单位开通微博后还层层下达任务，强制要求关注，事后却缺乏定期和有效的维护，引来不少质疑。随着社会对信息公开的日益重视，微博的信息发布功能日益突出，但在“僵尸微博”逐渐减少的同时，也应重视避免出现“奇葩官微”。既要“敢说话”，按照计划做好定期维护；又要“会说话”，耐心细致地处理好后续遇到的问题，把握好政务微博运营过程中的尺度。

（3）政务微博是开展网络舆论引导的重要场所，但要讲

求“语言的艺术”。事件当中微博管理员对网民的回应，其实属于政务微博运营中的事后监测和纠错工作，是一个正常和必要的运营环节。但事实证明，仅凭借管理员个人“从事宣传工作20多年”的经验，并不足以完全适应网络舆论引导的需要，其发现问题后的应对方式也未能体现出足够的网络素养。在形成健全的发布与审核机制的基础上，专业和权威是第一步，亲民和可信同样必不可少，赢得公众的长期认可与信赖感，是开设政务微博的真正价值所在。

2018年12月，《国务院办公厅关于推进政务新媒体健康有序发展的意见》明确提出，要“严格内容发布审核制度，坚持分级分类审核、先审后发，明确审核主体、审核流程，严把政治关、法律关、政策关、保密关、文字关”。2019年4月，国务院办公厅秘书局印发政府网站与政务新媒体检查指标、监管工作年度考核指标，首次将政务新媒体纳入量化考核。虽然伴随着即时通信软件、短视频等新应用的出现，微博逐渐失去了“社交之王”的历史地位，却也继续承载着公众获取相对权威信息的窗口的功能，“官方微博”几乎成为确切信息来源的代名词。政务微博运营中出现的一些“小插曲”告诉我们，第一时间回应和沟通的意识很重要，但回应和沟通的方式及态度同样可能成为决定网络舆论引导成效的重要因素。

四、网络舆论引导不力带来的消极影响

随着社交媒体的不断发展，网络舆情越发汹涌。政府急

需主动改变思维，避免与民众处于对立面来“堵舆情”，更应关注网络舆论的即时性以及网民身份的多元性、自由性、开放性、互动性等特点，要意识到网络舆情堵不如疏。如果政府不能很好地应对并引导化解舆情风险，将不可避免地带来诸多社会安全隐患，消解自身公信力。

（一）给不明真相的网民群体带来误导

由于引导不力，歪曲、失真的信息将快速渗透到网络舆论中，使信息在传播过程中扭曲变形，不仅容易误导民众，使民众信以为真，还容易被居心不良者利用。有些网民或网民群体出于某种目的，在社交小圈子内发布煽动性言论，有意塑造“意见领袖”，扩大其影响，以引起其他网民“跟风”传播，并借助不同网民所处的不同圈子，在各个网络群圈之间形成扩展，对网络舆论热点的再造和发酵施加更大的影响。特别是一些有关社会热点、难点的问题，容易引发反复炒作，使网络舆论中的消极因素呈现递进式的运动，误导更多不了解情况的网民，给政府进行公共管理的舆论导向造成了严重阻碍。

（二）对政府形象及公信力造成损害

当前，我国社会经济正处于转型期，各领域的改革步入深水区，社会运行机制、组织结构、利益分配等问题浮出水面，多种社会思潮交织，许多深层矛盾和风险点开始在舆论场显现。网络舆论一般围绕某个社会热点问题形成，通常涉及经济、民生等敏感类话题，如果政府的网络舆论引导能力存在短板，就可能在应对中暴露出公共管理机制的缺失，群众的不信任感日积月累，容易造成社会焦虑情绪蔓延。公信力建设是一项长期工程，政府执政水平稳定才能赢得群众发自内心的支持和信赖。如果放任网络舆论中的消极因素引起强烈关注与热烈讨论，一旦有人蓄意散布虚假信息并推波助澜，很可能导致局部、个别问题扩大化以及一般问题政治化，从而进一步激化民众与政府之间的对立情绪。

（三）给群体性事件的发生埋下隐患

在层出不穷的社会事件的刺激下，部分自媒体及网民保持着对舆论热点的“追逐”，一旦发现可引起关注的信息点，就快速利用网络工具大范围持续发布。在先天缺少秩序维护者的环境条件下，网络舆论场很容易引发延伸性讨论甚至关联性炒作，从一起事件本身扩展至更多话题，放大生活中的不满与焦虑，极易引发网民群体的盲从与冲动，简单的事件也容易演变为带有特定诉求的公共群体性事件。例如近年来部分地方和基层政府负面舆情多发，但相关机构平时仍然不注意事前和事中引导，事后尽管采取了多种弥补、解释手段，也难以有效改变民众根深蒂固的印象。矛盾再次发生时，民众极易再次选择抗议，使群体性事件进入恶性循环。此外，有部分国外敌对势力、境内分裂分子等别有用心者，以网络信息技术为依托，在我国暗中策划、组织、串联负面网络舆情事件，并对局部群体性事件进行大肆渲染，试图滋扰我国的国家安全和社会稳定。如果政府自身的应对能力不足，将无力抵御相关风险。

（四）对国家意识形态安全构成威胁

网络舆论的焦点，一旦聚集在社会阴暗面、争议性问题等负面议题上，就容易出现一边倒式的消极舆情态势。网络传播的便捷性和传播主体的多元化，使国家主流意识形态经受着各种本土思潮和外来文化的冲击。历史虚无主义、“中国威胁论”、拜金享乐主义等不同层级的消极思想或言论，一不注意就在网上“冒头”，成为我国网络舆论生态中的干扰因素。此外，网络舆论场鱼龙混杂，不仅潜藏着不明身份、不明动机的负面舆情炒作源，也存在着“深网[注15]”之类威胁全球互联网治理的蛮荒之地，威胁着我国意识形态的安全。一旦境内外网络舆论场出现不法分子相互勾结、一唱一和，大肆散播不实信息和有害言论的情况，我国的网络舆论生态将受到严重破坏。如果这样的情况得不到正确的处理、网络舆论得不到正确的引导，很可能会使民众与党和政府之间产生隔阂，从而影响社会的和谐稳定。

ས་བཅད་བཞི་པ།

ཏང་ཡོན་ལས་བྱེད་པའི་དྲ་ལམ་གླེང་ཕྱོགས་ལ་ཁྲིད་སྟོན་བྱེད་པའི་ནུས་པ་ཟམ་མི་ཆད་པར་གོང་མཐོར་གཏོང་དགོས།

དོན་ཚན་དང་པོ། ཁྲིད་སྟོན་གྱི་འདུ་ཤེས་གསོ་སྐྱོང་། དྲ་ལམ་གླེང་ཕྱོགས་ལ་མཐོང་ཆེན་བྱེད་ཤུགས་ཆེ་རུ་གཏོང་བ།

དོན་ཚན་གཉིས་པ། ཁྲིད་སྟོན་གྱི་ནུས་པ་གྲུབ་པར་བྱེད་པ། དྲ་ལམ་གླེང་ཕྱོགས་ཀྱི་ངོས་འཛིན་ཚད་མཐོ་རུ་གཏོང་བ།

དོན་ཚན་གསུམ་པ། ཁྲིད་སྟོན་བྱ་ཐབས་ཡོང་དུ་ཆུད་པར་བྱེད་པ། དྲ་ལམ་གླེང་ཕྱོགས་ཀྱི་བཅོས་སྐྱོང་ཚད་གོང་མཐོར་གཏོང་བ།

2018ལོའི་ཟླ་12པའི་ཚེས་5ཉིན། འཛམ་གླིང་ཡོངས་སུ་གྲགས་པའི་ཚོན་མདོག་ཐད་ཀྱི་དབང་གྲགས་ལྡན་པའི་ལས་ཁུངས་ཕན་ཐུན་(Pantone)གྱི་ཚོན་མདོག་ཞིབ་འཇུག་སོའོ་ཡིས་2019ལོའི་ལོ་འཁོར་གྱི་མཚོན་བྱེད་ཚོན་མདོག་ཁྱབ་བསྒྲགས་བྱས་པ་དང་། "འཚོ་བཅུད་ལྡན་ལ་མཐོང་སྣང་དོད་པའི་" "བྱུ་རུ་གསོན་པོའི་ཚོན་མདོག" (Living Coral, མདོག་ཨང་16－1546) བདམས་ཐོན་བྱུང་ཡོད། ཞིབ་འཇུག་སོའོ་དེའི་སྤྱི་ཁྱབ་སྤྱི་གཉེར་གཞོན་པ་རོ་ལི་ཡུ་ལི་སི་མེན་གྱིས"གཞི་མདངས་གསེར་མདོག་ཅན་གྱི་ལི་ཡང་མདོག་གི་ཚོན་མདོག་དེས་མི་རྣམས་ལ་དྲོ་སོབ་སོབ་ཀྱི་ཚོར་སྣང་ཞིག་སྟེར་བ་མ་ཟད་སྐྱེ་སྟོབས་དང་གསོན་ཤུགས་ཤིག་མངོན་ཐུབ" ཅེས་བཤད། འདིར་གླེང་དགོས་པ་ཞིག་ནི། ལོ་འཁོར་གྱི་མཚོན་བྱེད་ཚོན་མདོག་དེ་དར་སྲོལ་ར་བའི་ཕྱོགས་སྟོན་འཁོར་ལོ་ལྟ་བུ་ཞིག་ཡིན་རུང་། ད་ཐེངས་བདམས་ཐོན་བྱུང་བའི་ཚོན་མདོག་ལ་དར་སྲོལ་གྱི་དོན་སྙིང་ལྡན་པ་ཙམ་མིན།

ཡུ་ལི་སི་མེན་གྱིས་ལོ་འཁོར་གྱི་མཚོན་བྱེད་ཚོན་མདོག་ཁྱབ་བསྒྲགས་བྱེད་སྐབས། "ཉོག་འཛིང་ཆེ་བའི་དེང་གི་དུས་རབས་འདིར་དྲ་རྒྱ་དར་བའི་དབང་གིས་བྱ་དངོས་མང་པོ་ཞིག་གི་མི་གཤིས་དང་ཚོན་མདོག་མཐོང་རྒྱུ་མེད་པར་འགྱུར་བཞིན་ཡོད་པས། མི་རྣམས་ཀྱིས་མི་གཤིས་ཅན་གྱི་ཁྱད་ཆོས་ལྡན་པའི་ཚོན་མདོག་འཚོལ་བཞིན་ཡོད།" "ང་ཚོས་འཚོ་བཅུད་ལྡན་ལ་མཐོང་སྣང་དོད་པའི་ཚོན་མདོག" ལ་རེ་བ་བྱེད་བཞིན་ཡོད། "བྱུ་རུ་གསོན་པོའི་ཚོན་མདོག" གིས་མི་རྣམས་ལ་བརྩེ་སེམས་ཀྱི་ཚོར་སྣང་སྤྲིན་ཐུབ། "དེ་ནི་ཕན་ཚུན་འཐམས་འཕྲོད" ཐེངས་ཤིག་བྱས་པ་དང་འདྲ། "ང་ཚོས་ཚོན་མདོག་དེ་རིགས་དེ་བས་མང་པོ་མཐོང་ཐུབ། དེ་ནི་སྤྱི་ཚོགས་འབྲེལ་བའི་སྨྱུན་སྦྱོར་གྱི་ཤུགས་རྐྱེན་ནུས་པ་ཡིན། གང་ཡིན་ཟེར་ན། མི་རྣམས་ཀྱིས་བྱ་དངོས་གང་རུང་ཞིག་ཀུན་ལས

རྣམ་པར་རྒྱལ་ཐུབ་པའི་རེ་བ་བྱེད་བཞིན་ཡོད། ‘ཐྭ་ཏུ་གསོན་པའི་ཚོན་མདོག’ནི་ང་ཚོས་སྤྱི་འབྲེལ་སྨྱན་སྦྱོར་ཐོག་མཐོང་སྐྱོང་བའི་ཚོན་མདོག་ཅིག་ཡིན་’ ཞེས་གསུངས་ཡོད་པ་རེད། གཞན་ཡང་པན་ཐུན་ཚོན་མདོག་ཞིབ་འཇུག་སོའོ་ཡིས་2020ལོའི་ལོ་འཁོར་གྱི་མཚོན་བྱེད་ཚོན་མདོག་ནི“རྩེར་སོན་སྔོན་པོ་”(Classic Blue)ཡིན་པ་ཁྱབ་བསྒྲགས་བྱས་ཡོད། དེའི་རྒྱུ་མཚན་ནི“ཚོན་མདོག་དེ་རིགས་ནི་སྐྱ་རེངས་དུས་ཀྱི་ནམ་མཁའ་དང་འདྲ་བ་དང་། དེས་ཞི་དུལ་དང་ཡིད་ཆེས་བརྟན་པོ་མཚོན་པ་དང་། ད་དུང་དུས་རབས་གསར་པར་བསྐྱོད་པའི་མཚམས་དེར་མི་རྣམས་ཀྱི་རང་སེམས་རང་གསོ་ཐུབ་པའི་རེ་འདུན་” མཚོན་པས་ཡིན། ཡིད་ཆེས་དང་། རྟོག་འཛིང་། གདོང་ཐུག། སྐར་གསོ་སོགས་སྤྱི་ཚོགས་འབྲེལ་བའི་ཁྱད་ཆོས་རྒྱུན་མི་ཆད་པར་མངོན་གསལ་དོད་དུ་འགྲོ་བའི་སྨྱན་སྦྱོར་གསར་པའི་དུས་རབས་འདིར་ཡོད་ཚད་ལ་འགྱུར་ལྡོག་འགྲོ་བཞིན་ཡོད་ལ་ཡོད་ཚད་མཉམ་འདྲེས་བྱེད་བཞིན་ཡོད་ཅིང་། མི་རྣམས་འགྱུར་ལྡོག་དང་མཉམ་འདྲེས་དེའི་ཁྲོད་དུ་འཚོ་བཞིན་ཡོད། གླིང་ཕྱོགས་ཀྱི་ཁྱེད་སྟོན་ལས་དོན་གྱི་འགོ་འཛུགས་ས་གལ་ཆེ་ཤོས་ཤིག་ནི། གླིང་ཕྱོགས་དང་ལྷག་པར་དུ་ཏྭ་ལམ་གླིང་ཕྱོགས་ཀྱིས་དེང་སྐབས་སྤྱི་ཚོགས་ཀྱི་གོང་འཕེལ་དང་བཅོས་སྐྱོང་ཐད་གལ་ཆེའི་ནུས་པ་ཐོན་པར་ངེས་འཛིན་ཁ་གསལ་ཐུབ་པ་བྱ་རྒྱུ་དེ་ཡིན།

ཆར་ཐིགས་འཛགས་པ་མཐོང་མཁན་ཁང་པའི་ནང་ན་ཡོད། སྲིད་ལ་ནོར་འཁྲུལ་ཡོད་མིན་ཤེས་མཁན་འབངས་ནང་ཡོད་ཅེས་པའི་དཔེ་ལྟར། ཏྭ་ལམ་ཆ་འཕྲིན་དང་དེའི་ཉེར་སྤྱོད་གོང་འཕེལ་གཏིང་ཟབ་འགྲོ་བའི་དུས་རབས་གསར་པ་འདིར། ཏྭ་ཐོག་གི་མང་ཚོགས་ལམ་ཕྱོགས་ཡག་པོ་འཛིན་པ་དང་། ཏྭ་ཐོག་གི་གླིང་ཕྱོགས་ལ་དུས་དང་རྣམ་པ་ཀུན་ཏུ་དོ་ཁུར་བྱེད་པ། ཏྭ་ལམ་གླིང་

ཕྱོགས་ལ་ཁྲིད་སྟོན་ལུགས་མཐུན་གང་འདྲ་བྱེད་མིན་བསམ་གཞིགས་བྱེད་པ་བཅས་ནི་ཏང་ཡོན་ལས་བྱེད་པ་མི་རེ་རེར་ངེས་པར་དུ་ལྡན་དགོས་པའི་ནུས་པ་ཞིག་ཏུ་གྱུར་ཡོད།

ཇོན་ཚན་དང་པོ། ཁྲིད་སྟོན་གྱི་འདུ་ཤེས་གསོ་སྐྱོང་། དྲ་ལམ་གླེང་ཕྱོགས་ལ་མཐོང་ཆེན་བྱེད་ཤུགས་ཆེ་རུ་གཏོང་དགོས་པ།

གོང་དུ་འཁོད་པའི་སྤྱོད་དཔེ་ཁག་ལས་མཐོང་ཐུབ་པར། རྒྱལ་ཁབ་ཕྱི་ནང་གི་ཁོར་ཡུག་ངོས་ནས་བཤད་ཚེ་རྒྱལ་ཁབ་སོ་སོའི་གནས་ཚུལ་ཚང་མ་འདྲ་པོ་མེད། ཡིན་ནའང་དྲ་ལམ་གླེང་ཕྱོགས་ཀྱི་འཁོར་རྒྱུག་གི་འགྱུར་བའི་ཆོས་ཉིད་ཐད་ངོ་བོའི་རང་བཞིན་གྱི་ཁྱད་པར་མེད། དྲ་ལམ་གླེང་ཕྱོགས་ལ་ཁྲིད་སྟོན་ནུས་ལྡན་བྱེད་ཐུབ་མེད་པའི་སྣང་ཚུལ་ལས་གཅིག་གྱུར་གྱི་གནད་དོན་མཐོང་ཐུབ་པ་དང་། ཁྲིད་སྟོན་ལྟོས་བཅས་ཀྱིས་ཡག་པོ་བྱུང་བའི་སྣང་ཚུལ་ལས་རྒྱལ་ཁབ་གཞན་དག་གི་རིགས་འདྲ་བའི་སྤྱོད་དཔེ་ཡིན་རུང་དེར་སློབ་སྦྱོང་ཞུ་དགོས་པའི་ཆ་ཤས་ཡོད། དེས་ཕྱོགས་གཞན་ཞིག་ནས་དྲ་བའི་ཆ་འཕྲིན་དུས་རབས་སུ"འཛམ་གླིང་ནི་ངོས་སྙོམ་ཡིན་པའི"མཉམ་སྤྱོད་དང་སྒོ་དབྱེའི་ཁྱད་ཆོས་ཀྱི་ཤུགས་རྐྱེན་འོག་དྲ་ལམ་གླེང་ཕྱོགས་ཐད་ལའང་ཕན་ཚུན་འདྲ་བའི་ཆ་ཡོད་པ་མངོན་ཐུབ། སྤྱི་པའི་དོན་རྐྱེན་གང་ཞིག་ཐོན་རུང་ཚང་མར་གླེང་ཕྱོགས་ཀྱིས་ལྟ་ཚུལ་གླེང་བའི་སྣང་ཚུལ་མངོན་གསལ་ཇེ་དོད་དུ་འགྲོ་བཞིན་ཡོད་པ་དང་། ཐ་ན་རྒྱལ་ཁོངས་དང་དུས་དང་བར་ཁམས་ལས་བརྒལ་ཡོད། དེ་ནི་མི་རྣམས་ཀྱིས་ཉམས་མྱོང་གླེང་བའམ་དཔེ་བཞག་པ་ཞིག་མིན་པར་ལྟ་ཚུལ་དེ་རིམ་བཞིན་ཐུན་མོང་གི་ངོས་འཛིན་དུ་འགྱུར་བཞིན་ཡོད།

གོ་བ་ལེན་རྒྱུ་ནི་མིའི་རིགས་ཀྱི་འདུ་ཤེས་ཀྱིས་ངོས་འཛིན་བྱ་ཡུལ་ཁོང་དུ་

ཚུད་པར་བྱེད་པའི་ཐབས་ལམ་ཞིག་ཡིན་པར་ཆ་བཞག་ཆོ། ད་ལམ་སློང་ཕྱོགས་ཀྱི་ཁྲིད་སྟོན་ནུས་པ་ཤུགས་ཆེར་གཏོང་རྒྱུ་ནི་གོ་བ་ལེན་རྒྱུར་ཤུགས་སྣོན་རྒྱག་པའི་སྟོན་འགྲོའི་ཆ་རྐྱེན་ཡིན། འབྲེལ་ཡོད་དཔེ་དེབ་དང་། འཆད་ཁྲིད། གསོ་སྐྱོང་། དེ་བཞིན་ཉམས་མྱོང་གསོག་འཛོག་བཅས་བྱེད་པ་བརྒྱུད། ང་ཚོར་ད་ལམ་སློང་ཕྱོགས་གྲུབ་ཚུལ་ཐད་གཞི་རྩའི་ངོས་འཛིན་ཞིག་ཡོང་ཐུབ། ཡིན་ནའང་ད་ལམ་སློང་ཕྱོགས་ལ་རྒྱུས་ལོན་བྱ་རྒྱུ་ནི་གོམ་པ་དང་པོ་དེ་ཡིན་ཞིང་། ད་དུང་སྔར་བས་མཐོང་ཆེན་བྱ་དགོས། དེ་ནི་ཁ་ལོ་བ་ཚང་མས་ངེས་པར་དུ་འགྲིམ་འགྲུལ་ཁྲིམས་སྲོལ་སློབ་སྦྱོང་བྱ་དགོས་ནའང་ཚང་མས་འགྲིམ་འགྲུལ་སྒྲིག་སྲོལ་ནན་པོ་སྲུང་ཐུབ་པའི་ངེས་པ་མེད་པ་དང་གཅིག་མཚུངས་ཡིན། ད་ལམ་སློང་ཕྱོགས་ལ་ཕྱོགས་གང་ཞིག་ནས་བལྟ་བ་དང་གོ་བ་བླངས་ནའང་ངེས་པར་དུ་དོན་དངོས་ཀྱི་དོན་སྙིང་ལ་ཁྱད་ཡོངས་ནས་ངོས་འཛིན་ཐུབ་པ་བྱ་དགོས་པ་ལས། དེའི་ཐ་སྙད་ཁོ་ནར་གོ་བ་ལེན་ཐུབ་པ་ཙམ་གྱིས་མི་འགྲིག་ཅིང་གལ་ཆེ་ཤོས་ནི་ཁ་ཕྱོགས་གང་འདྲ་ཞིག་གི་ཐོག་ནས་བསམ་གཞིགས་བྱེད་མིན་ནི་གལ་འགངས་ཆེན་པོ་ཡིན།

གཅིག ད་ལམ་སློང་ཕྱོགས་ཀྱི་ཁྲིད་སྟོན་ནི་སྤྱི་ཚོགས་གོང་འཕེལ་གྱི་ཆོས་ཉིད་དང་མཐུན་པ་ཞིག་ཡིན།

ད་ལམ་ཆ་འཕྲིན་དུས་རབས་རྒྱུན་མཐུད་དང་མགྱོགས་མྱུར་ངང་གོང་འཕེལ་ཕྱིན་པ་དེས་སྤྱི་ཚོགས་ཀྱི་སློང་ཕྱོགས་གྲུབ་པ་དང་འགྱུར་བ་འགྲོ་བར་ཤུགས་རྐྱེན་ཐད་ཀར་ཐེབས་བཞིན་ཡོད། གལ་ཏེ་དུས་རབས་ཉི་ཤུ་པའི་དུས་མཇུག་ཏུ་འཚར་ལོངས་བྱུང་བའི་མི་ཞིག་གིས་ན་གཞོན་སྐབས་ནས་སྐབས་དོན་གསར་འགྱུར་ལ་དོ་ཁུར་རྒྱུན་འཁྱོངས་བྱས་ཡོད་ཆོ། དེར་ད་ཆ་མྱོང་ཚོར་ཞིག

ཡོང་བ་སྟེ། ཉིན་ལྟར་དོ་ཁུར་བྱེད་མང་བའི་བྱ་དངོས་ཇེ་མང་ནས་ཇེ་མང་དུ་འགྲོ་བཞིན་ཡོད་པ་དང་། ཡང་བྱ་དངོས་ཐོག་མར་གྲུབ་པ་ནས་མེད་པར་འགྱུར་བའི་མྱུར་ཚད་དེ་བས་མགྱོགས་སུ་འགྲོ་བཞིན་པ་དེ་ཡིན། དོན་དངོས་ཐོག་དེ་ནི་མིའི་ཚོར་སྣང་ཞིག་ཡིན་པ་ལས་དོན་དངོས་མིན། མིའི་རིགས་ཀྱི་ལོ་རྒྱུས་ཐོག་སྤྱི་ཚོགས་ཀྱི་དོ་ཁུར་བྱེད་མང་བའི་བྱ་དངོས་གྲངས་ལས་འདས་པ་ཡོད་པ་དང་། ད་ཆ་དོ་ཁུར་བྱེད་མང་བའི་བྱ་དངོས་དེ་སྔར་ལས་མང་དུ་ཕྱིན་པ་ཞིག་མིན་པར་བརྒྱུད་སྤྱིལ་ཐབས་ལམ་ལ་ཟམ་མི་ཆད་པར་འགྱུར་ལྡོག་འགྲོ་བ་དང་བསྟུན་ཏེ་མི་རྣམས་ཀྱི་ཚོར་སྣང་ལའང་འགྱུར་ལྡོག་ཕྱིན་པས་ཡིན་ལ། ཡང་ན་མྱུར་ཚད་མགྱོགས་པ་དང་། གནོན་ཤུགས་ཆེ་བ། ཐབས་ལམ་མང་བའི་ཆ་འཕྲིན་སྤྱི་ཚོགས་ཀྱིས་ང་ཚོའི་འཚོ་བ་སྐྱེལ་སྟངས་དང་ངོས་འཛིན་ལ་འགྱུར་ལྡོག་བཏང་བ་དེ་ཡིན། ཧྥ་རན་སིའི་བསམ་བློ་རིག་པ་མཁས་ཅན་ཪོང་・པའོ་དེ་ལི་ཡས《འདྲ་གཟུགས་དང་འདྲ་བཟོ་》ཞེས་པའི་དཔེ་དེབ་ནང་བསྟན་དོན། ཆ་འཕྲིན་སྤྱི་ཚོགས་དེ་མཚོན་རྟགས་དང་། ཚབ་རྟགས། བརྙན་རིས་སོགས་ཀྱིས་སྔར་ལས་ལྷག་པའི་ཁ་ལོ་སྒྱུར་བཞིན་ཡོད་པ་དང་། རྟོག་བཟོ་དང་ཕྱི་རོལ་ཡུལ་གྱི་དོན་དངོས་བར་གྱི་གཅོད་མཚམས་ཟམ་མི་ཆད་པར་མེད་པར་འགྲོ་བཞིན་ཡོད་ལ། སྲོལ་རྒྱུན་གསར་འགྱུར་སྨྱན་བྱེད་ཀྱིས་བསྐྲུན་པའི་གླིང་ཕྱོགས་དང་བསྡུར་ཚེ། ད་ལམ་གླིང་ཕྱོགས་ནི་གླིང་ཕྱོགས་ར་བ་ཁོ་ནའི་ནང་ཐོན་པའི་གནས་ཚུལ་ཞིག་མིན་པར་མི་རྣམས་ཀྱི་འཚོ་བ་དང་འབྲེལ་བ་དམ་ཟབ་ཡོད་པའི་གནད་དོན་ཞིག་ཡིན་པར་བསྟན།

གོང་འཕེལ་མགྱོགས་མྱུར་འགྲོ་བཞིན་པའི་སྤྱི་ཚོགས་ཚང་མར་ཁྱུན་སུམ་ཚོགས་པའི་ཕྱི་ཚུལ་འོག་ཏུ་ཐུག་དགོས་པའི་དོན་དངོས་ཤིག་གནས་ཡོད་དེ། དེ་ཡང་གནད་དོན་ཞིག་ཐོན་སྐབས་སྤྱི་ཚོགས་ཀྱིས་གནད་དོན་དེ་དང་ལེན་དང་

དེར་ལན་ཆ་བྱེད་པའི་དུས་ཚོད་དེ་བསྟུན་གྱིས་ཞུང་དུ་འགྲོ་བ་དང་། ངོ་ཁུར་བྱེད་མང་བའི་གནད་དོན་ག་ཚོད་ཀྱིས་མང་བ་ཐོན་ན་དེ་རྗེས་ཀྱིས་བརྒྱུད་སྤེལ་མྱུར་ཚད་དེ་བས་མགྱོགས་པ་དང་། ཤུགས་རྐྱེན་ཐེབས་རྒྱ་དེ་བས་ཆེ་བ་ཡོད་ཅིང་། གནད་དོན་དང་འབྲེལ་བ་ཡོད་པའི་ཕྱོགས་གཞན་སྐྱུལ་འོག་དེ་བས་ཚོད་སླ་བ་ཡོད། ཏྲ་ལམ་སྙིང་ཕྱོགས་ཀྱི་ཤུགས་རྐྱེན་ཉིན་རེ་བཞིན་ཆེ་རུ་འགྲོ་བ་དང་བསྟུན་ཉིན་རེའི་ངོ་ཁུར་བྱེད་མཁན་མང་ཤོས་ཀྱི་གནས་ཚུལ་ལ་ཐོག་མར་ཏྲ་བའི་སྟེགས་བུ་བརྒྱུད་དེ་ངོ་ཁུར་ཡོང་བཞིན་ཡོད་པ་དང་། "སྙིང་ཕྱོགས་འབར་རྐྱེན" འབར་གས་བྱེད་པའི་དུས་ཚོད་ཀྱང་དེ་བས་ཐུང་དུ་འགྲོ་བཞིན་ཡོད། སྙིང་ཕྱོགས་ཀྱི་ཁྲིད་སྟོན་ལས་དོན་ཐད་ནས་བཤད་ན། སྟོན་འགོག་གི་དཀའ་ངལ་ཇེ་ཆེར་འགྲོ་བཞིན་ཡོད་ལ་གནས་ཚུལ་ཐོན་རྗེས་ཁ་གཏད་གཅོག་པའི་ཕན་ནུས་ཀྱང་དེ་བསྟུན་གྱིས་ཞན་དུ་འགྲོ། "ཏྲ་ལམ་ +" དུས་རབས་ཀྱི་རྒྱབ་ལྗོངས་འོག། རང་འགུལ་གྱིས་ཏྲ་ལམ་སྙིང་ཕྱོགས་ཀྱི་ཁྲིད་སྟོན་སྒྲིག་གཞི་འཛུགས་སྐྲུན་དང་ལག་བསྟར་བྱེད་པའི་ལས་དོན་དེ་ཏང་དང་རྒྱལ་ཁབ་ཀྱིས་ཁྱབ་ཁོངས་ཁག་ནང་གི་ལས་དོན་སྤེལ་བའི་གལ་ཆེའི་ཀ་རྟེན་གྱི་གྲས་ཤིག་ཏུ་གྱུར་ཡོད། དོན་དངོས་གནད་དོན་དང་ཟུང་འབྲེལ་གྱིས་ང་ཚོས་གཤམ་གསལ་ཕྱོགས་གཉིས་ཐད་ནས་ཏྲ་ལམ་སྙིང་ཕྱོགས་ཀྱི་ཁྲིད་སྟོན་ལས་དོན་གྱི་དགོས་ངེས་རང་བཞིན་ལ་གོ་བ་ལེན་ཚོག།

1. **སྤྱི་ཚོགས་གོང་འཕེལ་ཁྲིད་ཀྱི་ཁ་ཚ་དགོས་གཏུག་གི་དགོས་མཁོ་ཞིག་ཡིན་པ།**

ནོ་ཕེར་དཔལ་འབྱོར་རིག་པའི་བྱ་དགའ་ཐོབ་མཁན། འཛམ་གླིང་དཔལ་ཁང་གི་དེ་སྔའི་འགོ་འཛིན་གཞོན་པ་ཡོ་སེ་ཧྥུ · E. སི་ཏི་ད་གེ་ལི་ཚོས། "ཀྲུང་གོའི་གྲོང་ཁྱེར་ཅན་དང་ཨ་རིའི་ཚན་རྩལ་མཐོ་བའི་གོང་འཕེལ་ནི་དུས་

རབས་21པའི་མིའི་རིགས་སྤྱི་ཚོགས་འཕེལ་རྒྱས་བརྒྱུད་རིམ་ལ་ཤུགས་རྐྱེན་བཟོ་བའི་བརྗོད་དོན་གཙོ་བོ་གཉིས་ཡིན།”ཞེས་གསུངས་ཡོད། ད་ལྟ་གྲོང་ཁྱེར་ཅན་དང་ཚན་རྩལ་མཐོ་བའི་གོང་འཕེལ་བར་སྔ་ས་ནས་ཁ་བྲལ་ཐབས་མེད་པར་གྱུར་ཟིན། ཉེ་བའི་ལོ་ཤས་ནང་། མི་རྣམས་ཀྱིས་གྲོང་ཁྱེར་དེང་རབས་ཅན་དུ་འགྱུར་བའི་རྐྱེན་ལས་ཐོན་པའི་དམིགས་བསལ་ཁྱུ་ཚོགས་མང་པོའི་སྐོར་གླེང་སྒྲུང་ཡོད་དེ། དཔེར་ན“ལམ་ཁྲིའི་རིགས་” དང་“གྲོག་མའི་རིགས།”“ཟླ་ཟད་རིགས་”སོགས་ཡིན། གསར་དུ་ཐོན་པའི་མིང་ཚིག་དེ་དག་ལས་དེང་རབས་ཅན་གོང་འཕེལ་བརྒྱུད་རིམ་ནང་ཐོན་པའི་སྣང་ཚུལ་གསར་པ་མངོན་པ་དང་། དེ་དག་གྲོང་ཁྱེར་འགྲིམ་འགྲུལ་དང་། ལས་ཞུགས་གནས་བབ། འཛད་སྤྱོད་འདུ་ཤེས་སོགས་ཀྱི་གནད་དོན་དང་འབྲེལ་བ་དམ་པོ་ཡོད། མིང་ཚིག་དེ་དག་གི་གསར་ཐོན་དང་བརྒྱུད་སྤེལ་ནས་བལྟས་ཚེ་དྲ་ལམ་དང་འབྲེལ་བ་མེད་པ་གཅིག་ཀྱང་མེད། གསར་འགྱུར་དྲ་ཚོགས་ཀྱི་སྤྱི་ཚོགས་གསར་འགྱུར་སྙེ་ཚན་ནང་“ཕོང་ཁྲིས་ཁེངས་པ་”དང་“མི་རྣམས་ཀྱིས་དོ་ཁུར་བྱ་རྒྱུར་རེ་བའི་”གསར་འགྱུར་མང་བ་དང་། བརྟག་དཔྱད་རིགས་ཀྱི་གནད་འཕྲིན་དག་དེ་བས་སྔོ་དབྱེ་དང་སྟབས་བདེ་བའི་དྲ་ལམ་སྟེགས་བུའི་ཐོག་གནས་སྤྱོ་བ། གློག་རྟུལ་ཚོང་དོན་དར་བས་འཛད་སྤྱོད་སེམས་ཤུགས་རྒྱས་པ་སོགས་སྣང་ཚུལ་ཡོད་ཚད་“དྲ་རྒྱ”དང་འབྲེལ་བ་ཡོད་པ་དང་། ཁྱབ་ཁོངས་གང་ཞིག་དང་ལས་དོན་གང་ཞིག་གིས་དྲ་རྒྱ་གནས་པར་སྣང་ཚུང་བྱེད་ཐབས་མེད་པས། ང་ཚོས་ངེས་པར་དུ་རང་འགྲུལ་གྱིས་སློབ་སྦྱོང་དང་ལག་ལེན་བྱེད་པ་ལས་གཡོལ་ཐབས་བྱེད་མི་རུང་།

དེང་དུས་སྤྱི་ཚོགས་སུ་གལ་ཏེ་མི་སུ་ཞིག་གིས་དྲ་ལམ་དུས་རབས་ཀྱིས་མིའི་རིགས་ཀྱི་ལོ་རྒྱུས་འཕེལ་རིམ་ལ་འགྱུར་ལྡོག་གཏིང་ཟབ་གཏོང་བཞིན་ཡོད་

ཅེས་བཤད་ཚེ་དོགས་པ་བྱེད་མཁན་ཞུང་ཤས་ལས་ཐོན་མི་སྲིད། ཡིན་ནའང་ཏྲ་ལམ་གླིང་ཕྱོགས་ཐད་མི་ཁག་གཅིག་གིས་སྔར་བཞིན་སྲོལ་རྒྱུན་ལྟ་བ་བཟུང་ནས་སྤྱིར་བཏང་གི་གླིང་ཕྱོགས་ཀྱི་ཁྲིད་སྟོན་ཉམས་མྱོང་ཡོད་ཚེ་ཏྲ་ལམ་གླིང་ཕྱོགས་ལ་ཁ་ལོ་བསྒྱུར་མི་ཐུབ་པ་མེད་པའི་ངོས་འཛིན་བྱེད་པས། མཐར་“བསམ་ཡུལ་ལས་འདས་པ་སྨྲ་བའི་”ནོར་འཁྲུལ་ཁྲིད་ལྷུང་བཞིན་ཡོད་དེ། ཉམས་མྱོང་ལ་བརྟེན་ནས་འབྲེལ་ཡོད་གནད་དོན་ཐག་གཅོད་བྱས་ཙང་སྟོན་དཔག་ལྟར་གླིང་ཕྱོགས་ཀྱི་རྟོག་དྲ་ཞི་འཇགས་སུ་གཏོང་ཐུབ་མེད་པས། མཐར་“བསམ་ཡུལ་ལས་འདས་པའི་རྒྱ་རྐྱེན་ལ་བརྟེན་ནས”ཞེས་པའི་མཇུག་སྡོམ་ཐོན། དོན་དངོས་ཐོག་བསམ་ཡུལ་འདས་པའི་གནད་དོན་ཐོན་རྐྱེན་ནི་ལྟོག་མེད་ཀྱི་གནད་དོན་ཁག་གཅིག་ལས་ཐོན་པ་ཡིན་པས་ཐེངས་རྗེས་མར་གནས་ཚུལ་དེ་རིགས་ཐོན་སྐབས་ཁ་གཏད་གཅོག་ཐབས་རྩང་འོས་འཚམ་ཞིག་སྤྱོད་དགོས་ཚེ། ང་ཚོས་ངེས་པར་དུ་ཏྲ་ལམ་བརྒྱུད་སྲིད་ཀྱིས་དེང་དུས་སྤྱི་ཚོགས་ལ་བཏང་བའི་འགྱུར་བ་ཁག་གསུམ་ལ་ངོས་འཛིན་གང་ལེགས་ཐུབ་པ་བྱ་དགོས་ཏེ།

གཅིག་ནི་འབྲེལ་བ་མགོ་རྙིང་སློག་པའི་རང་བཞིན། དུས་རབས་འདི་ནི་“གཏམ་གླིང་ཚད་མགོ་རྙིང་སློག་”པའི་ནུས་འབྲས་ཐོན་ཟེར་བ་དང་འབྲེལ་བ་ཡོད་པའི་དུས་རབས་ཤིག་ཡིན་ཞིང་། ཏ་ལམ་བྱ་དངོས་གསར་པ་ཐམས་ཅད་ལ་སྔར་བྱུང་རྣམས་མགོ་རྙིང་སློག་པའི་ནུས་པ་ཆེན་པོ་ཞིག་ལྡན་པ་དང་། མི་རྣམས་ཀྱིས་གོམས་འདྲིས་ཟིན་པའི་བྱ་དངོས་ཐམས་ཅད་གོམས་པའི་རང་བཞིན་ལྟར་འཁོར་བསྐྱོད་བྱེད་ཀྱིན་མེད། མགོ་རྙིང་སློག་པའི་སྣང་ཚུལ་དེ་རིགས་ནི་གླིང་ཕྱོགས་ར་བའི་ཁྲིད་བརྒྱུད་སྲོལ་བྱེད་པོ་ལ་ཡོངས་སུ་འགྱུར་བ་བྱུང་བ་ལས་མངོན་ཐུབ་སྟེ། ཏྲ་ལམ་གླིང་ཕྱོགས་ཀྱི་ཁོར་ཡུག་འོག ཚགས་པར་དང་། རླུང་འཕྲིན། བརྙན་འཕྲིན་སོགས་སྲོལ་རྒྱུན་སྨྱན་སྦྱོར་གྱི་ཆ་འཕྲིན་

ལ་ཁ་ལོ་བསྒྱུར་བའི་གནས་བབ་ཞན་དུ་སོང་བ་དང་། ཆ་འཕྲིན་བརྒྱུད་སྲིལ་བང་རིམ་ངོས་སྙོམས་ཅན་དང་ལྗི་བ་མེད་པ་ཅན་དུ་འགྱུར་ཏེ། གླིང་ཕྱོགས་ལ་ཁ་གསལ་གྱི་གཙོ་འཁྲིད་མཁན་དང་ཚོད་འཛིན་མཁན་ཞིག་མེད་པར་གྱུར་ཡོད་ལ། སྔར་གྱི་སྒྱུན་སྦྱོར་གྱིས་མཚོན་པའི་བརྒྱུད་སྲིལ་བྱེད་པོ་ཁག་གར་སྟེགས་ཀྱི་མདུན་དུ་བསྐྱོད་ཟིན། ཐ་ན་ཚོད་འཛིན་ནུས་པ་དེ་བས་ཆེ་བ་ལྡན་པའི་ཁྲིམས་ལུགས་ལྟ་སྐྱུལ་ཐད་ལ་ཡང་རྒྱུན་དུ་ལག་རྩལ་གསར་པ་དང་ཉེར་སྤྱོད་གསར་པའི་ཚོད་བགམ་འཕྲད་ཀྱིན་ཡོད། གལ་ཏེ་གླིང་ཕྱོགས་ཀྱི་རྙོག་དྲའི་ནང་ཚུད་མཁན་གྱིས་ཐར་བཞིན་དེ་ཐའི་གླིང་ཕྱོགས་ཚོས་ཉིད་ཀྱི་ངོས་འཛིན་རྒྱུན་འཁྱོངས་བྱས་ཚེ་གནས་ཚུལ་ཚོད་འཛིན་བྱ་ཐབས་མེད་པར་འགྱུར་ཉེན་ཡོད།

གཉིས་ནི་སྐད་ཅིག་ནང་ཚབས་ཆེན་དུ་འགྱུར་བ། སྲོལ་རྒྱུན་གྱི་གོ་བ་ལེན་སྟངས་ལ་གཞིགས་ན། གནད་དོན་ཞིག་མི་ཚང་མས་ཤེས་པའི་ཚད་དུ་སླེབས་ཚེ་གང་དེ་གླིང་ཕྱོགས་ཀྱི་དོ་ཁུར་བྱེད་མཁན་མང་ཤོས་ཀྱི་གནད་དོན་དུ་བརྩི་ཆོག། ཡིན་ནའང་དྲ་ཐོག་གི་ཆ་འཕྲིན་གྱི་གྲངས་འབོར་འབར་གས་རྣམ་པའི་ཐོག་ནས་འཕར་སྡོན་འགྲོ་བས་ཆ་འཕྲིན་སྐད་ཅིག་ཉིད་དུ་བརྒྱུད་སྲིལ་དང་ཀྱི་ཁྱབ་འགྲོ་བཞིན་ཡོད་ཅིང་། མི་རྣམས་ཀྱིས་དེར་“བརྒྱུད་སྲིལ་ཧྲང་ས་འགྱུར་ནུས་པ་”ཞེས་ཟེར། དེ་ཡང་དྲ་ལམ་གླིང་ཕྱོགས་ར་བར་“ཀུན་ཤེས་”ཀྱི་ཤུགས་རྐྱེན་ཐེབས་ནུས་ལྡན་པས། འཚོ་བའི་ཁྲིད་ཀྱི་“གནས་ཚུལ་ཆུང་ཙག་”དང་“གནས་ཚུལ་ཞུང་ཤས།” ཐ་ན་བདེན་རྫུན་ར་འཕྲོད་བྱུང་མེད་པའི་གནས་ཚུལ་རྣམས་དྲ་ལམ་ཁོར་ཡུག་ནང་“ལས་སྣོན་”དང་“སྐྱེལ་འདྲེན་”བྱེད་པའི་བརྒྱུད་རིམ་ཁྲིད་འཕྲུལ་དུ་གླིང་ཕྱོགས་ཀྱིས་དོ་ཁུར་བྱེད་མང་བའི་གནས་ཚུལ་ཞིག་ཏུ་འགྱུར་ངེས་ཡིན། དྲ་ཐོག་ཏུ་ཆ་འཕྲིན་ཡོད་ཚད་དོན་དངོས་ལས་བརྒལ་སྲིད་པས། དེ་ལས་གླིང་ཕྱོགས་ལ་ཁྲིད་སྟོན་བྱེད་པའི་དཀའ་ངལ་ཡང་

ཛེ་ཆེར་འགྲོ་བཞིན་ཡོད།

གསུམ་ནི་སྟོན་དཔག་བྱ་ཐབས་མེད་པ། ད་ལམ་གླིང་ཕྱོགས་གྲུབ་སྟངས་ནི་འབར་མདེལ་གས་པ་དང་འདྲ་བར་མ་ཟད། དུས་མཚམས་དེར་ཐོན་པའི་གནད་དོན་གཞན་དག་དང་ཟུང་འབྲེལ་གྱིས་མུ་འབྲེལ་འབར་གས་ལྷ་བུའི་ནུས་པ་ཐོན་ཏེ། འབྲེལ་ཡོད་གླིང་ཕྱོགས་ཀྱི་དོ་ཁུར་བྱེད་ཤུགས་ཆེ་རུ་འགྲོ་ངེས་ཡིན། བརྒྱུད་རིམ་དེའི་ནང་སྟོན་རྟགས་མཐོང་རྒྱུ་མེད་ལ་སྟོན་དཔག་བྱ་ཐབས་བྲལ་བས། གྲ་སྒྲིག་གང་ཡང་མེད་པའི་གནས་ཚུལ་འོག་ཏུ་ཐོག་ཁྱབ་བཞིན་པའི་ཆ་འཕྲིན་དེ་རྫུན་མ་ཞིག་ཡིན་རུང་འབྲེལ་ཡོད་མི་སྣར་འཕྲལ་དུ་གླིང་ཕྱོགས་ཀྱི་གནོན་ཤུགས་དང་གླིང་ཕྱོགས་གནས་ཚུལ་གྱི་དཀའ་ངལ་འཕྲད་ངེས་ཡིན། ཞིབ་འཇུག་ལས་ཤེས་རྟོགས་བྱུང་བར། 1980ལོ་ནས་བཟུང་འཛམ་གླིང་ཧྲིལ་པོའི་གཞི་གྲངས་ཀྱི་ཉར་འཛོག་ནུས་པ་ཟླ་བ་བཞི་བཅུའི་ནང་ལྡབ་གཅིག་རེ་འཕར་བཞིན་ཡོད། གཞི་གྲངས་ཆེན་པོའི་དུས་རབས་ལ་"མ་འོངས་སྟོན་དཔག"ནུས་པ་ལྡན་ཡོད་ཀྱང་མིག་སྔར་ད་རྒྱུའི་གླིང་ཕྱོགས་ཀྱི་འཕེལ་ཕྱོགས་ཁོང་དུ་ཆུད་པ་བྱ་རྒྱུ་ནི་སྔར་བཞིན་ལས་སླ་པོ་ཞིག་མིན།

དེར་བརྟེན། མིག་སྔའི་དུས་མཚམས་སུ་ད་ལམ་གླིང་ཕྱོགས་ལ་གོ་བ་གཏིང་ཟབ་ལེན་པ་དང་། དེ་བཞིན་ལུགས་མཐུན་གྱིས་ཁྲིད་སྟོན་བྱ་རྒྱུ་ནི་མིའི་རིགས་ལོ་རྒྱུས་ཐོག་གི་དུས་མཚམས་གང་འདྲ་ཞིག་ལས་ཁ་ཚ་དགོས་གཏུག་ཆེ་བར་གྱུར་ཡོད། རྒྱ་ཆེའི་ཏང་ཡོན་ལས་བྱེད་པའི་ད་ལམ་གླིང་ཕྱོགས་ཀྱི་ཁྲིད་སྟོན་ནུས་པ་དང་བྱུང་ཚད་གོང་མཐོར་གཏོང་རྒྱུ་དེ་སྤྱི་ཚོགས་དོ་དམ་གསར་གཏོད་དང་འཆམ་མཐུན་སྤྱི་ཚོགས་འཛུགས་སྐྲུན་གྱི་ལྡོག་མེད་ཀྱི་གདམ་ག་ཞིག་ཏུ་གྱུར།

མིག་སྔར་རང་རྒྱལ་འདི་ཉིད་གོང་འཕེལ་གྱི་གལ་ཆེའི་གོ་སྐབས་དུས

མཚམས་སུ་སླེབས་ཡོད་ལ། འགལ་ཟླ་མངོན་གསལ་ཇེ་དོད་དུ་འགྲོ་བའི་དུས་མཚམས་ཤིག་ཀྱང་ཡིན། དུས་བབ་གསར་པའི་འོག་ཕྱོགས་ཁག་གི་མང་ཚོགས་ལས་དོན་ལ་བྱེད་པོ་སྣེ་མང་དང་ཁེ་ཕན་སྣེ་མང་། གྲུབ་རྐྱེན་འགྱུར་བ་མང་བ་སོགས་ཁྱད་ཆོས་གསར་པ་ལས་ཐོན་པའི་འགྲན་རྩོད་གསར་པ་འཕྲད་ཡོད། དྲ་ལམ་བར་ཁམས་ཀྱི་ཆ་འཕྲིན་བརྒྱུད་སྤེལ་གྱིས་དོན་དངོས་འཚོ་བར་ཤུགས་རྐྱེན་ཐེབས་ཚད་སྔར་བས་གཏིང་ཟབ་ཏུ་འགྲོ་སྐབས། དྲ་ལམ་བར་ཁམས་དེ་དམངས་འདོད་མཚོན་པ་དང་ཁེ་ཕན་རེ་ཞུ་བྱེད་སའི་ཐབས་ལམ་གལ་ཆེན་ཞིག་ཏུ་གྱུར་ཡོད་ལ་ཏང་ཡོན་ལས་བྱེད་པས་མང་ཚོགས་དང་འབྲེལ་གཏུག་དམ་ཟབ་བྱེད་སའི་གལ་ཆེའི་ཁོར་ཡུག་ཅིག་ཏུ་ཡང་གྱུར་ཡོད།

ཕྱིས་འབྱུང་དུས་མཚམས་ཤིག་རིང་གི་དྲ་ལམ་སྐྱོང་ཕྱོགས་ཀྱི་ཁྲིད་སྟོན་ལས་དོན་དེ་སྐྱོང་ཕྱོགས་ར་བའི་ནང་དམངས་འདོད་ཉན་པ་དང་། དམངས་ཀྱི་དོགས་གནད་སེལ་བ་དང་འབྲེལ་བ་ཡོད་ལ། དེ་བས་བརྒྱུད་རིམ་རང་བཞིན་དང་ཁ་ཕྱོགས་རང་བཞིན་ཁོང་ཆུད་པ་བྱ་རྒྱུར་རག་ལས་ཡོད། དེ་ཡང་གནས་ཚུལ་ཐོན་རྗེས་ཀྱི་ཁ་གཏད་གཙོག་ཐབས་ཙམ་མིན་པར་གནས་ཚུལ་མ་ཐོན་གོང་དང་ཁྲབ་རིམ་ཁྲིད་ཀྱི་ཁྲིད་སྟོན་ལ་ཡང་ཤུགས་སྣོན་རྒྱག་དགོས། དེ་ནི་ཏང་ཡོན་ལས་བྱེད་ཡོངས་ཀྱིས་ངེས་པར་དུ་ཤེས་དགོས་པ་ཞིག་ཡིན། མི་ཞིག་གནས་བབ་མཐོ་དམའ་གང་འདྲ་ཞིག་ཡིན་རུང་དེང་རབས་སྤྱི་ཚོགས་སུ་འཚོ་གནས་བྱས་ཕྱིན་“དྲ་དམངས”ཤིག་ཏུ་འགྱུར་ངེས་ཡིན། ཏང་ཡོན་ལས་བྱེད་པ་ནི་དྲ་དམངས་དཀྱུས་མ་ཞིག་ཡིན་པ་མ་ཟད་ད་དུང་རྒྱལ་ཁབ་དང་སྤྱི་ཚོགས་འཁོར་བསྐྱོད་ཁྲོད་ཀྱི་ཡང་དག་པའི་ཁྲིད་སྟོན་པ་ཞིག་ཏུ་འགྱུར་བ་བྱ་དགོས། དེ་ནི་འགན་འཁྲི་ཡིན་ལ་ལས་འགན་ཞིག་ཀྱང་ཡིན།

2. བརྒྱུད་གླིང་གི་གནས་སྟངས་གསར་པའི་སྟོག་མེད་ཀྱི་དགོས་མཁོ་ཡིན་པ།

ཆེས་རྒྱུན་གཏན་གྱི་ཞོགས་པ་དང་ས་སྤྱོད་ཚང་མར་གཞུང་དོན་སྒྲུབ་པར་འགྲོ་མཁན་ཆོས་འགྲེམ་འགྲུལ་ཡོ་བྱད་སྣ་ཚོགས་ལ་བསྟད་དེ་དམིགས་སའི་ཕྱོགས་སུ་བསྐྱོད། ཡིན་ནའང་ཁོང་ཚོར་སྤྱ་ས་ནས་དར་སྲོལ་གསར་པའི་འཚོ་བའི་གོམས་གཤིས་ཆགས་ཡོད་དེ། དེ་ནི་ལག་ཐོགས་ཁ་པར་བརྒྱུད་ཆ་འཕྲིན་ཤེས་རྟོགས་བྱེད་པའམ་ཉེར་སྤྱོད་སྤྱོད་པ་དེ་ཡིན།

མ་གཞི་འཚོ་བའི་ནང་དྲ་བ་སྤྱོད་རྒྱུ་དེ་ང་ཚོའི་གོམས་གཤིས་སུ་གྱུར་ཟིན་ནང་། བྱ་དངོས་ཀྱི་རྒྱབ་ཏུ་ཐོན་པའི་གྲུབ་གཞིའི་རང་བཞིན་གྱི་འགྱུར་ལྡོག་རྟོགས་པ་བྱ་དགོས། སྒྲུན་སྦྱོར་གསར་པ་རྒྱུན་མཐུད་དང་མགྱོགས་མྱུར་ངང་གོང་འཕེལ་ཕྱིན་པ་དེས་སྒྱི་ཚོགས་ཀྱི་བསམ་པའི་ཚབས་རྒྱུན་སྣ་ཚོགས་དང་། ཁེ་ཕན་རེ་ཞུའི་བསྡུ་འགྲེམ་དང་འགལ་ཟླ་ཤུགས་ཆེར་ཕྱིན་ཏེ་བསམ་འཆར་མི་མཐུན་པའི་སྣང་ཚུལ་རབ་དང་རིམ་པ་ཐོན་བཞིན་ཡོད། ཕོད་ཕྲན་དང་འཕྲིན་ཕྲན་ནས་ཀྲེ་ཏྲུའུ་དང་གོ་ཁེ་སོགས་དྲ་ལམ་སྟེ་ཁྲུལ་སྟེགས་བུའི་བར་དང་། འབྲུག་དབྱིངས་སོགས་བརྙན་ཐུང་གི་སྒྱི་འབྲེལ་ཉེར་སྤྱོད་བར་སོགས་དྲ་ལམ་ལག་རྩལ་ཟམ་མི་ཆད་པར་རྙིང་ཚབ་གསར་བརྗེས་བྱེད་པ་དང་བསྟུན་ཏེ། དྲ་ལམ་གླིང་ཕྱོགས་དང་གཞུང་ཕྱོགས་གླིང་ཕྱོགས་བར་མཉམ་གནས་ཐུབ་ཚད་རྒྱ་ཆེར་འགྲོ་བ་དང་། མིག་སྔར་འགོ་ཁྲིད་ལས་བྱེད་པས་སྒྲུན་སྦྱོར་གསར་པའི་ཤེས་བྱ་སློབ་སྦྱོང་དང་། ཁོང་དུ་ཆུད་པ། བེད་སྤྱོད་བཅས་བྱས་ནས“དྲ་བསྟུན་མཉམ་བསྐྱོད”ཐུབ་པ་བྱ་རྒྱུ་དེ་ནི་ལྟོག་མེད་ཀྱི་བླང་བྱ་ཞིག་ཏུ་གྱུར་ཡོད།

ཨ་རིའི་གསར་འགྱུར་དཔྱད་གཏམ་མཁས་ཅན་ཨོར་ཐེ・ལི་ཕུ་མན་གྱིས《མང་ཚོགས་ཀྱི་གླེང་ཕྱོགས》ཞེས་པའི་དེབ་ནང་འདི་འདྲ་གསུངས་མྱོང་སྟེ།

“ དངོས་ གཟུགས་ གཅིག་ ལ་ བཟོ་ དབྱིབས་ སྣ་ ཚོགས་ ཡོད་ ཚག་ པས་ ང་ ཚོས་ བྱ་ དངོས་སྣ་ཚོགས་ ཀྱི་ ཁྱད་ ཆོས་ དང་ སྒྲིམ་ གཞི་ གསལ་ པོ་ ཞིག་ རང་ དགར་ བརྗོད་ ཐབས་མེད་ལ།” “ དངོས་ སུ་ མཐོང་ མཁན་ གྱིས་ ཀྱང་ གནས་ ཚུལ་ ཞིག་ གི་ སྔ་ ཕྱི་ བར་གསུམ་ཆད་ལྷག་གང་ཡང་མེད་པར་” གསལ་པོར་ངེས་མི་སྲིད་པ་ཞིག་ཡིན། ང་ཚོས་དོན་ དངོས་ ལ་ ངོས་ འཛིན་ བྱེད་ སྟངས་ དེ་ རང་ ཉིད་ ཀྱི་ གནས་ བབ་ དང་ལྟ་ ཞིབ་ གོམས་ གཤིས་ ལ་ རག་ ལས་ ཡོད།” “ མང་ ཚོགས་ ཀྱི་ གླིང་ ཕྱོགས་ སྟེབ་གཅིག་ཏུ་ཐོན་སྐབས་ང་ཚོས་རང་གིས་མཐོང་ཚོས་ལས་རྒྱ་ཆེ་བ་དང་། ཉམས་སུ་མྱོང་ཐུབ་པ་ལས་དུས་ཡུན་རིང་བ་བསམ་ཐུབ་པ་བྱ་དགོས”པ་མ་ཟད། ང་ཚོས་རྩི་ཐུབ་པ་དང་གསོན་ཉམས་དོད་པོས་བློ་ངོར་འཆར་ཐུབ་པའི་མི་དེ་བས་མང་བ་དང་། བྱ་སྤྱོད་དེ་བས་མང་བ། བྱ་དངོས་དེ་བས་མང་བ་བཅས་ཞིབ་འབྲི་དང་བརྡར་ཤ་གཅོད་ཐུབ་པ་དགོས། ང་ཚོས་ངེས་པར་དུ་ཕྱོགས་བསྡོམས་བྱ་དགོས།” གོང་གསལ་གཏམ་བརྗོད་ནི་གླིང་ཕྱོགས་ཀྱི་འགྱུར་སླ་བའི་ངོ་བོར་རྒྱས་བཤད་ཁ་གསལ་བྱས་པ་ཞིག་ཡིན། དྲ་ལམ་གླིང་ཕྱོགས་ནང་གནད་དོན་གང་རུང་ཞིག་གི་ཆ་ཤས་རྫིལ་པོ་ཤེས་ཐུབ་པ་བྱེད་པ་ནི་མི་སྲིད་པ་ཞིག་ཡིན། གང་ཡིན་ཟེར་ན། དྲ་ལམ་ཐོག་ཕྱོགས་ཁག་གི་བསམ་ཚུལ་དུས་ཐུང་ནང་མཉམ་འདུས་ཐུབ་པས་མི་སུ་ཞིག་ལ་ཡང་ཆ་འཕྲིན་ཁྱོན་ཡོངས་ནས་འཚོལ་བསྡུ་དང་དབྱེ་ཞིབ་ཡང་དག་བྱེད་པའི་ཁོམ་པ་མེད། དེར་བརྟེན། དྲ་ལམ་གླིང་ཕྱོགས་ལ་ཁྲིད་སྟོན་གང་འདྲ་བྱེད་མིན་བསམ་བློ་མ་བཏང་གོང་སྔོན་ལ་ང་ཚོས་དྲ་ལམ་གླིང་ཕྱོགས་ཀྱི་དམིགས་བསལ་རང་བཞིན་ལ་ངོ་ཤེས་བྱ་དགོས། ཁྱབ་སླ་བ་དང་འགྱུར་བ་འགྲོ་བ། མེད་པར་འགྱུར་བ་བཅས་ཀྱི་དྲ་ལམ་གླིང་ཕྱོགས་ཁྲིད་ཀྱི་ངོ་ཤེས་བྱེད་མང་བའི་གནས་ཚུལ་ཁག་ལ་གཞིགས་ན་དོ་སྣང་བྱ་དགོས་པའི་བརྒྱུད་རིམ་ཀྱི་སྣང་ཚུལ་གསུམ་ཡོད་དེ།

གཅིག་ནི་སློང་ཕྱོགས་ཀྱི་འདུ་གནས་མེད་པར་འགྱུར་བ། "འདུ་གནས་མེད་པར་འགྱུར་བ་" ཞེས་པ་ནི་ཐོག་མར་བརྙན་ལེན་གྱི་ཐ་སྙད་ཅིག་ཡིན། བརྙན་རིས་གསལ་པོ་ཞིག་གྲུབ་པར་གཏན་འཁེལ་གྱི་མདོ་ཐག་ལ་སྟོས་ཟླ་བ་དགོས་པ་དང་། གལ་ཏེ་མདོ་ཐག་དེ་ལས་བརྒལ་ཚེ་དངོས་གཟུགས་ཀྱི་བརྙན་རིས་རབ་རིབ་ཏུ་གྱུར་ཏེ་འདུ་གནས་མེད་པར་འགྱུར་བཞིན་ཡོད། མཁས་པ་ཞིག་གིས། སློང་ཕྱོགས་ཀྱི་འདུ་གནས་མེད་པར་འགྱུར་བ་ཞེས་པའི་དོན་ནི། ད་རྒྱ་གོང་འཕེལ་དང་། མང་ཚོགས་ཀྱི་ཤེས་རྟོགས་བྱེད་དབང་དང་སྐད་ཆ་ཤོད་དབང་ཤུགས་ཆེར་ཕྱིན་པའི་རྐྱེན་གྱིས་གནད་དོན་གྱི་སློང་ཕྱོགས་ཕྱོགས་གཅིག་གིས་གཙོ་འཁྲིད་མི་ཐུབ་པར་འགྱུར་བ་དང་། སློང་ཕྱོགས་འགྱུར་བའི་བྱེད་པོ་སྣ་མང་ཅན་དུ་གོང་འཕེལ་ཕྱིན་པ་མ་ཟད། ཐ་ན་རིམ་བཞིན་གནད་དོན་ལྟེ་བའི་གྲོས་གཞི[18]ལས་ཐག་ཇེ་རིང་དུ་སོང་བ་ཟེར་བའི་ངོས་འཛིན་བྱེད་ཀྱིན་ཡོད། དཔེར་ན། ས་ཆ་ཞིག་ལ་ཚབས་ཆེའི་འགྲིམ་འགྲུལ་དོན་རྐྱེན་ཐོན་རྗེས་མི་རྣམས་ཀྱིས་དོ་ཁུར་བྱེད་ས་མི་སྣའི་ཤི་རྨས་གནས་ཚུལ་དང་དོན་རྐྱེན་ཐོན་རྐྱེན་སོགས་མིན་པར་དོན་རྐྱེན་བཟོ་མཁན་པོ་མོ་སུ་ཡིན་དང་། དེའི་ངོ་རིས་གང་འདྲ་ཡིན་མིན་སོགས་གཙོ་གནད་མིན་པའི་གནད་དོན་དག་ཡིན་སྲིད་པ་ལྟ་བུ་ཡིན། ད་ལམ་ཆ་འཕྲིན་དུས་རབས་སུ་སློང་ཕྱོགས་ལ་འདུ་གནས་མེད་པར་འགྱུར་བ་དེ་དོ་ཁུར་བྱེད་མང་བའི་གནད་དོན་ཁྲོད་ཐོན་མང་བ་མ་ཟད། གནས་ཚུལ་གྱི་འཕེལ་རིམ་ལ་ཤུགས་རྐྱེན་གཏིང་ཟབ་ཐེབས་ཀྱིན་ཡོད། དེ་ཡང་ཕྱོགས་གཅིག་ནས་སློང་ཕྱོགས་ཀྱི་འདུ་གནས་མེད་པར་འགྱུར་བ་ལས་ཐོན་པའི་"ཚོད་ལས་འདས་པའི་དོ་ཁུར་"གྱིས་སློང་ཕྱོགས་ཀྱི་ལྟ་སྐྱུལ་ནུས་པ་ངེས་ཅན་ཐོན་ཐུབ་སྟེ། དཔེར་ན་སྤྱི་ཚོགས་འཚོ་བའི་ཁྲོད་སྣང་མེད་དུ་བཏང་བའི་གནད་དོན་ཤེས་རྟོགས་ཐུབ་པ་ལྟ་བུ་ཡིན། ཡང་ཕྱོགས་གཞན་ཞིག་ནས་

གླིང་ཕྱོགས་ཁག་གཅིག་གི་འདུ་གནས་མེད་པར་འགྱུར་དོན་ནི་བརྒྱུད་སྤེལ་བྱེད་པོ་ཁག་གཅིག་གིས "དོ་ཁུར་རག་ཆེད" དང "མཉམ་འཛོག་བྱེད་མཁན་ཡོང་ཆེད" སྤྱོད་པའི་ཐབས་ལམ་ཞིག་ཡིན་པ་དང་། ཐ་ན་ཁོང་ཚོས་རྐང་བཙུགས་ནས་གླིང་ཕྱོགས་ཀྱི་གླིང་གཞི་དེ་ཚོར་སྣང་སྐྱེན་པའི་ཁྱབ་ཁོངས་གཞན་ནང་འདྲེན་པ་བརྒྱུད། གླིང་ཕྱོགས་རྒྱུན་གཏན་ལྟར་འགྱུར་ལྡོག་འགྲོ་བ་དང་གནད་དོན་ཐག་གཅོད་ཡོང་བར་འགོག་རྐྱེན་བཟོ་བཞིན་ཡོད།

གཉིས་ནི་གླིང་ཕྱོགས་ལྡོག་འཁོར་འབྱུང་བ། ཉེ་བའི་ལོ་ཤས་ནང་། གླིང་ཕྱོགས་ལྡོག་འཁོར་འབྱུང་བ་དེ་ད་ཐོག་གི་དོ་ཁུར་བྱེད་མཁན་མང་བའི་གནད་དོན་གྱི་རྒྱུན་གཏན་རྣམ་པར་འགྱུར་བཞིན་ཡོད། གནས་ཚུལ་གསར་ཤོས་སམ་ཞིབ་ཕྲའི་གནས་ཚུལ་གང་རུང་ཞིག་གི་སྐུལ་འདེད་འོག་དྲ་དམངས་ཀྱིས་ཐོག་མར་ཚང་མས་ཕྱོགས་གཅིག་ལ་སྐྱོན་འཛུགས་བྱེད་པ་ནས་ཕྱོགས་གཞན་དེར་སྐྱོན་བརྗོད་བྱེད་པར་འགྱུར་བ་དང་། ཐ་ན་འགྱུར་ལྡོག་དེ་རེས་མོས་ཀྱིས་ཐོན་ཏེ་དོན་དངོས་དང་ཐག་ཇེ་རིང་དུ་འགྲོ་བཞིན་ཡོད། གནས་ཚུལ་ཞེར་འདོན་བྱས་པ་ནས་འགག་རྩའི་དུས་མཚམས་སུ་སླེབས་པ་དང་། དེ་རྗེས་འབྲེལ་ཡོད་བྱེད་པོས་ལན་ཆ་བྱས་པའི་བར་གྱི་དུང་འཕྲིལ་རྣམ་པ་དང་བསྐྱར་ཟློས་རྣམ་པའི་གླིང་ཕྱོགས་ལས་དྲ་ལམ་བརྒྱུད་སྤེལ་བར་ཁམས་ནང་མང་ཚོགས་ཀྱིས་སྤྱི་ཚོགས་བཅས་སྐྱོང་གནད་དོན་ལ་དོ་ཁུར་གཉིང་ཟབ་བྱེད་པ་མངོན་ཡོད། དེ་དག་ལས་ཕྱོགས་གསུམ་གྱི་གནད་དོན་ཐད་མཐོང་ཆེན་བྱ་དགོས་པ་སྟེ། ཐོག་མར། སྔར་གྱི་སྨྱན་སྦྱོར་གྱི་བརྒྱུད་སྤེལ་ཤུགས་རྐྱེན་ཟམ་མི་ཆད་པར་ཇེ་ཆེར་འགྲོ་བ་དང་བསྟུན་ཏེ། དེར་ཀུན་གྱི་ཡིད་རྟོན་བྱེད་ཚད་མི་འདང་བའི་ཆ་ཡང་མངོན་གསལ་དོད་དུ་འགྲོ་བཞིན་ཡོད་པ་དང་། ད་ལམ་གླིང་ཕྱོགས་ཀྱི་སྒྲིག་ལམ་ཡག་པོ་རྒྱུན་འཛིངས་བྱེད་པར་འགོག་རྐྱེན་བཟོ་བཞིན་

ཡོད། དེ་མིན་ད་ལམ་ཆ་འཕྲིན་གྱི་མཐོ་རླབས་འཕྱུར་བའི་སྣང་ཚུལ་འོག་གནད་དོན་གྱི་བདེན་རྫུན་ལ་བརྟར་ཞིབ་གཅོད་དཀའ་བ་དང་། ད་དམངས་ཀྱིས་རྟག་ཏུ"དོན་དངོས་ཁྲབ་བསྒྲགས"བྱ་རྒྱུའི་རེ་འབོད་བྱེད་པ་དང་གནས་ཚུལ་དངོས་གསལ་བཤད་བྱ་རྒྱུའི་རེ་བ་འདོན་གྱིན་ཡོད། གཞན་ཡང་། ད་ཐོག་བརྒྱུད་སྤེལ་གྱི"གླིང་ཕྱོགས་ཆེ་ཤེལ"གྱི་ནུས་པ་མངོན་གསལ་དོད་པ་དང་། སྲོལ་རྒྱུན་དོན་སྙིང་ཐོག་གི་གནད་དོན་ཞུང་ཤས་སམ་ཐ་ན"དོན་ཆུང་ཙག་ཙོག"ཀྱང་ད་ཐོག་ཏུ་བརྒྱུད་སྤེལ་བྱས་རྗེས"ད་བ་ཡོངས་སུ་དོ་ཁུར་ཆེན་པོ་བྱེད་པའི་གནད་དོན"དུ་འགྱུར་བཞིན་ཡོད། དོ་སྣང་བྱ་རིན་ཡོད་པ་ཞིག་ནི། གནད་དོན་མང་པོ་ཞིག་གི་གླིང་ཕྱོགས་ལ་འགྱུར་བ་བྱུང་བ་ནི་ཉེན་རྟོག་ཕྱོགས་སོགས་དབང་གྲགས་ལྡན་པའི་བྱེད་པོས་ཁྲབ་བསྒྲགས་སྤེལ་རྗེས་ཐག་གཅོད་རང་བཞིན་གྱི་ནུས་པ་ཐོན་པ་ཞིག་ཡིན་པས། འབྲེལ་ཡོད་སྡེ་ཁག་གིས་ལན་ཆ་དུས་ཐོག་དང་ལུགས་མཐུན། ནུས་ཡོད་བཅས་བྱེད་པ་ནི་སྔར་བཞིན་རྟོག་འཛིང་ཆེ་བའི་གླིང་ཕྱོགས་གནད་དོན་ལ་ཁ་གཏད་གཙོག་པའི་འགག་རྩ་ཡིན།

གསུམ་ནི་གླེང་ཕྱོགས་ཀྱིས་བདའ་འདེད་བྱེད་པ། གནད་དོན་དང་གནས་ཚུལ་ལ་བདའ་འདེད་མཐར་ཕྱིན་པ་བྱ་རྒྱུ་ནི་གསར་འགྱུར་ལས་རིགས་ཀྱིས་བརྟག་དཔྱད་རང་བཞིན་གྱི་གནས་ཚུལ་གཏོང་སྤེལ་བྱེད་སྐབས་སྤྱོད་པའི་རྒྱུན་སྤྱོད་ཐབས་ལམ་ཞིག་ཡིན། དེ་ཡང་གནད་དོན་གྱི་འཕེལ་རིམ་དང་བསྟུན་ནས་གནས་ཚུལ་རྒྱུན་མཐུད་ངང་གཏོང་སྤེལ་བྱས་ཚེ་གནད་དོན་ཐག་གཅོད་ཡོང་རྒྱུར་སྐུལ་འདེད་གཏོང་ཐུབ་པ་དང་། གནད་དོན་གྱི་དོ་ཁུར་བྱེད་གནད་རྒྱུན་འཁྱོངས་བྱེད་ཐུབ། ད་ལམ་གླིང་ཕྱོགས་ཀྱི་ཤུགས་རྐྱེན་ཐེབས་ནུས་ཆེན་པོའི་འོག་གླིང་ཕྱོགས་ཀྱི་བདའ་འདེད་དེ་རིམ་བཞིན་གནས་ཚུལ་གཏོང་སྤེལ་

བྱེད་པའི་ཐབས་ལམ་ནས་རྒྱུན་མཐོང་གི་བརྒྱུད་སྤྲེལ་བྱ་སྤྱོད་དུ་འགྱུར་བཞིན་ཡོད། དོ་ཁུར་བྱེད་མང་བའི་གནད་དོན་ཞིག་ཐོན་རྗེས་ད་ལམ་གླིང་ཕྱོགས་དེ་མི་རྣམས་ཀྱིས་བསམ་པ་ལྟར་སྟབས་བདེ་པོས་མི་ཡལ་བར་འགྱུར་ལྡོག་དུས་འཁོར་རིང་དུ་འགྲོ་བའི་རྣམ་པ་ཐོན་བཞིན་ཡོད། གནད་དོན་ཁག་གཅིག་དུས་ཐུང་ནང་ཐག་གཅོད་ཐུབ་པ་ལྟར་སྣང་ཡང་། ཉེན་ཤས་སོང་རྗེས་གནད་དོན་གཞན་ཞིག་ཐོན་པའམ་ཐེར་འདོན་བྱས་པ་སོགས་ཀྱི་རྐྱེན་གྱིས་སླར་ཡང་གླིང་ཕྱོགས་ཀྱིས་དོ་ཁུར་བྱེད་སར་གྱུར་ཏེ་བདའ་འདེད་མཐར་ཕྱིན་བྱེད་པའི་སྣང་ཚུལ་ཐོན་བཞིན་ཡོད། དེའི་རྒྱུ་རྐྱེན་ནི། ཕྱོགས་གཅིག་ནས་དེ་སྔའི་གསར་འགྱུར་བརྟག་དཔྱད་ལས་འགན་འཁུར་མཁན་གསར་འགོད་པས་སྒེར་གྱི་སྒྲུབ་སྐྱོར་སོགས་ཀྱི་ཐབས་ལམ་བརྒྱུད་དེ་གནས་ཚུལ་དེ་ད་ལམ་གླིང་ཕྱོགས་ནང་བཀྲམ་པ་ཞིག་ཡིན་སྟབས་ལ། ཕྱོགས་གཞན་ཞིག་ནས་མང་ཚོགས་ཀྱི་གླིང་ཕྱོགས་ནང་མཉམ་ཞུགས་བྱེད་པའི་འདུ་ཤེས་ཐམ་མི་ཆད་པར་ཤུགས་ཆེར་ཕྱིན་པ་དང་། གླིང་ཕྱོགས་ནང་མཉམ་ཞུགས་བྱེད་པའི་ཐབས་ལམ་ཡང་ཐམ་མི་ཆད་པར་ཇེ་མང་དུ་འགྲོ་བཞིན་ཡོད་པས། དེས་ཀྱང་གླིང་ཕྱོགས་ཀྱིས་དོ་ཁུར་བྱེད་པའི་གནད་དོན་དུས་ཐུང་ནང་མཇུག་སྒྲིལ་མི་ཐུབ་པ་མ་ཟད་ཐ་ན་སླར་ཡང་བསྐྱར་ལང་མི་རྒྱུག་པའི་ངེས་པ་མེད།

དོན་དངོས་ཐོག་ད་ལམ་གླིང་ཕྱོགས་ཀྱི་དམིགས་བསལ་རང་བཞིན་གོང་གསལ་ཕྱོགས་གསུམ་པོ་དེ་ཙམ་མིན། ད་ལམ་དུས་རབས་ནི་ནམ་ཡང་འགྱུར་མེད་དུ་གནས་པ་ཞིག་མིན་པས་འགྱུར་བའི་ཁྱད་རང་ཉིད་ཀྱི་ཁ་ཕྱོགས་ལ་ཐམ་མི་ཆད་པར་འགྱུར་བ་གཏོང་དགོས། ང་ཚོས་ད་ལམ་དུས་རབས་ཀྱི་སྤྱི་ཚོགས་ངོ་བོའི་འགྱུར་ལྡོག་དང་། དེ་བཞིན་ཆ་འཕྲིན་བརྒྱུད་སྤྲེལ་དང་གྲུབ་ཆའི་འགྱུར་བར་ངོས་འཛིན་ཐུབ་ཚེ། གཞི་ནས་ད་ལམ་གླིང་ཕྱོགས་ཁྲིད་སྟོན་གྱི་

དགོས་ངེས་རང་བཞིན་ལ་ངོས་འཛིན་ཡོང་ཐུབ་པ་དང་། དེ་རྗེས་ཁྲིད་སྟོན་གང་འདྲ་བྱེད་མིན་བསམ་གཞིགས་བྱེད་ཐུབ་ལ་ཁྲིད་སྟོན་དེ་ཡང་འགྱུར་ལྡོག་འགྲོ་བ་དང་འགྲན་རྩོད་ཀྱིས་ཁེངས་པའི་བརྒྱུད་རིམ་ཞིག་ཡིན།

གཉིས། ད་ལམ་གླེང་ཕྱོགས་ཁྲིད་སྟོན་ནི་ཏང་གི་སྲིད་འཛིན་ནུས་པའི་ཚོད་བགམ་ཞིག་ཡིན།

ལོ་རྒྱུས་ཐོག་ནས་བལྟས་ཚེ་སྤྱི་ཚོགས་ཤིག་གི་ལམ་ལུགས་བརྟན་སྲིང་དགོས་ཚེ་ཁྱོན་ཡོངས་གོང་འཕེལ་གཏོང་དགོས་པར་མ་ཟད། དུས་རྒྱུན་དུ་དུས་རབས་ཀྱི་དགོས་མཁོར་ལན་ཆ་བྱ་དགོས། དུས་རབས་གསར་པའི་སྐབས་རྒྱུན་ཁྲིད། ད་ལམ་ཆ་འཕྲིན་དུས་རབས་ཀྱི་འགྲན་རྩོད་ལ་ཁ་གཏད་གཙོག་རྒྱུ་ནི་སྲིད་འཛིན་ནུས་པ་གོང་མཐོར་གཏོང་བའི་གལ་ཆེའི་ནང་དོན་ཞིག་ཡིན། ཏང་གིས་གླེང་ཕྱོགས་ལས་དོན་ལ་བསམ་གཞིགས་དང་ཕྱོགས་བསྒོམས་ཟམ་མི་ཆད་པར་བྱེད་པ་དང་བསྟུན་ནས་ད་ལམ་གླེང་ཕྱོགས་ཀྱི་ཁྲིད་སྟོན་ལས་དོན་གྱི་ཁྱོན་ཡོངས་ངོས་འཛིན་རྒྱུན་ཆད་མེད་པར་རྒྱུན་འཛིན་དང་གོང་འཕེལ་ཡོང་བཞིན་ཡོད་པ་དང་། འབྲེལ་ཡོད་རིགས་གཞུང་གསར་གཏོད་ཀྱང་ཟམ་མི་ཆད་པར་ཐོན་བཞིན་ཡོད།

2004ལོར། ཀྲུང་གོ་གུང་ཁྲན་ཏང་སྐབས་བཅུ་དྲུག་པའི་ཀྲུང་དབྱང་ཨུ་ཡོན་ལྷན་ཁང་གི་ཚང་འཛོམས་གྲོས་ཚོགས་ཐེངས་བཞི་པས《ཀྲུང་གུང་ཀྲུང་དབྱང་གིས་ཏང་གི་སྲིད་འཛིན་ནུས་པ་འཛུགས་སྐྲུན་ལ་ཤུགས་སྣོན་རྒྱག་རྒྱུའི་སྐོར་གྱི་གཏན་འབེབས》ལ་གྲོས་འཆམ་བྱུང་བ་དང་། "གླེང་ཕྱོགས་ཀྱི་ཁྲིད་སྟོན་ཁོང་དུ་ནན་པོ་ཆུད་པར་བྱེད་པ་དང་། སྤྱི་ཚོགས་ཀྱི་གླེང་ཕྱོགས་ལ་ཁྲིད་སྟོན་ཡང་དག་བྱ་དགོས"པའི་བླང་བྱ་ཁ་གསལ་བཏོན་ཡོད། དེའི་ཐད་སྤྱི་ཁྱབ་

ཧྥུའུ་ཅི་ཞི་ཅིན་ཕིང་གིས་ཞིབ་ཕྲའི་བླང་བྱ་ཐེངས་མང་བཏོན་གནང་བ་དང་། ཏྲ་ཐོག་གླིང་ཚོགས་ལས་དོན་གྱི་རིག་པའི་གཞུང་ལུགས་ཀྱང་རིམ་བཞིན་ཁ་གསལ་དང་འཕྲུས་སྨོ་ཚང་དུ་འགྲོ་བཞིན་ཡོད།

དུས་རབས་གོང་འཕེལ་གྱི་གོམ་འགྲོས་དང་བསྟུན་ཏེ། ཏང་དང་སྲིད་གཞུང་གིས་ཏྲ་ལམ་གླིང་ཚོགས་ཐད་ཀྱི་ངོས་འཛིན་ཡང་མཐོ་ཚད་གསར་པའི་ཐོག་སླེབས་ཡོད་པ་དང་། ཏྲ་ལམ་གླིང་ཚོགས་ཀྱི་ཁྲིད་སྟོན་ལས་དོན་ཡག་པོ་བསྒྲུབ་རྒྱུ་དེ་ཏང་གི་སྲིད་འཛིན་ནུས་པར་ཤུགས་སྣོན་རྒྱག་པའི་གལ་ཆེའི་ལྟ་ཚོགས་ཤིག་ཏུ་གྱུར་ཡོད། 2013ལོ་ནས་བཟུང་། སྤྱི་ཁྱབ་ཧྥུའུ་ཅི་ཞི་ཅིན་ཕིང་གིས་ཏྲ་ལམ་གྱི་ཁོར་ཡུག་འོག་གི་གླིང་ཚོགས་འབྱུང་ཁམས་ཀྱི་ཁྱད་ཆོས་གསར་པར་དཔྱེ་ཞིབ་གཏིང་ཟབ་གནང་སྟེ། ཏྲ་ལམ་ཁོར་ཡུག་འོག་ཏང་གི་གསར་འགྱུར་གླིང་ཚོགས་ལས་དོན་གང་འདྲ་བསྒྲུབ་དགོས་མིན་ཐད་གལ་ཆེའི་རྒྱས་བཤད་རབ་དང་རིམ་པ་གནང་བ་དང་། ཏྲ་ཐོག་གསར་འགྱུར་གླིང་ཚོགས་ལས་དོན་ཁྲིད་ངེས་པར་དུ "སྟོན་ཐོན་ལག་རྩལ་གྱིས་ཀ་ཧེན་བྱེད་པ་དང་། ནང་དོན་འཛུགས་སྐྲུན་གྱིས་རྩ་བ་བྱ་དགོས་པ" ནན་བཤད་གནང་བ་དང་། "ཏྲ་ལམ་བར་ཁམས་དྭངས་གཙང་ལྷད་མེད་དང་། འབྱུང་ཁམས་སྤྲུས་ལེགས། མི་དམངས་ཀྱི་ཁེ་ཕན་དང་འཚམས" དགོས་པ་མ་ཟད་ངེས་པར་དུ་འཐབ་སའི་འདུ་ཤེས་ལ་ཤུགས་སྣོན་རྒྱག་དགོས་པ་ནན་བཤད་ཐེངས་མང་གནང་ཡོད།

2014ལོའི་ཟླ2པར། སྤྱི་ཁྱབ་ཧྥུའུ་ཅི་ཞི་ཅིན་ཕིང་གིས་ཀྲུང་དབྱང་ཏྲ་ལམ་བདེ་འཇགས་དང་ཆ་འཕྲིན་ཅན་འགོ་ཁྲིད་ཚོགས་ཆུང་གི་གྲོས་ཚོགས་ཐེངས་དང་པོའི་ཐོག "ཏྲ་ལམ་གླིང་ཚོགས་ལས་དོན་ཡག་པོ་བསྒྲུབ་རྒྱུ་ནི་ཡུན་རིང་གི་ལས་འགན་ཞིག་ཡིན། ཏྲ་ཐོག་གི་དྲིལ་བསྒྲགས་གསར་གཏོད་དང་ལེགས་བཅོས་བྱ་དགོས་པ་དང་། ཏྲ་ལམ་བརྒྱུད་སྤྲེལ་ཆོས་ཉིད་ལ་བརྟེན་ནས

དབྱངས་རྟ་གཙོ་བོ་དར་སྤེལ་དང་དྲང་ནུས་སྐྱེལ་སྐྱོང་བྱས་ཏེ་སྤྱི་ཚོགས་རིང་ལུགས་ཀྱི་སྙེ་བའི་རིན་ཐང་ལྟ་བ་གསོ་སྐྱོང་དང་ལག་ལེན་བྱ་དགོས། དྲ་ཐོག་གླེང་སྟེགས་ཀྱི་ཁྲིད་སྟོན་ཁྲིད་དུས་དང་། ཚད། ཕན་ནུས་བཅས་ཁོང་དུ་ཡག་པོ་ཆུད་པར་བྱས་ཏེ་དྲ་ལམ་བར་ཁམས་དྭངས་གཙང་ལྷད་མེད་དུ་འགྱུར་བ་བྱ་དགོས།” ཞེས་ནན་བཤད་གནང་ཡོད། 2015ལོའི་ཟླ12པར་བཅིངས་བཀྲོལ་དམག་ཚོགས་པར་ཁང་ལ་གཟིགས་ཞིབ་གནང་སྐབས་སྤྱི་ཁྱབ་རྡུའུ་ཅི་ཞི་ཅིན་ཕིང་གིས། “དེང་རབས་གསར་འགྱུར་བརྒྱུད་སྤེལ་གྱི་ཆོས་ཉིད་དང་གསར་དར་སྨྱན་སྦྱོར་གྱི་གོང་འཕེལ་ཆོས་ཉིད་ཁོང་དུ་ཆུད་པ་བྱ་དགོས་པ་དང་། དྲ་ལམ་གྱི་བསམ་བློ་དང་གཞི་གཅིག་ཅན་གྱི་གོང་འཕེལ་འདུ་ཤེས་ཤུགས་ཆེར་གཏོང་དགོས། སྨྱན་སྦྱོར་ཐོན་ཁུངས་སྣ་ཚོགས་དང་ཐོན་སྐྱེད་གྲུབ་ཆ་སྣ་ཚོགས་ཟླ་བསྒྲིལ་ཡག་པོ་བཏང་སྟེ། ཆ་འཕྲིན་གྱི་ནང་དོན་དང་། ལག་རྩལ་བཀོལ་སྤྱོད། རིགས་བུའི་མཐའ་སྣེ། ཤེས་ལྡན་མི་སྣའི་དཔུང་ཁག་བཅས་མཉམ་སྦྱོད་མཉམ་བསྲེས་བྱ་དགོས།” ཞེས་བཏོན་གནང་ཡོད། ཕྱི་རོལ་ཡུལ་གྱི་ཆོས་ཉིད་ལ་བརྩི་བཀུར་དང་། དྲ་ལམ་གླེང་སྟེགས་ཁྲིད་སྟོན་གྱི་སྟངས་འཛིན་རང་བཞིན་དང་དགེ་མཚན་རང་བཞིན་རྒྱུན་འཁྱོངས། གླེང་སྟེགས་ཁྲིད་སྟོན་གྱི་དུས་ཚད་ནུས་གསུམ་ཁོང་དུ་ཆུད་པ། ནང་དོན་གྱི་སྤུས་ཚད་མཐོར་འདེགས། དྲ་ལམ་རིག་གནས་ཕུན་སུམ་ཚོགས་སུ་གཏོང་བ་བཅས་བྱས་ཏེ་དྲ་ཐོག་གི་གླེང་སྟེགས་ལས་དོན་གྱི་ནུས་པ་དང་ཆུ་ཚད་སྔར་བས་གོང་མཐོར་གཏོང་རྒྱུ་དེ་རང་རེའི་ཏང་གི་གལ་ཆེའི་ལས་དོན་ཞིག་ཏུ་གྱུར་ཡོད།

2016ལོའི་ཟླ2པའི་ཚེས19ཉིན་སྤྱི་ཁྱབ་རྡུའུ་ཅི་ཞི་ཅིན་ཕིང་གིས་ཏང་གི་གསར་འགྱུར་གླེང་སྟེགས་ལས་དོན་བཞུགས་མོལ་ཚོགས་འདུའི་ཐོག་གལ་ཆེའི་གསུང་བཤད་གནང་བ་དང་། ཏང་གི་གསར་འགྱུར་གླེང་སྟེགས་ལས་དོན་གྱི་

འགན་ འཁྲི་ དང་ ལས་ འགན་ སྐོར་ གྱི་ གདམས་ ངག་ རྒྱ་ ཡིག་ ཡིག་ འབྲུ48སྟེ། "དར་ཆ་མཐོར་བསྒྲེངས། ཁ་ཕྱོགས་ཁྲིད་སྟོན། ལྟེ་བར་གཞིགས་པ། གནས་བབ་ཧྲིལ་པོར་ཞབས་འདེགས། དམངས་ལ་མཐུན་སྒྲིལ། སེམས་ཤུགས་སླུལ་སློང་། སྤྱོད་བཟང་གསོ་སྐྱོང་། སེམས་ནུས་གཅིག་སྒྲིལ། ནོར་འཛོལ་སེལ་བ། བདེན་རྫུན་གསལ་འབྱེད། རྒྱལ་ཁབ་ཕྱི་ནང་སྦྲེལ་མཐུད། འཛམ་གླིང་དང་འབྲེལ་འདྲིས" བཅས་བྱ་དགོས་པ་བཏོན་གནང་ཡོད། དེ་ནི་ཏང་གི་གསར་འགྱུར་གླེང་ཕྱོགས་ལས་དོན་གྱི་སྤྱིའི་བླང་བྱ་དང་མཛུབ་ཁྲིད་བསམ་བློའི་ཆེས་འཐུས་སྒོ་ཚང་བ་དང་ཆེས་གནད་ལ་འཕིགས་པའི་གསུང་བཤད་ཅིག་ཡིན་པ་དང་། ཏང་གི་དྲ་ལམ་གླེང་ཕྱོགས་ཀྱི་ཁྲིད་སྟོན་ལ་ཡང་ཕྱོགས་སྟོན་རང་བཞིན་གྱི་མཛུབ་ཁྲིད་ཅིག་གྲུབ་ཡོད། སྤྱི་ཁྱབ་རྒྱུའུ་ཅི་ཞི་ཅིན་ཕིང་གིས་ཐེངས་འདིའི་གལ་ཆེའི་གསུང་བཤད་ཐོག་ད་དུང་"དབྱེ་འབྱེད་ཅན་དང་ཁྱད་པར་ཅན་གྱི་བརྒྱུད་སྤེལ་འཕེལ་ཕྱོགས་ལ་འཚམ་པ་བྱས་ཏེ་གླེང་ཕྱོགས་ཁྲིད་སྟོན་གྱི་རྣམ་པ་གསར་པ་འཛུགས་སྐྲུན་གང་མགྱོགས་བྱ་དགོས" ཞེས་ནན་བཤད་གནང་ཡོད། དྲ་ ལམ་ སྨྱན་ སྦྱོར་ གསར་ པའི་ འཕེལ་ ཕྱོགས་ ལ་ འཚམ་ པར་ བྱེད་ པ་ དང་། གསར་འགྱུར་བརྒྱུད་སྤེལ་གྱི་ཆོས་ཉིད་གསར་གཏོད། ཐབས་ལམ་དང་སྒྲིག་གཞི་དང་ལམ་ལུགས་གསར་གཏོད་བཅས་བྱས་ཏེ། ཏང་གི་གསར་འགྱུར་གླེང་ཕྱོགས་ཀྱི་བརྒྱུད་སྤེལ་ནུས་པ་དང་། སྣེ་ཁྲིད་ནུས་པ། ཤུགས་རྐྱེན་ནུས་པ། ཀུན་གྱི་ཡིད་རྟོན་བརྟེན་ལེན་བྱེད་ཤུགས་བཅས་གོང་མཐོར་ཏན་ཏིག་གཏོང་རྒྱུ་དེ་དུས་རབས་གསར་པའི་འོག་ཏང་གི་གསར་འགྱུར་གླེང་ཕྱོགས་ལས་དོན་ཡག་པོ་སྒྲུབ་པའི་ཚན་རིག་ཐབས་ལམ་ཞིག་ཏུ་གྱུར་ཟིན་ཡོད། 2016ལོའི་ཟླ4པར་སྤྱི་ཁྱབ་རྒྱུའུ་ཅི་ཞི་ཅིན་ཕིང་གིས་དྲ་ལམ་བདེ་འཇགས་དང་ཆ་འཕྲིན་ཅན་ལས་དོན་བཞུགས་མོལ་ཚོགས་འདུའི་ཐོག"དྲ་དམངས་མང་པོས་རང་ཉིད་ནི'མང་

ཚོགས་ཕལ་པ་’ ཞིག་ཡིན་ཞེས་ཤོད་ཀྱི་ཡོད། དེ་ལྟར་ན་ད་ལྟའི་དྲ་བ་ནི་‘ མང་ཚོགས་ཕལ་པའི་དོ་ར་’ ཡིན། དྲ་དམངས་ནི་མང་ཚོགས་ཁྲོད་ནས་ཡོང་བ་ཞིག་ཡིན་པས་མང་ཚོགས་ཀྱིས་དྲ་བ་བེད་སྤྱོད་བྱེད་སྐབས་དམངས་འདོད་ཀྱང་དྲ་ཐོག་ཏུ་ཐོན་ངེས་ཡིན། དེས་ན་མང་ཚོགས་གང་དུ་ཡོད་ཀྱང་འགོ་ཁྲིད་ལས་བྱེད་པ་དེ་གར་ཡོད་དགོས། དེ་ལྟར་མིན་ཚེ་མང་ཚོགས་དང་འབྲེལ་གཏུག་ཇི་ལྟར་བྱེད། རིམ་ཁག་ཏང་སྲིད་ལས་ཁུངས་དང་འགོ་ཁྲིད་ལས་བྱེད་པས་དྲ་ལམ་ལ་བརྟེན་ནས་མང་ཚོགས་ལམ་ཕྱོགས་ཐོག་བསྐྱོད་ཐུབ་པ་བྱ་དགོས། རྒྱུན་དུ་དྲ་ཐོག་ལ་མང་ཙམ་བལྟ་བ་དང་། དྲ་ཐོག་ནས་གནས་ཚུལ་ཤེས་རྟོགས་བྱེད་པ། དྲ་ཐོག་ཏུ་གཏམ་གླེང་བྱེད་པ། དྲ་ཐོག་ཏུ་བསམ་ཚུལ་གླེང་བ་སོགས་བྱེད་པ་བརྒྱུད་མང་ཚོགས་ཀྱི་བསམ་ཚུལ་རྒྱུས་ལོན་དང་། བསམ་ཚུལ་ཡག་པོ་དང་གྲོས་འགོ་ཡག་པོ་བསྡུ་རུབ་བྱ་དགོས་པ་དང་། དྲ་དམངས་ཀྱིས་དོ་ཁུར་བྱེད་པའི་གནད་དོན་ལ་ལན་ཆ་བྱེད་པ་དང་དོགས་གནད་སེལ་དགོས། དྲ་བ་སྤྱོད་དེ་དམངས་འདོད་ཤེས་རྟོགས་གང་ལེགས་བྱེད་པ་དང་། ལས་དོན་ཡག་པོ་བསྒྲུབ་རྒྱུ་ནི་དུས་རབས་གསར་པའི་འོག་འགོ་ཁྲིད་ལས་བྱེད་པའི་ལས་དོན་ཡག་པོ་སྒྲུབ་པའི་རྨང་གཞིའི་ནུས་པ་ཞིག་ཡིན། རིམ་ཁག་ལས་བྱེད་པ་དང་ལྷག་པར་དུ་འགོ་ཁྲིད་ལས་བྱེད་པས་ངེས་པར་དུ་ནུས་པ་དེ་ཆེ་རུ་གཏོང་དགོས་” ཞེས་བཏོན་གནང་ཡོད།

སྤྱི་ཁྱབ་རྟའུ་ཅི་ཞི་ཅིན་ཕིང་གིས། གཙོ་འགན་སྡེ་ཁག་དང་ཁེ་ལས་ཀྱིས་རིགས་རེས་མཐུན་སྦྱོར་གྱི་འབྲེལ་བ་དམ་ཟབ་འཛུགས་དགོས་པ་དང་། དེ་སྔ་རྟག་ཏུ་ཐོན་པའི་“ བསྣམས་ན་དམ་དྲགས། གློད་ན་སྙོད་དྲགས། ” ཞེས་པའི་སྣང་ཚུལ་མི་ཐོན་པ་བྱས་ཏེ་མཉམ་དུ་དམ་འཛིན་དང་མཉམ་དུ་དོ་དམ། ཕན་ཡོད་སྲིལ་རེས་བྱེད་པའི་ལམ་བུ་གསར་པ་ཞིག་གཏོད་དགོས་ཞེས་ནན་བཤད་

གནང་ཡོད། དེའི་ཐོག་ནས་གླིང་ཕྱོགས་གནས་ཚུལ་གྱི་དོན་སྙིང་དེ་ལྟ་ཞིབ་ཚད་ལེན་ནས་སྔ་མཐུད་གླིང་ཕྱོགས་ཀྱི་ཁྲིད་སྟོན་ཕྱོགས་སུ་འགྱུར་ལྡོག་འགྲོ་བཞིན་པ་གསལ་བཤད་བྱས་ཡོད་པ་དང་། དེའི་སྲི་ཚོགས་བཅོས་སྐྱོང་ནུས་པ་སྟར་བས་མངོན་གསལ་དོད་དུ་འགྲོ་བཞིན་ཡོད། 2018ལོའི་ཟླ4པར་སྲི་ཁྲིབ་ཧྲུའུ་ཅི་ཞི་ཅིན་ཕིང་གིས་རྒྱལ་ཡོངས་ཀྱི་དྲ་ལམ་གྱི་བདེ་འཇགས་དང་ཆ་འཕྲིན་ཅན་ལས་དོན་གྱི་བཞུགས་མོལ་ཚོགས་འདུའི་ཐོག"རིམ་ཁག་ཧྲང་སྲིད་ལས་ཁུངས་དང་འགོ་ཁྲིད་ལས་བྱེད་པས་དྲ་ལམ་བརྒྱུད་མང་ཚོགས་སྲིག་འཛུགས་དང་། མང་ཚོགས་དྲིལ་བསྒྲགས། མང་ཚོགས་ལ་ཁྲིད་སྟོན། མང་ཚོགས་ལ་ཞབས་ཞུ་བཅས་བྱེད་པའི་ནུས་པ་ཆེ་རུ་གཏོང་དགོས་པ་དང་། ཁྲིམས་ལྟར་དྲ་བར་དོ་དམ་དང་། ཁྲིམས་ལྟར་དྲ་བ་གཉེར་སྐྱོང་། ཁྲིམས་ལྟར་དྲ་བ་བེད་སྤྱོད་བཅས་ལ་སྐུལ་འདེད་བཏང་སྟེ། དྲ་ལམ་དེ་ཁྲིམས་སྐྱོང་གི་ལམ་བུའི་ཐོག་སྐྱོན་བྲལ་དང་འཁོར་རྒྱུག་ཐུབ་པར་འགན་སྲུང་བྱ་དགོས"ཞེས་ནན་བཤད་གནང་ཡོད།

སྲི་ཁྲིབ་ཧྲུའུ་ཅི་ཞི་ཅིན་ཕིང་གི་གལ་ཆེའི་གསུང་བཤད་རབ་དང་རིམ་པས་དུས་རབས་གསར་པའི་ཧང་ཡོན་ལས་བྱེད་པས་འབྲེལ་ཡོད་ལས་དོན་སྒྲུབ་པར་ཁ་ཕྱོགས་གསལ་བཏོན་གནང་བ་མ་ཟད། དེ་བས་རང་རྒྱལ་གྱི་དྲ་ལམ་གླིང་ཕྱོགས་ཀྱི་ལྟ་བ་གསར་པ་འགྲུབ་རྒྱུར་སྐུལ་འདེད་ཐེབས་ཡོད་པ་དང་། དྲ་ལམ་གླིང་ཕྱོགས་ཀྱི་ཁྲིད་སྟོན་ལས་དོན་ཡག་པོ་སྒྲུབ་པར་གལ་ཆེའི་རིན་ཐང་སྟོན་ཕྱོགས་དང་ཐབས་ལམ་སྨྲ་བའི་བརྗེན་ས་ཞིག་མཁོ་འདོན་གནང་ཡོད། དྲ་ལམ་འདུ་ཤེས་ཡོད་པ་དང་རང་འགུལ་གྱིས་དྲ་རྒྱ་བེད་སྤྱོད་བྱ་རྒྱུ་དེ་ཧྲང་སྲིད་ལས་ཁུངས་དང་ཧང་ཡོན་ལས་བྱེད་པས་མང་ཚོགས་ལམ་ཕྱོགས་རྒྱུན་འཁྱོངས་བྱེད་པའི་ཞིབ་དཔྱད་ཚད་གཞི་དང་གལ་ཆེའི་ཚད་གཞི་ཞིག་ཏུ་གྱུར་ཡོད། དུས་བབ་གསར་པ་དང་ལས་འགན་གསར་པའི་འོག ཧྲང་དང་སྲིད་གཞུང་

གིས་ཐག་གཅོད་བྱ་དགོས་པའི་གནད་དོན་སྟོར་བས་རྟོག་འཛིང་ཆེ་བ་དང་། ད་ལམ་སློབ་ཕྱོགས་ཀྱི་གནས་བབ་དང་ནུས་པ་ཡང་དེ་བས་གལ་འགངས་ཆེ་ཆེར་འགྲོ་བཞིན་ཡོད། རིམ་ཁག་ཏང་ཨུད་དང་སྲིད་གཞུང་གིས་སྤྱི་ཡོངས་ཆ་འཕྲིན་ལ་དོ་ཁུར་བྱ་དགོས་ལ་སྤྱི་ཚོགས་ཀྱི་འགྱུར་བ་ཐུན་བུར་ཡང་སེམས་ཁུར་བྱ་དགོས་པ་དང་། དམངས་ཀྱི་གནས་ཚུལ་རྟོག་ཞིབ་ལ་དོ་སྣང་དང་། ཨང་དང་པོར་སློབ་ཕྱོགས་རྒྱུས་ལོན་བྱས་ཏེ། འབྲེལ་ཡོད་གནད་དོན་ཁོང་དུ་གང་མགྱོགས་ཆུད་པ་དང་། ཐག་གཅོད་གང་མགྱོགས། མི་མངོན་པའི་འགལ་ཟླ་ནུས་ཡོད་ཀྱིས་སེལ་བ་བཅས་ལ་སྐུལ་འདེད་གཏོང་དགོས།

དོན་ཚན་གཉིས་པ། ཁྲིད་སྟོན་ནུས་པ་ཆགས་པ་བྱ་དགོས་ན་ ད་ལམ་སློབ་ཕྱོགས་ཀྱི་ངོས་འཛིན་རྒྱ་ཚད་གོང་མཐོར་གཏོང་དགོས།

“བཟོ་རྩལ་ལ་མཁས་འདོད་ན་སྔོན་ལ་ལག་ཆ་ཚང་བ་དགོས” ཞེས་པའི་དཔེ་ལྟར། ལས་དོན་གང་ཞིག་ཡིན་རུང་རིགས་གཞུང་དང་ལག་ལེན་ལས་ཁ་བྲལ་ཐབས་མེད། ད་ལམ་སློབ་ཕྱོགས་ཀྱི་བརྒྱུད་སྤེལ་ཆོས་ཉིད་ཤེས་རྟོགས་ཐུབ་པར་བྱ་རྒྱུ་ནི་འབྲེལ་ཡོད་ལས་དོན་སྤེལ་བའི་གལ་ཆེའི་རྨང་གཞི་ཡིན་པས། བརྒྱུད་སྤེལ་ཆོས་ཉིད་དང་རིགས་གཞུང་ཤེས་བྱ་ངེས་ཅན་སློབ་སྦྱོང་དང་ཁོང་དུ་ཆུད་པ་བྱེད་པ་བརྒྱུད། རང་ཉིད་ཀྱི་སློབ་ཕྱོགས་ཀྱི་འཕེལ་ཕྱོགས་བརྡར་ཤ་གཅོད་ནུས་ལ་ཤུགས་སྣོན་རྒྱག་རྒྱུ་ནི་ད་ལམ་སློབ་ཕྱོགས་ཁྲིད་སྟོན་ནུས་ལྡན་བྱེད་པའི་གལ་ཆེའི་རྨང་གཞི་ཡིན།

གཅིག དྲ་ལམ་སྐྱོང་ཕྱོགས་ཀྱི་བརྒྱུད་སྤྲེལ་ཆོས་ཉིད་སློབ་སྦྱོང་ཧུར་ཐག་བྱ་དགོས།

དྲ་ལམ་སྐྱོང་ཕྱོགས་ཀྱི་བརྒྱུད་སྤྲེལ་ཆོས་ཉིད་ཤེས་རྟོགས་དང་འབྲེལ་ཡོད་ཞིབ་འཇུག་དེ་དུས་རབས་19པའི་དུས་མཇུག་ནས་བཟུང་རང་ཚུགས་ཐུབ་པའི་ཐོག་ནས་གོང་འཕེལ་བྱུང་བ་དང་། དུས་རབས་20པའི་དུས་དཀྱིལ་དུ་རིག་ཚན་ལས་བརྒལ་ཏེ་ཞིབ་འཇུག་བྱེད་འགོ་ཚུགས་པའི་བརྒྱུད་སྤྲེལ་རིག་པའི་ཕྱུལ་བྱུང་རིག་གཞུང་དང་འབྲེལ་བ་དམ་ཟབ་ཡོད།

ཨ་རིའི་བརྒྱུད་སྤྲེལ་རིག་པ་མཁས་ཅན་ཧེ་ལོ་ཏེ་・ལ་སེ་ཝེར་གྱིས《བརྒྱུད་སྤྲེལ་གྱི་སྤྱི་ཚོགས་ཁྲོད་ཀྱི་གྲུབ་གཞི་དང་ནུས་པ་》ཞེས་པའི་རྩོམ་ཡིག་ནང་བཏོན་པའི་བརྒྱུད་སྤྲེལ་གྱི“5W”ཡི་རྣམ་པར་གཞིགས་ན། ཆ་འཕྲིན་བརྒྱུད་སྤྲེལ་བྱེད་པའི་བརྒྱུད་རིམ་ལ་རྨང་གཞིའི་གྲུབ་ཆ་ལྔ་ཡོད་དེ། བརྒྱུད་སྤྲེལ་བྱེད་མཁན་དང་། བརྒྱུད་སྤྲེལ་གྱི་ནང་དོན། བརྒྱུད་སྤྲེལ་སྨྱུན་བྱེད། བརྒྱུད་སྤྲེལ་བྱ་ཡུལ། བརྒྱུད་སྤྲེལ་གྱི་ཕན་འབྲས་བཅས་ཡིན། ཤོག་བུའི་སྨྱུན་བྱེད་དང་བརྙན་འཕྲིན་གསར་འགྱུར་དུས་རབས་སུ་སྲིད་གཞུང་ལས་ཁུངས་དང་གཙོ་རྒྱུག་སྨྱུན་སྦྱོར་ནི་བརྒྱུད་སྤྲེལ་བྱེད་མཁན་གཙོ་བོ་དེ་ཡིན། དྲ་ལམ་གྱི་དུས་རབས་སུ་མི་ཚང་མ་སྨྱུན་སྦྱོར་བ་སྣེར་པར་གྱུར་བས་གསར་འགྱུར་སྨྱུན་སྦྱོར་གྱི་འགྲན་ཟླ་བྲལ་བའི་སྐད་ཆ་ཤོད་དབང་དེ་མེད་པར་གྱུར་ཟིན་པ་དང་། སྨྱུན་སྦྱོར་གྱི་སྤྱི་ཚོགས་འབྲེལ་བའི་རང་བཞིན་ཟམ་མི་ཆད་པར་གོང་མཐོར་ཕྱིན་ཏེ་མི་ཚང་མས་གཏམ་སྨྲེང་སྤྲེལ་བའི་སྨྲེང་ཕྱོགས་ར་བ་ཞིག་གྲུབ་ཡོད།

ལོ་རྒྱུས་ཀྱི་འཕེལ་རྒྱས་བརྒྱུད་རིམ་ཁྲོད་ཕྱུལ་བྱུང་གི་རིག་གཞུང་དང་ཆོས་ཉིད་མང་དག་གིས་བརྒྱུད་སྤྲེལ་གྱི་ལག་ལེན་དངོས་གོང་འཕེལ་འགྲོ་བར་མཇུབ་ཁྲིད་བྱས་ཡོད་ལ། རིག་གཞུང་དང་ཚོད་ཉིད་དེ་དག་གིས་དྲ་ལམ་སྐྱོང་ཕྱོགས

གྱི་ཁྲིད་སྟོན་ཁྲིད་དུ་ཡང་གལ་ཆེའི་ནུས་པ་ཐོན་ཡོད། གླིང་ཕྱོགས་བརྒྱུད་སྤྲེལ་གྱི་འབྲེལ་ཡོད་ཞེས་བྱ་ཕྱོགས་བསྡོམས་བྱས་པ་ལས་མཐོང་ཐུབ་པར། རིག་གཞུང་དང་ཕན་འབྲས་སོགས་ཀྱི་རྒྱུན་མཐོང་གཙོ་གནད་ཞེས་བྱ་70ལྷག་ཡོད་པ་དང་། ཕྱིར་རྒྱ་བསྐྱེད་པའམ་རིག་ཚན་ལས་བརྒལ་ཞིང་བཀོལ་སྤྱོད་བྱས་ཚོག་པའི་ཐ་སྙད་བརྒྱ་ཙམ་ཡོད། དེས་ཕྱོགས་གཅིག་ནས་གླིང་ཕྱོགས་ཀྱི་ཞིབ་འཇུག་ནི་ཟམ་མི་ཆད་པར་འགྱུར་འགྲོ་བ་ཞིག་ཡིན་པའི་ཚོས་ཉིད་མངོན་ཡོད་ལ། གླིང་ཕྱོགས་གྲུབ་པའི་བརྒྱུད་རིམ་ནི་རྙོག་འཛིང་ཆེ་བ་ཞིག་ཡིན་པ་མངོན་ཡོད། ཕྱོགས་གཞན་ཞིག་ནས། འགྱུར་བ་མང་བའི་གླིང་ཕྱོགས་ཀྱི་མི་མངོན་པའི་སྣང་ཚུལ་དངོས་ཞེས་རྟོགས་ཐུབ་པ་བྱ་དགོས་ན་ཚན་རིག་དང་མཐུན་པའི་དབྱེ་ཞིབ་བྱ་ཐབས་ཁོང་དུ་གང་ལེགས་ཆུད་པར་བྱས་ཏེ། ཡང་དག་པ་དང་དོན་དངོས་དང་འཚམས་པའི་བརྡར་ཤ་གཅོད་པའི་ནུས་པ་ལྡན་དགོས།

ཏང་གི་ཚོགས་ཆེན་བཅུ་དགུ་པའི་སྙན་ཞུའི་ནང་། དྲ་ལམ་གྱི་ནང་དོན་འཛུགས་སྐྲུན་ལ་ཤུགས་སྣོན་རྒྱག་པ་དང་། དྲ་ལམ་ཕྱོགས་བསྡུས་བཅོས་སྐྲུན་མ་ལག་འཛུགས་སྐྲུན་བྱས་ཏེ། དྭངས་གཙང་ལྷད་མེད་ཀྱི་དྲ་ལམ་བར་ཁམས་གཏོད་དགོས་ཞེས་བཏོན་ཡོད། མིག་སྔར། དྲ་ལམ་ཉེར་སྤྱོད་གོང་འཕེལ་མགྱོགས་མྱུར་འགྲོ་བ་དང་བསྟུན་ཏེ། དྲ་ལམ་སྤྱི་ཚོགས་དང་དངོས་ཡོད་སྤྱི་ཚོགས་མཉམ་འདྲེས་ཟབ་མོ་བྱུང་ཡོད། ཏང་སྲིད་འགོ་ཁྲིད་ལས་བྱེད་པའི་ངོས་ནས་བཤད་ཆེ། དྲ་ལམ་བརྒྱུད་སྤྲེལ་གྱི་གཞི་རྩའི་ཚོས་ཉིད་ཁོང་དུ་ཆུད་པ་མ་ཟད་དེར་བརྟེ་འཛོག་བྱས་ཏེ་དྲ་ལམ་གྱི་བསམ་བློ་འཛུགས་སྐྲུན་དང་། རིགས་དབྱེ་དང་ཁྱད་པར་ཡོད་པའི་བརྒྱུད་སྤྲེལ་འཕེལ་ཕྱོགས་ལ་འཚམ་པར་བྱེད་པ། རང་འགུལ་གྱིས་སྨྱུན་སྦྱོར་གསར་པའི་བརྒྱུད་སྤྲེལ་བཟང་ཆར་བརྟེན་པ་དང་དེ་ལས་དོན་དངོས་ནང་བེད་སྤྱོད་བྱ་རྒྱུ་བཅས་ནི་ཏ་ཅང་གལ་འགངས་ཆེ་བ་ཞིག

ཡིན། དྭ་ལམ་ནི་གསར་དར་སྨྱན་སྦྱོར་སྣ་ཚོགས་གྲུབ་པའི་སྐྱུལ་རྫས་ལྟ་བུ་ཡིན་པ་དང་། དུས་རབས་གསར་པའི་དྭ་རྒྱུའི་གླེང་ཕྱོགས་ཁྲིད་སྟོན་ལས་དོན་གྱི་"དུས་ཚད་ནུས་གསུམ"གྱི་རེ་བ་ཁོང་དུ་ཡག་པོ་ཆུད་པར་བྱེད་དགོས། འཕེལ་ཕྱོགས་ཆེན་པོ་ཤེས་པ་དང་། ཚད་གཞི་རན་པ། ཕན་འབྲས་ལ་མཐོང་ཆེན་བཅས་བྱེད་པར་བརྒྱུད་སྤེལ་ཆོས་ཉིད་ལ་གོ་བ་ལེན་པ་དང་ཁོང་དུ་ཆུད་པར་བྱ་རྒྱུ་དང་ཁ་བྲལ་ཐབས་མེད།

བརྒྱུད་སྤེལ་གྱི་གྲུབ་ཆ་བརྒྱུད་དེ་ང་ཚོས་བརྒྱུད་སྤེལ་ཆོས་ཉིད་ཀྱི་འཕེལ་རིམ་ཤེས་རྟོགས་བྱེད་ཐུབ།

ཨོག་བུའི་སྨྱན་སྦྱོར་དང་བརྙན་འཕྲིན་གསར་འགྱུར་གྱི་དུས་རབས་སུ་སྲིད་གཞུང་ལས་ཁུངས་དང་གཙོ་རྒྱུག་སྨྱན་སྦྱོར་གྱིས་སྐད་ཆ་ཨོད་དབང་བཟུང་ཡོད་པས་བརྒྱུད་སྤེལ་མཁན་གྱི་གནས་བབ་གལ་འགངས་ལྷག་པར་ཆེན་པོ་ཡོད། གསར་འགྱུར་ཆེད་ལས་རིང་ལུགས་ཀྱི་སྲོལ་རྒྱུན་ཡུན་རིང་ལྡན་པའི་ཨ་རིར《ཧྭ་ཨར་ཁྲིམ་གཞུང་གི་ཉིན་རེའི་ཚགས་པར་》དང《ནེའུ་ཡོག་སྐབས་དོན་ཚགས་པར་》སོགས་འཛམ་གླིང་ལ་གྲགས་པའི་ཨོག་བུའི་སྨྱན་སྦྱོར་ཐོག་མར་ཐོན་སྐབས་གཏོང་སྤེལ་བྱ་རྒྱུའི་གསར་འགྱུར་ཡོད་ཚད་ཚགས་པར་ལས་ཁུངས་ཀྱི་རྩོམ་སྒྲིག་པས་བདེན་རྫུན་བརྟར་ཞིབ་གཅོད་རྒྱུ་སོགས་ཕྱོགས་ཁག་ཚང་མར་ཞིབ་དཔྱད་ནན་པོ་བྱ་དགོས།

དྭ་ལམ་གྱི་དུས་རབས་སུ་སླེབས་རྗེས་མི་ཚང་མ་སྨྱན་སྦྱོར་བ་སྣེར་པ་ཤ་སྟག་ཡིན་པས་སྤྱིར་བཏང་མི་དང་ཆེད་ལས་གསར་འགྱུར་ལས་དོན་པའི་བར་གྱི་དབྱེ་མཚམས་གསལ་པོ་མེད་པར་འགྱུར་བ་དང་། གསར་འགྱུར་སྨྱན་སྦྱོར་གྱི་གསར་འགྱུར་གྱི་སྟོབས་མེད་སྐད་ཆ་ཨོད་དབང་དེ་མེད་པར་གྱུར་ཡོད་ལ། གསར་འགྱུར་ཡང་ཕྱོགས་རྐྱང་པའི་བུམ་པ་ཆུ་ གླུགས་ལྟ་བུའི་དྲིལ་བསྒྲགས་མིན་

པར་མི་ཡོང་ངས་ཀྱིས་ལྷ་ཚུལ་གླེང་ཆོག་པའི་གླེང་ཕྱོགས་ར་བ་ཞིག་ཏུ་གྱུར་ཡོད། ད་ལྟ་ཏྭ་ལམ་བརྒྱུད་སྤེལ་གྱིས་དེ་སྔའི་གཅིག་གིས་མང་པོར་ཕྱོགས་པ་དང་། ཁེར་རྐྱང་ནས་ཡོངས་ཁྱབ་ཀྱི་ལམ་བུ་རྐྱང་པའི་བརྒྱུད་སྤེལ་རྣམ་པའི་བཀག་རྒྱ་ལས་གྲོལ་ཏེ་ཕྱོགས་གཅིག་ནས་ཕྱོགས་གཞན་གཅིག་ལ་བརྒྱུད་སྤེལ་བྱེད་པའི་ལྟེ་བ་མེད་པའི་བརྒྱུད་སྤེལ་རྣམ་པ་གྲུབ་ཡོད། དེ་དང་ཆབས་ཅིག་གང་དེས་ཀྱང་ཕན་མེད་ཆ་འཕྲིན་གང་སར་ཁྱབ་པའི་སྣང་ཚུལ་ཐོན་ཡོད། ཁ་བྱུང་རིང་ལུགས་དང་། དུང་སེམས་སློང་བའི་གསར་འགྱུར། ཚུལ་མིན་བཙེ་དུང་གི་གསར་འགྱུར། གང་བྱུང་ལབ་གླེང་གི་གསར་འགྱུར་སོགས་གང་བྱུང་འཕོར་ཆེན་སྤེལ་ཏེ་དཔལ་འབྱོར་དམིགས་ཡུལ་འགྲུབ་ཐབས་བྱེད་པ་དང་། ཐ་ན་ཆེད་མངགས་གསར་འགྱུར་རྫུན་བཟོ་བྱེད་པའི་ཐོན་ལས་ཀྱང་ཆགས་ཡོད། ཏྭ་ལམ་ཁོར་ཡུག་ཉིན་རེ་བཞིན་ཟང་ཟིང་ཇེ་ཆེར་འགྲོ་བ་དང་བསྟུན་ཏེ། ཏྭ་ལམ་བརྒྱུད་སྤེལ་ཆོས་ཉིད་ཀྱི་ཞིབ་འཇུག་ཀྱང་བརྒྱུད་སྤེལ་བྱ་སྤྱོད་ཁོ་ན་གླེང་བ་ནས་འཛུགས་སྐྲུན་དང་དོ་དམ་གཅལ་ཆེ་མཉམ་འཛིན་པ་དང་། ཕྱོགས་མང་པོ་ནས་འཚོལ་ཞིབ་བྱེད་པའི་དུས་མཚམས་སུ་སླེབས་ཡོད།

བརྒྱུད་སྤེལ་རིག་པའི་འཕེལ་རིམ་ཁྲོད་དཔེར་མཚོན་གྱི་རིགས་གཞུང་དང་ཆོས་ཉིད་མང་པོས་བརྒྱུད་སྤེལ་གྱི་ལག་ལེན་དངོས་ཀྱི་གོང་འཕེལ་ལ་མཇུབ་ཁྲིད་བྱས་ཡོད་དེ། དཔེར་ན། སྒྲུང་ས་འཛིན་པ་དང་། ཁྱུ་སེམས་དུང་འཁྲིལ། གྲོས་རིམ་བཀོད་སྒྲིག ཁྱུ་ཚོགས་ཐལ་འགྱུར་སོགས་རིག་གཞུང་དང་ཆོས་ཉིད་ཀྱིས་ཏྭ་ལམ་གླེང་ཕྱོགས་ར་བའི་ཁྲིད་སྟོན་བཞིན་གལ་ཆེའི་ནུས་པ་ཐོན་བཞིན་ཡོད།

སྒྲུང་ས་འཛིན་པ། （མཆན་5པ།） ཞེས་པ་ནི་སེམས་ཁམས་རིག་པ་ནས་བརྒྱུད་སྤེལ་རིག་པའི་ནང་སྤྱོད་པའི་རིག་གཞུང་ཞིག་ཡིན་པ་དང་། དེའི་ཡིག

ཐོག་གོ་དོན་ནི་ཆ་འཕྲིན་འབྱུང་ཡུལ་ནས་ཆ་འཕྲིན་འཛོར་ཆེན་རག་རྗེས་དེར་རྩོམ་སྒྲིག་དང་། གདམ་གསེས། འཕྲི་འཐེན་བཅས་བྱེད་མཁན་གྱི་མི་སྣེར་རམ་མཉམ་སྡེབ་ལ་ཟེར། 2017ལོའི་ཟླ4པར་གུ་ཀོ་ཡིས་དོན་དངོས་དཔྱད་བཤེར་བྱེད་པའི་ནུས་པ་གསར་སྤེལ་བྱས་པ་དང་། ཕྱོགས་གསུམ་པའི་སྡེགས་བུ་བརྒྱུད་ཆ་འཕྲིན་བདེན་རྫུན་རྟགས་འགོད་བྱས་ཆོག། རྒྱལ་ནང་དུ་ཐེང་ཤུན་གྱི་“བདེན་བརྟག” ཅེས་པས་ཚབ་མཚོན་བྱས་པའི་གསར་འགྱུར་གྱི་བདེན་རྫུན་དཔྱད་བཤེར་སྡེགས་བུ་རིམ་བཞིན་དར་བ་དང་། བདེན་རྫུན་བརྡར་ཤ་གཅོད་ཐབས་མེད་པའི་གསར་འགྱུར་ཡོང་ཁུངས་ལ་དཔྱད་བཤེར་བྱས་ཏེ་གསར་འགྱུར་རྫུན་མ་བརྒྱུད་སྤེལ་བྱ་རྒྱུ་ཚོད་འཛིན་ནུས་ལྡན་ཐུབ་ཡོད་ཅིང་། གསར་འགྱུར་གྱི་སྟངས་འཛིན་མཁན་ དྲ་ལམ་དུས་རབས་སུ་གོང་འཕེལ་བྱུང་ཡོད།

ཁྱུ་སེམས་དུང་འཁྲིལ། ཐ་སྙད་འདི1974ལོར་འཇར་མན་གྱི་སྤྱི་ཚོགས་རིག་པ་མཁས་ཅན་དབྱི་ལི་ཧྲ་པེ་ • ནོར་ – ནེའུ་མེན་གྱིས《བརྒྱུད་སྤེལ་རིག་པའི་དུས་དེབ་》ཐོག་སྤེལ་བའི《ཁྱུ་སེམས་དུང་འཁྲིལ་ཏེ་མང་ཚོགས་ཀྱི་ལྟ་བའི་རིག་གཞུང་ཞིག》ཅེས་པའི་རྩོམ་ཡིག་ནང་བཀོད་ཡོད་པ་མ་ཟད། 1980ལོར་པར་སྐྲུན་བྱས་པའི《ཁྱུ་སེམས་དུང་འཁྲིལ་ཏེ། གླིང་ཕྱོགས——ང་ཚོའི་སྤྱི་ཚོགས་ཀྱི་ཕྱི་ལྤགས》ཞེས་པའི་དེབ་ནང་འགྲེལ་བཤད་གསལ་དུ་བཏང་ཡོད། བརྒྱུད་སྤེལ་རིག་པའི་ཐ་སྙད་དེའི་གོ་དོན་ནི། གལ་ཏེ་མི་རྣམས་ཀྱིས་རང་ཉིད་ཀྱི་ལྟ་ཚུལ་ནི་མང་ཚོགས་ཁྲོད་ཀྱི་མི་རེ་འགའི་ལྟ་ཚུལ་རེད་སྙམ་ཚེ་ཁོང་ཚོས་རང་ཉིད་ཀྱི་ལྟ་ཚུལ་བརྒྱུད་སྤེལ་དེ་ཙམ་མི་བྱེད་པ་དང་། གལ་ཏེ་རང་ཉིད་ཀྱི་ལྟ་ཚུལ་མི་མང་ཆེ་བའི་ལྟ་ཚུལ་དང་མཐུན་ཚེ་བློ་ཕོག་ཆེན་པོས་ཁྱབ་བསྒྲགས་བྱེད་ཀྱིན་ཡོད། སྨྲན་སྦྱོར་མང་ཆེ་བས་མི་མང་ཆེ་བའི་ལྟ་ཚུལ་ལ་དོ་སྣང་བྱེད་པ་ལས་མི་ཉུང་ཤས་ཀྱི་ལྟ་ཚུལ་སྣང་ཆུང་དུ་གཏོང་བས། མི་ཉུང་ཤས་ཀྱི་ལྟ་ཚུལ་རིམ་

བཞིན་མེད་པར་འགྱུར་བ་དང་མི་མང་ཆེ་བའི་ལྟ་ཚུལ་ཁྱབ་རྒྱ་ཇེ་ཆེར་ཕྱིན་ཏེ་དུང་འཁྱིལ་རྣམ་པའི་འཕེལ་ཚུལ་ཞིག་ཐོན་བཞིན་ཡོད། ཁྱུ་སེམས་དུང་འཁྱིལ་ཁྲོད་མི་ཚོས་རང་ཉིད་ཀྱིས་བསམ་འཆར་ལ་བརྟར་ཤ་གཅོད་པའི་ནུས་པར་མཐོ་དྲགས་པའི་ཚོད་དཔག་བྱེད་པ་དང་། མི་མང་ཆེ་བའི་བསམ་འཆར་གྱི་ནོར་འཁྲུལ་གྱི་ལྟ་ཞིབ་དེ་རིགས་ལ་“མི་མང་ཆེ་བའི་སྔོངས་ཚུལ་”ཞེས་ཟེར། མི་ཆེ་གེ་མོས་བསམ་འཆར་གང་རུང་ཞིག་ལ་མོས་མཐུན་མེད་རུང་མི་མང་ཆེ་བས་བསམ་འཆར་དེར་རྒྱབ་སྐྱོར་བྱས་ཆེ། མི་ཆེ་གེ་མོ་དེས་ཀྱང་མི་མང་ཆེ་བས་རྒྱབ་སྐྱོར་བྱེད་པའི་བསམ་འཆར་ནི་ཡང་དག་པ་ཡིན་ངེས་སྙམ་པའི་ངོས་འཛིན་བྱེད་པ་མ་ཟད་རང་ཉིད་ཀྱི་བསམ་འཆར་མུ་མཐུད་མི་གླེང་བ་རེད། དེའི་རྐྱེན་གྱིས་རིགས་གཞུང་དེ་ཡང་དྲ་ལམ་གླེང་སྟེགས་ཁྲོད་ཀྱི་མང་བསྟུན་སེམས་ཁམས་ཀྱི་དབྱེ་ཞིབ་ཆ་རྐྱེན་གཞིར་གྱུར་ཡོད།

གྲོས་རིམ་བཀོད་སྒྲིག （མཆན3པ།）རིག་གཞུང་དེ་རྒྱུན་གཏན་འཚོ་བའི་ཁྲོད་སྤྱོད་རྒྱ་ཆེ་ཞིང་། རིག་གཞུང་དེ་ནི་ཨ་རིའི་བརྒྱུད་སྤྲེལ་རིག་པ་བ་མེ་ཁེ་སེ་ཤེར・མེ་ཁེ་མུ་སི་དང་། ཐང་ན་དེ・ཤའོ་ཡིས1972ལོར་སྤེལ་བའི་དཔྱད་རྩོམ《སྤྱི་ཁྱིངས་བརྒྱུད་སྤྲེལ་གྱི་གྲོས་རིམ་བཀོད་སྒྲིག་ནུས་པ་》ཞེས་པའི་ནང་ཐོག་མར་བཏོན་ཡོད། ཞིབ་འཇུག་དེ་ལས་ཤེས་རྟོགས་བྱུང་བར། སྤྱི་ཁྱིངས་སྨྱན་སྦྱོར་གྱིས་གཏོང་སྤེལ་བྱས་པའི་གནས་འཕྲིན་གྱི་ནང་དོན་དང་གྲངས་ཚད་ལ་གཞིགས་ཏེ་གྲོས་གཞི་གང་རུང་ཞིག་ནན་བཤད་བྱེད་པ་དང་། ནན་བཤད་བྱས་པའི་བརྗོད་གཞི་དང་མང་ཚོགས་ཀྱིས་ངོས་འཛིན་བྱས་པའི་གལ་ཆེའི་གྲོས་གཞིའི་བར་འབྲེལ་བ་ཟབ་མོ་ཡོད་དེ། གསར་འགྱུར་ལས་རིགས་ཀྱིས་གཏོང་སྤེལ་ཇི་ཙམ་གྱིས་མང་བ་བྱས་ཆེ་དེ་ཙམ་གྱིས་མི་རྣམས་ཀྱིས་གནད་དོན་དེ་དེ་ཙམ་གྱིས་གལ་ཆེ་བའི་ངོས་འཛིན་བྱེད་བཞིན་ཡོད། གྲོས་རིམ་

བཀོད་སྒྲིག་གི་རིག་གཞུང་ནང་། མ་གཞི་སྤྱི་ཁྱིངས་སྨྱུན་སྦྱོར་གྱིས་མི་རྣམས་ཀྱིས་གནས་ཚུལ་གང་རུང་ལ་འཛིན་པའི་ཞིབ་ཕྲའི་ལྟ་ཚུལ་འགྲུབ་མི་ཐུབ་ཀྱང་། གནས་ཚུལ་གཏོང་སྤེལ་བྱེད་པའི་མང་ཤུང་དང་གལ་ཆེ་ཚད་སོགས་ཀྱི་བཀོད་སྒྲིག་བརྒྱུད་མི་རྣམས་ཀྱིས་གནས་ཚུལ་ལ་འཛིན་པའི་ངོས་འཛིན་དང་བསམ་འཆར་ལ་ཤུགས་རྐྱེན་ཐེབས་ཐུབ་བཞིན་ཡོད། སྲོལ་རྒྱུན་སྨྱུན་སྦྱོར་དང་བསྡུར་ཚེ། དྲ་ལམ་ཁོར་ཡུག་གི་བརྒྱུད་སྤེལ་བྱེད་པོ་སྣེ་མང་ཅན་དུ་གྱུར་པ་དང་། མང་ཚོགས་ཀྱི་གནས་བབ་ཟམ་མི་ཆད་པར་གོང་མཐོར་འགྲོ་བས། གྲོས་རིམ་བཀོད་སྒྲིག་ལ་ཁྱད་ཆོས་གསར་པ་ཐོན་པ་མ་ཟད་རང་འགུལ་རང་བཞིན་དེ་བས་ཆེ་ཞིང་། དེ་གཉིས་ཕན་ཚུན་ཤུགས་རྐྱེན་ཐེབས་རེས་བྱེད་ཀྱིན་ཡོད། དྲ་ལམ་སྨྱུན་སྦྱོར་གྱི་གྲོས་གཞི་དྲ་དམངས་ཀྱི་གླེང་གཞིར་འགྱུར་མི་སྲིད་ཀྱང་དྲ་ལམ་གྱི་བར་ཁམས་ནང་གྲོས་རིམ་བཀོད་སྒྲིག་གི་དོན་སྙིང་ཁོང་དུ་ཆུད་པ་བྱས་ཚེ་གླེང་ཕྱོགས་ལ་ཁྲིད་སྟོན་ནུས་ལྡན་བྱེད་པར་དོན་སྙིང་གལ་ཆེན་ལྡན་ཡོད།

ཁྱུ་ཚོགས་ཐལ་འབྱར། ཨ་རིའི་ཀྲི་ཙ་པོ་སློབ་ཆེན་གྱི་དགེ་རྒན་ཆེན་མོ་བ་གའེ་སེ་ · R · སང་སི་ཐན་གྱིས། ཁྱུ་ཚོགས་ཀྱི་ཁོངས་མིར་བསམ་འཆར་གང་རུང་ཞིག་གྲུབ་རྗེས་ཁོང་ཚོའི་དོ་ཁུར་བྱ་ཡུལ་མི་རྣམས་ཀྱིས་གླེང་མང་བའི་བསམ་འཆར་ཐོག་གཅིག་སྡུད་བྱེད་པ་དང་། ཐལ་དྲགས་པའི་བསམ་འཆར་ཞིག་གྲུབ་ཀྱིན་ཡོད། དྲ་ལམ་ཚོགས་པའི་ཁྲིད་ལྟ་ཚུལ་ཐལ་དྲགས་པའི་ཁྱུ་ཚོགས་ཐོན་པ་མངོན་གསལ་དོད་ཅིང་། དེ་ནི་དྲ་ལམ་གྱི་དྲག་ཤུགས་ཐོན་པའི་རྒྱུ་རྐྱེན་གལ་ཆེན་ཞིག་ཡིན། དྲ་དམངས་སྤྱི་ཡོངས་ལ་སེམས་ཁམས་ཐད་རྣམ་འགྱུར་འགྱུར་སླ་བ་དང་། རིག་པས་མི་དཔྱོད་པའི་ཁྱད་ཆོས་ཤིག་གྲུབ་པ་དང་། དགའ་ཕྱོགས་གཅིག་པ་ཡིན་པའི་ཁྱུ་ཚོགས་བར་སྤོས་བཅས་གཅིག་གྱུར་གྱི་ལངས་ཕྱོགས་ཤིག་གྲུབ་སྟེ། ལང་ཕྱོགས་མི་གཅིག་པའི་ཁྱུ་ཚོགས་ཁས་ལེན་མི་

བྱེད་པ་དེ་རང་གྲུབ་ནུས་པ་ལྟ་བུར་འགྱུར་བཞིན་ཡོད། གནས་ཚུལ་ངེས་ཅན་འོག་ཁྱུ་ཚོགས་བར་མིང་མེད་དུ་མིང་སྦྱད་དེ་ཕན་ཚུལ་རྒོལ་གཏམ་གཏོང་བ་དང་། "ཁྱུ་ཚོགས་ཐལ་འགྱུར་" གྱི་ནུས་པ་ཐོན་བཞིན་ཡོད། སྤྱི་ཚོགས་རིག་པའི་ཁྲོད་དང་སེམས་ཁམས་རིག་པའི་དོན་སྙིང་ཐོག་ནས་བཤད་ན། ད་ལམ་གྱི་བརྒྱུད་སྲེལ་ཁྲོད་"སྒྲིག་ཁྲིམས་མེད་པའི་ཁྱུ་ཚོགས་" ཐོན་པ་དེ་བས་མངོན་གསལ་དོད་པ་དང་། ཁྱུ་ཚོགས་ཐལ་འགྱུར་ཅན་རྒྱ་སྐྱེད་འགྲོ་བ་དང་ཁྱུ་ཚོགས་རང་བཞིན་གྱི་དོན་རྐྱེན་ཐོན་མང་བ་དེ་ཡང་དུ་ཐོག་དཀྲིག་གཏམ་མང་བའི་རྒྱུ་རྐྱེན་དང་འབྲེལ་བ་ཆེན་པོ་ཡོད།

འབྲེལ་བ་ཕལ་པ། རིག་གཞུང་དེ་ནི་ཨ་རིའི་སྤྱི་ཚོགས་རིག་པ་མཁས་ཅན་ཀེ་ལན་ནོ་ཝེ་ཐེས་1974ལོར་བཏོན་པ་ཞིག་ཡིན་པ་དང་། རིག་གཞུང་དེས་སྲོལ་རྒྱུན་སྤྱི་ཚོགས་ཀྱི་གྲུབ་གཞིའི་ཁྲོད་མི་རྣམས་ཀྱིས་འབྲེལ་འདྲིས་བྱེད་མང་ཤོས་ནི་སྤུན་གྲོགས་དང་ལས་རོགས་སོགས་ཉེ་འཁོར་གྱི་མི་རྣམས་ཡིན་པ་དང་། གཏན་འཇགས་ཡིན་ལ་ཁྱབ་ཁོངས་ཅུང་ཆུང་བའི་"འབྲེལ་བ་ཟབ་མོ་" ཞིག་གྲུབ་ཡོད། དེ་དང་ཆབས་ཅིག་ད་དུང་སྤྱི་ཚོགས་འབྲེལ་བ་རྒྱ་ཆེ་བ་དང་། གཏན་འཇགས་དེ་ཙམ་མེད་པའི་"འབྲེལ་བ་ཕལ་པ་" ཞིག་ཀྱང་གྲུབ་ཡོད་དེ། དཔེར་ན། གཞན་གྱིས་སྣང་མེད་སྐབས་དྲན་སྐུལ་བཏང་བའི་མི་གང་ཉུང་ཞིག་གམ་སྨྱུན་སྦྱོར་སོགས་བརྒྱུད་ཤེས་རྟོགས་བྱུང་བའི་མི་ལྟ་བུ་སོགས་ཡིན། ཡིན་ནའང་མི་གང་ཉུང་ཞིག་གི་ལས་དོན་དང་བྱ་གཞག་དང་འབྲེལ་བ་དམ་ཟབ་ཡོད་པའི་སྤྱི་ཚོགས་འབྲེལ་བ་ནི་རྒྱུན་དུ་"འབྲེལ་བ་ཕལ་པའི་" ཁོངས་སུ་གཏོགས་པ་ལས་"འབྲེལ་བ་ཟབ་མོའི་" ཁོངས་སུ་མི་གཏོགས། དེའི་རྒྱུ་མཚན་ནི་"འབྲེལ་བ་ཕལ་པ་" དེ་རིགས་གཏན་འཇགས་དེ་ཙམ་མེད་ཉུང་དེར་སྒྱུར་ཚད་མགྱོགས་པ་དང་། མ་གནས་དམའ་བ། ལས་ཆོད་མཐོ་བ་བཅས་ཀྱི་

བརྒྱུད་སྤེལ་ཁྱད་ཆོས་ལྡན་པ་དང་། སྐྱེ་ཚོགས་ཁྱུ་ཚོགས་མི་འདྲ་བའི་བཀག་རྒྱ་ལས་གྲོལ་ཏེ་མི་དེ་བས་མང་བ་དང་འབྲེལ་བ་འཛུགས་ཐུབ་པའི་ཁྱད་ཆོས་ལྡན་ཡོད། སྐྱེ་ཚོགས་རིག་པའི་རིག་གཞུང་རྩ་བ་ཞིག་ཡིན་པའི་ངོས་ནས་འབྲེལ་བ་ཐལ་པའི་ཤུགས་རྐྱེན་ནུས་པ་དེ་མིའི་རིགས་ཀྱི་སྐྱེ་ཚོགས་ནང་སྐྱེ་ཚོགས་འབྲེལ་བའི་དྲ་བ་ཐོན་རྗེས་དེ་བས་རྗེ་ཆེར་ཕྱིན་ཡོད། ལྷག་པར་དུ་དྲ་དམངས་ཀྱིས་སྐྱེ་པའི་གླེང་གཞི་དང་། ཆབ་སྲིད་ཀྱི་གྲོས་གཞི་བརྒྱུད་སྤེལ་བྱེད་སྐབས། ཕན་ཚུན་རྒྱུས་མངའ་དེ་ཙམ་མེད་པའི་དྲ་དམངས་ཁྱུ་ཚོགས་ཀྱི་སྟོབས་ཤུགས་ཆེན་པོ་ཞིག་མངོན་པ་དེ་ཡང་དྲ་ལམ་གླེང་སྒྲོགས་འབྱུང་ཁམས་ཁྲོད་ཀྱི་འབྲེལ་བ་ཐལ་པའི་རིགས་གཞུང་རྒྱ་སྐྱེད་ཕྱིན་པ་ཞིག་ཡིན།

ཏུའུ་རྡུག་དབྱེ་འབྱེད། 1967ལོར་ཨ་རིའི་ཧ་རྦྷ་སློབ་ཆེན་གྱི་སེམས་ཁམས་རིག་པའི་དགེ་རྒན་ཆེན་མོ་བ་མེར་ཀེ་རོམ་གྱིས་སྔེ་ཁྱུལ་གཅིག་གི་མི་དང་མིའི་བར་གྱི་འབྲེལ་བའི་དྲ་བར་ཚོད་ལྟ་བྱས་རྗེས་སྣང་ཚུལ་དེ་ཤེས་རྟོགས་བྱུང་བ་དང་། སྣང་ཚུལ་དེར་“འཛིག་རྟེན་ཆུང་ངུའི་སྣང་ཚུལ”ཡང་ཟེར་ཞིང་། དེའི་ནང་“མི་སུ་འདྲ་ཞིག་ཡིན་རུང་མི་དེ་དང་རྒྱུས་མངའ་མེད་པའི་མི་ཞིག་བར་ངོ་ཤེས་ཡོང་བར་མང་ཤོས་ལ་ཡང་མི6ལས་བརྒྱུད་མི་དགོས་པ་”གསལ་བཤད་བྱས་ཡོད། སྣང་ཚུལ་དེར་ས་མཐུད་ར་སྤྲོད་བྱེད་མཁན་བྱུང་མེད། ཡིན་ནའང་2001ལོར་ཁུ་ལུམ་པི་ཡ་སློབ་ཆེན་སྐྱེ་ཚོགས་རིག་པའི་ཚན་ཁག་གི་ཕ་ཆེས་གློག་རྡུལ་སྦྲག་ཡིག་སྤྱད་དེ་ཚོད་ལྟ་ཞིག་བྱས་པ་སྟེ། དེ་ཡང་དང་བླངས་པ་དྲུག་ཁྲི་ལྷག་གི་ཁྲིད་གློག་རྡུལ་སྦྲག་ཡིག་ཅིག་དམིགས་སར་འགྱོར་བ་བྱེད་པར་ཆ་སྙོམས་མི5～7བར་ལས་བརྒྱུད་མི་དགོས་པ་ར་སྤྲོད་བྱས་ཡོད། ཏུའུ་རྡུག་དབྱེ་འབྱེད་བྱ་ཐབས་དང་འབྲེལ་བ་ཐལ་པའི་བར་འདྲ་བའི་ཆ་ངེས་ཅན་ཡོད་དེ། དྲ་ལམ་དུས་ཐོག་འཕྲིན་གཏོང་ལག་ཆར་བརྟེན་པ་དང་སྐྱེ་ཚོགས་འབྲེལ་བའི་

སྨྱུན་སྤྱོར་གོང་འཕེལ་བྱུང་བའི་མི་དང་མིའི་བར་གྱི་འབྲེལ་བའི་དུས་རབས་འདིར། མི་སྒེར་དབར་གྱི་ཐོག་མ་ནས་འབྲེལ་བ་སྤྱིར་བཏང་ཙམ་ལས་མེད་པའི་སྣང་ཚུལ་དེ་དེ་བས་མངོན་གསལ་དོད་དུ་ཕྱིན་ཡོད། ད་ལམ་ཁྲུ་ཚོགས་དང་གྲོགས་ཚོམས་སོགས་སྤྱི་ཚོགས་འབྲེལ་བའི་རྣམ་པའི་སྐྲུལ་འདེད་འོག་འབྲེལ་བ་ཕལ་པ་དེ་རིགས་ཟམ་མི་ཆད་པར་འབྲེལ་བ་ཟབ་མོར་འགྱུར་བ་དང་། ཧུའུ་དྲུག་གི་དབྱེ་མཚམས་ར་སྦྱོད་བྱས་མེད་ཙང་རྒྱུས་མངའ་མེད་པའི་མི་རྣམས་བར་ཕན་ཚུན་ངོ་ཤེས་པའི་ཐབས་ལམ་རྙེད་ཐུབ། དེ་ལས་མི་རྣམས་ཀྱི་སྤྱི་ཚོགས་འབྲེལ་བའི་ངོས་འཛིན་ལ་འགྱུར་ལྡོག་ཆེན་པོ་བྱུང་ཡོད།

ལག་ལེན་དངོས་ཀྱི་དགོས་མཁོ་ནས་བཤད་ཚེ། ད་ལམ་གླེང་ཕྱོགས་ཀྱི་ཁྲིད་སྟོན་ལས་དོན་སྒྲུབ་མཁན་གྱི་ཆེད་དོན་མི་སྣ་མིན་ཙང་། ད་ལམ་གླེང་ཕྱོགས་ཀྱི་གལ་ཆེའི་ཆོས་ཉིད་ཁག་གཅིག་ཁོང་དུ་ཆུད་ཐུབ་པ་བྱས་ཚེ། གནས་ཚུལ་གྱི་འཕེལ་ཕྱོགས་སྟོན་དཔག་བྱེད་པ་དང་། ཡང་དག་པའི་བརྡར་ཤ་གཅོད་རྒྱུར་ཕན་ཐོགས་ཡོད། 2018ལོར་“པེ་ཅིང་སློབ་ཆེན་གྱི་ཡིག་ནོར་དོན་རྐྱེན”ཞེས་པའི་གླེང་ཕྱོགས་ལ་མི་རྣམས་ཀྱིས་དོ་ཁུར་ཆེན་པོ་བྱས་ཡོད། ལོ་དེའི་སྤྱི་ཟླ5པའི་ཚེས4ཉིན། པེ་ཅིང་སློབ་གྲྭ་ཆེན་མོས་སློབ་ཆེན་དབུ་བརྙེས་ནས་ལོ་ངོ120འཁོར་བའི་དྲན་གསོའི་ཚོགས་ཆེན་སྒྲིང་འཚོགས་བྱས་པ་དང་། སློབ་སྤྱི་ལིང་ཙན་ཧྭ་ཡིས་གསུང་བཤད་གནང་སྐབས“鸿鹄”ཞེས་པའི་鹄“(hú)”ལ“hào”ཞེས་ཀློག་ནོར་ཤོར་བས་རྩོད་གླེང་ཆེན་པོ་ཐོན་པ་དང་། ཉིན་གཉིས་པར་ལིང་ཙན་ཧྭ་ཡིས་པེ་ཅིང་སློབ་ཆེན་གྱི་ཕྱེ་མིང་BBSགླེང་སྟེགས་ཐོག་དགོངས་སེལ་ཡི་གེ་སྤེལ་ཡོད། ཡིན་ནའང་དགོངས་སེལ་ཡི་གེའི་ནང“ཕྱིས་འབྱུང་ནོར་འཁྲུལ་དེ་རིགས་མི་ཐོན་པ་འགན་ལེན་བྱ་ཐབས་མི་འདུག”ཅེས་པ་དང་། “‘རིག་གསར’སྐབས་རྐང་གཞིའི་སློབ་གསོ་མྱོང་རྒྱུ་འཐུས་སྐྱོ

ཚང་པོ་དང་ཚད་ལྡན་བྱུང་མེད་པས་” ཞེས་པ་སོགས་ཀྱི་ཤོད་སྟངས་ལ་སྒྱུགས་ཁག་ནས་མུ་མཐུད་དོགས་སློང་བྱས་ཡོད། དེ་རྗེས་དྲ་ཐོག་ཏུ་སྔ་རྗེས་སུ་“པེ་ཅིང་སློབ་ཆེན་གྱི་སློབ་སྦྱིས་ཡི་གེ་ཀློག་ནོར་ཤོར་བ་དེ་མིག་དཔེར་གྱུར་” ཞེས་པ་དང་། “པེ་ཅིང་སློབ་ཆེན་གྱི་སློབ་སྦྱིས་སློབ་ཡྭ་དབུ་བརྙེས་པའི་དྲན་གསོའི་ཚོགས་ཆེན་ཐོག་ཡི་གེ་ཀློག་ནོར་ཤོར་བར་དགོངས་སེལ་ཞུ་ཐེངས་གཉིས་པ་བྱེད་དམ། པེ་ཅིང་སློབ་ཆེན། ལིང་ཙན་ཧྭ་ཡིས་བྲིས་པ་ཞིག་མ་རེད་” ཅེས་པ་སོགས་དཔྱད་གཏམ་སྤེལ་བ་དང་གནས་ཚུལ་གཏོང་སྤེལ་བྱས་པའི་གནས་ཚུལ་མུ་མཐུད་ཐོན་པ་དང་། གཏམ་བཤད་སྤེལ་སྐབས་ཡི་གེ་ཀློག་ནོར་ཤོར་བའི་“གནས་ཚུལ་ཆུང་ངུ་ཞིག་”ལ་གླེང་སྒྱུགས་ཀྱིས་དོ་ཁུར་བྱེད་ཚད་ཉིན་བཅུ་ལས་བརྒལ་ཞིང་། གནས་ཚུལ་དེ་ལོ་དེའི་ལོ་སྟོད་ཀྱི་དོ་ཁུར་བྱེད་མཁན་མང་ཤོས་ཀྱི་གནས་ཚུལ་ཞིག་ཏུ་གྱུར་ཡོད།

དེ་ཡང་ཐོག་མར་གླེང་སྒྱུགས་ཀྱི་དོ་ཁུར་བྱེད་མཁན་མང་བའི་གནད་དོན་གཞན་དང་འདྲ་བར། གསར་འགྱུར་ལས་རིགས་ཀྱིས་གནས་ཚུལ་དེ་གཅིག་སྤུད་གཏོང་སྤེལ་བྱས་པ་དེ་བརྒྱུད་སྤེལ་གྱི་ལྡུ་ཚིགས་གཙོ་བོར་གྱུར་པ་སྟེ། དེ་ཡང་གྲོས་རིམ་བཀོད་སྒྲིག་ཁོངས་སུ་གཏོགས་ཡོད། དྲ་ལམ་བརྒྱུད་སྤེལ་ཁོར་ཡུག་ནང་རྩོད་གླེང་རང་བཞིན་ལྡན་པའི་གནད་དོན་ཞིག་དྲ་ཐོག་ཏུ་ཐོན་སྐབས“པེ་ཅིང་སློབ་ཆེན་གྱི་སློབ་སྦྱིས་ཡི་གེ་ཀློག་ནོར་ཤོར་” ཞེས་པ་སོགས་ཀྱི་འགོ་བརྗོད་དེ་རིགས་ལ་མི་རྣམས་ཀྱིས་དོ་ཁུར་བྱེད་ཚད་མཐོ་བས་སྨྱུན་སྦྱོར་ཁག་གིས་གཅིག་རྗེས་གཉིས་མཐུད་ཀྱིས་བརྒྱུད་སྤེལ་བྱས་པ་དང་། གླེང་སྒྱུགས་དེ་རྒྱུན་མཐུད་ངང་དོ་ཁུར་བྱེད་པའི་གནས་ཚུལ་ཞིག་ཏུ་གྱུར། དེ་མིན་“བྱ་བ་ཆུང་ཙག་ལས་ཆེན་པོ་མཐོང་བའི་” དཔེ་མཚོན་སྤྱོད་དཔེ་ཞིག་ཡིན་པའི་ངོས་ནས། “ཡི་གེ་ཀློག་ནོར་ཤོར་བས་དགོངས་སེལ་ཞུ་བ་” ནས་རིམ་བཞིན་“པེ་

ཅིང་སློབ་ཆེན་གྱི་སློབ་སྤྱི་ལས་གནས་ལས་དགོངས་ཞུ་བྱ་དགོས་པའི་རེ་འདོད་ཞུས་པའི་” བར་གྱི་འགྱུར་བ་ལས་མི་རྣམས་ཀྱིས་རྒྱུན་དུ་གླེང་བའི་གྱེ་ལེབ་ནུས་ཚོད་མངོན་ཡོད། གནས་ཚུལ་དེ་ལས་ང་ཚོར་བསླབ་བྱ་འདི་འདྲ་ཞིག་ཐོབ་ཡོད་དེ། གླིང་ཕྱོགས་གནས་ཚུལ་གྱི་དོན་རྐྱེན་ནང་རྟགས་མཚན་རང་བཞིན་དང་། ཐ་ལྟས་རང་བཞིན་གྱི་ཆ་འཕྲིན་ལ་དམིགས་སུ་བཀར་ནས་མཐོང་ཆེན་བྱ་དགོས་པ་དང་། གནད་དོན་ཆུང་ངུ་ཞིག་ཆེན་པོར་འགྱུར་བར་འགོག་ཐབས་བྱ་དགོས། དེ་མིན་གནས་ཚུལ་དེ་ལས་ཁྱུ་སེམ་དུང་འཁྲིལ་གྱི་རིག་གཞུང་ཡང་མངོན་ཡོད་དེ། གཙོ་རྒྱུན་བསམ་འཆར་གྲུབ་ཟིན་རྗེས་མི་མང་ཆེ་བར་རི་བོང་ཅལ་འདྲོགས་ལྟ་བུའི་བསམ་བློའི་ཤུགས་རྐྱེན་ཐེབས་པ་དང་། ཐོག་མར་གནས་ཚུལ་དེར་དོགས་གཞི་དེ་ཙམ་མེད་པའི་མི་ཞིག་ཀྱང་མཐར་“ཚུ་སྣ་གར་ཁྲིད་” ཚུལ་གྱིས་སྤྱི་ཚོགས་གླིང་ཕྱོགས་ཀྱི་ངོས་འཛིན་དེ་“ཁྲིན་ཡོངས་ནས་སྐྱོན་བརྗོད་བྱེད་པར་” གྱུར་ཡོད། བརྒྱུད་རིམ་དེ་ནི་བསམ་གཞིགས་བྱ་དགོས་ངེས་ཤིག་ཡིན།

གཉིས། ཟླ་ལམ་གླིང་ཕྱོགས་ཀྱི་ལྟ་ཞིབ་ཚད་ལེན་དང་ཁ་གཏད་གཙོག་པའི་ལས་དོན་ཡག་པོ་བསྒྲུབ་དགོས།

གླིང་ཕྱོགས་གནས་ཚུལ་དང་དེའི་རིན་ཐང་ལ་སྤྱི་ཚོགས་ལས་རིགས་ཁག་གིས་མཐོང་ཆེན་བྱེད་ཚད་ཉིན་རེ་བཞིན་ཤུགས་ཆེར་འགྲོ་བཞིན་ཡོད་པ་དང་། རྒྱབ་ལྗོངས་དེ་ལྟ་བུའི་འོག་གླིང་ཕྱོགས་གནས་ཚུལ་དེ་རྒྱུན་དུ་གསར་དར་ཐ་སྙད་ཀྱི་འདུ་གནས་ཤིག་ཡིན་པའི་ངོས་འཛིན་བྱེད་ཀྱིན་ཡོད། དོན་དངོས་ཐོག་ནས་བལྟས་ན་འང་གླིང་ཕྱོགས་གནས་ཚུལ་གྱི་འབྲེལ་ཡོད་ལས་དོན་ནི་སོ་རྒྱུས་དང་། རིག་གཞུང་། ཐབས་ལམ་བཅས་ཡོད་པའི་ལས་དོན་ཞིག་ཡིན་པ་དང་།

རིམ་པས་རང་ཚུགས་དང་དམིགས་བསལ་ཁྱད་ཆོས་ལྡན་པའི་ཚན་རིག་མ་ལག་ཅིག་ཏུ་གྲུབ་པ་ཞིག་ཡིན་ལ། གླིང་ཕྱོགས་གནས་ཚུལ་དང་དེ་བཞིན་གླིང་ཕྱོགས་གནས་ཚུལ་ལ་དམིགས་ཏེ་སྤེལ་བའི་ལས་དོན་ནི་དེང་དུས་གཞི་ནས་དོ་ཁུར་བྱེད་འགོ་ཚུགས་པའི་ནང་དོན་ཞིག་མིན།

རྒྱུན་དུ་མི་རྣམས་ཀྱིས་“གླིང་ཕྱོགས་གནས་ཚུལ་”ལ་གོ་བ་ཇི་ལྟར་ལེན་དགོས་པའི་སྐོར་གླིང་སྐབས་གླིང་ཕྱོགས་ལ་འཛིན་པའི་ལྟ་ཚུལ་དང་། བགྲོ་གླིང་། རྣམ་འགྱུར། བསམ་པའི་འཁྲིར་སོ་སོགས་གླིང་བཞིན་ཡོད། གལ་ཏེ་“གླིང་ཕྱོགས་གནས་ཚུལ་”ཞེས་པའི་ཡི་གེ་དེ་ཐལ་ཆེ་“གླིང་ཕྱོགས་”དང་“གནས་ཚུལ་”ཞེས་པའི་མིང་ཚིག་གཉིས་ལས་གྲུབ་པ་ཞིག་ཡིན། ཉེ་བའི་ལོ་ཤས་ནང་དུ་ལམ་དང་དེ་བཞིན་སྨུན་སྦྱོར་གསར་པ་དང་ཉེར་སྤྱོད་གསར་པ་གོང་འཕེལ་འགྲོ་བ་དང་བསྟུན་ཏེ། མི་རྣམས་ཀྱིས་གླིང་ཕྱོགས་གནས་ཚུལ་གླིང་ཚད་ཀྱང་མང་དུ་ཕྱིན་ཡོད་པ་དང་། “གླིང་ཕྱོགས་གནས་ཚུལ་”གྱི་གོ་དོན་ཡང་དེ་དང་བསྟུན་ནས་རྒྱ་ཆེར་འགྲོ་བཞིན་ཡོད། དོན་དངོས་ཐོག་གླིང་ཕྱོགས་གནས་ཚུལ་ཞེས་པའི་ཤོད་སྟངས་དང་དེར་གོ་བ་ལེན་ཚུལ་ནི་སྔ་ས་ནས་ཡོད་པ་ཞིག་ཡིན་ཏེ། སུང་བྱང་མའི་སུའུ་ཧྲུན་ཆན་གྱིས་བྲིས་པའི་རྩོམ་ཡིག《བསམ་འཆར་གོང་ཞུ》ཞེས་པའི་ནང་། གོང་མའི་སྲིད་དབང་ཤོར་སོང་ན། གླིང་ཕྱོགས་ཉན་པའི་རྒྱུ་མཚན་ཤེས་ཞེས་བཀོད་ཡོད། དེ་ལས་གླིང་ཕྱོགས་ཀྱིས་སྲིད་སྐྱོང་བར་ནུས་པ་གང་འདྲ་ཐོན་མིན་གསལ་བཤད་བྱས་ཡོད་ཅིང་། དེ་ནི་གླིང་ཕྱོགས་གནས་ཚུལ་གྱི་ལྟ་ཞིབ་ཚད་ལེན་གྱི་རིན་ཐང་ཡིན། ཐང་རྒྱལ་རབས་སྔ་མའི་ལི་ཀྲུང་གིས་བྲིས་པའི《ཆའོ་རྗེ་ལང་ལ་ཕུལ་བ་》ཞེས་པའི་སྙན་ངག་ནང་། གདམས་ངག་མཁས་པར་འདྲི། གླིང་ཕྱོགས་བློན་པོས་ཤེས”ཞེས་བྲིས་ཡོད། ཁོང་གིས་ལྟ་ཚུལ་ཡོད་པའི་བསམ་འཆར་ཉན་འདོད་ན་གནམ་འོག་གི་མཁས

པར་བཀའ་འདྲི་ཞུ་དགོས་པ་དང་། གླིང་ཕྱོགས་གནས་ཚུལ་ཤེས་འདོད་ན་དྲང་པོར་བཤད་ཐོད་པའི་བློན་ཆེན་ལ་བརྟེན་དགོས་པའི་ངོས་འཛིན་གནང་ཡོད། གླིང་ཕྱོགས་ཀྱི་ཁྲིད་སྟོན་སྐོར་ལ་གནའ་དུས་སུ་ཡང་འབྲེལ་ཡོད་ཟེར་བཀོད་ཡོད་དེ། ཧན་ཤར་མའི་ཀྲིང་ཞོན་གྱིས། གནའ་དུས་བཀའ་རྒྱ་འགྲེམ་སྐབས་ཐོག་མར་ཤིང་དྲིལ་དཀྲོགས་ནས་དྲན་སྐུལ་བྱེད་” ཅེས་བཀོད་ཡོད། སྐབས་འདིའི་“ཤིང་དྲིལ་”ནི་ལག་ཆ་ཞིག་ཡིན་པའི་ངོས་ནས། སྤྱི་ཚོགས་ཀྱིས་མཐོང་ཆེན་བྱ་རྒྱུར་དྲན་སྐུལ་གཏོང་བའི་བརྒྱུད་སྲིལ་གྱི་ཁྲིད་སྟོན་ནུས་པ་ཐོན་ཡོད་པས། མིའི་རིགས་ཀྱི་སྤྱི་ཚོགས་བཅོས་སྐྲུང་འཕེལ་རིམ་ཁྲོད་ཀྱི་གླིང་ཕྱོགས་ཁྲིད་སྟོན་གྱི་ཆེས་ཐོག་མའི་རྣམ་པ་ཞིག་ཏུ་ངོས་འཛིན་བྱས་ཆོག། དེ་ཡང་དྲ་ལམ་གླིང་ཕྱོགས་ཀྱི་ལྟ་ཞིབ་ཚད་ལེན་དང་ཁ་གཏད་གཙོག་པའི་ལས་དོན་གང་འདྲ་བསྒྲུབས་མིན་གྱི་ལག་ལེན་དངོས་འཚོལ་ཞིབ་བྱེད་པའི་ཐད། རང་རེའི་རྒྱལ་ཁབ་ལ་ཕྱོགས་གཉིས་ཐད་ཀྱི་རང་སོའི་ལོ་རྒྱུས་ཀྱི་ངོས་འཛིན་དང་ལག་ལེན་གྱི་རྨང་གཞི་ལྡན་ཡོད་དེ། གཅིག་ནི་གླིང་ཕྱོགས་ཀྱི་ཤུགས་རྐྱེན་ལ་མཐོང་ཆེན་བྱེད་པ་དང་། གླིང་ཕྱོགས་དང་རྒྱལ་ཁབ་བཅོས་སྐྲུང་བར་འབྲེལ་བ་ཟབ་མོ་ཡོད་པ་ངོས་འཛིན་ཐུབ་པ་དེ་ཡིན་པ་དང་། གཉིས་ནི་གླིང་ཕྱོགས་ནི་ཁྲིད་སྟོན་བྱས་ཆོག་པ་ཞིག་ཡིན་པ་ངོས་འཛིན་ཐུབ་པ་སྟེ། གླིང་ཕྱོགས་གྲུབ་རིམ་ཁྲོད་ཀྱི་ཕྱོགས་གཉིས་འཁོར་བསྐྱོད་ལ་དོ་ཁུར་བྱས་ཏེ་གླིང་ཕྱོགས་གནས་ཚུལ་ཁོང་དུ་ཆུད་ཐུབ་ཆེ་གནད་དོན་ཤེས་རྟོགས་དང་ཐག་གཅོད་བྱ་རྒྱུ་གཉིས་ཀར་ཕན་ཐོགས་ཡོད་པའི་ངོས་འཛིན་བྱེད་པ་དེ་ཡིན།

ལོ་རྒྱུས་ལ་ཕྱིར་མིག་བལྟས་ཆེ། རང་རྒྱལ་ལ་སྔ་ས་ནས་གླིང་ཕྱོགས་གནས་ཚུལ་ལ་གོ་བ་ལེན་སྲོལ་ཡོད་ལ། སྲིད་ཀྱི་བཀའ་རྒྱ་དང་གླིང་ཕྱོགས་གནས་ཚུལ་བྲུང་འབྲེལ་བྱེད་པའི་ལག་ལེན་དངོས་ཀྱང་ཡོད། སྔ་མོའི་དཔོན་

རིགས་ཀྱི་ཞུ་ཡིག་དང་། ས་ཚུགས་ནས་འཕྲིན་ཡིག་བསྒྱུར་བ། དམངས་ཁྲོད་ཀྱི་ཟིན་བྲིས་སོགས་ཚང་མ་ནི་གླིང་ཕྱོགས་གནས་ཚུལ་གྱི་མངོན་ཚུལ་ཞིག་ཡིན། དམངས་ཀྱིས་བཤད་ཐོད་པ་དང་། དཔོན་གྱིས་ཉན་ཐུབ་པ། སྲིད་ནང་ལག་བསྟར་ཐུབ་པ་བཅས་བབ་ཆགས་པའི་རྒྱལ་སྐྱོང་ཐུགས་བསམ་ནི་རང་རེའི་སྲོལ་རྒྱུན་རིག་གནས་ཁྲོད་ཀྱི་ཐུགས་བསམ་དང་ལྡན་པའི་ཆབ་སྲིད་འབྱུང་ཁམས་ཤིག་ཡིན་ལ། རྒྱལ་ཁབ་དང་སྤྱི་ཚོགས་ལུགས་མཐུན་འཁོར་བསྐྱོད་ཐུབ་པའི་རྨང་གཞི་ཡང་ཡིན། ད་ལྟ་སྤྱི་ཚོགས་ཀྱི་ཆ་འཕྲིན་བརྒྱུད་སྲེལ་དེ་དེ་སྔའི་ཕྱོགས་རྐྱང་པ་དང་། ཕྱོགས་གཉིས་བར་བརྒྱུད་སྲེལ་བྱེད་པ་ནས་རིམ་བཞིན་ཕྱོགས་མང་པོའི་བར་དང་། བྱེད་པོ་མང་བའི་བརྒྱུད་སྲེལ་ཞིག་ཏུ་གྱུར་ཡོད་ལ། ཆ་འཕྲིན་ཁོར་ཡུག་དེ་བས་ཟང་ཟིང་དང་རྙོག་འཛིང་ཆེ་བ་དང་། ཆ་འཕྲིན་ཅན་དང་། གྲངས་གཞི་ཅན་གྱི་དུས་རབས་གསར་པས་མི་རྣམས་ཀྱིས་ངོས་འཛིན་ལ་འགྱུར་ལྡོག་ཟམ་མི་ཆད་པ་གཏོང་བཞིན་ཡོད། དྲ་ལམ་ཐོག་གླིང་ཕྱོགས་ལས་དོན་གྱིས་ཀྱང་སྔ་ཕྱི་བར་གསུམ་དུ་རྣམ་པ་སྣ་ཚོགས་བརྒྱུད་དེ་རང་ཉིད་ཀྱི་ལས་འགན་སྒྲུབ་བཞིན་ཡོད་ཅིང་། མི་འགའ་རེས་དྲ་ལམ་གྱི་དུས་རབས་ནི་འདུ་འཛི་མང་བའི་དུས་རབས་ཤིག་ཡིན་ལ་སྒྲིག་ལམ་བསྐྱར་འཛུགས་བྱེད་པའི་བརྒྱུད་རིམ་ཞིག་ཀྱང་ཡིན་ཞེས་ཤོད་ཀྱིན་ཡོད། དྲ་ལམ་གླིང་ཕྱོགས་ཀྱི་དུས་ཐོག་རང་བཞིན་ཤུགས་ཆེ་བ་དང་། ཁྱབ་ཁྱོན་ཆེ་ལ་ཤུགས་རྐྱེན་ཐེབས་ནུས་ཆེ་བ། ནང་དོན་འདུས་ཚད་དུས་སྐབས་གང་རུང་ལས་མང་བ་ཡོད། དེས་ཀྱང་དྲ་ལམ་དུས་རབས་ཀྱི་གླིང་ཕྱོགས་ལ་དཔྱད་གཞིའི་རིན་ཐང་ཆེན་པོ་ལྡན་པར་འགྱུར་བས། གླིང་ཕྱོགས་གནས་ཚུལ་ལ་ཞིབ་འཇུག་བཏར་གཏོང་ཡང་དག་བྱེད་ཐུབ་པ་མ་ཟད། ཐ་ན་"ཧུས་ཐག་བཅད་རྗེས་བྱ་སྤྱོད་སྤེལ་བ་དང་། མཚམས་འཛོག་ཤེས་ན་གྲུབ་འབྲས་ཐོབ"པའི་ཕན་ནུས་ཐོན་ཐུབ།

རང་རྒྱལ་གྱི་ཏྲ་ལམ་སློང་ཕྱོགས་ཀྱི་ཁྲིད་སྟོན་ལས་དོན་ནི་དུས་རབས་20པའི་ལོ་རབས་90པའི་དུས་མཇུག་ཏུ་སྤེལ་འགོ་ཚུགས་པ་དང་། ཏྲ་ལམ་དང་དེ་བཞིན་ཏྲ་ལམ་ཉེར་སྤྱོད་དག་དམངས་འདོད་སློང་སའི་སྣེགས་བུར་འགྱུར་བ་དང་བསྟུན་ཏེ་རིམ་ཁག་ཏང་ཨུད་དང་སྲིད་གཞུང་གིས་ཏྲ་ལམ་སློང་ཕྱོགས་ལ་མཐོང་ཆེན་བྱེད་ཤུགས་ཟམ་མི་ཆད་པར་ཆེ་རུ་ཕྱིན་པ་དང་། ཏྲ་ལམ་སློང་ཕྱོགས་ཀྱི་ཁྲིད་སྟོན་ལས་དོན་ཡང་ཏང་དང་སྲིད་གཞུང་གི་ལས་དོན་ཁྲོད་མེད་དུ་མི་རུང་བའི་གྲུབ་ཆ་ཞིག་ཏུ་གྱུར་ཡོད། དུས་བབ་གསར་པའི་འོག་རིམ་ཁག་ཏང་ཨུད་དང་སྲིད་གཞུང་གི་ཆ་འཕྲིན་ལས་དོན་གྱི་དགོས་མཁོར་གཞིགས་ཏེ་ཏྲ་ཐོག་གི་གནས་ཚུལ་ཁོང་དུ་ཚུད་པ་དང་། ཏྲ་ལམ་གྱི་ཕན་འབྲས་འདོན་སྤེལ། རྒྱལ་ཁབ་ཀྱི་དཔལ་འབྱོར་འཛུགས་སྐྲུན་དང་སྤྱི་ཚོགས་བརྟན་སྙིང་ལ་ཞབས་འདེགས་ཞུ་བ་བཅས་བྱེད་པར་ཏྲ་ལམ་སློང་ཕྱོགས་ཀྱི་ཁྲིད་སྟོན་ལས་དོན་ཡག་པོ་བསྒྲུབ་རྒྱུར་དངོས་ཡོད་ཀྱི་དོན་སྙིང་གལ་ཆེན་ལྡན་ཡོད། རྒྱ་ཆེའི་ཏང་ཡོན་ལས་བྱེད་པའི་ངོས་ནས་བཤད་ཚེ། ཏྲ་ལམ་སློང་ཕྱོགས་ནི་གཤམ་གསལ་ཁག་ལ་གོ་དགོས་པ་སྟེ། རྒྱལ་ཁབ་ཀྱི་བདེ་འཇགས་དང་སྤྱི་ཚོགས་བརྟན་སྙིང་ལ་ཤུགས་རྐྱེན་ངན་པ་བཟོ་བའི་ཆ་འཕྲིན་དང་། གལ་ཆེའི་བྱེད་སྒོ་དང་དེ་བཞིན་ཐབས་ཇུས་ཐད་འཛིན་པའི་སློང་ཕྱོགས་ཀྱི་ལྟ་ཚུལ། སྒོ་བུར་དུ་ཐོན་པའི་དོ་ཁུར་བྱེད་མང་བའི་གནས་ཚུལ་དང་། དེ་བཞིན་སྤྱི་ཚོགས་གནས་ཚུལ་དང་དམངས་ཀྱི་རེ་འདུན། དཔལ་འབྱོར་དང་རིག་གནས། སྤྱི་ཚོགས་བཅས་ཀྱི་གནས་ཚུལ། རྒྱལ་སྤྱི་དང་ཀང་ཨའོ་ཐའེ་ཡི་གནས་ཚུལ། ཏྲ་ལམ་བདེ་འཇགས་གནས་ཚུལ་དང་དེ་བཞིན་གསང་བ་ཕྱིར་གྱུར་བའི་གནད་དོན། རིམ་ཁག་ཏང་ཨུད་དང་སྲིད་གཞུང་གིས་ཤེས་དགོས་ངེས་ཡིན་པའི་གནས་ཚུལ་གཞན་དག་སོགས་ཡིན།

སྲིད་གཞུང་སྡེ་ཁག་གམ་ཡང་ན་དམངས་ཁྲོད་ལས་ཁུངས་གང་ཞིག་ཡིན་ནའང་འདྲ། སྲིད་དོན་ཆ་འཕྲིན་དང་ཡང་ན་ལས་རིགས་གནས་ཚུལ་ཡིན་ནའང་འདྲ། ཚན་རིག་དང་མཐུན་པ་དང་། དོན་དངོས་དང་འཚམས་པ། ཡང་དག་པ་བཅས་ཀྱི་བརྡར་ཤ་གཅོད་སྟངས་ཤིག་གང་ཐུབ་ཅི་ཐུབ་ཀྱིས་གྲུབ་པར་བྱས་ཏེ། སྔོན་དཔག་གི་ནུས་པ་ངེས་ཅན་ལྡན་པ་བྱ་རྒྱུ་ནི། དྲ་ལམ་གླེང་ཕྱོགས་ཁྲིད་སྟོན་ལས་དོན་གྱི་འགག་རྩའི་དམིགས་ཡུལ་ཡིན། ཁྲིམ་རའི་བརྟག་དཔྱད་དང་ཆོང་ལས་ཀྱི་མཐིལ་རྗོགས་ནུས་པ། སྤྱི་པའི་གནད་དོན་ལ་དབྱེ་ཞིབ་དང་འཕེལ་ཕྱོགས་བརྡར་ཤ་གཅོད་པ། ཕྱོགས་བསྡུས་གནས་ཚུལ་གསལ་བཟོ་དང་འཐབ་ཇུས་ཀྱི་རིགས་འདེད་སོགས་ཀྱི་ནུས་པ་དག"བརྡར་ཤ་གཅོད་པའི་ནུས་པའི"ཁོངས་སུ་བཞག་ཆོག་པ་སྟེ། དེ་ནི་གླེང་ཕྱོགས་གནས་ཚུལ་གྱི་འཕེལ་ཕྱོགས་ལ་དབྱེ་ཞིབ་ནུས་ལྡན་བྱེད་པར་བརྟེན་ནས་ཐབས་ཇུས་ལུགས་མཐུན་འགོད་པའི་ནུས་པ་ཞིག་ཡིན། ཆ་འཕྲིན་བརྒྱུད་སྤེལ་གྱི་མཐོ་རླབས་འཕྱུར་བའི་དྲ་ལམ་དུས་རབས་འདིར"རང་དབང"གི་མིང་ཐོགས་པའི་སྒེར་གྱི་སྒྲུན་སྦྱོར་ཁག་གཅིག་གིས"ཆུ་ཚོད་24རིང་དོ་ཁུར་བྱེད་མཁན་མེད་པའི་གནས་ཚུལ་གཏོང་སྤེལ་བྱེད"རྒྱུ་དེ་མདུན་གྲལ་དུ་ཚུད་ཐབས་བྱེད་པའི་ཆོད་ལྡ་ཞིག་ཏུ་འཛིན་པ་དང་། སུ་ཞིག་གིས་རྟོག་འཛིང་ཆེ་ལ་སྐད་ཅིག་ཉིད་ནང་འགྱུར་འགྲོ་བའི་ཆ་འཕྲིན་གྱི་རྒྱ་མཚོ་ཆེན་པོའི་ཁྲོད་ནས་སྔོན་ལ་གླེང་ཕྱོགས་འགྱུར་བའི་སྔོན་རྟགས་མཐོང་ཐུབ་ཚེ་དེར་ཐོག་མའི་གོ་སྐབས་རག་ཐུབ། དེར་བརྟེན། ཞིབ་འཇུག་པ་དང་བཀོལ་སྤྱོད་པ་དེ་བས་མང་བས་ཉེན་མཚན་བསྟུད་མེད་དང་ཕྱོགས་ཡོངས་ནས་གླེང་ཕྱོགས་ལས་དོན་སྤེལ་ཏེ་རྒྱུན་མཐུད་ལྡ་ཞིབ་ཚད་ལེན་བྱེད་པ་བརྒྱུད"ཤེས་རྟོགས་ནུས་པ"མཐོར་འདེགས་གཏོང་ཐུབ་པར་བྱེད་པ་དང་། རིམ་བཞིན་དྲ་ལམ་གླེང་ཕྱོགས་ཀྱི་ཁྲིད་སྟོན་ལས་དོན་གྱི་

“བརྡར་ཤ་གཅོད་པའི་ནུས་པ་” འགྲུབ་ཐབས་བྱེད་བཞིན་ཡོད།

ཧང་སྲིད་ལས་ཁུངས་ཀྱི་ལས་ཀའི་ཁྱད་ཆོས་དང་ཟུང་འབྲེལ་གྱིས་གཙོ་གནད་ཐོག “འདུ་ཤེས་རིགས་བཞི་” གསོ་སྐྱོང་དང་ “ནུས་པ་ཁག་བཞི་” འདོན་སྤེལ་བྱ་རྒྱུ་དེ་དྲ་ལམ་གླེང་ཕྱོགས་ཀྱི་ “ཤེས་རྟོགས་ནུས་པ་” གསོ་སྐྱོང་ཧུར་ཐག་དང་། དྲ་ལམ་གླེང་ཕྱོགས་ཀྱི་“བརྡར་ཤ་གཅོད་པའི་ནུས་པར་” རམ་འདེགས་བྱེད་པའི་ཐད་ནས་བཤད་ཚེ་གལ་ཆེའི་དཔྱད་གཞིའི་དོན་སྙིང་ལྡན་པ་ཞིག་རེད།

1. དྲ་ལམ་གླེང་ཕྱོགས་ཀྱི་“ཤེས་རྟོགས་ནུས་པ་” དང་“འདུ་ཤེས་རིགས་བཞི།”

མི་རྣམས་ཀྱིས་དྲ་ལམ་གླེང་ཕྱོགས་ལ་གོ་བ་ལེན་སྟངས་དང་དེ་བསྟུན་གྱི་ལས་དོན་གང་འདྲ་སྤེལ་མིན་ནི་དྲ་ལམ་དང་དེ་བཞིན་དྲ་ལམ་གྱི་ཉེར་སྤྱོད་ཀྱི་འགྱུར་བར་རག་ལས་ཡོད། དུས་རབས་གསར་པར་གླེང་ཕྱོགས་ཀྱི་ལས་དོན་ཡག་པོ་སྒྲུབ་པར་གཤམ་གསལ་འདུ་ཤེས་བསམ་བློའི་སྒྲུང་བརྡར་དང་ཤུགས་སྣོན་རྒྱག་པའི་ལས་དོན་ཡག་པོ་བསྒྲུབ་དགོས་ཏེ།

གཅིག་ནི་“ཉེན་ཁའི་འདུ་ཤེས” ཡོད་པ་བྱས་ཏེ་སྲོལ་རྒྱུན་མིན་པའི་བདེ་འཛུགས་གནད་དོན་ལ་མཐོང་ཆེན་བྱ་དགོས་པ་དེ་ཡིན། ཧང་གི་ཚོགས་ཆེན་བཅོ་བརྒྱད་པ་འཚོགས་ཚུན་བློ་མཐུན་ཞི་ཅིན་ཕིང་གིས་སྤྱི་ཤིང་གནང་བའི་ཧང་ཀྲུང་དབྱང་གིས་རྒྱལ་ཁབ་ཀྱི་བདེ་འཛུགས་ཐད་འཐབ་ཇུས་རང་བཞིན་གྱི་བཀོད་སྒྲིག་རབ་དང་རིམ་པ་གནང་བ་དང་། “རྒྱལ་ཁབ་ཀྱི་སྤྱིའི་བདེ་འཛུགས་ལྟ་བ་” ཞེས་པས་ནང་དོན་བྱས་པའི་རྒྱལ་ཁབ་ཀྱི་བདེ་འཛུགས་བསམ་བློའི་རིག་གཞུང་གསར་གཏོད་གནང་ཡོད། ཧང་གི་ཚོགས་ཆེན་བཅུ་དགུ་པའི་སྙན་ཞུའི་ནང་“བདེ་འཛུགས་” སྐོར་ཐེངས་55བཀོད་ཡོད་པ་དང་།

དེ་ལས་ཐེངས་18"རྒྱལ་ཁབ་ཀྱི་བདེ་འཛུགས་"སྐོར་གླེང་ཡོད་ཅིང་། ཏང་གི་སྐབས་རིམ་བྱུང་གི་འཐུས་མི་ཚོགས་ཆེན་དང་བསྡུར་ཚེ་རྒྱལ་ཁབ་ཀྱི་བདེ་འཛུགས་ལ་མཐོང་ཆེན་གནང་ཚད་"སྔ་ན་མེད་པའི་"མཐོ་ཚད་དུ་སླེབས་ཡོད། དེ་ལས་ང་ཚོར་དམག་དོན་དང་། ཆབ་སྲིད། ཕྱི་འབྲེལ་བཅས་ཀྱི་གདོང་ཐུག་ཐུད་པའི་སྲོལ་རྒྱུན་མིན་པའི་བདེ་འཛུགས་ཁྱབ་ཁོངས་ལ་སྔ་བར་ཕྱི་གསུམ་དུ་ངོ་ཁུར་བྱས་ཏེ། ཐོན་ངེས་ཡིན་པའི་དུས་བབ་གསར་པ་དང་གནད་དོན་གསར་པ། ཁྱད་ཆོས་གསར་པར་དམིགས་ནས་ཉེན་ཟོན་འདུ་ཤེས་རྒྱུན་མཐུད་ཤུགས་ཆེར་གཏོང་དགོས་པ་དང་། གླེང་སྒྱོགས་ཀྱི་འཕེལ་ཕྱོགས་ཁོང་དུ་ཆུད་པར་བྱེད་པ། གསར་དར་གནས་ཚུལ་ལ་རྗེས་འདེད་དབྱེ་ཞིབ་ནན་པོ་བྱས་ཏེ་དུས་ཐོག་ཏུ་སྤྱི་ཚོགས་ཀྱི་རེ་འདུན་ལ་ལན་ཆ་བྱ་དགོས་པའི་བླང་བྱ་བཏོན་ཡོད།

གཉིས་ནི་"འབྲེལ་བའི་འདུ་ཤེས་"གྲུབ་པ་བྱས་ཏེ་བསྒྱུར་བཅོས་ཁྲིད་ཀྱི་མཉམ་འགྲུལ་རྒྱུ་རྐྱེན་ལ་ངོ་ཁུར་བྱ་དགོས་པ་དེ་ཡིན། སྤྱི་པའི་གྲོས་གཞིའི་སྐོར་གྱི་ངོ་ཁུར་བྱེད་མང་བའི་གནད་དོན་ཏ་ཅང་མང་དུ་འགྲོ་བའི་སྐབས་འདིར་བསྒྱུར་བཅོས་ཁག་ལ་སྒྲུལ་འདེད་གཏིང་ཟབ་གཏོང་བ་དང་བསྟུན་ནས་དེ་དང་འབྲེལ་བའི་གནད་དོན་ཐོན་ཚད་ཀྱང་མང་དུ་འགྲོ་བཞིན་ཡོད། ལས་རིགས་མི་འདྲ་བ་དང་ཁྱབ་ཁོངས་མི་འདྲ་བའི་ནང་ཐོན་པའི་གནད་དོན་ནས་བལྟས་ཚེ་མངོན་གསལ་དོད་པོའི་ཐུན་མོང་རང་བཞིན་གྱི་གནད་དོན་ཏེ། "འབྲེལ་བ་དང་། བཙན་སྲེལ། ཞུད་སྒྲོག་"བཅས་བྱ་རྒྱུ་དེ་ཚོང་ལས་ཁེ་འཚོང་གི་"ཚད་ལྡན་སྒྲིག་ཆས་"ལྟ་བུ་ཞིག་ཏུ་གྱུར་ཡོད། འཕེལ་ཚུལ་དེའི་དྲ་ལམ་གླེང་སྒྱོགས་ར་བའི་ཁྲིད་ཀྱི་མངོན་ཚུལ་ནི་གནད་དོན་གང་ཉུང་ཡོད་ཚད་བསྒྱུར་བཅོས་ཀྱི་གླེང་གཞི་དང་འབྲེལ་བ་བྱེད་པ་དང་། "ཐ་ཤེ་ཐོའི་དོང་རྙིའི་"སྣང་ཚུལ་ཚབས་ཆེར་འགྲོ་བར་སྐྱུལ་འདེད་ཐེབས་པ་དེ་ཡིན། སྔ་ཁག་

འགའ་རེའམ་ས་གནས་སྲིད་གཞུང་ཁག་གཅིག་གི་"བཀག་སྡོམ་འགེབས་གནོན"ལ་བརྟེན་པའི་གླིང་ཕྱོགས་གནས་ཚུལ་གྱི་འདུ་ཤེས་དང་ཐག་གཅོད་བྱ་ཐབས་ནི་བསམ་གཞིག་བྱ་དགོས་ངེས་ཤིག་ཡིན་ལ། གང་འདྲ་བྱས་ཏེ་ཚ་འཕྲིན་ཡོངས་བསྒྲགས་བྱེད་པ་བརྒྱུད་"ཚ་འཕྲིན་གྱི་བཀྲེས་སྐོམ"སེལ་དགོས་མིན་ནི་ཞིབ་འཇུག་བྱ་དགོས་ངེས་ཤིག་ཡིན།

གསུམ་ནི་"མི་དམངས་རྩ་བར་འཛིན་པའི་འདུ་ཤེས"ཆགས་པ་བྱས་ཏེ་དམངས་འདོད་ཀྱི་སེམས་ཁྲལ་ཤེས་རྟོགས་ཐུབ་པ་བྱ་དགོས་པ་དེ་ཡིན། ཉེ་བའི་ལོ་ཤས་ནང་རིན་ཐང་བྲལ་བའི་སློབ་ཁྱུལ་ཁང་པ་དང་། ཕྱུག་བདག་གནས་སྡོད་ཡུལ་མིར་འགྱུར་བ། དབུལ་པོའི་ཁྱིམ་ནས་དབང་ཐང་ཅན་ཐོན་དཀའ་བ། སྤྱི་ཚོགས་ཀྱི་མཐོང་ཆུང་སྤྲེལ་ཐག་ཅེས་པ་སོགས་ཀྱི་གླིང་གཞིས་མི་རྣམས་ལ་སེམས་ཁྲལ་འདུ་ཤེས་ཆེན་པོ་བཟོས་ཡོད་པ་མ་ཟད། ཁྱུ་ཚོགས་མི་འདྲ་བ་ཁག་གི་ཞིབ་ཕྲའི་གནད་དོན་གྱི་ངོས་འཛིན་བྱེད་སྟངས་ཐད་ལའང་ཁྱད་པར་ཆེན་པོ་ཤོར་བཞིན་ཡོད། དེ་དང་ཆབས་ཅིག་འཕྲིན་ཕྲན་སྤྱི་སྟེགས་དང་། ཀྲེ་ཧྲུའུ་སོགས་ཤུགས་རྐྱེན་ཐེབས་རྒྱ་ཆེ་བའི་སྟེགས་བུ་ཁག་གི་ནུས་པ་ཡང་མངོན་གསལ་ཇེ་དོད་དུ་འགྲོ་བཞིན་ཡོད་པ་དང་། ཆེད་ལས་རང་བཞིན་དང་རྟོག་དཔྱོད་རང་བཞིན་ལྡན་པའི་དྲ་དམངས་ཀྱི་བསམ་འཆར་ཡང་སྣ་མཐུད་མང་དུ་འགྲོ་བཞིན་ཡོད་པས། དེས་སྲིད་གཞུང་ལས་དོན་ལ་ཚོད་བགམ་འཕྲད་བཞིན་ཡོད་ལ། དམངས་འདོད་ཀྱི་འཕེལ་ཕྱོགས་དང་གཙོ་རྒྱུན་ངོས་འཛིན་དུས་ཐོག་ཏུ་ཤེས་དུ་ཆུད་པ་བྱེད་པར་ཡང་མ་དཔེ་མཚོ་འདོན་བྱས་ཡོད།

བཞི་ནི་"གཞི་གྲངས་འདུ་ཤེས"གྲུབ་པར་བྱས་ཏེ་གཞི་གྲངས་ཆེན་པོ་དབྱེ་ཞིབ་དང་བཀོལ་སྤྱོད་ལ་མཐོང་ཆེན་བྱ་དགོས་པ་དེ་ཡིན། ད་ལྟ་གཞི་གྲངས་ཆེན་མོ་དབྱེ་ཞིབ་དང་བཀོལ་སྤྱོད་ཡག་པོ་བྱ་རྒྱུ་དེ་སྤྱི་ཚོགས་ཀྱི་གླིང་

ཕྱོགས་གནས་ཚུལ་ཞིབ་འཇུག་ལས་དོན་གྱི་གལ་ཆེའི་ཐབས་ལམ་ཞིག་ཏུ་གྱུར་ཡོད། "ལྟེ་བ་མེད་པ་ཅན་དུ་འགྱུར་བའི་" དྲ་ལམ་ཆ་འཕྲིན་དུས་རབས་སུ་སྲིད་ཇུས་ཁྱབ་བསྒྲགས་དང་། ཐོལ་བྱུང་དོན་རྐྱེན། གླིང་ཕྱོགས་ཀྱི་དོ་ཁུར་བྱེད་མང་བའི་གནས་ཚུལ། ལས་རིགས་ཀྱི་འཕེལ་ཕྱོགས་སོགས་བརྒྱུད་ལམ་མི་འདྲ་བའི་ཁུངས་མང་གཞི་གྲངས་ཆ་འཕྲིན་མཉམ་སྡུད་དང་། ཚུར་ལེན། དབྱེ་ཞིབ་བཅས་བྱས་རྗེས་རྩ་ཚད་མི་འདྲ་བ་དང་། རྣམ་ཚད་མི་འདྲ་བ། ཚད་གཞི་མི་འདྲ་བ་བཅས་ཀྱི་དབྱེ་ཞིབ་མཐོང་ཕྱོགས་ཤིག་འགྲུབ་ཐུབ། ཆ་འཕྲིན་སིལ་བུ་ཅན་དང་། འབྲེལ་གཏུག་མཚམས་མེད་ཅན། དྲ་ཐོག་དྲ་འོག་མཉམ་འགྲུལ་བཅས་གཏིང་ཟབ་ཏུ་འགྲོ་བའི་རྒྱབ་ལྗོངས་འོག གཞི་གྲངས་ཆེན་མོར་དབྱེ་ཞིབ་བྱེད་པ་དེས་བརྒྱུད་སྤེལ་གྱི་འགག་རྩའི་དུས་མཚམས་དམ་འཛིན་དང་། མི་མངོན་པའི་འབྲེལ་བ་ཤེས་རྟོགས་བྱེད་པར་ཕན་ཐོགས་ཡོད་ལ་གློ་བུར་རྣམ་པ་དང་མཐོ་རླབས་རྣམ་པ། ལྡོག་འགྱུར་རྣམ་པ་བཅས་ཀྱི་གླིང་ཕྱོགས་ལ་དམིགས་ཏེ་འཕེལ་ཕྱོགས་དབྱེ་ཞིབ་དང་། ལྟ་ཚུལ་བརྡར་ཤ་གཅོད་པ། གནད་འཕིགས་འོས་སྐྱོར་སོགས་ཀྱི་ནུས་པ་མགོ་འདོན་བྱེད་ཐུབ་པ་དང་། མཐོང་ཕྱོགས་གསར་པ་དང་། བསམ་བློ་གསར་པ། ཐབས་ཇུས་གསར་པ་མགོ་འདོན་བྱེད་ཐུབ། དེར་བརྟེན། གཞི་གྲངས་ཆེན་མོའི་དབྱེ་ཞིབ་འདུ་ཤེས་དང་རྩལ་ནུས། བསམ་བློ་བཅས་གསར་སྤེལ་གཏིང་ཟབ་བྱ་དགོས།

2. དྲ་ལམ་གླིང་ཕྱོགས་ཀྱི་"བརྡར་ཤ་གཅོད་ནུས་" དང་ "ནུས་པ་ཁག་བཞི།"

དྲ་ལམ་དུས་རབས་ཀྱི་བརྒྱུད་སྤེལ་འབྲེལ་བ་ངོས་སྐྱོམས་ཅན་དུ་གྱུར་ཡོད་པས། སྲིད་གཞུང་སྡེ་ཁག་གི་ཐབས་ཇུས་བྱ་ཐབས་ཐད་མི་འདང་བའི་ཆ་ཐོན་ཚེ་དེ་འཕྲལ་དྲ་ལམ་གླིང་ཕྱོགས་ཀྱིས "རང་དགར་ཐག་གཅོད་པ་" དང་ "དབྱེ་

བ་གང་ཡང་མི་འབྱེད་པ་” སོགས་ཀྱི་སྐྱོན་བརྗོད་བྱེད་ངེས་ཡིན་ལ། སྤྱི་ཚོགས་བསྒྱུར་བཅོས་ཁྲིད་ཐོན་པའི་གནད་དོན་སྣ་ཚོགས་ཀྱང་“ལྟ་སྐྱུལ་དོ་དམ་ནུས་ལྡན་མ་བྱུང་བ་” དང་“སྲིད་གཞུང་གིས་སྣང་ཆུང་དུ་བཏང་བ་” སོགས་རྐྱེན་གྱིས་རེད་ཅེས་བརྗོད་སྲིད། དེར་བརྟེན། ཉིན་རེ་བཞིན་རྙོག་འཛིང་ཇེ་ཆེར་འགྲོ་བཞིན་པའི་གྲྭ་ལམ་གླིང་ཕྱོགས་ཀྱི་ཁོར་ཡུག་ཁྲོད་“གཏམ་གླིང་ཚད་སྲིད་གཞུང་ཟེར་བའི་” མང་ཚོགས་ཀྱི་འགྱུར་མེད་བག་ཆགས་སེལ་གང་ཐུབ་བྱེད་པར་སྲིད་གཞུང་སྡེ་ཁག་གིས་རྒྱུན་གཏན་ལས་དོན་ཁྲོད་གྲྭ་ལམ་གླིང་ཕྱོགས་ལ་མཐོང་ཆེན་བྱ་དགོས་པ་དང་། གནས་ཚུལ་ཐོན་རྗེས་དོ་སྣང་བྱ་དགོས་པ་མ་ཟད་དེ་བས་གནས་ཚུལ་མ་ཐོན་གོང་གི་སྔོན་འགོག་ལས་དོན་ཡག་པོ་བསྒྲུབ་དགོས། དམངས་ཀྱིས་གང་བསམ་ཤེས་པ་དང་། དམངས་ཀྱིས་ཕྱོགས་སར་ཕྱོགས་པ། “གླིང་ཕྱོགས་གནས་ཚུལ་ + ཐབས་ཇུས” ཀྱི་ཕྱོགས་བསྡུས་བཟང་ཤ་གཙོད་པའི་འདུ་ཤེས་གོང་མཐོར་བཏང་སྟེ“ཐབས་ཇུས་ཉེར་མཁོ་ཅན་” ནས“ཐབས་ཇུས་ཆ་འཕྲིན་ཅན་” གྱི་འགྱུར་ལྡོག་ལ་སྐྱུལ་འདེད་གཏོང་དགོས།

གཅིག་ནི་ཕྱི་ནང་གནས་ཚུལ་གསལ་བཤད་བྱས་ཏེ་“གསང་འཕྲིན་” གྱི་ནུས་པ་འདོན་སྤེལ་བྱེད་པ། རྒྱལ་ཁབ་ཕྱི་ནང་གི་གལ་ཆེའི་གནས་ཚུལ་དུས་ཐོག་ཏུ་གསལ་བཤད་བྱེད་པ་སྟེ། ཉེ་ལམ་ལོ་ཤས་ནང་ཐོན་མང་བའི་འབྱུང་ཁམས་ཁོར་ཡུག་དང་། སྤྱི་པའི་འཕྲོད་བསྟེན། དངུལ་རྩའི་ཉེན་ཁ་སོགས་ཁྱབ་ཁོངས་ཀྱི་གནས་ཚུལ་དུས་ཐོག་ཏུ་གསལ་བཤད་བྱས་ཏེ་རིམ་ཁག་ཏང་ཨུད་དང་སྲིད་གཞུང་སྡེ་ཁག་གིས་གནས་ཚུལ་ཁྱོན་ཡོངས་ནས་ཤེས་རྟོགས་བྱེད་པར་སྐུལ་སློང་ཡག་པོ་དང་། སོ་ལྟ་ཡག་པོ། “གསང་འཕྲིན་ལས་དོན་པ་” ཡག་པོ་བཅས་བྱ་དགོས།

གཉིས་ནི་ཆེད་དོན་ཆ་འཕྲིན་ཞིབ་འཇུག་བརྡར་གཅོད་ཡག་པོ་བྱས་ནེ་"རྩུས་འདོན་པའི་"ཉུས་པ་འདོན་སྤེལ་བྱེད་པ། འགོ་ཁྲིད་ཀྱི་ཐབས་རྩུས་དགོས་མཁོར་དམ་པོར་གཞིགས་ནེ་ཆ་འཕྲིན་བསྡུ་རུབ་དང་། ལས་སྣོན། གོང་འབུལ་བཅས་བྱེད་པ་དང་། ཕྱོགས་ཁག་གི་རིན་ཐང་ཡོད་པའི་གནད་དོན་དང་གནས་ཚུལ་བསྡུ་རུབ་བྱས་ནེ་"ཐབས་རྩུས་མ་བཀོད་གོང་"དང་། "ཐབས་རྩུས་བཀོད་པའི་ཁྲིད།" "ཐབས་རྩུས་བཀོད་ཟིན་རྗེས་"བཅས་བརྒྱུད་རིམ་ཧྲིལ་པོའི་ནང་གི་ཕྱོགས་བསྡུས་དབྱེ་ཞིབ་དང་བརྡར་གཅོད་ཡག་པོ་བྱས་ནེ་"བློ་འདོན་ཚོགས་པ་"ཡག་པོ་བྱ་དགོས།

གསུམ་ནི་སྨྱི་ཚོགས་གནས་ཚུལ་དང་དམངས་ཀྱི་འདོད་བློ་དང་འབྲེལ་བ་བྱས་ནེ་"སྤྲེལ་ཟམ་"ཉུས་པ་འདོན་སྤེལ་བྱེད་པ། དྲ་དམངས་སྤྱི་ཡོངས་ཀྱིས་དོ་ཁུར་བྱེད་མང་བའི་གནད་དོན་དང་དཀའ་གནད་ཁག་དུས་ཐོག་ཏུ་ལས་སྣོན་ཞིགས་སྒྲིག་དང་གོང་འབུལ་ཞུ་དགོས་པ་དང་། མི་དམངས་མངས་ཚོགས་ཀྱི་རེ་འབོད་དང་། བསམ་འཆར། གྲོས་འགོ་བཅས་བསྡུ་རུབ་དང་གོང་འབུལ་ཞུ་བར་དོ་སྣང་བྱས་ནེ་"ཆར་བརྟག་ཡོ་བྱད་"ཡག་པོ་བྱ་དགོས།

བཞི་ནི་གནོད་ཡོད་ཆ་འཕྲིན་ལྟ་ཞིབ་ཚད་ལེན་བྱས་ནེ་"སྲུན་སྙེགས་"ཀྱི་ཉུས་པ་འདོན་སྤེལ་བྱེད་པ། ཁྱོན་ཡོངས་དང་ཁ་ཕྱོགས་མི་འདྲ་བ། རྒྱུན་མཐུད་ལྷོད་མེད་བཅས་ཀྱི་སྒོ་ནས་དྲ་ཐོག་གི་དཀྲིག་གཏམ་སོགས་གནོད་ཡོད་ཆ་འཕྲིན་དང་། དེའི་བརྒྱུད་སྤེལ་འགྱུར་ལྡོག་གསལ་རྟོགས་ཐུབ་པ་བྱ་དགོས་པ་དང་། ལག་རྩལ་ཐབས་ལམ་འཛུགས་སྐྱོང་ལ་དོ་སྣང་བྱེད་པ་དང་། ལས་སྒོའི་ག་ཧེན་ཉུས་པ་འདོན་སྤེལ་བྱས་ནེ་"ཉེན་བརྡའི་ཡོ་བྱད་"ཡག་པོ་བྱ་དགོས།

དོན་ཚན་གསུམ་པ། ཁྲིད་སྟོན་བྱ་ཐབས་ཁོང་དུ་ཆུད་པར་བྱས་ཏེ་དྭ་ལམ་གླེང་ཕྱོགས་ཀྱི་བཅོས་སྐྱོང་ཆུ་ཚད་གོང་མཐོར་གཏོང་བ།

དྭ་ལམ་ནང་མཉམ་ཞུགས་བྱེད་པའི་འདུ་ཤེས་གསོ་སྐྱོང་བྱེད་པ་དང་། དྭ་ལམ་སྤྱི་ཚོགས་དང་ལེན་ཏུར་ཐག་བྱས་ཏེ། རང་འགུལ་གྱིས་དྭ་ལམ་བརྟག་དཔྱད་ཞིབ་འཇུག་དང་སྲིད་དོན་བརྟག་འདྲིའི་ལས་དོན་སྤེལ་རྒྱུ་དེ་རིམ་ཁག་འགོ་ཁྲིད་ལས་བྱེད་པས་དྭ་ལམ་སྟོབས་ཆེའི་རྒྱལ་ཁབ་ཀྱི་དུས་རབས་དགོས་མཁོ་དང་འཚམ་པར་བྱེད་པའི་དགོས་ངེས་ནུས་པ་ཞིག་ཏུ་གྱུར་ཡོད། དྭ་ལམ་གླེང་ཕྱོགས་ཀྱི་ཁྲིད་སྟོན་ལ་ཤུགས་སྣོན་རྒྱག་པ་དེ་གོང་འཕེལ་འགན་སྲུང་དང་། བརྟན་ལྷིང་སྲུང་སྐྱོང་། འཆམ་མཐུན་ལ་སྐུལ་འདེད་བཅས་བྱེད་པའི་གལ་ཆེའི་ལས་དོན་ཞིག་ཡིན་པ་ངེས་པར་དུ་ངོས་འཛིན་ཐུབ་དགོས་པ་དང་། རྒྱ་ཆེའི་ཏང་ཡོན་ལས་བྱེད་པ་ཡོངས་ཀྱིས་དྭ་ལམ་སྐྱུད་དེ་མང་ཚོགས་སྒྲིག་འཛུགས་དང་། མང་ཚོགས་དྲིལ་བསྒྲགས། མང་ཚོགས་སྣེ་འཁྲིད། མང་ཚོགས་ལ་ཞབས་ཞུ་བཅས་བྱེད་པའི་འཛིན་ཐང་ཆེ་རུ་གཏོང་དགོས་ལ། གང་འདྲ་བྱས་ནས་དྭ་ལམ་གླེང་ཕྱོགས་ལ་ནུས་ལྡན་དང་ལུགས་མཐུན་སྒོ་ནས་ཁྲིད་སྟོན་བྱ་རྒྱུའི་ཐད་བསམ་གཞིགས་བྱ་དགོས།

གཅིག ཏང་ཡོན་ལས་བྱེད་པའི་དྭ་ལམ་བྱང་ཚད་གསོ་སྐྱོང་དང་གོང་མཐོར་གཏོང་རྒྱུ་རྒྱུན་འཁྲངས་བྱ་དགོས།

《ཏན་ནུབ་མའི་ལོ་རྒྱུས་ལས་ལེ་ཞུན་གྱི་རྣམ་ཐར་》ཞེས་པའི་ནང་། "ཏ་ལ་ཆག་མ་སྟེར་ན་ཏ་པོའི་བང་རྩལ་ག་ནས་ཡོང་། བྱང་ཚད་མེད་པའི་སྐྱེ

ཐོས་རྒྱལ་ཁབ་ཇི་ལྟར་སྐྱོང་” ཞེས་འཁོད་ཡོད། བྱང་ཚད་ནི་ སྤྱིར་བཏང་གི་འཛོན་ནུས་ཁྱབ་ཁོངས་ཙམ་མ་ཡིན་པར་དེ་བས་མི་ཞིག་གི་བློ་སྤྱོད་ཚུ་ཚད་ཐོག་ནས་མངོན་ཐུབ། རིམ་ཁག་ཏང་ཡོན་ལས་བྱེད་པས་ལས་སྒྲུབ་ལས་གཏོད་བྱེད་པ་ནི་རང་ངོས་བྱང་ཚད་ཁྱོན་ཡོངས་ནས་གསོ་སྐྱོང་དང་གོང་མཐོར་གཏོང་རྒྱུ་དང་ཁ་བྲལ་ཐབས་མེད།

1992ལོར་ཨ་རིའི་སྨྱན་བྱེད་བྱང་ཚད་ཞིབ་འཇུག་ལྟེ་གནས་ཀྱིས“སྨྱན་བྱེད་བྱང་ཚད་”ཅེས་པའི་ཐ་སྙད་བཏོན་ཡོད། དེ་ཡང་སྨྱན་བྱེད་མི་འདྲ་བས་ཆ་འཕྲིན་སྣ་ཚོགས་བརྒྱུད་སྤེལ་བྱེད་སྐབས་མངོན་པའི་ཆ་འཕྲིན་གྱི་གདམ་བསྲེས་ནུས་པ་དང་། ངོགས་འདྲིའི་ནུས་པ། དཔྱད་དཔོག་ནུས་པ། གསར་གཏོད་ཐོན་སྐྱེད་ནུས་པ། དེ་བཞིན་རིག་འདེད་ནུས་པ་སོགས་ལ་གོ་དགོས།

1995ལོར་ཨ་རིའི་སྨྱན་བྱེད་རིག་གནས་ཞིབ་འཇུག་མཁས་དབང་མ་ཁེ་．ཕོ་སི་ཐེས་སུ་མཐུད“སྨྱན་བྱེད་གཉིས་པའི་དུས་རབས”ཞེས་པའི་ཐ་སྙད་བཏོན་ཡོད་དེ། “གློག་བརྙན་དང་། རླུང་འཕྲིན། བརྙན་འཕྲིན་སོགས་ཀྱི་ཁྲིད་སྒྲིག་བཟོ་མཁན་ཞུང་ཤས་ཀྱིས་ཆ་འཕྲིན་དག་གྲངས་འཐོར་རུང་མང་བའི་འཇོད་སྤྱོད་པར་མཁོ་འདོན་བྱེད་པ་དང་། དེའི་ཕབ་གཏོང་རྣམ་པར་ཚོད་འཛིན་ནན་པོ་ཐོག་ཡོད། ཡིན་ནའང་ཆ་འཕྲིན་གྱི་མཐོ་ཚན་ལག་རྩལ་འཕྱུར་འགོ་ཚུགས་པ་དང་དེ་བཞིན་སྦྲང་སྐར་ལག་རྩལ་དང་བརྙན་འཕྲིན། རྩིས་འཁོར་དང་ཁ་པར་སོགས་ཕན་ཚུན་ཟུང་འབྲེལ་བྱས་རྗེས་ཚབ་བྱེད་རྣམ་པ་ཞིག་གིས་སྒྲིག་བཟོ་མཁན་དང་། བྲིན་འཚོང་མཁན། འཛད་སྤྱོད་པ་བཅས་གཞི་གཅིག་ཏུ་འགྱུར་བའི་མ་ལག་ཅིག་ཐོན་པར་སྐྱུལ་འདེད་ཐེབས་ངེས་ཡིན་པ་དང་། མང་ཚོགས་ཀྱི་སྨྱན་བྱེད་དུས་རབས་གཉིས་པ་རིམ་བཞིན་ཐོན་འགོ་ཚུགས་ཡོད།” ཐ་སྙད་དེ་བཏོན་པ་ལས་ད་ལྟ་སྨྱན་བྱེད་དུས་རབས་ཀྱི་ཕྱོགས་གཉིས

པོའི་འབྲེལ་གདུག་དང་ལྡེ་བ་མེད་པ་ཅན་དུ་འགྱུར་བའི་ངོ་བོའི་བྲོད་ཆོས་ཤིག་གསལ་བཏོན་བྱས་ཡོད། བྲོད་ཆོས་དེའི་ཤུགས་རྐྱེན་འོག་གླིང་ཕྱོགས་ར་བ་སྤང་བས་རང་མོས་དང་སྒོ་དབྱེའི་ཕྱོགས་སུ་འཕེལ་རྒྱས་འགྲོ་རྒྱུ་ནི་ལྡོག་ཐབས་མེད་པ་ཞིག་ཡིན་ཞིང་། ཐ་ན་སྲུ་མཐུད་སྟོན་དཔག་བྱ་ཐབས་མེད་པའི་གནས་སུ་གོང་འཕེལ་འགྲོ་ངེས་ཡིན་ཏེ། 《སྐུད་སྦྲེལ》དུས་དེབ་ཀྱི་གཙོ་སྒྲིག་པ་ཁའི་ལྷུན་ · ཁེ་ལིད་ཀྱིས《ཚོད་འཛིན་བྱ་ཐབས་མེད་པ》ཞེས་པའི་དཔེ་དེབ་ནང་། འདས་ཟིན་པའི་ལྡེ་བ་ཅན་གྱི་སྒྲིག་འཛུགས་ཀྱི་བཟང་ཆ་དེང་གི་སྤྱི་ཚོགས་ཁོར་ཡུག་ཁྲོད་སྟ་ས་ནས་མེད་པར་གྱུར་ཟིན་པ་དང་། མིའི་རིགས་ཀྱིས་བཙན་དབང་ཚོད་འཛིན་བྱེད་པའི་དུས་རབས་རྒྱུན་མཐུད་བྱ་ཐབས་མེད་ཅེས་བཤད་མྱོང་ཡོད། དེའི་ཐོག་ནས་བལྟས་ཚེ། དྲ་ལམ་གླིང་ཕྱོགས་ཁྲོད་ཀྱི་འཛམ་གླིང་ས་ཕྱོགས་གང་ས་ནས་ཁྱབ་པའི་གླིང་གཞི་དང་། དེ་བཞིན་བང་རིམ་མི་འདྲ་བའི་ནང་གྲུབ་པའི་རེ་འདོད་དག་གིས་དེང་གི་དུས་འདིར་དྲ་ཐོག་གི་བྱ་སྤྱོད་ཚད་ལྡན་ཁྲིད་སྟོན་བྱེད་པར་རེ་བ་གསར་པ་བཏོན་ཡོད།

མདོར་བསྡུས་ནས་བཤད་ཚེ། སྤྱི་བྱིངས་སྨྱན་བྱད་ཀྱི་དང་ལེན་མཁན་ཚང་མར་སྤྱི་བྱིངས་བརྒྱུད་སྤེལ་ཐོན་ཁུངས་ཡང་དག་པ་དང་ལེགས་པར་བེད་སྤྱོད་བྱེད་པའི་ནུས་པ་ལྡན་པའི་ངོས་འཛིན་བྱེད་ཀྱིན་ཡོད། མི་རྣམས་ཀྱིས་ཆ་འཕྲིན་དང་སྨྱན་བྱད་ཐོན་ཁུངས་དེ་སྤྱི་ཚོགས་ཡར་རྒྱས་ལ་ལྟ་སྐུལ་དང་། སྐུལ་འདེད། འཐུས་སྒོ་ཚང་དུ་གཏོང་བ་བཅས་ཀྱི་ཐད་སྤྱོད་པ་ལས་སྒྲོ་གསེང་དང་རོལ་རྩེད་ཁོ་ནར་སྤྱོད་པ་ཞིག་མིན་པ་ཤེས་ཐུབ་དགོས་པ་དང་། མི་རྣམས་ཀྱིས་སྤྱི་བྱིངས་སྨྱན་བྱད་སྤྱོད་པའི་དམིགས་ཡུལ་དང་། ཐབས་ལམ། རྣམ་འགྱུར། དེ་བཞིན་ཕན་ཡོད་ཆ་འཕྲིན་ཇི་ཙམ་རག་ཐུབ་པ་བྱེད་མིན་བཅས་ནི་སྨྱན་བྱད་ཁོ་ནར་བརྟེན་ནས་ཐག་གཅོད་ཐུབ་པ་ཞིག་མིན་པར་རང་འགུལ་གྱིས་གདམ་ག

བྱ་དགོས། དེ་བས་གལ་འགངས་ཆེ་བ་ཞིག་ནི་ང་ཚོས་སྨན་སྦྱོར་དང་དེ་ལས་མགོ་འདོན་བྱས་པའི་ཆ་འཕྲིན་ལེགས་འདེམས་དང་བརྡར་ཤ་གཅོད་པའི་ནུས་པ་གསོ་སྐྱོང་བྱ་དགོས།

རྙོག་འཛིང་ཆེ་བའི་རྒྱུ་རྐྱེན་མང་དག་གི་རྐྱེན་ལས་སྤྱི་ཁྱིངས་སྨན་སྦྱོར་ཁྲོད་རྒྱུན་དུ་སློག་སྒྱུགས་ཀྱི་ཆ་འཕྲིན་དང་དེ་བཞིན་གཙོ་རྒྱུན་སྤྱི་ཚོགས་ཀྱིས་དང་ལེན་མི་བྱེད་པའི་ཆ་འཕྲིན་ཁྱབ་ཡོད་པ་དང་། སློག་སྒྱུགས་ཀྱི་ཆ་འཕྲིན་ཐག་གཅོད་ཡང་དག་བྱེད་ཐུབ་མིན་ནི་སྨན་བྱེད་ཀྱི་བྱང་ཚད་བརྡར་ཤ་གཅོད་པའི་གལ་ཆེའི་དམིགས་ཚད་ཅིག་ཡིན། 2017ལོར་ཨ་རིའི་ཤེ་ཡ་ཐུ་ཡི་ཕ་རྩེང་ཧྲུན་སློབ་ཆེན་གྱིས"གཞི་གྲངས་ཆེན་མོའི་དུས་རབས་ཀྱི་གདད་སྙིགས་ཆ་འཕྲིན་ཤེས་རྟོགས་ཐུབ་པ་མ་ཟད་བཀག་འགོག་བྱ་དགོས"ཞེས་པའི་སློབ་ཚན་གསར་པ་ཞིག་བཀོད་སྒྲིག་བྱས་པ་དང་། སློབ་ཚན་དེས་གཙོ་གནད་ཐོག་ཚན་རིག་ཞིབ་འཇུག་ཁྲོད་གཞི་གྲངས་སྤྱད་དེ་རྫུན་གཏམ་སློང་བ་དང་། རིག་གཞུང་གི་སྒྲུགས་ཞེན་བྱེད་པ་སོགས"གདད་སྙིགས"སྣ་ཚོགས་ལ་ངོ་ཁུར་བྱེད་ཀྱིན་ཡོད། ངོ་སྣང་བྱ་དགོས་པ་ཞིག་ནི། སློབ་ཚན་དེའི་ནང་གསར་འགྱུར་རྫུན་མའི་ནང་དོན་ཡང་བརྟན་ཡོད་དེ། དཔལ་འབྱོར་དམིགས་ཡུལ་དང་། བྲག་ཙ་ཁང་གི་ནུས་པ། དོན་དངོས་ཞིབ་དཔྱད་སོགས་ཀྱི་གྲོས་གཞི་དང་། དེ་བཞིན་ཇི་ལྟར་ཐབས་རྩུས་སྣ་ཚོགས་ལ་བརྟེན་ནས་དང་ལེན་མཁན་མི་འདྲ་བར་དམིགས་ཏེ་གསར་འགྱུར་རྫུན་མ་དབྱེ་འབྱེད་དང་དགག་རྒྱག་བྱེད་པར་རོགས་རམ་བྱ་དགོས་མིན་སོགས་ཚུད་ཡོད།

རྒྱུན་དུ་མི་རྣམས་ཀྱིས་ད་ལྟའི་དུས་འདི་ནི་ཆ་འཕྲིན་ཚད་ལས་འདས་པའི་དུས་རབས་ཤིག་ཡིན་ཞེས་ཤོད་ཀྱིན་ཡོད། ཡིན་ནའང་བསམ་བློ་ཞིབ་ཚགས་བཏང་ཆེ། གང་འདྲ་བྱས་ཏེ་ཆ་འཕྲིན"ཚད་ལས་འདས་པའི"ཁྲོད་

ལུགས་མཐུན་གྱིས་འཚོ་གནས་ཐུབ་པ་བྱེད་མིན་ཤེས་ཐུབ་པ་བྱ་རྒྱུ་ནི་མི་རྣམས་གྱིས་བསླུབ་དགོས་པའི་ལས་འགན་ཞིག་ཡིན། དྲ་ལམ་གླིང་ཕྱོགས་ཐོན་ཞིང་གོང་འཕེལ་འགྲོ་བ་དང་བསྟུན་ཏེ་སྨྱན་བྱེད་བྱང་ཚད་ཀྱི་ནང་དོན་ཕུན་སུམ་ཚོགས་སུ་འགྲོ་བཞིན་ཡོད་པ་དང་། དེའི་གལ་ཆེའི་རང་བཞིན་ཡང་ཤུགས་ཆེར་འགྲོ་བཞིན་ཡོད། སྤྱི་ཚོགས་འབྲེལ་བའི་དྲ་ལམ་གསར་བརྗེ་དང་། དྲ་ལམ་གསར་བརྗེ། འགྲུལ་འཁྱེར་གསར་བརྗེ་བཅས་ཀྱི་རྒྱབ་ལྗོངས་ཆེན་པོའི་འོག་མི་སྣེར་གྱིས་སྨྱན་བྱེད་གསར་པའི་ཕོར་ཡུག་དང་སྤྱི་ཚོགས་འབྲེལ་བའི་འགྱུར་བར་བསྟུན་ཐུབ་ཆེད། སྣར་ལས་ཆེ་བ་དང་སྣར་ལས་ཡག་པའི་སྤྱི་ཚོགས་འབྲེལ་བའི་དྲ་རྒྱ་འཛུགས་སྐྲུན་བྱ་དགོས་པ་དང་། ངེས་པར་དུ་རང་འགྲུལ་གྱི་སྒོ་ནས་ནུས་པ་གསར་པ་ཕོང་དུ་ཆུད་པ་བྱ་དགོས། དེ་ལྟར་བྱུང་ཚེ་གཞི་ནས་དུས་རབས་གསར་པའི་འཚོ་གནས་ཕོར་ཡུག་དང་འཚམས་ཐུབ། 2012ལོར་ཨ་རིའི་སྨྱན་སྦྱོར་རིག་པ་བ་ལི · ལད་ཉི་དང་པེ་རུད · ཝེ་མེན་གྱིས《དྲ་རྒྱ་ཅན་ཏེ་སྤྱི་ཚོགས་བཀོལ་སྤྱོད་མ་ལག་གསར་པ་》ཞེས་པའི་དཔེ་དེབ་ནང་། དྲ་ལམ་གྱིས་སྐྲུལ་བའི་“དྲ་ལམ་རང་དོན་རིང་ལུགས་”ཀྱི་དུས་རབས་འདིར་ང་ཚོས་མི་སྣེར་གྱི་“ སྨྱན་བྱེད་གསར་པའི་བྱང་ཚད་” སྣར་བས་གསོ་སྐྲུན་བྱ་དགོས་ཞེས་བརྗོད་ཡོད་པ་དང་། དེའི་ནང་པར་རིས་སྒྲིག་བཟོ་ནུས་པ་དང་། ཕྱོགས་སྟོན་ནུས་པ། ཆ་འཕྲིན་གྱི་སྒྲིག་འཛུགས་དང་སྦྲེལ་མཐུད་ནུས་པ། བློ་རྩེ་གཅིག་སྒྲིམ་ནུས་པ། ལས་འགན་སྣེ་མང་ཐག་གཅོད་ནུས་པ། དོགས་འདྲིའི་སྙིང་སྟོབས་དང་དེ་བཞིན་ཀུན་སྤྱོད་བྱང་ཚད་སོགས་ཚུད་ཡོད། ད་ལྟ་བལྟས་ཚེ། “ སྨྱན་བྱེད་གསར་པའི་བྱང་ཚད་” ཅེས་པ་བརྗོད་པ་ནི་དོན་དངོས་ཐོག་དྲ་ལམ་དུས་རབས་སུ་སྨྱན་བྱེད་གསར་པའི་བྱང་ཚད་རེ་འབོད་བྱས་པ་ཞིག་ཡིན།

“ མི་ཚང་མར་སྐད་སྒྲུག་ཡོད་པའི་ ” དུས་རབས་འདིར་བསམ་བློ་བརྗེ

རེས་གཅིག་རྗེས་གཉིས་མཐུད་དུ་ཐོན་པ་དང་། ལྷ་ཚུལ་མཉམ་འདུས་ཡང་ཡང་ཐོན་བཞིན་ཡོད། ཆ་འཕྲིན་ལ་ཉེན་མཚན་དཔྱེར་མེད་དང་། ཁྱབ་ཡོངས་ལ་ཁེབས་པ། སྒྱུར་ཚད་མགྱོགས་པ། གསར་འགྱུར་རྣམ་པ་བཅས་ཀྱི་བརྒྱུད་སྤེལ་ཁྱད་ཆོས་ཐོན་སྐབས་ཏང་ཡོན་ལས་བྱེད་པས་ལས་དོན་སྒྲུབ་པའི་བརྒྱུད་རིམ་ནང་ཁ་གཏད་གཙོག་དགོས་པའི་སློང་ཕྱོགས་གནས་ཚུལ་ཡང་དེ་བས་རྙོག་འཛིང་ཇེ་ཆེར་འགྲོ་ངེས་ཡིན། མི་རྣམས་ཀྱིས་སྨྱན་བྱེད་ཀྱི་བྱུང་ཚད་ལ་སླར་ཡང་དོ་ཁུར་བྱེད་པ་དང་། ཕྱི་རོལ་ཡུལ་གྱི་ཆོས་ཉིད་དང་དེ་བས་མཐུན་པ་དང་། དེ་བས་སྣང་བས་འཛིན་གྱི་སྒོ་ནས་དྭ་ལམ་སློང་ཕྱོགས་ལ་ཁ་གཏད་གཙོག་པའི་རེ་བ་བྱེད་པའི་རྒྱབ་ལྗོངས་འོག། ཏང་ཡོན་ལས་བྱེད་པས་རང་ངོས་ཀྱི་སྨྱན་བྱེད་བྱུང་ཚད་མཐོ་རུ་གཏོང་རྒྱུར་དོ་སྣང་བྱ་དགོས་པ་མ་ཟད། སྤྱི་ཚོགས་སྨྱན་བྱེད་སྣེ་འཁྲིད་འོག་གི་སློང་ཕྱོགས་ཀྱི་ངོ་བོར་བརྟར་ཞ་གཙོད་པའི་ནུས་པ་ལྡན་དགོས་པ་དང་། དྭ་རྒྱའི་བྱུང་ཚད་གོང་མཐོར་བཏང་སྟེ་བཙོས་སྐྱོང་ནུས་པ་དང་དྭ་ལམ་བཀོལ་སྤྱོད་ཟུང་འབྲེལ་ཐུར་ཐག་བྱ་དགོས། 2018ལོའི་ཟླ་12པའི་ཚེས27ཉིན། "དུས་བསྟུན་མཉམ་བསྐྲུན་གྱིས་དྭ་ལམ་བྱུང་ཚད་གོང་མཐོར་གཏོང་བ་དང་། མཉམ་དུ་དྲ་ཐོག་དྲ་འོག་གི་བློ་སེམས་གཅིག་སྒྲིལ་" ཅེས་པས་བརྗོད་དོན་གཙོ་བོ་བྱས་པའི་"2018ལོའི་རྒྱལ་སའི་དྭ་ལམ་བྱུང་ཚད་ཀྱི་བཞུགས་མོལ་ཚོགས་འདུ་" པེ་ཅིང་དུ་སྐོང་འཚོགས་བྱས་ཡོད། བཞུགས་མོལ་ཚོགས་འདུའི་ཐོག《དྭ་ལམ་བྱུང་ཚད་ཚད་གཞིའི་དཔྱད་དཔོག་ལག་དེབ་》འགྲེམས་སྤེལ་བྱས་པ་དང་། མང་ཚོགས་ཀྱི་དྭ་ལམ་བྱུང་ཚད་དཔྱད་དཔོག་སྟར་བས་ཚད་ལྡན་ཅན་དུ་བཏང་ཡོད་ཅིང་། དྭ་ལམ་ཆ་འཕྲིན་ལྷ་སྐྱུལ་ངོ་དམ་དང་དྭ་ལམ་བར་ཁམས་བཙོས་སྐྲུང་ཐད་དོན་དངོས་ཀྱི་གཞི་འཛིན་ས་མགོ་འདོན་བྱས་ཡོད། དེས་ཀྱང་དོན་དངོས་ནས་འགོ་བཙམས་ཏེ་རྒྱ་ཆེའི་ཏང་

ཡོན་ལས་བྱེད་པར་ངེས་པར་དུ་དྲ་ལམ་གྱི་བསམ་བློ་ཡོད་དགོས་པ་མ་ཟད་གཞན་སྐྱུལ་ནས་རང་འགུལ་ལ་འགྱུར་བ་གཏོང་དགོས་པའི་བླང་བྱ་བཏོན་ཡོད།

ཕྱིར་ན་སྨྱན་བྱད་ཀྱི་བྱང་ཚད་དེ་བང་རིམ་གཉིས་ལ་དབྱེ་ཆོག་སྟེ། གཅིག་ནི་མང་ཚོགས་ཀྱིས་སྨྱན་སྦྱོར་དང་དེའི་བརྒྱུད་སྤེལ་བྱ་སྤྱོད་ལ་འཛིན་པའི་ལྟ་སྟངས་དང་། རྣམ་འགྱུར། དེ་བཞིན་རྒྱུས་མངའ་གཏིང་ཟབ་ཚད་བཅས་ཡིན་པ་དང་། གཞན་ཞིག་ནི་སྨྱན་སྦྱོར་ལས་དོན་པའི་ལས་རིགས་འཛིན་ཐང་དང་། ལས་རིགས་ཀུན་སྤྱོད། ལས་རིགས་སྙིང་སྟོབས་བཅས་ཡིན། ད་ང་དང་སྲིད་གཞུང་གི་ལས་དོན་ཐད་ནས་བཤད་ཚེ། ད་ལྟ་ང་ཚོས་གླེང་བའི་སྨྱན་བྱད་བྱང་ཚད་དང་ཐ་ན་དྲ་ལམ་བྱང་ཚད་དེ་མང་ཚོགས་ཀྱི་ལྟ་བ་དང་སྨྱན་སྦྱོར་ལས་དོན་པའི་ལས་རིགས་ཀུན་སྤྱོད་ཀྱི་ཁྱབ་ཁོངས་ཁོ་ན་ཙམ་ལ་གོ་བ་མིན་པར་ཧང་ཡོན་ལས་བྱེད་པར་ཡང་དེའི་ཐད་ཀྱི་དཀའ་ངལ་འཕྲད་ཡོད། ཆ་འཕྲིན་སྤྱི་ཚོགས་སུ་འཚོ་གནས་བྱེད་བཞིན་པའི་མི་སྣེར་ཚང་མ་དང་ལེན་མཁན་ཞིག་ཡིན་ལ་བརྒྱུད་སྤེལ་མཁན་ཡང་ཡིན་པ་དང་། དེང་རབས་སྤྱི་ཚོགས་ཀྱི་ཁོངས་མི་ཡོངས་སྨྱན་བྱད་ཀྱི་སྤྱི་དམངས་ཡིན། དེང་རབས་སྤྱི་ཚོགས་ཀྱི་སྨྱན་བྱད་སྤྱི་དམངས་ཡིན་པའི་ངོས་ནས་ཧང་ཡོན་ལས་བྱེད་པས་ཀྱང་ངེས་པར་དུ་རང་ངོས་ཀྱི་དྲ་ལམ་བྱང་ཚད་གོང་མཐོར་གཏོང་དགོས་པ་དང་། འབད་བརྩོན་ཆེན་པོས་མི་སྣ་རིགས་གསུམ་ལ་འགྱུར་བ་བྱ་དགོས།

རིགས་དང་པོ། སྨྱན་བརྗོད་བྱེད་མཁན། ཕྱིར་ན་དོགས་འདྲི་དང་སྨྱོན་བརྗོད་ཀྱི་སྙིང་སྟོབས་ལྡན་པ་བྱ་རྒྱུ་ནི་རིགས་གཞུང་ཞིབ་འཇུག་ཁྲིད་ངེས་པར་དུ་ཡོད་དགོས་པའི་བྱང་ཚད་ཅིག་ཏུ་བརྩི་བཞིན་ཡོད། ཡིན་ནའང་ཕྱིར་བཏང་མང་ཚོགས་ངོས་ནས་བཤད་ཚེ། ངོ་རྒོལ་བསམ་འཆར་གླེང་བ་དེ་རྒྱུན་དུ་སྤྱི་ཚོགས་དང་ཁ་གཏད་དུ་ལངས་པ་དང་། "སྨྱོན་འཚོལ་བར" དགའ་བ་ཞིག

ཡིན་པའི་ངོས་འཛིན་བྱེད། འོན་ཀྱང་དྲ་ལམ་ཆ་འཕྲིན་དུས་རབས་སུ་བསྐྱོད་རྗེས་མི་རྣམས་ཀྱིས་སྤྱི་བྱིངས་སྨྲུན་བྱེད་ལ་བརྟེན་ནས་སྐྱུན་པའི་བཙོས་མའི་ཁོར་ཡུག་ལ་བརྟེན་ཤུགས་ཇེ་ཆེར་འགྲོ་བ་དང་། དྲ་ལམ་གྱི་རྟོག་བཟོའི་འཇིག་རྟེན་དུ་འཚོ་བ་སྐྱེལ་བ་དང་ལས་ཀ་བྱེད་སྐབས་དེའི་ནང་དོན་ནི་ཕྱི་རོལ་ཡུལ་གྱི་འཇིག་རྟེན་ཁམས་ཀྱི་དོན་དངོས་ཡོངས་སུ་བསྐྱར་དུ་མཚོན་པ་ཞིག་མིན་པར་གདམ་བསྒྲིས་བརྒྱབ་རྗེས་ཀྱི་གྲུབ་ཆ་མང་པོ་མཉམ་དུ་བསྒྲིས་པ་ཞིག་ཡིན། མི་རྣམས་ཀྱིས"མགྲོན་ནག་བཙན་རྒྱལ"དང་འདྲ་བའི་རྟོག་བཟོའི་འཇིག་རྟེན་ཞིག་ལ་བསྙུ་བ་ཞུ་ངེས་ཡིན་པ་མ་ཟད། ཐ་ན་ཀ་རང་བཙུགས་ནས་རྟོག་བཟོའི་བར་ཁམས་དང་དོན་དངོས་འཚོ་བའི་ཁྲིད་ཀྱི་རང་ཉིད་ཀྱི་ཐོབ་ཐང་ངོས་འཛིན་ཉ་ཉུང་མཉམ་བསྒྲིས་བྱེད་པའམ་དོན་དངོས་འཚོ་བའི་ཁྲིད་ཀྱི་རང་ཉིད་ཀྱི་ཐོབ་ཐང་ཁས་ལེན་མི་བྱེད་པའི་སྣང་ཚུལ་ཐོན་ངེས་ཡིན། ང་ཚོས་མི་ཚང་མས་རྣམ་དཔྱོད་ལ་བརྟེན་ནས་ཆ་འཕྲིན་བདེན་རྫུན་བརྟར་ཞིབ་གཅོད་པ་དང་། ལྷུན་འཐོམས་ངང་གཞན་གྱི་རྗེས་སུ་རྒྱུག་པ་དང་། ཚུ་སྣ་གར་འཁྲིད། ཕྱུ་ཚུགས་མཐའ་སྐྱེལ་སོགས་མི་བྱེད་པར་དྲ་ཐོག་གི་ཁྲིམས་དང་མི་མཐུན་པའི་ཆ་འཕྲིན་དང་། དྲག་ཤུགས་ངོ་བོ་ལྡན་པའི་ཆ་འཕྲིན། གད་སྙིགས་ལྷ་བུའི་ཆ་འཕྲིན། ཐ་ཤལ་ཆ་འཕྲིན་སོགས་ལ་འགོག་རྒོལ་བྱེད་དགོས་པའི་བླང་བྱ་འདོན་སྐབས་ངོགས་འདྲིའི་སྙིང་སྟོབས་དེ་ངེས་པར་དུ་ཚང་དགོས་པའི་དྲ་ལམ་བྱང་ཚད་ཅིག་ཡིན།

མིག་སྔར། སྔེར་གྱི་སྨྲུན་སྦྱོར་གྱི་གོང་འཕེལ་ཚུ་ཚད་སྤྲོལ་རྒྱུན་སྨྲུན་སྦྱོར་གྱི་གོང་འཕེལ་དང་ཚུ་ཚད་གཅིག་པར་སླེབས་པ་མ་ཟད། ཐ་ན་དེ་ལས་བརྒལ་སྐབས་གཙོ་རྒྱུག་སྨྲུན་སྦྱོར་དང་སྲིད་གཞུང་གིས་སྔར་བཞིན་གཞུང་ཕྱོགས་ཀྱི་ལངས་ཕྱོགས་མཚོན་པ་དང་། དེ་དག་གིས་སྤེལ་བའི་ཆ་འཕྲིན་ལ་སྔར་བཞིན

དབང་གྲུགས་རང་བཞིན་ལྡན་ཡོད། དེ་ནི་ཐོག་མཐའ་བར་གསུམ་དུ་སྒྱི་ཚོགས་ཀྱི་ཐུན་མོང་ངོས་འཛིན་ཡིན། དེར་བརྟེན། ཧང་ཡོན་ལས་བྱེད་པས་ངེས་པར་དུ་དེ་བས་ལྷག་པའི་འགན་འཁྲིའི་འདུ་ཤེས་ཐོག་ནས་ཟླ་ལམ་གླིང་ཕྱོགས་ལ་ཁྲིད་སྟོན་བྱ་དགོས་པ་དང་། གལ་ཆེའི་གནད་དོན་དང་དོ་ཁུར་བྱེད་མཁན་མང་བའི་གནད་དོན་ལ་ཐོག་མཐའ་བར་གསུམ་དུ་དོ་ཁུར་དང་། དམ་འཛིན། ལན་ཆ་བཅས་བྱ་རྒྱུར་དོ་སྣང་བྱ་དགོས་ཤིང་། གཅིག་ནས་ཟླ་ལམ་བསམ་བློ་བེད་སྤྱོད་ཧུར་ཐག་བྱེད་པ་དང་གཉིས་ནས་ཟླ་ལམ་ཆ་འཕྲིན་གྱི་བདེན་རྫུན་གསལ་འབྱེད་ཡག་པོ་བྱ་དགོས། ཆ་འཕྲིན་རྫུན་མ་དང་ཁ་གསལ་མེད་པའི་གནད་དོན་ཐད་རང་ངོས་ཀྱི་བརྡར་ཤ་གཅོད་སྐབས་གང་ཐུབ་ཅི་ཐུབ་ཀྱིས་དོན་དངོས་དང་འཚམས་པ་དང་རིགས་པས་ཁུངས་སྐྱེལ་ཐུབ་པ་རྒྱུན་འཁྱོངས་བྱས་ཏེ་ཏང་དང་སྲིད་གཞུང་གི་ཡིད་རྟོན་ལ་སྲུང་སྐྱོབ་བྱ་དགོས།

རིགས་གཉིས་པ། ལྷ་སྐྲུལ་བྱེད་མཁན། སྔོར་གྱི་སྨྱུན་སྦྱོར་གོང་འཕེལ་ཐད་རང་རྒྱལ་གྱི་གསར་འགྱུར་བརྒྱུད་སྲིལ་རིག་པའི་མཁས་ཆེན་ཡུས་གོ་མིན་གྱིས་གདེང་འཇོག་གནང་སྐབས། “མི་ཚང་མ་གསར་འགྱུར་བརྒྱུད་སྲིལ་ནང་ཞུགས་ཚོག། ཡིན་ནའང་མི་ཚང་མར་ལས་རིགས་ཀུན་སྤྱོད་ལྡན་པའི་ངེས་པ་མེད་ལ། མི་ཚང་མར་གསར་འགྱུར་ཆེད་ལས་ཀྱི་སྦྱོང་བརྡར་ནན་པོ་ཐོབ་མྱོང་བའི་ངེས་པ་ཡང་མེད་པས། ཁོང་ཚོས་བརྒྱུད་སྲིལ་བྱས་པའི་ཆ་འཕྲིན་གསར་འགྱུར་དངོས་ཡིན་པའམ་སྔོར་གྱི་ལྷ་བ་ཡིན་པ་ནི་ཤོད་ཐབས་བྲལ་བ་ཞིག་རེད་” ཅེས་གསུངས་ཡོད། ཟླ་ལམ་གླིང་ཕྱོགས་ར་བ་ནི་སྤྱི་ཚོགས་སྣེ་མང་གི་གཏམ་བཙོད་སྲིལ་ས་ཞིག་ཡིན་ལ་གླིང་ཕྱོགས་བྱེད་པོ་སྣ་ཚོགས་ཀྱིས་སྐད་ཆ་ཤོད་དབང་རྩོད་གླིང་བྱེད་པ་ཡང་མངོན་ཡོད།

ད་ུས་རབས་གསར་པར་སླེབས་རྗེས་སྤྱི་ཚོགས་ཀྱི་འགལ་ཟླ་དང་མི་མཐོན་

པའི་ཉེན་ཁ་རིམ་བཞིན་ཕྱིར་མངོན་བཞིན་ཡོད་པ་དང་། སྤྱི་ཚོགས་བཙོས་སྐྱོང་ལེགས་པོ་བྱ་རྒྱུ་མངོན་འགྱུར་ཡོང་ཐབས་བྱེད་པའི་དུས་བབ་ཀྱང་དེ་བས་ཛ་དྲག་པོ་དང་རྙོག་འཛིང་ཟེ་ཆེར་འགྲོ་བཞིན་ཡོད། བྱ་དངོས་ཐམས་ཅད་དྲ་བས་སྦྲེལ་བའི་ཁོར་ཡུག་ཁྲོད་ཡོད་ཚད་འགོག་ཐབས་མེད་པ་དང་མི་རྣམས་ཀ་བྱེད་འདི་བྱེད་མེད་པར་འགྱུར་བཞིན་ཡོད། ཡིན་ནའང་མི་རྣམས་ཀྱི་ཐུན་མོང་ངོས་འཛིན་གྲུབ་པའི་ཉམས་མྱོང་ལས་ང་ཚོར་མི་ཚང་མ་བརྒྱུད་སྦྲེལ་ནང་ཞུགས་སྐབས་སུ་ཞིག་གིས་དེ་བས་ཡིད་རྟོན་རུང་བ་དང་། དེ་བས་ཕྱི་གསལ་ནང་གསལ། བསམ་གཞིགས་ནན་པོ་བཅས་བྱས་པའི་ཆ་འཕྲིན་མཁོ་འདོན་བྱས་ཚེ་དེར་ཁས་ལེན་ཐོབ་ཡུན་རིང་བ་ཡོད་པ་གསལ་བཤད་བྱས་ཡོད། འཁྱོག་ཤོད་དབང་དུ་སོང་བའི་དོན་དངོས་དེ་མཐར་སྤྱི་ཚོགས་ཀྱིས་འདོར་ངེས་ཡིན་ཏེ། དཔེར་ན"ཁ་བྱང་རིང་ལུགས"གང་སར་དར་སྐབས། "ཁ་བྱང་རིང་ལུགས"ལ་དམིགས་པའི་སྐྱོན་བརྗོད་ཀྱང་གང་སར་མཐོང་རྒྱུ་ཡོད་པ་ལྟ་བུ་ཡིན། དེར་བརྟེན། དྲ་ལམ་དོ་དམ་དང་ལྟ་སྐྱུལ་ལ་ཞུགས་སྟོན་རྒྱག་རྒྱུ་ནི་ལག་བསྟར་སྟབས་བདེ་ཙམ་མིན་པར་དོ་དམ་གནད་ལ་ཁེལ་བ་དང་། ལྟ་སྐྱུལ་ལུགས་དང་མཐུན་པ་བྱུང་ཚེ་འགན་འཁྲི་ལག་བསྟར་བདེ་ བླག་ངང་བྱེད་ཐུབ། 2019ལོའི་ཟླ་1པོར་རྒྱལ་ཁབ་དྲ་འཕྲིན་གཞུང་ལས་ཁང་གིས་དྲ་ལམ་འབྱུང་ཁམས་བཙོས་སྐྱོང་གི་ཆེད་དོན་བྱ་སྤྱོད་སྤེལ་བ་དང་། དེའི་ནང་ཚུལ་མིན་འདོད་ཆགས་དང་། མ་རབས་ཐ་ཤལ། ཁྲག་དྲི་བྲོ་བའི་དྲག་ཤུགས། འཇིགས་སྐྱུལ་འཇིགས་སྣང་། རྒྱན་འཛུགས་བསླུ་ཁྲིད། དྲ་ཐོག་དཀྲིག་གཏམ། བཀས་བཀོད་རྫོངས་དད། འཕྱ་དམོད་ངན་སྤྱོད། དྲག་པོའི་འཇིགས་སྐྱུལ། ཁ་བྱང་རིང་ལུགས། འཁོན་འཛིན་ངན་སྐྱུལ། འཚོ་བའི་གོམས་གཤིས་ངན་པ་དང་ཐ་ཤལ་གྱི་དར་སྲོལ་རིག་གནས་བརྒྱུད་བསྒྲགས་བྱེད་པ་སོགས་ལྷོག་ཕྱོགས་དང་གནོད་ཡོད་ཆ

འཕྲིན་རིགས་12བཅོས་སྒྲིང་བྱ་རྒྱུ་དམིགས་ཡུལ་དུ་བཞག་ཡོད་ཅིང་། ད་ཐོག་ཏུ“སྔ་ས་ནས་བཅོས་སྒྲིག་བྱེད་རན་”ཞེས་པ་སོགས་རྒྱབ་སྐྱོར་བྱེད་མཁན་མང་པོ་བྱུང་ཡོད། ད་རྒྱུས་སྒྱི་ཚོགས་ལས་དོན་ཕྱི་གསལ་ནང་གསལ་དུ་འགྱུར་བ་བྱས་ཡོད་པས། ཧང་ཡོན་ལས་བྱེད་པར་ངེས་པར་དུ་ད་ལམ་གླིང་ཕྱོགས་ཀྱི་བདེན་རྫུན་གསལ་འབྱེད་ནུས་པ་དང་བརྡར་ཤ་གཅོད་པའི་ནུས་པ། ལྷ་སྐྱེལ་ནུས་པ་བཅས་ལྡན་དགོས།

རིགས་གསུམ་པ། ཁྲིད་སྟོན་མཁན། ཐོབ་ཟིན་པའི་ཆ་འཕྲིན་གྱི་སྒྲིག་འཛུགས་དང་འབྲེལ་མཐུད་ནུས་པས་མི་རྣམས་ཀྱིས་འགྱུར་ལྡོག་མང་བའི་སྤྱི་ཚོགས་ལ་གོ་བ་མགྱོགས་མྱུར་ལེན་པར་ཕན་ཐོགས་ཡོད། མི་སོ་སོའི་ངོས་འཛིན་བར་ཁྱད་པར་ཤིན་ཏུ་ཆེ་བས་གསར་འགྱུར་གྱི་ནང་དོན་གཅིག་པ་ཡིན་རུང་ཁྲུ་ཚོགས་སོ་སོའི་རྒྱབ་ལྗོངས་མི་འདྲ་བ་དང་ཟུང་འབྲེལ་བྱེད་པ་དང་། ལྷག་པར་དུ་སྤྱི་ཚོགས་འབྲེལ་བའི་སྨྱན་སྦྱོར་སྟེགས་བུས་མཐོ་འདོན་བྱས་པའི་བརྒྱུད་སྐྱེལ་འབྲེལ་བ་ཟབ་མོར་བརྟེན་ཏེ་མི་རྣམས་ཀྱིས་རང་ཉིད་ཀྱི་ཉེ་འགྲམ་དུ་ཐོན་པའི་གནས་ཚུལ་འགྲེལ་བཤད་བྱེད་ཐུབ་རུང་དོན་དངོས་ཀྱི་ཐོག་མའི་རྣམ་པ་དང་གཅིག་པ་ཡོང་མི་ཐུབ། ནུབ་ཕྱོགས་ཀྱི་མཁས་པ་ཞིག་གིས། སྨྱན་བྱེད་ཀྱི་བྱང་ཚད་ནི་སྔར་ནས་མི་སྣེར་གྱི་ཐབས་ལམ་དང་ནུས་པ་ཞིག་མིན་པར་རྒྱལ་ཁབ་ཀྱི་འདུ་ཤེས་རྣམ་པ་དང་ཆབ་སྲིད་ཀྱི་ཆ་ཤས་ཤིག་ཡིན་པ་དང་། སྤྱི་ཚོགས་ཆོད་འཛིན་བྱ་ཐབས་སམ་སྤྱི་ཚོགས་ཚད་ལྡན་ཅན་དུ་བསྒྱུར་བའི་ཐབས་ལམ་ཞིག་ཏུ་སྤྱད་ཆོག་པའི་ངོས་འཛིན་བྱེད། དེའི་ཐད། ལུན་ཏུན་གྱི་ཆབ་སྲིད་དཔལ་འབྱོར་སློབ་གླིང་སྤྱི་ཚོགས་སེམས་ཁམས་རིག་པའི་དགེ་རྒན་ཆེན་མོ་བ་སོ་ཉེ་ཡ་ · ལིད་ཞུན་སིས་སྨྱན་བྱེད་ཀྱི་བྱང་ཚད་དང་གཞམ་གསལ་ཕྱོགས་གསུམ་བར་འབྲེལ་བ་ཡོད་ལུགས་བརྗོད་གནང་ཡོད་དེ། སྤྱི་ཚོགས་ཀྱི་ཤེས་བྱ་

དང་རིག་གནས། རིན་ཐང་ལྟ་བའི་གོ་བ་ལེན་སྟངས་དང་དེའི་ཚད་གཞི་དང་། བང་རིམ་མི་འདྲ་བའི་མི་ཚོགས་ལ་དམིགས་པའི་གནད་དོན་གྱི་འགྲེལ་བཤད་བྱ་ཐབས་དང་དེའི་ནུས་པ། ལམ་ལུགས་ཅན་གྱི་ལས་ཁུངས་དང་དེ་བཞིན་སྲིད་གཞུང་གི་ནུས་པར་བརྟེན་ནས་སྤྱི་ཚོགས་ཆ་འཕྲིན་ཐོབ་པ་དང་དོ་དམ་བྱེད་པ་བཅས་ཡིན། དེའི་ཐད་ནས་བཤད་ཚེ། མང་ཚོགས་སྤྱི་བྱིངས་ཀྱི་དྭ་ལམ་བྱང་ཚད་གོང་མཐོར་གཏོང་བ་དང་བསྒྱུར་ཚེ། ཧ་ང་ཡོན་ལས་བྱེད་པས་སློང་ཕྱོགས་ཁྲིད་སྟོན་གྱི་འགན་འཁྲི་འཁུར་དགོས་པས་ཧ་ང་ཡོན་ལས་བྱེད་པའི་དྭ་ལམ་བྱང་ཚད་གོང་མཐོར་གཏོང་རྒྱུ་དེ་དེ་བས་གལ་འགངས་ཆེ་བ་ཡོད།

ལས་དོན་དངོས་ཀྱི་ཁྲོད་དུ་དྭ་ལམ་དྲང་ནུས་བརྒྱུད་སྤེལ་བྱེད་པར་དྭ་ལམ་སྨྱན་སྦྱོར་གསར་པའི་བརྒྱུད་སྤེལ་ཆོས་ཉིད་དང་འཚམས་དགོས་པ་དང་། བརྗོད་དོན་གཙོ་བོ་འཆར་འགོད་ཡག་པོ་བྱ་དགོས། རང་འགྲུལ་གྱིས་དྭ་ལམ་སྨྱན་སྦྱོར་གསར་པ་བེད་སྤྱོད་གང་ལེགས་བྱས་ཏེ་ཤུགས་རྐྱེན་ཐེབས་ནུས་ལ་བརྟེན་ནས་སློང་ཕྱོགས་ལ་ཁྲིད་སྟོན་བྱ་དགོས་པ་མ་ཟད་སྤྱི་ཚོགས་ཀྱི་རིགས་ཁག་གི་སྙིག་འཛུགས་དང་། མ་ལག། སྣེ་ཁག་བཅས་ཀྱི་སྟོབས་ཤུགས་སྐུལ་སློང་བྱས་ཏེ་ཁྲིད་སྟོན་གྱི་མཉམ་ཤུགས་ཆགས་པ་བྱ་དགོས། དྭ་ལམ་སློང་ཕྱོགས་ཁྲིད་སྟོན་གྱིས་སྤྱི་ཚོགས་གོང་འཕེལ་ཐད་ཐོན་པའི་གལ་ཆེའི་སྐུལ་འདེད་ནུས་པར་ངོས་འཛིན་གང་ལེགས་ཐུབ་པ་བྱ་རྒྱུ་ནི་སློང་ཕྱོགས་ལས་དོན་དེ་“བབ་བསྟུན་སྣེ་ཁྲིད་དང་རིམ་གྱིས་རང་བྱུང་གི་སྣང་ཚུལ་དུ་འགྱུར་བར”བྱེད་པའི་གོམ་པ་དང་པོ་དེ་ཡིན།

གཉིས། གནད་ལ་འཕིགས་པ་དང་། ཚན་རིག་དང་མཐུན་པ། སྟབས་བསྟུན་བཅས་ཀྱི་དྲ་ལམ་སྙིང་ཕྱོགས་ཁྲིད་སྟོན་གྱི་བསམ་བློ་གྲུབ་པ་བྱ་དགོས།

2016ལོའི་ཟླ4པར། དྲ་ལམ་བདེ་འཇགས་དང་ཆ་འཕྲིན་ཅན་ལས་དོན་བཞུགས་མོལ་ཚོགས་འདུའི་ཐོག་སྤྱི་ཁྱབ་རྒྱུ་ཅི་ཞི་ཅིན་ཕིང་གིས“དྲ་ལམ་གོང་འོག་བློ་སེམས་གཅིག་སྒྲིལ”གྱི་འདུ་ཤེས་བཏོན་གནང་བ་དང་། “ཐུན་མོང་ངོས་འཛིན་གཅིག་སྒྲིལ་གྱིས་ལས་དོན་སྒྲུབ་པར་དཀའ་ངལ་ཡོད་པས་ཚང་མས་མཉམ་དུ་འབད་བརྩོན་བྱ་དགོས། ང་ཚོའི་དམིགས་ཡུལ་མངོན་འགྱུར་ཐུབ་ཆེད་དྲ་ལམ་གོང་འོག་ཚང་མས་བློ་སེམས་གཅིག་སྒྲིལ་བྱ་དགོས། གང་ཞིག་ནི་བློ་སེམས་གཅིག་སྒྲིལ་ཡིན་ཟེར་ན། ཏང་གི་འགོ་ཁྲིད་འོག་རྒྱལ་ཡོངས་མི་རིགས་ཁག་གི་མི་དམངས་སྐྱུལ་སློང་དང་། ཕྱོགས་ཚང་མའི་ཧུར་སེམས་སྐྱུལ་སློང་བྱས་ཏེ་ཐུན་མོང་ཐོག་ཀྲུང་ཧྭ་མི་རིགས་ཀྱི་རླབས་ཆེའི་བསྐྱར་དར་གྱི་ཀྲུང་གོའི་ཕྱུགས་མདུན་མངོན་འགྱུར་ཡོང་ཆེད་འབད་བརྩོན་བྱ་དགོས་པ་དེ་ཡིན་”ཞེས་གསུངས་ཡོད།

སྲོལ་རྒྱུན་དོན་སྙིང་ཐོག་གི་གླེང་ཕྱོགས་དང་མི་འདྲ་བར་དྲ་ལམ་གླེང་ཕྱོགས་ནི་སྤྱི་ཚོགས་བཅོས་སྐྱོང་གི་ཁོར་ཡུག་ཟམ་མི་ཆད་པར་སྒྲོ་དབྱེ་བྱས་པའི་འབྲས་བུ་ཡིན་པ་དང་། དེས་འགོ་ཁྲིད་ཀྱི་ཐབས་ཇུས་ནུས་པར་གླང་བྱ་དེ་བས་མཐོ་བ་བཏོན་ཡོད། སྲོལ་རྒྱུན་གྱི་བརྒྱུད་སྒྲིལ་ཁོར་ཡུག་ནང་སྤྱི་ཚོགས་མ་ལག་སྟོས་བཅས་ཀྱིས་སྒྲོ་བཀག་རྣམ་པར་གནས་པ་དང་། སྲིད་གཞུང་ལས་དོན་གྱི་ལག་བསྟར་བརྒྱུད་རིམ་དང་འབྲས་བུས་ཁྱབ་ཁོངས་ངེས་ཅན་ནང་མ་གཏོགས་ཤུགས་རྐྱེན་ཐེབས་ཀྱིན་མེད། དྲ་ལམ་བརྒྱུད་སྒྲིལ་ཁོར་ཡུག་འོག་སྤྱི་ཚོགས་བཅོས་སྐྱོང་གི་སྒྲོ་དབྱེའི་རང་བཞིན་ཤུགས་ཆེར་ཕྱིན་པ་དང་བསྟུན་ཏེ་ཁྱབ་

ཤོང་ས་དེ་བས་ཆེ་བའི་སྤྱི་ཚོགས་ཤུགས་རྐྱེན་ཐེབས་སླ་པོ་ཡོད། དེ་ཡང་སྦྱོགས་གཞན་ཞིག་ནས་བཤད་ཚེ། དྲ་ལམ་སློང་སྦྱོགས་ལ་ནུས་ལྡན་གྱི་ཁྲིད་སྟོན་བྱེད་ཁག་པོ་ཡོད། འོན་ཀྱང་སྦྱོགས་གཞན་ཞིག་ནས་བཤད་ཚེ། ཁྲིད་སྟོན་ནི་སྦྱོགས་རྐྱང་པའི་བྱ་སྤྱོད་ཅིག་མིན་པར་སྒོ་དབྱེ་དང་སྤེལ་རེས་ཀྱི་ཤོར་ཡུག་ཁྲོད་གྲུབ་པའི་འགྱུར་ལྡོག་གི་བརྒྱུད་རིམ་ཞིག་ཡིན། དེ་ཡང་"སྙིང་སེམས་གཅིག་སྒྲིལ"གྱི་སྙིང་དོན་ལས་བསྟན་པ་ལྟར། སྦྱོགས་ཁག་གིས་ཐུན་མོང་ངོས་འཛིན་གྲུབ་པར་རྒྱུན་མཐུད་དང་སྐྱུལ་འདེད་གཏོང་སྐབས་གཞི་ནས་ང་ཚོའི་ཁྲིད་སྟོན་གྱི་དམིགས་ཡུལ་འགྲུབ་པའི་རེ་བ་ཡོད། སློང་སྦྱོགས་ལ་རང་འགྱུལ་དང་འགྱུར་ལྡོག་འགྲོ་བའི་འཕེལ་སྦྱོགས་བཟང་པོ་ཞིག་མངོན་འདོན་བྱ་དགོས་པ་ལས། སྨྲ་བ་མང་ཞིང་ཕན་མེད་ཀྱི་སྟབས་བདེའི་བཀག་འགོག་བྱེད་མི་རུང་།

གལ་ཏེ་ང་ཚོས་དྲ་ལམ་སློང་སྦྱོགས་ཀྱི་ཁྲིད་སྟོན་བརྒྱུད་རིམ་དེ་དོ་དམ་གྱི་བརྒྱུད་རིམ་ཞིག་ཏུ་ངོས་འཛིན་བྱས་ཚེ། སྟོན་དཔག་དང་། འཆར་འགོད། སྒྲིག་འཛུགས། བཀོད་འདོམས། མཐུན་སྦྱོར། ཚོད་འཛིན་བཅས་དགོས་ཀྱིན་ཡོད། དེ་ནི་ནུབ་སྦྱོགས་ཀྱི་ཐུལ་བྱུང་དོ་དམ་རིགས་གཞུང་ནང་བཏོན་པའི་རྨང་གཞིའི་འགན་ནུས་ཁག་ལྔ་ཡིན། དོ་དམ་ཡག་པོ་ཟེར་བ་ནི་བཙན་ཤེད་ཀྱིས་ལག་བསྟར་བྱེད་དུ་འཇུག་པའམ་རང་སྣང་གང་ཤར་དུ་འཛོག་པ་ཞིག་མིན་པར་རྟོག་འཛིང་ཆེ་བའི་གནད་དོན་སྟབས་བདེར་གཏོང་བ་དང་། ཟང་ཟིང་གི་གནད་དོན་ཚད་ལྡན་དུ་གཏོང་བ་དེ་ཡིན། འགྱུར་བ་མང་བའི་དྲ་ལམ་སློང་སྦྱོགས་ལ་ཁ་གཏད་གཙོག་པར་བྱ་དངོས་ཀྱི་འགྱུར་བའི་ངོ་བོ་ཤོང་དུ་ཆུད་པ་བྱ་དགོས་པ་དང་། དེ་རྗེས་ཆོས་ཉིད་ངེས་ཅན་ལ་གཞིགས་ཏེ་རྒྱུན་ཆད་མེད་པར་གནད་དོན་ལེགས་སྒྲིག་དང་ཐག་གཅོད་བྱེད་པའི་རྒྱུས་གཞི་འདོན་དགོས། ང་ཚོས་གཤམ་གྱི་དམིགས་ཡུལ་ཁག་བཞིའི་ཐོག་ནས་དྲ་ལམ་སློང་སྦྱོགས་ཁྲིད་སྟོན་

གྱི་ཐབས་ལམ་བརྟན་ཏེ་འབྲེལ་ཡོད་ལས་དོན་དེ་བས་ཡག་པོ་སྒྲུབ་པར་དཔྱད་གཞི་དང་ཐབས་ཇུས་འདོན་རྒྱུ་ཡིན།

ཁྲིད་སྟོན་ཐབས་ལམ་དང་པོ་ནི། དྲ་ལམ་སྣེང་ཕྱོགས་གནས་ཚུལ་གྱི་ཤེས་ཚོར་ནུས་པ་གྲུབ་པ་བྱ་རྒྱུ་དམིགས་ཡུལ་དུ་བྱས་ཏེ་དྲ་ལམ་སྲུན་སྐྱོར་དང་ཟུང་འབྲེལ་གྱིས་གནད་དོན་ཐག་གཅོད་བྱེད་པ།

འཇར་མན་གྱི་མཚན་ཉིད་རིག་པ་མཁས་ཅན་ཧེ་གེར་གྱིས《མཚན་ཉིད་རིག་པའི་རྣམ་བཤད》ཅེས་པའི་ནང་། "དུས་རབས་གང་ཞིག་ཡིན་རུང་སྤྱི་པའི་སླེང་ཕྱོགས་ལ་ནུས་པ་ཤུགས་ཆེན་ལྡན་ཡོད། ལྷག་པར་དུ་ང་ཚོའི་དུས་རབས་འདིར་ཁྱད་ཆོས་དེ་དེ་བས་མངོན་གསལ་དོད་པོ་ཡོད"ཅེས་བརྟན་གནང་ཡོད།

ཉེ་བའི་ལོ་ཤས་ནང་"འཕེལ་ཚུལ་ཤེས་ཚོར"ཞེས་པ་དེ་ཁྱབ་ཁོངས་མང་པོའི་ནང་གི་ཐ་སྙད་གཙོ་བོར་གྱུར་ཡོད་པ་དང་ལྷག་པར་དུ་བདེ་འཇགས་དང་འབྲེལ་ཡོད་ཀྱི་ཁྱབ་ཁོངས་ནང་གི་ཐ་སྙད་གལ་ཆེན་ཞིག་ཏུ་གྱུར་ཡོད། ཨ་རིའི་མཁའ་དམག་གིས་ཐ་སྙད་དེ་ཐོག་མར་བརྟན་ཚུན་དྲ་ལམ་གོང་འཕེལ་དང་བསྟུན་ཏེ"འཕེལ་ཚུལ་ཤེས་ཚོར"ཞེས་པའི་ཐ་སྙད་དེ་དུས་རབས་20པའི་ལོ་རབས་90པར་ཆ་འཕྲིན་བདེ་འཇགས་ཁྱབ་ཁོངས་ནང་སྤྱོད་འགོ་ཚུགས་པ་མ་ཟད་རིམ་བཞིན"དྲ་ལམ་འཕེལ་ཚུལ་ཤེས་ཚོར(Cyberspace Situation Awareness, CSA)"ཞེས་པར་རིམ་འཕར་བྱུང་ཡོད། དེ་ཡང་གཞི་ཁྱོན་ཆེ་བའི་དྲ་ལམ་ཁོར་ཡུག་ཁྲོད་དྲ་ལམ་འཕེལ་ཚུལ་འགྱུར་ལྡོག་གཏོང་ཐུབ་པའི་བདེ་འཇགས་གྲུབ་ཆ་བསྡུ་ལེན་དང་། གོ་བ་ལེན་པ། མངོན་པར་བྱེད་པ་བཅས་བྱེད་པ་དང་། དེ་བཞིན་དེའི་འཕེལ་ཕྱོགས་ལ་རིགས་འདེད་རང་བཞིན་གྱི་སྔོན་དཔག་བྱས་ཏེ་ཐབས་ཇུས་འགོད་པ་དང་བྱ་སྤྱོད་སྤེལ་བའི་ཐད་སྤྱོད་པ་དེ་

ཡིན།

དེའི་ཐད་2016ལོའི་ཟླ་4པར་སྤྱི་ཁྱབ་ཧྲུའུ་ཅི་ཞི་ཅིན་ཕིང་གིས་དྲ་ལམ་བདེ་འཇགས་དང་ཆ་འཕྲིན་ཅན་ལས་དོན་གྱི་བཞུགས་མོལ་ཚོགས་འདུའི་སྟེང་། “བདེ་འཇགས་ནི་གོང་འཕེལ་གྱི་སྔོན་འགྲོའི་ཆ་རྐྱེན་ཡིན་པ་དང་། གོང་འཕེལ་ནི་བདེ་འཇགས་ཀྱི་འགན་སྲུང་ཡིན། བདེ་འཇགས་དང་གོང་འཕེལ་ལ་མཉམ་དུ་སྐུལ་འདེད་གཏོང་དགོས། དྲ་ལམ་ལྟ་བ་ཡང་དག་འཛུགས་སྐྲུན་བྱ་དགོས་པ་དང་། ཆ་འཕྲིན་གྱི་འགག་རྩའི་རྨང་གཞིའི་སྒྲིག་བཀོད་ཀྱི་བདེ་འཇགས་འགན་སྲུང་མ་ལག་འཛུགས་སྐྲུན་མགྱོགས་སུ་བཏང་སྟེ། ཉེན་མཚན་ལྟོས་མེད་དང་ཕྱོགས་ཐམས་ཅད་ནས་དྲ་ལམ་བདེ་འཇགས་གནས་ཚུལ་ཤེས་རྟོགས་ཐུབ་པ་བྱ་དགོས་པ་དང་། དྲ་ལམ་བདེ་འཇགས་ཀྱི་འགོག་སྲུང་ནུས་པ་དང་ཟིལ་གནོན་ནུས་པ་ཤུགས་ཆེར་གཏོང་དགོས” ཞེས་ནན་བཤད་གནང་ཡོད། 《ཀྲུང་ཧྭ་མི་དམངས་སྤྱི་མཐུན་རྒྱལ་ཁབ་ཀྱི་དྲ་ལམ་བདེ་འཇགས་བཅའ་ཁྲིམས》དང་《རྒྱལ་ཁབ་ཀྱི་དྲ་ལམ་བར་ཁམས་ཀྱི་བདེ་འཇགས་འཐབ་ཇུས》སྔ་ཕྱིར་ཁྱབ་བསྒྲགས་བྱས་པ་དང་བསྟུན་ཏེ། “འཕེལ་ཚུལ་ཤེས་ཚོར”དེ་རྒྱལ་ཁབ་ཀྱི་འཐབ་ཇུས་མཐོ་ཚད་ཐོག་བཞག་པ་མ་ཟད་《“ལོ་ལྔ་ཚན་གྱི་འཆར་འགོད་བཅུ་གསུམ་པའི་” རྒྱལ་ཁབ་ཆ་འཕྲིན་ཅན་གྱི་འཆར་འགོད་》ནང་བཅུག་ཡོད། མདོར་བསྡུས་ནས་བཤད་ན། “འཕེལ་ཚུལ་ཤེས་ཚོར”ནི་མིག་གིས་མཐོང་དཀའ་བ་དང་ཟམ་མི་ཆད་པར་ཚབས་ཆེར་འགྲོ་བཞིན་པའི་དྲ་ལམ་བདེ་འཇགས་ཉེན་ཁར་ཁ་གཏད་གཙོ་ཆེད་ཡིན།

སྤྱིར་ན་ཏང་ཡོན་ལས་བྱེད་པ་ཚང་མར་དྲ་ལམ་བར་ཁམས་ཀྱི་འཕེལ་ཚུལ་ཤེས་ཚོར་ཐུབ་པའི་ཆེད་ལས་རྒྱབ་ལྗོངས་ལྡན་པའི་ངེས་པ་མེད། ཡིན་ནའང་ཐ་སྙད་གསར་པ་ཞིག་ཐོན་པ་དེར་ལྟོག་མེད་ཀྱི་དོན་དངོས་དགོས་མཁོ

ལྡན་ཡོད། འཕེལ་ཚུལ་ཤེས་ཚོར་གྱི་འགག་རྩ་ནི་ལྟ་ཞིབ་ཚད་ལེན་དང་ལན་ཆའི་ནུས་པ་ཆེན་པོ་གཉིས་འཛུགས་སྐྲུན་བྱ་རྒྱུ་དེ་ཡིན། དྲ་རྒྱས་བརྒྱུད་སྲིད་ཀྱི་ཁོར་ཡུག་ལ་འགྱུར་བ་གཏོང་བ་དང་ཆབས་ཅིག་སྤྱི་ཚོགས་བཅོས་སྐྲུན་ལ་དངོས་པོའི་ཆ་རྐྱེན་དང་ཐབས་ལམ་གསར་ཤོས་མཁོ་འདོན་བྱས་ཡོད། དྲ་ལམ་བརྒྱུད་སྲིད་ཁོར་ཡུག་འོག་གི་སྤྱི་ཚོགས་བཅོས་སྐྲུན་ལ་ཁ་གཏད་གཙོག་པར་ངེས་པར་དུ་ནུས་ལྡན་གྱི་"གོ་མཚོན་"འདི་སྤྱོད་དགོས། དྲ་ལམ་སྒྲིང་ཕྱོགས་ཉིན་རེ་བཞིན་རྙོག་འཛིང་དང་འགྱུར་ལྡོག་ཇེ་ཆེར་འགྲོ་བཞིན་པའི་དུས་འདིར་ང་ཚོར་"དྲ་ལམ་སྒྲིང་ཕྱོགས་ཀྱི་འཕེལ་ཚུལ་ཤེས་ཚོར་ནུས་པ"གྲུབ་པར་བྱེད་པའི་ནུས་པ་ཡོད་ལ་གྲུབ་པ་བྱ་རྒྱུའི་འགན་འཁྲི་ཡང་ཡོད། དེར་བརྟེན་ནས་རང་ཉིད་ལ་རེ་བ་དེ་བས་མཐོ་བ་བཏོན་ཏེ་དོན་དངོས་ཁོར་ཡུག་ནང་འཕྲད་པའི་རིགས་ཁག་གི་གནད་དོན་ལ་ཞིབ་ཕྲའི་དཔྱེ་ཞིབ་དང་ཐག་གཅོད་བྱ་དགོས།

གཅིག་ནི་དུས་དང་རྣམ་པ་ཀུན་ཏུ་"རྣམ་པ"ལ་དོ་ཁུར་བྱ་དགོས། གནད་དོན་ལ་ཁྱོན་ཡོངས་ནས་ལྟ་རྒྱུ་རྒྱུན་འཁྱོངས་བྱ་དགོས་པ་དང་། ཐོག་མཐའ་བར་གསུམ་དུ་དྲ་ཐོག་གི་ཆ་འཕྲིན་ཡོང་ཁུངས་བརྒྱུད་སྒྲིང་ཕྱོགས་གནས་ཚུལ་གྱི་སྤྱིའི་རྣམ་པ་ཁོང་དུ་ཆུད་པར་བྱ་དགོས་པ་མ་ཟད། "གང་ནས་ཁོང་དུ་ཆུད་པར་བྱེད་པ་དང་། ཁོང་དུ་གང་འདྲ་ཆུད་པར་བྱེད་པ། ཁོང་དུ་ཇི་ལྟར་ཆུད་པར་བྱེད་པ"བཅས་གནད་དོན་གསུམ་ལ་བསམ་གཞིགས་བྱ་དགོས། རང་འགུལ་གྱིས་དྲ་ལམ་སྨྲུན་སྦྱོར་ལ་བརྟེན་པ་དང་། དྲ་ཐོག་གི་སྲིད་རེས་དང་ཆ་འཕྲིན་བརྒྱུད་སྲིད་བྱེད་སྒོའི་ནང་ཞུགས་ཏེ། དངོས་སུ་ཉམས་སུ་མྱོང་བ་དང་། དྲ་ཐོག་གི་འགྱུར་ལྡོག་ཤེས་རྟོགས་བྱ་དགོས་པ་དང་། སྒྲིང་ཕྱོགས་གནས་ཚུལ་གྱི་ལྟ་ཞིབ་ཚད་ལེན་བྱ་ཐབས་ངེས་ཅན་སློབ་སྦྱོང་བྱས་ཏེ་གནས་ཚུལ་ལ་གཞིགས་ཏེ་བརྡར་ཤ་གཅོད་པ་དང་། སྒྲིང་ཕྱོགས་གནས་ཚུལ་རྒྱབ་ཀྱི་

གནད་དོན་དང་ཉེན་ཁར་བསམ་གཞིགས་བྱ་ཆེད་རྨང་གཞི་འདིང་དགོས། གཏན་འཇགས་ཀྱི་དྲ་ལམ་སྤེལ་རེས་སྒྲིག་གཞི་འཛུགས་སྐྱོང་བྱས་ཏེ་མང་ཚོགས་དང་སྤེལ་རེས་བྱེད་པ་མང་དུ་གཏོང་བ་དང་། གནས་ཚུལ་གྱི་འཕེལ་ཕྱོགས་ཚོད་འཛིན་བྱེད་ཐུབ་པའི་ཁྱབ་ཁོངས་སུ་གནས་ཐུབ་པ་བྱ་དགོས།

གཉིས་ནི་གཙོ་གནད་ཐོག་"འཕེལ་ཚུལ་"ཁོང་དུ་ཆུད་པར་བྱ་དགོས། གནད་དོན་གྱི་མ་འོངས་པའི་འཕེལ་ཕྱོགས་དང་དེ་བཞིན་མིག་སྔར་དོ་ཁུར་བྱ་ཡུལ་གཙོ་གནད་ཐད་ཞིབ་འཇུག་བརྟར་གཅོད་དང་སྔོན་དཔག་བྱ་དགོས་པ་སྟེ། འཕེལ་ཚུལ་ལ་སྔོན་དཔག་བརྟར་ཞིབ་གཅོད་པའི་ནུས་པ་གསོ་སྐྱོང་བྱ་དགོས། དོན་དངོས་ཀྱི་སྲིད་དོན་ལས་དོན་ཁྲིད་གླེང་ཕྱོགས་གནས་ཚུལ་ནི་ཐབས་ཇུས་ལག་བསྟར་བྱས་ཟིན་རྗེས་ཐོན་པའི་སྤྱི་ཚོགས་ཀྱི་ལན་ཆ་ཡིན་སྲིད་ལ། ཏང་སྲིད་ལས་ཁུངས་ཀྱི་ལས་དོན་ནམ་མི་སྣ་དང་འབྲེལ་བ་ཡོད་པའི་དོ་ཁུར་བྱེད་མཁན་མང་བའི་གནད་དོན་ཡང་ཡིན་སྲིད་པས་གླེང་ཕྱོགས་གནས་ཚུལ་ཐག་གཅོད་བྱེད་པར་ངེས་པར་དུ་སྔོན་དཔག་བརྟར་ཞིབ་གཅོད་རྒྱུར་མཐོང་ཆེན་བྱ་དགོས། དྲ་ལམ་གླེང་ཕྱོགས་ར་བའི་ནང་དུ་གནད་དོན་ཁག་ལ"མི་སྟག་ཆུང་ངུས་རྫ་ཐང་བསྒྲིགས་པའི"ནུས་པ་ཐོན་པ་སེམས་ལ་བརྟན་པོར་ངེས་ཏེ་ལས་དོན་ཁྲིད་ཐོན་པའི་རྟགས་མཚན་རང་བཞིན་དང་། ཁ་ཕྱོགས་རང་བཞིན་གྱི་གནད་དོན་ལ་མཐོང་ཆེན་དང་། དྲ་ལམ་གླེང་ཕྱོགས་ལ་སྔོན་ནས་དབྱེ་ཞིབ་བྱ་རྒྱུར་མཐོང་ཆེན་བྱ་དགོས། གཞི་གྲངས་ཚན་རིག་ལ་མཐོང་ཆེན་དང་བཀོལ་སྤྱོད་ལ་དོ་སྣང་བྱ་དགོས་པ་དང་། གཞི་གྲངས་ཀྱིས་དེང་སྐབས་སྤྱི་ཚོགས་གོང་འཕེལ་ལ་ཐོན་པའི་གལ་ཆེའི་ནུས་པ་ཤེས་རྟོགས་ཐུབ་པ་བྱས་ཐོག། ནུས་ཤུགས་གང་ཡོད་ཀྱིས་ཆེད་ལས་ཅན་དང་གཞི་གྲངས་ཅན་གྱི་གླེང་ཕྱོགས་གནས་ཚུལ་གྱི་འདེགས་སྐྱོར་དང་ཟུང་འབྲེལ་གྱིས་ཚན་རིག་དང་མཐུན་པའི་བརྟར་ཞ

གཅོད་དགོས།

ཁྲིད་སྟོན་ཐབས་ལམ་གཉིས་པ་ནི། དྲ་ལམ་གླེང་ཕྱོགས་ཀྱི་ཉེན་ཁ་ཤེས་རྟོགས་དང་ཁ་གཏད་གཅོག་པའི་ནུས་པ་གསོ་སྐྱོང་བྱ་རྒྱུ་དམིགས་ཡུལ་དུ་བྱས་ཏེ་རང་ངོས་ཀྱི་དྲ་ལམ་ཤེས་བྱ་དུས་བསྟུན་མཉམ་བསྐྱོད་ཐུབ་པར་བྱེད་པ།

དུས་རབས་18པའི་དབྱིན་ཇིའི་ཆབ་སྲིད་རིག་པ་མཁས་ཅན་ཨད་ཏེ་སོང་ · པོ་ཁེས། "ཁ་གཡབ་གཡབ་ཀྱི་གླེང་ཕྱོགས་ལ་འགྱུར་བ་མང་ཉུང་རང་སྣང་གང་ཤར་ཞིག་ཡིན་" ཞེས་གསུངས་སྫོང་། མཚན་ཉིད་རིག་པའི་དོན་སྙིང་ལྡན་པའི་བཀའ་མོལ་དེས་གླེང་ཕྱོགས་ཀྱི་ཐོག་མཐའ་བར་གསུམ་དུ་འགྱུར་ལྡོག་ཁྲོད་གནས་ཤིང་བདེན་རྫུན་བཟང་ཤ་གཅོད་དཀའ་བའི་ཁྱད་ཆོས་གསལ་འདོན་བྱས་ཡོད་ལ། གླེང་ཕྱོགས་གནས་ཚུལ་ལ་ཉེན་ཁ་ཐོན་ཚེ"རང་སྣང་གང་ཤར་"གྱིས་ཚོད་འཛིན་བྱ་ཐབས་མེད་པར་འགྱུར་ངེས་ཡིན་པ་བསྟན་ཡོད།

སྤྱི་ཚོགས་འཁོར་རྒྱུག་རྒྱུན་གཏན་ལྟར་རྒྱུན་འཁྱོངས་བྱེད་པར་ཉེན་ཁ་ཤེས་རྟོགས་དང་སེལ་རྒྱུ་ནི་འགག་འཕྲི་ཞིག་ཡིན། གླེང་ཕྱོགས་ཀྱི་ཉེན་ཁ་ནི་རྒྱུན་དུ་གནས་ཚུལ་གྱི་ལྡོག་ཕྱོགས་ངོ་བོ་བརྒྱུད་སྤེལ་དང་འཁྱོག་བཤད། དེ་བཞིན་ཞུད་སྒྲོག་བྱས་པ་ལས་ཐོན་བཞིན་ཡོད་པས། དེ་ནི་ང་ཚོས་གླེང་ཕྱོགས་ལ་ཁྲིད་སྟོན་བྱེད་པའི་རྒྱུ་རྐྱེན་གཙོ་བོ་དེ་ཡིན། དྲ་ལམ་གླེང་ཕྱོགས་ཀྱི་གྲོས་བསྡུར་ཁྱབ་ཁོངས་ནས་བཤད་ཚེ། ཁྲིད་སྟོན་པ་ཡག་པོ་ཞིག་བྱེད་པར་ཐོག་མར་ཉེན་ཁ་ཤེས་རྟོགས་ཐུབ་དགོས་པ་མ་ཟད་ནུས་ལྡན་གྱི་བཟང་ཤ་གཅོད་པ་དང་ཁ་གཏད་གཅོག་དགོས།

སྤྱིར་བཏང་གི་དོན་སྙིང་ཐོག་ནས་བཤད་ཚེ། ཉེན་སེལ་སྤྱི་འབྲེལ་དང་གླེང་ཕྱོགས་གནས་ཚུལ་གྱི་ཁ་གཏད་གཅོག་ཐབས་ནི་དྲ་ལམ་གླེང་ཕྱོགས་ཁྲིད་

སྟོན་ནང་ངེས་པར་དུ་ཁོང་དུ་ཆུད་དགོས་པའི་ནང་དོན་ཁག་གཉིས་ཡིན་པ་དང་། དེ་གཉིས་དབར་མི་འདྲ་བའི་ཆ་ཡོད་ལ་ཕན་ཚུན་འབྲེལ་མཐུད་ཡོད་པ་ཞིག་ཀྱང་ཡིན། སྤྱིར་ན་དྲ་ལམ་ཉེན་སེལ་སྤྱི་འབྲེལ་ཞེས་པ་ནི་དྲ་ཐོག་གི་དོ་ཁུར་བྱེད་མང་བའི་སློ་བུར་གནས་ཚུལ་གྱི་ཐོན་རྐྱེན་དང་། ཤུགས་རྐྱེན། བྱ་ཐབས་སོགས་ལ་དམིགས་ཏེ་སྔོན་སྒྲོར་ལས་རིགས་ཀྱི་ཡོངས་བསྡོམས་བཅར་འདྲི་དང་ལེན་ཞུ་བ་མ་ཟད། སྔོན་སྒྲོར་གྱི་འབྲེལ་འདྲིས་དང་། མཐུན་སྒྲོར་སོགས་ལ་ཞིབ་འཇུག་གཏིང་ཟབ་བྱེད་པར་ཟེར། ཉེན་སེལ་སྤྱི་འབྲེལ་ལས་དོན་ནང་སྲིག་གཞི་འཛུགས་སྐྱོང་གཙོ་གནད་དུ་འཛུགས་དགོས་པ་དང་། གནས་བབ་ལ་བརྟར་ཤ་གཅོད་པ་དང་། ཆ་འཕྲིན་ཁྱབ་སྤེལ། རྗེས་མཐུད་ཀྱི་མཐུན་སྒྲོར་སོགས་ལྷུ་ཚིགས་ཁག་ནང་སྤྱ་བསྒྱུར་གྱི་ཁ་གཏད་གཅོག་ཐབས་གཏན་འཁེལ་བྱ་དགོས། གླེང་ཕྱོགས་གནས་ཚུལ་ལ་ཁ་གཏད་གཅོག་རྒྱུ་དེ་རྒྱུན་དུ་དྲ་ལམ་ཆ་འཕྲིན་དོ་དམ་གྱི་འབྲེལ་ཡོད་ཁྲིམས་ལུགས་ཁྲིམས་སྲོལ་དང་ཐག་གཅོད་བྱ་ཐབས་སོགས་དང་འབྲེལ་བ་ཡོད་པ་དང་། ཐབས་ལམ་ཁོང་དུ་ཆུད་པ་བྱ་རྒྱུ་དེ་གཙོ་གནད་དུ་འཛུགས་བཞིན་ཡོད།

དཔེར་ན། ཉེན་ཁའི་གནས་ཚུལ་གྱི་གླེང་ཕྱོགས་མང་ཆེ་བར་ལྡོག་ཕྱོགས་དང་ཚོར་སྣང་སྐྱེན་པའི་རང་བཞིན་ལྡན་པ་དང་། དྲ་ལམ་ཁོར་ཡུག་གི་སྐྱུལ་འདེད་འོག་ཐོན་མགྱོགས་པ་དང་ཐ་ན་འགྱུར་བ་འགྲོ་མགྱོགས་པས་འབྲེལ་ཡོད་ཕྱོགས་ལ་བྲ་སྒྲིག་མེད་པའི་གནས་ཚུལ་འོག་དེ་ཚོད་འཛིན་བྱ་ཐབས་མེད་པའི་གནས་སུ་ལྷུང་ཉེན་ཡོད། དེར་བརྟེན། ཞིབ་ཚགས་ནུས་ཡོད་དང་བཀོད་སྒྲིག་ལུགས་མཐུན་ཡིན་པའི་ཉེན་སེལ་སྤྱི་འབྲེལ་གྱི་བྲ་སྒྲིག་སྒྲིག་གཞི་ཞིག་ཡོད་དགོས་པ་ནི་ཧ་ཅང་གལ་འགངས་ཆེན་པོར་མངོན། གནས་ཚུལ་ཐག་གཅོད་བྱེད་པ་ཅམ་དམིགས་ཡུལ་དུ་འཛིན་པའི་“གང་མགྱོགས་ཐག་གཅོད་”ཀྱི་བསམ་བློ་དེ་

 སྤྱིར་སྲོལ་རྒྱུན་འཁྱོངས་དང་སྟབས་བསྟུན་ལེགས་སྒྲིག་བྱེད་པའི་“གོམ་རེར་སྣར་རེ་རྒྱག་པའི་”བསམ་བློར་འགྱུར་བ་བཏང་ཚེ་གཞི་ནས་“གནས་ཚུལ་འཕྲོད་སྐབས་དངངས་འཚབ་མེད་པ་”ཡོང་བ་དང་། “དམར་དམར་ལྷེ་ཡིས་རིལ་རིལ་མགོ་བོར་སྐུ་ངལ་བཟོ་བ་”ལས་གཡོལ་ཏེ་“སེམས་ནང་གདེང་ཚོད་ཡོད་པ་”ལ་འགྱུར་ཐུབ།

ཉེན་སེལ་སྤྱི་འབྲེལ་གྱི་ཞིབ་ཕྲའི་ལྷུ་ཚིགས་ནང་ཆ་འཕྲིན་ཁྱབ་བསྒྲགས་ནི་འཕེལ་ཕྱོགས་ཐག་གཅོད་པའི་འགག་རྩ་ཡིན་ཞེས་བཤད་ཚོག། སྲོལ་རྒྱུན་ལྟ་བའི་ནང་གཞུང་ཕྱོགས་ཀྱིས་ཐོལ་བྱུང་དོན་རྐྱེན་ཐག་གཅོད་བྱེད་པར་“གསེར་ལྟར་རིན་ཐང་ཆེ་བའི་ཆུ་ཚོད་24”ཞེས་པའི་བཤད་སྲོལ་ཡོད་པ་དང་། དེས་གནས་ཚུལ་ཐོན་རྗེས་ཆུ་ཚོད་24ནང་ཚུན་དུ་དབང་གྲགས་ལྡན་པའི་ཆ་འཕྲིན་སྤེལ་ཏེ་སྤྲོད་ཕྱོགས་གཙོ་འཁྲིད་བྱེད་པ་ནི་གནད་དོན་ཐག་གཅོད་བྱེད་པའི་འགག་རྩ་ཡིན་པའི་ངོས་འཛིན་བྱེད་ཀྱིན་ཡོད། སྨྱུན་སྦྱོར་གསར་པའི་ཤུགས་རྐྱེན་འོག2010ལོར་ཞིབ་འཇུག་ལས་ཁུངས་ཀྱིས་ཐོག་མར་“གསེར་ལྟར་རིན་ཐང་ཆེ་བའི་ཆུ་ཚོད་4”ཞེས་པའི་ཐ་སྙད་བཏོན་ཡོད། དེ་ཡང་གནས་ཚུལ་ཐོན་རྗེས་ཀྱི་ཆུ་ཚོད་བཞིའི་ནང་ཚུན་དུ་སྲིད་གཞུང་གིས་གཞན་གྱི་སྔོན་ལ་ཆ་འཕྲིན་སྤེལ་བ་དང་། གཞན་གྱི་སྔོན་ལ་གནས་ཚུལ་ཐག་གཅོད་བྱས་ཏེ་ཐོལ་བྱུང་དོན་རྐྱེན་ལ་“མཚན་ཉིད་འཛོག་མཁན་ཨང་དང་པོ་”བྱ་དགོས། དེའི་རྗེས་པོད་ཕྲན་སོགས་ཁྱབ་སྤེལ་མྱུར་ཚད་དེ་བས་མགྱོགས་པ་དང་བཀོལ་སྤྱོད་ཁྱབ་ཁོངས་དེ་བས་ཆེ་བའི་བརྒྱུད་སྤེལ་སྨྱན་བྱད་གོང་འཕེལ་བྱུང་བ་དང་བསྟུན་ཏེ། ཐོལ་བྱུང་དོན་རྐྱེན་ལ་དམིགས་པའི་དྲ་ལམ་སྒྲིང་ཕྱོགས་ཀྱི་ལན་ཆ་བྱེད་སྟངས་ཐད་“གསེར་ལྟར་རིན་ཐང་ཆེ་བའི་ཆུ་ཚོད་1”གི་འདུ་ཤེས་ཐོན་ཡོད། དེ་ཡང་ཞིབ་ཕྲ་བཤད་ཚེ། སྐར་མ་ཉི་ཤུའི་ནང་སྒྲིང་ཕྱོགས་ཀྱི་མྱུར་འཕྲིན་གྲུབ་པ་དང་།

སྐར་མ30—40ནང་ཚུན་དུ་གོང་རིམ་ལ་བསྐྱལ་ཆོར་བ་མ་ཟད་ཐབས་ཇུས་གྲོས་མོལ་དང་ལན་ཆ་གྲུབ་ཟིན་པ་བྱ་རྒྱུ་དེ་ཡིན། མིག་སྔར། ས་གནས་ཁག་གཅིག་གི་སྲིད་དོན་པོད་ཕྲན་དོ་དམ་བྱ་ཐབས་ནང་སློ་བུར་ཐོན་པའི་དོན་རྐྱེན་ཆུ་ཚོད་1ནང་ཚུན་དུ་གནས་ཚུལ་ཁྲབ་བསྒྲགས་བྱས་ཚར་བ་དགོས་པ་དང་། གནས་ཚུལ་མྱུར་སྤྲོད་དང་། རྒྱུ་རྐྱེན་འ་ཕྱི་ཙམ་ནས་ཁྲབ་བསྒྲགས་བྱེད་པའམ་གནས་ཚུལ་མྱུར་སྤྲོད་དང་ཐག་གཅོད་བྱ་ཐབས་ཁྲབ་བསྒྲགས་བྱེད་པར་ཡིད་གཟབ་བྱ་དགོས་པའི་བླང་བྱ་ཁ་གསལ་བཀོད་ཡོད། ཉེ་བའི་ལོ་ཤས་ནང་། སྡེ་ཚན་ཁག་གཅིག་དང་ས་གནས་ཁག་གཅིག་གིས་གཞི་གྲངས་ཆེན་པོའི་དབྱེ་ཞིབ་ཀྱིས་རྨང་གཞི་བྱས་པའི་སྤྲོད་ཕྱོགས་ལ་ཁ་གཏད་གཙོག་པའི་སྒྲིག་གཞི་འཚོལ་ཞིབ་ཧུར་ཐག་བྱེད་པ་མ་ཟད། རྩིས་འཁོར་དང་ལག་ཐོགས་ཁ་པར་སོགས་ལ་བརྟེན་ནས་ལན་ཆ་མགྱོགས་མྱུར་བྱེད་པ་དང་། རྗེས་ཤུལ་རྩད་གཅོད་ཐུབ་པ། འགན་འཁྲི་ཁ་གསལ་བཅས་མངོན་འགྱུར་ཐུབ་པ་བྱུང་བ་དང་། དྲ་ལམ་སྤྲོད་ཕྱོགས་ཀྱི་ཁ་གཏད་གཙོག་ཐབས“གསེར་ལྟར་དཀོན་པའི་ཆུ་ཚོད་ཕྱེད་ཀའི”དུས་མཚམས་སུ་སླེབས་ཡོད། གཞན་དབང་འོག་ལན་ཆ་བྱེད་པ་ནས་རང་འགུལ་གྱིས་ལན་ཆ་བྱེད་པ་དང་།“གནས་ཚུལ་ཐོན་རྗེས་ཀྱི་ཇུས་འདོན་མཁན”མི་བྱེད་པ་ནི་སྤྲོད་ཕྱོགས་གནས་ཚུལ་ལ་ཁ་གཏད་གཙོག་པའི་གཞི་རྩའི་རྩ་དོན་ཡིན་ལ། སྤྲོད་ཕྱོགས་ར་བའི་རང་འགུལ་དབང་ཆ་ཐོབ་པར་བྱེད་པའི་གལ་ཆེའི་ཕྱོགས་སྟོན་ཞིག་ཀྱང་ཡིན། དོ་སྣང་བྱ་དགོས་པ་ཞིག་ནི། ཉེ་བའི་ལོ་ཤས་ནང་དྲ་ལམ་གནས་ཚུལ་བརྒྱུད་སྤྲེལ་མྱུར་ཚད་ཟམ་མི་ཆད་པར་མགྱོགས་སུ་འགྲོ་བའི་རྒྱབ་ལྗོངས་འོག། གལ་ཏེ་ཐོག་མའི་གོ་སྐབས་ཤོར་ཚེ་གནས་ཚུལ་གསལ་བཤད་བྱ་རྒྱུར་བྲེལ་མི་ཏུང་བར་དོན་དངོས་འཚོལ་ཞིབ་ཀྱིས་གནས་ལུགས་དང་གཞི་འཛིན་ས་ཡོད་པའི་སྒོ་ནས་ལན་ཆ་བྱ་རྒྱུ་རྒྱུན་འཁྱོངས་བྱ་

དགོས་པ་དང་། "འཚབ་འཚུབ་ཆེ་དྲགས་ན་དོན་མི་འགྲུབ་པའི་" སྣང་ཚུལ་སྔོན་འགོག་བྱ་དགོས།

དྲ་ལམ་གླིང་ཕྱོགས་ཁྲིད་སྟོན་གྱི་དམིགས་ཡུལ་ནས་བཤད་ཚེ། ཉེན་སེལ་སྲིད་འབྲེལ་དང་གླིང་ཕྱོགས་གནས་ཚུལ་ལ་ཁ་གཏད་གཙོག་པའི་སྲིད་བཏང་རྩ་དོན་གྱི་རྨང་གཞིའི་ཐོག་ད་དུང་དེའི་དམིགས་བསལ་རང་བཞིན་ལ་དོ་སྣང་བྱ་དགོས་པ་དང་། དེ་གཙོ་བོ་དྲ་ཐོག་གི་དཀྱིལ་གཏམ་ལ་ཁ་གཏད་གཙོག་པའི་ཐད་ནས་མངོན་ཡོད། དྲ་ཐོག་ཏུ་ཁྱབ་རྒྱ་ཆེ་བའི་"དཀྱིལ་གཏམ་གྱི་སྤྱི་འགྲོས" ནི་"དཀྱིལ་གཏམ་ = གནས་ཚུལ་གྱི་གལ་ཆེའི་རང་བཞིན་ × གནས་ཚུལ་གྱི་རབ་རིབ་རང་བཞིན་ ÷ མང་ཚོགས་ཀྱི་མཐའ་དཔྱོད་ནུས་པ" ལྟར་ཡིན། སྤྱི་འགྲོས་དེའི་དོན་སྙིང་ནི་བརྗེ་སྤྲོད་ལ་རག་ལས་མེད་པར་དཀྱིལ་གཏམ་གྱི་ནུས་པ་ཆེ་ཆུང་གང་འདྲ་ཡོད་མེད་གསལ་བཤད་ཐུབ་པ་དེ་ཡིན། དེ་ནི་གནས་ཚུལ་དངོས་ཀྱི་ཁ་གསལ་ཚད་དང་འབྲེལ་བ་ཡོད་ལ་མང་ཚོགས་ཀྱི་བརྟར་ཤ་གཅོད་པའི་ཆུ་ཚད་དང་ཡང་འབྲེལ་བ་ཡོད། དྲ་ཐོག་གི་དཀྱིལ་གཏམ་ལ་རྟུང་རྗེག་གཏོང་བ་དང་དྲ་ལམ་ནུས་པ་འདོན་སྤེལ་ཡང་དག་བྱེད་པར་དྲ་རྒྱར་ཞུགས་མཁན་གྱི་བྱང་ཚད་གོང་མཐོར་གཏོང་དགོས་པ་མ་ཟད་སྲིད་གཞུང་གི་གླིང་ཕྱོགས་ཀྱི་ཁྲིད་སྟོན་ཆུ་ཚད་ཀྱང་གོང་མཐོར་གཏོང་དགོས། སྨན་བྱེད་ལག་རྩལ་གོང་འཕེལ་འགྲོ་བ་དང་བསྟུན་ཏེ་དཀྱིལ་གཏམ་གྱིས་"སྨྱུན་སྦྱོར་གསར་པའི་མགྱོགས་འཁོར" བརྡ་དེ་སྔ་ན་མེད་པའི་མྱུར་ཚད་དང་ཤུགས་ཚད་ཐོག་ནས་གླིང་ཕྱོགས་ལ་ཤུགས་རྐྱེན་བཟོ་བཞིན་ཡོད། དེས་ན་ཧ་ང་སྲིད་ལས་ཁུངས་ཀྱིས་དཀྱིལ་གཏམ་དག་སེལ་བྱེད་སྐབས་གཅིག་ནས་རྒྱུན་མཐོང་དཀྱིལ་གཏམ་གྱི་ཕྱོགས་བསྡོམས་རིགས་དབྱེ་དང་། ཚན་རིག་དང་མཐུན་པའི་དྲིལ་བསྒྲགས་ལ་དོ་སྣང་བྱ་དགོས། གཉིས་ནས་སྤྱི་ཚོགས་སྨྱུན་བྱེད་ཀྱི་སྣང་ཚུལ་ལ་མཐོང་ཆེན་

གྱིས་དཀྲིག་གཏམ་མགྱོགས་མྱུར་བརྗར་ཤ་ཚོད་པ་དང་། དཀྲིག་གཏམ་ལ་ནུས་ལྡན་གྱིས་རྩོལ་བ། གནད་ལ་འཁེལ་བའི་སྒོ་ནས་དཀྲིག་གཏམ་དག་སེལ་བཅས་བྱས་ཏེ་དྲ་ཐོག་གི་དཀྲིག་གཏམ་གྱི་བརྒྱུད་སྤེལ་ནུས་པ་ཞན་དུ་གཏོང་དགོས།

ཁྲིད་སྟོན་ཐབས་ལམ་གསུམ་པ་ནི། དྲ་ལམ་སྨན་སྦྱོར་གྱིས་ཉེན་གཡོལ་ནུས་ལྡན་བྱེད་པར་སྐུལ་སློང་བྱ་རྒྱུ་དམིགས་ཡུལ་དུ་བྱས་ཏེ་སྔོག་ཏུ་གློང་བའི་བསམ་རྩལ་"སྔོག་འདོན་"ཡག་པོ་བྱེད་པ།

དབྱིན་ཇིའི་མཚན་ཉིད་རིག་པ་མཁས་ཅན་གཡོས་ཏན་ · སི་ཐུ་ཡ་ཐེ་ · མུ་ལིས་རང་ཉིད་ཀྱིས་བརྩམས་པའི་《ཚབ་གྲོས་ལམ་ལུགས་ཀྱི་སྲིད་གཞུང་》ཞེས་པའི་དཔེ་དེབ་ནང་། གླེང་ཕྱོགས་ནི་སྤྱི་ཚོགས་ཀྱི་སྟོབས་ཤུགས་ཏ་ཅང་ཡག་པོ་ཞིག་ཡིན་ཞེས་གསུངས་ཡོད། དྲ་ལམ་གླེང་ཕྱོགས་ཀྱི་ཤུགས་རྐྱེན་ལ་ཁ་གཏད་གཙོག་པ་དང་ཆབས་ཅིག་ང་ཚོས་ད་དུང་བསམ་འཆར་གླེང་སའི་སྒོ་དབྱེའི་སྣེ་གས་བུ་ཞིག་ཡིན་པའི་དྲ་ཐོག་གི་ཆ་འཕྲིན་གྱི་རང་ངོས་གཙང་སེལ་སྒྲིག་གཞི་དང་གླེང་ཕྱོགས་ཀྱི་ཉེན་གཡོལ་དོ་མཉམ་སྒྲིག་གཞི་ནི་སྣང་ཚུང་བྱེད་མི་རུང་བའི་ཡང་དག་པའི་ཁྲིད་སྟོན་གྲུབ་ཆ་ཞིག་ཡིན་པར་ངོས་འཛིན་གང་ལེགས་ཐུབ་པ་བྱ་དགོས།

དེ་ཡང་སྤྱི་ཁྱབ་རྡུཨུ་ཅི་ཞི་ཅིན་ཕིང་གིས་གསུངས་པ་ལྟར། དྲ་དམངས་ཀྱི་ལྟ་བ་དང་བསམ་ཚུལ་ཐད་"ཁོག་པ་ཡངས་ཙམ་དང་དང་རྒྱུད་རིང་ཙམ་བྱ་དགོས་པ་དང་། དགེ་མཚན་ལྡན་པའི་བསམ་འཆར་དུས་ཐོག་ཏུ་དང་ལེན་བྱ་དགོས"ཞེས་པ་ལྟར་ཡིན། མིག་སྔར་དྲ་ལམ་གླེང་ཕྱོགས་བཅོས་སྒྱུར་ཁྲིད་ཕྱོགས་གཅིག་ནས་དྲ་ལམ་ཁོག་ཡངས་རང་བཞིན་ལ་ཤུགས་སྣོན་བརྒྱབ་སྟེ་བསམ་འཆར་མི་གཅིག་པར་ལྟ་སྟངས་ཡང་དག་འཛིན་དགོས་པ་དང་། གཞི་རིམ་གྱི་བཅོས་སྐྱོང་ཁྲིད་ཐོན་པའི་འགལ་ཟླ་དག་དྲ་ཐོག་ཏུ་གང་ལེགས་མདོན་

པར་བྱས་ཏེ། དྲ་རྒྱ་དེ་དམངས་འདོད་གླེང་སའི་གལ་ཆེའི་ལམ་དུ་ཞིག་དང་སྤྱི་ཚོགས་ཀྱི་བསམ་འཆར་གླེང་སའི་"བདེ་འཇགས་སློག་སྒོ"ཞིག་ཏུ་འགྱུར་བ་བྱ་དགོས། ཕྱོགས་གཞན་ཞིག་ནས་ལྟ་སེམ་ཁྲིད་ཀྱི་རེ་བ་"མཐོང་ཐུབ་པ་"བྱ་དགོས་ཏེ། དྲ་ཐོག་གི་བསམ་འཆར་ཁག་གཅིག་"སྣུང་ཞི་སྣབས་འཇགས་"ལྟར་སྣང་ཡང་དེའི་ཐོག་ནས་གཞི་རིམ་སྲིད་གཞུང་"བློ་བདེ་བག་ཕེབས"དང་གནས་ཚོགས་པ་མཚོན་མི་ཐུབ་ཅིང་། དྲ་ལམ་གླེང་ཕྱོགས་ཀྱི་མངོན་མེད་བསམ་འཆར་དང་དེ་བཞིན་དྲ་ལམ་སྦུད་པའི་དོན་དངོས་གནད་དོན་གྱི་བསམ་འཆར་ཤེས་རྟོགས་ཐུབ་པ་བྱས་ཏེ། མང་ཚོགས་ཀྱིས་སྐྱོག་ཏུ་གླེང་བའི་རེ་འདུན་སྲིད་ཇུས་ཀྱི་གྲོས་རིམ་ནང་འཇུག་ཐུབ་པ་བྱ་དགོས།

ཉེ་བའི་ལོ་ཤས་ནང་"སྤུན་འབྲེན"ཞེས་པ་དེ་དྲ་ཐོག་ཏུ་སྤྱོད་མང་བའི་མིང་ཚིག་ཅིག་ཏུ་གྱུར་ཡོད། དྲ་ལམ་གླེང་ཕྱོགས་ཁྲིད་"ཕན་ཚུན་སྤུན་འབྲེན"བྱེད་པའི་སྣང་ཚུལ་དེ་ཕྱི་ཚུལ་ཐོག་གི་"དྲ་ཐོག་གི་ཁ་རྗོད"དམ་"དྲ་ཐོག་གི་སྤྲོལ་ངན"ཞིག་ཡིན་ལ་བདེན་པ་མཐའ་རྗོད་བྱེད་པའི་དྲ་ལམ་སྒོ་དབྱེའི་ཁྱད་ཆོས་ཤིག་ཀྱང་ཡིན། དྲ་དམངས་ཀྱིས་"ལུགས་མཐུན་སྤུན་འབྲེན"དང་"ལོག་ནུས་སྤུན་འབྲེན"བྱེད་པར་ཁྲིད་སྟོན་ཇི་ལྟར་བྱེད་མིན་ནི་བསམ་གཞིགས་བྱ་དགོས་ངེས་ཀྱི་གནད་དོན་ཞིག་ཡིན། དེས་ང་ཚོར་དྲ་ལམ་གླེང་ཕྱོགས་ཁྲིད་ཀྱི་རང་སྟོབས་གཙང་སེལ་ནུས་པར་ཚད་མཐོའི་མཐོང་ཆེན་བྱ་དགོས་པའི་དྲན་སྐུལ་བྱས་ཡོད་ལ། གླེང་ཕྱོགས་ར་བའི་ཁྲིད་ཡང་དག་པའི་ཁྲིད་སྟོན་གྲུབ་པ་བྱ་རྒྱུར་ཕན་ནུས་ཐོན་ཡོད། དྲ་ལམ་སྐྱུན་སྦྱོར་གྱིས་མང་ཚོགས་སྤྱི་ཚོགས་བཅོས་སྐྱོང་ནང་ཞུགས་པར་ཆ་རྐྱེན་འ་སྐྱུན་ཡོད་ལ། མང་ཚོགས་སྤྱི་ཚོགས་བཅོས་སྐྱོང་ནང་ཞུགས་པའི་ནུས་པ་དང་འདོད་འདུན་ཡང་ཉིན་རེ་བཞིན་ཤུགས་ཆེར་འགྲོ་བཞིན་ཡོད། དྲ་ལམ་ཁོར་ཡུག་ནང་ཆ་འཕྲིན་

བརྒྱུད་སྤེལ་དེ་རྒྱུན་དུ་སྤྱི་ཚོགས་འབྲེལ་བའི་བྱེད་སྒོ་དང་འབྲེལ་བ་དམ་ཟབ་ཡོད་པ་དང་། "ཆ་འཕྲིན་བརྒྱུད་སྤེལ་ + སྤྱི་ཚོགས་འབྲེལ་བ་" དེ་དྲ་ལམ་བརྒྱུད་སྤེལ་གྱི་གལ་ཆེའི་ཁྱད་ཆོས་ཤིག་ཏུ་གྱུར་ཡོད། ཏང་ཡོན་ལས་བྱེད་པས་དྲ་ལམ་གླེང་ཕྱོགས་ལ་བརྟག་དཔྱད་ཞིབ་འཇུག་བྱེད་པར་གཉམ་གསལ་ཕྱོགས་གསུམ་ཐད་ཀྱི་ལས་དོན་ཡག་པོ་བསྒྲུབ་དགོས་ཏེ།

དྲ་ལམ་བརྒྱུད་དེ་དམངས་ཀྱི་བསམ་འཆར་ཉན་རྒྱུ་རྒྱུན་འཁྱོངས་བྱ་དགོས་པ། ས་གནས་སྨན་སྦྱོར་གྱི་བསམ་འཆར་བསྡུ་རུབ་སྡེ་ཚན་ཕྱོགས་བུ་དང་། ས་གནས་ཀྱི་སྲིད་དོན་ཆ་འཕྲིན་ཡོངས་བསྒྲགས་སྡེ་ཚན་ཕྱོགས་བུ། སྤྱི་ཚོགས་འབྲེལ་བའི་སྨན་སྦྱོར་སྡེ་ཚན་ཕྱོགས་བུ་སོགས་དྲ་ལམ་བརྒྱུད་དེ་མང་ཚོགས་སྤྱི་ཡོངས་ཀྱིས་དོ་ཁུར་བྱེད་པའི་གནད་དོན་དང་བསམ་འཆར་ཤེས་རྟོགས་བྱེད་པ་དང་། སྲིད་ཇུས་ཁྱབ་བསྒྲགས་དང་། གནད་དོན་གསལ་འགྲེལ་སོགས་བྱེད་པའི་ཐད་མང་ཚོགས་དང་ཐད་ཀར་འབྲེལ་གཏུག་བྱེད་པ། "དོགས་གནད་ཡོད་ཚད་ལ་འགྲེལ་ལན་ཡོད་པ" དང་། "དགོས་མཁོ་ཡོད་ཚད་སྙིང་གང་ཐུབ" བྱེད་པའི་གཟུགས་བརྙན་ཡག་པོ་གཏོད་པ། མང་ཚོགས་ཀྱིས་སྤྱི་ཚོགས་བཅོས་སྐྱོང་ནང་ཞུགས་པར་སྐུལ་འཛུགས་དང་སྐུལ་སློང་བྱ་དགོས།

རང་འགུལ་གྱིས་སྲིད་དང་དམངས་ཀྱི་སྤེལ་རེས་ལ་ཤུགས་སྣོན་རྒྱག་དགོས་པ། དྲ་ལམ་གྱི་ཚོང་ལས་བཀོལ་སྤྱོད་ཁྱབ་གདལ་འགྲོ་བའི་དེང་གི་དུས་འདིར་དྲ་དམངས་ཀྱིས་"སྤྱོད་མཁན་གྱི་འབྱར་གཤིས" ལ་རྒྱུས་མངའ་ཆེན་པོ་ཡོད། དེ་ཡང་སྤྱོད་མཁན་གྱིས་ཚོང་རྟགས་སམ་ཐོན་ཟས་གང་རུང་ལ་བཅངས་པའི་དགའ་ཞེན་དང་ཡིད་ཆེས། བློ་ཡིད་ཆེས་པའི་བཀོལ་སྤྱོད་སྒྲིང་ཚོར་སོགས་ལ་བརྟེན་ནས་དེར་འབྱར་ཞེན་བྱེད་པའམ་དེར་རེ་བ་ཆེན་པོ་བཅོལ་གྱིན་ཡོད། དེ་ནི་"སྤྱོད་མཁན་གྱི་འབྱར་གཤིས"ཞེས་པ་དེ་ཡིན། སྲིད་དོན་ལས་དོན་ཐད་

ནས་བཤད་ཚེ། མཐོ་སར་འཁྱིང་ཉམས་ཆེན་པོས་མི་སྣོད་པར་ཡུན་རིང་སྲིད་དོན་པོད་ཐྲན་དང་། འཕྲིན་ཐྲན་སྤྱི་སྡེགས་སོགས་ཐབས་ལམ་སྤྱད་དེ་དངོས་སུ་མང་ཚོགས་ཀྱི་རྒྱུན་གཏན་འཚོ་བའི་ཁྲིད་བསྐྱོད་རྒྱུ་ནི་སྲིད་གཞུང་དང་མང་ཚོགས་བར་སྤེལ་རེས་བྱེད་པ་དང་ཕན་ཚུན་བསམ་ཤེས་བྱ་རྒྱུར་ཤུགས་སྣོན་རྒྱག་པའི་ཐད་ཀའི་ཐབས་ལམ་ཞིག་ཡིན།

ཐོག་མཐའ་བར་གསུམ་དུ་རང་ཉིད་ཀྱི་རྣམ་འགྱུར་དང་གཟུགས་བརྙན་ལ་དོ་སྣང་བྱ་དགོས། སྲིད་དོན་ལས་དོན་མང་པོ་ཞིག་མང་ཚོགས་ཀྱི་མདུན་དུ་ཕྱི་བསལ་ནང་བསལ་ངང་མངོན་ཚད་དེ་རོལ་རྗེད་གསར་འགྱུར་ལས་ཞན་པ་མེད། ཟླ་ལམ་བརྒྱུད་སྤེལ་ཁོར་ཡུག་འོག་ཏང་ཡོན་ལས་བྱེད་པ་ནི་སྤྱི་ཚོགས་མང་ཚོགས་ཀྱིས་དོ་ཁུར་ཆེ་ཤོས་བྱ་ཡུལ་གྱི་མི་སྣའི་གྲས་ཤིག་ཡིན་པའི་ངོས་ནས་རང་ཉིད་ལ་རེ་བ་ནན་པོ་འདོན་དགོས། ངེས་པར་དུ་དུས་དང་རྣམ་པ་ཀུན་ཏུ་ཟླ་ལམ་གླིང་ཕྱོགས་ཁྲིད་སྟོན་གྱི་རྣམ་པའི་འོག་གནས་དགོས་པ་དང་། གཏམ་སྤྱོད་མཐའ་དག་གི་བརྒྱུད་སྤེལ་ནུས་པ་ཚོད་འཛིན་ཡག་པོ་ཐུབ་པ་བྱ་དགོས། ངེས་པར་དུ་གཏམ་གླིང་གི་དོ་ནན་རང་བཞིན་ལ་མཐོང་ཆེན་གྱིས་ཟླ་ལམ་“དོ་ཁུར་”དང་“ཚོད་བགམ་”ཐེག་ཐུབ་པ་དང་། ཟླ་དམངས་ཀྱི་“འདྲི་རྩད་”ཐེག་ཐུབ་པ་དགོས་པ་དང་། ངེས་པར་དུ་ཟླ་ལམ་གླིང་ཕྱོགས་ཁྲིད་སྟོན་གྱི་ཐབས་ལམ་དང་སྒྲུ་རྩལ་ཁོང་དུ་ཆུད་པར་བྱས་ཏེ་ཟླ་ལམ་ཡིད་རྟོན་འཛུགས་སྐྲུན་ཏུར་ཐག་བྱེད་པའི་རྨང་གཞིའི་ཐོག། མི་རྣམས་ཀྱི་བསམ་ཤེས་མང་ཙམ་ཐོབ་པ་དང་དོགས་སློང་བྱེད་མཁན་ཉུང་དུ་འགྲོ་བ་བྱ་དགོས། ཡུན་རིང་གི་ཡིད་རྟོན་འཛུགས་སྐྲུན་དང་། འབྲེལ་འདྲིས་བྱེད་འདོད་པ་དང་། གོང་དུ་བཀུར་འདོད་པ། ཡིད་ཆེས་བྱེད་འདོད་པ་བཅས་ཀྱི་སྲིད་གཞུང་གི་གཟུགས་བརྙན་ཞིག་གྲུབ་ཚེ་གཞི་ནས་མང་ཚོགས་ཀྱི་ཟླ་ཐོག་གླིང་གཞི་སྲིད་གཞུང་དང་

གཅིག་གྱུར་ཡོང་ཐུབ་པ་མ་ཟད། དྲ་ལམ་བར་ཁམས་ཀྱི་སྤྱི་པའི་གླིང་གཞིའི་རང་སྟོབས་གཙང་སེལ་ནུས་པ་སྐྱུལ་སྐྱོང་བྱེད་ཐུབ།

ཁྲིད་སྟོན་ཐབས་ལམ་བཞི་པ་ནི། བརྟན་ལ་ལས་ཕྱོད་ཆེན་པོས་དྲ་ལམ་གླིང་ཕྱོགས་ལ་ཁྲིད་སྟོན་བྱ་རྒྱུ་དམིགས་ཡུལ་དུ་བཟུང་སྟེ། “འཕྲུལ་མར་ཤེས་རྟོགས།—དུས་ཐོག་ལན་ཆ།—རྗེས་འདེད་ལན་ཆ།—ཕྱོགས་ཕན་དོ་དམ།—ཁ་ཕྱོགས་གཏན་འཁེལ་གྱི་ཁྲིད་སྟོན་” བཅས་ཀྱི་ནུས་ཡོད་སྒྲིག་གཞི་ཆགས་པ་བྱེད་པ།

ཏན་རྒྱལ་རབས་ནུབ་མའི་མཁས་པ་ཆེན་པོ་ཡང་ཞུང་གིས“བྱ་དངོས་ཀྱི་འཕེལ་རྒྱས་བརྒྱུད་རིམ་ནང་ངེས་པར་རྒྱུ་རྐྱེན་དང་གོ་རིམ་ཡོད་དགོས་ལ་བསྒྱུར་བཅོས་དང་འགྱུར་ལྡོག་ཡོད་དགོས། དེ་ལྟར་བྱུང་ཚེ་གཞི་ནས་བྱ་དངོས་དུས་དང་བསྟུན་ཐུབ་པའི་ངོས་འཛིན་གནང་ཡོད་” ཅེས་གསུངས་ཤིང་། བྱ་དངོས་འཕེལ་རྒྱས་ཀྱི་ཆོས་ཉིད་དང་མཐུན་པའི་སྒྲིག་གཞི་ཡག་པོ་ཞིག་དྲ་ལམ་གླིང་ཕྱོགས་ཀྱི་ཁྲིད་སྟོན་ལས་དོན་སྒྲིལ་བར་མེད་དུ་མི་རུང་བ་ཞིག་ཡིན།

སྒྲིག་གཞི་འཛུགས་སྐྲུན་བྱེད་པར་འདས་ཟིན་པའི་ཉམས་མྱོང་རྨང་གཞིར་འཛིན་དགོས། རྒྱུན་དུ་སྤྱི་ཚོགས་ཐོག་གླིང་ཕྱོགས་ཀྱི་ཁྲིད་སྟོན་ལ“སྤྱི་འབྲེལ”ཞེས་འབོད་པ་དང་། ཉེན་སེལ་སྤྱི་འབྲེལ་ལ་ཁ་གཏད་གཙོག་པ་དང་ཐག་གཅོད་བྱེད་པའི་ཐད། ང་ཚོས་ཉམས་མྱོང་ཕུན་སུམ་ཚོགས་པོ་གསོག་འཇོག་བྱས་ཡོད། ཡིན་ནའང་གླིང་ཕྱོགས་ཀྱི་ཁྲིད་སྟོན་དང་ལྷག་པར་དུ་དྲ་ལམ་གླིང་ཕྱོགས་ཀྱི་ཁྲིད་སྟོན་ནི་མིག་སྔར་སྔར་བཞིན་འགྲན་རྩོད་མང་བའི་དཀའ་གནད་ཅིག་ཡིན། དེའི་རྒྱུ་རྐྱེན་ནི། དྲ་ལམ་འགྱུར་སླ་བའི་རང་བཞིན་དང་ཁ་ཚ་དགོས་གཏུག་རང་བཞིན་གྱིས་ང་ཚོར་གཅིག་གྱུར་གྱི་ཁ་གཏད་གཙོག་པའི་རྩ་དོན་དང་ཐབས་ལམ་ཞིག་རྙེད་དཀའ་བས་ཡིན། མ་རྟེན་རང་བྱུང་

བཟོ་སྐྲུན་རིག་པའི་སློབ་ཆེན་དང་ཧ་རྦྷ་སློབ་ཆེན་སྤྱི་པའི་རྩོད་གཞི་ཞིབ་འཇུག་ཆམ་གྲངས་ཀྱི་ཞིབ་འཇུག་གྲུབ་འབྲས་ཏེ་《ཁོང་ཁྲོ་ལངས་པའི་མང་ཚོགས་ལ་ཁ་གཏད་ཇི་ལྟར་གཙོག་དགོས་སམ》ཞེས་པའི་དཔེ་དེབ་ནང་འདི་ལྟར་འཁོད་ཡོད་དེ། "དེང་དུས་སྤྱི་ཚོགས་སུ་མང་ཚོགས་ཀྱི་སེམས་ཁྲལ་དང་། དངངས་སྐྲག ཁོང་ཁྲོ་བཅས་ལ་ཐོ་ཁུར་ཆེན་པོ་བྱེད་མཁན་དེ་ཙམ་མེད། དོན་དངོས་ཐོག་ང་ཚོ་ཚང་མས་གནད་དོན་དེར་ཚད་མཐོའི་མཐོང་ཆེན་བྱ་དགོས། ཐབས་ཇུས་འགོད་མཁན་གྱིས་ངེས་པར་དུ་གལ་ཆེའི་ཐབས་ཇུས་འགོད་དགོས་པའི་སྐབས་དང་། ལྷག་པར་དུ་ཛ་དྲག་སྐབས་སུ་མི་སུ་ཞིག་གིས་ཀྱང་ཁོང་ཚོར་མང་ཚོགས་ལ་གོ་བསྐོན་སློ་འགུག་བྱེད་པའི་ཁོར་ཡུག་གུ་ཡངས་པོ་ཞིག་སྐྲུན་མཁན་ཡོང་མི་སྲིད།" དེས་ན་ཏྲ་ལམ་གླིང་ཕྱོགས་ཀྱི་ཁྱད་སྟོན་ཁྲིད་ངེས་པར་དུ་སྒྲུབ་རྒྱུ་ཆེ་ལ་བཀོལ་སྤྱོད་བདེ་བའི་ཐག་གཅོད་སྒྲིག་གཞི་དང་ལས་ཀའི་བརྒྱུད་རིམ་ཞིག་ཡོད་དགོས། དེའི་གཞི་རྩའི་བསམ་ཕྱོགས་ཐད་གཤམ་གསལ་ནང་དོན་ཁག་ལྔ་ཚུད་དགོས་པ་སྟེ།

【"གོམ་སྟབས་གསུམ་" བརྒྱུད་དེ་ཤེས་རྟོགས་མགྱོགས་པོ་ཐུབ་པར་བྱེད་པ།】

"མགྱོགས་པོ་" ནི་ཏྲ་ལམ་གླིང་ཕྱོགས་ལ་ཁྱད་སྟོན་ལེགས་གྲུབ་ཡོང་བར་བྱེད་པའི་ཐབས་ལམ་ཨང་དང་པོ་དེ་ཡིན། དོན་ངོ་མའི་"མགྱོགས་པོ་" ནི་ལས་དོན་སྟོན་ལ་སྤེལ་བ་དང་། རྒྱུན་གཏན་ནས་སྤེལ་རྒྱུ་དེ་ཡིན། ཉེན་ཁའི་སྟོན་བརྗ་ནི་དེང་སྐབས་སྤྱི་ཚོགས་ཀྱི་ཉེན་སེལ་སྤྱི་འབྲེལ་ཕྱོ་དམ་གྱི་ལྷུ་ཚོགས་གལ་ཆེ་ཤོས་ལ་བརྩི་བས། ངེས་པར་དུ"ཆུ་མ་ཤོར་གོང་གི་ཆུ་རགས" ལྟ་བུའི་ཉེན་ཁ་ཕོ་དམ་རྩ་དོན་རྒྱུན་འཁྱོངས་བྱ་དགོས། དེ་ཡང་སྔོས་བཅས་ཀྱིས་ཞི་བདེ་བརྟན་སྙིང་ཡིན་པའི་སྤྱི་ཚོགས་ཁོར་ཡུག་ཁྲོད་དུ་ཡང་སྤྱི་པའི་ཉེན་ཁ་ཐར་

བཞིན་ཐོན་ཉེན་ཡོད་པ་དང་། ཐོལ་བྱུང་དོན་རྐྱེན་ཡུལ་དུས་གང་དུའང་ཐོན་བཟོ་ཡོད་ལ། དེ་ལས་བཟོས་པའི་ཉེན་ཁ་ནི་དེ་བས་སྣང་ཆུང་བྱེད་མི་རུང་བ་ཞིག་ཡིན། དེའི་ཁྲོད་ལས་དོན་ཁག་གསུམ་ལ་མཐོང་ཆེན་དང་ཤུགས་སྣོན་རྒྱག་དགོས།

གཅིག་ནི་སྔོན་ནས་མཐུན་སྒྲིར་མཉམ་འགྲུལ་སྒྲིག་གཞི་བཀོད་སྒྲིག་བྱས་ཏེ། ད་ལམ་སྣང་ཕྱོགས་གནས་ཚུལ་ཐད་ཀྱི་ཛ་དྲག་གནས་ཚུལ་ཐོན་སྐབས་སྔེ་ཚན་ཁག་གིས་མྱུར་ལ་ཕན་ནུས་ཡོད་པའི་སྒོ་ནས་བྱ་སྤྱོད་སྤེལ་ཐུབ་རྒྱུར་འགན་ལེན་བྱ་དགོས། རྩ་དོན་རང་བཞིན་གྱི་གཏན་འབེབས་དང་ལམ་ལུགས་གཏན་ལ་འབེབས་པའི་རྨང་གཞིའི་སྟེང་། དོན་དངོས་ཀྱི་མཚུབ་སྟོན་དོན་སྙིང་ལྡན་པའི་བཀོལ་སྤྱོད་ལག་དེབ་བཟོས་ཏེ། གློ་བུར་དུ་གནས་ཚུལ་ཐོན་སྐབས་དཔྱད་གཞི་བྱེད་ས་ཡོད་པ་བྱ་དགོས།

གཉིས་ནི་རྒྱུན་གཏན་གྱི་སྣང་ཕྱོགས་གནས་ཚུལ་གྱི་ལྟ་ཞིབ་ཚད་ལེན་ཡག་པོ་བྱ་དགོས་པ་དང་། ལྷག་པར་དུ་རང་སྡེ་ཁག་དང་རང་ས་གནས་ཀྱི་འབྲེལ་ཡོད་དྲ་ཐོག་གནས་ཚུལ་དང་། དེའི་འགྱུར་ལྡོག་ལ་དོ་སྣང་བྱ་དགོས། དེ་ཡང་གཅིག་ནས་སྣང་ཕྱོགས་གནས་ཚུལ་གྱི་འདུ་ཤེས་དང་ལས་ཀའི་འཛིན་ནུས་ངེས་ཅན་ལྡན་པའི་ཏང་སྲིད་ལས་ཁུངས་ཀྱི་ལས་བྱེད་མི་སྣ་གསོ་སྐྱོང་བྱ་དགོས་པ་དང་། གཉིས་ནས་སྲིད་གཞུང་གི་འབྲེལ་ཡོད་སྡེ་ཁག་དང་། སྤྱི་ཚོགས་ཀྱི་ཆེད་ལས་ལས་ཁུངས། གསར་འགྱུར་ལས་རིགས་སོགས་དང་འབྲེལ་གཏུག་གང་ལེགས་བྱས་ཏེ་སྣང་ཕྱོགས་ཀྱི་འཕེལ་ཚུལ་ལ་དུས་ཐོག་རྒྱུས་ལོན་ཐུབ་པ་བྱ་དགོས།

གསུམ་ནི་ད་ལམ་སྲིད་དོན་སྐར་ཁུངས་གི་དམངས་འདོད་སྒྲིལ་མཐུད་ནུས་པར་མཐོང་ཆེན་བྱས་ཏེ། མང་ཚོགས་ཀྱིས་གནད་དོན་ལན་ཆ་དང་ནམ་རྒྱུན་

ཀྱི་གནད་དོན་ཐག་གཅོད་བྱེད་པར་ལམ་བུ་གང་ལེགས་བསྐྲུན་དགོས་པ་དང་། རྒྱུན་རྣམ་ཅན་དང་ཞིབ་ཚགས་ཅན་གྱི་སྟབས་བསྟུན་ལས་ཀའི་སྒྲིག་གཞི་བརྒྱུད། ནུས་ཤུགས་གང་ཡོད་ཀྱིས་ཉེན་ཁ་སྔོན་འགོག་བྱ་དགོས་པ་དང་། རྒྱུན་གཏན་གྱི་གནད་དོན་ཕུང་གསོག་ཐེབས་པའི་རྐྱེན་ལས་བྱུང་བའི་“གླིང་ཕྱོགས་འབར་གས་”མི་ཐོན་པ་བྱ་དགོས།

【“གཙོ་གནད་གཉིས་”ལ་བརྟེན་ནས་དུས་ཐོག་ལན་ཆ་ཐུབ་རྒྱུར་འགན་ལེན་བྱེད་པ།】

ཉེན་སེལ་སྲུང་འབྲེལ་ཁྱབ་ཁོངས་ནང་དུ་ལམ་གླིང་ཕྱོགས་ལ་ཁ་གཏད་གཅིག་སྐབས་ཀྱང་“དོན་དངོས་ནི་ཚོད་གླིང་ལས་ལྷག་པའི་”བྱ་སྤྱོད་རྩ་དོན་ལ་བརྩི་སྲུང་ཞུས་ཏེ། དུས་ཐོག་དང་ལུགས་དང་མཐུན་པའི་བྱ་སྤྱོད་སྤེལ་རྒྱུ་ནི་གལ་འགངས་ཤིན་ཏུ་ཆེན་པོ་ཡིན། ཐག་གཅོད་བྱས་ཟིན་པའི་གླིང་ཕྱོགས་གནས་ཚུལ་གྱི་ཀྱིད་དཔེ་མང་དག་ཅིག་ལས་མཐོང་ཐུབ་པར། ནུས་ཡོད་ཀྱི་ལན་ཆའི་སྒྲིག་གཞི་མེད་པ་ནི་མངོན་གསལ་དོད་པའི་གནད་དོན་ཞིག་ཡིན། མང་ཚོགས་ལ་ཐོལ་བྱུང་དོན་རྐྱེན་འཕྲད་སྐབས་དང་། ལྷག་པར་དུ་ཕྱོགས་ཕྱོགས་གནས་ཚུལ་གྱི་ཤུགས་རྐྱེན་ཐེབས་སྐབས་དུས་ཐུང་ནང་སེམས་ཁྲལ་དང་། ཁོང་ཁྲོ། དངངས་འཚབ་སོགས་ཀྱི་སྣང་ཚུལ་མང་པོ་ཐོན་སླ་བ་མ་ཟད། དབང་གྲགས་ལྡན་པའི་སྐེ་ཁག་གིས་གསལ་བཤད་རྒྱག་རྒྱུའི་རེ་བ་བྱེད་བཞིན་ཡོད། གལ་ཏེ་དུས་མཚམས་དེའི་ནང་མྱུར་དུ་འཕྲལ་སྒྲུབ་བྱ་ཐབས་སྤྱད་མེད་པའམ་ནར་འགྱངས་གཏོང་བའི་བྱ་ཐབས་སྤྱད་ཚེ་གནས་ཚུལ་སྤར་བས་ཛེ་སྡུག་ཏུ་འགྲོ་བའམ་བསམ་ཡུལ་ལས་འདས་པའི་རྙོག་འཛིང་ཆེ་བའི་འགྱུར་ལྡོག་ཐོན་ངེས་ཡིན། དྲ་ལམ་གླིང་ཕྱོགས་གནས་ཚུལ་གྱི་འཕྲལ་སྒྲུབ་ལན་ཆའི་སྒྲིག་གཞི་དང་དཔུང་ཁག་འཛུགས་སྐྲུན་བྱེད་པའི་རྩང་གཞིའི་ཐོག་གཙོ་གནད་གཉིས་ལ་

དོ་ཁུར་བྱ་དགོས་པ་སྟེ།

གཅིག་ནི་ལྟེ་བའི་གནད་དོན་སྟོན་ལ་ཐག་གཅོད་བྱ་དགོས་པ་སྟེ། གནས་ཚུལ་ཐོན་སྐབས་སྟོན་ལ་རོགས་སྐྱོབ་དང་ཉེན་སེལ་སོགས་ཀྱི་ལས་དོན་ལ་བསམ་གཞིགས་བྱ་དགོས་པ་དང་། ཁེ་ཕན་རྩོད་གཞི་ཐོན་སྐབས་འགལ་ཟླ་གཙོ་བོ་ཐད་ཀར་ཐག་གཅོད་བྱེད་པ་སོགས་བརྒྱུད། མང་ཚོགས་ནས་སྤྱིད་གཞུང་གི་གནད་དོན་ཐག་གཅོད་བྱེད་པའི་ལྷག་བསམ་དང་ཀུན་གྱིས་ཡིད་རྟོན་བྱེད་པ་ཚོར་ཐུབ་པ་བྱ་དགོས།

གཉིས་ནི་ལན་ཆ་དུས་ཐོག་ཏུ་བྱ་དགོས། ལན་ཆ་དུས་ཐོག་ཏུ་བྱ་དགོས་པ་མ་ཟད། ནུས་ཡོད་རང་བཞིན་ལ་ཡང་དོ་སྣང་བྱ་དགོས་པ་སྟེ། གླིང་ཕྱོགས་གནས་ཚུལ་གྱི་དབྱེ་ཞིབ་དང་ཟུང་འབྲེལ་གྱིས་མིག་སྔའི་མངོན་གསལ་དོད་ཤོས་ཀྱི་གླིང་ཕྱོགས་རེ་བར་དམིགས་ཏེ་ལན་ཆ་བྱ་དགོས་པ་ལས་གནད་དོན་དངོས་དང་འགལ་མི་རུང་།

【“སྟོན་འགོག་བཞི་”བརྒྱུད་དེ་རྗེས་འདེད་དང་ལན་ཆ་ཡག་པོ་བྱ་དགོས།】

ཆ་འཕྲིན་ཁྲབ་བསྒྲགས་བྱེད་པ་ནི་འཕྲུལ་སྒྱུབ་ལན་ཆའི་ལྷུ་ཚིགས་ཁྲོད་ཀྱི་ལས་དོན་གལ་ཆེན་ཞིག་ཡིན་ལ། གླིང་ཕྱོགས་གནད་དོན་ཐག་གཅོད་བྱེད་པའི་ལས་དོན་གྱི་བརྒྱུད་རིམ་རྩོལ་པོར་ཁྲབ་པ་དང་། དྲ་ལམ་གླིང་ཕྱོགས་གནས་ཚུལ་གྱི་འཕེལ་ཕྱོགས་དང་འབྲེལ་བ་ཡོད་པ་ཞིག་ཀྱང་ཡིན། དུས་སྔ་མའི་ལན་ཆ་ཕྱུད་དུས་ཕྱིའི་གནས་ཚུལ་གྱི་རྗེས་འདེད་ལན་ཆ་དང་ཁྲབ་བསྒྲགས་ལ་སྣང་ཆུང་བྱེད་པའི་སྣང་ཚུལ་མང་པོ་ཐོན་ཡོད། དབྱིན་ཇིའི་ཉེན་སེལ་སྤྱི་འབྲེལ་རིགས་གཅིག་མཁས་པ་མེ་ཁེར་ . ལི་ཇེ་སི་ཐེས《ཉེན་ཁའི་དོ་དམ་》ཞེས་པའི་དཔེ་དེབ་ནང་ཉེན་ཁ་ཐག་གཅོད་ཀྱི་ཆ་འཕྲིན་ཁྲབ་བསྒྲགས་བྱེད་པའི་“3T རྩ་

དོན་” བརྗོད་དེ་ཉེན་ཁ་ཐག་གཅོད་བྱེད་སྐབས་ཀྱི་ཆ་འཕྲིན་ཁྱབ་བསྒྲགས་ཀྱི་གལ་ཆེའི་རང་བཞིན་ནན་བཤད་བྱས་ཡོད། དེ་དག་ལག་སོ་སོ་ནི་Tell you own tale(རང་ཉིད་གཙོ་བོར་བྱས་ཏེ་གནས་ཚུལ་མགོ་འདོན་བྱེད་པ།) ——སྒྲིག་འཛུགས་ཀྱིས་ཆ་འཕྲིན་ཁྱབ་བསྒྲགས་བྱེད་པའི་རང་འགུལ་དབང་ཆ་འཛིན་དགོས་པ་ནན་བཤད་བྱས་ཡོད། Tell it fast (གནས་ཚུལ་གང་མགྱོགས་མགོ་འདོན་བྱེད་པ།) ——ཉེན་ཁ་ཐག་གཅོད་བྱེད་སྐབས་རྩ་འཛུགས་ཀྱིས་གནས་ཚུལ་གང་མགྱོགས་དང་རྒྱུན་མཐུད་ངང་ཁྱབ་བསྒྲགས་བྱ་དགོས་པ་ནན་བཤད་བྱས་ཡོད། Tell it all(གནས་ཚུལ་ཆ་ཚང་མགོ་འདོན་བྱེད་པ།) ——གནས་ཚུལ་ཁྱབ་བསྒྲགས་བྱ་རྒྱུ་ཁྱོན་ཡོངས་དང་དོན་དངོས་དང་འཚམས་པ་བྱ་དགོས་པ་མ་ཟད། ངེས་པར་དུ་དྲང་པོ་དྲང་གཞག་གིས་ཤོད་དགོས་པ་ནན་བཤད་བྱས་ཡོད། རང་རྒྱལ་གྱི་དངོས་ཡོད་གནས་ཚུལ་དང་ཟུང་འབྲེལ་བྱས་ཚེ་ཕྱོགས་བཞིའི་ཐད་ཀྱི་གནད་དོན་མི་ཐོན་པ་བྱ་དགོས་པ་སྟེ།

གཅིག་ནི་ཆ་འཕྲིན་གསལ་ལ་མི་གསལ་བ་ཁྱབ་བསྒྲགས་བྱེད་པའི་གནས་ཚུལ་མི་ཐོན་པ་བྱ་རྒྱུ་དེ་ཡིན། སྐད་ཆ་ཇི་མ་ཇི་བཞིན་ཤོད་རྒྱུ་རྒྱུན་འཁྱོངས་བྱ་དགོས་པ་དང་། འབྲེལ་ཡོད་ཆ་འཕྲིན་དོན་དངོས་དང་མཐུན་པ་དང་། ཡིད་ཆེས་བྱེད་རུང་བ། ཁ་གསལ་ལ་ཡང་དག་པ། སྙིང་ཕྱོགས་ཀྱི་ཚོད་བགམ་ཐེག་ཐུབ་པ་བཅས་ལ་འགན་སྲུང་བྱ་དགོས།

གཉིས་ནི་རང་འགན་གཞན་དགྲི་བྱེད་པའམ་སྐད་ཆ་གཡོལ་བའི་སྣང་ཚུལ་མི་ཐོན་པ་བྱ་རྒྱུ་དེ་ཡིན། མང་ཚོགས་ཀྱི་ཁེ་ཕན་གཙོ་བོར་འཛིན་པ་དང་། སྲིད་གཞུང་སྡེ་ལག་གི་གནད་དོན་ཡིན་ཚེ་འགན་འཁྲི་འཁུར་ཐོད་པ་དང་། ནོར་འཁྲུལ་ཁས་ལེན་བྱེད་ཐོད་པ་དགོས་པ། སྲིད་གཞུང་སྡེ་ལག་གིས་ཐག་གཅོད་བྱ་དགོས་ངེས་ཀྱི་གནད་དོན་ཡིན་ཚེ་མཐའ་ཅིག་ཏུ་ལན་ཆ་དང་ཁས་

ལེན་བྱས་ཏེ་མང་ཚོགས་ཀྱི་དོགས་གཞི་སེལ་གང་ཐུབ་བྱ་དགོས།

གསུམ་ནི་ཕྱོགས་རྒྱང་པས་ཆ་འཕྲིན་སྤེལ་བའི་སྣང་ཚུལ་མི་ཐོན་པ་བྱ་རྒྱུ་དེ་ཡིན། གང་ཐུབ་ཅི་ཐུབ་ཀྱིས་ཕྱོགས་ཁག་ཚང་མས་དོན་དངོས་ལ་མཉམ་འབྲེལ་བརྟག་དཔྱད་བྱས་ཏེ་འགན་འཁྲི་དང་གཞུང་དྲང་མངོན་ཐུབ་པ་བྱ་དགོས་པ་དང་། ཆ་འཕྲིན་ཁྱབ་བསྒྲགས་ཀྱི་དྲང་གཞག་རང་བཞིན་དང་ཡིད་རྟོན་རུང་བའི་རང་བཞིན་ལ་འགན་ལེན་བྱ་དགོས།

བཞི་ནི་ཐེངས་གཅིག་རང་བཞིན་གྱི་ཁྱབ་བསྒྲགས་སྣང་ཚུལ་མི་ཐོན་པ་བྱ་རྒྱུ་དེ་ཡིན། "འཐབ་ཐེངས་གཅིག་ལ་རྣམ་པར་རྒྱལ་བར་བྱེད་པའི་" བསམ་བློ་དོར་དགོས་པ་དང་། གནས་ཚུལ་རྒྱུན་མཐུད་ཁྱབ་བསྒྲགས་བྱ་རྒྱུའི་གྲ་སྒྲིག་ཡག་པོ་བྱ་དགོས་པ་མ་ཟད། དུས་ཚོད་གཏན་འཁེལ་ནང་དོ་ནན་དང་ཀུན་ཁྱབ་ཐོག་ནས་ཁྱབ་བསྒྲགས་ལས་དོན་ཡག་པོ་སྤེལ་དགོས།

【"རྩ་དོན་གཉིས་" ལ་བརྟེན་ནས་ཡུན་རིང་དོ་དམ་བྱེད་པ།】

དེང་གི་དུས་འདིར་གླིང་ཕྱོགས་གནས་ཚུལ་ནི་སྐད་ཅིག་ཙམ་གྱི་རིང་ལ་ཡང་འགྱུར་བ་འགྲོ་བས། རྒྱུན་དུ་མི་རྣམས་ལ་ཉིན་ཤས་སོང་རྗེས "གནད་དོན་ཚར་འགྲོ་བའི་" ངོས་འཛིན་ཞིག་ཡོང་བཞིན་ཡོད། ཡིན་ནའང་གླིང་ཕྱོགས་ལ་ལྡོག་ཕྱོགས་ཀྱི་འགྱུར་བ་འགྲོ་བའི་སྣང་ཚུལ་མང་དུ་འགྲོ་བ་དང་། དེ་བཞིན་གླིང་ཕྱོགས་ཀྱི་ལྷ་སྐྱུལ་འདུ་ཤེས་ཉིན་རེ་བཞིན་ཞུགས་ཆེར་འགྲོ་བ་དང་བསྟུན་ཏེ། དྲ་ལམ་གླིང་ཕྱོགས་གནས་ཚུལ་ཁག་གཅིག་ཡང་བསྐོར་བསྐྱུར་བསྐོར་ཐོན་པའམ་འགྱུར་བ་འགྲོ་སླ་བས་འབྲེལ་ཡོད་གླིང་ཕྱོགས་གནས་ཚུལ་ལ་ཁ་གཏད་གཙོག་པའི་ལས་དོན་ཐད་དཀའ་ངལ་མང་པོ་འཕྲད་ཡོད། དེར་བརྟེན་དྲ་ལམ་གླིང་ཕྱོགས་ཀྱི་དུས་ཕྱིའི་ཐག་གཅོད་ཡག་པོ་བྱ་དགོས་པ་དང་། དྲ་ལམ་གླིང་ཕྱོགས་དང་སྲོལ་རྒྱུན་གླིང་ཕྱོགས་བར་སྤེལ་རེས་ཡག་པོ་བྱ་དགོས། གླིང་ཕྱོགས་

ཀྱི་གནོན་ཤུགས་ཆུང་དུ་གཏོང་བར་གཙོ་བོ་ལས་ཀའི་རྩ་དོན་ཁག་གཉིས་ཡོད་དེ།

གཅིག་ནི་མཉམ་སྤྱོད་གཉིས་ཕན་རྩ་དོན་དེ་ཡིན། འབད་བརྩོན་ཆེན་པོས་རྒྱུན་རྣམ་གྱི་འབྲེལ་ལམ་འཛུགས་པ་དང་། གསར་འགྱུར་ལས་རིགས་དང་དེ་བཞིན་མང་ཚོགས་བར་གནས་ཚུལ་ཐོན་རྗེས་ཀྱི་འབྲེལ་གཏུག་རྒྱུན་འཁྱོངས་བྱས་ཏེ་ཆ་འཕྲིན་མཉམ་སྤྱོད་དང་། ཁེ་ཕན་གཉིས་ཕན་ཡོང་བར་བྱེད་པ་དང་། མང་ཚོགས་ལ་གནས་ཚུལ་དངོས་སུ་ཐག་གཅོད་བྱུང་བ་དང་། རེ་འདུན་ལ་མཐོང་ཆེན་བྱས་པ། ཁེ་ཕན་འགན་སྲུང་བྱུང་བ་བཅས་ཚོར་ཐུབ་པ་བྱ་དགོས།

གཉིས་ནི་ཡུན་རིང་འབྲེལ་བའི་རྩ་དོན་དེ་ཡིན། གླིང་ཕྱོགས་གནས་ཚུལ་གང་རུང་ཞིག་གི་ཁ་གཏད་གཙོག་པའི་ཉམས་མྱོང་དང་ཐག་གཅོད་བརྒྱུད་རིམ་མ་དཔེར་བྱས་ཏེ་འབྲེལ་ཡོད་བརྒྱུད་རིམ་གསལ་པོ་བཟོ་བ་དང་། གསར་འགྱུར་ལས་རིགས་དང་དམངས་ཁྲོད་སྒྲིག་འཛུགས་སོགས་སྤྱི་ཚོགས་ཀྱི་ཕྱོགས་གསུམ་པའི་སྟོབས་ཤུགས་བར་སྤེལ་རེས་ཡག་པོ་བྱས་ཏེ་ད་ལམ་གླིང་ཕྱོགས་ཀྱི་དུས་ཕྱིའི་ཐག་གཅོད་ལས་དོན་དེ་སྲིད་གཞུང་གི་གཟུགས་བརྙན་ལ་སྲུང་སྐྱོབ་བྱེད་པའི་གལ་ཆེའི་ལས་དོན་ཞིག་ཏུ་བརྩིས་ཏེ་དམ་འཛིན་བྱ་དགོས།

【"གཙོ་ཐིག་གཅིག་" གཞིར་བཟུང་ཁ་ཕྱོགས་གཏན་འཁེལ་གྱིས་ཁྲིད་སྟོན་བྱེད་པ།】

མིག་སྔར་ད་ལམ་གླིང་ཕྱོགས་ཁྲིད་སྟོན་ལས་དོན་ཁྲོད་སྔར་ཐབས་དེང་སྤྱོད་ཀྱི་སྣང་ཚུལ་མང་བ་དང་། སྟབས་བསྟུན་ཁ་གཏད་གཙོག་ཐབས་སྤྱོད་ཉུང་བ། གཞན་སྐྱུལ་འོག་ལན་ཆ་བྱེད་པའི་གནས་ཚུལ་མང་བ་དང་རང་འགུལ་གྱིས་ལས་དོན་སྒྲུབ་ཉུང་བ། "ཉ་ཉུང་མཉམ་བསྲེས" རྣམ་པའི་ཁྲིད་སྟོན་བྱ་ཐབས་མང་བ་དང་གནད་འཕིགས་ཧུར་བརྟོན་གྱི་ཁྲིད་སྟོན་བྱ་ཐབས

ཞུང་བ་བཅས་ཀྱི་སྣང་ཚུལ་ཡོད། དེའི་རྒྱུ་རྐྱེན་ལ་དཔྱད་ཚེ། དྲ་ལམ་སྐྱོང་ཕྱོགས་ཀྱི་རྙོག་འཛིང་རང་བཞིན་ཆེ་བའི་ཁྱད་ཆོས་ཀྱིས་ཚད་གཞི་ངེས་ཅན་ཞིག་གི་ཐོག་ནས་གཏན་འཁེལ་ཟིན་པའི་ཁྲིད་སྟོན་བྱ་ཐབས་དང་ཁ་གཏད་གཙོག་ཐབས་ཀྱི་ཕན་འབྲས་ཆུང་དུ་གཏོང་བའི་རྐྱེན་གྱིས་ཡིན། དེའི་ཐད་ནས་བཤད་ཚེ་དྲ་ལམ་སྐྱོང་ཕྱོགས་ཁྲིད་སྟོན་ལས་དོན་ཁྲོད་ད་དུང་གཙོ་ཐིག་གཅིག་ཤོང་དུ་ཡག་པོ་ཆུད་པ་བྱ་དགོས་པ་སྟེ། ཐོག་མཐའ་བར་གསུམ་དུ་“སྐྱོང་ཕྱོགས་ཀྱི་འགལ་ཟླ་གཙོ་བོ་ཐག་གཅོད་བྱ་རྒྱུ་ནས་འགོ་བཙུགས་ཏེ་དོན་དངོས་ལ་བརྟེན་ནས་སྐད་ཆ་ཤོད་རྒྱུ་རྒྱུན་འཁྱོངས་དང་། དམིགས་ས་ཡོད་པའི་སྒོ་ནས་སྐྱོང་ཕྱོགས་ར་བ་འདེམ་རྒྱུ”དེ་ཡིན།

གཅིག་ནས་“སྨྱུ་མི་འཛིན་འདོད་ན་མདའ་མོ་རྟ་ལ་ཕོངས། རྐུན་ཇག་འཛིན་འདོད་ན་ཐོག་མར་གཙོ་བོ་བཟུང་།”ཞེས་པའི་དཔེ་ལྟར་སྐྱོང་ཕྱོགས་ཀྱི་འགལ་ཟླ་གཙོ་བོ་ཐག་གཅོད་བྱ་དགོས་པ་དེ་ཡིན། ཁྲིད་སྟོན་བྱ་དགོས་པའི་དྲ་ལམ་སྐྱོང་ཕྱོགས་གནས་ཚུལ་ཐོན་རྗེས་ཐོག་མར་དེའི་འགལ་ཟླ་གཙོ་བོ་གང་ཡིན་གསལ་རྟོགས་ཐུབ་པ་བྱ་དགོས་པ་དང་། འབྲེལ་ཡོད་ཕྱོགས་ཁག་གི་ཕན་ཁེའི་རེ་འདུན་ལ་དཔྱེ་ཞིབ་བྱ་དགོས། རྫུན་གཏམ་ཐེར་འདོན་བྱེད་པའམ་ཡང་ན་གནས་ཚུལ་དངོས་ལན་ཆ་བྱེད་པ། ཡང་ན་སྐད་ཆ་གང་ལེགས་བྱས་ཏེ་བྱ་ཐབས་འདོན་པ་སོགས་གང་ཞིག་ཡིན་རུང་ཐམས་ཅད་སྐྱོང་ཕྱོགས་ཀྱི་འགལ་ཟླ་གཙོ་བོ་ཐག་གཅོད་བྱ་རྒྱུར་དམ་པོར་དམིགས་ཏེ་བསྒྲུབ་དགོས་པ་ལས་ཐེ་ཚོམ་དང་ནར་འགྱངས་སམ་སྐད་ཆ་ཕར་གཡོལ་ཚུར་གཡོལ་བྱེད་པ་སོགས་གང་ཞིག་ཡིན་རུང་། ཚང་མས་འགལ་ཟླ་མགྱོགས་མྱུར་ཇེ་སྡུག་ཏུ་འགྲོ་བའམ་རྙོག་འཛིང་ཇེ་ཆེར་གཏོང་བའི་ཉེན་ཁ་ཡོད། གནད་དོན་ཐག་གཅོད་བྱ་རྒྱུ་དེ་སྐྱོང་ཕྱོགས་ཁྲིད་སྟོན་གྱི་ལྟེ་བར་འཛོག་དགོས་པ་ལས་ཁྲིད་སྟོན་མཁན་ལྟེ་བར་འཛོག

མི་རུང་།

གཉིས་ནས། "ཏམ་སེད་ཅན་ལ་ཁ་ཡ་མི་བྱེད། བདེན་པའི་མཐའ་ཞིག་གསལ་བར་ངེས།" ཞེས་པའི་དཔེ་ལྟར་དོན་དངོས་ཐོག་ནས་སྐད་ཆ་ཤོད་རྒྱུ་རྒྱུན་འཁྱོངས་བྱ་དགོས། ད་ལམ་གླིང་ཕྱོགས་གནས་ཚུལ་གྱི་གནད་དོན་ཁག་གཅིག་ནང་ཧང་བརྩུགས་ནས་སྐད་གྲགས་བཟོ་བཞམ་ཚོད་ལས་འདས་པའི་ཞུད་སློག་བྱེད་པའི་སྣང་ཚུལ་ཡོད་པས། གལ་ཏེ་དུས་ཐུང་ནང་འཚབ་འཚུབ་ཀྱིས་ལན་ཆ་བྱེད་པ་དང་། ཡོད་ཚད་བཀག་སྡོམ་བྱེད་པ་སོགས་བྱས་ཚེ་དེ་ལས་ལྡོག་ཕྱོགས་ཀྱི་མཇུག་འབྲས་ཐོན་ངེས་ཡིན། རྨང་གཞིའི་དོན་དངོས་གསལ་རྟོགས་ཐུབ་པ་དང་། ནོར་འཁྲུལ་ཤོར་མཁན་སྲིད་གཞུང་མིན་པ་གཏན་འཁེལ་བྱུང་རྗེས"ཆ་འཕྲིན་བསྡུ་རུབ་དང་། གནས་ཚུལ་དངོས་ཁྱབ་བསྒྲགས" བྱེད་པའི་ཐབས་ཇུས་ལག་བསྟར་བྱས་ཆོག་པ་དང་། ནུས་ཡོད་ཀྱི་དཔང་རྟགས་ལ་བརྟེན་ནས་གླིང་ཕྱོགས་ར་བའི་ཁྲིད་ཧང་པ་བརྟན་པོ་ཚུགས་ཐུབ་པར་བྱེད་པ་དང་། གླིང་ཕྱོགས་ཀྱི་གཙོ་རྒྱུན་བསམ་འཆར་གྱི་རྒྱབ་སྐྱོར་ཐོབ་པར་བྱས་ཏེ་བསམ་ངན་འཆང་མཁན་ཚོའི་གཏམ་བརྫོད་ཀྱི་རྫུན་ཤུབ་རང་སར་བཏོལ་དུ་འཇུག་དགོས།

གསུམ་ནས། "དྲིལ་བུ་འཁྲོལ་ན་འདོགས་མཁན་མཁས།" ཞེས་པའི་དཔེ་ལྟར་དམིགས་སའི་རང་བཞིན་ཡོད་པའི་སྒོ་ནས་གླིང་ཕྱོགས་ར་བ་བདམས་ཏེ་ཁྲིད་སྟོན་ལས་དོན་སྤེལ་དགོས། ད་ལམ་གླིང་ཕྱོགས་གནས་ཚུལ་གྱི་གནད་དོན་མང་པོར་ལྟ་ཞིབ་བྱས་རྗེས་མཐོང་ཐུབ་པར། གནད་དོན་ཧྲུང་པའི་གླིང་ཕྱོགས་ཀྱི་དོ་ཁུར་བྱ་ཡུལ་གཙོ་བོ་རྒྱུན་དུ་གླིང་ཕྱོགས་ར་བ་གང་རུང་གཅིག་ནང་གཅིག་སྡུད་ཐོག་ཐོན་བཞིན་ཡོད་དེ། དཔེར་ན། གནད་དོན་གང་རུང་ཞིག་པོད་ཕྲན་ནང་ཐེར་འདོན་བྱས་རྗེས་དུས་ཕྱིའི་གླིང་ཕྱོགས་གནས་ཚུལ་ཡང་པོད་

ཕྲན་ནང་ཐོན་པ་དང་། འཕྲིན་ཕྲན་སྤྱི་སྟེགས་ཐོག་བཀོད་པའི་རྩོམ་ཡིག་དོ་ཁུར་བྱ་ཡུལ་དུ་གྱུར་ཆེ་འབྲེལ་ཡོད་ཀྱི་དཔྱད་གཏམ་ཡང་འཕྲིན་ཕྲན་སྤྱི་སྟེགས་སྣ་ཚོགས་ནང་ཐོན་བཞིན་ཡོད། མ་གཞི་དྲ་ལམ་གྱི་ཆ་འཕྲིན་ཤོང་ཚད་ཤིན་ཏུ་ཆེ་ན་ཡང་། དང་ལེན་བྱེད་མཁན་གྱི་དོ་སྣང་བྱེད་ཚད་ཁ་ཐོར་དགུ་ཐོར་དུ་གནས་ཐབས་མེད་པ་དང་། ལྷག་པར་དུ་དུས་ཐུང་ནང་དོ་སྣང་བྱ་ཡུལ་སྔར་བཞིན་ཐོག་མའི་ཆ་འཕྲིན་ཁྱབ་བསྒྲགས་འབྱུང་ཁུངས་ཐོག་འཛོག་བཞིན་ཡོད། དེར་བརྟེན་དམིགས་སའི་རང་བཞིན་ཡོད་པའི་སྒོ་ནས་གླེང་ཕྱོགས་གནས་ཚུལ་ལ་ཁྲིད་སྟོན་དང་གླེང་ཕྱོགས་ཁྲིད་སྟོན་བྱ་དགོས་པ་དང་། སྲིད་དོན་པོད་ཕྲན་དང་། གཞུང་ཕྱོགས་སྤྱི་སྟེགས་སོགས་ལ་རྒྱུན་གཏན་ནས་སྲུང་སྐྱོང་ཡག་པོ་བྱ་དགོས། ཁྲིད་སྟོན་བྱ་དགོས་སྐབས་གཙོ་ཕལ་ཡོད་པའི་སྒོ་ནས་དོ་ཁུར་བྱེད་མཁན་མང་ཤོས་ཀྱི་སྨྱུན་སྤྱོད་སྟེགས་བུའི་ཐོག་ལས་དོན་སྤེལ་ཏེ་ནུས་ཤུགས་གང་ཡོད་ཀྱིས་ཆ་འཕྲིན་ཁྱབ་བསྒྲགས་བྱས་ཚད་ལ་ནུས་པ་ཐོན་པ་དང་། ཡོངས་བསྒྲགས་ཀྱི་ལན་ཆ་བྱས་ཚད་ཀྱིས་གནད་དོན་ཐག་གཅོད་ཐུབ་པ། གླེང་ཕྱོགས་ར་བའི་ཁྲིད་སྤེལ་བའི་གཏམ་གླེང་ཡོད་ཚད་མང་ཚོགས་ནས་མཐོང་ཐུབ་པ་བཅས་བྱས་ཏེ་གླེང་ཕྱོགས་ཀྱི་དྲང་ཕྱོགས་ལན་ཆ་ཟམ་མི་ཆད་པར་ཐོབ་པ་བྱ་དགོས།

第四章

不断提高党员干部的网络舆论引导能力

2018 年 12 月 5 日，享誉世界的色彩权威潘通（Pantone）色彩研究所公布了 2019 年年度代表色，一种可以“带来滋养、舒适和亲和力”的“活珊瑚色”（Living Coral，色号 16－1546）当选。该研究所副总裁劳里·普利斯曼形容这种“具有金黄基调的饱和橘色不仅温暖宜人，还蕴含着无限生机和活力”。值得一提的是，年度代表色原本作为时尚圈风向标，但此次的入选理由并未止于时尚。

“在纷繁复杂的当今时代，我们正寻找那些被赋予人性化品质的色彩，因为我们正眼睁睁看着网络使许多事物失去人性的色彩，”普利斯曼在宣布该年度代表色时表示，“我们渴望那些带来滋养、舒适和亲和力的色彩。”而“活珊瑚色”容易使人们产生情感共鸣，“这无异于一个大大的拥抱”。“我们会看到越来越多的饱和色，这正是社交媒体的影响力，因为人们希望看到某些事物能脱颖而出，‘活珊瑚色’绝对是你在社交媒体上曾经见过的一种颜色。”无独有偶，潘通色彩研究所发布的 2020 年度代表色为“经典蓝”（Classic Blue），理由是这种颜色“就像薄暮时的天空，代表冷静、信心及联结感……也凸显出在跨入一个新时代之际，人们渴望自我疗愈的愿望”。饱和、纷杂、冲突、平复，在这个社交联结属性不断膨胀的新媒介纪元，一切都在变化，一切都在融合，而人们正身处这变化与融合之中。舆论引导工作的一个重要出发点，就是充分认识到舆论尤其是网络舆论对于当今社会发展及治理不容忽视的作用。

知屋漏者在宇下，知政失者在草野。在网络信息及其应用深入发展的新时代，走好网上群众路线，时刻关注网络舆论的变化，思考如何合理引导网络舆论走向，已成为每名党员干部的必备能力。

一、培养引导意识：提升对网络舆论的重视程度

通过前述案例可以发现，对于国内外环境，国情固然存在差异，但网络舆论的运行变化规律并不存在本质上的差别。在未能有效实现合理引导网络舆论的情形中，可以发现一定的共性问题；而在引导相对有力的情形中，即使以其他国家的类似案例为参照，亦可有所借鉴。这也从侧面反映出，在网络信息时代“世界是平的”这一共享开放属性的影响下，网络舆论也表现出相当的关联性。在任何一起公共事件的背后，舆论的声音都变得越来越明显，甚至可以超越国界和时空，而这一点正日益成为共识，而非人们的经验或假设。

如果说理解是人类意识对认识对象的把握，要强化对网络舆论的引导力，增强理解就是前提。通过相关书籍、讲座、培训以及经验的积累，我们可以对网络舆论形成基本认知。不过，了解网络舆论只是第一步，还需更进一步地重视。正如每一名驾驶员都必须学习交通法规，但并非所有人都能够严格遵守。无论从何种层面出发看待和理解网络舆论，都需对其现实意义形成更全面的认识，不应仅停留于对其含义的理解上，更重要的是从什么样的角度和站位进行考虑。

（一）进行网络舆论引导符合社会发展规律

不可否认，网络信息时代的持续高速发展直接影响的就

是社会舆论的生成及其运转。假如一个成长于20世纪末的人，年轻时开始坚持关注新闻时事，可能会在今天形成一种感受，即每天热点事件的数量似乎越来越多，事件生成和消失的速度则越来越快。但事实上，这只是一种感受，而不是事实。人类历史上，社会热点事件数不胜数，因此并不是今天的“热点”变得比过去更多，而是随着传播方式的不断变化，人们感知也发生了变化。或者说，快节奏、高压力、多渠道的信息社会，改变了我们的生活方式和认知。法国社会思想家让·鲍德里亚在《拟像与仿真》一书中提出，信息社会进一步被符号、代码、影像所主宰，虚拟与客观真实的界限不断消解。与传统新闻媒介塑造的舆论相比，网络舆论不再只是一组发生于舆论场的消息，而是切实与人们的生活密切关联的事件。

任何一个高速发展的社会，都在丰裕的表象下面隐含着一种副作用，那就是当出现问题的时候，社会的接纳和反应时间也被相应压缩，热点事件出现得越多、传播得越快、影响得越广，就越容易导致事件相关方陷入被动的局面。随着网络舆论影响力的日益增长，每天的热点信息优先通过网络平台引起关注，“舆论爆点”的引爆时间越来越短。对于舆论引导工作而言，提前防范的难度越来越大，事后应对的效度也随之削弱。在“互联网+”时代背景下，主动加强网络舆论引导机制的建设和实施工作，已成为党和国家开展各领域工作的重要支撑之一。结合现实问题，我们可以从下面两个角度来理解网络舆论引导工作的必要性。

1. 出于社会发展的迫切需要

诺贝尔经济学奖获得者、世界银行前副行长约瑟夫·E.斯蒂格利茨说过："中国的城市化与美国的高科技发展，将是影响21世纪人类社会发展进程的两大主题。"时至今日，城市化与高科技的发展早已不可分割。近年来，人们谈论过很多因为城市现代化的发展而诞生的独特族群，比如"路怒族""蚁族""月光族"等。这些新生词反映出的是现代化发展过程中的衍生现象，与城市交通、就业形势、消费观念等问题息息相关。而反观这些词的生成与传播，没有一个与网络无关——新闻网站的社会要闻版不乏"充满戾气"与"夺人眼球"的新闻，调查类报道开始向更加开放和便捷的网络平台迁移，电商的兴起激发着消费欲望……当每一起现象背后都出现这张"网"时，没有一个领域、一项工作可以忽视其存在，我们必须主动学习和实践，而非绕道而行。

当今社会，如果有人提出网络时代深刻改变着人类历史的进程，很少有人会提出质疑。但对于网络舆论，一部分人还是坚持传统观念，认为拥有一般的舆论引导经验，就可以驾驭好网络舆论，结果却陷入一种"意外论"的误区——即根据过往经验处理了有关事宜，却未能按照预期平息舆论波动，然后得出"出于某种意外因素"的结论。某种意外的发生其实是出于某些必然。因此，要想在下一次类似情形出现时采取较为妥善的应对措施，我们有必要充分认识网络传播给现代社会带来的三大属性。

第一，关系颠覆性。这是一个“言必称颠覆”的时代，似乎一切新事物的出现都带有颠覆过往的巨大能量，即人们已经习以为常的事物不再按照惯性运转。而这种颠覆的主要表现，就是舆论场中传播主体的彻底改变。在网络舆论环境下，报纸、广播、电视等传统媒介的信息控制地位弱化，信息的传播层级呈现扁平化和去中心化，舆论已不再具有明确的主导者和控制者，以自媒体为代表的传播主体早已走到台前。即使是约束力更强的法律监管层面，也时刻受到新技术、新应用的考验。处于舆论旋涡中的当事方，如果延续过去对舆论规律的认知，就可能任由事件走向不可预知的境地。

第二，瞬间放大性。传统意义上，一起事件如果达到“人尽皆知”的程度，就会被视为舆论热点。但随着网络信息的爆炸式增长，信息可实现瞬时传播，被广泛知悉，有人将此形容为“传播蒸腾作用”，即网络舆论场本身就具有“人尽皆知”的影响范围，原本生活中的一些“琐事”“个案”，甚至未经证实的消息，在网络环境的“加热”和“输送”过程中，都可能迅速成为舆论热点。每一条互联网信息都可能被放大，这大大增加了开展舆论引导的难度。

第三，难以预测性。网络舆论的生成如同引爆炸弹，并可能与当前阶段的其他事件产生关联，触发连锁爆炸效应，促使相关舆论持续升温。而这一过程通常缺乏征兆，难以预知，如果处于毫无准备的情况下，即使存在不实信息，当事方也会迅速遭遇舆论压力和舆情困境。有研究发现，自 1980 年以来，全球的数据存储能力每 40 个月就翻一倍。大数据时代虽然带来了“预测未来”的可能，但在今天，对网络舆论走向的把握仍然不是一个简单的课题。

因此，在现今阶段，加深对网络舆论的理解以及对其进行合理引导，与人类历史上的任何一个时期相比，都具有无法比拟的迫切性。提升广大党员干部的网络舆论引导能力及素养，已经是创新社会管理、构建和谐社会的必要选项。

当前我国正处于发展的重要机遇期，同时也是矛盾凸显期，新形势下各方面的群众工作均面临着主体多元、利益多样、成因多变等新特点带来的新挑战。当网络空间的信息传播越来越深入地影响着我们的社会现实时，网络空间已成为表达民意和利益诉求的重要渠道，也就势必成为党员干部密切联系群众的重要场域。

未来一个阶段的网络舆论引导工作，不仅包括在网络舆论场中听民意、解民怨，更在于一种过程性和方向性的把握，即不只在事后做好应对，也要在事前和事中加强引导。而这个新课题，对每名党员干部而言都是必修课。因为一个人无论具有何种身份，只要生存在现代社会中，就可能成为一名“网民”，而党员干部又不只是普通网民，还要认真扮演好自己在国家社会运行过程中的正向引导的角色，这是职责，也是使命。

2. 出于新传播格局的必然要求

在每一个再普通不过的早晨和傍晚，上下班通勤的人们乘坐不同的交通工具前往各自的目的地，但有一点早已成为流行的生活方式，那就是伴随着手机上的消息或应用，度过这一段时光。

我们对移动生活已经习以为常，但也有必要认识事物背后发生的结构性变化。新媒体的持续高速发展，加速着各种社会思潮和利益诉求的集散与冲突，催生出一个个声音碰撞的较量场。从微博、微信到知乎、果壳等网络社区平台，再到抖音等短视频社交应用，随着网络技术的不断推陈出新，扩大网络舆论与官方舆论的交集，使两种声音的公约数最大，成为对当前领导干部学习、掌握、运用新媒体知识，实现“与网俱进”的必然要求。

美国新闻评论家沃尔特·李普曼在《公众舆论》一书中曾有过这样的描述，“一个物体几乎可以表现出无数种形状……我们很难随意想起各种事物的明晰的特征与轮廓”“即使是目击者也不可能原原本本地再现事件的全貌。我们对事实的认识，取决于我们所处的地位和我们的观察习惯”“在汇集公众舆论的时候，我们不仅要想象比我们肉眼能看到的更大的空间、比我们能感觉到的更长的时间，而且还要描绘和判断比我们所能计数或所能生动想象出来的更多的人、更多的行动、更多的事物。我们必须进行总结与概括”。上述言论可谓是对舆论易变本质的精彩论述。而对于网络舆论，对事件全貌的获取近乎不可能，因为没人有时间来完成充分的信息搜集和理性的分析，各方声音将在瞬间生成并汇聚。因此在考虑如何引导网络舆论之前，我们首先需要关注的是网络舆论的特异性。从一个个走热、变迁、消逝的网络舆论热点出发，有三个传播现象值得关注。

一是舆论失焦。“失焦”原为摄影术语，清晰的成像需对应一个固定的焦距，若超出这一焦距，物体成像就会模糊，产生失焦现象。有学者认为，舆论失焦是指由于网络发展，公众知情权、话语权提升，事件中的舆论难以被一方主导，从而使得舆论演变的主体脉络呈现多极化发展，以至逐渐偏离事件的中心议题[18]。比如，某地发生一起严重的交通事故，引起关注的可能不是伤亡情况、事故原因等，而是肇事者的性别、受害者的相貌等非中心话题。网络信息时代，舆论失焦现象普遍存在于各类热点事件当中，并对事件的发展进程具有深刻的影响。一方面，舆论失焦带来的“过度关注”可以起到一定的舆论监督作用，即发现社会生活中容易被忽略的问题；但另一方面，一些舆论失焦现象的背后，是部分传播主体“博眼球”“赚取注意力”的手段，他们甚至有意将舆论话题引向其他敏感领域，阻碍舆论的正常发展和问题的解决。

二是舆论反转。近年来，舆论反转逐渐成为网络热点事件的常态。在最新报道或某个细节的推动下，媒体网民经常从开始时的一边倒指责某一方转向批评另一方，甚至事态多次反转，距离事实却越来越远。从事件曝光到关键节点，再到主体回应，螺旋式、反复式的舆论背后，折射出的是网络传播空间中公众对社会治理问题的深度关切。其中，有三个方面的问题值得重视。首先，随着自媒体传播影响力的上升，其公信力不足的短板日益显现，对网络舆论维持良性秩序形成干扰。其次，网络信息量暴涨之下，越来越难以辨别事件真伪，网民时常呼吁“求真相”，还原事实成为舆论诉求。最后，网络传播“舆论放大镜”效应凸显，一些传统意义上的个案甚至“琐事纠纷”，经过网络传播后却成为“全网热点”。值得注意的是，在多起舆论反转事件中，警方通报等权威发声均起到决定性作用，有关部门及时、合理、有效的回应仍是应对复杂舆论问题的关键所在。

三是舆论追踪。对事件和消息的追踪，原本是媒体进行调查性报道时的常用方法，即通过对事件发展的跟进式报道，在推动问题得到解决的同时，也延续着话题的关注度。在网络舆论巨大的影响力下，舆论追踪逐渐由报道方式变为一种常见的传播行为，即出现一起热点事件后，网络舆论不再像人们印象当中那样轻易消散，其演变周期存在延长的趋势。一些事件看似短期内解决了问题，过几日又会因为新的曝光、披露等形式回到舆论的视野，形成追踪效应。究其原因，一方面，原有的媒体调查记者开始选择以自媒体等形式将追踪式的报道扩散到网络舆论中；另一方面，公众的舆论参与意识不断增强，舆论参与途径不断增多，也导致舆情事件不易快速进入结束期，并存在再度升温的可能。

应该说，网络舆论的特异性不止这三个方面。网络时代已不再一成不变，在变动中需要不断调整自己的方向。认识到网络时代的社会性质变迁，以及信息传播形态和结构的更迭，我们才可能认识到进行网络舆论引导的必要性，然后思考如何进行引导。而引导也必然是一个动态和充满挑战的过程。

（二）进行网络舆论引导考验党的执政能力

从历史上看，一种稳定的社会制度需要实现全面发展，并能够经常回应时代要求。站在新时代的潮头，应对好网络信息时代的挑战，成为强化执政能力的重要内容。随着党对舆论工作不断进行反思和总结，对网络舆论引导工作的全面认识不断得到继承和发展，相关的理论创新不断涌现。

2004 年，中国共产党第十六届中央委员会第四次全体会议通过《中共中央关于加强党的执政能力建设的决定》，明确提出“牢牢把握舆论导向，正确引导社会舆论”的要求。对此，习近平总书记多次提出具体要求，围绕网上舆论工作的理论脉络逐渐清晰完善。

随着时代的发展，党和政府对网络舆论的认识也提升到新高度，做好网络舆论引导工作已成为加强党的执政能力的重要一环。2013 年以来，习近平总书记深刻分析了互联网环境下舆论生态的新特点，就互联网环境下如何做好党的新闻舆论工作作出一系列重要论述，强调做好网上新闻舆论工作必须“坚持先进技术为支撑、内容建设为根本”，多次强调要让“网络空间天朗气清、生态良好，符合人民利益”，并要求一定要增强阵地意识。

2014 年 2 月，习近平总书记在中央网络安全和信息化领导小组第一次会议上就曾强调：“做好网上舆论工作是一项长期任务，要创新改进网上宣传，运用网络传播规律，弘扬主旋律，激发正能量，大力培育和践行社会主义核心价值观，把握好网上舆论引导的时、度、效，使网络空间清朗起来。”2015 年 12 月在视察解放军报社时，习近平总书记指出：“要研究把握现代新闻传播规律和新兴媒体发展规律，强化互联网思维和一体化发展理念，推动各种媒介资源、生产要素有效整合，推动信息内容、技术应用、平台终端、人才队伍共享融通。”遵循客观规律，坚持网上舆论引导的理性和建设性，把握舆论引导的时度效，提升内容品质、繁荣网络文化，进一步提高网上舆论工作的能力和水平，逐渐成为我党的一项重要工作。

2016 年 2 月 19 日，习近平总书记在党的新闻舆论工作座谈会上发表重要讲话，提出了关于党的新闻舆论工作的职责和使命的 48 字箴言“高举旗帜、引领导向，围绕中心、服务大局，团结人民、鼓舞士气，成风化人、凝心聚力，澄清谬误、明辨是非，联接中外、沟通世界”，这是对党的新闻舆论工作总任务和总的指导思想最全面、最精辟的表述，对于党的网络舆论引导也形成了方向性的指引。习近平总书记在此次重要讲话中还强调：“要适应分众化、差异化传播趋势，加快构建舆论引导新格局。”适应互联网新媒体发展形势，尊重新闻传播规律、创新方法手段和体制机制，切实提高党的新闻舆论传播力、引导力、影响力、公信力，已成为做好新形势下党的新闻舆论工作科学的方法论。2016 年 4 月，习近平总书记在网络安全和信息化工作座谈会上指出，“很多网民称自己为‘草根’，那网络就是现在的一个‘草野’。网民来自老百姓，老百姓上了网，民意也就上了网。群众在哪儿，我们的领导干部就要到哪儿去，不然怎么联系群众呢？各级党政机关和领导干部要学会通过网络走群众路线，经常上网看看，潜潜水、聊聊天、发发声，了解群众所思所愿，收集好想法好建议，积极回应网民关切、解疑释惑。善于运用网络了解民意、开展工作，是新形势下领导干部做好工作的基本功。各级干部特别是领导干部一定要不断提高这项本领”。

习近平总书记强调，主管部门、企业要建立密切协作协调的关系，避免过去经常出现的“一放就乱”“一管就死”现象，走出一条齐抓共管、良性互动的新路。这进一步表明，舆情的意义继续从监测预警向舆论引导过渡，其社会治理的价值进一步显现。2018 年 4 月，习近平总书记在全国网络安全和信息化工作会议上强调，“各级党政机关和领导干部要提高通过互联网组织群众、宣传群众、引导群众、服务群众的本领。要推动依法管网、依法办网、依法上网，确保互联网在法治轨道上健康运行”。

习近平总书记一系列重要讲话，不仅为新时代党员干部开展相关工作指明了方向，更推动了我国新网络舆论观的形成，为认识、做好网络舆论引导工作带来了重要价值指向和方法论依托。具备网络意识与主动走进网络，已成为党政机关领导干部坚持群众路线的检验标准和重要尺度。面对新形势新任务，党和政府要解决的问题比过去复杂得多，网络舆论的地位和作用也越来越重要。各级党委、政府既要关注宏观信息，也要关心社会的细微变化，注意体察民情，第一时间了解舆论，推动相关问题尽早掌握、尽快解决，有效化解潜在矛盾。

二、形成引导能力：提升对网络舆论的认识水平

“工欲善其事，必先利其器。”任何工作都离不开理论与实践。了解网络舆论传播规律，是开展相关工作的重要基础。通过学习和掌握一定的传播规律及理论知识，强化自身对舆论发展形势的判断力，是有效引导网络舆论的重要基础。

（一）积极学习网络舆论的传播规律

网络舆论传播规律的发现及相关研究，与19世纪末以来独立发展、在20世纪中期形成跨学科研究的传播学经典理论紧密相关。

按照美国传播学者哈罗德·拉斯韦尔在《传播在社会中的结构和功能》一文中提出的传播“5W”模式，信息传播过程包括五个基本要素：传播者、传播内容、传播媒介、传播对象和传播效果。纸媒和电视新闻时代，政府机关和主流媒体是最主要的传播者，而在互联网时代，每个用户都可以变成一个自媒体，新闻媒体不再掌握绝对的话语权，媒体的社交性不断提升，催生出众声喧哗的舆论场。

在历史发展的过程中，有许多经典的理论和规律指导着传播实践的发展，这些理论和规律在网络舆论引导工作中也发挥着重要作用。对舆论传播相关的知识点进行梳理可以发现，仅常见的理论、效应等知识点就超过70个，具有外延性或可应用的跨学科概念至少有上百个，图4－1列出了其中的

一部分。这一方面表现出舆论研究不断变迁的特点，也揭示了舆论生成过程中的复杂性；另一方面，越想要接近千变万化的舆论背后的真实情形，就越要掌握科学分析的方法和手段，以获得尽可能准确和切合实际的判断。

图 4－1　舆论传播常见的理论、效应

党的十九大报告中指出，要加强互联网内容建设，建立网络综合治理体系，营造清朗的网络空间。当前，随着网络应用的快速发展，网络社会和现实社会深度融合。对于党政领导干部来说，掌握并尊重互联网传播的基本规律，树立“互联网思维”，适应分众化、差异化传播趋势，主动借助新媒体的传播优势，运用于实际工作，已显得尤为重要。互联网是催生各类新兴媒介形态的载体，要把握好新时期网络舆论引导工作讲究的“时、度、效”，做到识大势、讲分寸、重实效，就离不开对其传播规律的理解和把握。

从传播要素出发，我们可以一窥传播规律的发展过程。

纸媒和电视新闻时代，政府机关和主流媒体掌握话语权，传播者的地位尤为重要。在有着深厚新闻专业主义传统的美国，早在《华尔街日报》《纽约时报》等具有世界影响力的纸媒诞生之初，每篇新闻的报道都要经过报社编辑对真实性等各方面的严格审查。

而在互联网时代，每个用户都可以变成一个自媒体，普通人和专业新闻工作者的界限变得模糊，新闻媒体不再掌握新闻的绝对话语权，新闻不再是单向度的灌输宣传，而成为众生喧哗的舆论场。如今，网络传播已突破以往由一对多、由点及面的单线条传播模式，形成点对点的去中心化传播模式，同时，这也导致了无用信息的泛滥。标题党、煽情新闻、情色新闻、八卦新闻大行其道，经济利益动机愈发膨胀，甚至出现专门炮制假新闻的产业链。网络生态日益复杂，对网络传播规律的研究也从对传播行为的描述进入建设与管理并重、多维度探索的阶段。

在传播学的发展过程中，有许多典型的理论和规律指导着传播实践的发展，例如，把关人、沉默的螺旋、议程设置、群体极化等理论或规律，在网络舆论场仍发挥着重要作用。

把关人[注5]：又称“守门人”，是心理学延伸至传播学的理论，其字面意义很容易理解，即从消息源获得大量信息后，对其进行编辑、筛选、删减的个人或集体。2017 年 4 月，谷歌推出事实核查功能，借助第三方平台对信息真伪进行标注。在国内，以腾讯“较真”为代表的新闻事实核查平台也逐步兴起，用来处理不靠谱的新闻源，有效控制假新闻的传播，新闻“把关”在互联网时代得以发展。

沉默的螺旋：1974年，德国社会学家伊丽莎白·诺尔－纽曼在发表于《传播学刊》上的《沉默的螺旋：一种大众观点理论》一文中提出这一概念，并在1980年出版的《沉默的螺旋：舆论——我们的社会皮肤》一书中对此加以完善。这个传播学的经典概念的主要含义是：如果人们觉得自己的观点是公众中的少数派，他们将不愿意传播自己的看法；如果他们觉得自己的看法与多数人一致，则会勇敢地说出来。而且媒体通常会关注多数派的观点，轻视少数派的观点。于是少数派的声音越来越小，多数派的声音越来越大，从而形成一种螺旋式上升的模式。在沉默的螺旋中，人们通常会高估自己判断意见的能力，这种对多数人意见的错误观察被称为"多数无知"。即使个人不赞成某种意见，如果大众对这种意见持赞成态度，个人也会错误地认为多数人赞成的意见是正确的，并因此选择不发表自己的意见。这一理论因此成为网络舆论中从众心理的分析基础。

议程设置[注3]：这一理论在日常生活中有着广泛的应用，该理论源于美国传播学者麦克斯威尔·麦克姆斯和唐纳德·肖于1972年共同发表的论文《大众传播的议程设置功能》，在论文中他们首次提出"议程设置"的理论。该研究发现，大众媒介通过报道内容的方向和数量对某一议题进行强调，被强调的议题与受众认知的重要议题具有高度关联性，即媒介报道得越多，大众就认为这一问题越重要。议程设置理论认为，大众媒介虽然不能决定人们对某一事件的具体看法，但可以通过报道的密集程度、重要程度等安排来左右人们对事件的认识和意见。与传统媒体相比，网络环境中，传播主体呈现多元化，公众地位不断增强，议程设置出现新特点，更具主动性，两者相互影响。网络媒体所提供的议题不一定会成为网民的议题，但在网络空间里，掌握议程设置的内涵对有效引导舆论仍有重要意义。

群体极化：由美国芝加哥大学教授凯斯·R. 桑斯坦提出，他认为群体成员形成某种意见偏向后，会朝着人们偏向的意见聚集移动，形成某种极端性的意见。网络社群中，群体极化现象表现得极为明显，这是导致网络暴力的重要因素。网民群体在心态上整体呈现出情绪化、非理性的特征，每个群体根据喜好的连接形成相对一致的情绪立场，对持有不同立场的群体的排斥成为本能，某种情况下，群体之间利用网络的匿名性相互攻击谩骂，即形成“群体极化”效应。社会学、心理学意义上的“乌合之众”在网络传播中尤为明显，群体极化的推波助澜与群体性事件或网络谣言有很大关系。

弱连接：该理论由美国社会学家格兰诺维特于 1974 年提出。该理论认为，在传统社会结构中，每个人接触最频繁的是身边的人，如亲人、朋友、同事等，形成一种稳定但范围有限的“强连接”。同时，还存在着一种社会关系相对广泛、松散的“弱连接”，如别人无意间提起的人、在媒体等渠道获知的一个人等。但与一个人的工作、事业关系最密切的社会关系，往往并不是“强连接”，而是“弱连接”，原因是“弱连接”虽然不稳定，却有着快速、低成本、高效率的传播模式，更容易跨越不同的社会群体，触及更多的人。作为一个经典社会学理论，弱连接在人类社会出现社交网络后，进一步显现了它的影响力。尤其是在网民参与公共话题、传播政治议题方面，原本素不相识的网民群体展现出的庞大力量，正是在网络舆论生态下对弱连接理论的扩展。

六度分隔：1967 年，美国哈佛大学心理学教授米尔格拉姆针对一个社区的人际联系网进行实验，发现了该现象，该现象也被称作“小世界现象”，可简单阐述为“任何人与一个陌生人之间所间隔的人不会超过 6 个”。换言之，一个人最多通过 6 个人，就能联系到自己想接触的任何人。该现象并未得到进一步的证实，但 2001 年哥伦比亚大学社会学系的瓦兹曾利用电子邮件开展了一个验证项目，证明在 6 万多名志愿者当中，邮件要到达目标对象处平均需经历 5 ~ 7 个人。六度分隔与弱连接有一定共通之处，在基于网络即时通信工具和社交媒体发展起来的人际互联时代，社会个体之间原本松散的关系进一步放大了。网络群组、朋友圈等社交形态推动弱连接不断向强连接转化，六度分隔即使未被验证，人们也能够快速找到结识陌生人的渠道，这已极大改变了人们对社会关系的认知。

从实践出发，对于不是专门从事网络舆论引导工作的人来说，了解一些重要的网络传播规律，也有助于其更准确地把握事件走向，做出合理判断。2018 年，“北大校长错字风波”引发舆论的高度关注。5 月 4 日，北京大学举行建校 120 周年纪念大会，校长林建华在讲话中将“鸿鹄”的“鹄（hú）”念成“hào”，引起争议。次日，林建华即在北大未名

BBS 上发表致歉信，但其中“很难保证今后不会出现类似的错误”“‘文革’时期接受的基础教育既不完整也不系统”等措辞，进一步引发各方质疑。此后，网上陆续出现“北大校长念错字成了一面镜子”“北大校长为校庆读错字二次道歉？北大：非林建华所写”等后续评论或报道，原本一起演讲念错字的“小事”，舆论关注期超过 10 天，此事件成为当年上半年的一个热门话题。

首先，与很多舆论热点类似，媒体的集中报道是导致事件传播的主要环节，也就是议程设置。在互联网传播环境中，一起争议性事件在网上出现后，其“北大校长念错字”等标题极易吸引眼球，各家媒体争相报道，引导舆论持续关注事件走向。其次，作为一起“以小见大”的典型案例，从“念错字道歉”演变为“呼吁校长辞职”，也体现了人们常说的蝴蝶效应。给我们的启示是，在舆情事件中，要特别重视苗头性、倾向性的信息，避免小问题变成大问题。此外，沉默的螺旋理论也在事件中有所体现。在主流意见形成后，多数人受从众心理的影响，原本不会对事件有过多解读的人，最终也“上纲上线”，推动社会舆论认知走向“全面批判”，这种变化的过程值得反思。

（二）做好网络舆情监测及应对处置

舆情及其价值日益引起社会各行业的重视，在这样的背景下，舆情通常被认为是一系列新兴概念的集合。而从实际出发，与舆情相关的工作有历史、有理论、有方法，逐渐形成了一个独立且独特的科学体系。舆情及围绕舆情开展的工作，并非一项在当今时代才引起关注的课题。

当人们谈到对“舆情”的理解时，通常会提到对舆论的看法、议论、态度、情绪等。假如将“舆情”两个字拆开来看，“舆”和“情”加起来就是“舆论情况”。近年来，随着互联网以及各类新媒体、新应用的兴起，人们提到舆情的频率有所增加，“舆情”的含义也随之扩展。实际上，关于舆情的说法及理解古已有之。北宋苏舜钦在《诣匭疏》中称：“朝廷已然之失，则听舆论而有闻焉。”这里就提到了舆论对施政情况的反映作用，延伸来看，这就是舆情监测价值的体现。又如南唐李中《献乔侍郎》诗云“格论思名士，舆情渴直臣”，他认为获取有见地的意见应征询天下名士，而了解舆情则需要敢于直言的净臣。在舆论引导方面，古时亦有相关记述。东汉郑玄在《周礼・天官・小宰》中记有：“古者将有新令，必奋木铎以警众，使明听也。”这里的“木铎”作为工具，承载了引起社会重视的传播引导作用，可视为人类社会治理进程中舆论引导的早期形式。也就是说，在探索如何做好网络舆情监测及应对工作的实践方面，我们国家在两个方面具有自己的历史认识与实践基础：一是能够重视舆论的影响力，认识到舆论和国家治理息息相关；二是认识到舆论是可以进行引导的，即关注舆论在生成过程中的双向流动，认为对舆情的把握可以用来了解问题，也可以用来解决问题。

今天回过头看历史，我国不仅有对舆情的理解，同时也有政令与舆情相通的实际应用。曾经的官员奏折、驿站传信、民间笔记，无不是一种反映舆情的体现。民能言、官能听、政能行，这一朴素的治国理想不仅是我们传统文化中的一种理想政治生态，也是国家和社会合理运转的基础。时至今日，社会信息的传播从曾经的单向、双向传播，变化为多点、多主体传播，我们面对的信息环境更加纷繁复杂，信息化、数据化新纪元不断冲刷着人们的认知，而在网络上，舆论工作也始终以不同的形态延续其使命。有人形容，互联网时代是一个喧嚣的时代，同时又象征着秩序的重建。网络舆论时效高、传播广、影响大，覆盖的内容超过以往任何一个时期。但也正因此，互联网时代的舆情更具参考价值，作出准确的舆情研判，甚至可以产生“谋定而后动，知止而有得”的效果。

我国的网络舆论引导工作起步于20世纪90年代末，随着互联网及其应用日渐成为民意聚集的平台，各级党委和政府对网络舆论的重视程度也越来越高。网络舆论引导工作成为党和政府工作中必不可少的组成部分。根据新形势下各级党委和政府信息工作的需要，为更好地掌握网上动态，发挥网络效益，为国家经济建设和社会稳定服务，积极开展网络舆论引导工作具有重要的现实意义。对广大党员干部而言，网络舆论主要包括以下方面：影响国家安全和社会稳定的信息；对重大活动及决策的舆论反应；突发热点事件及社情民意；重要经济、文化和社会动态；国际和港澳台动态；重大网络安全事件及失泄密问题；各级党委、政府需要掌握的其他信息。

无论政府部门还是民间机构，政务信息还是行业动态，设法形成尽可能科学、客观、准确的判断，从而实现部分预测功能，是开展网络舆论引导工作的一个关键目的。市场调查与商业洞察力、公共事件分析与走势研判、综合情况梳理与战略推演……当我们谈论上述能力时，可以将其归纳为“判断力”，即借助对舆论情势的有效分析进行合理决策的能力。“夫风生于地，起于青之末”，判断力的获得源于发现。在信息海量传输的网络时代，向来标榜“自由”的自媒体纷纷以“24 小时追踪热点”作为跻身一线的试金石，谁能在千丝万缕、瞬息万变的信息海洋中率先找出舆论变化的先兆，谁就能占得先机。为此，越来越多的研究者和应用者选择全天候、全方位开展舆情工作，力求通过持续监测获取“发现力”，进而形成开展网络舆论引导工作的“判断力”。

结合党政机关工作的特点，着力培育“四种思维”，充分发挥“四项作用”，对于积极培育网络舆论“发现力”和支撑网络舆论“判断力”，具有重要参考意义。

1. 网络舆论“发现力”与“四种思维”

互联网及其应用的变化决定着人们对网络舆论的理解及相应工作的开展。在新时代做好舆论工作，需要时刻把握好以下意识思维的训练及强化。

一是形成“风险思维”：重视非传统的安全问题。党的十八大以来，以习近平同志为核心的党中央在国家安全方面做了一系列战略性布局，形成了以“总体国家安全观”为内容的国家安全思想理论的创新。而在党的十九大报告中，55次提到“安全”，其中18次提到“国家安全”，相比历届党代会报告，对国家安全的重视达到了“前所未有”的高度。这要求我们时刻关注军事、政治和外交冲突以外的非传统安全领域，针对可能出现的新形势、新问题、新特点，持续提高风险意识，敏锐把握舆论走向，密切跟踪新兴动态，及时回应社会诉求。

二是形成“关联思维”：关注改革中的联动因素。在公共议题热度高涨的当下，随着各项改革的深入推进，触发关联性事件的概率也随之增加。从不同行业、领域出现的乱象来看，一个突出的共性问题是“关联、捆绑、炒作”已成为商业营销的“标配”。而这一趋势延伸至整个网络舆论场，则表现为从任意一起事件出发，都可能涉及改革话题，促进“塔西佗陷阱”现象加剧。一些部门或地方政府“封堵捂压”的舆情观念和处置方式值得反思，如何通过信息公开消除“信息饥渴”值得深究。

三是形成“民本思维”：了解民意的焦虑。近年来，天价学区房、富人移民、寒门难再出贵子、社会鄙视链等话题不断引发公众的焦虑情绪，而且不同群体对具体事件的认知呈现显著差异。同时，微信公众号、知乎等高影响力平台的作用日趋明显，专业性、思辨性的网民意见将继续增多，这既给政府工作带来考验，也为及时把握民意走向和主流认知提供了更多参照。

四是形成“数据思维”：注重大数据分析等应用。如今，做好大数据分析及其应用，已成为社会舆情研究工作的重要手段。在“去中心化”的网络信息时代，政策发布、突发事件、舆论热点、行业趋势等，经过不同通道的多源数据信息汇聚、提取、分析后，往往能够呈现不同维度、粒度、程度的分析视角。在信息碎片化、沟通无界化、线上线下联动加深的背景下，大数据分析有利于捕捉传播的关键节点、发现潜在关系，针对突发式、暴涨式、反转式舆论，可提供走向分析、情绪判断、精准推送等功能，带来新视角、新思维和新策略。有关大数据分析的意识、技能和思维，应深入开拓。

2. 网络舆论“判断力”与“四项作用”

由于互联网时代传播关系的扁平化，政府部门的决策措施一旦出现疏漏，就容易被网络舆论指为“拍脑袋”“一刀切”；而社会改革过程中出现的各类问题，也容易被归因于“监管不力”“政府缺位”。要在日益复杂的网络舆论环境中，尽可能避免“言必称政府”的群众刻板印象，政府部门就要多在日常工作中重视网络舆论，而且不仅在事后关注，更要做好事前预判。知民所想，为民所向，提高“舆情＋决策”综合研判意识，推动“决策案头化”向“决策信息化”转变。

一是反映内外动态，发挥“情报”作用。及时反映国内外一些重大动态，如近年来突出的生态环境、公共卫生、金融风险等领域的动态，为各级党委和政府全面了解情况站好岗、放好哨，当好“情报员”。

二是研判专题信息，发挥“参谋”作用。紧紧围绕领导决策需求，收集、加工和报送信息，搜集各方面有价值的问题和情况，在“决策前、决策中、决策后”的全流程做好综合分析研判，当好“智囊团”。

三是联结社情民意，发挥“桥梁”作用。对于网民普遍关注的热点、难点问题，及时加工整理和报送。注意收集和反映人民群众的呼声、意见、建议，当好“晴雨表”。

四是监测有害信息，发挥“灯塔”作用。全方位、多角度、不间断跟踪网上谣言等有害信息及其发展动态，重视技术手段建设，发挥业务支撑作用，当好“报警器”。

三、掌握引导方法：提升对网络舆论的治理水平

培育网络融入意识，积极拥抱网络社会，主动开展网络调研和问政，已成为各级领导干部适应网络强国时代要求的必备技能。必须认识到，加强网络舆论引导已成为保发展、维稳定、促和谐的重要工作。广大党员干部均应提高通过互联网组织群众、宣传群众、引导群众、服务群众的本领，思考如何对网络舆论进行有效、合理的疏导。

（一）坚持培育和提高党员干部的网络素养

《汉书·李寻传》言：“马不伏历（枥），不可以趋道；士不素养，不可以重国。”素养的内涵不同于简单的能力范畴，更体现为内在的修养。各级党员干部的干事创业，离不开对自身素养全方位的培育和提升。

1992年，美国媒体素养研究中心曾提出“媒介素养”概念，即指人们在面对不同媒体传播的各种信息时，所表现出的信息选择能力、质疑能力、理解能力、评估能力、创造生产能力以及思辨反应能力。

1995年，美国媒介文化研究学者马克·波斯特进一步提出了“第二媒介时代”的概念，即“在电影、广播和电视中，为数不多的制作者将信息传送给为数甚众的消费者，播放模式有严格的限制，但随着信息高速公路的先期介入以及卫星技术与电视、计算机和电话的结合，一种替代模式将很有可能促成一种集制作者、销售者、消费者于一体的系统的产生，大众媒介的第二个时代正跃入视野”。这一概念的提出指明了网络媒介时代的一个本质特征，即双向沟通和去中心化。在这一特征的影响下，舆论场不可避免地进一步朝向自由与开放发展，甚至还将继续走向无法预知的境地。如《连线》杂志创始主编凯文·凯利在《失控》一书中表达的那样，过去的中心化组织的优势，在今天的社会环境下已不复存在，人类社会控制霸权的时代将无法延续。从这一点出发，网络舆论中那些来自整个世界的涌动，以及孕育于不同阶层的呐喊，都在今天给规范引导网络行为带来了新要求。

概括来说，每一位接触到大众媒介的受众，均被认为应具有正确地、建设性地使用大众传播资源的能力。人们应该意识到，信息与媒介资源可以被用于监督、促进和完善社会进步，而非仅限于休闲与享乐。而公众使用大众媒介的动机、方式、态度以及能够从中获得多少有效信息，不应是一味地由媒介决定的，而应是主动地加以选择。更重要的一点在于，我们需要培养对传媒及其信息的甄选批判能力。

由于各种复杂的原因，大众传媒中经常存在负面信息及不被主流社会所接受的信息，对负面信息的免疫能力是衡量媒介素养的重要指标。2017 年，位于美国西雅图的华盛顿大学开设了一门课程，名为“认清并抵制大数据时代的烂消息”。该课程主要关注的是科学研究中的种种“垃圾”，诸如用数据说谎、学术偏见等。值得注意的是，课程也提到了有关假新闻的内容，包括背后的经济驱动、回音室效应、事实核查等议题，以及针对不同的受众，如何使用不同的策略帮助其辨别和驳斥假新闻。

人们现在常说，这是一个信息过载的时代。但细想之下，如何面对并在这种“过载”中继续合理地生存，才是人们更需要完成的任务。随着网络舆论的出现和发展，媒介素养的内涵开始扩充，其重要性也进一步得到提升。在社交网络革命、互联网革命和移动革命的大背景下，个人为了适应新的媒介环境和社会关系的变化，需要构建更大、更好的社交网络，必须主动掌握新的能力，这样才能适应新时代的生存环境。2012 年，美国传媒学者李·雷尼和巴瑞·威曼在《网络化：新的社会操作系统》一书中提出，在互联网推动下的“网络个人主义”时代，我们应该进一步培养自身的“新媒介素养”，包括图像处理能力、导航能力、信息的组织和联通能力、专注能力、多任务处理能力、怀疑精神以及道德素养。今天看来，这种“新媒介素养”的提出，其实就是对网络时代媒介素养的呼唤。

在这个“人人都有麦克风”的时代，思想交锋层出不穷，观点汇聚时刻上演。当信息呈现出全天候、全覆盖、快速性、裂变式的传播特点时，党员干部在工作过程中，所面对的舆情也就更为复杂。在人们开始重新关注媒介素养、希望更加客观、理性地应对网络舆论的背景下，党员干部不仅要注意提高自身的媒介素养，有能力辨别大众媒介引导下的舆论本质，更要提高网络素养，积极将治理能力与网络应用相结合。2018 年 12 月 27 日，以“与时俱进提升网络素养共同构建网上网下同心圆”为主题的“2018 首都网络素养座谈会”在北京举行，座谈会上正式发布了《网络素养标准评价手册》，对公众的网络素养的评估进行了进一步的标准化，为网络信息监管和网络空间治理提供了现实依据。这也从客观出发，要求广大党员干部必须具备互联网思维，并从他律转向自律。

一般而言，媒介素养可分为两个层次：一个是公众对传媒及其传播行为的看法、态度以及了解程度，另一个是媒体工作者的职业能力、职业操守和职业精神。从党和政府工作的角度出发，我们今天所谈论的媒介素养乃至网络素养，已经不再局限于公众观念和传媒工作者职业操守的范畴，党员干部同样面临着这一课题。生活在信息社会，每一个个体既是受众，也可以是传播者，现代社会的每一个成员都是媒介公民。同样作为现代社会的媒介公民，党员干部理应注意提高自身的网络素养，努力向三个角色转变。

第一个角色：批判者。一般意义上，保持怀疑与批判被视为学术研究中必备的素养，而对普罗大众而言，发表反对意见通常被认为是与社会格格不入，喜欢“找茬挑刺”。但进入网络信息时代，当人们越来越依附于大众媒介所构建出的拟态环境，在建构出来的网络虚拟世界中生活、工作，其内容不再完全是客观世界的真实复制，而是经过筛选的诸多因素的融合。人们将迎来一个如同“黑客帝国”一般的虚拟世界，甚至开始有意识地混淆自己在虚拟空间和现实空间的身份认同，或是排斥自己在现实空间的身份。当我们要求每个人都应学会理性辨别信息，不盲从、不跟风、不绝对化，有能力对网络上的非法信息、暴力信息、垃圾信息、庸俗信息等进行抵制时，怀疑精神就成了一种必要的网络素养。

当前，即使自媒体的发展已经与传统媒体并驾齐驱甚至有所赶超，主流媒体和政府仍然代表着官方的声音，所发布的信息仍具有权威性，这一点一直是社会共识。因此，党员干部必须以更强的责任意识引导网络言论，时刻注意对重大问题和热点问题的关注、把关、回应，既积极运用网络思维，又要坚持对网络信息去伪存真，在面对虚假信息、模糊问题进行主观判断时，能够尽可能保持客观与理性，捍卫党和政府的公信力。

第二个角色：监督者。关于自媒体的发展，我国新闻传播学者喻国明曾有过这样的评价：“人人都可以参与新闻的传播，而不可能人人都具有职业道德，也难保证每个人都受到过新闻专业的严格训练。他们所传播的信息，很难说是真正新闻还是无知之见。”网络舆论场是社会多元发声的载体，也体现着多种舆论主体对话语权的争夺。

步入新时代，社会矛盾与潜在风险逐渐显现，实现社会善治的形势变得更为严峻复杂。在一个万物互联的环境中，一切都看似无法阻挡，令人无所适从，但人类形成共识的经验告诉我们，当每个人都在进行传播时，谁坚持提供更可信、更透明的、经过深思熟虑的信息，谁就会在更长的时间里获得认可。被歪曲的事实则终将被社会所遗忘，正如当“标题党”无处不在的时候，对“标题党”的口诛笔伐一样随处可见。因此，加强对网络的管理监督不只是简单地去执行，管得到位、督得合理，责任的履行就可以顺水行舟。2019 年 1 月，国家网信办启动网络生态治理专项行动，剑指淫秽色情、低俗庸俗、暴力血腥、恐怖惊悚、赌博诈骗、网络谣言、封建迷信、谩骂恶搞、威胁恐吓、标题党、煽动仇恨、传播不良生活方式和不良流行文化等 12 类负面有害信息，网上不乏“早该整治”的支持之声。当网络提高了社会透明度，党员干部就必须具备对网络舆论的甄别、判断及监督能力。

第三个角色：引导者。对所获得信息的组织和关联能力，将帮助今天的人们快速理解这瞬息万变的世界。由于个体的认知千差万别，同一条新闻的内容，结合不同人群的背景，再加上社交媒体平台提供的紧密传播关系，人们总是能解释身边发生的事，但又总是很难接近事实的本来面目。有西方学者认为，媒介素养从来都不是个人化的技巧和能力，而是国家意识形态和政治的一部分，它可以被当作社会控制或社会规范的一种方式。对此，伦敦政治经济学院社会心理学教授索尼娅·利文斯通曾提出，媒介素养与以下三方面相关：对社会知识、文化和价值观的理解及其程度；针对不同层级人群阐释问题的方式和能力；通过制度化机构及政府力量进行社会信息的获取和管理。从这一点出发，相对于大众的网络素养提升而言，党员干部的网络素养提升显得尤为重要，因为他们还需要承担舆论引导的使命。

实际工作中，网络正能量的传递需要适应网络新媒体的传播规律，做好主题策划；要积极主动利用网络新媒体，以影响力引导舆论；还要能够调动社会各类组织、系统、部门的力量，形成引导合力。而充分意识到引导网络舆论对社会发展的重要推动作用，是实现舆论工作“因势利导、渐近自然”境界的第一步。

（二）努力形成精准、科学、灵活的网络舆论引导思路

2016 年 4 月，在网络安全和信息化工作座谈会上，习近平总书记提出了“网上网下同心圆”的理念。“凝聚共识工作不容易做，大家要共同努力。为了实现我们的目标，网上网下要形成同心圆。什么是同心圆？就是在党的领导下，动员全国各族人民，调动各方面积极性，共同为实现中华民族伟大复兴的中国梦而奋斗。”

不同于传统意义上的舆论，网络舆论是社会治理环境不断开放的结果，对领导决策能力提出了更高的要求。传统传播环境下，社会系统相对封闭，政府工作的执行过程和结果

仅在一定范围内产生影响。而在网络传播环境下，社会治理的开放性大大增强，更容易产生大范围的社会影响。换言之，网络舆论不易形成有效引导。但另一方面，引导不只是一种单向的行为，更是建立在开放、互动环境下的动态过程。正如“同心圆”的内涵所指出的，当各方持续推动共识不断形成时，我们才更有可能实现引导的目的，即赋予舆论一种自主演变的良性趋势，而非磨破嘴皮式的简单干预。

如果我们将网络舆论的引导过程视作一个管理的过程，那么就需要预测和计划、组织、指挥、协调、控制，这是西方经典管理理论提出的五项基本职能。一项好的管理，绝不意味着一味地强制执行或是放任自流，而是需要把复杂的问题简单化，让混乱的事情规范化。面对千变万化的网络舆论，需要做的是把握住事物变化的本质，然后按照一定的规律，不断地提出并调整解决问题的方案。我们尝试从以下四个目标出发，提出开展网络舆论引导的路径，为更好地开展相关工作提供参考和启示。

引导路径一：以形成网络舆情态势感知能力为目标，结合网络媒体解决问题

德国哲学家黑格尔在《法哲学原理》中写道：“无论哪个时代，公共舆论总是一支巨大的力量，尤其在我们时代更是如此。”

近年来，“态势感知”成为许多领域的热点概念，尤其是在安全相关的领域。自美国空军首先提出这一概念以来，随着网络的兴起，“态势感知”于20世纪90年代被引入信息安全领域，并逐步升级为“网络态势感知（Cyberspace Situation Awareness，CSA）”，即在大规模的网络环境中，对能够引起网络态势发生变化的安全要素进行获取、理解、显示，以及对发展趋势进行顺延性预测，用于决策与行动。

对此，2016 年 4 月，习近平总书记在网络安全和信息化工作座谈会上强调：“安全是发展的前提，发展是安全的保障，安全和发展要同步推进。要树立正确的网络安全观，加快构建关键信息基础设施安全保障体系，全天候全方位感知网络安全态势，增强网络安全防御能力和威慑能力。”随着《中华人民共和国网络安全法》和《国家网络空间安全战略》的相继出台，“态势感知”被提升至国家战略高度，并被写入《“十三五”国家信息化规划》。用一句话概括，即“态势感知”旨在应对日益隐蔽和不断升级的网络安全风险。

一般来说，党员干部不可能都具备网络空间态势感知能力的专业背景，但新概念提出的背后必然有着现实的驱动。所谓态势感知，关键是监测与响应两大能力的建设。网络改变传播环境的同时，也为社会治理提供了全新的物质条件和手段，应对网络传播环境下的社会治理，必须拿起这一有力的“武器”。面对日益复杂多变的网络舆论，我们有能力也有责任形成一定的“网络舆论态势感知力”，并借此对自身提出更高要求，具体分析和解决实际场景中的各类问题。

一是时刻关注“态”。坚持从全局看问题，时刻通过网上信息源把握舆情事件的整体状态，并思考“在哪里把握、如何把握、怎样把握”这三个问题。要主动接触网络媒体、积极参与网上互动交流和信息传播活动，亲自感受、体验、了解网上动态；要学习一定的舆情监测方法，根据情况进行判断，为考虑舆情背后的问题、风险打下基础；要尝试建立稳定的网上交流机制，增加与群众的互动，使事态向可控而非失控的方向发展。

二是重点把握“势”。要通过研判预测事件未来可能的状态，以及当前需要关注的重点，即培养形势预判能力。实际政务工作中，舆情事件可能是施策后的社会反响，也可能是与党政机关事务或人员相关的热点事件，舆情处置必须重视预判。应牢记网络舆论场中的问题容易“星火燎原”这一点，重视工作中出现的苗头性、倾向性问题，重视对网络舆论进行预先分析。应注意对数据科学的重视及应用，了解数据对于当今社会发展的重要价值，尽可能结合专业化、数据化舆情支撑，进行科学判断。

引导路径二：以培育网络舆论危机发现与应对能力为目标，保持自身的网络知识与时俱进

“轻浮的舆论尽管反复无常，却能为所欲为。”这句话出自 18 世纪的英国政治家埃德蒙·伯克。具有哲学意味的表述突出了舆论始终处于变化之中而难以捉摸的属性，也点出舆情事件一旦走向危机，就可能进入“为所欲为”的不可控境地。

要维持社会的正常运行，发现并消除危机是一种责任。舆论的危机往往来自事件负面属性的传递、扭曲以及放大，这就是我们进行舆论引导的主要原因。回到网络舆论的讨论场域中，要做好一个引导者，首先要发现危机并进行有效识别和应对。

从一般意义出发，危机公关与舆情应对是网络舆论引导的两门必修课，但又有所不同、相互联结。网络危机公关通常指围绕网络热点突发事件发生的原因、影响、措施等，接受媒体公开采访，并就媒体沟通、协调等进行深入研究。危机公关侧重于机制的建立，在形势判断、信息发布、后续协调等环节均应形成提前应对机制。舆情应对通常涉及与网络信息管理相关的法律法规、处置技巧方法等，侧重于对方法的掌握。

举例来说，危机事件的舆情多具有负面敏感性，在网络环境的催生下会快速生成甚至迭变。相关方在缺乏准备的情况下，极易迅速陷入难以收拾的局面。因此，一个详细有效、安排合理的危机公关预备机制就显得十分必要。从单纯处置事件的“赶紧解决”思维，转向按部就班、动态调整的“步步为营”思维，才可能“处事不慌”，避免“祸从口出”，做到“心中有数”。

而在危机公关的具体环节，信息发布可以说是决定走向的关键。传统观点认为，官方处置突发事件有“黄金 24 小时”之说，即在事发 24 小时内发布权威消息来主导舆论是平息事件的关键。2010 年，在新媒体的不断冲击下，有研究机构首次提出“黄金 4 小时”概念，即事件发生 4 小时内，政府要第一时间发声，第一时间处理问题，做突发事件的“第一定义者”。此后，随着微博等发布速度更快、应用范围更广的传播载体兴起，围绕突发事件的网络舆论回应出现“黄金1小时”理念，具体包括20分钟形成舆论快报，30～40分钟内完成报送上级、商议决策和形成回应。目前，部分地方的政务微博管理办法已明确要求，面对突发事件，要在1小时内发布消息，采取速报现象、缓报原因或速报事态、慎报处置的方法，有序有度地发布，做到“1小时处置不耽误”。近年来，一些部门、地方积极探索以大数据分析为基础的舆论应对机制，并通过计算机和手机终端实现快速响应、有迹可查、责任明晰，网络舆论应对已进入“黄金半小时”阶段。从被动回应到主动作为，不做“事后诸葛亮”，是舆情应对的一项基本原则，也是掌握舆论场主动的重要指南。值得注意的是，在近年来网络事件传播速度不断加快的背景下，如果已失去先机，就不能急于发声，应收集事实，坚持有理有据地回应，防止“过犹不及”。

从网络舆论引导的角度出发，还要在危机公关与舆情应对一般原则的基础上，注意其特殊性，这主要体现在应对网络谣言方面。网上广为流传的一个“谣言公式”是“谣言＝事件的重要性×事件的模糊性÷公众批判能力”。这一公式的意义并不在于计算本身，而是说明谣言的能量有多大，它既取决于真实信息的透明度，也取决于受众的判断水平。打击网络谣言，正确发挥互联网的作用，不仅要提升网络参与者的素养，也需要提高政府的舆论引导水平。随着媒介技术的发展，谣言正搭乘着“新媒体快车”，以前所未有的速度和力度冲击着舆论的神经。这就要求党政机关在辟谣时，既要注意对常见谣言的总结归纳和科学宣传，也要重视社会媒介的动态，力求做到快速识谣、有力驳谣、精准辟谣，削弱网络谣言的传播力。

引导路径三：以调动网络媒体进行有效对冲为目标，学会“打捞”沉默的声音

英国哲学家约翰·斯图亚特·穆勒在其《代议制政府》一书中提出，舆论本身就是一种最大的积极的社会力量。在应对网络舆论冲击的同时，我们也应充分认识到，网络这一开放意见平台中的信息自我净化机制和舆论对冲制衡机制，是不容忽视的正向引导因素。

正如习近平总书记指出的，对待网民的观点和想法，“要多一些包容和耐心，对建设性意见要及时吸纳”。当前对网络言论的治理中，一方面要增强网络的包容性，正确对待不同声音，让网络充分反映基层治理中出现的矛盾，使网络成为民意表达的重要渠道和排泄社会情绪的“安全阀”；另一方面，应重视“打捞”沉默的声音。部分网络公开意见表现出的“风平浪静”，不一定意味着基层政府可以“高枕无忧”，应注意把握网络舆论的潜流以及对线下实际问题的反映，让群众背后的诉求得以进入政策议程。

近年来，“怼”字成为当之无愧的互联网热词之一。网络舆论中的“互怼”现象，不仅是表面上的“网上吵架”“网络戾气”，也表现出一种据理力争的网络开放特征。如何引导网民“合理怼”“怼掉负能量”，是一个值得思考的问题。这启发我们应高度重视网络舆论中的自净功能，为舆论场形成正向引导助力。网络媒体为群众参与社会治理提供了条件，群众参与社会治理的能力及意愿日益增强。而在网络环境下，信息传播往往伴随着社交活动，“信息传播 + 社交”成为网络传播的一个重要特点。党员干部要对网络舆论开展调查研究，做好以下三方面的工作。

坚持通过网络听取民声。借助地方媒体的意见搜集平台、地方政务信息公开平台、社交媒体等网上渠道，了解民众普遍关注的问题及想法。对政策发布、事件解读等，与群众开展正面沟通，展现“有问必答”“有求必应”的积极形象，组织动员群众参与社会治理。

主动增强政民互动黏性。在互联网商业应用普及的今天，网民对于“用户黏性”已经不再陌生。用户对品牌或产品的忠诚、信任与良性体验等结合起来，会形成一种对其的依赖和期望，这就是所谓的“用户黏性”。对于政务工作而言，长期通过政务微博、微信公众号等渠道，真正走进群众的日常生活当中，而非高高在上，是增进政民互动和理解的直接途径。

时刻注意自身形象建设。许多政务工作走到前台，其曝光度甚至不亚于娱乐新闻。在网络传播环境下，党员干部作为社会公众的关注焦点，要按照公众人物的标准要求自己，必须时刻处于网络舆论引导的状态下，把握好一言一行的传递作用；必须重视言论表达的严谨性，经得起网络“聚光灯”的“烤验”和网民的“推敲”；必须掌握网络舆论引导的方法与艺术，在积极建立网络公信力的基础上，让人们能够多一些理解，少一些质疑。只有积累起足够的长期信任，形成可近、可敬、可信的政府形象，才能让群众在网上与政府发声一致，并激发网络空间的公共话语自净功能。

引导路径四：以稳定高效地开展网络舆论引导为目标，构建“快速获知—及时回应—跟踪反馈—长效管理—定向引导”的良性机制

西汉大儒扬雄认为：“道有因有循，有革有化。因而循之，与道神之。革而化之，与时宜之。”一个符合事物发展规律的良性机制，对于网络舆论引导工作的开展不可或缺。

机制需要建立在已有经验的基础上。通常，社会上习惯于将舆论引导称作“公关”，在危机公关应对与处置方面，我们已积累了大量经验，但舆论引导尤其是网络舆论引导，在今天仍然是一项充满挑战的难题。究其原因，网络问题的易变性和紧迫性，往往使我们难以找到统一的应对原则和方法。麻省理工—哈佛大学公共争议研究项目的研究成果——《如何应对愤怒的公众》一书中曾有过如下阐释：“当今社会，公众的顾虑、恐惧和愤怒往往不能够得到充分的重视。事实上我们所有人都应该对这个问题高度关注……当决策者必须做出重大决定的时候，尤其是在紧急关头，没有人会给他们说服公众的宽松环境。”鉴于此，网络舆论引导有必要建立起一套广泛适用、操作性强的处理机制及工作流程，基本思路可包括以下五个要点。

【“三步走”实现快速获知】

“快”是对网络舆论实现成功引导的第一要义，而真正的“快”，就是要把工作做在前面、做在平时。危机预警被视为现代社会危机公关管理的首要环节，必须坚持“未雨绸缪”的风险管理原则，即认识到在相对和平安定的社会环境中，公共危机仍然并不遥远，突发事件可能随时随地出现，造成的危害更是不可轻视。其中，有三项工作值得重视和加强。

一是预先设立协调联动机制，确保出现网络舆情应急事件时，各部门可快速有效地展开行动。应注意在制定原则性规定和制度的基础上，形成具有实际指导意义的操作手册，便于第一时间参考使用。

二是做好日常舆情监测，尤其注意与本部门、本地相关的网上情况及变化，既要培养有一定舆情意识和工作能力的党政机关干部，又要积极与政府相关部门、社会专业机构、媒体对接，实时了解舆论动向。

三是重视网络政务窗口的民意联通作用，架设起群众反映和解决日常问题的良性渠道，通过常态化、细致化的动态工作机制，尽最大可能防患于未然，避免日常问题累积成为舆论“爆雷”。

【“两重点”确保及时回应】

在危机公关的范畴下，网络舆情应对同样需要遵循“事实胜于雄辩”的行动原则，及时合理的行动至关重要。从多起舆情处置案例来看，缺乏有效的响应机制是一个突出问题。群众面对突发事件，尤其是负面消息的冲击时，容易在短时间内产生大量担忧、愤怒、焦虑等不良情绪，并开始期待和寻求权威部门发声。此阶段如果无法第一时间采取应对举措，或采取拖延等待策略，容易导致事态进一步恶化，或出现意想不到的复杂变化。在初步构建网络舆情应急响应机制和队伍的前提下，需关注两项重点。

一是优先解决核心问题，即遇到事故时要优先考虑救助、抢险等工作，出现利益纠纷时应直面主要矛盾不回避等，让民众直接感受到政府处理问题的诚意和公信力。

二是及时进行响应，不仅要在时间上做到及时，也要注意回应的有效性，即结合舆情分析，针对当前最突出的舆论诉求展开回应，不偏离主要事实。

【“四避免”做好跟踪反馈】

信息发布是应急响应环节的一项重要工作，也是贯穿整个舆论处理的工作，直接涉及网络舆情态势发展的方向。除了初期响应，对后续情况的跟踪和发布往往容易被忽视。英国危机公关专家迈克尔·里杰斯特在《危机管理》一书中，曾提出危机处理信息发布的“3T 原则”，强调了危机处理时信息发布的重要性，分别是 Tell you own tale（以我为主提供情况）——强调组织牢牢掌握信息发布主动权；Tell it fast（尽快提供情况）——强调危机处理时组织应该尽快不断地发布信息；Tell it all（提供全部情况）——强调信息发布全面、真实，而且必须实言相告。结合我国的实际情况来看，有四个方面的问题需要注意避免。

一是避免发布模糊不清的信息，坚持用事实说话，确保相关信息的真实可信、清晰准确，经得起舆论推敲。

二是避免推卸责任或转移话题，以群众利益为先，对属于政府部门的问题，要敢于承担责任、承认错误；对政府部门应当处置的问题，要坚决予以回应和承诺，将公众质疑降至最低。

三是避免单方面发布，应尽可能实现各方对事实的联合调查，展现责任与公正，确保信息发布的客观性和可信度。

四是避免一次性发布，不应产生“毕其功于一役”的想法，应做好持续进行情况发布的准备，并按期、正式地、公开地做好发布工作。

【“双原则”进行长效管理】

当前网络舆论瞬息万变，时常给人以“过几天就没事了”的认知。但随着舆论反转等现象的增多，以及舆论监督意识的日益增强，不少网络舆情事件容易出现反复或变异，给相关舆情应对工作增加了难度。对此，应注意做好网络舆论的后续处置，积极开展网络舆论和传统舆论的有机互动。实现舆论减压，主要有两项工作原则。

一是共享互惠原则，努力构建常态沟通渠道，坚持与媒体及群众进行善后对接，实现信息共享、利益互惠，让群众切实感到问题得到解决、诉求得到重视、利益得到保障。

二是长期关系原则，应以一起舆情事件的应对经验及解决过程为样本，梳理相关流程，重点做好与媒体、民间组织等社会第三方力量的交流，将网络舆论的后续处置工作当成维护政府形象的重要工作来抓。

【“一条主线”开展定向引导】

当前的网络舆论引导工作，往往是按部就班的做法多、灵活应对的办法少；被动回应的情况多、主动作为的情况少；“一刀切”式的引导措施多、精准施策的引导措施少。究其原因，网络舆论先天具有的复杂性，在一定程度上会消解既定引导方案和应对方法的效果。从这一点出发，网络舆论引导工作还需要把握好“一条主线”，即始终“立足于解决舆论主要矛盾，坚持用事实说话，有针对性选择舆论场”。

一是“射人先射马，擒贼先擒王”。解决主要舆论矛盾。出现需要引导的网络舆情事件后，应第一时间研判其矛盾点，分析相关方的利益诉求，无论是辟谣发声、回应事实，还是积极对话、提出举措，都要紧密围绕解决舆论的主要矛盾展开，选择犹豫拖延或是顾左右而言他，都可能造成矛盾的迅速激化和迁移。要将解决问题作为舆论引导的中心，而非引导者自身。

二是“他横任他横，明月照大江”。坚持用事实说话。有些网络舆情事件中存在一定的恶意炒作或过分渲染，如果短时间内仓促应对、一味封堵，可能适得其反。在认清基本事实、政府不属于过错方的情况下，可采取“搜集信息、发布强力事实”的策略，通过有力证据站稳舆论场，争取舆论主流意见的支持，使别有用心者的言论不攻自破。

三是“解铃还须系铃人”。有针对性选择舆论场开展引导工作。观察多数网络舆情事件，可以发现，单个事件的舆论关注点通常会集中在某个舆论场中。例如，一起事件在微博曝光后，后续舆情也会在微博展开；微信公众号的刊文引起关注后，相关评论也会集中于各类公众号。互联网场域的信息承载量虽然巨大，但受众的注意力无法过于分散，尤其是在短期内仍会聚焦于最初的信息传播源。对此，应有针对性地开展舆情疏导和舆论引导，平时做好政务微博、官方公众号等平台的维护，在需要进行引导时，有侧重地在关注度最集中的媒介平台开展工作，尽可能让每一条信息的发布都是有效发布，每一次公开回应都能解决问题，每一个在舆论场上投出的“石子”都被公众看到,不断激起舆论的正面回响。

མཆན་འགྲེལ།

མཆན་1པ། ངན་སོར་གྱིས་བཟང་སོར་བསྐྱད་པ་ཞེས་པ་ནི་དོན་དངོས་རིན་ཐང་མི་གཅིག་ཀྱང་མིང་ཐོག་རིན་ཐང་གཅིག་མཚུངས་ཡིན་པའི་དངུལ་སོར་གཉིས་དུས་གཅིག་ཏུ་འཁོར་རྒྱུག་བྱེད་སྐབས། དོན་དངོས་རིན་ཐང་ཅུང་ཆེ་བའི་དངུལ་སོར་ཏེ་སྒོར་མོ་བཟང་པོ་དེ་མིས་ཉར་ཚགས་བྱེད་པའམ། ཡང་ན་བཞུར་བའམ་ཕྱིའི་རྒྱལ་ཁབ་ལ་གཏོང་འདྲེན་བྱས་ཏེ་འཁོར་རྒྱུག་བྱེད་མཚམས་འཇོག་པ་དང་། དོན་དངོས་རིན་ཐང་ཅུང་ཆུང་བའི་དངུལ་སོར་ཏེ་སྒོར་མོ་ངན་པ་དེ་ཁྲིམ་རའི་ཐོག་གང་སར་བེད་སྤྱོད་བྱེད་པར་ཟེར། མི་རྣམས་ཀྱིས་སྣང་ཚུལ་དེ་རིགས་ལས་གྲུབ་པའི་ཆོས་ཉིད་ལ་ཀེ་ལེ་ཞིན་ལམ་སྲོལ་ཞེས་ཟེར་ལ་ངན་སོར་གྱིས་བཟང་སོར་བསྐྱད་པའི་ཆོས་ཉིད་ཀྱང་ཟེར།

མཆན་2པ། ཁྱིམ་མཆོས་ནུས་འབྲས་ཞེས་པ་ནི་གྲོང་མིའམ་ས་གནས་དེ་གའི་ཚན་པས་འཛུགས་སྐྲུན་རྣམ་གྲངས(དཔེར་ན། གད་སྙིགས་ར་བ་དང་། ཉིང་རྡུལ་སློག་ཁང་། པུར་ཁང་སོགས་བཀོལ་སྤྱོད་ཞུང་བའི་སྒྲིག་ཆས་)ཀྱིས་གཟུགས་པོའི་བདེ་ཐང་དང་། ཁོར་ཡུག་ སྒྲུས་ཚད། རྒྱུ་ནོར་རིན་ཐང་སོགས་ལ་ཤུགས་རྐྱེན་ངན་པ་ཐོག་པར་དོགས་ཏེ་ཁོང་ཁྲོའི་རྣམ་འགྱུར་བསྟན་པ་དང་། དེ་བཞིན་"ངའི་སྒོ་རའི་རྒྱབ་ཏུ་རྒྱག་མི་རུང་བའི་" བསམ་བློ་སྐྱེས་ཏེ་མཉམ་

སྡེབ་ཐོག་ངོ་རྒོལ་བྱེད་པའམ་ཐ་ན་འགོག་རྒོལ་བྱ་སྤྱོད་སྤེལ་བར་ཟེར།

མཚན་3པ། གྲོས་རིམ་བཀོད་སྒྲིག་ནི་རིགས་གཞུང་ཞིག་ཡིན་པ་དང་། དེས་སྤྱི་ཚོགས་བརྒྱུད་སྤེལ་སྨྱན་སྤྱོད་ཀྱིས་འབྲེལ་ཡོད་ཆ་འཕྲིན་གྲོས་གཞི་བཀོད་སྒྲིག་བྱས་ཏེ། མི་རྣམས་ཀྱིས་དོ་ཁུར་བྱེད་པའི་དོན་དངོས་དང་བསམ་འཆར། དེ་བཞིན་གྲོས་བསྡུར་བྱེད་པའི་གླེང་གཞིའི་སྔ་རྗེས་གོ་རིམ་ལ་ཁ་ལོ་བསྒྱུར་ཆོག་པའི་ངོས་འཛིན་བྱེད་ཀྱིན་ཡོད།

མཚན་4པ། འགྱུར་མེད་བག་ཆགས་ལ་འགྱུར་མེད་བསམ་འཆར་ཡང་ཟེར་བ་དང་། མི་རྣམས་ཀྱིས་བྱ་དངོས་གང་རུང་ལ་ཕྱོགས་བསྡུས་སམ་གཏན་འཇགས་ཀྱི་ལྟ་སྟངས་གྲུབ་པར་ཟེར། མི་རྣམས་ཀྱིས་ལྟ་སྟངས་དེ་རིགས་རྒྱ་ཁྱབ་ཏུ་སྤེལ་བ་དང་། བྱ་དངོས་དེ་རིགས་སམ་དེའི་ཁོངས་སུ་གཏོགས་པའི་བྱ་དངོས་ཡོངས་ལ་ཁྱད་ཆོས་དེ་རིགས་ཡོད་པར་ངོས་བཟུང་སྟེ་བྱེ་བྲག་གི་ཁྱད་པར་སྣང་མེད་དུ་གཏོང་བཞིན་ཡོད།

མཚན་5པ། སྟངས་འཛིན་པ་ཞེས་པ་ནི1947ལོར་ཨ་རིའི་སྤྱི་ཚོགས་སེམས་ཁམས་རིག་པ་མཁས་ཅན་ཁུར་ཐེ་·ལུ་དབྱིན་གྱིས《བྲྀ་ཚོགས་འཚོ་བའི་ལམ་བུ》ཞེས་པའི་རྩོམ་ཡིག་ནང་བརྟན་པ་ཞིག་ཡིན། རིགས་གཞུང་དེས་སྤྱི་ཚོགས་ཆ་འཕྲིན་གྱི་འཁོར་བསྐྱོད་དེ་“སྒོ”ཡོད་པའི་ལམ་བུ་ཞིག་བརྒྱུད་དགོས་པ་དང་། ལམ་བུ་དེའི་སྟེང་“སྟངས་འཛིན་པ”སྟེ་འདེམ་སྒྲུག་རྒྱག་མཁན་དང་དེ་བསྟུན་གྱི་སྒྲིག་གཞི་ཡོད་ཅིང་། བྲྀ་ཚོགས་ཀྱི་ཚད་གཞིའམ་སྟངས་འཛིན་པའི་རིན་ཐང་ཚད་གཞི་དང་མཐུན་པའི་ཆ་འཕྲིན་ཡིན་ཚེ་གཞི་ནས་བརྒྱུད་སྤེལ་ལམ་བུའི་ཐོག་བསྐྱོད་ཆོག་པའི་ངོས་འཛིན་བྱེད།

མཚན་6པ། རིམ་གཉིས་བརྒྱུད་སྤེལ་ནི1948ལོར་ཨ་རིའི་བརྒྱུད་སྤེལ་རིག་པ་མཁས་ཅན་ལ་ཟ་སེ་ཕྲེར་ཏེ་སོགས་ཀྱིས་འདེམ་བསྐོའི་བྱ་སྤྱོད་ལ་ཞིབ་

འཇུག་བྱུས་པའི་རྣང་གཞིའི་སྙིང་བསྟན་པ་ཞིག་ཡིན། རིགས་གཞུང་དེས་སྤྱི་བྱིངས་བརྒྱུད་སྤེལ་གྱིས་མི་རྣམས་ལ་ཐད་ཀའི་ཤུགས་རྐྱེན་ཐེབས་མི་ཐུབ་པར། དུས་རིམ་གཉིས་སུ་དབྱེ་བའི་རིམ་པ་གཉིས་པའི་བརྒྱུད་སྤེལ་ཞིག་ཡིན་པའི་ངོས་འཛིན་བྱེད་བཞིན་ཡོད། སྤྱི་བྱིངས་སྨྱན་སྦྱོར་གྱི་ཤུགས་རྐྱེན་ཐོག་མར་“བསམ་འཆར་གསོ་འཛིན་”ལ་ཐེབས་པ་དང་། དེ་རྗེས་“བསམ་འཆར་གསོ་འཛིན་”གྱིས་མཐོང་ཐོས་རྣམས་ཁོང་ཚོའི་ཤུགས་རྐྱེན་ཐེབས་ཡུལ་མི་སྣར་བརྒྱུད་སྤེལ་བྱེད།

མཚན་7པ། སེམས་ཁམས་བརྒྱུད་རིམ་ནི་ཕྱི་རོལ་ཡུལ་གྱི་བྱ་དངོས་ཀྱི་ཤུས་པའི་འོག་དུས་མཚམས་ཤིག་རིང་བསམ་བློའི་འགྱུལ་བསྐྱོད་ཐོན་པ་དང་འཕེལ་བའི་བརྒྱུད་རིམ་ཞིག་ཡིན། དེར་རྒྱུན་དུ་ངོས་འཛིན་བརྒྱུད་རིམ་དང་། སེམས་འགྱུའི་བརྒྱུད་རིམ། ཚོད་སེམས་བརྒྱུད་རིམ་བཅས་ཕྱོགས་གསུམ་ཚུད་ཡོད། ངོས་འཛིན་བརྒྱུད་རིམ་ནི་མི་རྣམས་ཀྱིས་ཤེས་ཚོར་དང་། དྲན་པ། བསམ་བློ་སོགས་ཀྱི་རྣམ་པའི་ཐོག་ནས་ཕྱི་རོལ་ཡུལ་གྱི་བྱ་དངོས་ཀྱི་ངོ་བོ་དང་འབྲེལ་བ་མངོན་པར་བྱེད་པའི་བརྒྱུད་རིམ་ཞིག་ཡིན། སེམས་འགྱུའི་བརྒྱུད་རིམ་ནི་མི་རྣམས་ཀྱིས་ཕྱི་རོལ་ཡུལ་གྱི་བྱ་དངོས་ཀྱི་རྣམ་འགྱུར་གང་ཉུང་གི་སྤྱོང་བ་ཞིག་ཡིན། ཚོད་སེམས་བརྒྱུད་རིམ་ནི་མི་རྣམས་ཀྱིས་འདུ་ཤེས་ཡོད་པའི་སྒོ་ནས་དཀའ་ངལ་སྣ་ཚོགས་ཁྲིད་དུ་བསད་དེ་དམིགས་ཡུལ་ངེས་གཏན་ཞིག་མངོན་འགྱུར་ཐུབ་པར་བྱེད་པའི་བརྒྱུད་རིམ་ཞིག་ཡིན།

མཚན་8པ། འཁོར་འཁྱོམ་ནུས་འབྲས། མིང་གཞན་ལ་བག་ཆགས་ཀྱི་ནུས་འབྲས་དང་། འོད་སྐོར་གྱི་ནུས་འབྲས། ཉི་གུར་ནུས་འབྲས་སོགས་ཀྱང་ཟེར་བ་དང་། དེ་ནི་མི་དང་མིའི་འབྲེལ་བའི་ཚོར་འདུའི་ཁྲིད་གྲུབ་པའི་གནས་གཅིག་གིས་ཡོངས་འགེབས་པའམ་ཆ་ཤས་ཀྱིས་ཧྲིལ་པོ་མཆོད་པར་བྱེད་པའི་

རང་སྣང་བག་ཆགས་ལ་ཟེར། ཨ་རིའི་སེམས་ཁམས་རིག་པ་མཁས་ཅན་H. ཀོ་ལིད་དང་། S. E. ཨ་ཞི་སོགས་ཀྱིས་བག་ཆགས་གྲུབ་པའི་ཚོད་ལྟའི་ཁྲིད་ཧུས་པ་དེ་གནས་པ་ར་སྤྲོད་བྱས་ཡོད།〔22〕

མཆན་9པ། སྐྱིའུ་ཁྲུང་གཙོག་པའི་རིགས་གཞུང་ནི་ཉེས་བསགས་སེམས་ཁམས་རིག་པའི་ཁྱབ་ཁོངས་ནང་བཏོན་པའི་རིགས་གཞུང་ཞིག་ཡིན། དེས་ཁོར་ཡུག་ནང་གནས་པའི་སྣང་ཚུལ་ངན་པ་རང་སྣང་གང་ཤར་གྱིས་གནས་སུ་བཙུག་ཆེ། མི་རྣམས་ལ་དེར་ལད་མོ་བྱེད་པའི་བསམ་བློ་སྐྱེ་བ་དང་། ཐ་ན་དེ་ལས་ཚབས་ཆེ་བར་འགྱུར་བའི་ངོས་འཛིན་བྱེད་བཞིན་ཡོད།

མཆན་10པ། ཐྲན་ གཉིས་ སྐྱེ་ གཅིག་ ནི་ པོད་ ཐྲན་ དང་ འཕྲིན་ ཐྲན། གསར་འགྱུར་དུད་སྐྱེ་བཙས་ཀྱི་བསྟུས་མིང་ཡིན།

མཆན་11པ། ཆ་འཕྲིན་འབུ་ཤུབས་ནི་2006ལོར་ཧ་རྫུ་སློབ་ཆེན་གྱི་དགེ་རྒན་ཆེན་མོ་བ་ཀོ་སི་སང་སི་ཐན་གྱི་བརྩམས་ཆོས《ཆ་འཕྲིན་གྱི་ཨུ་ཐོ་པང་། མི་རྣམས་ཀྱིས་ཤེས་བྱ་ཇི་ལྟར་ཐོན་སྐྱེད་བྱེད་དམ》ཞེས་པའི་ནང་བཏོན་པ་ཞིག་ཡིན། ཁོང་གིས་ཆ་འཕྲིན་བརྒྱུད་སྤེལ་བྱེད་པའི་ཁྲིད་མང་ཚོགས་ཀྱི་ཆ་འཕྲིན་དགོས་མཁོ་ནི་ཕྱོགས་ཡོངས་ཚང་བ་ཞིག་མིན་པར། ཁོང་ཚོས་རང་ཉིད་ཀྱིས་བདམས་པའི་ཆ་འཕྲིན་ནམ་རང་ཉིད་ལ་སྤྲོ་སྣང་སྐྱེར་བའི་ཁྱབ་ཁོངས་ཀྱི་ཆ་འཕྲིན་ཁོ་ནར་དོ་སྣང་བྱེད་པ་དང་། དེ་ལྟར་ཡུན་རིང་སོང་ཆེ་རང་ངོས་ཀྱི་འདུ་ཤེས་དར་འབུའི་འབུ་ཤུབས་ནང་ལྷུང་བ་ལྟར་བརྒྱུད་སྤེལ་ཁོར་ཡུག་གི་མནར་གཅོད་ཁྲིད་ལྷུང་བའི་ངོས་འཛིན་བྱེད་བཞིན་ཡོད།

མཆན་12པ། ཁ་ཐེ་ལི་ན་ནི་2005ལོའི་ཟླ་8པར་ཐོན་པའི་རིམ་པ་ལྔ་པའི་རླུང་འཚུབ་ཅིག་ཡིན་པ་དང་། དེས་ཨ་རིའི་ཨོར་ལེང་གསར་པར་གཏོར་བཤིག་ཚབས་ཆེན་བཏང་ཡོད། འབྲེལ་ཡོད་གནས་ཚུལ་གཏོང་སྤེལ་བྱས་པའི་ནང་“ཨའོ་པ་མའི་ཁ་ཐེ་ལི་ན་”དཔེར་བཞག་སྐྱེ་ཐེངས་འདིའི་དོན་རྐྱེན་གྱིས

ཨ་རིའི་སྲིད་གཞུང་ལ་ཞུགས་རྐྱེན་ཏ་ཅང་ངན་པ་བཟོས་པའི་ངོས་འཛིན་བྱེད་བཞིན་ཡོད།

མཆན་13པ། ཐ་ཞི་ཐོའི་རྙི་དོང་ཞེས་པ་ནི་གནའ་བོའི་རོ་མའི་ལོ་རྒྱུས་རིག་པ་བ་ཐ་ཤི་ཐོའི་མིང་ལས་བྱུང་བ་དང་། ཀྲུང་གོའི་མཁས་པ་ཞིག་གིས་ལུང་འདྲེན་བྱས་པ་ཞིག་ཡིན། གོ་བདེར་བརྗོད་ན་དེ་ནི་གཞུང་གི་དབང་ཆར་ཀུན་གྱི་ཡིད་རྟོན་བྱེད་མཁན་ཤུང་བའི་ཉེན་ཁ་འཕྲད་སྐབས་སྐད་ཆ་བདེན་རྫུན་གང་ཞིག་བཤད་པ་དང་། བྱ་བ་ལེགས་ཉེས་གང་ཞིག་བསྒྲུབ་རུང་ཚང་མ་སྐད་ཆ་རྫུན་མ་ཤོད་པ་དང་བྱ་བ་ངན་པ་སྒྲུབ་པར་ངོས་འཛིན་བྱེད་པར་ཟེར།

མཆན་14པ། མཚོ་ཁོངས་ཀྱི་སྤྱོད་ནུས་མི་འདྲ་བ་དང་སྲུང་སྐྱོབ་དམིགས་ཡུལ་མི་འདྲ་བར་གཞིགས་ཏེ་མཚོ་ཆུའི་སྲུས་ཚད་ཚད་གཞི་རིགས་བཞིར་དབྱེ་བ་སྟེ། རིགས་དང་པོ་ནི་རྒྱ་མཚོའི་ཉ་ལས་ཆུ་ཁོངས་དང་། མཚོ་ཐོག་རང་བྱུང་སྲུང་སྐྱོབ་ཁུལ་དང་འཇིགས་ཉེན་ཡོད་པའི་རྩ་ཆེའི་མཚོ་ཐོག་སྐྱེ་དངོས་སྲུང་སྐྱོབ་ཁུལ་གྱི་ཆུ་ཡིན། རིགས་གཉིས་པ་ནི་ཆུའི་ཐོན་རྫས་གསོ་ཚགས་ཁུལ་དང་། མཚོ་ཆུ་བཀྱལ་ཁུལ། མིའི་ལུས་པོ་ཐད་ཀར་མཚོ་ཆུར་ཐུག་པའི་མཚོ་ཐོག་ལུས་རྩལ་དང་རོལ་རྩེད་ཁུལ། དེ་བཞིན་མིའི་རིགས་ཀྱིས་ཟས་སྤྱོད་དང་ཐད་ཀར་འབྲེལ་བ་ཡོད་པའི་བཟོ་ལས་ཆུ་བེད་སྤྱོད་ཁུལ་གྱི་ཆུ་ཡིན། རིགས་གསུམ་པ་ནི་སྤྱིར་བཏང་གི་བཟོ་ལས་ཐད་སྤྱོད་པའི་ཆུ་དང་། མཚོ་འགྲམ་ཡུལ་སྐོར་ཁུལ་གྱི་ཆུ་ཡིན། རིགས་བཞི་པ་ནི་མཚོ་ཐོག་གྲུ་ཁའི་ཆུ་ཁོངས་དང་། མཚོ་ཐོག་གསར་སྤེལ་ཁུལ་གྱི་ཆུ་ཡིན།

མཆན་15པ། "གསང་བའི་དྲ་ལམ（深网）" སྟེ་དབྱིན་སྐད་Deep Webཐད་སྒྱུར་བྱས་པ་ཞིག་ཡིན་པ་དང་། དྲ་ལམ་དུ་ཚད་ལྡན་གྱི་འཚོལ་བཤེར་མ་ལག་གིས་འཚོལ་བཤེར་མི་ཐུབ་པའི་དྲ་ངོས་ཀྱི་སྒྲིག་ཏུ་གནས་པའི་ནང་དོན་ལ་ཟེར།

注　释

注 1：劣币驱逐良币指两种实际价值不同而名义价值相同的货币同时流通时，实际价值较高的货币，即良币，必然退出流通——它们被收藏、熔化或被输出国外；实际价值较低的货币，即劣币，则充斥市场。人们将这种现象总结出的规律称为格雷欣法则，亦称之为劣币驱逐良币规律。

注 2：邻避效应指居民或当地单位因担心建设项目（如垃圾场、核电厂、殡仪馆等邻避设施）对身体健康、环境质量和资产价值等带来负面影响，而激发出嫌恶情结，以及“不要建在我家后院”的心理，他们可能由此采取强烈的、有时高度情绪化的集体反对甚至抗争行为。

注 3：议程设置是一种理论，认为大众传播媒介可以通过安排相关的信息议题，来左右人们关注的事实和意见，以及讨论话题的先后顺序。

注 4：刻板成见也被称为刻板印象，指人们对某事物形成的一种概括而固定的看法，人们将这种看法推而广之，认为该类事物或其所属整体均具有该特征，而忽视个体差异。

注5：把关人是1947年由美国社会心理学家库尔特·卢因在《群体生活的渠道》一文中提出的。该理论认为，社会信息的流动是在一些带有“门”的渠道里进行的。在这些渠道中存在着一些“把关人”，即筛选者及相应机制，只有符合群体规范或把关人价值标准的信息才能进入传播渠道。

注6：二级传播于1948年由美国传播学者拉扎斯菲尔德等人在研究选举行为的基础上提出。该理论认为大众传播对人们的影响不是直接的，而是一个分为两个阶段的二级传播过程。大众传媒的影响首先到达“意见领袖”处，“意见领袖”再把读到和听到的内容传递给受他们影响的人。

注7：心理过程指在客观事物的作用下，心理活动在一段时间内发生、发展的过程，通常包括认知过程、情绪情感过程和意志过程三个方面。认知过程指人以感知、记忆、思维等形式反映客观事物的性质和联系的过程。情绪情感过程是人对客观事物的某种态度的体验。意志过程是人有意识地克服各种困难以达到一定目标的过程[19]。

注8：晕轮效应也被称为“成见效应”“光圈效应”“日晕效应”，指在人际知觉中所形成的以点概面或以偏概全的主观印象，美国心理学家H. 凯利、S. E. 阿希等人在印象形成实验中证实了这一效应的存在[20]。

注9：破窗理论是犯罪心理学领域提出的一个理论，认为环境中的不良现象如果被放任存在，会诱使人们仿效甚至变本加厉。

注10：两微一端即微博、微信、新闻客户端的简称。

注11：信息茧房于2006年由哈佛大学教授凯斯·桑斯坦在著作《信息乌托邦——众人如何生产知识》中提出，他认为在信息传播中，公众自身的信息需求并非全方位的，他们只注意自己选择的信息和使自己愉悦的领域，长此以往，会将自身意识置于传播环境的桎梏中，如同蚕茧的“茧房”。

注12：卡特里娜是2005年8月出现的五级飓风，在美国新奥尔良造成了严重破坏。相关报道以“奥巴马的卡特里娜”为喻，认为此次事故给美国政府带来了严重冲击。

注13：塔西佗陷阱得名于古罗马历史学家塔西佗，由中国学者引申而来。通俗地讲，就是指当公权力遭遇公信力危机时，无论说真话还是假话、做好事还是坏事，都会被认为是说假话、做坏事。

注14：按照海域的不同使用功能和保护目标，海水水质标准分为四类：第一类适用于海洋渔业水域、海上自然保护区和珍稀濒危海洋生物保护区；第二类适用于水产养殖区、海水浴场、人体直接接触海水的海上运动或娱乐区，以及与人类食用直接有关的工业用水区；第三类适用于一般工业用水区、滨海风景旅游区；第四类适用于海洋港口水域、海洋开发作业区。

注15：“深网”即英文Deep Web的直译，指互联网上那些不能被标准搜索引擎索引的非表面网络内容。

དཔྱད་གཞིའི་ཡིག་ཆ།

[1] སོང་ཞའོ་ཕིང་། སྤྱི་འབྲེལ་གསང་པ་བརྙོལ་བ།——གླིང་ཕྱོགས་རིག་པ། [M] པེ་ཅིང་། ཀྲུང་གོའི་གསར་འགྱུར་དཔེ་སྐྲུན་ཁང་། 1989ལོ།

[2] ཞུའེ་ཞང་ཧྲུང་། དེང་རབས་གླིང་ཕྱོགས་རིག་པ། [M] པེ་ཅིང་། ཀྲུང་གོ་རྒྱལ་སྤྱིའི་རླུང་འཕྲིན་དཔེ་སྐྲུན་ཁང་། 1991ལོ།

[3] ཀན་ཞི་ཧྲེན། གསར་འགྱུར་རིག་པའི་ཚིག་མཛོད་ཆེན་མོ། [M] ཀྲེན་ཀྲོའུ། ཧོ་ནན་མི་དམངས་དཔེ་སྐྲུན་ཁང་། 1993ལོ།

[4] ལིའུ་ཙན་མིང་། རྒྱང་གཞིའི་གླིང་ཕྱོགས་རིག་པ། [M] པེ་ཅིང་། ཀྲུང་གོ་མི་དམངས་སློབ་ཆེན་དཔེ་སྐྲུན་ཁང་། 1988ལོ།

[5] ཡན་ཏའོ་ཁྲེང་། ཁྲུ་ཚོགས་རང་བཞིན་གྱི་དོན་རྐྱེན་ཁྲོད་ཀྱི་དྲ་ལམ་གླིང་ཕྱོགས་གནས་ཚུལ་ཞིབ་འཇུག [M] པེ་ཅིང་། ཤེན་ཧྭ་དཔེ་སྐྲུན་ཁང་། 2013ལོ།

[6] ཆེའུ་ལིན་ཁྲོན། ཁྲིན་ཏའོ་ལྷུན། རྨྱན་སྒྲོར་གསར་པའི་དོན་རྐྱེན་ཞིབ་འཇུག [M] པེ་ཅིང་། ཤེན་ཧྭ་དཔེ་སྐྲུན་ཁང་། 2011ལོ།

[7] ཨན་ཧྲན་ཧྲན། སྣེ་མང་རང་བཞིན་གྱི་གླིང་གཞིའི་དཀའ་ཕྱོགས

དང་ཚད་ཡོད་གླེང་གཞིའི་ཤུགས་རྐྱེན།——ང་ལམ་གྱི་BBSརྒྱ་ཡིག་གླེང་སྡེགས་ཀྱི་བསམ་འཆར་གཙོ་འཛིན་གྱི་གླེང་ཕྱོགས་ཁྱད་ཆོས་ཞིབ་འཇུག[J] ཀྲུང་གོའི་སྨན་སྦྱོར་སྔན་ཞུ། 2009ལོ། 3:91－92

[8]ཕུ་ལེ་ཁེ། དེང་རབས་ཅན་གྱི་སྒྱུལ་ཤུགས། [M]ཁྲིན་ཏུའུ། སི་ཁྲོན་མི་དམངས་དཔེ་སྐྲུན་ཁང་། 1988ལོ།

[9]ཚོའོ་གྲེང་ཏན། ཀྲུང་གོའི་གོང་འོག་ཁག་དབྱེའི་བཙོས་སྐྱོང་གི་བཙོས་སྐྱོང་སྒྲིག་གཞི་དང་དེ་བཞིན་བརྟན་ལྷིང་སྒྲིག་གཞི། [J]སྤྱི་ཚོགས་རིག་པའི་ཞིབ་འཇུག 2011(1):1

[10]ཀྲུང་གུང་ཀྲུང་དབྱང་དྲིལ་བསྒྲགས་ཕུའུ་ཡི་གླེང་ཕྱོགས་གནས་ཚུལ་ཆ་འཕྲིན་ཚུད། གླེང་ཕྱོགས་གནས་ཚུལ་ཆ་འཕྲིན་ལས་དོན་བསྡུས་གླེང་། [M]པེ་ཅིང་། སློབ་སྦྱོང་དཔེ་སྐྲུན་ཁང་། 2006:144

[11]ཧྲིང་ལྷེ། སྨན་སྦྱོར་གསར་པ་དང་དབང་ཆ་སྤྲོད་པ། ལག་ལེན་རང་བཞིན་གྱི་སྤྱི་ཚོགས་ཞིབ་འཇུག[J]རྒྱལ་སྤྱིའི་གསར་འགྱུར་ལས་རིགས། 2009ལོ། 10:76－81

[12]ཚའི་ཨུན་ཀྲེ། ང་ལམ་བརྒྱུད་སྤེལ་གྱི་གསར་བརྗེ། དབང་ཆ་དང་སྒྲིག་སྲོལ་ལམ་ལུགས། [M]ཐང་ཏའེ། ཐང་ཏའེ་མི་དམངས་དཔེ་སྐྲུན་ཁང་། 2011ལོ།

[13]ཧྲིང་ཞི་ཚོན། ང་ཐོག་གི་ཁྲོ་ཚོགས་བྱ་སྤྱོད་ཀྱི་ཁྱད་ཆོས་གཙོ་བོ་དང་དེའི་ཐོན་རྐྱེན་སྒྲིག་གཞིའི་ཞིབ་འཇུག [J]སྤྱི་ཚོགས་ཚན་རིག་ཞིབ་འཇུག 2010ལོ། 1:103－107

[14]ཤང་ཁོ་ཅན། ང་ལམ་གྱི་ཁྲོ་ཚོགས་རང་བཞིན་གྱི་དོན་རྐྱེན། རྣམ་པ་གསར་པའི་ཉེན་ཁའི་བསམ་གཞིགས།[J] ཐན་ཅིན་སྲིད་འཛིན་སློབ་གླིང་

གི་རིག་གཞུང་དུས་དེབ། 2010ལོ། 2:29 – 34

[15] ཕུ་རྡེ། གསར་འགྱུར་ར་བ་དང་སྤྱི་ཚོགས་ཚོགས་པའི་སྒྲིག་འཛུགས་ཀྱི་དབང་ཆའི་གདོང་ཐུག་དང་གླེང་མོལ། [J] ནན་ཅིན་སྤྱི་ཚོགས་ཚན་རིག 2010ལོ། (4):90 – 97

[16] ཀྲང་ཞའོ་ཧྲང་། གསར་བརྗེ་དང་སྐྱལ་སྤྲོང་། "བསམ་མཐུན་གྱི"ལྷ་ཕྱོགས་འཛུགས་སྐྲུན། [M] པེ་ཅིང་། སྤྱི་ཚོགས་ཚན་རིག་ཚད་ལྡན་ཡིག་ཆ་དཔེ་སྐྲུན་ཁང་། 2011ལོ།

[17] ཀྲུང་གོ་སྤྱི་ཚོགས་ཚན་རིག་ཁང་གི་དྲ་བ། དྲ་ལམ་གླེང་ཕྱོགས་ཁྲིད་སྟོན་གྱི་འགྲན་རྩོད་དང་དེར་ཁ་གཏད་གཅིག་ཐབས།[EB/0L] (2007 – 04 – 19) [2019 – 12 – 25]

[18] ཡན་ལི་ཧྭ། ཁྲིན་ཅེ་ཆི། ཐོལ་བྱུང་དོན་རྐྱེན་ཁྲོད་གླེང་ཕྱོགས་ཀྱི་དོ་ཁུར་བྱ་ཡུལ་མེད་པར་འགྱུར་བའི་སྣང་ཚུལ་དང་དེའི་གནས་ལུགས། [J] ཐབས་རྩུས་དང་ཆ་འཕྲིན། 2016 8:130 – 137

[19] ལིན་ཁྲུང་ཏེ། ཡང་ཀྲི་ལེང་། ཧྥོང་ཞི་ཐེང་། སེམས་ཁམས་རིག་པའི་ཚིག་མཛོད། (སྟོད་ཆ་དང་སྨད་ཆ།) [M] ཐང་ཏའེ། ཐང་ཏའེ་སློབ་གསོ་དཔེ་སྐྲུན་ཁང་། 2003ལོ།

[20] ལིའུ་ཡུང་ཀྲུང་། ཅིན་ཚའི་པིང་། རྒྱ་དབྱིན་མི་ཤུགས་ཐོན་ཁུངས་དོ་དམ་ཐད་ཀྱི་ལྡེ་བའི་མིང་ཚིག་ལག་དེབ། ཀོང་ཀྲོའུ། ཀོང་ཏུང་དཔལ་འབྱོར་དཔེ་སྐྲུན་ཁང་། 2005ལོ།

参考文献

［1］孟小平．揭示公共关系的奥秘——舆论学［M］．北京：中国新闻出版社，1989.

［2］徐向红．现代舆论学［M］．北京：中国国际广播出版社，1991.

［3］甘惜分．新闻学大辞典［M］．郑州：河南人民出版社，1993.

［4］刘建明．基础舆论学［M］．北京：中国人民大学出版社，1988.

［5］燕道成．群体性事件中的网络舆情研究［M］．北京：新华出版社，2013.

［6］邱林川，陈韬文．新媒体事件研究［M］．北京：中国人民大学出版社，2011.

［7］安珊珊．多样性议题偏好与有限议题影响——互联网中文 BBS 论坛意见领袖舆论特征研究［J］．中国传媒报告，2009，3：91－92.

［8］布赖克．现代化的动力［M］．成都：四川人民出版社，1988.

[9] 曹正汉．中国上下分治的治理体制及其稳定机制［J］．社会学研究，2011，（1）：1.

[10] 中共中央宣传部舆情信息局．舆情信息工作概论［M］．北京：学习出版社，2006：144.

[11] 丁未．新媒体与赋权：一种实践性的社会研究［J］．国际新闻界，2009，10：76－81.

[12] 蔡文之．网络传播革命：权力与规制［M］．上海：上海人民出版社，2011.

[13] 邓希泉．网络集群行为的主要特征及其发生机制研究［J］．社会科学研究，2010，1：103－107.

[14] 王扩建．网络群体性事件：一种新型危机形态的考量［J］．天津行政学院学报，2010，2：29－34.

[15] 吴飞．新闻场与社团组织的权力冲突与对话［J］．南京社会科学，2010，（4）：90－97.

[16] 张孝芳．革命与动员：建构“共意”的视角［M］．北京：社会科学文献出版社，2011.

[17] 中国社会科学网．网络舆论引导的挑战与应对［EB/OL］．（2017－04－19）［2019－12－25］．

[18] 严利华，陈捷琪．突发事件中的舆论失焦现象及其启示［J］．决策与信息，2016，8：130－137.

[19] 林崇德，杨治良，黄希庭．心理学大辞典（上、下）［M］．上海：上海教育出版社，2003.

[20] 刘永中，金才兵．英汉人力资源管理核心词汇手册．广州：广东经济出版社，2005.

མཇུག་བསྡུའི་གཏམ།

ད་ལམ་གླིང་ཕྱོགས་ཀྱི་ཁྲིད་སྟོན་ལས་དོན་ཐད་གྲོས་བསྡུར་བྱེད་པ་དང་ལས་དོན་དངོས་སུ་སྒྲུབ་སྐབས་མི་རྣམས་ཀྱིས་རྒྱུན་དུ་“ཏ་ཡུད་ཀྱིས་ཆུ་བོ་བཅོས་སྐྱོང་བྱེད་སྐབས་ཆུ་འགོག་པ་ལས་ཆུ་བོ་གཏོང་བ་དཀའ་”ཞེས་པ་དཔེ་རུ་འདྲེན་བཞིན་ཡོད། ཡིན་ནའང་གནས་ལུགས་དེ་ཇི་འདྲའི་རྟོགས་སླ་ཡང་ཞིབ་ཕྲའི་གནད་དོན་ལ་དབྱེ་ཞིབ་བྱེད་སྐབས་ཐུར་བཞིན་སྣང་ཆུང་དུ་ཤོར་སྲིད་པ་ཞིག་ཡིན་པ་མ་ཟད། ཐ་ན་གནད་དོན་ཐག་གཅོད་བྱེད་སྐབས་ཁ་ཕྱོགས་ཡོངས་སུ་ལོག་པའང་ཡོང་སྲིད། དེའི་རྒྱུ་རྐྱེན་ལ་དཔྱད་ཚེ་ཉེན་ཁའི་འགྱུར་ལྡོག་ངོས་འཛིན་གསལ་པོ་མེད་པ་དང་། བཅོས་སྐྱོང་གི་ཐབས་ལམ་ལ་གོ་བ་ཡག་པོ་མ་ལོན་པ། ཇི་ལྟར་“གཏོང་”དགོས་མིན་གསལ་པོ་མི་ཤེས་པ། རྒྱུན་དུ་ཐག་གཅོད་སྟབས་གང་བདེ་བྱས་ཏེ་“ཡོད་ཚད་འགོག་ཐབས་ཁོ་ན་བྱེད་པ་”སོགས་ཀྱི་རྐྱེན་གྱིས་རེད། “བློ་གྲོས་ཅན་གྱིས་གནས་ལུགས་དཔྱོད། ཐབས་མཁས་ཅན་གྱིས་དཀའ་གནད་འཚོལ།” ད་ལམ་གླིང་ཕྱོགས་ཀྱི་ཁྲིད་སྟོན་ལས་དོན་གྱི་རིགས་གཞུང་དང་། ཐབས་ལམ། དཀའ་གནད་བཅས་ལ་སློབ་སྦྱོང་དང་བསམ་གཞིགས་ཟམ་མི་ཆད་པ་བྱས་ཚེ་གཞི་ནས་ལག་ལེན་དངོས་ཀྱི་ཁྲིད་

ངོས་འཛིན་ཡང་དག་དང་། ཁྲིད་སྟོན་བྱེད་ཐོད་པ། ཁྲིད་སྟོན་ལ་མཁས་པ་བཅས་ཡོང་ཐུབ།

“དམངས་ཀྱི་ཁ་འགོག་པ། རྒྱུག་ཆུ་འགོག་ལས་དཀའ། ཆུ་རགས་ཉིལ་བའི་ཚེ་ན། རྨས་སྐྱོན་དེ་བས་མང་། དམངས་དོན་ཀྱང་དེ་བཞིན་ནོ། ཆུ་བོ་བཅོས་པར་འདོད་ན། ཆུ་ཡུར་གསོང་བར་བགྱིས། དམངས་རྣམས་སྐྱོང་འདོད་ན། སྐད་ཆ་སྨོད་དུ་ཆུག” ཧང་གི་ཚོགས་ཆེན་བཅུ་དགུ་པའི་ཐོག་“མི་དམངས་ཀྱི་སྙེ་འཁྲིད་དེ་མཛེས་སྡུག་ལྡན་པའི་འཚོ་བ་བསྐྲུན་རྒྱུ་ནི་རང་རེའི་ཧང་གི་ཐོག་མཐའ་བར་གསུམ་དུ་འགྱུར་བ་མེད་པར་འབད་འཐབ་བྱེད་པའི་དམིགས་འབེན་ཡིན་”ཞེས་བཀོད་ཡོད། དུས་རབས་གསར་པར་བསྐྱོད་རྗེས“མི་དམངས་”ཞེས་པའི་ཡིག་འབྲུ་གཉིས་པོའི་ལྗིད་ཚད་དེ་བས་ཆེ་རུ་སོང་། རྒྱ་ཆེའི་ཧང་ཡོན་ལས་བྱེད་པའི་ངོས་ནས་བཤད་ཚེ། དམངས་འདོད་གཅིག་ཏུ་འདུས་ཤིང་། སྐད་ཅིག་ཉིད་ལ་ཡང་འགྱུར་ལྡོག་འགྲོ་བའི་དྲ་ལམ་གླེང་ཕྱོགས་མདུན་དུ། དྲ་ལམ་གླེང་ཕྱོགས་ནི་གཏུམ་དྲག་ཅན་གྱི་གཅན་གཟན་མིན་ལ་གླེང་ཕྱོགས་ལ་ཁྲིད་སྟོན་བྱ་རྒྱུ་དེ་ཡང་ཁ་སྟོང་ནང་གི་ཚིག་སྟོང་དུ་མ་ལུས་པ་བྱ་དགོས་པ་དུས་དང་རྣམ་པ་ཀུན་དུ་ངེས་དགོས། མ་གཞི་དྲ་ལམ་ནི་གཟུགས་མེད་ཅིག་ཡིན་རུང་། དྲ་ལམ་སྤྱོད་མཁན་ནི་ཤ་ཁྲག་གདོས་བཅས་ཀྱི་གཟུགས་ལྡན་ཞིག་ཡིན། 2019ལོའི་ཟླ1པར་སྤྱི་ཁྲབ་ཧྲུའུ་ཅི་ཞི་ཅིན་ཕིང་གིས་ཞིང་ཆེན་དང་ཕུའུ་རིམ་པའི་འགོ་ཁྲིད་ལས་བྱེད་པ་གཙོ་བོས་མཐའ་ཐིག་བསམ་བློ་རྒྱུན་འཛིན་གྱིས་གལ་ཆེའི་ཉེན་ཁ་འགོག་སེལ་བྱེད་པའི་ཆེད་དོན་ཞིབ་བསྡུར་འཛིན་གྲྭའི་འགོ་ཚུགས་མཛད་སྒོའི་སྟེང་། “གཙོ་རྒྱུན་གླེང་ཕྱོགས་ཀྱི་སྟོབས་ཤུགས་རྒྱུན་མཐུད་ངང་སྲ་བརྟན་དང་ཤུགས་ཆེར་གཏོང་བ་དང་། གླེང་ཕྱོགས་ལ་ཁྲིད་སྟོན་བྱེད་ཤུགས་ཆེ་རུ་གཏོང་བ། དྲ་ལམ་ཕྱོགས་བསྡུས་བཅོས་སྐྱོང་མ་

ལག་འཛུགས་པ་མགྱོགས་སུ་གཏོང་བ། ཁྲིམས་ལྟར་དྲ་བ་བཙོས་སྐྱོང་ལ་སྐུལ་འདེད་གཏོང་བ་” བཅས་བྱ་དགོས་པའི་ནན་བཤད་གནང་བ་དང་། ད་ཡོན་ལས་བྱེད་པའི་དྲ་ལམ་གླིང་ཕྱོགས་ཀྱི་ཁྲིད་སྟོན་ནུས་པ་ཟམ་མི་ཆད་པར་ཤུགས་ཆེར་གཏོང་བ་དང་། ཚན་རིག་དང་མཐུན་པ་དང་ལས་ཕྱོད་མཐོ་པོས་དྲ་ལམ་གླིང་ཕྱོགས་ལ་ཁྲིད་སྟོན་བྱེད་པའི་ལས་དོན་ཡག་པོར་བསྒྲུབས་ཏེ། “འགྱུར་བ་ཆེ་ཤོས” ཀྱི་དྲ་ལམ་གྱིས “དྲང་ནུས་ཆེ་ཤོས” འདོན་སྤེལ་བྱེད་པར་སྐུལ་འདེད་བཏང་ཆོ། རང་རེའི་ད་ང་གི་སྲིད་འཛིན་ཐང་གཞི་སྲ་བརྟན་དུ་གཏོང་རྒྱུ་དང་། སྲིད་འཛིན་ནུས་པར་ཤུགས་སྣོན་རྒྱག་རྒྱུ། སྲིད་འཛིན་དམིགས་འབེན་མངོན་འགྱུར་ཡོང་བ་བྱ་རྒྱུ་བཅས་ལ་སྐུལ་འདེད་གཏོང་ཐུབ་ཅེས་གསུངས་ཡོད།

后 记

在讨论和开展网络舆论引导工作的时候，人们经常会引用“大禹治水，宜疏不宜堵”进行比喻。但即使道理再浅显，一旦放到对具体问题的分析当中，仍然可能被忽视，甚至在处理问题时南辕北辙。究其原因，对风险的变化认识不清，对治理的方略理解不够，不清楚如何“疏”，往往简单处置，“一堵了之”。“善学者尽其理，善行者究其难”，只有不断学习和思考网络舆论引导工作的理论、方法、难点，才能在实践中正确认识，敢于引导、善于引导。

“防民之口，甚于防川；川壅而溃，伤人必多。民亦如之。是故为川者，决之使导；为民者，宣之使言。”党的十九大报告指出，“带领人民创造美好生活，是我们党始终不渝的奋斗目标”。走进新时代，“人民”二字力重千钧。对于广大党员干部而言，面对民意汇聚而成、瞬息千变万化的网络舆论，应该时刻意识到，网络舆论不是洪水猛兽，舆论引导也不是纸上谈兵。互联网虽然是无形的，但运用互联网的人们都是有形的。2019 年 1 月，习近平总书记在省部级主要领导干部坚持底线思维着力防范化解重大风险专题研讨班开班式上强调，“要持续巩固壮大主流舆论强势，加大舆论引导力度，加快建立网络综合治理体系，推进依法治网”。不断提高党员干部对网络舆论的引导能力，科学、高效地做好网络舆论引导工作，促进互联网这个“最大变量”释放出“最大正能量”，将有助于推动我们党不断巩固执政基础、增强执政能力、实现执政目标。

ཟླ་ལམ་སྙིང་སྟོབས་ལ་ཁྲིད་སྟོན་བྱེད་པའི་རྒྱུས་པའི་སྐོར་གྱི་ཞིབ་འཇུག

ཀྲུང་ཁྲིན་ཞིན་དང་། ཚུའི་ཏའེ་མོ་ཡིས་གཙོ་སྒྲིག་བྱས།

ནོར་བུ་དང་། ཚེ་འཛིན་དབང་མོ། བདེ་ཆེན་དབང་མོ། ཕུན་ཚོགས་མཚོ་མོ་བཅས་ཀྱིས་བསྒྱུར།

རྩོམ་སྒྲིག་འགན་འཁུར་པ། འབྲུག་རྒྱལ་མཁར།

མདུན་ཤོག་ཇུས་འགོད་པ། ལིས་ཅན་ཞུང་།

པར་སྐྲུན་འགྲེམ་སྤེལ། ཀྲུང་གོའི་བོད་རིག་པ་དཔེ་སྐྲུན་ཁང་།

པར་འདེབས། ཀྲུང་གོའི་གློག་བརྙན་དཔེ་སྐྲུན་ཁང་གི་པར་ཁང་།

དེབ་ཚད། 787mm × 1092mm 1/16

དཔར་ཤོག 32

དཔར་གྲངས། 0001—1500

པར་གཞི། 2024ལོའི་ཟླ3པར་པར་གཞི་དང་པོ་པར་ཐེངས་དང་པོ་བཏབ།

ཡིག་གྲངས། སྟོང306

དཔེ་རྟགས། ISBN 978－7－5211－0508－7

རིན་གོང་། སྒོར88. 00

图书若有质量问题，请与本社联系

E-mail：dfhw64892902@126. com 电话：010－64892902

图书在版编目（CIP）数据

网络舆论引导能力研究：藏文、汉文/张传新，催海默主编；罗布等翻译．—北京：中国藏学出版社，2024．3

ISBN 978－7－5211－0508－7

Ⅰ．①网…　Ⅱ．①张…　②催…　③罗…　Ⅲ．①互联网络－舆论－研究－藏、汉　Ⅳ．①G219

中国国家版本馆 CIP 数据核字（2024）第 040447 号

网络舆论引导能力研究

张传新　崔海默 主编

罗布　次增旺姆　德青旺姆　平措措姆 翻译

责任编辑　周加克
封面设计　李建雄
出版发行　中国藏学出版社
印　　刷　中国电影出版社印刷厂
开　　本　787 毫米×1092 毫米　1/16
印　　张　32
印　　数　1500 册
版　　次　2024 年 3 月第 1 版第 1 次印刷
字　　数　306 千
书　　号　ISBN 978－7－5211－0508－7
定　　价　88.00 元

图书若有质量问题，请与本社联系
E-mail:dfhw64892902@126.com　电话:010－64892902